施炜

吴春波

[illegible]

彭剑锋

[illegible]

[illegible]

田涛

[illegible]

黄卫伟

SURGIN2019: FROM THE CLOUD OF THOUGHTS TO THE RAIN OF PRACTICES

激荡2019：从思想的云到实践的雨

“华夏基石 e 洞察”2019 年度管理大师文选

彭剑锋　陈春花　周其仁　黄卫伟　吴春波　施炜　杨杜　田涛　孙健敏　等著

宋劲松　选编

复旦大学出版社

图书在版编目（CIP）数据

激荡2019：从思想的云到实践的雨/彭剑锋等著
—上海：复旦大学出版社，2019.8
ISBN 978-7-309-14553-3

Ⅰ．①激…　Ⅱ．①彭…　Ⅲ．①管理学－中国－文集
Ⅳ．①C93-53

中国版本图书馆CIP数据核字（2019）第278512号

激荡2019：从思想的云到实践的雨

彭剑锋　陈春花　周其仁　黄卫伟　吴春波　施炜　杨杜　田涛　孙健敏　等著
宋劲松　选编
责任编辑/方毅超　张美芳

复旦大学出版社有限公司出版发行
上海市国权路579号　邮编：200433
网址：fupnet@fudanpress.com http：//www.fudanpress.com
门市零售：86-21-65642857 团体订购：86-21-65118853
外埠邮购：86-21-65109143
北京盛彩捷印刷有限公司

开本 787×960　1/16　印张 31.25　字数 716 千
2019年10月第1版第1次印刷

ISBN 978-7-309-14553-3/C 387
定价：99.00元

《激荡 2019:从思想的云到实践的雨》编委会

序

有中国质感的管理

一、持续成功的企业皆赢在尊重常识

华为赢在哪里？华为的成功没有秘密，我认为华为赢在长期价值主义导向，赢在对常识的尊重。

所谓长期价值主义，就是摒弃短期投机、捞浮财的思维，坚持以客户价值为中心，追求企业长期可持续发展，具体体现在：

（1）具有长期目标价值追求，追求可持续盈利能力，坚持自己坚信的，相信自己相信的；

（2）做好产品与服务，致力于赢得客户忠诚，追求品牌长期价值增长；

（3）安然踏实耕耘的长期主义心态，等得及，耐得住寂寞，有足够的战略定力和耐心；

（4）为未来长期发展舍得投入，舍得在人才、技术、管理等软实力上加大投入；

（5）创造阳光利润、享受坦荡生活，愿意付出守法与规则成本；

（6）构建利他共生的产业生态，承担相应社会责任；

（7）尊重人性，追求人的发展绩效，人才与企业共同成长；

（8）变革创新的文化，不断自我批判，实现自我超越。

所谓赢在常识，就是尊重常识，将常识做到位。常识看上去简单，似乎谁都懂，但做起来很难。华为的成功，某种意义上是尊重常识的成功，但更重要的是华为将常识进行到底、做到底。比如，做企业要产品领先，这是一个常识。而要产品领先，就要加大研发的投入，华为就每年从销售收入里拿出10%以上的份额砸在研发上。近10年华为研发投入4 800多亿元，从而实现了产品与技术的全球领先。再如，做企业要专注、要聚焦，要将核心产品做到足够规模，才会有规模优势，这也是常识。但许多企业就是死在盲目多元、不专注、过度投机上，而华为就是专注于通信领域，不做投机生意，坚持长期价值主义。又如，老板要舍得分钱分权才能聚天下人才为我所用，这也是一个常识。但很多企业家真到分钱分权时，就心疼钱，舍不得分权，而任正非的成功就在于舍得让利，善于分权，分钱分到人才心跳，分到员工心疼老板、感恩老板。常识有时会反人性和考验人性，所以许多人恰恰难以按常识去做。很多企业的失败，其实都是犯了常识性错误，没有将常识做到位。许多失败企业并不是败在没有追风口，没有模式创新，而是败在违背经营管理的基本常识与规律上。

二、过去30年有两种力量推动中国企业成长

客观来说，改革开放40年来，中国企业创造的增长奇迹让世界惊叹和敬畏，但在软实力上，尤其是在技术与管理水平上，我们与西方仍有相当差距。中国到现在还没有形成系统化的独创管理理论与方法体系。我们基本上完成了单一的模仿创新阶段，进入了结构化融合创新阶段，正向原创创新阶段迈进。管理学更是如此，但我们欣喜地看到，在中国企业的成长实践过程中，已积累了一些独具中国特色的管理最优实践，如华为的“灰度管理”与价值管理循环，阿里“六脉神剑”文化与政委制，海尔的“人单合一”自主经营体。这些在中国企业实践中创造的理念、工具和方法，既具有前瞻性，又具中国特色。

管理学对中国企业的推动，我认为主要来自两种力量。第一种力量是来自中国学者对西方管理知识的翻译与介绍，以及中国企业家本土化的管理实践。第二种力量来自西方咨询公司。西方的咨询公司是真正把西方成熟的工具、方法引入到了中国。国外咨询公司全面进入中国是从

20世纪90年代开始的，尤其1997年以后，最早来的有麦肯锡战略咨询、合益（Hay）等，华为1997、1998年引进了合益的任职资格体系。还有一些人力资源公司如美世（Mercer），及90年代末进来的IBM和埃森哲咨询，还有五大会计事务所。它们实实在在地把很多系统的工具、方法介绍到了中国，从组织到战略，教会了中国企业家很多现在耳熟能详的东西，如任职资格、国际职位评估（IPE）、关键绩效指标（KPI）、综合平衡计分卡，以及波士顿矩阵、波特的竞争战略、矩阵式管理、事业部、集团管控等等，这些都是国外咨询公司带进来的。

三、失败企业的经验教训是管理学的富矿

成功企业的优秀实践固然丰富了中国的管理学实践和理论，我们也要重视研究失败的企业，它们的经验教训也丰富了中国管理学实践和理论。改革开放中，值得深入研究的失败企业，我认为第一个就是年广久的傻子瓜子，它从20世纪七八十年代就开始经营，雇佣的员工达到上百人，而且最早打出了自己的品牌,最早做了渠道建设,应该说中国当代私营企业的品牌之父是傻子瓜子。

失败的国有企业和代表人物，还要说到石家庄造纸厂的马胜利，他是国企的第一个承包者。回溯到20世纪80年代，那时国企改革有“三制”——股份制、租赁制、承包制。当时石家庄造纸厂濒临破产，马胜利贴出一份承诺书，保证承包经营后，每年能给厂里赚多少钱。

在失败者当中，牟其中是一个很突出的人物，老牟现在也七八十岁了。他最早是搞贸易的，以物易物，他应该说是国际化道路的先行者。在改革开放进程中，马胜利和牟其中还开创了收购兼并的经营模式。马胜利就是因为收购兼并的国企太多了，他最大的瓶颈是败在了组织能力上，败在了管理上。牟其中我认为也是败在管理上，虽然很多管理理念他是有的，但是他没有团队，内部管理混乱，这样的企业做不大，而且肯定会出问题。

失败的企业家中，在做产业价值链整合上最有思想的是德隆集团的唐万新，唐万新最早提出了从农场到餐桌全产业价值链整合的思想。中国的营销体系建设，离不开做保健品——三株口服液的吴炳新，他最早搞深度分销，最早自建了庞大的渗透到终端的营销网络体系。还有红桃K的谢圣明，他们都对中国的营销体系做出了巨大贡献。虽然他们的企业后来做失败了，但他们是中国式管理实践与理论的先行者，是中国市场经济发展的有功之臣。失败企业家对中国管理也有很大的贡献。大家对他们不要只是批判，他们的经验教训能够为企业实践提供鲜活、深刻的教材。管理学的一个特点就是，经验教训本身也是财富。管理学的创新是渐进式创新，不是颠覆式的，改良和进步是建立在丰富实践的经验教训基础上的。

四、量子思维带来认知变革与管理模式创新

虽然我们说优秀的企业往往赢在对常识的尊重，但在不确定的质变时代，做企业的常识也在发生变化，尤其到了物联网时代，我们需要“认知革命”。未来社会不是简单的物联网，而是以人为核心，以人的价值创造为核心的价值物联网。人与物、物与物之间实现无缝连接，每个人都应该成为一个价值创造者，而且在信息对称以后，对每个人、每个价值连接结点、每个价值创造过程，都会做出精准的核算。

我认为首先在管理上，未来不会再有能偷懒的人，不会再有能搭便车的人，因为那时候每个价值过程都能精准地记录、核算，在未来社会，人的信用无价，价值创造过程可追溯，非价值创造者会被识别出来。

未来的社会中，人不再受组织的约束。你只要有能力，别人就会来找你，寻求与你的能力和价值进行连接，如果你没能力，就没有人跟你链接。未来是一个价值社会，每个人都将成为个体化劳动者、个体化价值创造者。你价值创造能力越强，来与你连接、协同的人就越多；你的价值能量越大，周边汇聚的价值和能量也就越大，整个社会由此实现个人价值创造和输出的最大化。

过去我们认为企业的发展是一个连续的过程，未来这个过程可能出现断点，不再是一条连续、平滑的曲线，会出现突变，优秀企业会呈现指数型的成长，商业模式会出现颠覆式创新。这就对企业家提出了更高的要求，他必须具有创新思维。

线性思维正在被生态思维取代，生态思维的特点是跨界、融合，它是灰度思维，是量子力学所说的态叠加思维，企业与所有利益相关方、与整个社会是融为一体的。如果用量子思维来认识世界，用量子原理来认知新事物，会有一种脑洞大开的感觉。人类已经进入了全新的量子认知和量子技术应用时代，在应用层面，现在已经有了量子计算、量子工具、量子通信、量子卫星、量子材料、量子隐身等。

怎样去理解世界的复杂性与多重性？量子力学态叠加理论告诉我们：A状态与B状态的相加，也是物质世界的常态。从这个理论视角，就很容易理解我们所处的世界，尤其是当今这个不确定时代的特点：不确定性与确定性并存，传统与现代交融，创新与守恒并行，野蛮与文明交织，结构化与非结构化混序。

量子物理学认为，相关性才是宇宙真正存在的本质，关系造就现实，关系是这个世界真正的本体。这是具有革命意义的当代思想发现，是对大千世界极为深刻的洞察。

在知识经济与互联网时代，人的价值创造能量更为强大，逐渐成为可与货币资本相匹敌的企业价值创造的主导要素，其重要性与日俱增，由此引发组织与个体关系的强烈碰撞。今天企业管理中出现的种种问题，如员工的能力、意愿与组织发展需求不匹配，价值创造活力不足，激励效果下降，价值观难统一，员工忠诚度低等，究其根源，问题都在于工业文明时代形成的组织与人的关系已经不适应这个时代了。

不同的能量之间会产生难以预测的组合变化，会产生各种新事物，蕴含强大的潜在力量。从亚洲到全球，在高科技和新商业模式的推动下，人类社会正处在风云际会、瞬息万变的特殊历史阶段，中国企业需要新的量子管理思维：重视每一个成员，将每个员工看作独特的能量球，激励员工在互动和协作中发挥创意，对知识型员工的激励，要从外向性激励（薪酬与约束）转向内向性激励（自主与成就感），同时要敏于倾听消费者的需求，不断优化和调整产品与服务。

我们需要有新语言体系和新思维来认知变革的企业管理模式，解读新的商业模式，真正洞察消费者新的需求。未来的管理哲学应该是基于量子原理的管理思维。对于量子思维，我曾总结了这样8个原理：态叠加原理、测不准原理、量子纠缠原理、波粒二象性原理、对称性资源配置原理、能级跃迁原理、能量球聚集原理、小熵原理。这些原理对于我们思考企业的文化与战略、产品与市场、组织与人，提供了全新的思维模式与方法论。量子思维可以给我们一种新的想法、新的动力，帮助我们学会提问、深入认识自我，教会我们尊重多样化，多中心，用坚韧而谦卑的态度领导企业，做到了这些，我们就可以建立一个用量子管理思想经营的企业。

在量子管理思维下，企业推崇变革与创新，构建动态有序的开放式组织，尊重个体力量和话语权，注重自我驱动、使命驱动，强调组织自身的生命力，倡导利他的商业模式与利他文化。

五、禅宗思想或许可成为后工业时代认知变革的智慧之源

我曾试图梳理中国禅宗智慧与现代管理的契合之处，我认为，中国先秦文化禅宗智慧与后工业文明的管理认知是十分契合的。禅宗思想可成为后工业时代的管理哲学——“人是组织的核心”的文化之源，禅的精神、禅的智慧可为企业突破传统管理的困境辟出一条光明大道，为变革找到破解之方。如禅宗的整体观、系统观，生死一体观，活在当下、与时俱进的生存智慧，倡导人与自然的和谐、利他共生的生态思维，追求专注、简单、极致的工匠精神，为后工业文明的新管理思维奠定了深厚的文化基础。

未来企业组织的发展趋势，一方面是组织运行越来越精准与理性，另一方面是越来越富有人性化特点。禅宗思想正是关注内向性价值的。禅强调清净自性，重视修炼内心世界，以实现人生的超脱之境。禅崇尚简单、直接，奉行自然法则大于人为法则。禅的精神灌注于器物，实现了细节的极致与整体简洁的完美融合。宋代艺术品至今难以超越，无论是瓷器、书画，还是木制家具，细节简约到极致，流动着宁静、透彻的禅意，蕴含着细腻的情怀。企业的经营管理也如此，如果过度强调制度、规则，过度强调他律，就会离人性越来越远，日益失去内在的动力与执行力。所以我们提出，要把握规律，抓住关键，化繁为简，简中求变，以“人才价值本位”替代“官本位”“资本本位”，使人与人、人与组织之间的关系更加亲切、直接，使组织协同更加高效顺畅。

在生态经济时代，我们强调利他取势，强调人性的尊重，禅宗就是讲“心”的，讲自我超越。禅宗讲“放下”，这个放下不是无为，而是有为的放下。有些企业家对“放下”二字读偏了，放下不是什么都不干，不是放下企业去游玩，这是庸俗化的解读。禅宗的放下是放下遮蔽本心的执念，顿悟明性，实现自我超越，不是让你不做事，而是依从洁净的本心去做事，在更高的精神层面上干事业。

在日本，禅极为深刻地影响了日本的文化和经济发展进程。企业经营最核心的工作是经营人，经营人最难的是心性的修炼，最高层次的管理是对人心智的开发，最长远、有效的激励方式是对人超越性的心理层次——成就感的激励。日本当代企业精神的奠基人铃木正三（1579－1655），结合当时日本社会由混乱走向秩序的过渡时期的特点，提出“心知佛”的概念，即佛就是“自觉、觉他、觉行圆满的大人”，“每个人的心中都有一个‘大人之觉’”，铃木以此唤醒了日本民众对自我心灵的认知、对充实内在的渴求。

“工作坊就是道场”，禅赋予了工作以神圣的价值和意义，这就是最高层面的对人性、人心的经营和开发。禅的文化、禅的精神其实一直都在中国人的文化传统和生产生活中，它早已是中国人精神底蕴中极为核心的一个部分。今天大家常说的“工匠精神”，并不是日本民族文化中原有的东西，中国早在 2300 年前就有对“工匠精神”的描述，中国也曾经是世界闻名的拥有顶尖技术与极致工匠精神的工艺艺术品大国。

“禅的真理在于实修”，它源于中国人所具有的实践精神与知行合一的心学理念。我们也一直强调，管理就是实践，实践是最伟大的老师。禅对管理学的意义在于它强调实践，超越了二元对立的理论学说，这都与管理学的问题导向、实践导向相通。我们说管理是一盘永远下不完的棋，就是说管理的问题产生于实践，解决办法同样产生于实践，离开实践，别无解脱管理困惑之法。某种意义上甚至可以说，禅是一门实用性很强的管理智慧之学。

铃木大拙在《禅学入门》里对“禅是什么”有一段精妙的描述。他说：“禅打开人的心眼而得见那周行不息的伟大奥秘；它打开人的心量，在一弹指间领受时间的永恒和空间的无限；它让俗世生活犹如在伊甸园里漫步一般，而一切灵性的造就皆不假任何教义，直指那蕴藏在我们自性里的真理。”苹果、谷歌都特别推崇禅文化，它们的企业精神都强调自我超越，从而超越时代、创造世界，而禅的本质也是要人超越一切成规的羁绊，回到生命实相，从内在去生活和感知世界，践行更高层次的心灵追求。

工匠精神、敬业精神、淡我利他精神在中华文化中从来不曾湮灭，它一直都在那里，犹如在历史的深处散发温润光泽的珍贵古器，等待着人们在重商社会的物欲喧嚣中静下身心，去亲近它，在有质感、有温度的生活实践中去体会人对劳作的恭敬、对本真价值的回归。

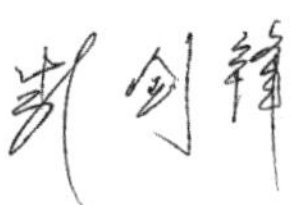

管理思想　洞见未来

中国顶尖管理智库・原创中国管理思想策源地——“华夏基石 e 洞察”微信公众号（ID：chnstonewx），聚焦彭剑锋、吴春波、施炜、黄卫伟、杨杜、孙健敏、周其仁、吴晓求等管理学界权威专家最新管理研究，同时兼顾他们早期经典思想成果。有思想的高度，有温暖的深度，欢迎扫描关注华夏基石管理咨询集团官方微信“华夏基石 e 洞察”！

“华夏基石 e 洞察”订阅号

目 录
Contents

第四辑 “罗马广场”上空的云（吴春波）

第五辑 被理想“绑架”的少数人（田涛）

第六辑 高能组织的炼成（施炜）

第七辑 管理者“三性”（杨杜）

第八辑 底层逻辑之变

第九辑 被轻视的管理（苗兆光）

第十辑 时间的函数（夏惊鸣）

第十一辑 走在变化之前

彭剑锋

著名管理学家，华夏基石管理咨询集团首席合伙人兼董事长，中国人民大学教授、博导，中国人力资源开发企业人才研究会会长，中国企业联合会管理咨询委员会副主任，北京企业家协会副会长。曾任中国人民大学劳动人事学院副院长。彭剑锋教授是《华为基本法》起草组组长，先后参与创办了我国本土两大著名管理咨询集团。他的许多观点、文章和专著对我国人力资源及营销的理论与实践产生了重大影响，被誉为“中国人力资源管理第一人”“中国管理咨询界标杆人物”。

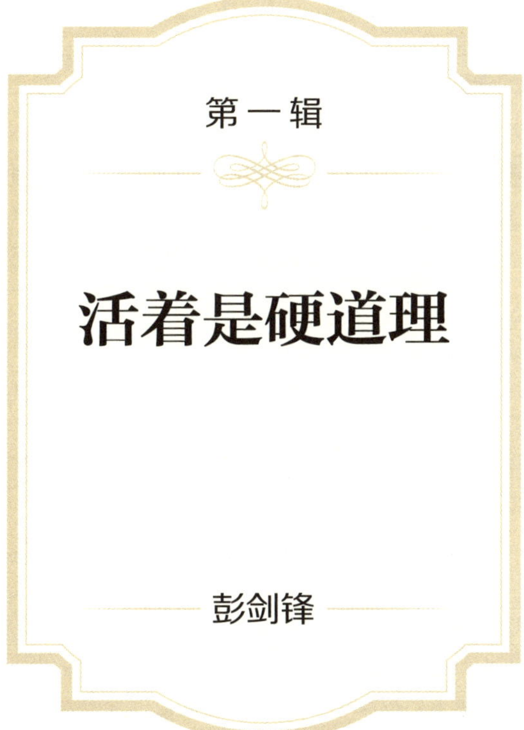

第一辑

活着是硬道理

彭剑锋

激荡2019：做好自己，活着是硬道理

一、宏观变局：前所未有的压力和转型阵痛

我们正进入一个宏观大变局的时代，中国的企业家和企业正面临前所未有的变局压力和转型的阵痛，这种阵痛主要来自四个方面。

1. 经济下行与消费升级增长乏力

中国的经济不是没增长，其实我们的经济增长速度在全球范围内仍然很高，只是增长与消费升级乏力。我在企业咨询一线的直接感受是，今年实体企业的日子确实不好过，实体企业普遍业务量急剧下滑、利润率下降，中小企业出现倒闭潮。民营企业家对未来发展前景迷惘，信心不足。

2. 股市暴跌

很多民营上市公司面临股权质押导致平仓的风险和债券违约的风险。其中，民企大股东股权质押的比例超过50%，实体经济融资难，为了防止平仓，很多企业变卖资产，有的一时还变卖不出去，面临资金短缺、经营性现金流断裂的巨大压力。

3. 中美贸易摩擦

中美贸易摩擦对中国企业的实质性影响开始显现，中国企业很难继续痛快享受全球化贸易的红利。

4. 供给侧改革与技术进步加速

供给侧改革与技术进步加速使我国实体经济面临着前所未有的挑战，企业面临的转型升级压力陡增。全球未来经济走向也不乐观。根据国际货币基金组织（IMF）最近预测，2020年极有可能发生风险极高的金融海啸，主要由特朗普政府及其盟友发起的自相残杀的贸易摩擦所引起。因此，国内目前对中国未来的经济发展，弥漫着一种悲观情绪，崩溃论、崩盘论、大衰退论、中国必败论等言论甚嚣尘上。但我个人对中国经济的未来发展仍然持乐观态度，对中国企业的未来仍然充满信心，并坚信：中美正面竞争与冲突，短期会给中国经济和企业带来阵痛，但长期中国必胜。我们既要反对唱衰中国，又要警惕盲目自大。但我们必须要有战略自信。这种自信和乐观来自哪里？这就是我今天要谈的三个关键词：战略自信、认知革命、做好自己。

二、战略自信：短期阵痛，长期必胜！

中国的战略自信来自哪里？我认为来自四个方面。

1. 来自对中华优秀文化的自信

我们的战略自信，首先来自中国几千年优秀传统文化的历久弥新。有人可能会问，中国传统优秀文化和我们所处的时代及中国未来经济的持续繁荣有何关系？中国传统文化与现代工业文明并不契合，谈何文化自信？确实，从整个人类社会经济发展史来看：农业文明3 000年，中国大概领先了2 000多年；工业文明300年，我们至少落后了100年，有的专家甚至认为我们至少落后了200年，中国企业在工业文明时代输在了起跑线上。但在智能文明时代，我们在技术上跟欧美基本是同步的，中国企业将不再输在起跑线，而且借助于契合后工业文明时期所需要的中国先秦优秀文化，中国企业有可能超越欧美企业，实现弯道超车，甚至是变道超车。

为什么工业文明没有在中国产生？这是老生常谈了。我认为，工业文明之所以产生于西方，是因为西方具备了工业文明所需要的思想认知与文化基础。①跟中国先秦文化差不多时期的西方思想家与圣贤，从苏格拉底、柏拉图到亚里士多德，他们所提出的思想和认知模式为工业文明奠定了思想基础。例如，亚里士多德创立的形式逻辑体系、为工业文明所需要的严谨、理性奠定了认知基础。②西方国家是一神论、单中心论，黑白二元对立思维，正好契合工业文明时期所需要的明确的分工、精细化、基于科层的等级秩序和规则、黑白分明的奖罚体系。③基督教新教的契约精神与科学理性思维，构建了工业文明所需要的职业化与科学管理的基础。④数学、系统科学实验方法、因果模型等，在广义上也为工业文明奠定了方法论基础。由此可见，工业文明产生在西方是有思想文化、认知与方法论基础的。

显然，中国文化虽然源远流长、博大精深，尤其是在先秦时期产生了许多大思想家，如孔子、孟子、老子、庄子、管子与墨子，都提出了具有全球影响力的思想和智慧。但我们不得不承认，中国先贤们所提出的许多思想是缺乏严密逻辑推理和科学论证的，是经验式、顿悟式、跳跃性、整体性的，跟工业文明所需要的严谨、科学、细分的思想基础是不契合的。同时，中国文化一直是多神论（或无神论）、多中心论，是一体化的整体思维，是善恶一体、黑白叠加的灰度思维。

但我个人认为，中国传统优秀文化的认知模式，虽然不具备产生工业文明的思想基础，却正好契合了后工业文明时期、数字化与智能文明时代所需要的思想基础，为什么这么说？我认为有几个方面原因。

（1）数字化与智能化时代，整个世界是一个相互连接、交互、你中有我、我中有你的跨界融合的整体，整个人类将成为一个休戚相关的命运共同体与生态体。它所需要的不是二元对立思维，不是与自然界斗争的思维，而是追求人与自然的和谐，以开放包容的心态构建人类命运共同体。而这种思维和智慧在中国先秦文化中就是主流思想，比如，老子提出的“道法自然”，庄子提出的天人合一的整体论，都超越了西方二元对立的思维，跟智能文明时代所需要的整体思维、生态思维、人类命运共同体思维、万物互联互通、跨界融合的思维非常契合。

（2）数字化时代、智能化时代是多中心与分布式，而不再是一个单一的中心论。中国传统文化是多神论或无神论，是多元文化的并存，这与数字化时代的多中心与分布式思维高度契合。

（3）几千年来，中国文化之所以不衰，就在于开放、包容。我们现在强调生态思维，而道家很早就提出人与自然和谐的思维；我们现在强调“平台化+分布式”思维，强调突变、不连续、断点，而老祖宗很早就提出“顿悟”的思维，顿悟就是突变、不连续；现在需要颠覆式创新，而老祖宗很早就提出“无念为宗，无相为体，无住为本”，就是强调创新、打破常规、超越经验曲线。

工业文明需要的是线性思维，后工业文明时代、数字化与智能化时代，我们真正要和用户建立全球融合生态圈，先秦文化和思维方式提供了非常丰富的智慧基础和文化来源。老子提出“道法自然”，孔子提出“己所不欲，勿施于人”，孟子提出“民为贵，社稷次之，君为轻”，墨子提出“赖其力者生，不赖其力者不生”“兼相爱，交相利”，管子提出“以人为本，本治则国固”，庄子提出“天人合一”，等等，这些整体论、系统论、开放、融合、跨界的思想，完全超越了西方国家的二元对立思维。从这个角度来讲，我认为，工业文明产生在西方有它的思想和方法论的基础，但是智能文明时代，我们能够实现变道超车，同样是因为我们具备了文化思想的基础。我们要重拾中国传统优秀文化，重塑中国文化自信，实现超越。

2. 来自领导力的超越与自信

我认为，以特朗普为代表的美国高层领导团队，有敢于打破常规、不按牌理出牌的企业家创新精神，有很强的战略执行能力，做事雷厉风行。特朗普上台后的“三板斧”，确实让全世界领教了特朗普式领导方式的厉害。但我个人认为，特朗普虽然攻势凌厉，出招很狠，一下有可能被他吓蒙或打蒙，但只要躲过三招或扛过三招过后，你会发现，特朗普没那么可怕，因为特朗普的思维方式与领导力，是典型的二元对立的线性思维，是老旧的冷战思维，是恃强凌弱的霸王领导思维，是不符合智能文明时代全球共生合作思维的。这种思维方式与领导力最终一定会败给以习总书记为代表的倡导人类命运共同体的治理思维及开放、融合的生态领导力思维的。换言之，在数字化与智能化时代，人类命运共同体全球治理思维与生态领导力一定会战胜二元对立的冷战思维与线性领导力。

从人才结构的角度，我们可以分析一下特朗普领导团队与智囊的典型特点。

（1）年龄清一色为65–75岁，整个智囊团队和领导班子基本都是盎格鲁–撒克逊的基督教新教的信奉者，骨子里认为美国生活方式最优。

（2）典型的二元对立思维，也就是所谓的冷战思维，具有强烈的“里根情结”。我认为，中美贸易之争本质上是两种发展道路之争，所以中美的战略竞争是长期过程而不是短期过程，双方之间短期不会立刻崩盘，中美的大局破不了，就是在打的过程中妥协求和、和的过程中再打。现在是跨界、交互融合的时代，态叠加的时代，共存的时代，你中有我，我中有你，资本主义和社会主义是并行的，是一体两面，同时，全球是命运共同体，东西方和平共处，各自发挥在全球经济体系中的地位，不存在谁把谁干掉，不是老大一定要干掉老二，而是老大、老二可以并行。

（3）这些人都是亿万富翁，他们具有使命感。

（4）这个团队基本都是媒体、主持人出身（特朗普虽然是企业家，但是他本身也是电视节目主持人），共同特点就是说话不算数，翻脸不认人，这将使美国在全世界失去信任和信用。别看他们说什么，要是凭口水战听他们说什么，他们能把话说绝、说死，而要看他最终干什么，要敢于跟他干，不能认怂，干的过程中双方凭实力吃饭，该打就打，该妥协就妥协，在干中求生存，在战中求和、和中求战。只要中美关系的大局不彻底撕破，不马上走向全面硬对抗，中美之间打打和和，对中国未来的强壮，并不是一件坏事。

总之，我认为特朗普团队基本还是冷战时期的二元对立思维，而我国领导人的思维是人类命运共同体思维，是生态思维，这种生态思维是符合互联网时代和智能化时代的领导力要求的。西方学者现在研究的悖论领导力、矛盾领导力，其实就是一体两面，驾驭矛盾，在错综复杂的关系中掌握度的驾驭领导力，也叫灰度领导力。未来，我认为是生态思维领导力、灰度领导力和二元线性领导力之争。我坚信，生态思维领导力、灰度领导力一定会战胜二元对立霸王领导力。

3. 来自我们的自我批判精神和战略执行力

在某种意义上，我们还要感谢特朗普。特朗普突如其来的拳脚相加，一下子将我们打醒了，使我们对自身的实力有了正确的认知：我们的“国”还没有这么厉害，我们在自主创新能力上、产品技术竞争力上、全球竞争力上还存在诸多短板，需要加大技术创新投入，加快补短板；我们必须进一步全面深化改革，要更加开放。同时，正是中美贸易摩擦使得我们真正认识到需要尊重企业家精神，尤其要尊重民营企业家的创新创业精神。最近我们国家整个政策的导向是更加开放，更大的改革力度，我们看到了中国共产党人很强的自我批判精神与战略执行能力。而特朗普缺乏自我批判精神，同时，他的战略执行能力毕竟还受到美国两会的约束。

4. 来自较为完整的工业制造体系和不死的中国企业家奋斗精神

前面谈到，特朗普及其团队具有浓厚的里根情结，沿袭的是二元对立的冷战思维，具有让美国再次强大的使命感，目前对付中国的招数无异于里根时代对付苏联：

一是大幅度给企业减税，激活美国经济；二是军备竞争拖垮苏联经济，并利用和平演变整垮了苏联。但今天的中国已不是苏联的体量，今天的时代也不是里根时代，中国的经济总量已达美国的2/3，是货真价实的老二。同时，我们现在已经形成了相对独立而完整的工业制造体系，有13亿消费升级的巨量潜在市场，美国想一把整垮中国没那么容易。另外，星期六是休息日，我们的企业家还来听华夏基石的论坛，足见中国企业家的持续奋斗精神不死。在这样一个时代，只要我们企业家的奋斗精神在，只要我们比别人付出更多、更努力，中国经济就崩不了盘。

三、数字化、智能化需要认知与思维革命

在转型过程中，在中美贸易摩擦的过程中，企业会面临很多的阵痛。我认为，要确立战略自信。但光有自信是不够的，要抓住数字化、智能化时代给中国企业带来的历史性发展机遇，我们必须进行认知革命。

如果说工业文明我们输了西方国家至少100年，到数字化、智能化时代，我们不仅不会输，还能够超越。这种超越不仅仅是一种技术革命，更是一种认知革命，一种思维方式与经营模式的革命。

在数字化、智能化时代，思维力是最稀缺的时代能力，我们最贫穷的是思维的贫穷。因为没有基于数字化观念的更新，没有思维方式的革命，没有知识结构的重构，领导力的升级很难真正推动中国企业的战略转型、组织变革和人才机制的创新。

1. 数字化时代的特点

和工业文明时期不一样，数字化、智能化时代的特点如下。

（1）不连续、断点。企业家和企业要有长远的战略格局，能够洞见未来，布局生态，从连续性线性思维走向非连续的生态思维，才能应对商业范式的断点、突变和不连续。

（2）破界、融合。数字化、智能化时代一定是开放的，要从封闭式边界思维过渡到开放式跨界融合思维，做到生产者与消费者的破界融合、供需双方的破界融合、企业组织与外部生态的破界融合、产业与产业的破界融合、软硬技术的破界融合、线上线下的破界融合。从为客户创造价值的思维转向企业与客户共创价值、企业与员工共创价值的思维，从单一竞争思维转向利他取势的竞合思维。

（3）突变、颠覆。颠覆式创新成为主流，要从单一基于大概率事件推测未来的思维转向洞见与感知小概率的“黑天鹅”突变事件的思维；从基于资源与能力的渐进式弯道超车思维转向突破资源与能力的颠覆式创新变道超车思维。数字化的本质是创新，是连续性创新与颠覆创新，是原创性创新而非简单模仿创新，是追求跃迁式成长与变道超车而非渐进式弯道超车。这就要求企业家与企业要重塑创新创业激情，自我

革新，打破组织傲慢，敬畏变化，勇于走出企业成功陷阱，以开拓和探索精神挑战权威与已有规范、戒律；以非线性思维，超越渐进主义，超越竞争，建立新能力和模式基础上的新学习曲线；勇于拥抱风险，包容失败，在试验、探索、创新、迭代、优化中确立新的内在核心能力与外在生态优势。

（4）分布式、多中心。数字化的典型特征是无限连接、交互的网状结构体系中的分布式与多中心。这就要求企业家与企业首先在战略的选择上，要从非对称性的单一聚焦压强思维转向对称性多项并行动态选择和迭代选择思维，从垂直式单一中心思维转向分布式多中心思维，从组织管控转向组织赋能，从专注核心人物转向尊重个体力量，关注小人物、边缘人物的创新。

中国的顿悟思维、天人合一思维、整体思维、开放包容思维、人与自然和谐的思维恰恰可以应对这个世界的断点、不连续、破界融合、突变颠覆、分布式、多中心。这跟西方的单一神论、二元对立思维正好是相反的，它们适合工业文明，我们适合智能文明时代。

2. 认知革命：重新定义战略、组织与人

这几年，我们一直强调要进行思维的革命。未来，能够改变价值观、世界观的是量子技术的革命，而量子技术所带来的更深层次的变化是对整个社会的认知。

原子思维、线性思维强调规则，强调稳态和结构，强调权威和可控，强调所有的东西都是有迹可循、有规律、有范式，强调边界和标准，强调组织纪律服从。这种原子思维在工业文明时代是非常有价值的。

但是现在，量子思维更强调动态；强调尊重个体的价值和力量，鼓励员工的参与；强调群体智慧的力量；强调鼓励创业的心态、个体自由创新的思维；强调要释放个体的能量，机制大于管理，激活就是价值；强调突出精神的力量，放弃权威，管理不是权力驱动；强调自我驱动、使命驱动；强调组织是一个生命，而不仅仅是一个利益共同体；强调价值观的约束、价值观的契约，推崇信用价值和信任文化；强调释放人性、激活个体，发挥能量球的关联互联互动的效应；强调利他的商业模式和利他文化；强调变命令为服务，变权力为支持，赋能拥抱多样性，做量子领导者。而量子领导者就是资源配置与赋能，愿景牵引；强调要关注满足生存的价值理念和组织的灵性成长，企业家不要简单追求自我实现，而要追求自我批判、自我超越，只有实现自我超越、自我变革，才能达到灵性的增长和新的战略成长。

传统的线性思维是黑白假设、非此即彼、非恶即善、零和博弈、从下至上、从低层到高层、强调等级秩序规则等；今天的生态思维，需要我们重新去思考，对思维的认知要从线性思维转向生态思维，要进行认知的革命。

要认知革命，就要回归经营管理的三个最基本命题，即必须重新定义战略、组织、人。

（1）战略。战略是什么？战略本质上就是创新，就是走出连续性经验曲线，寻找突变与挖掘多种可能。未来的战略就是企业在社会网络化协同与生态体系中的定位与布局，要有生态的理念。未来企业真正的核心竞争力是拥有海量的大数据资产、无限的计算能力和持续创新的智能算法。

有了5G以后，真正改变未来战略思维和商业模式的是物联网而不是目前的互联网。所有的物都将变得有生命、有灵性、有价值，真正体现禅宗文化的“一花一世界，一叶一菩提”。那天我们开玩笑说，未来在一个家庭里面，任何一个用具、家具可能都是一个生命体，其中真正能够掌控海量健康数据的是什么？在每一个家庭，我认为可能是马桶，谁拥有马桶，谁就拥有未来人类健康的数据。通过触摸技术、感知技术，每个马桶都是一个健康测量仪，它每天都会产生数据，这些数据直接跟终端对接，每天只要使用马桶，屏幕上马上显示前一天晚上是否喝多了、肠胃处于什么状态、需要补什么，然后医院就会提醒你，保健品公司会给你推送所需要的保健品，健身中心会提醒你几点钟应该减少一下卡路里……物体变得有灵性，有生命，有智慧。企业要抢占消费者和人的场景体验的入口，通过场景去聚集海量的数据，并依据大数据资产，通过算法与算力为客户提供解决方案。

（2）组织。组织也不一样了，不再是传统的组织。过去的组织是为了实现共同目标所形成的协同体系，而未来的组织是可以并行满足不同目标追求的情感体验、价值连接与交互的自动协同体系。在这种体系中，平台化+分布式可能会成为主流。

（3）人。为什么我对中国的未来充满信心？西方国家的逻辑、结构化的思维未来都会被机器人替代，而真正的创新性思维、情感性思维、顿悟思维是机器人替代不了的。机器人可以按照逻辑进行计算，它的算力、算法会比人类强，但是在顿悟、在把握矛盾和度等方面，机器人替代不了人，因为人有智力和情商，两者加在一起是智慧。在智力上，机器人会超越人类，但是在智慧上，机器人超越不了人类。工业文明时期，把人当成工具。但在未来，人不再是工具，而是目的，是价值创造与价值体验的自主心灵成长的主体，不是简单追求所谓的“自我实现”，而是追求“自主心灵的成长”。这一点也是禅宗里面倡导的。为此，未来人才一定是走向合伙化的。

3. 具体的做法

那么，在操作层面上，具体该怎么做？

（1）企业家要转型。企业家如果不转型，企业家就会成为企业转型升级的天花板，企业就很难抓住数字化、智能化时代的历史性机遇。我们认为，企业家要实现八大转型：在所有权的角度，要从“企业家追求个人自我价值与财富实现”转向“事业合伙制，超越个人财富的社会责任担当”；在组织文化的角度，要从“老板个体文化与领导风格”转向“组织文化与共享价值观的团队领导”；在价值评价体的角度，要从“老板个人评价”转向“构建客观公正的评价体系”；在敬畏感的角度，要从“敬畏个人”转向“敬畏规则”；在企业决策与智慧源泉的角度，要从“个人能力与智慧”转向“群体能力与智慧、团队学习”；在企业家的关注重心角度，要从“盯着几个能人”转向“关注人背后的机制、制度建设”；在责任体系角度，要从“对老板负责、对股东负责” 转向“对客户、员工等相关利益者负责”；在人生价值目标追求的角度，要从“做生意、挣钱、短期机会导向”转向“做事业、使命驱动、长期战略导向”。

（2）灰度领导力。现在西方国家都在研究新领导力，新领导力是什么？最近我提出灰度领导力。在错综复杂、不确定的数字化、智能化时代，我们需要新领导力，我把它归结为“六大新领导力”，即使命愿景感召力、跨界融合领导力、开放包容的心态、竞合生态战略思维、分享赋能的领导方式、自我批判与自我超越的品格。

（3）平台化下的分布式生产与管理。未来组织要满足多目标、平行目标，我们称之为平台+微化+项目+自主经营体，而不是单一的目标。未来，组织模式变革的趋势有：平台化组织要有“五去思维”——去中介、去边界、去戒律、去威权、去中心；组织形态要走向扁平化网状结构思维，从金字塔式的科层垂直串联思维转向扁平化交互并联思维；组织驱动力是数字化驱动思维，从威权驱动到数字化驱动+共享文化的自驱动；组织导向是客户化组织思维，从内外部客户化转向平行自动协同思维；组织的职能是赋能服务思维和组织破界思维。这些都是需要我们去改变的，也就是从过去的单一中心制走向多中心分布式。

为此，我们提出了平台+小前端（项目、自主经营体）+生态组织的48字方针：生态布局，网状结构；数据驱动，平台管理；责任下沉，权力下放；领导赋能，自动协同；独立核算，分布经营；共识共担，共创共享。

未来的企业一定要有生态的思维、生态的布局，不可能游离于整个生态之外，要么构建生态，要么参与生态，要么被生态。与此相适应的组织结构是网状结构，而不再是垂直化的金字塔结构。整个企业运行是数据驱动，平台化的管理，没有数据驱动就谈不上平台化管理，有了数据驱动，平台化管理责任才能下沉、权力才能下放。责任下沉了，权力下放了，领导就是赋能，企业内部就是围绕任务自动协同，围绕市场快速协同。做到了这些，组织各个作业单元就是独立核算、分布式经营、如果没有独立核算，不能核算每个个体和群体创造的价值，是很难共享的。最终大家回归到共识共担、共创共享。

中国很多企业如华为、阿里、美的等，很重要的改革方向，一方面是责任下沉、权力下放，另一方面是建立集团的平台。比如，现在很多企业学华为，让听得见炮声的人去做决策，但没有学到华为的平台，没有学到华为的资源高地、赋能能力，学了之后却最终成为个体户的集中营。其实，华为除了前端的铁三角还有系统铁三角，还有支持服务平台，还有总部的十大管理平台，在放权的同时，资源的集中能力、赋能能力、配置能力都更强。又比如，美的的组织变革最终是把散状的各个事业部的物流权、技术创新权、采购权提升到集团总部的资源高地。美的花了将近五年时间才“杯酒释兵权”，把散状的事业部的十个功能全部提升到集团总部，这些平台和事业群之间的关系不再是管控关系而是按照任务市场进行交易的关系。所以，学美的，重要的是学建立内部任务核算体系，未来的价值核算功能会变得越来越重要。

韩都衣舍也是“平台+小组制”。从人才角度讲，事业合伙制是实现生态战略的有效机制，因为重复性的工作、结构化的工作将来要被机器人替代，真正的创新性工作、情感性工作、专业化的工作不可能靠雇佣制，必须靠合伙制。通过合伙制打破组织边界，以合伙制整合产业来形成我们的生态，合伙人不仅仅是企业内部员工，也包括渠道合伙人、产业生态合伙人，所以不仅仅局限于企业内部整合人才，也要在全球整合人才。

华夏基石现在所做的合伙制咨询不仅仅局限于企业内部的高管，也拓展到了渠道和生态，通过跨界合作和合伙制来整合更多的资源。就像温氏一样，5.6万个家庭农场加盟到它的产业链体系里面，本质上就是独立核算、自主经营的事业合伙人，有利于产业生态的形成。

最近华夏基石出了《华夏基石事业合伙制白皮书》，专门论述了企业事业合伙制新价值主张32字方针——志同道合，利他取势；共担共创，增量分享；相互赋能，自动协同；价值核算，动态进退。我们提出，合伙制不是去分享存量而是分享增量，这种增量分享不仅适合民营企业，更适合国有企业，保证国有企业在保值增值的基础上让国有企业家和人才进行增量分享，还有就是相互赋能、自动协同，最后建立新的价值核算体系和动态进退的机制。我们现在已经在几十家企业推，目前来看，效果是非常好的。

四、做好自己，活着是硬道理

要应对当前宏观格局的变化，除了变革思维、认知革命以外，很重要的还是做好自己。从今年到明年，对很多企业来讲，可能日子更难过。我最近写了《现金为王》《内功为要》《人才为本》几篇文章，内有阐述，在此不做赘述。我认为，经济上升期，企业获得高速成长不重要；真正的经济下行期，企业要做好活下去的准备，重要的是撑过危机期，活下来才是硬道理。

宏观上，我们期盼通过中美贸易摩擦的倒逼，使得我们进一步加大对外开放，进行更深入的体制改革；通过倒逼，使得我们真正认识到民营企业家的重要，呵护与尊重企业家精神与创新创业的精神，让民营企业真正在整个社会经济活动中得到尊重（在中国，未来的国有企业和民营企业是一体两面或者相互渗透，你中有我，我中有你）；通过倒逼，使得我们真正加大对技术与产品创新的投入，去补中国企业的短板；通过倒逼，真正重新认识并弘扬优秀的传统文化，抓住数字化、智能化的历史机遇。

我们有充分的理由对未来充满信心，正是因为这样，我们说“最糟糕的时代，也是最好的时代”。当你点亮蜡烛，黑暗会自己消失，做好自己比什么都重要，活着比什么都重要。

（华夏基石e洞察公众号2018年11月2日发布）

中国企业12字生存常识

一、12 字“活命”方针

在经济下行与危机时期，企业要熬过寒冬，争取活下来，我认为要靠12字“活命”方针，即“现金为王，内功为要，人才为本”。这12个字既是一个企业生存的常识，也是应对困境之策。

第一，现金为王。所谓现金为王，是指现金流为王，经营性现金流为王，而不是现金本身。一个企业只要现金流不断，哪怕是暂时亏损也死不了。尤其是在经济下行期，有充足的、可支配的经营性现金流，永远是危机期的最大赢家。

大家如果注意华为每年的年报，就能发现它主要公布三个指标：①销售收入；②利润；③经营性现金流。中国很多企业只关注前面两个指标——销售收入多少，赚了多少钱，很少有企业在年报时提经营性现金流。但在经济危机时期，这三个指标中，最重要的是经营性现金流，而绝不是销售收入，也绝不是利润指标。所以，中国企业在危机时期要增加经营性现金流的意识，因为只要保持良好的经营性现金流，企业正常运营不缺钱，企业就死不了，就能够活下来。

有的专家认为，在经济下行时期，现金流比利润重要10倍，比收入重要20倍，因为所有熬不过去的企业都是死在现金流短缺上。

第二，内功为要。不管外部世界发生什么样的变化，唯有做好自己、积蓄内功才能度过危机。企业家与企业一定要回归客户价值，做好产品与服务。尤其是在危机时期，更要靠差异化的产品和服务获得真正的内在生存能力。为什么说内功为要？其实还是回归客户价值，回归产品制胜，回归成本、质量、交付期这些最经典的指标上，才能靠差异化去渡过这个难关。换句话说，经济下行期就是要比别人能够耗得更久，以你的能力，以你的内功，以你积蓄的能量，耗到最后，耗到别人死，自己活下来。

第三，人才为本。人才永远是企业最终的本钱。最近我给企业家做咨询，说实在的，我更多的是充当心理医生的角色。因为我是永远乐观、充满正能量的人，许多企业家哭丧着脸来找我聊，信心满满而走。危急关头，信念的力量最伟大，信心比黄金更管用。留得青山在，不怕没柴烧，人是最重要的，人是前面的那个“1”。企业家千万别因为经营压力愁得睡不着觉、吃不下饭，进而把身体弄垮了，把革命意志丧失了。这个时候更要保持良好的心态，对未来充满信心，不要把亏损当回事，不要把业绩出现下滑当回事。财富可以暂时失去，只要人在，永远保持这个“1”立得更稳，就能把“1”留住，将来再努力加0。

我一直认为，中美之间不是简单的贸易战，而是意识形态之争，发展方式之争，老大与老二之争。这绝对不是一个短期博弈过程，而要立足打持久战，以战止战，以战求和，最终拼的是谁的体能好、实力强，而其中最重要的是企业家与企业家精神。只要保护好企业家精神，就有中国经济的发展在；团队在，奋斗精神在，失去的都会重新获得。所以，最重要的是企业家精神，最重要的是团队的凝聚能力，最重要的是大家能够真正同甘共苦，而不是作鸟兽散。这个时候，更要强调文化，强调大家共同的使命追求，强调对人才的长期激励。这是考验企业打造的是雇佣军还是有使命感的正规军的最重要关头。

因此，危机时期，核心是企业家，企业家是最大的人才、最大的人力资本、最大的渡过难关的能量场。只要企业家保持健康心态，能够对未来充满信心，不屈不挠，奋斗精神在，这个“1”存在，将来后面去加多少个0，都有希望。

二、现金为王：经营性现金流的十大策略

具体在操作层面上，要做到现金为王，我认为有十大策略要点。

1. 保住现金流

首先是保住销售收入，一切以市场为核心，加大市场投入与市场激励政策，全员营销，让所有员工都在自己岗位上为营销做出贡献，人人都关注公司的经营绩效，以保证销售收入增长不滑坡。虽然我们说收入跟现金流相比，收入不重要，但收入是保持现金流的前提。没有销售收入，失去了市场，也就失去了现金流的来源。

其次要认识到现金流来自客户，来自最有价值、最忠诚的老客户，包括以下4类。

（1）不受经济周期影响的消费者或客户。有的客户不受周期性经济影响，甚至在别人的衰退时期恰恰处于增长时期。比如，改革今年我们华夏基石的国有企业客户在增长，国有企业的经营性现金流与运营资本比民营企业好，而且国有企业正在推进改革，对咨询的需求旺盛。如国有企业的改革现在主要改革三方面：第一，产业整合与混合制所有制改革；第二，三项制度改革（人事、劳动、分配制度）与三能机制（能上能下机制、收入能增能减机制、员工能进能出机制）创新；第三，探索核心人才的长期激励问题。而这些恰恰是我们华夏基石的强项。所以我们现在就要加大国有企业咨询产品与服务的研发投入，加大国有企业咨询市场的开发力度，为国有企业的深化改革提供新的产品服务，以保明年业绩不降。

（2）转型与消费升级中需求强劲的客户。在转型升级的过程中，会产生很多客户。比如，有一个客户，过去是做软件的，3年以前我们给它制定的战略是软件企业要转型，要做大数据，要做云计算，要掌控终端数据，同时，不光是做软件，软硬要

结合。依此战略和思路进行业务转型和调整，今年业绩大增，而且随着产业互联网升级换代，它整个业务增长长期被看好，抓住了这类客户，你就抓住了未来。

（3）新型消费需求旺盛的客户。在新兴产业、新兴领域会产生很多新需求的客户，企业要服务于新的领域和新的产业，如与5G相关，与数字化、智能化相关，与环保、生命健康等相关的新型产业将产生需求旺盛的新客户。

（4）老客户、忠诚客户。一定要注意老客户、忠诚客户，他们是危急关头的“白米饭”。在企业高速成长时期，可以靠新客户来替代老客户，但是，经济危机时期没有那么多新客户，只有回归到吃老客户的饭，谓之“啃老”，这是真正的衣食父母，最后的口粮，最终的底。

不管怎么样，整个企业到了这个时候，要以市场为核心，一定要加大市场投入与市场激励政策。在危急关头要全员营销，让所有的员工都在自己岗位上为营销做贡献。人人都要关注经营绩效，要打销售收入保卫战，保证销售收入增长不滑坡。因为只有销售收入增长不滑坡，或者保持一定的销售收入，才能保证现金流。当然，这个不是简单去守住市场，而是既要守又要进攻：守是指守住老客户、忠诚客户；进攻是指挖掘最有价值的新客户和具有潜力的新客户。

2. 强化应收账款回收与管理

一个是应收账款，一个是赊销，一个是存货，这三个要素要上升到老板的思维范畴里面去。过去老板可以不关注这三个要素，认为这三个指标都是财务的问题，但现在，这三个问题实际上不再是财务问题，而是老板要亲自关注的内容。

（1）强化应收账款回收与管理。在危急关头一定要强化应收账款，比如，华为当年应收账款大，导致现金流紧张，为此，公司高层专门成立回收账款领导小组：第一是每个人要扛责任，要把钱拿回来，先不顾成本把钱拿回来落袋为安再说。第二，加大对应收账款的回收力度和激励力度，收回来给重奖。因为在危急关头，客户的现金是有限的，是要去“抢”钱的，你“抢”到了，竞争对手就没钱了。

（2）杜绝或减少赊销。这个时候一定要现货现款，绝对不能搞赊销。经济高速发展的时候，大家都好过，赊销无所谓。有单就签，要货就发，没有对客户进行信用管理，没有设定订单最低付款发货的标准，一切为了销售收入，为了销量，为了规模。但在危机时期，卖出的任何一件产品都会占用资金，必须把钱收回来，即便把成本收回来都行，企业就能活下去。如果这时还盲目赊销，必将导致企业现金收入变成应收账款，而且越是危急关头，客户就越不愿意付款，越要拖欠，越希望赊销，企业就催款越难。一旦收不回来，导致销量越大，应收账款越大，现金流就越紧张，资金断裂风险就越大，死得越快。比如，过去饲料行业的很多企业就是死在赊销上。我们在六和集团做咨询的时候，一直给他们提建议：坚持现货现款，哪怕销售收入受影响，也要先把钱收回来，落袋为安。

（3）削减库存与存货，加速资金流转速度，增加运营资本。企业不能让研、产、销脱节，盲目承诺交期、盲目采购、盲目生产，大进小出，甚至只进不出，会导致大量现金变成存货。要强化经营计划预算，生产要按经营计划预算来进行，不能盲目生产，而且要基于客户的需求才安排生产和发货。如果还是按照过去先生产再销售的思维，肯定采购越多，生产得越多，存货越大，最后现金流变成存货。所以，一定要减少存货，减少库存，加速清库。

3. 筹划剥离可变现的非核心资产

危急关头，手上有无可变现的非核心资产救急，是防止企业“猝死”的关键。

（1）筹划剥离可变现的非核心资产，落袋为安，资产稳定变现。一旦遇到金融危机，把非核心资产变现，能够保住主业。比如，当年华为在遇到经营困难的时候，首先以7.8亿美元的价格把莫贝克卖掉，这是华为的救心丸。华为国际化的时候又以40亿美元的价格卖了3COM，补充了现金流，但是后来有钱以后，又把它收回来。任正非一直没有把这两块并入主业里面，其实他很聪明，因为华为一旦遇到现金流紧缺，随时可以把竞争对手想要的这一块资产进行变现。所以，有些新业务、非核心资产要养着，不一定把它完全并到主业体系里，而且这个业务一定是竞争对手或者某些大的机构想要的，真到了关键时刻，可随时变现，能落袋为安。这种资产叫“救心丸”，真到了差一口气的时候，“一把”卖掉，补上这口气。而“救心丸”是要预先筹划的，中国很多企业缺乏这种意识，到了关键时刻，现金流短缺，没有可变现的资产，没有“救心丸”，只能临时卖，临时卖全是贱卖，100亿元的资产，换10亿元现金也得卖。

（2）剔除、退出亏损业务，削去“长尾”业务（长尾消耗资源，只贡献很少的收入），精简产品组合。这个时候要大胆做减法、主动做减法。

4. 拓宽并创新融资模式与渠道，帮助消费者或客户融资

企业要想资金不断，还要有多种融资渠道，不能吊死在一棵树上。在融资上一般要注意两点：

（1）融资渠道不能太单一。因为遇到金融危机，融资渠道太单一的话，风险太大，很容易遇到问题，要创新并拓宽融资模式与渠道，这就是我们所说的金融模式创新、渠道模式创新。

（2）帮助消费者或客户融资。当年，华为、中兴通信的国际化，就是通过买方信贷帮助客户融资。

5. 开发和建立供应链长期的战略合作伙伴关系

企业要开发和建立供应链长期合作伙伴关系，尤其要强化供应链的管理，建立供应链管理体系，打造战略性供应链，以防短期或一时资金紧张，出现断货风险。中国企业不太注重供应链管理，但在制造行业，其实供应链的成本占到总成本的60%—

70%，所以，在危急关头，要做好供应链管理，与供货方签订长期战略合作伙伴协议，一方面可以减少成本，另一方面可以提高抗风险能力。

金融危机时有两个大问题：一个是现金流短缺，一个是断货。一旦原材料供应链断裂，人家不供给原材料，就会没货可生产、没货可卖，也就产生不了销售收入，最终，这个企业就会死。而建立长期固定的战略合作伙伴关系后，供应商也不会短视，会优先保障战略伙伴供给，为此，企业要把供应链作为一种金融资源来看待，上升到金融战略要素来看待，当现金流来看待。同时，供应链也是企业的安身立命之本。

还有很重要的一点，一定要有战略压舱石，不要轻易抵押股权去做投机生意，要有战略储备金。企业家发了大财，要留一部分资金放在家里（结发老婆）那儿不动，作为压舵石，真到了关键时刻，银行靠不住，酒肉朋友靠不住，情人更靠不住，唯有老婆、儿子靠得住，关键时刻愿意掏钱为你保命。我的许多咨询客户中，这一轮股灾中，有数十位企业家出现严重现金短缺，很痛苦，过去都是几百亿元资产的企业，就是因为没有战略压舱石，关键时刻三五亿元现金都拿不出来救急。

6. 深入分析研究定价策略，挖掘有价格弹性的客户群

危机时期的定价策略是要差异化的。

（1）对具有独特优势、较强市场地位和品牌影响力且消费者愿意购买的自有品牌产品，价格不要乱动，维持价格稳定不变。因为调价会伤害客户，降价会伤害品牌。

（2）对极度红海的竞品及价格敏感的产品，这时候不要被动降价，而要主动降价，预先降价，吸引预算降低的消费者，薄利多销，迅速回笼资金，也不影响品牌。现在很多人在红海和价格敏感的产品上，往往是被动降价。这就输了，因为人家已经把现金都抢走了。客户兜里只有这一百元钱，抢得快，你拿走了，别人就没有了；抢得慢，钱已经没有了，降价也没用。

7. 创新强化资金风险管理

要强化风险管理意识，防范以下风险：①资金短缺的风险，原先很多中国企业家不觉得自己缺钱，这一轮的股市下跌以后，真正让大家觉得缺钱，觉得现金太重要了。②投资与使用效率的风险，很多人没有这方面的风险意识，乱投，盲目多元化，拿着钱不当回事，随便撒钱。③投资与使用安全风险。④建立风险意识的制度保障。

具体来说，要注意以下5点。

（1）严禁短贷长投。中国的企业基本上存在短贷长投的情况，最近我研究的上市公司，很多都是短期融资用于长期的固定资产投资，这个时候不能用短贷、信贷基金去做固定资产投资。

（2）严控担保风险。有的企业老板死在担保上，自己经营得很好，业绩好，利润好，但因为给别人做担保出问题，账上资金因被担保企业还不起，银行直接划走。

（3）严控风险投资及投机生意。这一轮许多企业杠杆融资去做P2P，捞快钱，打了水漂。

（4）严禁高息融资。地下钱庄高息贷款的，那帮人真是会剁手剁脚，天天追，弄得人精神高度紧张。

（5）要减少固定资产投资，一定要戒除土财主心态——觉得把现金变成固定资产才有感觉。

8. 捂紧钱口袋

削减管理费用及不当开支，反对铺张浪费。过去，钱多的时候，为了发展，不顾一切，随便花；现在，要捂紧口袋，削减管理费用和开支，省着花。

9. 与银行和投资人高层建立有效沟通渠道与信赖关系，给予银行及投资人以未来发展信心

企业不能只跟业务员打交道，还是要跟高层建立有效的沟通渠道和信赖关系。要跟高层进行沟通，建立直接关系，让他知道这个企业的资金和经营都暂时断不了。企业最怕的是到点就被银行把钱给划走了，很多企业都是死在这个方面。

同时，一定要给予银行及投资人未来发展的信心。这个时候，对未来要有自信，要有规划。在找投资人方面，一定要找类似高瓴资本、巴菲特这种金主，因为它用的是保险基金、养老基金，是不追求短期回报的，至少是追求10年甚至20年以后的回报。高瓴资本为什么敢投京东？就是看中京东的未来，然后愿意为亏损进行长期的投资，它不追求短期三年五年变现。

企业最怕的是股东全是短期逐利。短期逐利一定会出现两个现象：一是天天逼着要赚钱，即使遇到金融危机，也天天逼着要，给你巨大的压力。二是内功练不起来，天天让你去搏杀，不能让你去养精蓄锐。所以，要找到具有长期战略眼光的投资人。

10. 以产品与服务的持续创新（新技术、新功能、新体验），激发消费者购买动机

以产品与服务的持续创新（新技术、新功能、新体验），激发消费者购买动机，永远是赢得市场与消费者、保护利润率、获得充足现金流的最有力杠杆与终极武器。现金为王也好，“过冬”也好，其实最本质的东西还是回归到差异化的产品与服务，这是最过硬的。只要有高性价比的好产品，一定会有人买单。所以，这个时候恰恰要加大对产品服务的创新，而不能减少。

金融危机面前两个东西不能减：一个是对产品服务的创新投入不能减；二是人才的收入不能减，当然这种收入是指总收入，可能减少短期收入，但是要增加股权激励和长期激励。金融危机时，不能减少核心人才的收入，减收入的话，人才是一定要走的。这个时候恰恰要适度提高待遇，吸纳行业里面的优秀人才加盟。所以，不是简单裁人，而是要把优秀人才吸纳进来，因为这个时候所有行业都不好，优秀的人才都愿意出来，人才的代价是最低的。

三、内功为要：苦练六大内功、升级六大思维

我们正进入一个新旧动能转换、模式交替、数字化与智能化加速应用的新时代。这两年可谓“新”字当头：新科技、新制造、新零售、新能源、新金融、新模式、新动能、新产业、新生态。面对新词频出的状况，最近来我茶室交流的企业家都显得有些焦虑而无方向感。一方面，企业传统模式受到新模式的挑战与冲击，不知如何应战；另一方面，对极速变化的市场与产业发展新机遇，看不明白。是继续观望，还是大胆跟进，许多企业家心里没底。加之中美进入战略对抗期，贸易战烽烟骤起，今年以来，明显感受到中国企业家压力大于动力。

面对“新”，我们该如何作为？我还是奉上一碗老“鸡汤”：做好自己比什么都重要，拥抱变化比什么都要紧。第一，做好自己，就是要回归长期价值追求，练好内功，做好产品与服务，以内在的确定性应对外在的不确定性，以不变应万变；第二，拥抱变化，就是要抬头看方向，洞察产业趋势，不拒绝新事物，在不变中求变，该变的要变，自我革命。改变从企业家自己开始，从思维革命开始，从主动走出舒适区开始，从接触新事物开始。

不变的是什么？要苦练的内功是什么？我认为不变的是你的笃信、你的人品、你的价值立场、你的存在价值。优秀的企业家都有坚定的信念和信仰，经营企业就是经营信仰，就要有长期价值追求。真正的笃信就是执着而偏执、就是敢于押上身家性命，付出毕生精力去成就一件大事，干成一个好企业。做企业就是做人品，好人品体现在真材实料、货真价实，为社会提供安全、环保、可靠、高品质的差异化产品与服务上。做企业不变的是坚守的价值观，是在风口与机会面前，让欲望有序释放、自我不膨胀的组织理性。做企业就是做价值，在社会分工协同体系中找到自己定位，找到自己价值创造方式，找到自己不可替代的存在价值。

1. 练内功练什么？要练六大内功

（1）升级脑力、拓宽眼界。即升级企业家的战略思维，锤炼未来洞察力。企业的内功首先体现为面对变化，企业家的大脑不犯糊涂，对未来变化能敏锐洞察，对战略机遇精准捕捉，以保持战略方向正确、战略定力稳固、战略执行到位。这就要求企业家与高层领导团队做到以下4点。

首先要关注变化，敢于拥抱变化。比如要高度关注新技术的革命，关注产业互联网时代新技术的综合应用趋势，以此把握产品技术创新的方向；高度关注产业价值链与产业生态的变化，以此进行产业布局与业务结构调整；高度关注客户需求变化与每一波社会情绪和审美的切换，以此进行产品与品牌升级。

其次，企业家要自我变革，升级脑力与眼界，要有全球视野和长期发展观，从机会导向转向战略导向，从捞一把就走的生意人思维与眼光转向做事业，从仅仅关注当

下利益到关注十年、二十年的意义与价值，愿意并舍得对未来进行长期战略投入，加大对人才、技术、品牌、管理等软实力投入。

再次，企业家要从依靠个人的脑力与眼力，转向吸收宇宙能量、集聚众人智慧，从企业家个人成功走向团队成功，致力于打造团队与组织。

最后，企业与企业家要敬畏规律、遵守法则，恪守商业伦理、底线经营，习惯付出规则和法律成本，建立组织理性，创造阳光利润，受人尊重，这才是内功之所在。

（2）健全体魄、强壮骨骼。即健全优化公司治理结构，强化干部队伍建设。企业的生存力与竞争力来自健全的体魄和强壮的骨骼系统，健全的体魄来自企业健全而优化的公司治理结构，强壮的骨骼来自强大的干部队伍。因此，企业的内功之二就是要构建优化而健全的公司治理结构，打造能带领员工打胜仗的干部队伍。健全而优化的公司治理结构是企业健康成长的DNA与基础工程，中国企业的“内乱”往往是乱在公司治理上，具体问题表现为以下5方面。

①无论是国企或民企，产权结构始终难以优化，要么一股独大，要么股权过度分散，与产权结构相联系的企业的控制权、经营决策权、业务管理权限缺乏理性的制度安排，众多企业陷入控制权之争而打得不可开交。

②无法正确处理货币资本与人力资本的矛盾关系，无法确立老板与职业经理人的信任承诺关系，无法在确保股东权益不受侵犯的前提下，对人力资本剩余价值索取权与经营话语权做出公平合理的制度安排。

③无法建立科学的决策机制与流程，既弘扬企业家精神，发挥企业家的创新与直觉思维优势，又集聚群体智慧。

④无法构建有效的集团化组织管控模式与平台化赋能系统。

⑤无法实现组织相关利益者的价值平衡与社会责任承担。干部与干部队伍是企业的骨干与骨骼系统。路线确定后，干部是决定因素，干部强，骨骼强，骨骼强就战斗力强，就是队伍强，就能打胜仗。因此，干部队伍建设是企业练内功的核心。华为、小米、阿里等企业都专门成立干部部，以强化干部队伍建设。干部队伍建设主要有三要素——使命、责任、能力，即赋予干部持续的使命激情、构建干部勇于担当责任的机制、打造有效的领导力发展系统。堡垒往往从干部这个看似最强的骨骼系统被攻破，干部队伍要时刻预防和铲除四种毒瘤：官僚主义与形式主义、山头主义与帮派主义、腐败与坠落、怠惰与不思进取。

（3）苦练拳法与腿功，深耕客户价值。即以客户价值为中心，让产品这个拳头硬起来，让有力的腿脚深耕客户关系价值。企业的内功最终取决于两项基本内功：一是为客户创造价值，赢得客户信赖与忠诚的内功；二是做好产品，将产品做到极致，让客户无法拒绝购买与体验的内功。经济低迷期，企业要一切以客户价值为核心展开经营管理工作，客户才是公司利润源头。

①以客户为中心变革组织模式，打造客户化组织。要进行组织变革与机制创新，压缩管理层级，简化组织，降低决策重心，组织内外客户化，全员围绕市场与客户展开合项工作，实现员工从“屁股对着客户，脑袋对着领导”到“屁股对着领导，脑袋对着客户”的转化。

②以客户为中心优化业务流程，减少审批环节，责任下沉，权力下放，激发一线人才为客户创造价值的活力与动力。

③剔除一切不创造价值的环节、节点和行为，让每一位人才都成为价值创造者并有价值地工作。

经济低迷期，企业只有产品“硬”，拳头才硬，企业的命才“硬”。产品是搞定客户、赢得客户最好的武器，是真正的内力所在。苦练做产品内功，埋头做好产品是正道。产品“硬”主要体现在两方面：一是产品差异化，有技术含量和附加价值，价格贵点但客户也愿意掏钱买，同时企业不必与竞争对手血拼价格，企业有利润空间，就能存活。经济低迷期，消费乏力，这个时候企业恰恰要加大产品创新的投入，开发适应市场、满足不同人群需要的差异化产品。要强化你的产品为消费者及用户带来的好处，解决消费者的痛点，创造可靠、有效的价值。

（4）强化腰脊、提升抗打击力量。即构建卓越的营运系统与敏捷的供应链。企业的运营系统与供应链是组织的腰与脊梁；企业的运营效率与供应链效率决定着企业的总成本领先，决定着产品的成本、质量、交付期、性价比。降低成本、稳定质量、准时交付是最能体现企业运营管理和供应链水平的内功的。产品品质好，成本低、性价比高，市场竞争力量就强大，抗打击能力就强。华为、美的强，是强在卓越的内部高度协同的高效运营系统；绝味食品之所以近两年能超越周黑鸭，赢就赢在超强的基于信息化的供应链；百果园能异军突起，也是赢在产业链与供应链。因此，加大企业运营的信息化与数字化的投入，构建敏捷的供应链，提升客户价值实现速度并实现总成本领先是企业熬过“严冬”的最主要的求活之道。切记，未来的企业赢在供应链与卓越的运营。

（5）苦练心肺功，提升组织生命力。即文化管理与人才机制创新提升组织凝聚力与活力。企业的心肺功能体现为组织的文化凝聚力、人才价值创造的活力。它是组织生命力之所在。

第一，苦练文化价值观“践行功”与“落地功”。文化的力量不是来喊口号，也不是摆姿态，而是发自人才内心，扎根于人的行为。人才认同公司的目标追求，彼此对公司的核心价值观有共识，就能凝聚人才，力出一孔。

第二，持续激活人才功。树挪死、人挪活，人才内外适度流动和动态配置产生新价值。差异产生落差势能，不平衡激发价值创造活力，压力爆发潜在能量，因此，人才功不能懈怠，价值分配要适度拉开差距，人才要以奋斗者为本，要适度竞争淘汰，对没有能力和贡献的人要无情淘汰、有情退出。活力与压力是高绩效组织战斗力的来源。正如毛泽东所言，组织的活力和战斗力来自组织的“团结、紧张、严肃、活泼”。

（6）打通经络血脉、提高要素造血功能。即现金为王，提升要素效能。现金流与要素效能是组织的经络血脉与造血系统，企业现金流短缺，人才、技术、品牌、资本等要素投入效能低下，企业很容易突发性失血、断气而亡。

2. 不变中变的新六化

不变中的变是什么？首先要改变的是老板自己，企业家是企业成长的天花板。老板不改变，企业没法变，而老板的改变是自我改变，自我革命，谁也医治不了老板，老板只能自疗。在新时代，老板首先要改变的是什么？我认为是思维与认知模式。数字化与智能化不仅是一种技术革命，更是一种对世界、对社会、对组织与人、对人与人关系的认知与思维的革命。我们在座的各位企业家都身价上亿，但我们不得不承认，我们对所处物质世界的认知只有5%，我们对新事物的认知是贫乏的。对于企业家而言，最大的贫困是思维与认知的贫困。认知与思维的革命从何开始，我认为还是从经营管理的基本命题开始，即战略、组织、人才、领导、资源、运营。为此，作为企业家和企业高管，在数字化与智能化新时代，我认为要确立六大新思维：战略生态化、组织平台化、人才合伙化、领导赋能化、运营数字化、要素社会化。

（1）战略生态化。未来的社会与市场是一个深度关联、跨界融合、开放协同、利他共生、看似无序但有序的生态圈系统；不再是二元对立、界限分明、彼此独立、相对封闭的有围墙的花园。企业的战略选择与战略定位都绕不过生态这两个字。

首先，企业的战略思维要从基于经验曲线的连续性线性思维转向基于未来不确定性洞见的生态战略思维，企业家要洞察未来的趋势、变化与机遇。依靠旧地图，找不到新大陆，要勇于创新，走出经验的舒适区。

其次，企业的战略定位要放在跨界融合的社会化网络分工体系中，从点、线、面、体四个方面去寻求生存和发展的位势。

再次，企业的战略选择不再是非对称性的、单一聚焦战略选择，而可能是对称性的多选择、动态探索中的迭代聚焦。

最后，市场竞争不再是零和博弈的你死我活的二元生态思维，而是利他取势、共生共存的生态圈思维。未来的企业主要有三类：第一类是生态圈构建者，如阿里、华为、腾讯、小米；第二类是生态圈参与者或依附者，如小米的生态企业、温氏的农场主；第三类是超生态连接者，如某些细分或垂直领域的隐性冠军，凭借独特的产品技术与众多生态企业连接、交互。

（2）组织平台化。与战略的生态化相适应，组织日益扁平化、网络化、去中介化、去中心化、去威权化，平台化组织+分布式将成为主流的组织模式选择。平台化既是一种新经营模式，也是一种全新的组织模式，阿里的淘宝、滴滴出行、小米生态、温氏的企业+农场主就是一种平台化企业或平台化经营模式，而华为、美的、海尔、韩都衣舍则是一种平台化组织管理与内部平台赋能模式。无论何种平台化组织模式，我总结都离不开48字方针：生态布局、网状结构，数字驱动、平台管理，责任下沉、权利下放，领导赋能、任务协同，自主经营、独立核算，共识共担、共创共享。

（3）人才合伙化。知识型员工成为企业价值创造主体，人力资本与货币资本的关系不再是资本雇佣劳动、剥削者与被剥削者的对立关系，而是相互雇佣、平等的合作伙伴关系。知识型员工的三大价值诉求是剩余价值索取权、经营管理参与权、成就感。未来的人才机制的主体是合伙机制，我提出人才合伙32字方针：志同道合，利他取势；共担共创，增量分享；相互赋能，自动协同；价值核算，动态进退。

（4）领导赋能化。在传统的金字塔式科层制组织管控模式下，组织的运行是以最高层领导为单一中心，各级领导者的基本职能是指挥、命令、监督控制。领导者的权威来自单一威权中心的职位层序所赋予的职权，职位越高，权力和资源集中度越大，老板是绿皮火车头，火车跑多快，全靠车头带。但在生态战略思维、平台化组织与人才合伙机制中，组织是多中心与多动力的动车与高铁，每节车厢都自带动力驱动。组织的运行是一切以客户为中心，领导者的核心职能是洞察客户需求与趋势，指明组织前进的方向，创新机制，激活组织价值创造动能。领导不再是高高在上的威权领导，而是赋能式领导。威权领导难以激发人才的成就动机，抑制组织的活力与创新。

赋能式领导的主要特点是：从威权命令驱动到愿景与正能量引领，从老板高高在上决策、集权于一身，到老板深入一线洞察市场与客户，授权基层决策；从以老板为中心调动资源、为基层赋能转向平台化、多中心、多层次依据一线需求进行资源调配与赋能。领导就是指明方向，激发活力，组织赋能。

（5）运营数字化。将数字化作为核心战略，进行数字化的转型，实现运营数字化，从经营市场到经营数据，是中国企业未来战略成长的一个必然选择。数据资产成为企业最大资产，海量的数据、算力、算法将成为企业新核心能力，企业的数字化转型将成为核心战略。数字化转型与运营的核心内容包括：

①数字化战略思维与商业模式创新；

②数字化领导力（行政命令权威驱动到文化与数据驱动）；

③组织与人的关系数字化重构，数字化组织形态与数字化虚拟团队的组建，人才的自我驱动与数字化驱动；

④数字化运营平台与数字化供应链管理系统；

⑤数字化客户需求连接与数字化精准营销；

⑥数字化人才管理与人才社区等。

（6）要素社会化。在数字化与产业互联时代，一切皆可连接、一切皆可交互，一切产业要素皆可社会化，皆可为我所用。产业的技术创新要素、人才要素、品牌要素、资本要素等日益社会化。不求人才为我所有，但求人才为我所用，不求资本为我所有，但求资本为我所用，对产业要素资源要从所有权思维转为使用权思维。企业要构建产业生态，一方面要开放合作，要将内在产业要素社会化，转化为社会化的共享与基础系统，另一方面要将社会化要素内部化使用，要开放合作，集聚社会化要素资源为我所用。

四、人才为本：新人力资源管理 20 条

人才永远是企业最终的本钱。在三十多年的人力资源管理教学、研究及咨询实践中，逐步形成和完善了我的人力资源管理观，最近结合我对数字化与智能化时代人力资源管理的新思考，重新修正与提炼了原来提出的人力资源管理金句20条，与各位企业家朋友与HR同行共享。

1. 企业经营的本质是经营客户，经营人才，但经营客户最终还是经营人

经营人的本质在于经营人性、经营人心，在于经营人的价值与人的发展。因此，人才经营主要包括三大核心内容：经营人的知识价值、经营人的能力发展、经营人的心理资本。人才经营的核心任务是要通过对知识、对人的智慧资源的管理，构建有效的知识交流、共享、应用、转换、创新平台，激活人的智慧和价值创造潜力，去放大组织的人力资源价值与效能；通过打造人才供应链与能力发展学习系统，来支撑战略目标的实现与业务的增长，实现人与组织的同步发展；通过有效的心理资本管理体系，提升人才的工作场景体验与幸福指数，进而提升人才对组织的认同感与忠诚感。

2. 人力资源管理不仅仅是人力资源部门的事情，而是全体管理者和全体员工的责任

人力资源第一责任人是CEO，是各级经营管理者，企业一把手才是企业的首席人才官。企业的每位管理者都要承担两大绩效责任：一是率领团队完成目标任务绩效，二是维系团队实现人才发展绩效。企业的人事总监要跳出专业职能层面，像企业家一样去思考人的问题，要对未来趋势有洞见力，对客户需求有洞察力，对人性有洞悉力。

3. 人力资本的投资优于财务资本的投资，人才要优先投、舍得投、连续投

人才投入是价值回报最大的要素投入，最贵的人才，只要有效使用，就是最便宜的人才；最便宜的人才，如果得不到有效使用，就是最贵的人才。有多大人才投入，才会有多大产出，试图用三流的待遇去获取一流人才，还希望其做出一流贡献，无异于白日做梦。唯有一流待遇，才能吸纳一流人才，让其做出一流贡献。

4. 企业家是企业成长的“天花板”，能打胜仗的干部队伍是企业战略成功的决定要素；人工智能再厉害，也厉害不过人的信念与情怀，更斗不过人在江湖的智慧

企业家的自我超越与干部队伍建设是战略性人力资源管理的核心。企业家的领导力是企业成长的“天花板”。如果企业家不能自我批判、自我超越，企业就难以走出过去的成功陷阱，企业的成长就会受制于企业家自己而“封顶”。干部队伍是组织的

骨骼系统。骨骼系统如果不健全、不给力或者“长毒瘤”，那企业家空有好的战略，最终也落不了地。干部队伍建设的三要素是使命、责任、能力，即赋予干部持续的使命激情、构建干部勇于担当责任的机制、打造有效的领导力发展系统。干部队伍这个看似最坚强的“骨骼”，往往也会成为企业最容易被攻破的“软肋”。最安全的地方往往蕴藏着最大的风险。所以干部队伍要时刻预防和铲除四种毒瘤：①官僚主义与形式主义；②山头主义与帮派主义；③腐败与堕落；④惰怠与不思进取。

5. 人才要以用为本、以价值创造者为本，而不是简单以人为本，以人性为本

人才不是古董，古董放着不用，不摔打，越“老”越值钱，而人才不用就贬值，不摔打就不能增值。人才不是摆设，不是用来“供养”和拿来“显摆”的，而是要用来创造价值的。不为企业创造价值的人才，就不是企业的人才。只追求拥有人才，而不提供人才有效使用的机会和舞台，是对人才最大的不尊重，也是对人才的最大浪费。合适即人才，有用即价值，有为才有位，不求人才绝对高端，但求人才最合适，最能有效地进行价值创造。因此，人力资源管理的核心是：让每个人成为价值创造者并有价值地工作。

6. 人性的善与恶是一体两面，对人的认知与管理要用量子力学中的“态叠加”及灰度管理思维

人的优点与缺点并存，是“态叠加”的混沌体。对人性的假设，过去是二元对立思维，非白即黑，非恶即善。但是，善与恶本是一体，同在个体之中，相互叠加，动态转换，人是善是恶，取决于内心的价值追求与外在的认知影响。从这样的人性假设出发，我们才能理解，为什么伟人也会犯错误，为什么小人物也能有大创举。

因此对人的认知与管理，要有“灰度”思维。黑白叠加呈“灰色”，人无完人，优势与缺陷并存；优点突出的人，缺点也突出，再伟大的人有时也会管不住内心恶魔的冲动，偶尔也会糊涂犯错误，内心的修炼是一个长期而持续的过程。因此从用人的角度来说，要包容有个性、有缺点的优秀人才。同时，对人的管理既是一门科学，又是一门艺术，既要科学地理性地抑“恶”，又要艺术地感性地扬“善”。要激活高智商的人才，用人就要有“灰度”思维，老板有时要装傻，对人才的小毛病、小缺点视而不见，“水至清则无鱼，人至察则无徒”。

7. 用人的第一原则是优势发挥与长短互补

经营管理要善于发现短板，及时补短板，而人的管理、团队合作则要善于发现人的“优势”，保留短板，而不是急于补短板。有高山，必有深谷，只有发挥优势，才能激发组织中每个人才的内在潜能。让每个人成为价值创造者，让每个人都有成就感，让每个人的才智在组织中得到超水平发挥，才能各尽其才、人尽其用。没有完美的个人，只有互补性的完美团队，面对短板不是自补，而要互补。要扬长避短，而不是取长补短。保留缺陷，发掘自身优势，并学会欣赏别人的优势，与志同道合的人形成优势（个性、能力）互补的团队，进而发挥团队聚变的力量。

8. 文化管理是人力资源管理的最高境界，文化的力量发自人的内心，扎根于人的行为

文化能减少内部交易成本与管控成本，实现人才自我驱动、自我管理，使人的管理变得简单有效。人是企业最大的资产，也是最大的风险，因为人的道德风险最难控制。道德风险控制除了流程、制度、信息对称，更需靠文化的自我约束与自我控制力，文化使人对规律有敬畏感，做事有底线，做人做事有良知、有羞耻感。人的发展的最大敌人是自己，自己最大的敌人是习惯性的思维方式与行为方式，组织最难、最深层次的变革是文化习性的变革。人的最高层次的需求不是自我实现，而是自我超越，追求心灵成长。

9. 物质需求与精神需求没有高低之分，只有偏好与侧重之别，物质激励与精神激励要两手硬

对人的需求的假设，过去是金字塔式的等级结构思维。基于马斯洛的需求结构模型，人的生理与物质需求是低层次的，人的精神需求是高层次的，自我实现的需求是最高层次的需求。但我认为，人的需求其实没有层序和高低之分，物质需求与精神需求始终是并行、混序、平等的。如果按照等级秩序的需求层次理论（马斯洛理论），那应该是物质财富越多的人，品德一定越高尚，精神世界的追求层次一定更高， 但现实并非如此。富人未必精神需求层次更高，穷人未必没有高层次的精神需求。而且，人如果一味追求自我实现，会导致精致的个人利己主义，而现在更应倡导的是“利他取势”思维和追求心灵的自我超越与成长。

10. 自然法则永远大于人为法则，对人的管理要符合人性及人的成长规律，但决不能迁就人性，纵容人性

人才管理要刚柔并济，该刚则刚，该柔则柔。对知识型人才要以柔为主、以刚为辅。对知识型人才的授权、激活和赋能，远比管控更重要。人力资源管理的根本目的不是管控，而是激活和价值创造，要让每一个人都成为价值创造者并有价值地工作。

11. 人才的竞争本质上是机制与制度的竞争，是人力资源管理体系的竞争

人力资源管理体系包括四大支柱、四大机制、十大职能，其核心是绩效与薪酬。要以问题为导向，基于战略渐进式、系统性推进人力资源体系的构建。人才管理机制创新的四大抓手是责、权、利、能机制，即战略绩效责任承担与落地机制，有效的授权赋能机制，利益分配与激励机制，用人标准与能力发展机制。

12. 人力资源管理的核心是人力资源价值链管理，即形成全力创造价值、科学评价价值、合理分配价值的价值管理循环体系

人力资源管理的根本目的是要激活人的价值创造潜能，打造组织的客户价值创造及市场价值竞争能力，实现组织战略目标及人的价值成长。人力资源管理进入人力资本价值管理时代，价值管理是人力资源管理的核心。华为的价值管理循环包括三大要素——价值创造、价值评价、价值分配，借鉴华为经验，企业人力资源管理要形成全力创造价值、科学评价价值、合理分配价值的良性循环的价值管理机制，使好人不吃亏、坏人不得志、贡献者得到合理回报。

13. 在数字化与智能化时代，人才使用权比人才所有权重要，有关人的数据化资产比物质财富资产更有价值；人工智能有可能替代一切，但永远替代不了人的情怀与江湖

要从人才所有权思维转为人才使用权思维。不求人才为我所有，但求人才为我所用。要打造开放、跨界、融合的数字化人才管理平台，整合全球人才，使全球人才为我所用。要构建内外跨界融合的人才数字化管理平台（包括粉丝人力资本），实现人的业务活动的数字化与管理，实现客户任务需求与人才需求的数字化精准对接与配置。

14. 树挪死、人挪活，人才内外适度流动和动态配置产生新价值；人才不能放任，放任使之懈怠，激活就是价值

要以奋斗者为本，适度竞争淘汰，让没有能力和贡献的人有情退出，甚至被无情淘汰。活力与压力是高绩效组织战斗力的来源。

15. 终身学习是一种生活方式，学习是人才成长和发展的永恒主题

终身学习是企业家与职业化人才的一种生活方式。学习有三种心态：谦虚地学、批判地学、创新地学。要与正能量的人为伍，与高手过招，学会尊重对手，永怀“空杯”心态。

16. 人力资源管理是科学与艺术的有机融合。它要基于数据与事实，需要专业工具与方法，更需要洞悉人性，有阅人的充足智慧与丰富经验

人力资源管理者要成为价值创造者，要致力于为组织贡献三大核心价值：战略支撑价值、业务增长价值、员工发展价值。

17. 以人为本，就是要尊重人性，让人有尊严、有成就感地工作和生活

对优秀人才而言，信任与承诺对人才是最大的压力和最有效的控制；让人才有成就感，激发人才的成就欲望，是最强劲的、不竭的内在动力。

18. 沟通是人力资源管理的生命线。没有沟通就没有管理，没有沟通就难以走进人才心里

企业内部的人际矛盾，70%来自误解，而误解的产生源于沟通不畅、不及时。

19. 人才是客户，客户是人才，粉丝也是人力资本

要洞悉人性与人才需求，构建客户化、流程化的人力资源产品服务平台，让人力资源产品与服务具有产品属性、客户属性。

20. 人力资源管理要致力于打通战略、组织、人，构建三个共同体

人力资源管理打通战略、组织、人的内在逻辑关系，突破人力资源专业职能局限，站在经营的角度，实现战略、组织、人的一体化运作。未来企业经营管理的大趋势是新六化：战略生态化、组织平台化、人才合伙化、领导赋能化、运营数字化、要素社会化。人力资源管理要构建利益共同体、事业共同体、命运共同体：利益共同体是基础，事业共同体是根本，命运共同体是目标。光讲使命与事业，不谈利益分配，是愚弄人才，欺骗人才，骗不长；只谈利益，不讲文化，没有使命、激情，人才充其量是雇佣军，企业走不远。事业合伙制将成为正确处理货币资本与人力资本矛盾关系的核心制度安排。

（华夏基石e洞察公众号2019年8月6日发布）

经营新六化与人力管理新挑战、新思维

正如大家所深切感受到的，现在人力资源管理越来越难做了，是因为我们所面临的管理环境越来越不确定，管理对象越来越个性化、复杂化。企业对人事总监的要求越来越高，作为人事总监越来越需要像企业家一样去思考人的问题，人力资源管理越来越渗透到企业战略，进入企业经营层面，仅从人力资源专业职能层面去思考人的问题是不够的，光靠人力资源部门几个专家是难以承担人力资源管理职责的。

今天的人事总监要有人才的经营意识，要像企业家一样去思考人才问题，必须要洞悉未来、洞察人性、洞见趋势。尤其是在这么一个新的变革时代，必须要关注未来企业的商业模式、组织模式的变化。

未来企业的经营与组织变化的趋势是什么，最近我总结提炼了六大趋势，我把它归结为新六化，即战略的生态化、组织的平台化、人才的合伙化、领导的赋能化、运营的数字化、要素的社会化。

人力资源管理者，尤其是人事总监，必须站在时代的角度、未来的角度，去思考人力资源管理的变革发展方向。再也不能头疼医头，脚疼医脚，需要有系统思维。人力资源的变革必须符合大趋势，必须站在企业未来战略与商业模式，与组织变革趋势的角度，去适应我们现在新的科技、新的制造、新的零售、新的模式、新的动能，包括新的产业、新的生态的新要求。人力资源的变革，尤其是组织转型与能力建设，我认为是一个系统工程，需要有顶层设计，需要从战略、组织、人、领导力与技术市场、资本等要素进行系统推进，不是靠人力资源部一个部门能够解决的问题。需要从企业家到各级领导团队，到整个企业的运营体系，完成一个系统的转型升级。那么新六化对企业人力资源管理带来何种挑战呢?

一、生态化战略思维与人才跨界融合发展的挑战

大家知道，5G以后，互联网将真正进入物联网时代，我把它称为产业互联网时代。在产业互联网时代，未来的社会是一个深度关联、跨界融合、开放协同、利他共生、看上去无序但内在有序的一个生态体系。任何一个企业，都必须要有生态共生的战略思维，必须要去思考，在整个社会化网络协同体系之中，企业怎么定位，怎么找到自己的存在价值。企业的战略选择，就是在整个社会产业网络体系之中，协同体系之中，自己找到自己的准确定位，找到自己存在的价值，这就是未来企业

的战略选择。

未来的企业主要是三类：一类就是所谓的生态圈的构建者，像阿里、华为、腾讯、小米，我认为这种企业，未来就是生态圈的构建者；一类是生态圈的参与者，或者叫被生态者，如小米平台上的生态企业，温氏产业生态中的农场主；还有一类是超生态者，某些垂直或细分领域里面的一些隐性冠军，凭借它在垂直领域或细分领域中拥有的核心技术与核心能力，可以跟各种生态圈企业去做合作、去做链接，这种企业称为“超生态”。未来的企业都要有生态战略思维，才能在新产业生态中找到自身存在的价值。

案例1：小米

比如小米，它为什么能够在短短的8年之内，成为世界级企业？纵观全球世界级企业的发展史，进入世界500强用的时间最短的企业就是小米，仅用八年，这很不简单。小米成功很重要的一条，就是用互联网思维去做传统产业，使传统企业不传统，并通过构建产业生态体系为消费者提供高性价比的产品与服务，目前有数百家创业型企业加入小米的生态协同平台，小米为这些生态企业提供从产品设计到用户研究、到产品研发、到供应链管理、到品牌营销、到渠道、到资本的全方位赋能服务。它所构建的就是一个生态协同平台，它所提供的就是一种平台化的生态服务赋能体系。

今天的小米不再是一个手机制造企业，而是围绕消费者需求，为客户提供全方位价值的、线上线下高度融合的物联网公司，小米未来的价值在于拥有海量的消费者大数据，通过算力、算法为消费者的个性化需求提供不同的解决方案。我们今天再来看小米生态的产品，是以手机作为链接，以手机作为信息平台，所提供的是全方位的客户解决方案。在小米这个平台上，所提供的产品，大家可以看到，它的风格，它的品质要求都是一致的。将来有上千家企业、上万家企业，都能够在小米这个平台上提供服务。这时候小米的核心能力，就是产品设计能力、平台服务能力。小米现在做到1 800亿元的市值，没有一间工厂，生产完全可以通过富士康或其他企业进行，所以本质上是一个没有任何工厂的智能制造体系，是一个产品设计公司。按照小米的说法，它是掌控大数据的物联网公司，因为它卖出去的所有产品，都能够把消费者的消费数据、消费信息返回到小米的平台上。小米未来最值钱的是它的大数据，即通过物联网平台所形成的消费者需求数据。

案例2：百果园

过去百果园只是一个传统的卖水果的零售企业，但是在五六年以前，百果园的老板奈总就提出了，未来百果园不是一个传统的水果零售商，它是为消费者提供好吃而安全的果品的产业生态管理者。如果百果园只是一个卖水果的，光靠卖水果的能力是卖不出安全而好吃的水果的。你要为消费者提供好吃的水果、安全的水果，必须要有产业生态战略思维，从水果产业生态价值链的角度看，要为消费者提供好吃的水果，至少取决于六大产业生态要素：第一，必须有全球基地；第二，优选品种；第三，生态种植；第四，科学采摘；第五，全程冷链；第六，要有严格的标准。所以，光靠卖是不行的。要有产业生态思维，要致力于构建一个产业生态管理体系，这时百果园的核心能力就不仅是卖水果，而是通过互联网实现线上、线下高度融合，实现对整个产业价值链六大要素的整合与有效管理。

经过几年的努力，百果园就从一个传统的零售企业转化成了一个产业价值链生态的构建者、赋能者。百果园所构建的产业生态，第一是渠道生态，第二是产品生态，第三是赋能生态。第一，是它通过渠道，能渗透到终端上去链接消费者，线上、线下集聚大数据。第二，整合全球好吃水果，百果园培养了100多个“吃手”，一尝水果就知道甜酸度、爽脆度，能够鉴定水果达没达标。第三，要有技术创新、不断优选产品，就需要去研究新的肥料进行生态种植。果农们凭什么愿意跟百果园合作？第一，它能提供数据赋能，链接消费者。第二，它能给果农做研发。第三，它能给果农做金融服务。第四，它将来会提供人才服务，还有资源服务。

百果园2018年营业收入超过100亿元，成为全球第一。因为全球所有的水果企业都做不大，百果园通过产业链的整合，真正成为一个产业生态的管理者。这就是我们所讲的生态战略思维。当然这种生态战略思维，对人力资源管理提出全新的要求。

（1）人才就必须要跨界融合、开放无界。过去一个零售企业，选人就是选店长，选人就是选服务员。百果园从传统零售商转化成一个新零售商，转化成一个技术创新者、产业生态的管理者、平台服务者，这时候人才必须要有跨界组合，人才的知识结构、能力结构必须要跨界。

（2）经营管理人才过去主要是开店的店长，现在的人才既要懂技术，又要懂产业，还要懂管理，必须是复合型的领军人才。作为平台要提供服务，就必须要有一类人专注于某一个产品，专注于某一个创新，必须是工匠人才。还有，要构建一个产业生态链就必须要有人才生态链的战略思维，必须要打造人才生态。

（3）对生态者现在要进行人力资源的赋能，怎么选择合作伙伴？怎么对合作伙伴进行培训？怎么让合作伙伴认同你的价值观？怎么让合作伙伴愿意接受你这套体系？人力资源开发就延伸到生态的参与者。

还有就是生态战略下的企业家与经营管理团队，必须要有新领导力。不是过去的二元对立的思维，要有生态共生的思维，这时候对企业的领导力，我们叫灰度领导力。要有跨界领导力，要有开放包容的心态，要有生态共生的战略思维，还要有自我批判的品格，善于学习、快速学习的能力。

二、平台化＋分布式组织模式下的人才管理的挑战

与生态化战略思维相适应，未来企业的主流经营模式与组织管理模式，我认为就是平台化+分布式模式。平台化既是一种经营模式，也是一种平台化赋能与运营模式。像阿里的淘宝、滴滴出行、小米的生态，就是一种平台化经营模式。像华为，美的、海尔、韩都衣舍，就是平台化赋能与运营模式。从平台化管理模式来讲，华为已成为具有全球竞争力的世界级企业。我认为华为赢在两个方面。

（1）华为赢在高强度的技术创新投入，敢于硬碰硬。华为每年砸进去了上千亿元做研发，连续从1998年开始到现在，每年研发投入超过10%，现在达到15%，中国没有一家企业真正像华为那样，在技术创新上舍得砸钱。

（2）华为赢在组织与人。华为建立了强大的组织平台化资源配置能力，赋能能力与持续奋斗的人才激活机制。许多企业都十分赞尝任正非的一句话——“让听得见炮声的人去做决策”，都想学华为的“铁三角”，但是恰恰忽视了学习华为为一线提供炮火的平台化管理与赋能能力。华为本质上是一个强矩阵组织模式，即平台化+项目式+分布式。华为最厉害的就是它总部的十大管理平台，以及中台的三大服务体系。为一线打仗提供空中支持，提供好的枪支弹药，提供好的粮草。

美的这几年最成功的就是学华为的平台化组织建设。过去美的总部是没有平台的，这几年改革，叫789工程，即7个平台、8个职能体系，9大事业部，到2018年，美的的平台化组织做了升级，有10个平台、11个职能体系、12大事业部。如何提高集团总部的平台化赋能能力、资源配置能力，这是中国企业在组织变革过程中必须要关注的。企业没有平台、没有“炮火支持系统”，一线呼唤“炮火”，呼来的全是“哑弹”。没有平台赋能能力，只有管控能力，下属企业或事业部赚钱的时候，离你远远的；赔钱的时候，就找集团，找总部，所以总部就变成了债务责任单位或抓“特务”的监控机构，就出现所谓的一捅就死，一放就乱。如果有平台呢？有统一的采购体系、统一的金融体系、统一的电商系统，统一的产品研发体系，所有的各个事业部，所有的各个项目组，都必须在你的平台上运行，组织能力就放大了。任何一个自主经营体，在你这个平台上，能力就能放大；离开你这个平台，能力就减弱。这时候，集团的管控能力就不是靠控制，而是靠赋能来提高集团跟下属公司之间的黏性和凝聚能力。所以学华为要学的是集团平台管理能力，而不是盲目放权、盲目授权。美的花了5年的时间，才把零散的各个事业部的公共资源配置能力提升到集团总部，建立了10大平台体系。经过这一次改革，美的的国际竞争力、产品竞争力、技术创新能力比以往任何一个时候都升级更快。

所以说，我们要学华为的组织平台系统，如果没有组织的升级，战略升级是一句空话，企业只是一个个体户的集中营。最近一些企业家很苦恼，主营业务增长乏力，

也发现了新的发展机遇与新的业务增长点，但新事业与新业务就是发育不出来。

我觉得问题的本质在于两点：第一，企业的组织还是金字塔式结构，不是网状结构，企业家还是大权独揽，大树底下不长草，自然培养不出余承东那种企业家型人才出来，或者有这种人才冒头，也早被老板摁死了。企业家型领军人才缺失，新事业、新业务自然难以发育出来。第二，新事业、新业务得不到平台支持与赋能，孤军作战，自然难以成气候，所以平台与企业家人才是新事业、新业务发育成长的根基。

华为手机为什么能如此成功？第一，培养和造就了余承东这样的企业家。第二，有华为强大的平台支持，比竞争对手具有更大的技术创新能力，有更大的供应链管理能力。当然，组织的平台化+分布式，也对企业的人才发展提出了全新挑战。如人才管理的平台化与项目化，扁平化组织下的人才职业发展空间与途径是什么？如何构建平台化+分布式组织下的人才任职资格体系与职业发展通道？在平台+分布式组织模式下，人力资源部门如何重新定位？真正到了分布式经营，三支柱根本不灵，KPI可能失效。因为三支柱没有真正基于平台化+自主经营体，还是按照直线职能制这套体系下来的，只是把人力资源上升到战略、渗透到业务。

人才发展需要差异化，现在怎么选拔自主经营体的经营人才？你让他们自主经营，怎么经营？组织扁平化、网状结构化，中层管理消失了，这些中层管理干吗？没有职业发展空间，这些人就没有职业成就感。组织扁平化，人才一步就到了精英层面了，没有“之”字型了，传统的任职资格体系面临挑战，如何解决职业通道与职业发展路径的问题？

传统的人力资源管理是以岗位为核心的，现在是以人为核心，以工作任务为核心。为什么这几年今日头条发展很快？今日头条的整个人力资源管理，就不是KPI（关键绩效指标），而是OKR（目标与关键成果法），是以人为核心；以项目运作为核心，以平台化+项目运作制为核心，不是以岗位为核心，所以它能够集聚一批具有创新精神、企业家精神的人。加上获得平台支持，获得流量支持，能够迅速做到足够的规模，具有平台赋能能力。

平台服务与赋能机制下的劳动价值怎么核算？如果你采购的设备不符合我的要求，价格比我自己采购的高怎么办？这里面涉及内部核算机制、绩效评价机制，以及自主经营体的各部门决策跟传统企业完全不一样。现在都在学华为的战略绩效解码，自主经营体条件下，不是按照战略绩效解码，应该每个团队自己给自己提目标。就像咨询公司一样，我从来不提目标，从来不搞KPI，每个合伙人自己给自己定目标，自己给自己压力，相互之间PK，不要跟我PK。你不想做大也可以，我平台的重要的客户资源就不会配给你。你把客户做烂了，重要资源就不给你，让你死掉。你做得好，队伍越大，所有的资源就配置给你，很简单。我不需要给你定目标。这个时候，绩效考核绝对不是往下压，绝对不是战略绩效层层分解。在某种意义上，它就是OKR，就是一个沟通体系。

三、人才事业合伙化下的人才管理的挑战

人才合伙机制已经成为一种主流的人力资源激励机制，人力资本跟货币资本的关系不再是资本雇佣劳动的剥削与被剥削关系，而是平等合作伙伴关系。知识型员工有三大价值诉求：第一，我光拿工资不行，我要分享利润。第二，我光被你管不行，我要参与企业的经营决策。第三，我要有成就感。所以知识分子不好对付，靠过去那套体系，“斗”不过知识分子。我搞咨询公司，员工全是北大、清华的博士和硕士，我玩不过他们，那怎么办？就是设计机制与制度，去满足他们这三个方面的需求，让知识分子在市场中、相互PK中激发潜能，创造卓越价值，工资奖金不是老板发的，而是自己挣自己发。

作为传统企业，永辉超市这几年发展速度非常快，2018年营业收入已经做到600多亿元。永辉超市靠什么？我认为靠事业合伙人制度，永辉超市称之为OP合伙人制度，我们称之为增量分享制度。现在搞的事业合伙人主要是OP，不承担企业经营风险，但是要承担经营责任，要实现增量分享，不去分老板的存量。所有的员工在这个过程中，都是基于价值创造来进行利润分享，分级进行利润分享，调动所有人的积极性。就像一个搬菜工，今天把这个菜搬烂了一棵，烂的一棵白菜里面有他的损失，所以搬菜时他就认真了。

绝味这几年之所以超过周黑鸭，最重要的就是轻资产，整合了成千上万夫妻店，每个加盟商进来以后，在加盟商自治管理委员会自己定标准，加强品牌维护，解决利益分配问题，这叫自治。另外一个很重要的就是，绝味没有把钱投在直接建终端店上，而是把10亿元砸在信息化，砸在中央厨房，砸在产品创新上。它不再只是一个终端的卖鸭脖子的企业，而是从整个产业价值链掌控核心的产品，保证产品的竞争能力，同时通过信息化聚合成千上万个店。虽然它不控股，但是加盟商必须按绝味的标准进行管理。而周黑鸭都是直营店，建5 000家店投资量很大，要选拔5 000个职业的店主并管理他们，得500个中层管理者。未来互联网时代一定是通过连接，大家合伙来创业。任正非说，你也是老板，我也是老板，没有听说过老板有加班费。6×12小时工作，还用得着讨论吗？因为你是老板。温氏的每一个农场主，还用得着8小时上班工作制吗？农场就是你的，你是老板。这时候我们传统的劳动关系是不适应现在新的合伙机制的。合伙人机制下的人才怎么成长？合伙人怎么实现绩效统一？如何既让大家认同目标又有不同的文化价值诉求？

四、领导赋能化下的人才管理的挑战

传统的企业实行金字塔科层制管控，各级领导的基本职能就是指挥、命令、监督、控制，领导的权威来自单一威权中心的职位程序所赋予的职权。所以职位越高，权利和资源越集中，老板就是“绿皮火车头”。现在是分布式、多中心制，企业是多中心、多动力的动车与高铁，每节车箱都是老板，都是自主经营体，都自带动力驱动。组织运行以客户为中心，领导的核心职能是洞察趋势，指明组织前进的方向，创新机制，激活组织的动力。领导不再是高高在上的威权领导，而是复合型领导。这个时候，老板不再高高在上地坐在办公室，也在深入一线洞察市场与客户，依据一线需求进行资源调配赋能。未来你作为领导没有能力，没有个人影响力，没有人要你。就像我们公司一样，你当总裁、董事长没有用，没有能力，各个项目的合伙人不需要你，他们可以不理你。你有能力，你能够给他支持和赋能，他就想尽办法天天拉你帮他赋能，帮他为客户打单，帮他为客户增加他的实力。你靠职位不行，必须靠能力，靠你的自然影响力。这时候的领导者必须洞悉人性，不光是做事，更要搞定人；既要有情怀，又要懂江湖。

五、运营数字化下的人才管理的挑战

未来的组织要真正实现平台化管理，一个前提条件就是运营的数字化。运营数字化的前提，就是人才业务活动的数字化。数字化现在已经成为企业的核心战略。从经营市场转型到经营数据是中国企业未来战略的必然选择。为什么我看好小米？就是因为数据资产未来会成为企业最大的资产。一个企业的核心能力就是掌控海量数据的能力，以及能否依据海量数据为消费者提供解决方案的算力和算法。企业的数字化运营包括数字化的战略思维与商业模式、数字化的领导力、数字化的组织与人力资源、数字化的运营平台、数字化的客户连接、数字化的人才管理等。这个时候，人才的数字化工作与场景体验、人才发展产品与服务客户化、工作场景体验与互联网多技术综合应用，都对人才管理提出了新的要求。

六、要素社会化下的人才管理的挑战

未来在产业互联网时代，产业与生产要素日趋社会化。所谓要素社会化，就是产业的技术创新要素、人才要素、品牌要素、资本要素社会化。因为在产业互联网时代，一切皆可连接，一切皆可交互，一切产业资源与生产要素都可以社会化、全球化整合，都可以为我所用。企业构建的是平台，构建的是生态，让所有的要素资源在自己的平台上展示并发挥作用。一方面，要开放合作，要将内在的产业要素转化为社会化的共享与基础体系。未来可能像阿里、像京东这种生态企业，为社会所提供的是基础平台。比如京东的物流，未来只有为社会提供基础的物流平台体系，才有生命力，否则一定会遇到成长的瓶颈。另一方面，要将社会化要素内部化使用，开放、合作集聚社会资源。你有想法的，有思想的都可以为我所用。就像苹果一样0到1的创新都是社会的，都不是苹果的。1到10、10到100才是放到苹果的平台上去发展的。因为0到1的创新一定是靠天才，企业不可能养那么多天才。0到1的创新就得社会化创新，要跟社会化资源进行连接。把好的0到1的创新，放在自己的平台上实现1到10、10到100，这样企业的创新成本最低，创新最具有活力。

人才要素社会化与雇佣关系、劳动关系的重构。优秀的老师、优秀的教授、优秀的专家只有为社会所用，才能实现价值最大化。人才要素社会化与企业文化怎么搞？我到底认同企业文化，还是认同职业文化？员工的归属感与员工的忠诚感怎么衡量？他是忠诚于职业，还是忠诚于企业？还是忠诚于客户？人才要素社会化以后，国有企业未来就会走向灵活用工，实行多种用工制度。像人瑞集团这种企业，为什么有前途？因为它在未来就是一个平台。人才要素社会化之后，人才到底怎么激励？人才如何进行平台化管理。你的平台跟外部的像人瑞这种平台怎么实现对接？哪些人才是内部平台，哪些人才需要外部平台？这些都对我们整个人力资源管理，提出了全新的挑战。人力资源管理发展到今天，需要有企业家思维，需要有新的战略思维。人事总监需要像企业家一样去洞察客户需求，洞悉人性，洞见未来，要适应未来的战略生态化、组织平台化、人才合伙化、领导赋能化、运营数字化、要素社会化，去进行系统的创新和变革，这样人力资源管理才真正上升到战略层面。

（华夏基石e洞察公众号2019年8月21日发布）

中国企业家的成长新高度

企业的创新和变革首先要从企业家开始，企业家是企业成长的天花板。近日媒体都在报道褚时健先生，在这里，我首先要向近两年逝去的两位伟大的企业家致敬。

一位是2017年去世的万向集团创始人鲁冠球先生，我认为他是中国民营企业最优秀的企业家之一。他把一个小作坊式的乡镇企业做成了全球领先的行业隐形冠军，令我最敬佩的是他人品与道德的力量、他的低调和务实。另一位是近日去世的褚时健先生，他的贡献不仅是缔造了红塔这一高价值品牌，更重要的是他在70多岁的高龄还继续创业，创造了“褚橙”品牌。我最敬佩的是他不断创业、奋斗不已的精神。有人为他曾遇到的人生挫折打抱不平，认为当时他的际遇是外在原因造成的，而褚时健先生最伟大的地方是敢于自我超越，敢于承认自己的错误。曾经错了就是错了，从不抱怨和归因于外，而是站在新的起点去重新奋斗和创造。

一、企业家的领导力是企业发展的天花板

今天我之所以首先把“企业家”这个话题提出来，是觉得在这个话题上，我还是有一些发言权的。我自己创办过企业，投资过企业，也在大型民营企业担任过兼职董事长。更重要的是，多年来在清华、上海交大等高校的EMBA教学生涯中，在长期的咨询实践中，我有机会接触了众多的成功或失败的企业家。华夏基石已经为上千家企业提供过咨询服务，在咨询工作中，我很重要的一个工作内容，就是和企业家去作深度的沟通和访谈，有的企业我曾相伴成长数十年，见证了许多企业从小到大的成长过程。

中国最优秀企业家诸如华为的任正非、联想的柳传志、美的的何享健、苏宁的张近东、海尔的张瑞敏、万科的王石等，代表了中国第一代最优秀的企业家群体。

在与他们交流、访谈的过程中，我有两个最基本的观点。

首先，我认为企业家是社会财富创造的源泉，是国家经济发展的第一推动力，如果以创新、创造为根本使命的企业家不愿持续奋斗，企业是很难持续成长和发展的。从企业战略的角度来讲，企业家及其核心团队是企业的第一战略性人力资源。

企业家是社会最稀缺的人力资本，企业家往往是天生的，难以在课堂上批量培养出来。每一个企业家都是独一无二的，任正非就是任正非，可学习，但不可复制，无需模仿。威权式领导与民主式领导没有好坏、优劣之分，你是什么样的风格，就保留

你的个性与风格，做好你自己就行。这是我多年来在咨询工作中的深切体会。企业家人才难得，在中国特殊的政商环境中，既能做好企业又不出事的优秀企业家人才更难得。企业家在社会中应该得到应有的尊重，社会要持续不断地弘扬企业家精神，创造更多的优秀企业，才能提供更多的就业机会，提供更多税收，这是一个社会得以稳定的压舱石，所以，企业家是一个社会最宝贵的稀缺性、创新性资源。

其次，我认为一个企业能做多大、能活多长取决于很多因素，我认为最重要的一点是取决于企业家的追求、胸怀和境界，这可以说是企业发展的天花板。在十几年以前，我就提出过“企业家封顶”理论。一个企业能不能从小做到大，发展过程中会有很多瓶颈，会面对外部环境众多的不确定性，这里面最关键的是企业家的远大追求，宽大的胸怀以及自我批判的精神，要带领企业实现自我超越，持续推进企业的创新和变革。

企业家的自我超越、自我批判是带领企业度过成长瓶颈的一个核心力量。中国发展到今天，我们正处在一个创新与品质发展的时代，中国企业在这个时期能否实现创新与升级，实现创新与人才驱动，取决于企业家的变革领导力。同时，我们又处在一个数字化、智能化的时代，这给中国企业带来了历史性的发展机遇。在工业文明时代，我认为我们落后了100年甚至150年，输在了起跑线上。今天的数字经济时代，我们与西方的发展可以说是基本同步，在一些应用领域甚至已经领先了。这个时候，中国企业能否实现弯道超车、变道超车，根本取决于企业家的转型变革领导力。

二、企业家在治理格局上常见的缺失

我今天所讲的企业家，主要是指企业创始人或通常意义上我们所说的一个企业的老板。企业能不能创新、转型，关键在于企业家和核心团队能不能创新、转型，在于他们的领导力能不能升级。中国企业存在几个常见的共同问题，如果在这些问题上企业家不能把握好，不能实现自我超越，企业是很难闯关、壮大的。

首先，企业家是否能主动拥抱变化？在数字经济时代，如果我们还沉湎于过去的成功模式，那么企业的变革显然无法实现。如果企业家作决断还是独断专行，作决策还是拍脑袋，不尊重制度和流程，对常识没有敬畏感，那么这个企业能找到正确的发展方向吗？

如果企业家还是机会主义导向，逮住一个机会、一个项目，捞一把就走，还是捞浮财的心理，不愿意为人才、管理、品牌去作投入，去为这些能长期支撑企业发展的软实力作投入，那么这个企业还能持续发展，还能跨越成功的陷阱吗？在一个企业里，如果老板言行不一致，老板不以客户为中心，那么这个企业能建立信任体系吗，在市场竞争中能赢得客户的信任和合作伙伴吗？显然不能。

企业家是企业成长的天花板！十问？

1. 如果企业家不主动拥抱变化，习惯于过去的成功模式，不愿变革？不敢承担变革责任？

2. 如果企业家创业激情衰减，使命感缺失，小富即安，不愿持续奋斗？

3. 如果企业家个人独断专行，还是拍脑决策，不尊重制度和流程，对规律和常识咩有敬畏感？

4. 如果企业家还好似一个超级大业务员，没有团队，企业的命运还是系于老板一个人？

5. 如果企业家还是机会主义导向，不肯为未来做长期投入，捞一把就走，捞浮财的思维？

6. 如果企业家言行不一致，海口承诺、不以客户为中心，不信守承诺，信用缺失？

7. 如果企业家没有分享精神，将企业完全当成个人的，利益独占不分享，舍不得分钱、不愿授权？

8. 如果企业家用人完全凭个人好恶和感觉，分钱没依据？

9. 如果企业家还是习惯于踏着法律边缘走路，热衷于不清不楚的政商关系寻租，不愿付出规则成本？

10. 如果企业家追求低质低价，甚至制假卖假，将不安全、不环保的产品推向市场；逐名、尚虚、不专注品质，追求卓越的工匠精神短缺？

如果企业家没有分享精神，老板把企业当作是个人的，利益独占，舍不得分权，那么这个企业还有人帮他去承担责任吗，能持续抱团打天下吗？如果用人还是凭感觉，分钱没有依据，这种情况下，员工能持续得到激励吗？显然不能。

如果企业家还是习惯于纠缠在不清不楚的政商关系里，时常冒险行走在法律的边缘，不去打造自己的核心能力，不愿意在产品上下工夫，不愿意付出规则成本，这样的企业会有未来吗？在现在这个品质发展的时代，社会要求企业提供安全可靠的好产品，如果企业还是把不安全、不环保、低质低价的产品推向市场，只关注眼前的利益，企业家缺乏使命感，不能走出成功的陷阱，企业是无法做大做强的。

图1　中国企业家的八大转型：突破企业家领导力的天花板

我用了5年时间组建了一个团队，研究了全球的50家企业是怎么从小企业成长为大企业的，最后得出的结论基本上是一致的，与上述的判断相互吻合。

三、中国企业家的自我超越

中国企业家如何实现自我超越，突破成长的瓶颈，企业如何实现转型？我曾经提出过“中国企业的八大问题”，企业家必须在这八个方面完成系统思考，实现变革和突破：

（一）超越个人财富的社会责任担当

企业家应该超越个人价值和财富观，去实现自己的社会价值贡献，这是第一个转型。企业家要从“企业是我的”这种思维里跳出来，把企业当作与合作伙伴、全体员工和合作者共同的事业。数字经济时代的企业，必须有知识型员工、创新型员工的支撑，否则是很难生存发展的。知识型员工是企业创新的主导要素，他们不再是打工者，企业家要承认人力资本的价值，要给予他们剩余价值的索取权，授予股权，这是分利。还要信任人才，让他们在经营管理中有话语权，这是最本质的东西。企业家要对人才进行有效地授权，真正构建起事业共同体、利益共同体，以此凝聚最优秀的人才。

在互联网经济时代，企业的发展还要依靠资本的力量，企业家需要开放治理和股权的结构，引入资本和人才。20世纪90年代中后期我们在给华为做咨询服务时，就发现一个企业对知识分子员工的管理中，确立共同的目标、愿景、价值观尤为重要，管理体系、组织结构需要一个系统思考和顶层设计。1995年我们刚到华为时，它的销售收入是15亿。华为发展到今天的规模，靠的是什么？清华、中国科大、华中理工学院、北京邮电大学等高校的优秀人才大批地进了华为，现在的华为员工80%以上是名校的毕业生。

为什么这些人才愿意在华为与企业共同成长？就是因为华为愿意与这些知识型员工分享企业管理的话语权，还能与他们分享利益。为了从清华、华中理工大学这样的名校吸引来优秀的硕士生、博士生，1990年任正非就开始实行了员工持股制度。像郭平、郑宝用这样的人才能吸引过来并留下来，关键是任正非不仅识才，而且舍得分钱。1997年又实行了虚拟股权计划，任正非自己只占到公司股权的1.26%，他让渡了自己的利益，为所有华为人构建了一个共同的事业平台。《华为基本法》（下简称《基本法》）明确提出：企业家和知识创新者才是企业发展的主导要素，人力资本的增值要优于财务资本的增值。

再以阿里为例，马云和高管团队所占的股权合起来不到10%，通过同股不同权的机制设计，马云同样能实现对公司的有效控制。通过开放股权结构，能够让更多优秀人才加入企业，如果一个企业家把所有股权攥住不放，认为失去股权就是失去对企业的控制，这样的胸怀肯定是狭窄的。

（二）组织文化与价值观的团队领导

从组织文化的角度，企业家的管理风格要从“老板文化”转向构建组织文化和共享的价值体系。很多企业做不大，是因为组织能力无法形成，没有组织规则。中国企业要从“老板能力”转向“组织能力”，我认为首先要重建组织规则，要从企业家个体的价值取向和行为风格，转向共享的组织体系和价值体系。规则是约束所有人的，不能建立起规则以后，首先老板不讲规则、不讲信用，为所欲为，规则的制定者成了规则的破坏者。要从“企业家的企业”转向“企业的企业家”，企业家也是组织中的一员，要遵守组织规则，以身作则，建立起组织理性。

一个组织要有信念、有追求、有激情，老板要保持创业激情，除此之外，企业还需要有组织理性，不然也容易翻车。为什么一些高速成长的企业，最后掉到沟里去了？我认为就是没有建立组织理性。什么是组织理性呢？首先是信念的坚守和价值观的践行，其次是对规律和常识的尊重和敬畏。华为成功的秘密就是遵守常识，把常识做到位。

一个企业必须建立起流程权威和制度权威，否则是很难做大的。对中国企业而言，我认为在组织激情之外，构建组织理性、组织规则尤其重要，如果缺乏了这一条，企业家再有创业激情，最后还是容易翻车。因为缺乏了制度和程序的约束，你就难以控制自己的欲望，无法有序地释放欲望。要遵守规则，建立共识，像柳传志当年开班子会议的时候，成员经常迟到，于是柳传志建立规则来进行约束，对于依旧迟到的与会者实行罚站，他自己迟到也照样罚站。制定规则，企业家应该首先是规则的践行者。

就我对任正非的观察，他有两个特点是很多人不具备的。首先，他制定的规则，自己一定严格遵守。我见过很多中国企业家，很多老板都是用规则约束别人，自己可以超越规则。在华为，所有的规则都可以放在桌子上，大家可以拍桌子、提意见，但一旦达成共识，大家都要遵守，任正非一定会做出表率。一个企业为什么要写《基本法》？就是因为大家觉得老板会一日三变，他的个人主观意志破坏性太大。《基本法》首先是帮助任正非完成了对华为的系统思考，首先管住了企业家的无穷的欲望，所以任正非曾说，《基本法》首先是管住他自己。

《基本法》规定了华为要聚焦于通信产业，要做成世界通信设备第一，坚守业务的主航道。中国企业往往只有领导权威，谁官大听谁的，但普遍缺乏管理权威、专家权威、流程和制度权威。在华为，谁是专家谁有权威，谁是某个流程的负责人谁有权威，只有这样，组织的制度和责任体系才能真正建立起来。如果没有这样一个体系，凡事都是老板作决定，结果不好似乎也是老板一个人的责任，其他人都不用担责，这样的企业无疑是缺乏生命力和战斗力的。

有一些很优秀的企业家之所以在某种环境下会出问题，我认为根本原因就在于缺乏组织理性的约束。企业家一尝到成功的滋味就自我、一自我就自大，一自大就自狂，一自狂就自灭，容易在关键时候管不住自己。企业家要从规则的破坏者转变为规则的践行者、守望者。

（三）构建客观公正的价值评价体系

在价值评价体系上，企业家要从凭个人意志用人转向客观评价的价值体系。我认为做到这一点也是非常难的。1995年我们咨询组刚到华为的时候，华为还没有人力资源部，只有两个部门，一个是考评部，另一个是干部部。任正非从一开始就非常重视考核、评价。我们在华为做的第一个项目是营销人员的绩效考核。任正非那时对我们说：我们面对的都是知识分子，要管住他们，除了分钱，最重要的是要制定好分钱的依据，升官发财不能由我说了算，要由你们来建立一套评价体系说了算。

后来这些原则就写进了《基本法》：华为的人力资源管理要建立价值管理的三个循环——价值创造、价值评价、价值分配。

全力创造价值	正确评价价值	合理分配价值
▪ **实施“技术创新＋客户需求”双轮驱动**，把握好业务发展的方向，构建产业竞争与控制力。 ▪ **基于信任，简化过程管理。**在内外合规下，牵引公司作战力量聚焦多产粮食、增加土地肥力，而不是过度消耗与内部运作。 ▪ 适应不同业务及发展特点，**差异化组织队形与运作管理**，提高组织敏捷性和运作效率。 ▪ **对内打造具有企业家精神的主官队伍和高度激发的精兵队伍；对外外汇聚英才，培育优质的生态资源。** ▪ 由职业化管理的职员构成面向确定性稳定运作的平台支撑；由能上能下的主官和专家构建面向不确定性创新创造的牵引力量。**“让创造的力量在稳定的平台上跳舞”。**	▪ 面向不同的业务及发展特点，**差异化组织的考核导向。**在公司业务边界内，成熟业务考核导向经营、成长业务考核导向发展、发展初期业务考核导向战略成功。 ▪ 面向工作性质的确定性与不确定，**差异化各类人才群体的贡献评价**，牵引主官聚焦胜利。专家结局问题、职员重在高质执行、工匠精益改进。 ▪ 面向承担经营性责任的组织与员工，要建立短期与长期贡献相结合的合理评价机制；面向承担职能性责任的组织与员工，评价中要区分好管控、监督与服务的不同工作贡献。	▪ 丰富激发员工价值创造动力的手段，**物质文明与精神文明建设并重。** ▪ **构建全价值链贡献分享机制**，让更多、更好的资源参与公司价值创造过程；基于不同业务与人群的不同责任贡献，**构建差异化价值分配机制**，撬动更大的价值创造。 ▪ **机会与薪酬激励管理既要提升针对性**，向促进公司有效增长的新业务与做出突出贡献的超优人才倾斜；**又要注意避免破坏公司集体奋斗传统的继承与发扬。**
业务策略及组织能力	业务特点及考核牵引	责任贡献与激励回报

图2　华为人力资源价值管理循环

华为的人力资源管理做得最好的，我认为就是四套评价体系：决定你拿多少工资的是岗位价值评估；参加岗位竞聘就要参加任职资格评价；想拿股权、得到提拔就要对你进行价值观评价；想拿奖金、升级要进行绩效评价。这就是我们所说的“升官发财”都有依据。通过这样一套客观公正的价值评价体系，使得企业里的好人不吃亏，坏人不得志，贡献者必当得到回报。大家学华为最需要学的，就是这套客观公正的评价体系。

这是一套良性循环的价值管理机制。当然，企业有时需要一些特殊人才，比如创新型的企业家人才、天才型的创新人才，对他们的评价可能不一定适合套用通常的评价标准，而是要靠老板能否慧眼识才，这时企业家的直觉也是重要的。就像掌管华为手机产品线的余承东，他曾被评价体系评为不合格，任正非却慧眼识才，认为他才是真正的有个性的企业经营人才，重用了余承东。所以绝大多数人才要靠系统来选、来培养、走之字型成长路径，对少数企业家型经营人才、创新型天才还得破格提拔、坐火箭升迁。

（四）尊重、信任、放权、赋能

企业家的领导方式要从威权、专断转向尊重、信任、放权，要善于为人才赋能。当企业进入新的领域，你不可能什么都懂，企业家不可能再把自己当作一个大业务员，必须要转型，要从凡事拍脑袋转向尊重组织智慧。领导方式从事必躬亲、抓权转向授权、赋能。在授权、赋能这方面，我最佩服的中国企业家是美的的何享健。我认为他最洒脱、最低调，最善于授权，最肯放手，但又能完全掌控企业。在中国民营企业家中，他是唯一一个把接力棒顺利交给了职业经理人（方洪波）的人。

在中国改革开放后的第一代企业中，能顺利交出企业的领导交接棒，而且第二代领导能保持企业的持续发展，我认为何享健是独一无二做到了这一点。他是一个立足高远、务实低调的企业家，美的是一个做到了3000亿的大企业，但很少有人知道何享健。他把工作和生活安排得从容不迫。1997年开始我就和何享健打交道，他生活非常有规律，每天10点睡觉，早上6点起来跑步，每周打两次高尔夫，他到现在不用手机，更不用微信。

何享健能做到这样，我认为就是因为他在美的建立了一套制度，能够充分信任人，充分授权。这是中国很多企业家做不到的。一些企业家把自己累得贼死，连轴转，企业做成了，但人快做没了，身体垮了，家庭散了。何享健为美的建立了完善的职业经理人制度，再加上他对美的进行玻璃箱式的管控。他带队伍靠机制、靠制度，按他自己的说法，就是抓住“责、权、利、能”这四个字。

责就是绩效责任谁来扛。老板首先要为企业确立绩效目标，绩效目标一旦确定下来，目标倒逼，各层领导都要扛责任。比如何享健为美的的经营绩效建立三到五个指标，所有的经理人要作出承诺，要一起扛这个绩效目标。

权就是授权赋能。各层管理人有了责任，为了完成责任，他们还要有权力并获得支持，这样才能调动公司的资源。如果你不授权，就没有人愿意扛责任，恐怕也扛不起这个责任。1998年，在何享健的动议下，我们为美的编写了一本厚厚的《分权手册》，从总经理到部门主管，一直到卖场的销售人员，都有自己的《分权手册》，你承担什么责任，就有相应的权力，这叫有责有权，清清楚楚。

利就是钱怎么分。每个管理者能分到多少钱，用一个标准的计算公式就能算出来了。为了避免大家追求短期利益，美的还有进一步细化的制度设计，比如你可以拿100万奖励的，按照规则，只能先拿走60万，剩下的40万要和诸如3年规划之类的长期目标挂钩。

能就是能力标准与行为天条。美的是最早建立了职业经理人能力标准和职业天条的企业。这个标准两年改一次，现在已经是十几版了。何享健虽然是小学毕业，我认为他是个天才的企业家。他认为教授们有时把简单东西复杂化，将一句话能搞明白的拆成四句话，企业家则要把复杂东西简单化，将四句话变成一句话——使劲干！要找到一个管理的抓手，“责、权、利、能”就是这个抓手。

（五）集体智慧与团队学习

从企业治理的角度，企业家必须将以往的依靠领导拍脑袋作决策转向团队智慧、权威决策。华为这一点做得非常好，从2012年、2013年开始实行轮值CEO制度，强调集体决策、集体领导。当企业走进新领域，尤其在进行国际化的时候，更需要打造团队领导力，更需要凝聚集体智慧。我有时对于科学家创业不是很看好，因为科学家主要是自我导向，他很难从一个专家转换为企业家。企业家需要开放、包容，要任用比自己更能干的人，要包容有缺点的优秀人才。优点突出的人，缺点也一定是突出的。专家出身的企业家用人容易求全责备，胸怀往往不够宽广，而独木不成林，如果不愿意、不善于重用优秀人才，企业就永远做不大。

华为和小米的成功，都在于它们打造了一个有力的领导团队。小米用8年时间就创造了一个世界500强，去年的销售收入突破了1800亿，这在中国企业发展史上是一个奇迹。据我的研究，一个企业从创业到成为世界级企业一般至少需要15到20年时间。雷军从创业伊始，就认识到“团队先于个人”，意识到互联网时代的创业不能靠单打独斗，要靠合伙人机制。他打造了一个事业型的牛人领导团队。大家可以看到，雷军组建的这个团队是世界范围内一支令人称羡的队伍，五个“海归”，三个“土鳖”，如林斌、黎万强、周光平、刘德、黄江吉、洪峰这些行业精英，他们来小米都不是为了钱，而是为了共创大业聚到一起。

任正非的做法是从中国著名的高校里去选那些最有潜质的人才，把他们培养起来。他邀请高校老师们来华为做课题，从课题小组里去挖那些跟着老师做研究的优秀学生。任正非很有个人魅力，善于忽悠人才跟着他干。当年我去华为做咨询，他对我也是这么说的：彭老师，你要想成为中国著名的管理学家，你得来华为，跟着我干！

同时他也舍得给钱，当年给我们的咨询费也给得比别的企业多。一手理想，一手利益，企业家既要有情怀，又要懂江湖。光有情怀，不懂江湖，搞不成事，挣不到钱；光懂江湖，没有情怀，只会搞事挣钱，企业走不远、做不大。同时企业家既要通业务，又要通人性，所以要成为一个优秀的企业家不容易。

华为在人才管理上是不断地去让全体员工从上至下达成共识、树立理想，不断地进行全员学习，从《基本法》到《人力资源管理纲要》，都是高层和全体员工一起思考未来、确定方向、达成共识。通过达成共识和建立利益机制，使大家做到“力出一孔、利出一孔”。华为干部都要定期进行自我批判，由此打造出一支具有统一价值观、行动一致的铁军。

小米虽然建立了牛人领导团队，但随着企业规模的扩展、业务的复杂化，这个团队要各自去带队伍、培养人才，所以小米最近也成立了干部部，这就是强调要培养人才，要会带队伍。从这次孟晚舟事件大家可以看到，华为的核心领导团队在面对媒体的时候，所表现出的素质和能力的确是一流的。这说明任正非打造了一支不依赖于他个人的、具有国际化视野的卓越团队，这是任正非对华为最大的贡献，也是华为最核心的战略力量。

（六）关注制度与组织能力建设

企业家要从关注几个能人，转向关注人才背后的机制建设，推动人才与制度、机制的创新，打造组织能力。一个企业光是从市场上挖几个能人是不够的，最后还是要靠机制、制度，使得空降人才能够生存下来，实现人才队伍发展壮大。很多企业之所以做不大，是因为老板只依靠几个能人，最后的结果是被几个能人所绑架，这几个能人一走，企业就崩盘了。

企业的人才队伍不断壮大，要靠文化和制度的土壤，通过松土、优化环境，使得企业环境对人才具有开放性和包容性，使空降部队一落地就能扎根、生长。现在很多企业最大的问题是引进的人才无法扎根，专业能力发挥不出来，企业的制度和文化没有为人才的生根、生长创造条件。总之，靠几个能人是走不远的，还是要靠制度、机制。

（七）注重社会效益，对相关利益者负责

从企业家的责任的角度，要从对老板负责，转向对员工、对客户、对合作伙伴、对相关利益者、对股东负责。一个企业光靠赚取利润是走不远的，企业家和企业必须要承担社会责任，必须要兼顾相关利益者的利益，一味地强调股东价值最大化、利润导向是不可取的。这样的企业即使你赚了钱，也得不到社会的尊重。

中国就有一些这样的企业，它们是赚钱的机器，但称不上是优秀的企业，更谈

不上伟大的企业，一个企业如果卖假冒伪劣、欺骗客户、做虚假广告，卖有害于年轻人身心的游戏，那就称不上是一个好企业。这些企业虽然为股东赚了钱，但并没有为客户提供真正的价值，甚至是在损毁客户的利益，这类企业必须转型，如果它们不转型，只能日益失去社会的尊重。以史玉柱为例，他的企业赚了很多钱，为社会捐了很多款，自己觉得社会老是在误解他，得不到社会的尊重。我的观点是，如果一个企业的产品和服务老是在琢磨人性的弱点，然后利用人性的弱点大发其财，这样赚钱自然得不到社会的尊重。一个企业家要有人品的力量，要有道德的力量，才能使企业走得更远。

（八）使命驱动、拥抱变化、自我超越

企业家人生价值追求的角度，要从做生意、赚钱的机会导向转向责任、使命的驱动，做一个基业常青的企业。企业家的内在层次需要提高。我们学过组织行为学，马斯洛认为人的最高需求是自我实现，他在辞世前对此进行了反思：如果把人的最高需求定义为自我实现，会导致精致的个人利己主义。他写了一篇文章，文中谈到人最高的追求不是自我实现，而是自我超越，追求心灵的成长。按照中国的禅宗文化来讲，心灵的成长就是回到清净的本心，回到人性中的大善、大爱。

把成为中国首富作为人生目标是不可靠的，大家可以看到，凡是成为中国首富的，最后都不富了，往往都出问题了。原因在哪儿？你发了财，但并没有实现心灵的成长，你缺乏道德和人品的力量，缺乏价值观的力量，没有最深层次的大善和大爱，没有承担起社会责任，无法成就人生最高层次的辉煌。从这个角度来讲，中国要出现伟大的企业，企业家就要提升内心的追求。做企业最终是做人品，要回归到“好人品、好产品、好组织”，这是我提出的“新三好”！

首先是“好产品”，为社会提供安全可靠、环保的产品，这样的企业才能真正受到社会的尊重，才真正承担起了社会责任。我并不是说利润不重要，赚钱仍然是企业最重要的目标。没有足够的利润，你就不可能去加大对人才、技术、产品的投入，但企业要有赚钱之外的更高追求，要有超越自我财富实现的更高的价值追求。我认为这是中国企业家需要进行系统修炼的一个课题。

职业经理人千万别想着去改造老板，想改造老板你可能就出局了。企业家是自我革命，不是靠职业经理人，也不是靠我们这些咨询顾问。任正非身上就体现了强烈的自我批判精神、自我批判意识。人只有自我批判，才能自我超越，内心才能强大。金一南将军曾经总结过：人类历史上伟大的人物，不管是军事家还是政治家、企业家，都有三个特征：爱财如命、挥金如土、“杀人如麻”。我把它再引申一下：爱财如命的财由贝和才构成，贝就是企业家要有利润和财富的追求，不会挣钱的企业家和没有盈利能力的企业不是好企业家和好企业，才就是要爱惜人才，洞悉人性，企业家应该

是人性大师；挥金如土就是敢于为未来投入，舍得分钱，利他取势；“杀人如麻”就是要建立组织理性，以能力为导向，靠机制、制度去“杀人”。

数字化时代新领导力的六大要素（混沌中的方向把握，未来趋势的洞见，复杂矛盾关系的驾驭，进退自如“度”的把握，变革创新风险的担当，自我批判与自我超越）

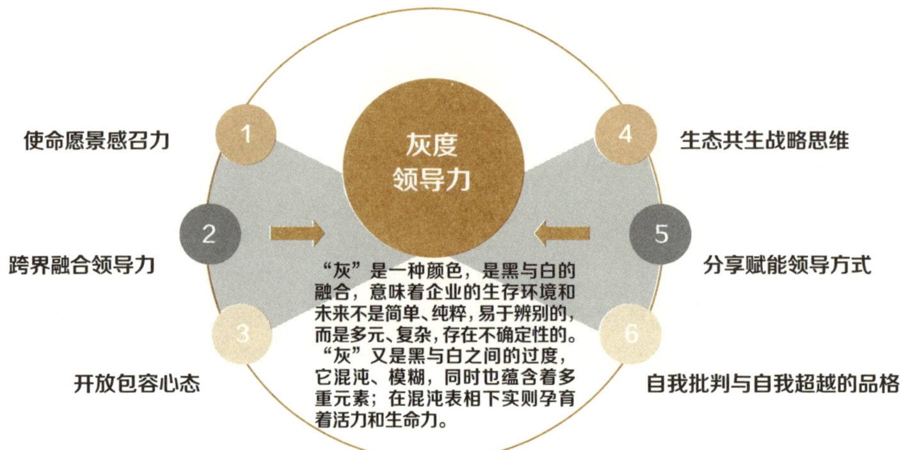

图3　数字化时代新领导力的六大要素

企业家都是奋斗不止的人。以使命为驱动，向一切优秀的人学习，与高手过招，拥抱变化，自我批判，这是伟大的企业家最核心的精神品质。

综前所述，我认为中国企业家只有实现了这八大转型，才能突破成长的瓶颈，才能成就受人尊重的伟大企业。

（华夏基石e洞察公众号2019年4月5日发布）

陈春花

著名管理学家，北京大学王宽诚讲席教授、北大国发院BiMBA商学院院长。中国著名企业文化与战略专家，先后任华南理工大学工商管理学院副院长、经济与贸易学院执行院长。教授、博士生导师，南京大学博士后。曾任新希望六和股份有限公司联席董事长兼首席执行官。她是集教授、企业家、作家于一体的传奇女性。发表著作20多部，其中代表作有《激活个体》《经营的本质》《大学的意义》《领先之道》《超过竞争》《中国企业的下一个机会》《冬天的作为》《管理的常识》《从理念到行为习惯》《共生》等。

第二辑

在商言“商”

陈春花

如果离生活太远，商业就没有存在的理由

从任何角度谈商业哲学，最终我们必须回到它的本源上，这个本源就是——保有生活的意义。

我们从“一带一路”“丝绸之路”讲起。

我自己到敦煌多次。来到敦煌，你会发现商业之所以可以千年延续下来，都是源于人们对美好生活的一段向往，是对丝绸的那一种感觉。这种感觉，恰恰让我们能看到商业得以持续的根本原因。

一、商业在说什么？

商业在说我们对于未知的探索，对于过去时光的记忆，对于人类感性行为的呼应。如果我们商业不能跟人类感性行为做出呼应，如果商业离生活太远，它就已经没有存在的理由了。

我本人是研究企业的，而且在很长一段时间内研究大型企业。我发现这些大型企业都因为远见、野心、决心、执着、活力、创新这六个词被人们记住，但我不认为这是它们成为大型企业的原因。它们能够成为大型企业的真正原因在于：它们能够真正理解人们对美好生活的追求；能够真正理解人们对生活向往的价值；更重要的是，无论是远距离，还是近距离，它们都在分享价值。

所以，几百年来，很多企业家之所以能取得商业的成功，关键是因为回归到对美好生活的向往和对品质的追求。

按照这个逻辑去看，尤其是在今天，在一个物质特别丰富的生活里，我们真正要关注的不是物质本身，而应该是生活本身。如果我们能够真正地回归生活，我们才可以真的理解什么叫做“生意”。

二、生意的核心到底是什么？

生意人常说的一句话是“我们如何做生意”，我们的确要很好地去理解生意的核心到底是什么。

在过去100年的管理和工业历史中，我们谈论生意，往往是谈论如何拥有更多的东西，更多、更好是我们很多人的追求，我们可能更关注大量的生产和大量的消费。

但是随着商业的回归，我们懂得了一个更重要的道理，就是我们要实现什么样的生活，我们怎么样才能够真的理解“理性价值”，也就是“这样就好”的理性价值。而且，我们还应该告诉自己，大量生产和大量消费不是最重要的商业逻辑，最重要的商业逻辑应该回归到可持续性。

如果从生意的核心去理解，就会看到：技术，并不是技术本身；技术所做的最重要的事情就是为人类创造出一个更好的生活空间。如果把技术和人类的生活空间做一个组合，我们可以理解技术的目的是：释放人的生活，释放人本身，释放人回归到人类自己的命运和追求当中来。

按照这样的逻辑去理解时，我们才可以真正理解商业本身的价值，才能够回到我们的“道”上，或者回到我们的价值意义上。

所以，我一直强调一个根本性的东西，人在生活当中，不是消费者，而应该是一个生活者。我们大部分情况下，没有很好地理解商业跟消费者之间的关系，我们没有很好地理解商业跟人之间的关系。如果整个商业逻辑不沿着人本身的价值去追求，那么这个商业已经没有存在的意义了。

我们今天在谈中国的商业哲学，在改革开放40年后世界哲学大会于中国召开，讨论中国传统文化，问自心、致良知的时候，我们还应该根本性地回到“人”这个问题上。当我们回到人的根本性上，当我们理解它是一个生活者，而不是一个消费者的时候，我们才能真正地理解，为什么这些（美好的事物）能够存在下来，并被更多人追求？

三、文化的载体是产品

我非常喜欢宋瓷，宋代也被西方人誉为“中国绘画和陶瓷的伟大时期”。宋瓷之所以取得这么高的艺术成就，是因为它的简洁、单色、纯粹、安静。

我自己一直很希望中国的茶叶可以成为世界上人人可以享受的最美好的产品。我曾经花很多时间想陪同一个茶叶企业走向世界，可是到今天这个梦想都无法得以实现。根本原因是什么？为什么立顿红茶——我们认为不是茶的一个茶产品，竟然可以走向全世界？文化的载体是产品。如果你想让全世界人知道中国，就必须要有中国的产品让世界人可以消费。

我们的古代文明之所以走向全世界：第一，因为有人，老子、孔子；第二，因为我们有茶叶、丝绸、陶瓷、文房四宝。

任何文化都是基于载体才被触摸的。所以，立顿红茶用“下午4点，因茶而停”这句话来传播一种生活方式。那中国的茶以什么去传播生活方式？

我们都知道日本的料理也是走向全世界的，我也非常希望粤菜中餐走向全世界，非常希望有一个中华料理能够让全世界感受。但是，我们为什么不能做到呢？（日本料理）内涵的价值到底是什么？大家看一个好的日本料理，只需要“一个恰当的比例”，就是酱油跟配料之间的比例。

回归商业本质，就必须回归人的生活，这个生活的载体到底是什么？我相信中国的饮食文化一定是足够丰富的，为什么它不可以承载我们走向全世界？

哈根达斯，一个小小的雪糕，它给过我美好的记忆，因为我的妈妈跟我之间有一个关于哈根达斯的故事。她并不知道这个品牌说什么，她只知道广告上说：如果你爱你的妈妈，请让她在水边住，请带她去吃哈根达斯。

她就跑来问我，你可不可以带我去吃哈根达斯？她知道住水边的房子太贵，她不想让我破费，她觉得吃的东西应该没有问题。我说，好，我很爱你，我带你去。母亲节那天，我们两个跑到哈根达斯店，她一看愣住了，原来是吃冰棍。吃完之后，她问我花了多少钱？我说花了380块钱。“哎哟，”她说，“太贵了，以后我们再也不吃了。”从此之后，我们两个再也没有吃过哈根达斯。我以前在小区里面没什么老人家跟我打招呼，自从这个吃哈根达斯事件之后，很多老人家都跟我打招呼，说“你真的很爱你妈妈”。因为我妈妈跟所有人讲哈根达斯的时候，那些七八十岁的老人家都没吃过。

这是一个品牌的内在价值，我们做得如何？我们是否因为某个产品感到温暖？

无印良品现在已经跨界做非常多的东西，我也有幸一次在现场听他的创始人介绍无印良品对简洁、对品质的要求。他为了拍一个广告的封面，为了等天地一线间的那一条线，他等了很久。很多人都告诉他足够了，他还是继续去等。我想问问各位，我们能否如此去传递自己的理念和品质？

同仁堂是我最喜欢的一个品牌，它今天已经开始走向世界，无论我们怎么讲它的传统和过去，我们都知道它今天在与时俱进地回答一个问题，那就是它的核心价值（炮制虽繁必不敢省人工，品味虽贵必不敢减物力）如何被更多人接受。

四、商业是交心的过程

我展示这一系列的品牌，只是想告诉各位，商业最重要的是产品，但是我们用产品跟别人交换什么？并不是价格，并不是贸易，并不是我们之间的博弈，它应该是一个交心的过程。

从致良知、从心学、从中国传统文化，我希望得到的不是传统，而是价值。这个价值是你内心真正的触动，在做任何事情的时候，你应该将心比心。产品是一个“赠物”的过程，我们不是卖一个东西给别人，而应该把爱、惊喜和可靠交给别人。这才是商业真正本质的部分，也是我们从事商业所应该回归的部分。

所以，商业的整个价值就必须回到它的价值观和基本假设上。如果它不能回到价值观和基本假设上，我们就无法讨论商业的概念。我受沙因的文化三层次结构理论影响，认为文化的载体是产品和人。

最重要的是你有没有内在的基本假设，这个基本假设是不是可以真正地统领商业的整个过程。德鲁克在讨论真正有效的经营管理的时候提出：你必须回答三个假设（组织环境的假设、组织特殊使命的假设、完成组织特殊使命所需的核心能力的假设），这种假设必须回归商业本身的追求。

做经营也没有我们想象的那么困难，只需要回到最基本的四个元素（顾客价值、合理且有竞争力的成本、有效的规模、深具人性关怀的盈利），这四个元素最终的盈利必须来源于对人性的关怀。如果你的盈利不能对人性有关怀，那么这个盈利是没有任何意义的。

因此，从商业的本质上来讲，你应该提供的是生活方案，而不是消费产品。你应该为整个生活提供解决问题的方案。我们之所以认为商业是永续的，就是因为生活本身是不会停的。个体可以停，或者一组人可以停，但人类的整个生活不会停。当生活不会停的时候，商业就得以永续，只要你提供的是解决生活问题的方案。

五、商业的未来：融合生活、驱动人类进步

我们未来的方向到底在哪里？

对“未来”这一概念，也有人不断地问我说你怎么判断？我认为，未来对于商业来讲，融合生活、驱动人类进步一定会是下一个篇章。按照这样一个方向来判断未来，我们就应该了解商业本身具有的特殊性。从世界创造变化的角度来看，商业是人类最具弹性、最具重复性、最为有效的一个机制。

商业本身是在承载文明。回归商业本质，那就是商业应该跟生活组合在一起。当你能够真正把商业跟生活组合在一起的时候，你才可以去真正建立商业本身内在的驱动力量。

我是做教育出身的，我深受怀特海《教育的目的》这本书的影响。在这本书里他谈到，人的生活是建立在技术、科学、艺术和宗教之上的。如果人类的生活是源于这一系列事物，商业是其中一个载体的话，那我希望商业包含于技术推动空间、科学推动认知、艺术推动美感、宗教推动追求和信仰之间。

我们怎么去做载体，共同地去体会它？我们在哲学上的追求，也是人性自身的回归，我们如果不把它讲得那么过、那么远，那么哲学就在你生活的每一个日常当中，也承载在你对每一个产品的认知当中。

福山在他的论著《信任：社会美德与创造经济繁荣》中说：“忽略文化因素的生

意人，只有失败一途。”我自己前两天在跟海尔张瑞敏共同参加的一个论坛上讨论互联网免费的时候，也谈到：商业中最大的价值到底是什么？对此，我们都认为：最大的价值就是诚信。

在诚信这个逻辑当中，我们最重要的关注就是中国文化中“诚”的概念所展现出来的一切，也是对商业理解当中我们保有生活意义那个最根本的部分，这是诚信的来源。

（华夏基石e洞察公众号2018年8月19日发布）

如何理解任正非先生的组织观

在研究华为的过程中，我们看到了在30年来华为不断创造着自己的信仰体系。

华为信仰体系的基石是企业文化所产生的观念性力量，即传播知识与思想的力量，这是一种容易得到一致拥护的路径。

华为在企业文化方面是强势的，任正非也非常重视，并强调：资源是会枯竭的，唯有文化生生不息。华为的企业文化体系是推动华为打造全球竞争优势的重要因素。

于是我们进一步思考，华为企业文化的源头在哪里呢？从目前看是《华为基本法》，以及一系列的文件、规范等；而这些又来自任正非的“思想云”和“思想雨”，其本人对自己的角色定位也是：30多年来主要七成务虚、三成务实，主要在学习、思考、交流、传播。

在与部分华为员工的交流中，我们了解到这个组织在传播知识和思想上的用心。

比如，每周一次的部门思想交流会，要求大家各抒己见。这个会议不分工作级别，不分新员工还是老员工，大家都尝试从这个部门管理者的角度提建议和做法。

另外，几乎每周周末都有各种培训，员工可以挑选，可以参加任何感兴趣的培训，并不一定与自己的业务相关，但是培训时间累积是有硬性要求的，也就是说，员工自我能力的培养是组织赋予他的权利和义务。

以上两种极其普通而简单的做法，意味着员工随时可以接受从上至下的统一思想传播，同时，员工也有非常宽敞的渠道可以从下至上地反映问题并提出解决方法。

有时候我们不得不佩服任正非将军队组织里的“书记式”思想交流沿用到企业管理中所产生的巨大力量，这种方法可以非常稳固持续地关怀到每位员工的感受，同时又可以及时将不同观点在未形成负面思想之前得到矫正。

正因如此，在当下所谓“信用大幅缩水、忠诚加速折旧”的时代里，18万华为人对华为这个商业组织可以持续形成华为特有的凝聚力和向心力，从北非的利比亚到冰岛、格陵兰，从印度班加罗尔到英国伦敦、美国硅谷等全球发展的进程中，员工的追求已不仅仅为了工资奖金，因为他们付出的不只是时间，同时还有自己的信任、价值乃至生命。

“华为没有成功，只是在成长”，这是任正非对华为发展的自我评估；随意地翻看任正非文笔间记录的华为成长过程，即使没有听过他在华为的各类讲话，都会深深觉得，他和比尔·盖茨一样，常常居安思危。比尔·盖茨的“微软距离破产永远只有18个月”的理念，成就着这家大公司“大而不倒”。

危机感是一种意识，更是大公司领导者积聚能量的内心动力。危机感常在，最终会让公司这个机体保持对外刺激的敏感性，保持一种警惕和临界状态，然后才有可能保持我们常常寄望于大公司所应该具有的“活力”。

关于华为，任正非始终不敢掉以轻心，始终在提防任何可能的风险和潜在的对手。任正非认为，无论发展怎样，至少有三个问题是始终不能回避的：

第一，不能相信自己无所不能。即使华为在集聚人才、资本、技术，但是否可以持续掌控行业发展的脉络，是否能维持强大的盈利能力，都不可预见。

第二，市场只靠纵向产品不够。整体通信领域一直遵循着纵向产业模式向横向转换的趋势，也就是说，只提供纵向产业模式中的产品已经不能获取更多的市场，只有扩大该产品的横向市场能力才能继续创造新的利润体系。

第三，高利润和模块化产品可能带来困境。在原有的通信制造业领域里，一个足够长的产品线中往往潜伏着无数的敌人和对手，创新规则、行业变迁、竞争重点随时都可能让利润点转移，华为是否做了足够的准备？

任正非说：“10年来我天天思考的都是失败，对成功视而不见，也没有什么荣誉感、自豪感，而是危机感。也许是这样才存活了10年。我们大家要一起来想，怎样才能活下去，也许才能存活得久一些。失败这一天一定会到来，大家要准备迎接，这是我从不动摇的看法，这是历史规律。”

任正非是一个敢于自我否定并把自我否定作为一种领导者关键气质的人。

2001年是华为飞速发展的一年，外界称那段时期是华为的春天。但在春天里，他在内部会议上提出华为要为过冬做准备，这曾被IT企业称为行业的盛世危言。也正是在他的倡导下，华为人始终没有放松学习。

而当华为已经成为全球通信行业的领先者的2010年，他又提醒华为管理者“让听到炮火的人做出决策”，全力打造企业的管理转型。

2012年的新年，他再一次创造性地设计了“轮值CEO制”，带领这个已经站在行业高端的企业进行全面的组织转型。

到了2019年，当华为迈入千亿美元俱乐部的时候，任正非再一次创造性地设计了“华为治理体系文件”，带领这家企业持续走在领先者的进化路径上。

每一次任正非的报告和发言，每一次华为的转型和成长，都会引发人们内心的巨大触动。从这些文章里，我们感受到的是他始终如一地善于发展自己和他人，并引导组织不断学习的态度。

华为面对的是跨国公司，任正非并没有将它们看成简单而可怕的竞争对手，他认为它们是老师也是榜样，正如在前面选录过它的讲话中所说：

“它们让我们在自己的家门口遇到了国际竞争对手，知道了什么才是世界先进。它们的营销方法、职业修养、商业道德，都给了我们启发。我们是在竞争中学会了竞争的规则，在竞争中学会了如何赢得竞争。

科学的入口真正是地狱的入口处，进去了的人才真正体会得到。基础研究的痛苦是成功了却没人理解，甚至被曲解、被误解。像自杀的凡·高一样，在他死后他的画卖到几千万美元一幅。当我看到贝尔实验室的科学家的实验室密如蛛网、混乱不堪，不由得对这些勇士肃然起敬。华为不知是否会产生这样的勇士？”

《下一个倒下的会不会是华为》的作者田涛讲过一个第一排水果的故事。

将军到部队视察，第一排的战士个个气宇轩昂、一表人才。将军就问陪同他的团长，从哪里选了这么帅的一批小伙子。团长说这个营的营长原来是摆水果摊的。

什么意思呢？卖水果的人都把最好的水果摆在前面，把差的坏的水果都放在后面。一个企业，一个组织，如果总是背负成功与辉煌的包袱，这个企业其实也离死亡不远了。

所以，任正非讲华为是没有历史的公司。

在华为的任何角落看不到华为过去的历史，没有一张图片有任正非的形象，全球各地的办公场所看不到哪个中央领导视察华为的照片……

华为也是一个没有功臣的公司，华为一位高管对我说，华为是一个不承认功臣的公司，老板也是，也就是说当任正非退休以后，任正非也不会被供在华为的殿堂里。

任正非说过，我从来不在乎媒体现在、今天、明天怎么看我。我也不在乎接班人是否忠诚，接班人都是从底层打出来的，打出来的英雄同时又能够进行自我否定、自我批判，同时又有开放的胸怀，又有善于妥协的精神，同时在看人的问题上能够多元视角，而不是黑白分明，他就是自然而然成长的领袖。领袖不是选拔出来的，是打出来的。这也是华为跟很多企业、组织很不同的特点。

“我是在被生活所迫、人生路窄的时候创立华为的。那时我已领悟到个人才是历史长河中最渺小的这个人生真谛。我深刻地体会到，组织的力量、众人的力量，才是力大无穷的。人感知自己的渺小，行为才开始伟大。”在任正非看来，组织的力量、众人的力量是力大无穷的。

“也许是我无能、傻，才如此放权，使各路诸侯的聪明才智大发挥，成就了华为。”任正非认为华为有今日的成绩是“17万员工以及客户的宽容与牵引”，而他不过是“用利益分享的方式，将他们的才智黏合起来”。

任正非重视组织的成就远远超过对自己的成就描述；他对于组织的认同已经不仅仅是使命感或是责任感，他没有将自己放在组织的顶部，他做的更多的是托起这个组织，并用组织的整体力量成就华为。

任正非对组织力量的深刻理解，与其军队经历相关，在一支队伍中，个人能力突显各异的团队往往会负于个人能力平平但整体能力突显的团队。

这一点，令任正非在处理利益的问题上有着宽广的心胸。一个是董事，一个是员工，在一致对外开拓时，大多数员工都是积极的，但在事关利益时，大多数员工会选择利益；那么，对董事来说，如何产生组织的最大力量，让大多数员工选择华为利益就是最重要的核心。

华为的核心竞争力来源于组织和个人的核心竞争力，任正非将华为人个人的核心能力与组织的核心能力聚合，形成强大的冲击力。这种冲击力被任正非称为狼性。值得注意的是，狼的组织只适合于狼，一头狼率领一群羊不可能形成狼的团队，一头羊也无法统领狼群。

关于对组织力量的理解，任正非对华为人赋予公平原则、利益共享，甚至对华为下游供应商们，任正非都会在危难时期承诺“绝不让利益共同体吃亏”“我不知道我们的路能走多好，这需要全体员工的拥护，以及客户和合作伙伴的理解与支持。我相信由于我的不聪明，引出来的集体奋斗与集体智慧，若能为公司的强大，为祖国、为世界做出一点贡献，30多年的辛苦就值得了”。

由此可见，华为的力量来源于组织整体，而绝非仅仅个人，这也是华为持续发展的动力所在，是任正非创造的组织整体的可持续力量。组织的力量在华为完全被释放出来，使得华为增长似乎并未受到外部冲击，哪怕是2008年金融危机，并没有影响华为强劲的增长。华为依靠对行业的理解、对技术的理解，更重要的是对组织的理解，成就了华为的辉煌，如图1所示。

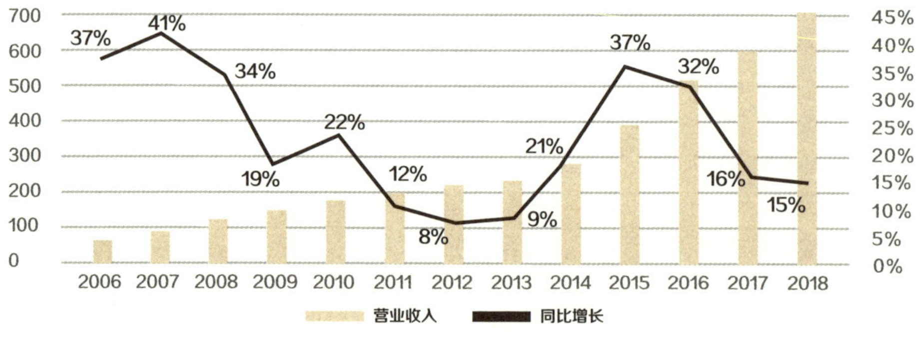

图1 华为营业收入

任正非这样感慨：一个人不管如何努力，永远也赶不上时代的步伐，更何况在知识爆炸的时代。只有组织起数十人、数百人、数千人一同奋斗，你站在这上面，才摸得到时代的脚。

这段话曾经给我巨大的震撼，因为在这之前我一直推崇另外一个观点——“站在巨人的肩膀上，你可以成为巨人”，而现在任正非的观点更让我理解一个人的渺小，更清晰地明白在一个巨大变化的环境中，只有认识到个人的局限，并借助于组织的力量才会与环境互动，而这也是任正非与华为能够驾驭变化的本质驱动力。

如果希望公司保持活力，就需要领导者和管理团队处于自我批判中以保持组织与文化的驱动力。

记住，无论发展怎样，至少有三个问题是始终不能回避的：

第一，不能相信自己无所不能。

第二，市场只靠纵向产品不够。

第三，高利润和模块化产品可能带来困境。

（华夏基石e洞察公众号2019年7月15日发布）

商业环境变了，你的组织也要发生改变

最近很多人不断问我，“陈老师，阿里的结构调整了，您怎么看？”“腾讯调整完结构，您怎么看？”“京东调整结构，你怎么看？”……很多朋友认为这是重大的事情，结构怎么会突然间就动了？我的回答非常简单，今天的企业组织一定是动态的。作为一个组织专家，如果这些企业不动结构、不变化，我才应该回应。

对于任何组织管理而言，必须了解到环境对组织本身的影响。今天，组织的绩效已经不再只是取决于组织本身，更主要的是由组织外部的因素来决定，而决定组织绩效的外部因素被称为“组织环境”。

对于组织环境的理解，需要从根本上去把握，而不是简单地看现象。这是一个变化异常的时代，很多认知都被现象所混淆，很多判断已经似是而非。如果要在这样的环境下做出正确的选择，则需要界定清楚现象背后的本质是什么。我试着对此做一次梳理，归纳出目前环境变化的几个最重要的特征。

一、不确定性造就新经营机会

让我们先看看一家企业的战略机遇。这家公司是总部位于广州的一家高科技公司，其最早的业务是大屏幕拼接技术。公司在大屏幕拼接技术领域拥有自主创新的能力，并在中国市场上取得了非常领先的地位。但是从2011年开始，显示技术的改变让这家企业遇到了前所未有的挑战。

以下三个最重要的挑战，已经摆在这家公司的每个员工面前：①新业务没有获得根本性的突破；②代理商、用户、市场甚至同行都在观望；③公司内部弥漫着怨气、疲惫，无法看清未来的恐惧。

引发这三个最重要挑战的诱因，一方面来自外部环境的变化，另一方面来自公司内部的问题，核心是不确定性加剧。

任何一家企业能够持续发展，最根本的原因是能够与环境互动，并和环境发展的趋势在一起。所有成功的企业都善于在环境变化中掌握机遇，这家公司之所以有今天的成功，源于在过去十年中，理解并拥抱了中国市场的高速发展，用适合中国市场的特点，安排了自己的商业模式。

但是，到了2011年，环境改变了，如果依然用创业之初的商业模式、产品结构以及市场认知支撑业绩，显然已经无法持续；借助惯性发展，虽然能够完成每一年的任务，但是无法看到更长远的未来。公司决策层知道，这是“虚假繁荣”，被业绩掩盖的“虚假繁荣”，这会让公司在未来的竞争中，处于极其被动的境地，并有可能一步步失去已有的市场地位。

这家公司从这一年开始，意识到需要做出彻底改变。他们有意识地培养自己，让自己不受日常工作的局限，以更为广阔的视角，不但看到行业发展的大格局，而且还思考各种不同寻常、有别于以往的事件对整体市场前景的重大影响。

他们将所有这一切变化视为一定要彻底改变自己的动因，甚至他们会要求自己离开行业去找新的机会，而不仅仅局限于原有的领域、原有的竞争力、原有的经验。所以，公司确定了“资本驱动转型”的“双业务”战略，在2015年成功跨界到服务行业。

有些人看待市场变化时，往往过于狭隘，无法看到其背后更为远的影响，庆幸的是，这家公司的创始人看到了变化背后更为远的影响，及时引进战略伙伴，并带领董事会坚定地落实“资本驱动跨界”的战略。今天这家公司的服务平台已经是中国该领域的领先者。

如果不是不确定性对公司挑战，公司的服务平台不太可能出现，公司的战略转型也不会实现。视不确定性为发展的机遇，这是这家公司成功跨界的主要原因。

IBM前任总裁郭士纳说:“核心领导人的存在对转型能否成功有着深刻的影响。”这一方面意味着领导人需要坚定地推动变革，另一方面领导人也需要清晰地理解环境，把握变化中的机会并坚定变革的方向。每一家企业都需要领导者担当起发现变化、引领转型的重任；企业总是希望可以寻找到持续发展的路径与方法，其关键是领导者对于变化的理解以及从中生发出战略的能力。

我非常欣赏那些敏锐把握变化，从顾客的视角看待变化，并转化为新机会的企业，从谷歌、华为、阿里巴巴、腾讯这些大型公司到柔宇科技、有米科技等新锐公司，它们都在这一点上做得非常好。哪怕这样做会有风险，甚至失误，但是它们依然坚持不断地调整自己，不断地感知不确定性，不断地寻找可能的改变与机会。

通过最近十几年的观察，特别是互联技术对传统企业的冲击，我发现，如果不是从变化中寻找机会，不做彻底的自我超越，不做组织与文化上的转型与创新，而仅仅是在经营上做调整，应该很难取得成效。其中最核心的是领导者要做出改变，因为企业责任的主体以及组织文化的主体依然在领导者的身上，需要领导者自己来主持企业转型，要知道缺失了领导者转变这个环节，转型很难进行。

二、对互联网最深的理解是庞大的线上人口

互联网的影响已经不再需要我去赘述，我们已经处在一个被称为“互联网”的时代。大家非常关心互联网以及互联网带来的冲击，比如会争论“有没有互联网的思

维”“互联网企业对传统企业的冲击到底是什么”“企业到底要不要互联网化”。以阿里巴巴、小米等为代表的新兴企业把自己界定为互联网企业，而以华为为代表的企业则声称自己不是互联网企业，这些争论也已持续了10多年，至今并未形成一个统一的认识。

坦白讲， 这都不是我关心的，我对互联网最深的理解是，它拥有庞大的新族群。看一下中国的数字，2003年网民数是0.79亿，网民渗透率是46%；2014年，网民数是6.49亿，网民渗透率是48%；2018年网民数超过8亿；15年间，中国网民数增长了10倍。此外，这个消费人群是最活跃的、最有生命力的，他们的能力与需求引领着每一个行业的变化，针对他们的商业模式都有着极强的冲击力与颠覆能力。

互联网技术本身是理解顾客的一个最为直接的手段，然而令人遗憾的是，很多企业的领导者对此并不擅长。大部分领导者都在利用自己的经验来面对顾客，他们通常有超过10多年的行业经验，自认为对于行业与市场有着独特的认识，也很自信于自己的判断。

但是事实是，线上的消费人群是全新的人群，他们有自己的主张，不随波逐流，更重要的是他们要创造新的游戏规则，要以他们的生活方式来界定商业与价值。这是全新的一族，无论是价值观、行为模式、生活方式，还是沟通与认知，都是完全不一样的，这一点需要领导者认真对待，要知道要做出改变的不是这些人，恰恰是领导者自己。

我非常惊讶腾讯这样的公司，完全按照互联网的逻辑组合新族群展开商业活动：掌握数据，分析客户行为，选择聚焦哪个细分市场，知道在哪里主动出击，提出自己的关键假设，设计新的商业模式，寻找与发现不同事物间的关联并且与顾客亲密地组合在一起，从而获得属于它们的高速发展机遇。

如何为顾客提供更新、更好、更优价的产品及服务？这是每一个企业领导者都需要回答的最根本的问题。现在不同的是，这个最根本的问题在一个全新的族群中发生了。这个族群中的人完全不同于以往任何顾客，这就需要企业领导者完全基于一个从未有过的视角去理解顾客。此时的“更好”，不是自己与自己的经验或者自己的成功相比，而是与市场上的全新商业模式相比，你做得更好。

比如，很多出版界的同业都做出了巨大的调整，与过去的自己相比的确做出了巨大的改变，但是像亚马逊这样的公司，把自己定位为数字时代的原住民，其企业领导人更是聚焦于此。在亚马逊，数字技术不仅已与日常经营紧密地融为一体，而且还在为创造更好的客户体验而不断精进，“一切以顾客体验为中心，一切为了顾客”，这在亚马逊绝对不是口号，而是实实在在的运营过程。从这个方面讲，与亚马逊比较，很多出版公司的改变就不算大。

有人问我，互联网企业与传统企业最大的区别是什么，我的回答是：传统企业层级森严的官僚体制经常模糊了本来应有的对客户的关注，经营管理完全与顾客脱节。或者也可以这样说，这不是互联网企业与传统企业之间的差距，而是好企业与差企业之间的差距。

好企业一定会与顾客在一起，一定会基于顾客的立场来发展自己；差企业一定会离开顾客，只站在自己的立场上，深陷组织官僚体制之中。

对于很多企业来说，与这个新族群交流并获益是一件非常困难的事，很多企业习惯于已有的生产模式，已有的与顾客沟通的方式，习惯于大规模制造的逻辑，而无法快速响应以及应对不断细分的需求。因此，这些企业反而无法应对互联技术带来的改变，只能眼睁睁地看着新兴企业攻城掠地，利用互联技术、大数据、全新渠道等新的商业模式及逻辑创造更加卓越的客户体验，抢占全新的细分市场，并颠覆很多行业的游戏规则。

一定要用极为认真的态度对待互联网，这不是技术问题，也不是商业模式的问题，而是面对全新消费人群的态度问题；一定要让自己与这一族群相关联，让顾客的体验变得更好，达到极致，在技术创新与顾客需求之间实现完美的连接，从而让企业获得新生。

三、渠道发生了根本性的改变

中国在经历了40年连续的高速发展，特别是制造业的快速发展后，不仅告别了改革开放前几十年的物质短缺现象，在今天更是出现了意想不到的生产能力普遍过剩的情形。一些产业生产能力过剩的幅度甚至超过50%。

2008年金融危机之后，全球市场陷入普通的疲软状态，投资与消费需求不足，物价下降，成为一种“常态”。新制度学派认为一切社会经济问题的根源在于稀缺。过去是商品稀缺，产业资本扩张，而现在是生产过剩，渠道稀缺，商业资本扩张。新渠道的出现，给基于新渠道的资本扩张提供了无限的空间。

生产和渠道的结合还应取决于消费者，问题的关键是消费者在购物时是希望有更多的品牌可供比较和选择，还是忠实于某一个品牌。从这一点上讲，对于生产商而言，渠道决策是一个非常复杂的问题。生产商既要考虑商品的特性，又要考虑消费者的购买习惯，还要平衡由此带来的经济效益。

互联网技术的出现，让这种平衡兼顾到经济效益，并获得更多的消费者回应。这个全新的渠道，就是基于互联网技术、数据技术而形成的价值网络。在“互联网+”之下，当数据产生是全方位、实时、海量的时候，企业间的协作就必须像互联网一样，要求网状、并发、实时的协同，其具有的优势特征非常明显，可以归结为以下几点：

①运行数据化优势；

②信息共享化优势；

③规模效率优势；

④协同网络化。

这些优势，就是新渠道与以往渠道的不同。目前市场上的很多改变（无论是商业概念，还是任何其他的东西），很大程度上都源于渠道改变。很多商业模式的创新，其实是新渠道的领导者把传统价值链中的浪费拿掉了，也就是说，如果按传统渠道的概念做事情，中间会存在很多浪费，如信息不对称、链条长、每个环节的价值都存在分配和榨取。运用新渠道概念做事情，可以把这些浪费解决掉，解决传统渠道信息不对称、中间环节过多、链条长、产业效率低的问题。

在全新的渠道关系中，一家企业如果只拥有内部资源能力，或者仅拥有发展内部优势的能力，则会陷于被动的局面。与传统渠道相比，在技术的帮助下，以下三件事情发生了改变。

1. 顾客中心转为用户中心

市场需要用户体验至上，商业回归人性需要理解每一个消费者的需求。互联网企业为什么愿意用“免费”或者“补贴”等方式？因为这正是人性的一部分，借助免费和补贴，互联网企业非常容易获得大量的用户。

2. 产品驱动转为数据驱动

有人说：“未来商业的本质就是数据，要么数据化，要么灭亡。”如何理解这句话？在传统商业逻辑下，产品是企业与顾客之间的桥梁；在新的商业逻辑下，数据承担了这个“桥梁”的角色。

3. 供应分工转为生态协同

传统渠道中的成员之间是供应分工的关系，新渠道中的成员之间是价值协同的关系，供应分工的最大特征是“价值分配”，生态协同的最大特征是“共同成长”。

这三个改变，使得企业依靠“内部资源能力”和“外部合作生态”，形成持续的“价值创造”“价值传递”和“收益获取”的内在“系统逻辑”。这是一个系统的逻辑，是一个不断持续价值创造的逻辑，也是新渠道最核心的逻辑。所以，企业管理者需要理解并认识到，企业真正的机会必须延展到外部去，必须进行内外合作，形成一个持续价值创造、共同生长的系统逻辑。

最近几年，我与一些企业管理者讨论企业战略，他们问我今天战略最大的挑战是什么？我回答：最大的挑战是战略机会与你现有的资源和能力可能没有关联或者关联不大。这与过去的企业发展路径完全不一样，以前思考战略问题时，会比较多地关心内部资源和能力，关心相对竞争优势以及核心竞争力的培养。

今天需要大家特别在意的是，在市场格局中，内部的资源和能力也许不再是最重要的，最重要的是你的企业可不可以与外部机会组合在一起，并为这个新机会建立新的资源与能力，尝试冒险与创新，进行价值创造、价值延伸以及价值共享。

四、新进入者改变游戏规则

汪滔从香港科技大学学生宿舍开始创业，技术来自毕业设计的产品，最终开发出了占据全球70%市场份额的产品——大疆飞行器。大疆是第一家将专业无人机推向民用市场的公司，并且在技术、设计、用户体验上都做到了极致。大疆的广告词是：发现世界惊叹之美。大疆用最简单的方式，让一个新手能玩飞行器。用最极致的方法在一个领域深耕，成就了大疆。

我经常与创业团队在一起交流，发现他们对于现有行业经营者来说，的确具有极大的冲击力。这些“新进入者”带来了非常多的变化，这些变化是不确定性极为重要的一个诱因。一旦有新进入者进入，他们能够推动新潮流的兴起，用一种全新的商业模式获得规模与品牌的影响力，进而会改变行业发展的格局，并形成一种新的格局。

因此，不断关注新进入者，也一样要面对挑战，需要管理者真正去思考一些问题：

- 未来的发展会出现哪些可能的情况？
- 这些变化分别会带来哪些机会？
- 新进入者的突破会造成什么影响？
- 这对你所在行业以及你自己的企业意味着什么？

这些问题需要你特别关注，并且转换你的立场与思维方式，站在新进入者的立场，像新进入者那样去思考，去理解市场与顾客，去理解行业价值以及相关方的利益。

需要特别提醒的是，切不可低估新生事物的发展势头，因为很多曾经成功的企业就是在这个问题上失去话语权的。柯达当初低估了卡片机带来的普遍市场机会，卡片机更是低估了手机相机带来的更彻底的消费习惯改变……很多企业都低估了互联网技术带来的快速变化，结果处于被动中。

提醒大家关注进入者还有另一层想法，因为大部分企业在做战略或者竞争分析时，喜欢用行业经验或者成熟的价值链分析工具，并且常用的预测方法大多是分析历史数据以推断未来的发展趋势。但是如果新进入者出现，这些做法就会有很大的局限性，并会影响到决策的有效性。2016年美国总统大选的结果，更能说明这个问题：历史数据和传统经验、原有的决策工具等，在新进入者面前，可能都会失效，这是我强调关注新进入者的另一个原因。

五、共享经济

在数据时代，企业的增长模式正在发生巨大的改变，增长逻辑完全改变了，不再是规模增长、线性增长，而是通过非连续性的变化寻找协同，实现量级增长。

从2019年除夕到初五，8.23亿人使用微信收发红包，同比增长7.12%。单从数字上看，微信运用互联网有效地黏住了消费者，做了一个道场，让中国最传统的节日充满了快乐，从而与“个体”成就彼此。腾讯、小米、阿里巴巴等这些公司，都在打造一个共生经济体，也因这个共生的经济体不断缔造着新的商业神话。

2016年开始，也许你会发现“互联网”这个词也落后了，因为一个新词已经进入人们的语境中，这个词叫“共享经济”。共享经济最大的特点是什么？就是离散程度越高，价值集中程度越快。那些分散程度高的行业，已经开始被共享经济所改造，如出租行业、旅游、咖啡餐饮，甚至包括教育。

从消费者的角度看，得益于技术，人们了解资讯和世界的方式越来越多。因为互联网、电视、iPad、云技术等，传播与沟通的创新方式发生了很大的改变，正如很多评论所说的那样，这些技术令人与世界的沟通变得更多元、更丰富以及更复杂。在今天能够获得消费者喜爱的品牌，往往都会主动拥抱创新，认识变化，欣赏并利用这些变化，通过互动与沟通让自己更加具有影响力。

对于企业来说，消费者控制着其“想要什么”“什么时候需要” 的决定权。在互联网出现之前，顾客想看电视节目，需要接受企业的设计，按照企业约定的时间和标准来接受。但是今天，消费者在任何地方、任何时候，都可以看到电视节目，不受任何限制。因此，企业需要改变自己的角色，主动和顾客互动，寻找到与顾客之间的互补区域，了解什么方式是顾客习惯的、渴望的，了解如何设计一个平台，能够与顾客沟通，让顾客可以参与互动，形成社会化的网络。

人人参与、共创与共享已经成为这个时代的特征。让大家连接在一起，本身就是一件值得学习的事情，就如华为、苹果公司、新传媒等。技术让一切皆有可能，也让人们拥有新感受和新机会，这些新感受和新机会又会推动技术的进一步创新。尝试新东西和设计新沟通与互动平台，真的是很令人兴奋的事情。

德鲁克在《管理未来》中说：“互惠（ reciprocity）将成为国际经济整合的核心原则。这一趋势目前已经难以逆转了，无论你喜欢与否（我就不喜欢）。”坦白讲，我也不喜欢，因为一切都以互惠为原则的话，经济关系会表现为越来越多的贸易集团关系和特征，人与人之间也许会表现为交换关系、价值互换关系，这或许导致人们之间太过功利与商业化。我更喜欢单纯、爱以及不求回报。不过我也知道，不管我是否喜欢，互动与互惠已经成为事实和必然的选择，我们都要面对和接受了。

（华夏基石e洞察公众号2019年3月26日发布）

更高的领导力，取决于你的概念能力

一、人类开启“向未来求知”

今天对于HR的要求，跟以前完全不一样。我们之前，找到胜任的员工基本上就是完成任务。但是今天，企业遇到的最大的挑战是不断地应对不确定性，所以你会发现，今天我们不能只讨论他的胜任能力，而是要讨论创造力。

这个变化就对人力资源提要求：你有没有能力让优秀的员工进来之后更加优秀、持续地优秀？因为只有这样，才可以帮助企业不断地成长。

我们之前在讨论战略的时候，最关心的是战略业务模型的设计，但是我们今天在讨论战略的时候最关心的是什么？有没有人能够执行这个战略！

换个角度说，今天设计战略并不是一个难的事情，最难的事情就是如何去高效执行战略。所以现在对人力资源的需求与以往有两个最大的不同：第一就是如何从胜任力转向创造力；第二就是如何从支撑战略转向匹配战略的高效率。人力资源正面临着一个巨大的转型，要求非常高。

今天几乎所有人、所有组织遇到的最大的挑战，其实是动荡的外部环境，我们的不安不是因为知道的少，而是因为知道的多。当知道越多的时候，就会变得更加焦虑，我们的员工跟我们自己都要回答，该怎样面对这些东西？

我们常常会说要不要向过去学习？是不是有成功的标杆可以帮助我们？或者说有没有一些好的经验可以帮助我们？我甚至在课程当中常常被学生问到：“老师，你能不能给我几招？”

这样的思维方式都错了，因为我们今天遇到的所有问题，大部分都是之前没有发生过的。如果用过去的标杆来面对未发生的问题，我们其实解决不掉任何难题，就是说用已知推不出未知。

在业务中我们常常说要满足顾客需求，但是你有没有发现，今天互联网技术带来的最大挑战，全部是创造需求、唤醒需求，而不是去满足需求，因为普通消费者并不知道这个需求。

比如说，以前只能用手机来打电话，从来不知道手机现在可以变成如此一个智能终端，甚至创造出我们的需求。之前，我从来没有想过同时有10万人在听我上课，因为腾讯发明了微信，在微信上一次课，就能有10万人收听。上完这个课之后，我问其中的人，他们说，“老师，你讲得特别好，我们觉得非常有感情”。我那时候才发现原来自己还有另外一个能力。

所以从这个意义上来讲，今天要求人力资源要有能力让员工不断地创造知识、以未知求得未知。

我之前看马丁·雅克，这是一个特别热爱中国的国外学者，他写了很多书来介绍中国，其中有一本书叫做《当中国统治世界》，这本书里面他说，“中国跟日本、美国都完全不一样，最大的不一样就是它所有的改革开放都是向历史学习”。这是一个很有意思的评价。日本明治维新是彻底地向西学习，他说中国没有彻底向西学习，我们更多的还是回看历史去学习。

我们今天遇到的最大挑战就是你得向未来求知了，你不能向历史去学了。今天的人力资源肩负着整个组织能不能向未来求知的转变，我们该怎么办？

我在过去六年来的研究中，非常关注怎么去让所有的管理者具备一种新的能力，而这个新的能力我用了一个词，这个词叫做“未来领导力”。讨论未来领导力，就是回答怎么能够让整个组织系统更高效率地完成战略，并直接转成绩效。

二、未来领导力的五维模型

未来领导力到底涵盖什么，它跟传统的领导力又有什么区别？ 让我们先从传统领导职能看起。

传统的领导具备三个巨大的职能。

第一个职能，是描述愿景，传播愿景并实现愿景。为什么领导一定要描述愿景？是因为领导最重要的是要有人跟随。“领导”的定义就是让人们去做你要去做的事情。所以我常常上课时跟别人开玩笑，全世界最有领导力的人是谁？是那个不会说话的婴儿。你好好想想，这个不说话的婴儿他要做的任何事情，所有人都得做。所以我常说领导的天赋是天生的。那领导力是什么？其实是后天你自己训练出来的。领导的天赋你天生就有，但是你后天不刻意地去训练和培养自己的话，你这个天赋就会慢慢地消失了，领导力反而是后天习得的。

第二个职能，就是一定要建立信任和鼓励追随。如果不能建立信任和鼓励追随，就没有办法集合大家真正地去实现这个愿景。所以我们一直都要回答一个问题，就是如何激励员工愿意去实现公司的更大愿景？如果不能完成建立信任和激励追随这个功能，企业愿景是无法实现的。

第三个职能，就是领导本人一定要有追求，叫做个人努力。如果你没有更大的欲望和追求，跟随你的人就可能没有未来。还需要培养团队，做授权合作才行。

但是今天的难题在于说我们确定了这三样东西之后还不够，要往上加东西了。不够的原因是什么？原因在于在一个完全不确定的时间，我们完全是向未知求未来，在求知的这个过程中，会有更多人期待有领导可以追随。更多人处在迷茫和波动之中，希望有人明确地指引方向。

如果你们学过《战争论》就会知道，在战争当中真正的领袖是什么？就是在一片黑茫茫之中能发出微弱的光，坚定地指引方向。这个就是《战争论》当中对于领袖的要求。所以我告诉大家，越是不确定的时候，越是一片黑茫茫，那领导者必须发出这个光来。

怎么能发出这个光？我们就要求，今天的领导除了具备前三个功能之外，还需要具备以下能力：

领导者必须有能力解读不同市场的未来趋势。你看到的不仅是挑战、冲击和被颠覆，而且是更能主动地看到未来的新机会在哪。这就要求你有能力，不断地解读不同市场的趋势，驾驭技术带来的无限可能性；你还要有能力不断地去识别和判断，这些不确定性我们该怎么样面对？

还有一个更重要的是，你能不能把那些高潜力的未来领导者找出来，有没有能力跟新生代员工去有效沟通。我没有用“80后”“90后”“00后”分代，我统用了一个词叫“新生代”。我们告诉各位说，年龄并不是代际的原因，价值观才是代际的原因。所以不要认为四五十岁就是老一代，“90后”就比较年轻。对于整个组织成员来说，今天更需要领导，原因就在于新生代遇到难题自己想不通就需要领导想通，让他坚定地追随，毫不犹豫、没有迷茫、非常快乐，这就是我们要做的。

在这样的背景下，我把“未来领导力”模型提出来。我们希望领导者有魅力，这是我们以前很多人希望的，所以你就会发现长得好看的领导是天生有好处的。魅力是构成领导力的其中一个要素。但是今天对于领导的魅力更多不来源于外貌，而是来源于领袖的气质。

什么叫领袖的气质？就是你愿不愿意相信别人、愿不愿意激励别人、愿不愿意跟别人在一起。就像当年拿破仑失败的时候，有人问他说“滑铁卢战役为什么会失败？”他只讲了一句话，“我已经很久没跟士兵一起喝汤了”。

我会从能力维度去解释“未来领导力”，也就是说实际上有5种能力，训练这些能力出来的时候，就会有领袖的气质。

比较巧的是，这5个能力维度的英文词第一个字母合起来，刚好巧合就是“密码”这个词。我希望各位能好好理解它，朝这个方向训练自己、训练团队、训练员工，就有能力面向未来创造价值。

下面我就展开这5个能力维度跟大家解释。

（一）美感度：看不见的竞争力

能够将千差万别变为共识的，只有美。美是可以跨越时代的、跨越空间、跨越距离的。如果你回看过去几百年来的商业活动，纵观人类历史长河，从商业逻辑来看，能够超越几千年、几百年的商业文明真正存活下来的、一直保有竞争力的产品，一定是非常美的。

蒋勋有本书叫做《美是看不见的竞争力》，里面讲了一个小小的故事。

他说他去看远古的博物馆，看到了一个八千年前的木雕，就是一个少女在闻花香，他觉得那个木雕非常美。然后他来到北京，结果他也看到了同样的场景，一个少女在闻一朵花香，他那一瞬间觉得非常的美。然后他脑袋当中就想象，八千年的那个木雕，他说其实少女闻花香的美穿越了八千年，穿越了千万里的距离，得到的内心共鸣的一瞬间是完全一致的。他说这就叫美。

没有一个竞争力可以横穿八千年、跨越千万里，但这一瞬间就打动你，这就是美——美是看不见的竞争力。

很多创意其实都是源于美。我们能不能在美感度上训练自己？我就告诉各位，其实有三个层面的。

美感第一个层面是审美。现在所有的办公空间都是非常强调意境和氛围的，为什么要强调这个？一个脏乱差的办公环境，绝对培养不出行业的领袖。审美就是对客观事物的美感和好感，你是不是有能力去细致感受、去体会？今天我们太忙了，只要发现一点点、一瞬间的愉悦感，美就会呈现出来。美本身就是和快乐和善良组合在一起的，真、善、美三者组合起来就构成人格的完整。如果一个人只求真、不懂善、不懂美，他的人格是缺失的。如果这个人美与善做到了，但是对真的东西不据理力争，人格也是缺失的。

怀特海讲过人的思维训练的三阶段，第一个阶段就叫充满浪漫的想象力。第二个阶段就是精确的知识训练，就是求“真”。第三个训练是把浪漫的想象和精准的知识训练综合运用到现实当中。

美感的第二个层面是创意。创意是什么？我们所有的创意其实都在克服自己的弱点。如果能克服人类的弱点，就会有属于自己的成长空间。

所以乔布斯说，其实技术和产品之间就是在弥补缺陷的。他一直告诉大家说，对于技术研发人员应该先到顾客端去感受再回到技术端。他的要求是反过来的，是你知道缺憾和遗憾是什么，然后去弥补它，这样创意就会出来了。

iPhone之所以能够风靡，原因是他发现全世界能够用键盘的人只有大概25%，所以他就立足解决这个遗憾，才出了一款不用键盘的手机。

我们习惯了输入法全部用键盘，而他决定转换一个方式来解决这个遗憾，iPhone的出现就是从不用键盘开始，整个应用就完全展开。

我们需要大家理解，创意并不是灵机一动，创意更大的程度上是有没有能力去克服弱点、去真正知道人们的需求在哪里。我常常到这个地方的时候，会想起一个牙膏的故事。

当时高露洁公司就提出，谁能给我一个营销方案，让我的销售额提升50%。

因为奖金非常高，全世界有37 000多个专业人士，提供了方案。有做市场分析的、有做营销方案的、有做4P理论的，最后高露洁只采用了在公司的一位女员工的方案。

方案只有一句话，把牙膏的管口放大一倍。因为早上挤牙膏，原来挤这么多，管口放大一倍，同样的力量就挤出翻一倍来，然后你一个月本来用一支牙膏现在用两支，所以销量翻一倍。

为什么她能有创意？就是这个员工知道弱点是什么，知道需求是什么。

美的第三个层面是更重要的，美来源于什么？来源于对人的爱，我称之为人文精神。美一定是建立在对人的善意的基础上。很多东西我们会觉得很美，哪怕让你痛，你也觉得美，是因为那一瞬间让你的痛被释放，让你的痛被感知了，然后你就会觉得那是属于你的东西，你就会产生共鸣和跟随，这就是美的部分。所以我们一定要记住，我们在讲美感这个概念的时候，对于领导人一个非常大的要求就是，能不能够真正理解人性。

（二）开放度：越开放越高能

为什么要开放？只有开放，才能与外界充分交流能量、物质与信息。不够开放的人一定不能得到足够的能量、物质交换的东西一定不多、信息获得的也不会多。

热力学第一定律告诉我们说，你必须是开放的。原因就是你可以因此得到能量交换。所以越开放的人，能量会越来越高的。因为这个词是大家熟悉的词，我们不花太多的解释。如果要有开放度，需要做四件事情：扩大共同性、系统知识、跨界合作以及协同共生。我们就要求你做这个部分。

怎么能够扩大共同性？就是你愿不愿意把你自己擅长的东西先放下。我们很多时候没有共同性的原因就是我们自己显得太强大了，强大到所有人都认为没有办法跟你在一起。

我小时候看的书当中有一个案例让我感受最深，就是罗斯福选总统，有最重要的一部分选票是农民的票。原来农民代表决定不投他，觉得跟他离得太远。他就花了很多时间研究农民，最后跟农民代表见面。

但是农民代表和他见面两个小时之后走出来就对记者说：“我们农民一定会投他。”人家问为什么？他说，“我觉得他就是个农民，他一定能够代表农民的利益”，这个就叫扩大共同性。

我们今天比较难的这一点是每个人都强调个性，但是一个真正的领导者，就是要扩大共同性，必须要把自己强的东西先放下，才能得到人家认同。这是第一个概念。

怎样训练拥有系统知识？这是挑战更大的。我们知道日本的品质、质量工程是由戴明的质量管理思想来推动的。我们今天都认为日本在品质和质量管理上依然是全世界可靠性最高的。大家都怎么学日本的精益，琢磨其实戴明发明了一个知识系统，这个知识系统让组织变成拥有系统知识的组织。

那么一个拥有系统知识的组织要具备什么？

第一个是全公司欣赏系统，不是欣赏能人、不是欣赏强者，而是欣赏整个系统。我现在很担心，大家做人力资源管理的时候，业绩高的员工总是被明确地标识出来，如果不断地推崇明确标识出来的业绩高的员工，有时候会伤害系统。日本把质量做好，不是因为哪一个人非常厉害，而是全系统每个人都有重视质量的习惯。

第二个是所有人都要懂得跟变动相关的知识，不是一个人懂，而是所有人都得懂。

第三个就是整个公司要有知识理论。

第四个就是要有人类的心理认同，就是你的企业必须要有人文精神。

这四个就叫系统知识，你们可以检查一下是不是具备。我们讲开放度，这是第二个条件。

怎样训练跨界合作？就像腾讯，以资本开始展开跨界；接着下来做腾讯大学，以知识去做赋能，把边界打开；然后回到市场去做业绩的跨界合作，把资本、能力、知识和业务模型组合起来，整个跨界体系就完成了。

最后一个形成开放度的部分就叫协同共生。我在2018年专门写了一本书叫《共生：未来企业组织进化路径》。这本书告诉大家，我们今天其实是没有办法独立存在的，一定要在一个共生的业态当中。在这个共生的业态当中，可以真正地组合起来，去创造比个体更强大的能力和水平。

（三）内定力：不确定的环境，确定的是自己

今天的环境是完全不确定的，我说过一句话："不确定的是环境，确定的是自己。"人类之所以能够在这个世界中作为一个物种存活到今天，是因为人类有一些自己很确定的东西，然后让自己的生存空间能够持续，并且不断地稳定下来。

这种确定的稳定性，还有一个好处就是让你真的去理解世界。迷茫的人是没有办法感知世界的，所有焦虑和忧郁的人也没有办法感知世界。有些人问我"你觉得哪些人更有希望？"我说，"比较简单的比较有希望，想得太多其实没什么希望。"我们一定要有自己非常稳定的东西，才可以好好地感知世界。

那这个稳定的东西怎么来？要有三样东西。

第一，一定要有相信的力量。1989年可以基于互联网工作的人，只有4万多人。2018年基于互联网工作和学习的人有多少人？突破40亿大关。

这也是为什么我今天要告诉你，你一定要有能力去从未知世界找到机会，因为创造需求变成主要的方法。所以你要有能力去相信，这个是非常关键的。你要有敬畏和

恭敬。当一个人敬畏心和恭敬心不够的时候，是没有办法具有相信的力量的。假如你相信人在宇宙中是渺小的，就会确信宇宙有更大的空间是我不知道的，就要认真地去了解它，这就是敬畏跟相信之间的关系。

第二，一定要有长期主义。因为所有的内定力，都来源于把终极的问题想清楚。这就是为什么哲学家活得都比较长，就是因为他很早就讨论最终问题是什么，这个就是长期主义。长期主义里面很重要的是什么？就是你愿不愿意把爱、信任和承诺融入美好当中。

第三，内定力最后一个表现是什么？就是坚持心。有人问我，“你给年轻人最大的建议是什么？”我说就是要有耐心。别的我不能给意见了，因为年轻人的学习力很强、创新力很强，他们知道的东西多，最重要的是长得也好看。这些我都不能给大家意见，我唯有一个地方能给你意见，就是你要有耐心。没有耐心的年轻人是不可能成长起来的，这是内定力。

（四）同理心：坦诚与倾听真的不容易

所有的商业都该回到生活，我用的词就是“生意就是生活的意义”。一门好的生意，一定是为生活赋予了意义的。

同理心的概念是什么？就是能不能站在别人的角度去建立信任。只有真正站在别人的角度，才可以真正得到信任、真正地实现绩效。

我们该怎么样训练同理心？

第一，一定要尊重别人跟你不同，当你能够真正尊重别人不同的时候，就可以有同理心了，尤其是现在对多元化、个性化的新生代的员工，尊重差异就更重要了。

第二，就是倾听和坦诚。我讲一个神学院招学生的故事。大家都知道神学院招学生要求是什么？就是倾听、呼唤、体恤和悲悯众生。

这个神学院最后一道入学考试题是所有人都没想到的。因为前面已经考了很多人，最后筛出四五百人，这四五百人已经是立志献身神学，而且是被选出来的极为优秀的、坚定的。神学院安排入选者下午去听大主教上一次课，这次课上完之后就决定录取结果。就在他们去礼堂的路上，安排了一个非常凄惨的人坐在那大声地喊“我非常痛，救救我啊”。结果没有一个人停留下来，大家目的就是一定要听到大主教的课，结果都没被录取。

这意味着什么？如果不会真正地坦诚和倾听，只有一个很强的目的是献身上帝、献身神，就不知道真正的献身是倾听众生。我当时看这个案例时是很震动的，倾听没有我们想象的那么容易，所以我们的同理心没自己想象的那么高，一定要认真对待这件事情。

第三，就是放弃个人偏好。这个更难，我们很多人认为自己是有同理心的，但实际上我们很多偏好是放不掉的。当你不能放弃个人偏好的时候，同理心就不会高。

（五）思辨力：思辨的目的是整体利益最大化

思辨力就是讲你可不可以驾驭矛盾？既可以坚持立场，又能包容别人的观点，最后还能通过合理、科学的推理得出结论，不会人云亦云地达成共识，这个就是思辨力。

思辨力的要求其实是很高的。

第一，就是你能不能找到真的问题。其实在日常管理当中，我们常常为那些不是真问题的问题浪费时间。比如常常在意员工高兴不高兴，其实员工高兴与不高兴跟绩效是没有直接关系的。研究表明，满意度跟绩效不直接相关。如果你希望整个公司是创新和打破原有习惯的，你就不能让员工有高满意度。所以在整个思辨力当中，最重要的是找到真问题的能力。某种意义上说，找到问题的能力比解决问题的能力还重要，其实很多人在管理能力上弱，就跟思辨力弱有关系，真问题没找出来就会陷入虚假繁忙之中。

第二，是跨界合作、知识赋能要有共同语境。要创造共同的语境就得不断地训练，一方面是训练怎么表达、怎么跟人家沟通，另一方面就是在跟别人沟通的时候，要采用科学的方法，论证和推理的过程都要合理，这叫对话，而不是比谁的声音大、谁比较赖皮或者谁不讲道理底线。

第三，是把复杂的问题简单化。这个是最难的，能够让大家真正解决问题。

朱元璋就拥有非常强的领导力，“高筑墙，广积粮，缓称王”这九个字可谓。其最终从元丰乱局中脱颖而出，最终问鼎中原的关键所在。所以这就是我需要大家记住的，更高的领导力取决于概念化的能力，即能不能用一个概念把所有复杂性解决掉。

第四，是平衡冲突和对立。思辨不是证明谁对谁错，思辨的目的是整体利益最大化。我本人是比较喜欢冲突管理这个定义的，这是一个女管理学家福列特在20世纪90年代初期提出来的。我们为什么要平衡冲突和对立？大家记住，没有对立和冲突，企业就不会有活力，所以冲突是活力的来源。如果内部没有竞争也不会有活力，我们最重要的是要把它管理好，不能把它变成破坏力，所以我们需要大家懂一个能力，这个能力叫平衡冲突和对立。只有平衡了冲突和对立，最后才能实现利益的整合。

未来领导力从美感度开始，然后到开放度、同理心、思辨力、内定力。我告诉各位，未来领导力并不仅仅是领导者才要具备的，而是所有人都要具备的。

企业的人力资源，最重要的改变就是从胜任力到创造力。从胜任力到创造力不是指领导者，是指所有的组织成员，所以这一轮的领导力建设跟以往不一样，新的领导力建设是实现普惠，就是所有成员都需要具备领导力。

（华夏基石e洞察公众号2019年3月5日发布）

数字时代的战略认知、逻辑和选择

一、经营及其三个核心要素

1. 这三个核心要素，决定了企业是否可持续

我们做管理和企业的人，核心是在考虑经营，而不是经济。经营与经济的最大区别是什么？经济的核心是以有限的资源合理地满足人们无限的需求。你可以用经济的逻辑来看资源的流向、配置及人们的需求，但不应该受限于此。做企业的人，最重要的是去做经营。

经营是什么？它还是以有限的资源去满足人们无限的需求。但在此之中，经营创造了一个附加值。某种意义上来讲，做经营的人最根本的就是运用有限的资源创造一个尽可能大的附加值，以满足人们的需求。优秀的企业和企业家就在于他能把尽可能大的附加价值创造出来。因此，对于做经营的人来说，需要明确下面三个核心。

第一，不去判断环境，而是寻求机会。那个尽可能大的附加值从哪里来？寻求机会，就是不断训练自己思考这一点。

第二，确定自己的生存空间。机会很多，哪一个才是你的生存空间？如果你不能确定生存空间，即使判断出机会，也跟你无关。越是在大环境不好的情况下，自身力量强的公司机会反而更大。关键在于你是不是可以界定自己的生存空间。

第三，能否真正找到你和顾客之间的价值共鸣点。如果这三点你能明确把握，坦白讲，外部环境对你是没有什么影响的。知道机会在哪里，知道自己的生存空间，知道你跟顾客之间产生价值的共鸣点。这三样东西才是决定一个企业是不是可持续的根本问题。

2. 数字时代与以往大不相同的两个特点

从2012年移动互联网普及开始，一个最大的外部环境变化因素就是技术，引领我们走向了数字时代。与以往相比，数字时代有如下特点。

首先，决定数字时代跟以往大不相同的是时间轴的概念。一则技术创新的速度很快，快到超过想象；二则技术创新的普及速度更快。这两个速度叠加起来，就引出了时间轴的概念。以往很多产业可以跟时间无关，像老师教书可以教一辈子，但现在就教不了。以往一个老师需要很长时间才会被大家认可，现在不需要了，因为有网红了。这就是由技术和技术的普及速度决定的。

其次，多维度。最近很长一段时间人们中是讨论降维、升维，认为拼多多是降维成功的典范。不过在我看来，这么理解是错的。数字时代中，既不是升维也不是降维，而是必须多维度来展开策略。多维度的状态下，你才可以知道机会在哪里。以往我们关注的是，只要企业有核心能力、在某一处能独占资源，就有机会在市场中获得优势，但现在你会发现没有这个可能性了。

最后，更难的是什么？是复杂性。所有变化叠加在一起，再加上时轴，复杂性超过以往任何一次技术革命带来的变化。我们现在遇到的挑战，是要从各种角度来训练自己，以经营的三个核心要素——机会、空间以及顾客价值为出发点，更多维度地去讨论和寻找答案。

不一样的数字化时代，战略思维逻辑也是不一样的。

我就从经营视角出发，在明确机会、生存空间和顾客价值三个层面帮助大家去思考。

二、如何理解我们所处的环境？

数字时代对经营要素的判断，不再是从宏观环境出发，而是以微观决定宏观。以前是宏观政策来决定微观怎么做，数字时代则是由微观开始集聚，进而影响宏观，这与过去是不同的。

从微观出发，外部环境的变化可以用下面八个特征来表达。

第一个特征，所有东西都在不断迭代升级（图1）。

这意味着你的生存空间一直面临调整。比如，从微信到抖音，你会发现这是文字升级图像、图像升级声音、声音升级视频的一个过程。再如，我们以前都认为年轻老师超过年长的老师是需要一些时间的，现在不用，年轻老师直接借助技术辟条新路迭代就好了，这个特征跟以往都不一样，需要我们去特别注意和理解。

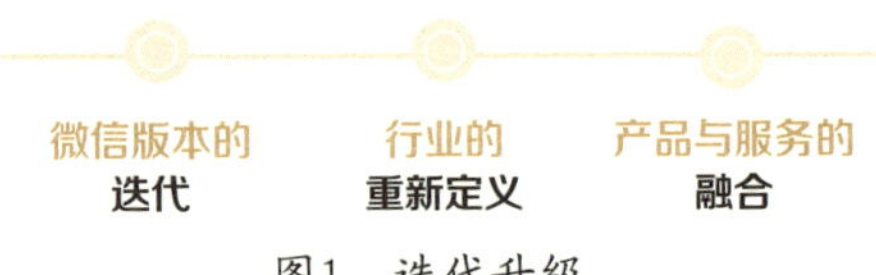

图1　迭代升级

第二个特征，一切都正在转换为数据（图2）。

从“数据”到“信息”到“知识”再到“智慧”，是一个递进的过程。这当中的起点，就是“数据”。这是一个独特的变化。拿服装业来讲，从前最厉害的是裁缝，接下来是设备，再来是设计，接着是品牌。现在就不是这样。现在的核心变成了，你拥有多少客户的数据、版型数据库，把数据库匹配起来，就可以为一个人去做定

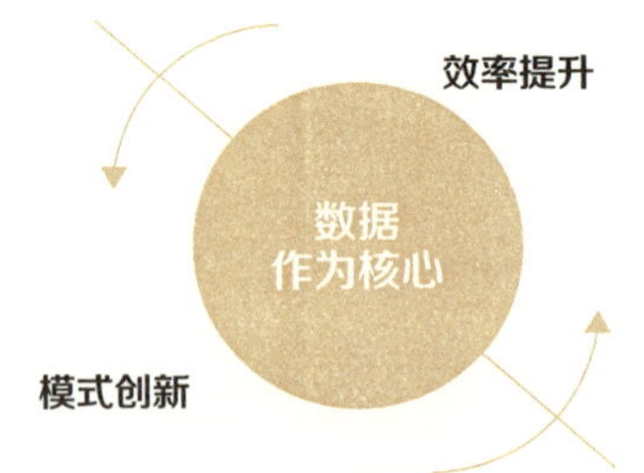

图2　数据成为核心

制并可以承诺送达时间，整个行业的基础逻辑就改变了。

这意味着，当一切转化为数据的时候，就有了两个方向的创新机会。原来必须要创新商业模式才有机会（如阿里巴巴），现在做效率提升（比如互联网+）机会一样非常大。数字出版和音频出版正在冲击传统出版社，就是源于改变效率，改变成本结构。很多商业模式创新不那么容易，但是效率提升是相对容易的。因为你就在这个领域里，你熟悉这个领域，提升效率会带来全新的机会。

第三个特征，数字时代大多数的创新都是现有事物的重组（图3）。

图3　创新源自重组

在图中我所列出的这些公司，可以说并不是做了全新的东西，而是把现有事物做了重新组合而获得新机会。关键在于你能否改变固有的思维习惯，即运用现有的资源去做一些重组创新。

第四个特征，深度互动和深度学习的机会（图4）。

图4　深度互动和深度学习

图4中很多领域都是全新的，当你能够不断了解深度学习和深度互动时，把它们与你所在的领域和资源组合就会出现新的机会。

第五个特征，核心不是分享，而是协同（图5）。

- 分享的越多，价值提升越多
- 分享背后的逻辑是：协作
- 区块链：交易以分布式出现，实现整个网络的交易
- 大规模的合作与协同

图5　协同

分享背后的逻辑是协作。区块链为什么如此值得关注？原因就在于区块链的底层技术逻辑是以协同为主，交易以分布式出现，可以实现整个网络的交易。在今天，大规模的合作与协同成为可能。

这里举一个支付宝的例子。在中国香港地区，菲佣用支付宝可以很便捷地为远在菲律宾的家人汇款。阿里首先教中国香港地区的菲佣下载使用支付宝，然后在菲律宾做了非常多提现金的小店铺，帮助他们3秒钟就把钱汇给家里人。支付宝运用技术平台，完成了银行间无法如此便捷完成的功能。这样的变化就意味着协同产生价值，而区块链的应用将改变许多行业规则。

第六个特征，连接比拥有更重要（图6）。

这句话是我最近最多提及的一个观点，为什么我很坚持这个观点，是因为，今天你一定注意，拥有什么并不重要，最重要的在于你能开放到多大程度与他人连接。重要的是不是，你自己拥有什么，而是你可以和多少人连接在一起，因为所有的机会都来源于连接。

图6　连接更重要

第七个特征，颠覆不是从内部出现的（图7）。

图7　颠覆

当你发现有一个从来没做过这个行业的人在做跟你相似事情的时候，一定要打开自己拥抱新进入者，别拒绝，因为那很有可能是迭代整个行业的逻辑出现了。很多时候我们没有关注到外部那些微小的变化，正是这些微小的变化酝酿着行业大变的力量，颠覆往往不是从内部出现的。

第八个特征，可量化、可衡量、可程序化的工作都会被机器智能取代（图8）。

图8　被替代的工作

我去海尔智联互联工厂感受特别深的事情，是机器人真的来了，而且比我们想象得快。前不久，我的新书《顺德40年》出版，与顺德很多朋友交流最新顺德变化，顺德不仅是最大的家电产业基地，而且正在布局成为最大的机器人生产基地。

以上是从微观来看数字时代的八个机会，希望你理解它、琢磨它，相信会对你有帮助。

基于此，数字时代的战略逻辑和认知框架就需要重构。

接下来，我们按照如何识别战略机会、如何界定战略空间和如何寻找顾客价值共鸣点三个部分的研究结论分享给大家。

三、数字时代，如何识别战略机会？

1. 工业时代与数字时代之间的非连续性跨越

工业时代与数字时代之间是没有连续性的，也就是说，如果你现在做得很好，不意味着数字时代也能做得好。2017年，我讲得最多的一句话就是“沿着旧地图，一定找不到新大陆”。现在和未来之间可能存在巨大的鸿沟，不同的商业范式之间存在断点、突变和不连续性。你已经不能习惯性地用原来的逻辑来看。我和廖建文老师展开了这个方向的研究。

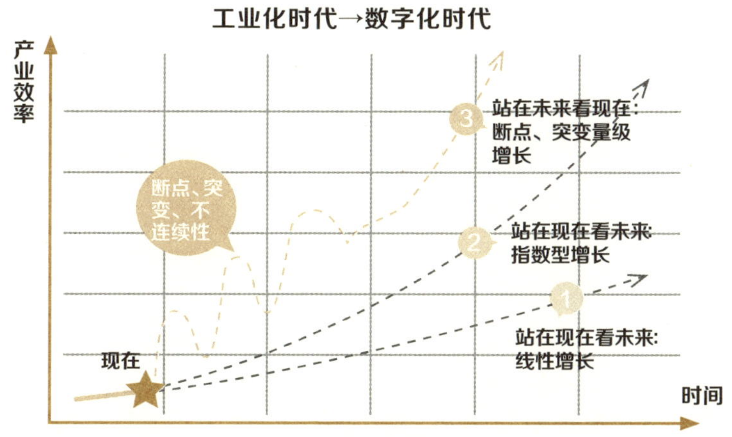

图9　发展逻辑的变化

如图9所示数字时代与工业时代在发展逻辑上最大的不同是，它会在传统行业打开一个断点，并重新定义这个行业。比如零售与新零售，传统零售行业的核心价值点是人、货、场，就是一定要有客流，货品要多，要有卖场。传统零售业的人都很清楚，最核心的一件事情就是选址，选址，再选址。

新零售对传统零售的冲击非常大，原因就在于它把行业的断点给接续上了。新零售先是运用技术围绕线上线下解决货的问题，使得它的货比传统零售多得多；接下来提供支付与配送服务，给消费者更多便捷；它不强调卖场，而是强调顾客体验。因此我们发现，新零售会加餐饮，商业逻辑就全变了。

2. 数字化生存意味着一切都被重新定义

数字化生存就意味着一切都被重新定义，包括所有行业（图10）。

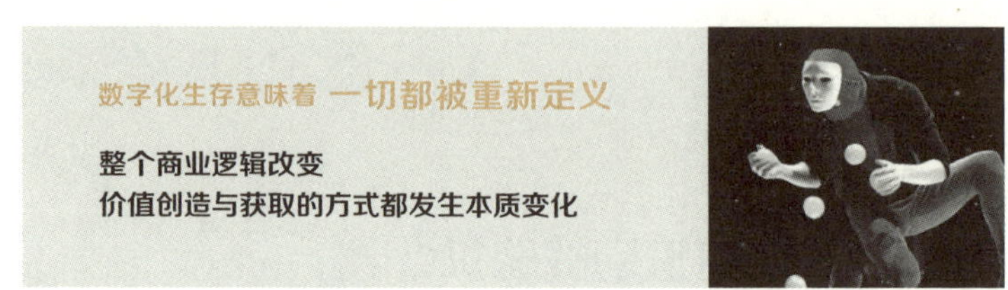

图10　一切都被重新定义

如何重新定义的呢？通过价值创造和获取方式发生本质的变化来重新定义。

新零售就是在获取方式上重新定义了零售。原来买东西必须去卖场，新零售是把货送到家里，这样获取方式被改变了。知识付费为什么很快地冲击了知识内容行业？原因就在于把知识的获取方式改变了。特斯拉为什么能够冲击庞大的汽车行业巨头？它让汽车不再只是汽车，把价值创造的方式改变了。

3. 数字化时代与工业化时代的对比

数字化时代与工业时代相比较，有哪些不同（图11）？

		工业化时代	数字化时代
	变化规律	连续	非连续
	环境认知	可预测	不可预测
商业范式	产品	交易价值	使用价值
商业范式	市场	大众市场	人人市场
商业范式	客户	个体价值	群体价值
商业范式	行业	边界约束	跨界协同
	对应的思维	线性思维	非线性思维

图11　数字化时代与工业化时代的对比

从产品看，工业时代会关心价格（交易价值），通常判断的是成本、规模与利润三者的关系。消费者购买的逻辑也是一样，如果觉得划算就购买，反之就拒绝购买。但数字时代，人们核心关注的是使用价值，回归到最本质的需求上，不再为其他的东西支付。

这也是数字时代的一个非常有意思的现象，即人们会变得更简洁。简洁的生活方式是人们更需要的，这实际上是一种回归。

从市场看，工业时代大家看到的是大众市场，而数字时代就是围绕一个人做到极致，它看到的是细分市场（人人市场）。To C的概念变成人人的概念。产品、市场、客户、行业的价值理解都发生了完全不同的改变。

由此你会发现，今天迭代和改变行业的并不都是大企业，更多的是小企业。大企业往往倾向于守住自己原有的优势，不愿重新定义，是小企业在重新定义行业。因此，企业的大小变得不再重要，因为一旦行业被重新定义，突破边界、打破了行业游戏规则，大企业会很快遭遇到巨大的挑战，转型困难，小企业反而涨势很猛。

战略逻辑的思考起点，就是在行业中理解价值如何构成，数字时代的行业会被重新定义，重新定义的方式就是接续行业断点。重新定义的方法，要么从价值创造做，要么从获取方式做。

四、数字时代，如何确定战略空间？

1. 从“比较优势 + 满足需求”到“顾客价值 + 创造需求”

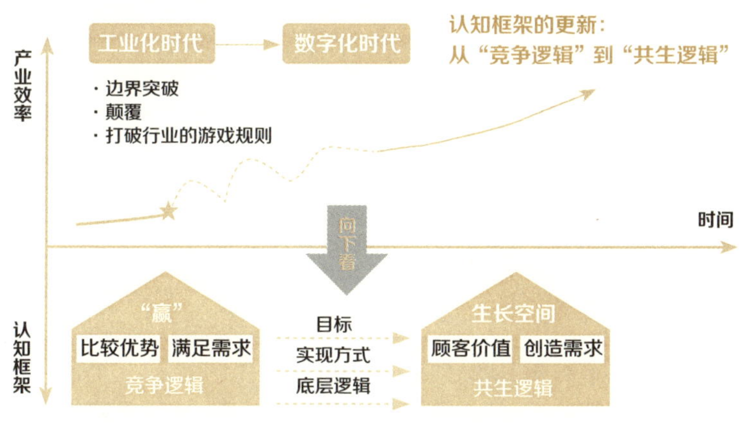

图12 变化

企业持续发展的空间不同，也是数字时代与工业时代关键的差异（图12）。在工业时代，企业的生存空间来源于“比较优势”和“满足需求”。只要一家企业比别人优势多一些，满足顾客需求做得好一点，就胜出了。

为什么华为可以几十年坚持一个大的战略方向不动？因为任正非从一开始就找到一个大海，意识到在大海里面才能长成一条大鱼。这就是战略空间的概念。他将机会和空间合并起来选。比如餐饮，除非你可以把菜标准化，像汉堡，规模才可能是巨大的。否则只开餐馆，提供堂食，很难实现巨大规模。所以我们认为，如果餐饮品牌要获得大规模的发展，一定是要有能力做好堂食的同时，还有能力离开堂食提供产品，那样才有更大的规模，这就是战略空间。

在工业时代制定战略，大多都是用“比较优势”和“满足需求”去做的。

以最典型的电脑为例。我们知道，最早是苹果公司把电脑定位在专业应用领域且不能兼容，空间界定得非常窄。接下来就有人让它变得兼容，这就是IBM公司。把这个需求满足了，市场变大了，后来又有人冒出来说既然工作要用到它，那为了方便工作，电脑应变成个人用品，这就是康柏电脑做的事情。又一个人冒出来说，电脑不仅仅是个人用品，它应该是个性化定制产品，这就是戴尔。我们认为这样可以了，但是有人又冒出来，把电脑做成大众消费品，人人买得起，这就是联想。这个不断迭代的过程，都是从满足人们的需求，并且创造出比较优势的方向去做，诞生了一个又一个电脑品牌。

电脑行业的发展历程，可以让我们看到，在工业时代，沿着“比较优势 + 满足需求”一路走，就会发现机会一直有。

现在数字时代来了，就不是工业时代这套逻辑了。如果还沿原来的路走，大家都走得很苦。

但是，也有一些企业走得很好，究其背后的原因发现，它们不是去和同行比较而获得优势，也不是简单地“满足需求”，而是换了一条路走——“顾客价值 + 创造需求”。

数字时代的战略空间当中，“创造需求”的空间比“满足需求”的空间更大。如今企业间的竞争很难，很大原因就是你并不知道对手是谁，其根本在于对手不需要满足需求和预测需求，直接“创造需求”就可以了。

所以苹果决定，不讨论PC了，直接开始做移动终端产品，它重新定义电脑的价值，改变从iPad开始。

当时我不太懂iPad，想多些了解，决定到美国一定要买一部iPad，结果发现离我所住的酒店附近的10家苹果商店都在排长队，只好开几小时车去一个很偏远的地方，终于买到了店里仅剩的一台。那时美国的高速公路上，苹果广告画面是这样的：一个人很悠闲翘着二郎腿坐在沙发里，把iPad摆在腿上说，这就是你的电脑。那是过往正襟危坐在桌子前用电脑的我们不可想象的。

当这个需求被创造出来的时候，空间就全变了。也就是说，一旦你把机会转向创造需求的空间时，战略思考的起点就要从行业转移到顾客。

为什么不考虑行业了？因为行业如果不能够回答顾客价值的问题，行业也就不存在了。也就是说，机会来源于你所依赖的行业，行业的存在发展取决于行业对于顾客价值创造的贡献，所以真正属于你的空间一定是你的顾客。

因此，我要提醒大家，用户可以代表市场，但是不代表“顾客价值”。用你的东西不付钱的叫用户，付钱之后才是顾客。互联网企业能很快地拥有一个大市场，原因就在于它免费获取了大量用户，用户代表市场。第二步再从用户中寻找顾客，把市场转化为空间。而找空间的两个动作，一个是实现“顾客价值”，另一个就是“创造需求”。

2. 从“竞争逻辑”到“共生逻辑”

怎样才能把需求创造出来？

首先我们战略认知的逻辑要改变，即一定不要只想怎么与对手竞争、怎么与对手比较，而是去思考如何与他人共生，以获取生长空间（图13）。

图13　变化的关键

战略基本上是回答三个问题——想做的、能做的和可做的。工业时代的战略在这三个问题的回答上是，使命初心决定想做的，资源能力决定能做的，产业条件决定可做的。通过这三个组合起来就是一家企业的战略选择。所以制定战略需要确定自己的梦想和愿景，进行内部资源和能力分析、外部环境分析等。展开这些分析的核心出发点都是企业，企业自身拥有什么资源、能力，想做什么，在哪个产业里，最后做出什么样的战略选择。希望大家好好记住图14。

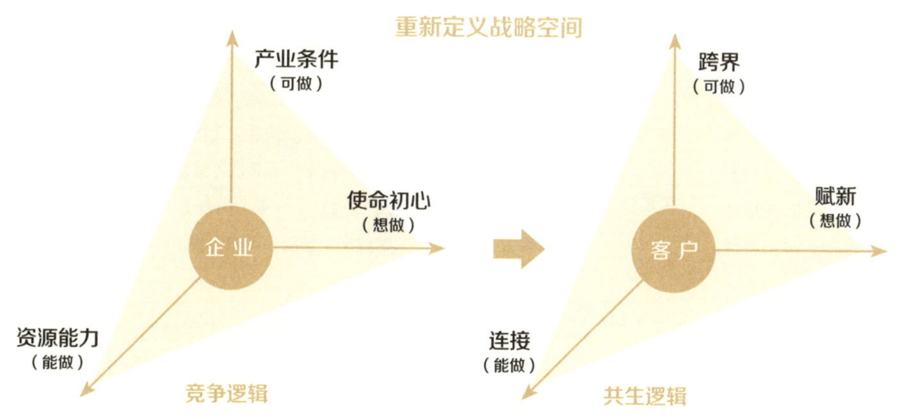

图14　重新定义战略空间

然而，数字时代的战略，核心出发点在于顾客，而非企业。想做什么——看你如何为行业重新定义；能做什么——不在于你有没有资源和能力，看你可以连接什么资源和能力；可做什么——不受行业限制，可以跨界。这是一个巨大的调整。当你和你的团队能够不断地像这样去训练时，会发现一切皆有可能。

数字时代的战略逻辑与工业时代的战略逻辑完全不一样了，用工业时代的战略逻辑，波尔的理论最具代表性，总成本领先，差异化与聚焦。但是数字时代的战略完全变了，现在供你选择的战略是以下四种情况（图15）。

- **要么做个连接器；**
- **要么做个重构者；**
- **要么做个颠覆者；**
- **要么做个新物种。**

图15 如何从竞争逻辑到共生逻辑

我给大家看表1，并一一进行分析。

表1 四种组合模式及其应实例

序号	名称	赋新	跨界	连接	例子（行业）
1	连接器	×	√	√	得到（教育）、快手（工具/社交）
2	重构者	√	×	√	平安（金融）、e袋洗（生活服务）
3	颠覆者	√	√	×	滴滴（出行）、一条（内容）
4	新物种	√	√	√	永辉超市（零售）、无人车（汽车）

1. 连接器：“跨界”和“连接”，但没有“赋新”

“连接器”同时在“跨界”和“连接”上寻求突破，但并不赋予行业新的意义或定义新的价值主张。比如，得到没有重新定义教育，也没有重新定义知识学习，但它做了“跨界”和“连接”，把音频技术跟传媒连接、跨界起来，把所有名师连接起来，得到了一个商业规模，这就是“连接器”的方式，快手也是这样。

2. 重构者：“赋新”和“连接”，但没有“跨界”

重构者就是通过连接行业外部的新资源，给原有的行业带来新的格局和视角。它们没有做“跨界”，还在原有行业里“赋新”和“连接”。比如平安金融、e袋洗等。

3. 颠覆者：“赋新”和“跨界”，但没有“连接”

颠覆者是同时在“赋新”和“跨界”上突破，但不连接原有系统之外的其他资源或要素。

比如，滴滴就是重新定义出行领域的一个颠覆者，现在它在跟别人连（顺风车），但是这个连法对他来讲冲击特别大，要看他怎么做了。

4. 新物种：“赋新”“跨界”和“连接”

新物种是同时在这三个维度上进行突破，比如永辉超市、无人车。这就需要大家清楚地知道数字时代的战略逻辑跟工业时代确实是不一样的，你要学会调整自己——赋新、连接、跨界（图16）。

另外，数字时代实施战略的空间因为可以不断地重新设定，带给企业的空间更大。数字时代就不存在空间不够的问题，你可以重新定义空间，这是我们需要看到的变化。

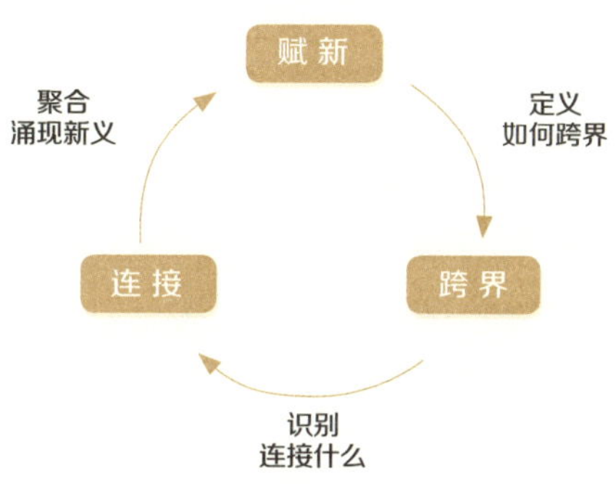

图16　可持续数字战略的实施路径

五、数字时代，如何寻找顾客价值共鸣点？

前面我们阐述了机会来源于重新定义、空间需要跨界、连接，那么顾客价值怎么找？

最后我们要回答的就是顾客价值。做战略落脚点一定是要为顾客创造价值，没有顾客价值，所有战略都是空的。顾客才是解开战略选择谜题的唯一钥匙（图17）。

图17　顾客是唯一钥匙

为什么？因为所有东西都在变，只有顾客是明确的。技术发展让我们更容易贴近顾客、创造顾客，像以前我根本不知道谁读了我的书，不知道听我的课到底用不用，现在可以知道了。这时你会发现，只有顾客逻辑是最可靠的。知道了机会在哪里、空间在哪里，再进一步寻找顾客价值。

寻找顾客价值应该从可能性上面找。也就是说，战略的重点必须从“挖掘确定性”转向“探索可能性”，这是我们在数字时代战略研究的第三个结论（图18）。

战略重点

从

“挖掘确定性”（eploit certainty）

转向

“探索可能性”（explore possibility）

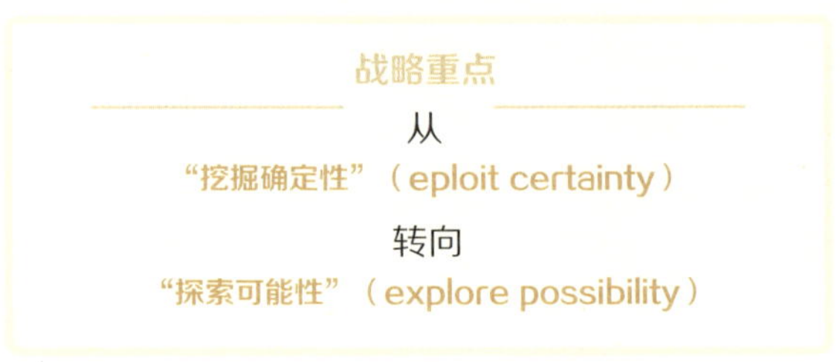

图18　战略重点的转向

顾客主义的战略逻辑沿着两个维度展开：

一个维度是洞见/远见的，称为“需求态”。远见是指看的深远，洞见就是说你能够一下就找到顾客的需求。

一个维度是渐进/激进，称为“技术态”。也就是说，是采用激进的技术还是采用渐进的技术。

围绕顾客的不同需求，借助不同的技术力量，就得出四种战略选择如图19所示。

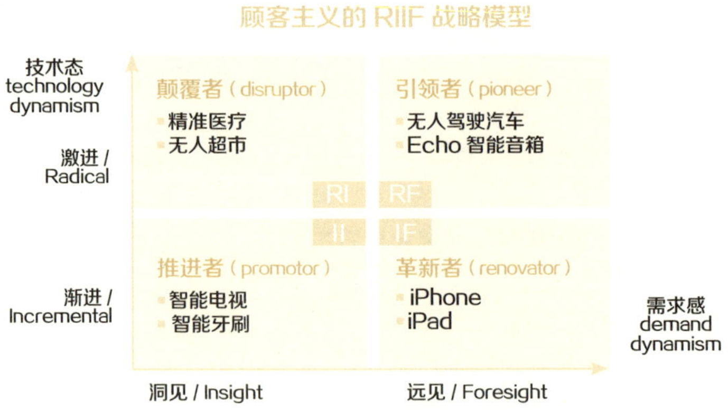

图19　顾客主义的RIIF战略模型

1. 推进者（II）战略

技术上采用渐进的方式，然后需求上用洞见的方式来看，针对顾客需求最具影响力的价值点做挖掘，这个战略组合称为II战略主体（incremental/insight），也就是推进者（promotor）战略。

2. 革新者（IF）战略

技术上还是渐进的方式，但需求上用远见的方式来看，认为整个行业会有一个彻底的改变，这个战略组合称为IF战略主体（incremental/foresight），也就是革新者（renovator）战略。

3. 颠覆者（RI）战略

技术上采用激进的方式，然后需求上用洞见的方式来看，这个战略组合称为RI战略主体（radical/insight），也就是颠覆者（disruptor）战略。

4. 引领者（RF）战略

技术上采用激进的方式，但需求上用远见的方式来看，这个战略组合称为RF战略主体（radical/foresight），也就是引领者（pioneer）战略。

当你做战略选择时，怎么知道在这4种战略当中选哪个？不妨问自己4个问题。

1. 顾客洞见：你知道顾客的期待是什么？

所谓洞见，就是你知不知道顾客对你有什么期待。对这个问题的回答反映了企业对于顾客已有需求的洞察与洞见。一定要接触你的顾客，高层最容易犯的错误就是离顾客太远，根本不知道顾客对你有什么期待。

2. 顾客远见：你能给顾客带来想象吗？

如果你能够把顾客的想象做出来，而且这个想象他又接受，那这个就叫远见。这个问题考察的是企业对于顾客潜在需求的预见和影响能力。

自从苹果推出智能手机之后，就一直给人惊喜，不过最近屏大屏小的不同iPhone X已经有点缺乏想象，让我们不那么期待下一个iPhone到来，因为感觉再来一个也不会有太大区别。

3. 渐进技术：未来有哪些技术进步能够对我们的领域产生影响？

在领域内的技术变化，叫作渐进。如果企业能把这个问题回答得非常清楚，就代表企业在持续跟踪技术的更新，并不断将其应用于自身的产品，使其对业务产生积极的影响。

4. 激进技术：你有突破常规、应用激进技术的决心和能力吗？

一个最重要的判断就是你有没有那么多钱、那么多人来做。

如果对这个问题的答案是“有”，说明企业具有追求突破性技术的准备，并已经为此进行了投入。

回答了这4个问题，就可以知道怎样做战略选择。由此带来的发展空间，就已经不是两维、三维的概念，需要再加上时间轴，它的发展态势至少有4种完全不同的方式，变化是非常明显的。

因此，当我们以顾客作为战略起点的时候，你对客户的需求、理解和对技术的掌握，就决定了你选择哪种不同的实现路径（图20和表2）。

要特别强调的是，数字时代的战略思考跟工业时代完全不同，就是起点是你的顾客，从顾客的需求出发，再通过技术的应用，创造性地加以实现。这是顾客主义的共

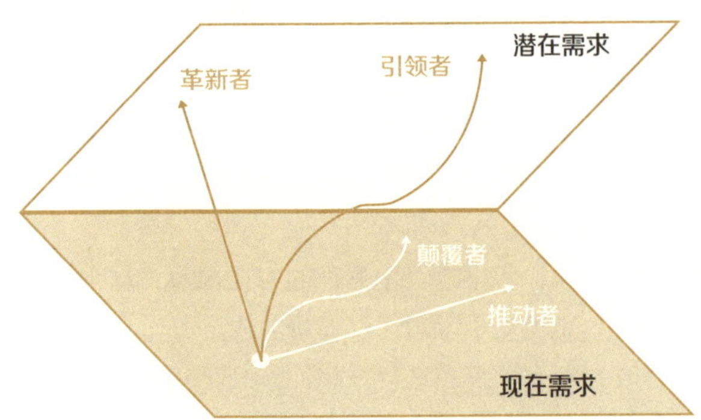

图20　顾客主义的不同实现路径

表2　顾客主义不同实现路径的要求

	对客户理解的要求	对技术掌握的要求
路径1：推进者	通过触点互动、信息整合、持续跟踪等了解顾客的期待是什么	通过技术的渐进式迭代，不断升级产品
路径2：颠覆者	通过触点互动、信息整合、持续跟踪等了解顾客的期待是什么	通过对激进式技术的坚定投入，致力于创造跨时代产品
路径3：革新者	依靠直觉和判断，给顾客带来想像，引领潜在的需求	通过技术的渐进式迭代，不断升级产品
路径4：引领者	依靠直觉和判断，给顾客带来想像，引领潜在的需求	通过对激进式技术的坚定投入，致力于创造跨时代产品

性规律。

最后，用我喜欢的教育家卢梭的话，结束我的分享：

要记得，人类走向迷途，往往不是由于无知，而是由于自以为是。

（华夏基石e洞察公众号2019年3月12日发布）

黄卫伟

华夏基石管理咨询集团领衔专家，中国人民大学教授、博导，著名经济学家和管理学家，华为首席管理科学家/华为蓝血十杰之一，《华为基本法》六君子之一。曾潜心研究哈佛经典案例，精通于哈佛的案例教学法，并将原汁原味的哈佛案例教学法用于中国商学院EMBA的教育中，是目前国内商学院极少数能精通哈佛案例、使用全英文进行哈佛案例教学分析与指导的教授之一。

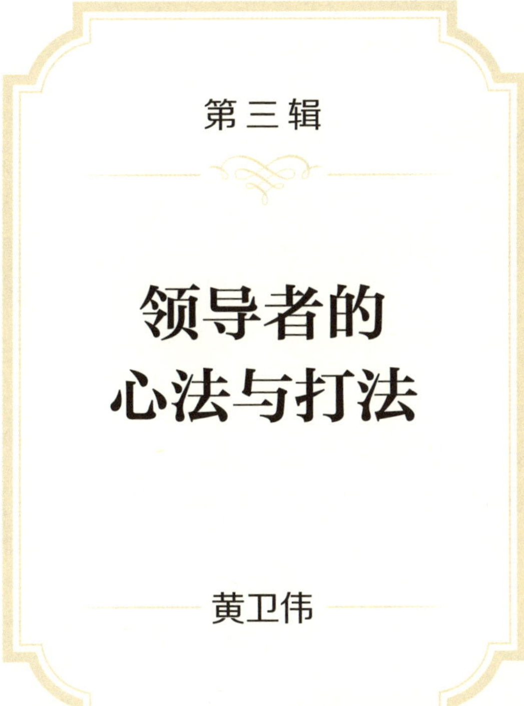

第三辑

领导者的心法与打法

黄卫伟

AI时代华为的人才观与人才战略

我其实不是人力资源管理方面的专家，人力资源管理不是我的专业，我只是作为一个参与者和观察者，和大家交流一下华为的人才观与人才战略。AI现在是个热词，但是实际上一些基本的东西没有发生变化，就像人性没有发生变化一样。

一、华为的人才观

华为的人才观有几个要点。

1. 劳动和企业家是华为价值创造的主体

这一句话是老生常谈，特别在人力资源年会上讲这个观点，好像没有什么新意，但其实很重要。华为是一家非上市公司，资本在华为价值创造过程中的作用相对次要，土地要素在华为的价值创造过程中也是次要的。不管是华为的基地，还是国内的八大研究所，设计的跟园林一样，但是周边的物业，华为一点没有染指。可见，一个企业真要成事，一定要抵制住诱惑，不要去贪图小钱。

2. AI时代的企业发展更依赖优质人才的创新和突破

传统的人才和贡献的规律，通常符合帕累托曲线（20/80准则），即20%的人才创造了80%的价值。我曾经问过一位企业家：在你这个企业里，20%的人能不能拿到80%的薪酬？他说：拿不到。在AI时代或者AI正在向我们走来的时代，价值创造所依赖的人群分布更陡峭了，更少的顶尖人才创造了大部分的价值，没有他们的突破，其他的人才队伍很难创造出新的机会和价值。

3. 以奋斗者为本，尊重个性，集体奋斗

早在1996年，我们起草《华为基本法》的时候，就把“尊重个性，集体奋斗”这句话写进去了。一个企业或一个组织，尊重个性并不难，有些企业甚至尊重个性都有点过了，环境过于宽松了，使得个性在一个几乎没有纪律、没有约束、没有考核的环境中生长和做贡献。另外，集体奋斗也不难，只要有纪律，就能组织起一支集体奋斗的队伍。在集体奋斗过程中给个性、个人以施展才华的机会和舞台，这是真正难以做到的。

4. 包容人才的多样化和差异化

现在，华为60%以上的销售收入来自中国以外的世界各国。从当地的销售组织和服务组织来看，本地化员工达到了70%，总数超过3.4万人。对华为来说，虽然跨文化的管理、遵从当地的法律（特别是劳动的法律）等增加了管理的难度，但也带来了许多可喜的、企业希望的新的因素。举个例子，现在华为财经团队有数百名来自牛津、剑桥、哈佛、耶鲁等著名大学的优秀学生，而且还在持续招聘中。2016年度，财经体系招聘了近340名留学生，占当年校园招聘指标的38%，这些留学生正在成为华为财经体系的新生力量，使财经体系的员工队伍更加多元化。从这些留学生及海外招聘的员工身上，华为看到这些来自西方名校的新员工普遍的品质是能吃苦、懂得珍惜、时间管理强、团队融入快。他们身上表现出的艰苦奋斗精神与华为的核心价值观——以客户为中心，以奋斗者为本，长期艰苦奋斗——高度契合。

5. 人寻求意义

人寻求意义，对华为来说有更具体的含义。首先，华为员工为什么愿意艰苦奋斗，为什么愿意做出牺牲？特别是一些非洲的发展水平较低的国家，当地的工作环境是非常艰苦的。我曾经问过一位华为尼日利亚代表处的代表，他说：在当地蚊子多到什么程度，蚊子聚集在你头上就像在戴了一顶高帽子一样，人走到哪里，这顶高帽子就跟到哪里。当时在开拓市场的华为员工，几乎没有人没得过疟疾的，条件非常艰苦，他们做出了很大的牺牲。但他们为什么愿意艰苦奋斗，为什么愿意做出牺牲？我们看看他们自己是怎么说的。

第一个例子，一位英文名叫Linda的女士，专业是法语，她目前是华为科特迪瓦的副代表，在布基纳法索、科特迪瓦等非洲国家开展业务长达8年之久，经历过科特迪瓦的内战环境，得过疟疾，遭过抢劫。她的感悟是什么呢？她说："据我所知，在外奋斗的华为人，都不会因为梦想、情怀、成就感这些东西，就选择远离亲人、朋友，奔赴海外。最初的动力还包含通过自己的努力，让疼爱我们的亲人过上更好生活的愿望。"这应该是每一个华为人艰苦奋斗的初衷，也就是我们说的初心（motivation），是人们最基本的需求的满足，是工作基本的动力和来源。

第二个例子，研发路由器产品线的总裁盖刚，2000年本科毕业加入华为，领导产品线开发出世界上第一个400G路由器。400G路由器商业化以后，领先了思科（Cisco）一年，这是非常不容易做到的。他的感悟是什么呢？他说："我一直在想，是什么让我们最终实现超越，摘到了胜利的果实？是什么让我们愿意为不确定的未来努力奋斗？又是什么让我们十几年如一日地执着坚守？我想是一群怀揣梦想的年轻人，为了做世界第一的产品，无怨无悔地挥洒着青春的热血，即使再苦、再累、再艰辛，也一往无前。"这就是华为员工的动力来源。在华为，要么不做，要做就做世界第一的产品，这给了员工极大的激励。

2017年，华为人力资源部曾经对新员工做过一次调查，调查统计结果是：第一要素是个人的成长，第二要素是工作的意义和价值，第三要素是认可，第四要素是薪酬。

从刚才这两个典型的例子上来看，华为员工艰苦奋斗的意义有三个。

第一，为了家人的幸福。

第二，认同公司的使命和追求并为之奋斗，为公司的成就感到自豪。华为最新发布的公司使命是："华为立志，把数字世界带入每个人、每个家庭、每个组织，构建万物互联的智能世界。"每个人、每个家庭、每个组织，这是一个巨大的群体和市场，世界上已经有接近80亿人口，家庭有几十亿，组织千千万万，这样一个宏伟的使命，能让员工树立远大的目标，产生持久的动力，去脚踏实地地实现它。现代社会，人只有加入组织，才能够实现人生事业生涯的理想（或目标）。脱离了组织，个人将一事无成，越是能够借助组织的资源和组织的平台，人生成就就越高。看起来，好像个人是主动的，个人处在一个更优越的位置上；实际上，人力资源管理不是被动的，组织有资源、有平台，有个人对组织的依赖性。问题是加入什么样的组织，如果这个组织是平庸的、没有追求的、赚小钱的，员工把青春和壮年献给这个组织以后，这一生也将因此平庸。所以，组织的追求、组织的成就，在很大程度上赋予了员工人生的意义和价值，做人力资源管理应该有这种信心。

第三，来自创造性工作本身的挑战、兴趣、乐趣和成就感，使得员工在做事情的时候，能够感到他的工作正在改变世界，哪怕是一点点，这是工作真正的意义，是员工激励的真正来源。所以，要赋予工作意义，这是真正吸引人才的关键。

二、华为的人才战略

在这样一些基本的人才观基础上，华为的人才战略也有几个要点。

1. 人力资本增值的目标优先于财务资本增值的目标

刚才，学者们和高管们反复论证了人力资本这个概念。虽然大家都在用这个概念，但遗憾的是到现在为止，人力资本还无法核算。在企业的三张财务报表上，有权益、有负债、有现金、有流动资产、有固定资产，甚至还有商誉、无形资产等，但是没有人力资本的位置。一个这么重要的投入要素，在许多企业里是创造价值的源头，但是我们无法对它进行核算和估值，这是人力资源管理在AI时代一个非常大的挑战和要解决的问题。

从企业的三张报表可以看到，人力资本上的投入，是作为成本支出或者费用支出列示在损益表中的。增加人力资本投入，直接就会减少当期的利润，二者从当期来看是冲突的。减少了当期的利润，也就减少了未分配利润转增的资本和转增的权益，这就产生了人力资本增值的目标和财务资本增值目标之间的冲突。因此，我们就把这个命题明确地写在《华为公司基本法》里：人力资本增值的目标优先于财务资本增值的目标。这也是华为成功的一个关键。当企业预见到未来大的商业机会的时候，优先或者先期在人力资本上加大投入。因为华为没有上市，没有资本市场的约束，没有证券分析师的评头品足，所以宁肯减少当期的利润，也要按照公司的长远目标和长远利益去做，这个主动权是掌握在华为手上的。

人力资本的优先投入，一是有可能减少当期的利润，这本身是一个矛盾。二是会带来高人力成本和企业的成本竞争力的矛盾。高薪酬与低成本的矛盾怎么解决？早在20世纪初叶，美国的科学管理运动兴起的时候，科学管理运动之父泰勒在美国国会听证会上的证词中明确地解答了这个问题，他说："高工资与低成本是可以结合的，关键在于科学管理。"华为的高薪酬和低成本的结合是个什么概念呢？是使人均薪酬达到或者居于业界最佳水平，同时使总薪酬占销售收入的比例在行业具有成本竞争力。这样，把两个看似冲突的目标结合在一起，同时实现这两个目标。

2016年，华为内部的员工社交平台——"心声社区"上贴出过一篇文章，披露了一个重要的薪酬数据：截至2015年底，华为的人均年薪酬水平达到10.5万美元。将近3年过去了，现在的人均薪酬可能已经不止10.5万美元了。这就是华为能够吸引优秀人才的物质条件，离开了薪酬谈吸引优秀人才，特别是吸引"90后"人才，那是空谈。

但是，在提高人均薪酬水平和竞争力的同时，又保持企业的低成本竞争力，靠什么呢？靠的就是劳动生产率的提高、运营效率的提高。而劳动生产率的提高、运营效率的提高，无非依赖两个基本的要素：一个是技术创新，一个是管理变革。在华为，这两个轮子是同时转动的，二者不可偏废。

2. 加大基础研究和创新投入，吸引高端创新人才

中国每年高校毕业生已经接近800万，根本不缺执行人才。在AI时代到来的时候，要从根本上改变对人才的定义。什么是人才？粗看有985、211、一本、二本、三本之分，但人的潜力是无穷的。举个例子，我在米兰旅游的时候，导游是一个在石家庄连三本都没考上的大学生。他学了一年意大利语以后，到意大利去求学，到了意大利以后又强化培训了一年意大利语。在57个应聘的考生中，最后录取了7人，他是其中之一。我问他，你是凭什么被录取的？他说："一开始，我把高中阶段创作的一些绘画作品拿给考官，结果考官连看都不看。他真正要看的是我的意大利语水平，因为考官有一个基本假设，如果语言不行，他就没法教我，他给我灌输的知识，我就没法吸收，而我是不是有天分，这个不重要。"这个学生现在意大利米兰的艺术学院学舞台设计，学得很好，学院在意大利是排名第二的。

（1）机会是吸引人才的第一要素，薪酬待遇是吸引人才的必要条件。从华为来看，高端人才是指那些从事基础研究和引领行业创新的顶尖人才。华为靠什么吸引他们呢？首先是机会，我们在写《华为公司基本法》的时候也把它写进去了。在华为的价值分配要素中，机会是第一位的，薪酬排在后面。对优秀人才、顶尖人才来说，也是机会第一，他更关心的是到你这个企业来能做什么，你能支持我做什么，而不在乎你给我的薪酬有多高。

（2）未来华为每年研发投入将达到150亿－200亿美元，其中20%－30%将用于基础研究。华为2017年的营业收入规模是925亿美元，排在Fortune 500第72位，但研发投入达到了138亿美元，占销售收入的14.9%，排在全球第6位，排在华为之前的是亚马逊、Alphabet（谷歌的母公司）、微软、三星、大众。2017年之前，华为研发投入占销售收入的比例已经持续四年超过14%，再往前，也一直在10%以上。正是这种长期的持续投入，加上聚焦和压强的投入，厚积薄发才使得华为能够有今天的成就。

同时，目前华为的基础研究投入在整个研发费用中占20%，按照2017年的研发投入138亿美元计算，基础研究投入超过了27亿美元。一个企业能有这么大的决心，真是不容易，未来还会逐步加大到30%，规模达到30亿－50亿美元，这为优秀人才的研究提供了雄厚的财力支持，是吸引人才最重要的因素。

（3）开放地吸引全球人才，从“为我所有”走向“为我所用”。前几年，任正非总裁到华为莫斯科研究所座谈。这个研究所是数学研究所，研究人员都是数学家，专门研究5G、AI、云计算的算法等，他们问任总：五年以后，十年以后，华为想做什么？任正非总裁说：我也不知道，这就是聘请你们的原因，我们会在投入上支持你们去做那些五年以后、十年以后你们认为应该做的研究。回国以后，任总非常高兴，他说：我们国家现在缺的就是这些有远大目标的科研人员，很少有人在做五年以后、十年以后的研究。在这个问题上，今年的中美贸易摩擦，一棒子把我们打醒了，因为核心技术不掌握在自己手上是不会真正厉害的。

（4）将战略能力中心建在战略资源聚集地区。这是吸引全球人才的关键。顶尖人才不愿意到国内来，那就在人才愿意做研究的地方成立研究所。战略资源聚集在什么地方，华为就在那里建立战略能力中心。

3. 建立公正和公平的价值评价与分配制度

这是人力资源管理一个长期的任务，特别是员工结构发生变化以后，这个挑战就更大了。大家在网上可以搜到，2017年985大学的应届生（包括本科、硕士、博士）去了哪里。从华为的应届生招收数据来看，2017年，从清华大学收受了182名应届生，北京大学124名，复旦大学120多名，上海交通大学240多名，中国科技大学270多名，浙江大学440名……新员工的素质、潜质越来越高。应届生选择企业，关注的要素一个是让他们干什么，机会很重要，就是怎么去分配机会；还有一个，就是价值评价和价值分配的公正性和公平性，怎么去平衡，这是关键。

4. 战略性地管理人力资源流动，保持制度化的淘汰机制

AI时代，人才的一大特征就是流动性。按照“90后”的说法叫做“爽不爽”，我在你这个企业干得不爽，我就走了，我找我能干得爽的地方。华为的做法，是适应新员工的结构变化，加大对业绩优秀的中、基层员工的破格提拔。华为的提法是“要使优秀员工在最佳的年龄，在最适合的岗位上，做出最佳的贡献，得到合理的回报”。关键是前面这三个“最”，对人力资源的挑战是很大的。华为这几年逐渐加大破格提拔的力度，但是哪来这么多岗位分派给这些破格提拔的优秀员工呢？必须加大企业内部的流动性，包括部门之间、岗位之间、组织层级上下之间的流动，而且要保持制度化的干部淘汰机制。华为的淘汰一直是有制度的，但原来主要是针对员工，最近几年，开始把重点转向中、基层干部，包括高层干部。干部的淘汰，不是淘汰出公司，而是在现任的岗位上达不到公司考核的要求时就要下来，给优秀的人腾出位置，换优秀的人上去。这样一个机制，是激活内部组织的关键。

5. 以物质文明巩固精神文明，以精神文明促进物质文明

物质激励加大的同时，更要强调精神文明。没有物质文明、物质条件及薪资报酬做保证，讲精神文明是空的。所以，核心价值观一定要转化为利益驱动机制，才能确保其传承，光空喊是不行的。

我想引用华为关于战略和组织的最新提法作为我今天交流的结束语——“一个公司取得成功的两个关键，一个是方向要大致正确，第二个是组织要充满活力。”关于第一个因素，领袖是方向大致正确的保障，对华为来说，在企业家之后，怎么能够一代一代地通过华为的治理结构把最优秀的德才兼备的干部选到领导岗位上来是个关键。第二个因素，组织充满活力，要成为方向大致正确的保障。组织充满活力，既要能够使得大致正确的方向得以贯彻执行，也要善于自我批判，使得一旦偏离大致正确的方向后，能够及时纠偏。未来，人力资源的关键任务就是创建充满活力的组织，这是组织在不确定的外部环境下，确保组织生存和保证前进方向大致正确的关键。

根据现在一些学者的估计，人工智能未来会替代90%左右的就业岗位。听起来很恐怖，但是我个人的观点是，AI既是造成问题的原因，也是解决问题的手段。我对AI的到来是持乐观态度的，但是也给人力资源管理提出了很大的挑战。

我今天就跟大家交流这些。谢谢大家！

（华夏基石e洞察公众号2018年12月18日发布）

解读华为战略：行业领导者的心法与打法

我今天分享的主题是华为的战略与执行，在这个大的框架下，前半部分的内容侧重对华为的战略思想、执行原则、业务布局、未来方向的解读。我们的理论框架是基于IBM长期采用的一个战略与执行的框架BLM模型。请大家参看图1，在战略方面有四个模块，最重要的是确定战略意图，企业要对市场形势进行洞察，锁定创新焦点，从这几个要素出发进行业务的设计。接下来是执行，执行也包括四个模块，首先识别出每个时期的关键任务，在此基础上通过组织、人力资源、文化来支撑，使战略落地。

BLM（ business leadership model ）模型是用于战略与执行连接的方法与工具，利用标准模块建立了管理者的统一语言。

BLM 原则：
战略是不能够被授权的——领导力贯彻战略制定与执行的全过程；
差距为导向——集中力量解决关键业务问题；
战略与执行紧密结合，重在结果；
终年持续不断——组织学习是持续不断的过程。

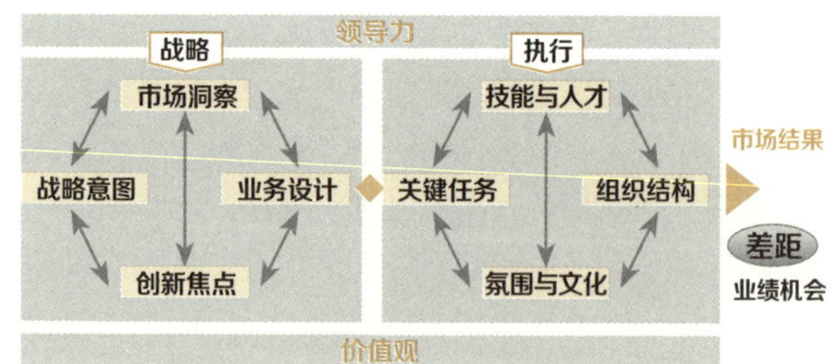

图1　战略与执行的BLM模型

企业的问题无非是两种，要么是战略出了问题，要么是执行出了问题。执行出了问题，一定是这个企业的责、权、利机制出了问题。

一、企业长期战略的本质

战略首先的问题是目标。华为的长期战略本质上围绕两个问题展开：怎么成为市场领导者？怎么做市场领导者？我最近几年整理和出版了三本华为的管理纲要：第一本是《以奋斗者为本：华为的人力资源管理纲要》；第二本是《以客户为中心》，这是华为的业务管理纲要，这本书的序言开宗明义说的就是上面句话；第三本书是《价值为纲》，这本书从财务的视角，把企业的战略、机制和财务的健康、服务结合在一起，是一个相对独立的财经体系管理纲要。这三本书就是给企业家和高管写的，它们不是畅销书，里面蕴含的是管理的哲学，不同的企业家对此会有不同的感受。我曾经和一个到华为考察的中国银行代表团交流，他们的带队张副行长告诉我，他把华为《以奋斗者为本》的管理纲要放在案头上，经常会翻一翻。

华为在规模尚小的时候就已经把成为世界产业领导者的目标提出来了：

我们必须在混沌中寻找战略方向。华为公司总有一天会走到悬崖边上，什么是走到悬崖边上？就是走到了世界同行的前列，不再有人能够清楚地告诉我们未来会是什么，未来必须靠我们自己来开创。我们不走到悬崖边上是不可能的，而如果我们不想走到悬崖边上，也是没有出息的。（任正非，珠海石景山会议纪要，1997）

1997年的时候，华为的规模大概只有20亿元人民币，这个时候就提出了要做领导者的目标。要追踪华为对长期战略目标的建立，可以追溯到1994年任正非的讲话，那个时候就已经确立了这样的目标，只是还没有对社会上宣布：

人与人之间的所有合作实际上还是利益分配问题。如果我们当初只想个人富裕的话，那么我们的朋友就会更少一些，我们的战斗力就更小一些，我们的利润也就更低一些。我们可分配的百分比很大，但基数很小，其相乘结果是很小的。因此我们的目的是把蛋糕做大，百分比调小，从而符合“利益均沾”的原则。（任正非，谈公司未来组织目标和体制蓝图纪要，1994）

规模尚小的企业就确立了要成为行业领导者的目标，这在管理学上被称为“战略意图”。

“战略意图”（Strategic Intent）是在1989年由Gary Hamel和C. K. Prahalad发表在《哈佛商业评论》中的经典论文所提出的概念，这两位管理大师在1990年又首次提出了企业的“核心能力”的理论。《战略意图》这篇文章很少有人提到，但学者都知道，这篇文章对今天的中国企业更具有现实的指导意义。两位大师在文中写道：“过去20年中，我们通过对大量企业的研究发现，那些成长为行业领袖的杰出企业最初都拥有与其资源和能力极不相称的雄心壮志，我们将这一令人着迷的事物定义为‘战略意图’。战略意图紧紧抓住了成功的精髓，就是要成为行业第一。”

成为行业第一不仅是意味着成为大企业，小企业在自己的细分领域也可以成为行业第一。拿这次中兴事件来说，全中国从上至下从这个事件中都看到了一个事实，那就是我们有如此多的优秀高科技企业，它们的核心技术还是被美国人控制着。中兴的所有信息都是放在一个企业数据服务公有云网上的，这个官网是美国控制的，它只要一下令，30分钟内就可将这个公有云关闭，一旦关闭，中兴就无法运行了，更不要说核心芯片的供应了。

芯片制造加工的核心设备是光刻机，光刻机的制造商是荷兰的一家小企业，我们说它是小企业，是说它只有几十亿美元的规模，与500强无法相比，而它的光刻机一台就卖几亿美元。中国缺的就是这两种企业，一个是像华为这样的某个领域的行业领导者，一个是像这家荷兰光刻机厂这样的细分市场、核心领域的领导者。从这个意义上，各位企业家们要认真思考自己的战略意图。要成为世界范围的行业第一是战略意图的精髓所在，它确立的目标是赶超世界领先者，而不是盲目追求规模。

战略意图不随时间的推移而变化，它是一个长远的、带有终极性质的目标。战略意图保证了长期资源配置的一致性，战略意图一旦确立，资源配置的原则、优先性就没有什么可以动摇、摇摆的了，它保证了长期资源配置的一致性。战略意图只规定目的，不限制手段。

同时，战略意图给出了唯一值得员工承担义务的目标，这也就是为什么优秀的员工愿意留在你的企业里。我们现在总认为是满意的薪酬使优秀员工留下了，其实不是这样的。优秀员工更重视的是机会，他要看到自己的人生在这个企业里能不能走向更高的境界和高度，这个目标实现的可能性则取决于企业的追求有多大。所以真正吸引优秀人才的是企业的长期目标， 它决定着一个优秀人才把自己最好的时光、最有价值的努力投在你这个企业里是否值得。

1996年，我们起草《华为基本法》的时候，对华为公司价值分配的原则排出了一个优先次序，首要的因素就是机会。直到今天，华为之所以能吸引世界级的人才，真正能对他们构成吸引力的还是机会，就是到你这儿来，我能干什么，能干成什么。在国际领域夺取和保持优先地位，树立了这样的远大目标，优秀人才也就有了施展才干的大舞台。

企业的价值无非有两个基本的来源：一个来源是你在产业结构中的市场地位，那些垄断的寡头的企业为什么赚的钱多，就是因为它们掌握的资源多，能够控制产业的定价权，没有定价权的企业就被压迫在一个很尴尬的位置上；另一个来源是企业的核心能力。

值得我们关注的是，互联网改变了市场的规律，现在是赢家通吃，这一点我们从阿里巴巴、腾讯已经能看得很清楚了。BAT和京东按说也是优秀的企业，但以百度为例，虽然它在中国搜索市场的地位还没有人能撼动，但这个地位不是在一个完全开放的市场里通过自由的竞争获得的，而是在一个受到保护的市场获得的。拼多多据说现在也占有了数亿元的市场，但它还不能杜绝假货，如果做不到这一点，是无法真正走向国际市场有。在美国如果有企业经营假货，是要被罚得倾家荡产的。华为是吃过这个教训的，有一年摩托罗拉起诉华为侵犯它的知识产权，理由是华为曾有意与美国的一个高科技小企业合作，对方给华为发来一份技术报告，华为一个负责的副总裁回复了两个字的电邮：收到。

这件事被摩托罗拉抓住了，这份技术报告里涉及摩托罗拉的一项专利，但它并未授权给该企业。摩托罗拉据此起诉华为，并要求罚款230亿美元。企图在美国揩一把油的企业一定要小心，一旦被美国抓住了，会罚得你倾家荡产。这不是一件小事情，必须要重视。

我们再谈谈赢家通吃。美国的《第二次机器革命》中有一段话：很多行业第一和第二之间的差别堪称天壤之别，这正像一个备受争议的耐克广告所说的——你不是赢得了银牌，而是输掉了金牌。这里面体现出一种不同的思维方式，本来我们说拿到了银牌也很好，但是基于现在互联网时代企业竞争的残酷现实，如果不能成为某个行业的领先者，就面临着被边缘化、被淘汰。

为什么会出现赢家通吃的现象呢？关键就在“互联”上，同时资本市场也强化了这种“互联”的效应，它使得产业集中化和对领导地位的争夺远远超出了传统产业走过的道路。以共享单车为例，大家都拼得血本无归，最终还是走向一家独大的集中。2018年夏天我去意大利佛罗伦萨，看到摩拜设计得最好的那款齿轮传动的单车，在佛罗伦萨被摆放得严谨合规，和在国内单车到处随意停放甚至形成“共享单车坟场”的情况完全不同。

我又想到通用电气当时的CEO杰克·韦尔奇曾提出一个业务组合的战略，叫做“数一数二原则”，就是如果它的某项业务不能在该领域成为第一或第二的时候，就坚决将它收缩、关闭掉。韦尔奇曾经把通用电气很赚钱的金融服务、小家电生产都剥离出去了，聚焦在航空发动机等强项上。我们可以看到，一方面是赢家通吃，一方面是剥离掉不符合战略方向的多元化业务，向自己的优势领域集中资源，这两个方面是同时进行的。这样做的核心目的就是要做行业的领导者。

华为公司最近提出了自己的愿景和使命，立志将数字技术带入每个人、每个家庭、每个组织，构建万物互联的智能世界。华为现在有三大业务领域——运营商业务、企业业务、消费者业务，这三项业务的服务对象在上述的愿景、使命里都定义得很清楚了。这是一个非常宏伟的使命和愿景。

二、坚守以客户为中心

要成为产业领导者，华为面临的两难的困境和选择是什么？就是追求利润最大化和市场领导地位之间的矛盾：抓住了战略机会，花多少钱都是胜利；抓不住战略机会，不花钱也是死亡，节约是节约不出华为公司的。

当公司出现机会和成本的冲突时，我们是要机会还是要成本？首先要机会，我一直认为我们高科技企业机会是大于成本的，只要符合机会，成本的增长是可以理解的。（任正非，2001年税收预算汇报会议记录，2001）

是要机会还是要成本，任总对这个问题的回答是很清楚的，首先要机会，背后的逻辑是“高科技企业的机会是大于成本的”，为了抓住机会所造成的成本和费用的上升、利润暂时的下降是可以接受的。华为的经营目的明确了“不以股东利益最大化为目标”，追求一定利润水平上的成长的最大化。在面对追求利润最大化和追求市场领导地位这个选择时，华为是掌握着主动权的。华为没上市，它不会被资本市场“用脚投票”的股东和投资人所左右，不会为了追求最大化的股东利益而扭曲自己的战略：

华为董事会明确不以股东利益最大化为目标，也不以其利益相关者（员工、政府、供应商……）利益最大化为原则，而坚持以客户利益为核心的价值观，驱动员工努力奋斗。在此基础上，构筑华为的生存。（任正非，董事会领导下的CEO轮值制度辩，2012年报）

我们看到，苹果在手机市场所占的利润是第一，但在销售份额上被三星超越了，根据2018年第二季度的权威统计，销售份额甚至被华为超越了。尽管如此，苹果的利润在全球手机市场占到了80%以上，这就是市场领导地位的一个例子。苹果也有它的弱项，问题在于它的价格一路往上走，降不下来。华为对于产品价格高企的现象，在战略上有一个形象的说法，“穿上了红舞鞋”。红舞鞋源自西方的一个寓言，它是一双魔鞋，穿上红舞鞋的人舞姿曼妙，会吸引观众和喝彩，但可怕之处在于，这双鞋你无法脱下来，于是会一直跳下去，直到力竭而死。

这个寓言故事看起来通俗简单，但在我们周围，穿上了某种“红舞鞋”脱不下来、要一直跳下去的教训是经常可以看到的。对企业来说，在面对生存还是发展的困境时，要认清大局，努力把握企业发展的主动权，不能被竞争对手、资本市场所控制。追求利润最大化，可能会带来短期利润的增长，但会损失我们追求市场领导地位的长期目标；追求市场领导地位，可能会带来短期利润的下滑。我们要做的是在这二者之间做好权衡和取舍。对于这一点，1996年的时候，在《华为基本法》里就有了基于华为实践的清晰的表述。华为追求的是“一定利润水平上的成长的最大化”，不追求利润的最大化，而是设定一个合理的利润率水平，在此基础上追求成长的最大化。

在世界上秉持同样价值观的企业有没有呢？三星就是这样的。在手机行业，它不是利润最高的，但它的市场份额是最高的。这样一个市场份额拉动了三星整个产业链的份额，在存储器、显示屏等一些关键器件上拉动了整个产业链的规模，三星秉持的竞争策略和竞争目标与华为是一样的。华为因为没有上市，它的利润只要满足了持股员工的分红、企业生产再投入的需求就行了，它不去追求更多的利润，有了结余也会给未来投入。这样的经营目标和上市公司是不一样的，显而易见，这样的经营目标和战略选择更有利于企业发展的长期目标和市场竞争力。

华为的战略自始至终强调“以客户为中心”：

华为什么都可能变化，唯一不变的是以客户为中心 。以客户为中心，以奋斗者为本，长期艰苦奋斗是我们胜利之本。（《对“三个胜利一本原则”的解释》，2010）

以上这个原则被列入2007年修订的《华为的核心价值观》的首要位置：

以客户为中心，这是华为历经二十多年的奋斗才探索到的和经过反复验证的真理，经久不变。（《华为的核心价值观》，2008年修订版）

有一个与企业文化、工作的价值相关的小故事，大家应该都听到过，这就是“打石头”和“修教堂”的关系，这个论述最早见于20世纪80年代的一本经典著作《公司文化》。作者在书中讲了这样一件事，一个路人经过一个工地，看到许多工匠在那里打凿石头，他问第一个工人说“你在干什么”，工人说“我在打凿石头”，他又问了第二个工人同样的问题，这位工人说“我在修造教堂”。这两种回答是截然不同的，第二个工人知道自己工作的目的，知道自己为什么打凿石头。

企业的创新同样如此，我们要知道创新是为了什么，企业创新的目的是满足客户需求，为客户创造价值。我们不是为创新而创新，明确了创新的目的，创新才能走在正确的路上，才能获得巨大的来自源头的驱动力。需求是发明之母，在座的企业家朋友们还希望了解华为如何应对未来的挑战。对于创新来讲，未来的创新落脚点还是质量。现在我们处在一个供应过剩的经济时代，供给侧改革的一个重要内容就是淘汰掉落后的产能，从根本上扭转由于过剩产能导致的恶性价格竞争和亏损经营的状况。

我在TCL做顾问的时候，帮助他们引进过一套“中期述职”制度。按照这个制度，各个子公司在中期的时候来述职，其中有一项是“客户满意度”，由第三方去进行调查。“客户满意度”的结果排序出来以后，我们可以看到，TCL的企业形象评价并不是由满意度最高的客户决定的，而是由对你旗下某个子公司的产品和服务感到不满甚至反感的客户来评定的，这种负面评价的存在影响了企业整个产品线的销售和市场声誉。

TCL当时还生产手机和电脑，比如说有客户对你的手机或电脑非常不满意，那么这些客户还会去买你的电视和冰箱吗？根本不会。这就是我们通常说的“一颗老鼠屎坏了一锅粥”，这也是互联网经济的特点，因为“坏事传千里”，它传播得太快了。对企业经营中这种恶劣事件和破坏性口碑的发生，我们现在还没有很好的机制来控制它。令人忧虑的是，我们国内的市场监控并没有阻挡拼多多这样还存在假货的企业去美国上市，估值还达到200亿美元。当然，我并不是要否定拼多多，但存在卖假货现象这一点是他们自己都承认的。这绝对不是一个可以忽视的问题，作为一个体量还在不断增大的上市公司，接下来我们应该怎么去把这个问题解决好？

归根到底，我们说的问题还是要提高产品和服务质量的问题，即使是在三四线城市和农村，也不能用假冒伪劣去满足人们的需求，你可以另外创立一个价廉、实惠的品牌，但不能假冒为国际、国内的其他著名品牌来兜售自己的产品。你要是信誓旦旦地说我的东西是假冒，但不伪劣，这也不行，因为你还是侵权了，如果这个问题不解决，我们国家企业的形象就上不去，市场依然是劣币驱逐良币，得不到健康发展。靠单个企业是无法扭转这种混乱的市场的，如果继续下去，只能是两种结果，一个是正规企业受到亏损，一个是同流合污，如果这样的话，中国的企业和市场何日能够真正强大呢？

华为的网络现在已经覆盖了173个国家，正在为世界上20多亿人口提供服务，这样一个巨大的网络带来的一个结果可能包含了“黑天鹅”效应，如果一个质量事故在局部发生，经过互联网的放大就可能酿成一个影响全局的重大事故。三星的Note 7 就是一个典型例子，它前后大概也就爆炸了100多台，最后导致航空公司不允许这个型号的三星手机带上飞机，使得经常乘坐飞机的高端人士只能把手里的Note 7都扔了，结果导致三星市场份额的惨重损失，现在它在中国市场的份额大概是2%还不到，损失最重。这就是“黑天鹅”事件、“蝴蝶效应”，企业的规模越大，局部的产品质量事件带来的潜在威胁和负面影响就越大。对华为来说，质量问题就成了首要问题。而如何破解低成本和高质量之间的矛盾呢？因为通常提高质量是要带来成本的上升的。

那么，对华为这样一个技术背景如此强大的企业来说，在客户需求和技术优先这二者之间，在战略上应该如何权衡？对这个问题，任总很早就给出了明确的回答，当华为度过了生存的阶段，开始对研发大量投入的时候，这个问题就已经突显了。任总在各种场合坚持就“以客户为中心”的原则对大家进行谆谆教导：

任何先进的技术，产品和解决方案，只有转化为客户的商业成功才能产生价值。在产品投资决策上，我们坚持客户需求导向优先于技术导向，要在深刻理解客户需求的前提下，对产品和解决方案进行持续创新，我们的产品和解决方案才会有持续竞争力。（任正非，“从汶川特大地震一片瓦砾中一座百年前建的教堂不倒所想到的”，电邮文号〔2008〕16号）

大家可能会想，“以客户为中心”现在几乎是所有企业的共识，这好像是毋庸置疑的。但是在口头上说，和实际上处理具体问题时如何去做，又是另一回事情。请大家思考这个问题：为什么企业很容易会偏离“以客户为中心”，我为什么说在这个问题上知与行的偏离是企业的基本矛盾呢？因为企业有一种内在的惯性，会致使它偏离正确的价值轨道。像华为这样的强科技企业，随着技术型员工的不断增加、研发投入的不断增长，就会出现技术优秀导向压过客户优先导向的趋势。这也就是通常而言的，技术倾向太强的企业家未必是优秀的企业家，因为当企业需要做战略选择的时候，很重要的一点就是要忽略细节，忽略细节才能看清楚方向。这个道理跟我们照相是一样的：如果你要看清楚远处，光圈就要调小，这时细节就模糊了；如果要看清楚近景，光圈要大，这时细节都能看得很清楚。

做战略也是一个道理，要有意识地忽略技术细节，这样你才能看清楚远景和方向。现在华为的研发人员已经达到了8万多人，他们很自然地会具有技术导向，如果企业不去有意识地约束、克制这种技术导向，就会忽视客户需求，偏离客户导向，给企业带来沉重的代价。这还不是花了冤枉钱的问题，关键是会贻误市场机会，时间、战机是追不回来的。

企业战略的一对基本矛盾是客户优先与技术优先，客户需求导向应该优于技术导向：

对技术的崇拜不要走到宗教的程度，我曾经分析过朗讯(Lucent)失败的原因，得出的结论是不能走产品技术导向的道路，而要走客户需求导向的道路。（任正非，与安圣电气座谈纪要，2001）

我们以客户为中心讲了很多以后，可能会从一个极端走到另一个极端，会忽略以技术为中心的超前战略。将来我们以技术为中心和以客户为中心两者是拧麻花一样的：一个是以客户需求为中心，来做产品；一个是以技术为中心，来做未来架构性的平台。（任正非，在2013年EMT办公例会上的讲话）

是否能坚持"以客户为中心"，关键是看企业经营的首要目的是什么，如果目的不同，取舍就不同。过于看重股东利益的企业，仅把满足客户需求视作取得股东投资回报的一种手段，就会偏离"以客户为中心"。有人会说，注重股东利益是目的，但必须通过很好地满足客户需求才能达此目的，出发点是自私的，但企业行为也可以表现为是以客户为中心的，这是西方经济学的逻辑。在企业的利润分配中，普通股东的收益是排在相关利益方权益最后面的，所以为了满足这部分股东的利益，企业必须先有效地做好前面的分配。怎样才能做到有效呢？有的企业会把前面需要支出的部分都视作一种成本，如果把为客户提供的价值也视作成本的话，它就不会付出过高的代价，控制成本的意识会很强，这样的话，客户的利益最大化是无法得到满足的。

对创业公司来说，企业的生存取决于客户购买它的产品和服务，这时企业的人员有限，客户的需求就是召唤，所以在这个阶段，满足客户的需求是无须多说的道理。较大的企业规模也会成为导致偏离"以客户为中心"的一个原因，随着企业规模的扩大，部门增多，分工细化，内部岗位与部门离客户越来越远，因为这时客户的需求传递不到这些内部部门了，官僚主义、照章办事、拖延怠慢客户的需求等现象就出现了，这就是我们常说的"大企业病"。

管理企业面临的一个难题就是怎样能克服这种带有普遍性的病症，对于内部部门，包括研发部门（它也不是直接面对客户），如何使它们能感受到市场的压力，去关注客户的需求呢？这就要在这些部门人员的利益和客户利益之间建立直接联系，做到这一点也是一个难题。比如财务部门不用接触客户，你怎么能让他们与客户利益之间建立起联系？这是企业在对部门进行考核时，在确定部门的责、权、利的时候要仔细斟酌的一个重要问题。

总之，恰恰是因为企业内部存在一种偏离"以客户为中心"的倾向，所以企业要将"以客户为中心"置于首位。这样做不是为了树立某种宣传口号，而是基于企业管理的一种底层逻辑。客户的价值主张决定了华为的价值主张。企业要追求的是适合客户需求的质量，而不是过高的质量，过高的质量会加重客户的负担。客户满意是衡量一切工作的准绳：

客户的要求就是质量好，服务好，价格低，且要快速响应需求，这就是客户朴素的价值观，这也决定了华为的价值观。（《华为公司的核心价值观》，2007年修改版）

要让HUAWEI成为ICT行业高质量的代名词：

什么是好产品？好产品犹如好歌，只有千古传唱的歌，才是好歌，都江堰就是一个例子，几千年过去了，都江堰的设计、结构、思想，现在都没有人提出来说要改变它。这才是真正的科研成果，真正的好产品。（任正非，《自我批判和反幼稚是公司持之以恒的方针》，1999）

三、聚焦核心，压强投入

华为今天成功的另一个重要原因是它坚持长期聚焦核心，压强投入。华为早期的资源有限，如果不聚焦的话，它就无法与那些雄踞行业的跨国公司去竞争。华为只有通过聚焦，才能把整体规模的劣势转化为局部聚焦强度的优势，在局部先打开突破口，再扩大战果。在这个时候，聚焦核心成为它必然的一个战略选择。有人说到战略，会说“不要把所有的鸡蛋放在一个篮子里”，所以聚焦战略也是有很大风险的，风险在于如果行业发展处于波动期，企业有可能面临生存的困难。

但是如果不去聚焦，华为肯定无法走到行业的前列。华为把聚焦战略形象地称为“压强原则”，把有限的资源放在更小的、更短战线上，把整体规模的劣势转化为局部投入的强度的优势。

我们要成为领导者，一定要加强战略集中度，一定要在主航道主战场上，集中力量打歼灭战，占领高地。（任正非，在惠州运营商网络BG战略务虚会上的讲话及主要讨论发言，2012）

我们坚持“压强原则”，在成功关键因素和选定的战略生长点上，以超过主要竞争对手的强度配置资源，要么不做，要做，就极大地集中人力、物力和财力，实现重点突破。（《华为基本法》）

我们保证按销售额的10%拨付研发经费，有必要且可能时还将加大拨付比例。（《华为基本法》）

今天我多次提到了《华为基本法》，虽然已经过去了22年，但是它里面的思想直到今天还具有指导意义。华为2017年的研发投入是138亿美元，占销售收入的比例为14.9%。138亿美元的研发投入是个什么概念呢？这个投入的金额在世界500强中排名第6，排在我们前面的企业是谷歌、微软、三星、亚马逊、大众，大众是140多亿美元，下面就是华为。这么巨大的研发投入，再加上聚焦战略，大家可以想象得出，这样一个企业具有了多么强大的突破能力。

这几年的一个说法是战略力量不应该消耗在非战略点上，那么什么是“非战略点”？对此，企业自己应该有一个取舍，我们前面说的“战略意图”就是一个按照长期目标作出的取舍。根据华为现在的业务结构，对于未来的大机会应该是已经看得很清楚了：一个是5G市场，现在华为在5G领域的专利已经占到全世界的30%了，它也不会占太多比例，如果那样的话西方就会很警觉了，有了这30%的基本专利，基本上就可以做到在技术上不受制于人了，我的这些技术、标准你是绕不过去的，我们再与别人的专利相互授权，这样通道就打开了。在技术方面，华为也不会去扛旗的，靠一家企业去扛旗，最后它就成世界公敌了。这是走到最前面的企业所做的明智选择。

再说战略力量和非战略力量。前面说到5G，还有物联网，物联网是一个更大的机会，云计算、人工智能、大数据，这些大机会我们已经能看得很清楚了，还不能确定的是它们什么时候能够真正商业化。对这些大机会，你的战略力量、主要资源一定要配置上去，其他一些不重要的多元化业务要舍弃掉，不能让非战略机会点分散你的战略竞争力。大家希望听到关于华为的未来，这就是华为的未来。

关于物联网，在《价值为纲》的序言里引用了孟晚舟2017年的新年献辞。不知道大家注意到没有，华为在把它的固定资产都贴上了无线射频芯片之后，固定资产这一块的管理效率发生了根本性的变化。华为的固定资产数量庞大，在世界上有2 300多个应用场景，以前固定资产的管理是一个难题，盘点一次耗时一个月，每年能盘点一次就不错了。后来华为专门组织技术人员按使用要求重新设计了一种无限射频芯片，把芯片的成本降了下来，现在对固定资产的管理方式是每5分钟所有的射频芯片上传一次数据，分布在世界各地的全部固定资产的状态时刻都是清楚的，设备是闲置、使用中还是损坏了，全部固定资产使用、维护状态的盘点一次3分钟就完成了。从这个例子我们可以看到，数据化将全面改变企业管理的面貌。

这个过程我是参与了的，华为的变革管理办公室定期要听取这方面企业业务的汇报，数字化改造可极大地提高业务效率，比如经销商的销售数据到达业务部、结算中心给经销商结算到转款，这个过程过去最快也得20天左右，华为现在通过数字化转型把这个过程提升到什么程度？只要60秒就给经销商结算完毕！从月到天到时到分，这一下子跃升了4个数量级。这就是为什么企业要进行数字化改造，它的确能够极大地提升经营、管理的效率，把这一类的能力建设好了，就是一种强有力的战略性竞争力量。

现在微信已经渗透到社会生活的方方面面，但我坚持不在社交层面上使用微信，我嫌它耽误时间，我不看微信，时间宝贵，来日有限，我希望把自己的时间用在更重要的事情上，比如今天来和大家交流，这也是我理解的战略力量不能用在非战略目标上。

战略竞争力量不应消耗在非战略机会点上，我们公司一定要成功地抢占战略目标。为此，我们把研发和区域切开了，研发是一个独立的板块，研发若跟区域捆在一起，就是去满足地段客户的需求，放弃了战略机会，优质资源向优质客户需求倾斜，要放弃一部分低端客户需求。将来我们不会在所有领域都做到世界领先，可能会收缩

在一块领域，所以非主航道的领域，交不出利润来，就要缩减。（任正非，《遍地英雄下夕烟，六亿神州尽舜尧》，2014）

不要在局部竞争上消耗战略力量，要聚焦一切战略力量攻破进入大市场的条件。如果存储现在花大量精力去了解很多行业，就是在非战略机会点上消耗战略竞争力量，针尖上的突击力不够。存储目前还在亏损中，因此对于一些不能大规模拷贝、不能大规模扩张的行业就少做一些。（任正非，《洞庭湖装不下太平洋的水》，2014）

四、创新与管理的不确定性

企业内部存在着一种多元化的扩张冲动，这不是说企业家自己想要去多元化。企业是一个资源的综合体，当企业实力尚小、规模不大的时候，它不会想到去多元化，当企业的能力开始出现富余的时候，这些富余出来的能力、多出来的优秀人才就需要找出路和机会，否则企业就留不住这些优秀人才了。

这双多元化的红舞鞋穿上去容易，但脱下来难。进入一个陌生的竞争领域，这个领域里别人已经经过多年经营建立了自己的体系和优势，后来者需要做出非常大的努力，投入很多的资源，不是派一队人去干那么简单的事情。投出去的资源就分散了主干道领域的力量。

这就是我们为什么说聚焦不是一件容易做到的事情。多年前我和任总聊天，我问他：华为多年来这么聚焦，是不是跟您的身体状况有关系，是不是没那么多精力去做别的业务？任总说是呀，每顿饭之前先吃药，你说他还有更多精力去搞多元化吗？对于一些精力充沛、手上又有富余资源的企业家，需要用更高、更远的大目标来约束自己多元化的冲动，把做行业的领导者作为战略追求。企业的领导者们在这个问题上一定要想明白。

不要贪图现在能赚点钱，如果不能做领导者，最后你会被赢家通吃，现在赚到的钱最后也不是自己的。如果矢志不移，做了最后的赢家，那个时候赚钱就相对容易了。

在过剩经济时代，竞争最本质的问题是提高质量。在短缺经济时代，只要把生产的量放大，满足需求就可以赚很多钱，现在是过剩经济时代，生产量超过了实际需求，要么是降价这样的残酷竞争，要么就是生产地沟油这样的劣质行为，最后把自己搞死了。这样烧钱的最终目的不是为客户服务，是想把竞争对手烧死以后赚客户大钱。华为公司的价值观是坚持以客户为中心，要把自己的质量做好，竞争最本质的问题是提高质量。（任正非，在第四季度区域总裁会上的讲话，2015）

华为未来面临的挑战就是怎样做领导者，也就是如何探索未来不确定的方向，方向如果偏了，对企业就是灾难性的，摩托罗拉、诺基亚、卢森特这些企业的兴衰足以令我们深思。做追随者的时候，在方向的选择上没有大的风险，问题在于加紧追赶、缩短差距。华为现在的做法是继续加大在研究上的投入，并且把研发和组织划分开，研发部门要坚持客户导向、商业成功导向，在方向上是确定的，客户的需求是可以描述的，未来的收益应该是可以预测的。

华为的研发不能走小公司的路子，小公司因为资源有限，研发用的是“赌”的办法，赌对了就成功了，不对就是无效的努力。华为的研发要展开一个比较宽的面，做多种可能的选择，最后可能只有少数几个方向能获得商业成功，其余的都走不通，但是你只能这样做，因为谁也不知道最后的结果会是怎样的。2018年，任总在工作会议上说现在华为的做法是“先开一枪，再放一炮”，在研究上先开一枪，这个阶段的投入是可以控制的，不会太大，必须先多试几个方向，从中做出一个正确的选择，转入商业开发时再集中投入资源。

我们的使命是为人类的繁荣创造价值，为价值而创新。创新一定要为这个目的，不能为了创新而创新。我们要站在巨人肩膀上前进，充分吸收利用人类的一切文明成果，才是聪明人。如果别人合理收取我们一点知识产权费，其实更便宜，狭隘的自主创新才是贵的。（任正非，在与董秘及无线员工座谈会上的讲话，2015）

一杯咖啡吸收宇宙能量，就是炸开封闭的人才金字塔模型的顶尖。

开放仰望星空，企业不再依靠塔尖上那个人的视野，而是天才成批来，真理引导企业。（任正非，在巴展和乌克兰讲话要点，2016）

什么叫失败？你走了此路发觉不通，你告诉你的同志这条路走不通，咱们换条路走，那也是成功。在人类长河中，对未知的探索没有失败这个词。（任正非，在诺亚方舟实验室座谈会上的讲话，总裁办电子邮件〔2016〕083号）

我们要把战略的能力中心，放到战略资源的聚集地去。大公司要敢于用密集投资，缩短追赶时间和延长机会窗开启的时间。所谓范弗里特弹药量，就是这个意思。（任正非，与英国研究所、北京研究所、伦敦财金风险管控中心座谈的纪要，2015）

华为在世界上各处战略能力聚集的地方建立华为自己的能力中心，支持大学做基础研究，追踪基础研究最新的动向：

我们对大学的投资支持方针是，我支持这个教授，不要你的论文，不索取你的专利所有权，不求拥有，也不求成功。即使不成功，你告诉我为什么不成功，把过程讲清楚，把你的研究过程、阶段性成果来给我们讲讲课，如果研究走错了，把这个错误也给我们讲讲课。（任正非，在巴展和乌克兰讲话的要点，2016）

企业战略的一对基本矛盾是继承与创新，任正非认为不要妄谈颠覆性，首先还是要发挥好自己的优势：

我们应该演变，我们即便有了长远的战略思想，也是在今天的思想上逐步演变，逐步改进，不要妄谈颠覆性，认为革命一定会被接受，不见得。苹果iPhone的成功是40年积累的突破，并非一日之寒，有时候我们不要总想用革命性思想使自己颠覆，人

类需要的不是颠覆，人类需要的是技术带来的高质量的继承与发展。（任正非，《一杯咖啡吸收宇宙的能量》，2014）

互联网总是说颠覆性创新，我们要坚持为世界创造价值，为价值而创新，我们还是以关注未来5至10年的社会需求为主，多数人不要关注太远。我们大多数产品还是重视延续性创新，这条路坚决走；同时允许有一小部分新生力量去从事颠覆性创新，探索性地“胡说八道”，想怎么颠覆都可以，但是要有边界。（任正非，在战略务虚会上的讲话，2015）

五、建立平衡的业务组合

主要资源还是应该分配在继承性创新和延续性创新上，分配一部分少量的资源支持颠覆性创新，要划出边界，不能为了颠覆把整个研发队伍搞得人心惶惶的。所有的鸡蛋不能放在一个篮子里，要建立平衡的业务组合，把增量业务和存量业务恰当地组合在一个体系里，华为的通信市场具有增量业务的特点，它的优点是当某一项业务起来时，这块增量业务提升的速度要高于市场。比如金融危机的时候，一次发放了三个3G牌照，三大运营商都在抢着进入市场，这个市场非常大，远比3G流量客户基数的市场大得多，这就是增量市场的特点。

但是，如果这个市场装满了，开始进行存量阶段，增长变缓，从微积分理论来说它的增速有可能下降为零。进入到这个周期调整的阶段，一些企业的日子就会很难过，就像这几年的爱立信，它就是被这个问题困扰着。它把固话停了，成了移动通信的老大，但是如果有一天4G停了，5G还不知何时启动，它面对的潜在威胁是很大的，全球对移动通信的投资下降了19%。相比较而言，华为的一个优势在于前几年培育的消费者业务已经起来了，现在进入了换机市场，这也是一个存量市场，虽然增速也在下滑，但市场整体的体量还是很大的，市场的空间还是很大的。现在华为整个业务组合的优势正在显现（表1）。

表1　平衡的业务组合

	2017年	2016年	2015年	2014年
销售收入	925（+23%）/6 036(+15.7%)	750（+23%）/5 200(+32%)	608（+31%）/3 950(+37%)	465（+17.7%）/2 882(+20%)
运营商网络	456/2 978(+2.5%)	437/2 906(+24%)	358/2 323(+21%)	310/1 921(+15%)
企业业务	84/549(35.1%)	61/407(+47%)	43/276(+44%)	31/194(+27%)
消费者业务	364/2 372(31.9%)	370/1 798(+73%)	199/1 291(+73%)	121/752(+31%)

华为公司的业务领域，覆盖了运营商、企业和消费者三大广阔的市场，既具有很

强的技术共享优势、规模经济及范围经济性，又形成了增量市场（运营商）和存量市场（企业和消费者）之间的互补。特别是近年来消费者业务和企业业务的快速增长，使华为有效地平衡了电信设备市场的周期性波动和整体投资下滑对企业增长和绩效的影响。

世界范围的网络运营业务市场在下滑，华为的这一块业务也在下滑，但在手机的存量业务这个市场，华为正在往上走。从总体上考量，企业业务是中性的，既有存量业务，又有增量业务，数字化改造也是增量市场业务。完成了数字化改造之后，就带有存量市场的性质了。全球的运营商业务大概有1千亿美元左右，而企业的数字化改造业务的市场规模是前者的10倍，一年的市场价值在1万亿美元以上。同时，把业务锚定在这个领域的企业也是无数的，中国可能有百万家企业，全球可能有千万家，市场的空间巨大，同时也很难做，所以关键在于企业要提升自己的能力。

华为的业务组合比爱立信的业务模式具有优越性，当运营商设备业务下滑时，它还有企业业务和消费者业务，但目前消费者业务上升的趋势也不可能一直保持，如果有一款产品被市场否决，那么光是滞销的存货就可能把你所有的利润都吃掉。消费者市场的风险就在这里，不像设备市场，设备市场是按订单组织生产的。华为今年的产值达到了1千亿美元，在这个基础上，它还有进一步增长的空间和动力。

从华为的业务组合看多元化的利弊，我们可以看到华为的业务组合是一种纵向的企业战略业务单元组合，它有效地避免了企业的经营风险，与横向盲目扩展的多元化有着本质区别。

图1是波士顿咨询集团的一个著名的企业业务战略矩阵图，它建议企业要果断地剥离瘦狗业务，向旺星业务转移，旺星业务的增长性和营利性都很好，只是规模还不大，要向这部分业务重点投入资源。这个规律从上市公司的经营中来看是百试不爽的，剥离了瘦狗业务、向发起主攻的公司的股价都会涨。

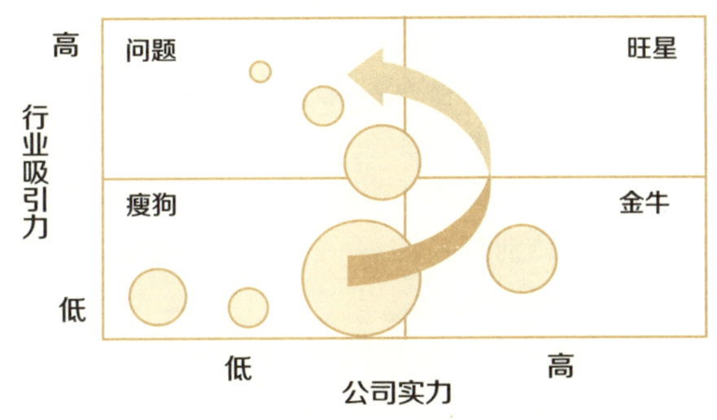

图1　企业业务波士顿咨询集团矩阵

但是这个模型存在一个缺陷，也就是说剥离瘦狗业务，从财务上来说是没有疑问的，但是对于这部分业务的客户群，这个客户群是不是你也要放弃的？这就是一个很大的问题了。华为从2013年推出了“荣耀”这个副品牌，这是一个线上品牌，是冲着小米手机去的。随着这个品牌客户群的发展，“荣耀”就定位在了时尚、年轻的客户群，后来又分出来一个针对年轻女性的“Nova”品牌，副品牌后来也卖到了2 000多元、3 000多元，开始与Mate等系统出现重叠。这时带来的是一个战略性的问题：低端市场要不要放弃？任总反复强调不放弃低端市场，他的战略决策是对的。

我们的产品结构是个金字塔，低层网是战略性金字塔结构的基础。我们既然想在高层网上获得胜利，低层网上即使没有利润，我们也要干，就是为遏制竞争对手的全面进入，低端产品的低成本、高质量不是退缩，而是调整主攻方向。（任正非，与企业网事业部和北京研究所部分员工座谈会议纪要，2000）

我们在争夺高端市场的同时，千万不能把低端市场丢了。我们现在是“顶尖”战略，聚焦全力往前攻，我很担心一点，“脑袋”钻进去了，“屁股”还露在外面。如果低端产品让别人占据了市场，有可能就培育了潜在的竞争对手，将来高端市场也会受到影响。华为就是从低端聚集了能量，才能进入高端的，别人怎么不能重复走我们的道路呢？（任正非，《坚持为世界创造价值，为价值而创新》，2015）

华为的战略是不放弃低端市场，低端产品是战略性金字塔结构的基础。放弃低端市场，我们将死无葬身之地。

六、做好行业领导者，构建和谐的商业生态

在产能过剩的时代，竞争最本质的问题是提高质量，以共享单车的惨烈竞争为例，不管进入多少风险投资，最后竞争的落脚点一定还是质量的比拼，一定是优胜劣汰。中国产品的质量状况，在国外市场的消费者心中，已经在形成一种心理定位，这是很令人担忧的事情。一位在非洲地区工作的华为职工在内部《华为人报》发表了一篇文章，讲述自己被非洲当地客户邀请到家中做客，他发现这位非洲朋友家里的电器、日常用品有很多都是“中国制造”，心里感觉到挺有民族自豪感的，于是问对方对中国产品的感觉如何，非洲朋友说，“中国产品便宜，但是不耐用”。这个华为员工在文章里特别提到了这个细节，并感慨道：连非洲消费者都看不起我们，中国制造还怎么在世界上崛起呢？

赢家通吃是互联网经济的一个特点，互联网经济还有一个特点，就是企业经营能力、服务水平这桶“水”的水平是由你的“短板”来制约和决定的，一个方面表现不佳，全线受累。现在有千千万万的中国企业家、消费者走出了国门，在国外你会发现，中国产品或服务在某个行业的市场形象常常取决于极少的典型案例，往往是一个劣质产品或劣质服务就把中国企业在这个行业的整个形象和地位拉低了。

如果有中国的上市公司把假货卖到国外去了，会是什么影响？华为做得再好，到时候人家也会掂量掂量，中国制造到底能不能信任，为什么会公然经营假货？所以需要全体企业、全体国民，大家都来自觉地提高质量，维护整个中国企业、中国产品的声誉。这个声誉不是个别企业的声誉，而是整个企业界的声誉。

如果在货真价实、品质至上这个问题上我们不能做到位，中国企业真正要走向世界是非常难的，如果你不能把自己的产品做好，还怎么让客户信赖“中国制造”呢？靠一两家企业是无法把整个国家的企业形象矫正过来的，要靠大家全体的努力。在我们国内有严格的监督和审查制度，我们的企业才可能走出去，因为国际企业是在国内培养起来的，这句话不是我提出来的，是迈克尔·波特在他的著作《国家的竞争优势》里提到的。他研究了20世纪八九十年代的日本汽车产业，当时日本有十大汽车品牌，丰台、本田、尼桑、马自达、铃木等，这十大厂家的产能远远超出了国内市场的需求，导致了日本汽车企业在国内市场的竞争强度远远超出了在国际市场的竞争强度，正是这样的竞争环境锤炼了日本汽车企业，等它们走到国际市场的时候，就具有了国际市场的竞争力，而这个竞争力是在国内市场培养出来的。

能够培养出世界级企业的国家环境一定应该是一个法制的环境，不然是培养不出过硬的优秀企业的。从这个角度来看，我们国内市场现在的产能过剩还不是最本质的问题，竞争的无序才是最本质的问题。在竞争无序、法制不够健全的环境下，假冒伪劣产品才能大行其道，渗透到五六级市场和农村里去，如果国家不解决这个问题，中国企业的竞争力就很难从整体上得到提升。这就是波特通过研究得出的结论：企业的国际竞争力是在国内培养出来的。

2018年夏天，我去了威尼斯，这是一个有名的水城，它的内岛上的新城建设得也很好。我在想，古代的商人为什么喜欢去岛上做生意呢，这里并没有可称道的地理优势，而从中世纪开始，经济在此地为什么得以如此繁荣？圣马可广场附近有两个博物馆，一个是由过去的法院改造的，另一个原来是拿破仑的行宫。我去参观旧法院原址的博物馆的时候，一楼看完了，电梯直接把你送到四层，二、三层不让参观。到了四层，看到的是过去的多个法院审判庭，建筑气魄非常宏大，装修豪华，金碧辉煌。我当时的感受是：经济的繁荣是靠健全、严格的法制系统支撑的，没有如此气势恢宏的法院系统，就不可能有威尼斯繁荣的商业成就。

商业活动的发展过程中，市场上会存在“劣币驱逐良币”的问题，如果没有法制的力量去控制住“劣币”的蔓延，“良币”就得不到健康发展的环境。威尼斯旧法院里的壁画都是一些宗教画面，也就是说，当时担任审判官角色的都是一些红衣主教，所依据的法律规则是来自宗教教义。从这个角度，大家可以去思考为什么在西方，宗教为这么多人所接受和遵从，就是因为西方宗教的一些教义和宗旨正是使日常市民社会得以正常运行的规则和常识，它并不是虚无缥缈的东西。

由此可以看出，西方一些国家的宗教、法制、商业实际上是一个闭环，而不是说哪里有一个缺口，这个闭环系统的正常运转使得社会生活延续、商业活动发展。如果我们嘴上谈论的是一套，做事情的时候遵循的另外一套，这就不行，这样的社会就是无序的，商业也得不到良性的发展；而有了法制、法规，如果执行得很宽松，也不行。这个社会运转的支撑性系统里不能有缺口，应该是一个闭环，相互支撑，相互依托，这样经济才能真正地发展起来。一个健康有序的发展经济、促进商贸的大环境，是所有企业家的希望，同时每一个企业也对这个大环境承担着自己的一份社会责任。

那么，在未来，华为应如何做好行业的领导者？

第一，一个领导者要能够洞察未来，包括产业未来的走向、趋势和变化，只是看到还不够，还要能抓住未来，能牵引整个产业走向未来，时时刻刻扮演主导者的角色。第二，一个领导者要建立产业链的利益分享机制，让整个产业链挣钱多一些，风险小一点，这样大家才愿意跟着你往前走。第三，一个领导者一定要做取舍，有所为有所不为，而且一旦做出选择就不要动摇。为什么爱立信不做WiMax(全球互通微波访问)，因为它一做WiMax，别人就不知道领导者到底要干啥，如果领导者今天做这个，明天做那个，大家跟着它就没有信心。第四，一个领导者要构筑有效的竞争环境，尤其是产业整体的盈利空间，如果领导者到处抢市场，把价格压到底线，别人就没法玩了，因为这个行业就没有生存空间了。（任正非，在惠州运营商网络BG战略务虚会上的讲话及主要讨论发言，2012）

华为未来面临的挑战：如何帮助客户转型和取得商业成功？

电信产业投资下滑，运营商正面临来自OTT(Over The Top，原意为篮球运动中的“过顶传球”，现指互联网第三方服务)公司的巨大冲击，以及数字化转型的巨大挑战。客户迫切要求华为提供数字化转型和商业模式创新的解决方案。做领导者和做追随者最大的不同，就是领导者要直面未来的不确定性，在不确定中寻找正确的方向。

凡一切真实之物都包含有相反的成分于其中。因此认识甚或把握一个对象，也就是要觉察到此对象为相反的成分之具体的统一。（黑格尔，《小逻辑》，P39）

成功不是一位引导我们走向未来的可靠向导，企业发展的一个基本矛盾是否定之否定，一切对象之矛盾性是哲学思考的本质，也是华为正在积极面对的充满无限机会与未知挫折的今天与未来：

如果一个公司真正强大，就要敢于批判自己，如果是摇摇欲坠的公司根本不敢揭丑。如果我们想在世界上站起来，我们就要敢于揭自己的丑。正所谓“惶者生存”，不断有危机感的公司才一定能生存下来，因此华为公司是一定能活下来的。（任正非，在华为技术、安圣电气研发体系座谈会上的讲话，2001）

正是深刻的危机感、持续创业的激情和不懈精进的意志造就了伟大的企业，华为当前正在进行简化管理、深度激发活力的组织能力提升，时不我待，未来可期，让我们祝福永不懈怠的奋斗者们！

（华夏基石e洞察公众号2019年3月22日发布）

机制决定执行力

在中美贸易摩擦的经济背景下，中国的经济和企业界都在经受不确定性的考验。华为在财务上的安排是很稳健的，整个企业的财务报表非常健康，我认为也是值得其他企业借鉴的。它做法的核心一点是把利润和长期投入作一个合理、稳妥的安排，这样既能保证企业的正常经营，也在不断为不确定性的未来做好应对的准备，包括财务安全的准备。

华为在生态链上的做法与小米还是有不一样的地方，生态链的核心精神是优势的共享、利润的共享，华为着重考虑的是如何把这个生态的利润空间做大、做强，做大了以后，再加上一个好的利润分配机制，就自然会有很多人想进来。做生态链最重要的是处理好“利己”与“利他”这一对矛盾，产业领导者要做到自律，拿出利润来与客户、员工、股东等各方利益相关者分享。

我在近期的《哈佛商业评论》上看到一篇访谈美国默克制药公司总裁的文章，他认为默克公司追求的目标是为社会创造价值，这种企业价值观正在为越来越多的新型企业所接受。这样，企业就要去管理股东对于利润回报的预期，以免造成诸如股市上企业股价大起大落的负面情形的发生。

华为的投入主要在两个方面:一个是技术，一个是管理。“深淘滩，低作堰”，在这两个方面加大投入。华为一直很重视从外部吸取知识，随着自身技术能力的长足进步，现在从外部购买技术的比例少了，更多的是引进高端人才，让这些行业高手来华为带团队。“深淘滩”是深挖潜力，积蓄力量，“低作堰”体现为共赢与利他，让利给合作伙伴，着眼长期目标与长期价值。华为的经营目标是追求公司长期、有效的成长，以及追求一定利润率水平上成长的最大化。

一、执行力的关键是机制

接下来我们的话题将聚焦于华为的机制。在前面的内容中我们讨论了华为的战略，在谈机制之前为什么要讨论战略呢？因为机制是对战略的执行落地，如果战略不能确定、聚焦，机制就失去了方向，我们就不知道该在哪里着力了。

机制是对战略的执行，机制的好坏决定了执行力的质量。如果战略是正确的，但执行力跟不上，那么企业仍然是失败的。执行力的关键是机制，华为机制的核心精神是以客户为中心、以奋斗者为本，以奋斗者为本要矫治的企业弊病是自满、懈怠，在问题面前推卸责任。

随着10年间中东、北非、东南亚等海外市场的开拓，从2007、2008年起，华为需要大量外派员工，是否接受外派，华为尊重员工的选择，同时为了及时把握好海外市场的竞争机会，人力资源就要制定向奋斗者倾斜的机制，向艰苦地区、一线地区大幅度地倾斜。例如，马拉维是一个条件异常艰苦的小国，当地蚊蚋成灾，极易感染疾病，像这种地方，其他跨国公司是根本不去的，是被他们放弃的地方，而华为的国际市场就是从这里打开缺口的，华为去那里工作过的人几乎都得过疟疾。做国际市场，你不可能从发达国家开始做起，只能从这样最艰苦的地区做起。

长期艰苦奋斗不可能自发地实现，以奋斗者为本，才能建立企业内部的公正和公平，才能对不奋斗、停止奋斗的员工形成压力，你不奋斗，可能暂时还待得下去，但肯定不会得到提升，股票的配股也升不上去。长期奋斗的要求首先是针对高管的，因为高管的懈怠对企业的负面影响更大。

高管容易懈怠也是人性使然，因为他经过一段时间的奋斗，已经生活无忧了，这时企业要解决让这批人继续奋斗的动力问题。在华为，失去斗志的高管会被淘汰下去，这样严酷的人力资源制度是被市场逼出来的，因为一个不再奋斗的高管会影响一大片。市场不相信眼泪，尤其是竞争如此激烈的ICT市场，你要么就不要进入通信领域，进来了就别无选择。在这个领域里，小公司死掉了无数，大公司也是说倒就倒的。

如果你能很好地生存下来，那么这是一个增长很快的世界，又是一个满足人类基本需求——信息沟通的市场，只要人类存在，这个需求就永远存在，而且人类对于信息的品质有着天然的极致追求，你只要有更好的服务，人们就不会忍受差一些的服务，当然对更优质服务的购买也制约于不同人群的购买力，所以品质更高，同时又价钱便宜，是电信市场提升服务品质所追求的目标，这个目标的达成靠的是技术的升级换代。

在这个市场里，摩尔定律居然在50年的时间跨度里一直在起作用，技术的进步是没有止境的，作为行业领导者的企业要进行的技术跨越也是没有终点的，华为没有退路可言，唯有持续奋斗，不断地自我超越。

二、员工的人生意义某种程度上是组织赋予的，组织因此具有了使命

华为员工为什么愿意艰苦奋斗、作出牺牲，为什么愿意在这家公司奉献出自己的青春和干劲？这个问题恐怕是对每一个华为员工提出来的。这个问题与人性的需求有关，我从华为的一本内部出版物里摘出了几个例子，我们一起来读一读这几位华为奋斗者的心声。

Linda，女，法语专业，科特迪瓦副代表，在布基纳法索、科特迪瓦等非洲国家开展业务长达8年，经历过科特迪瓦的内战环境，得过疟疾，遭过抢劫，她的感悟是：据我所知，在外奋斗的华为人，不会只因为梦想、情怀、成就感这些东西，就选择远离亲人、朋友，奔赴海外。最初的动力，还包含通过自己的努力，让疼爱我们的亲人过上更好生活的愿望。

这个说法是很实事求是的，这就要求华为向奋斗者提供的回报一定要能满足员工的基本需求。

感谢华为，创造了一个公平的机制，“力出一孔，利出一孔”，只要作出贡献，就会得到相应的回报；感谢华为，搭起让人尽情演绎青春的舞台，撑起一片广袤的天地，让年轻的我们实现了多彩的梦想，在不断升腾跌宕中，扩展生命宽度，走出一片海阔天空。

这段感悟里，员工强调了华为所提供的机制和平台。在当今这个时代，通常而言，人们只有加入组织，借助组织的平台，才能有一番作为。所以在人们的一生中，加入什么样的组织，就是最关键的一个选择了。如果这个组织是平庸的，员工的一生中就会感到自己活得没有意义，从这个角度看，员工的人生意义在某种程度上是组织赋予的，组织也因此具有了使命，它一定要对得起自己的员工，员工把自己最好的时光、精力奉献了出来，你能给他们什么？这就是企业家的责任和使命了。

盖刚，路由器产品线总裁，2000年本科毕业加入华为，领导产品线在世界上第一个开发出400G路由器，他的感悟是：我一直在想，是什么让我们实现超越，摘到了胜利果实，是什么让我们愿意为不确定的未来努力奋斗，又是什么让我们十几年如一日地坚守？我想，是华为公司给我们搭建了一个巨大的舞台，包容成长的代价，持续投资，压强投入，让我们尽情演绎华为IP的乐章；我想，是爱，是我们的家人、可爱的同伴给了我们一片温馨的港湾，彼此温暖，相互鼓励，让我们熬过孤独，迈过坎坷，拥抱时代的天空；我想，是一群怀揣梦想的年轻人，为了“做世界第一的产品”，无怨无悔地挥洒青春的热血，即使再苦、再累、再艰辛，也一往无前。

华为的年轻员工都是来自名校，不管你是硕士还是博士，还是学什么专业的，关键是有没有一个平台让你来发挥潜能，展示才能。人的潜能是巨大的，自己可能都不知道自己有多大的潜能，而潜能的释放需要环境、机会、好的平台的支撑。上述的盖刚能带领团队领先国外公司一年开发出新型路由器，成功的关键除了团队的奋斗，还在于公司给予的巨大支持，在于华为对研发的持续投入、容忍失败。

飞哥，伊拉克代表处代表，在伊拉克工作6年，经历了战乱、绑架、恐怖袭击、巴格达的宵禁、所住酒店的爆炸……

上述这位员工所住的酒店是华为在当地选的最好的酒店，但恰恰这个酒店成为恐怖主义分子袭击的对象，他幸免于难。他的感悟是：

想想华为给超过半数的伊拉克人民提供了通信和联络，给他们带来了实实在在的好处，看到放号第一天，当地人拥挤在营业厅中，看到他们渴望的眼神，我们觉得所有的付出和艰辛都微不足道。有人问，是什么让我们这些年轻人在那么危险的环境中支撑下来？我觉得，绝对不是补助，而是因为这些人，这些人简单、粗线条、专注做事；更重要的是，因为大家觉得工作有价值、有意义，伊拉克百废待兴，大家觉得让伊拉克人民能通上电话，本身就很有意义。

人总要经历一些事情才会成长，从上述员工的心声我们可以看到，为工作注入意义是激发优秀员工发挥潜能、努力奋斗的重要因素。我们从这几段心声可以看到，首先，为自己和家人的幸福，用勤勉的努力换取工作回报，这是在物质基础层面的一个奋斗的动力，如果缺乏这一点的支撑，高谈其他都是空的。接下来是认同公司的使命和追求，并为之奋斗，为公司的成就感到自豪。此外，是来自创造工作本身的挑战、乐趣、成就感带给员工的深刻的精神激励，作为行业领导者的奋斗群体，华为人感到自己的工作、亲手打造的产品和交付的服务正在改变世界。

在华为奋斗者企业文化的大环境里，工作本身成为了激励的来源，“赛马文化”促使员工在各自的岗位上不断学习，努力进取。西方文化喜欢讲生活的“意义”，人寻求意义，“Man’s search for meaning.”相比之下，中国传统文化不太讲意义。对于意义，我很欣赏富兰克林说的这句话：

It did not really matter what we expected from life， but rather what life expected from us. (Franklin)

这句话的意思是我们对生活的期望并不是很重要的，更重要的是生活对于我们的期望。

家人、组织对我们个人的期望使我们有了责任和使命感。

三、华为的价值评价是结果－责任导向

精神文明一定要建立在物质文明的基础上。在华为，我有时会参与接待来自各省地方上的党政工商领导们，他们来华为学习取经，我遇到过他们向华为人提出这样的问题：感觉华为的企业文化、制度和地方党政工作的一些做法差不多，可是为什么华为人有奋斗精神，我们的干部和职工却常常做不好呢？我不太好回答这个问题，但心里有一个答案：是钱给少了。钱没给够，自然就焕发不出华为奋斗者这种内在动力和干劲。所以核心价值观一定要转化为一种利益驱动机制。

人力资源管理是需要搭建一个框架的，图1这个框架我借鉴了哈佛大学商学院一位教授的模型，做了些改动。这个框架的核心是“以奋斗者为本”，架构的三个要素是价值评价、价值分配、人力资源流动。价值评价和价值分配解决利益分配的公平性

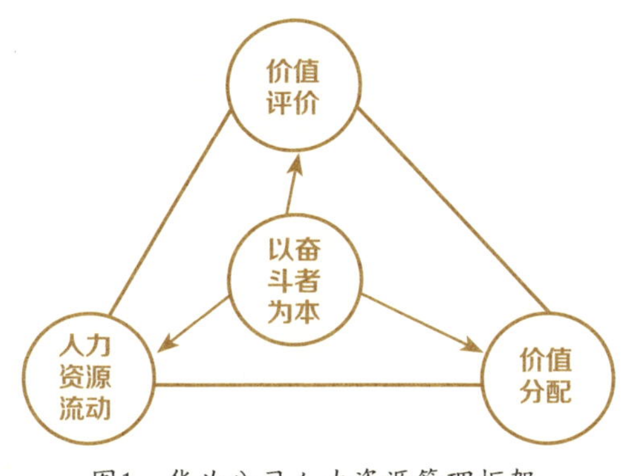

图1　华为公司人力资源管理框架

问题，人力资源流动是一个企业用人吐故纳新的机制。

评价一个人，提拔一个人，不能仅仅看素质这个标准，还要客观地看绩效和结果。德的评价跟领导的个人喜好、对事物认识的局限性有很大关系，绩效和结果是实实在在的，是客观的。（任正非，在人力资源大会精神传达会议上的讲话纪要，2002）

在分配上华为强调结果导向，不要在其中过多掺杂主观的评价，主观上对结果、实际绩效的扭曲会损害员工的积极性。

但企业不是所有工作都能产生当期的结果，长期的、战略性的投入可能要多年才能产生结果，比如，研发、战略市场的开拓和管理的变革都是如此。这类战略性的贡献一旦达成结果，就是更为持久的重要贡献。此外，一些支撑性的部门，它们的工作也是不产生当期结果的，虽然这类部门的工作是否尽心尽力、卓有成效，对整个企业的绩效具有很大的影响。所以华为的价值评价是结果–责任导向，结果是可以量化的，而对责任的履行就需进行评价了。

那么如何确保价值评价的公正性呢？这就要注重评价程序的公正性。西方主张“责权对等”，赋予了责任，就要给予相应的权力，西方的管理理念强调的是个人所担负的责任与拥有的权力之间的对等。美国有一本很值得一看的书《重振通用》，讲的是2008年经济危机的时候，美国通用汽车濒临亏损破产，美国政府把它接手了过去，换了一个CEO，经过一年的企业变革，通用汽车又奇迹般地扭亏为盈，偿还了债务，进入企业正常经营的轨道。这个奇迹般的改变是怎么做到的呢？首先是换了一个CEO，然后又从下面提拔了几个得力的关键主管。可见在这样一个大企业里，董事长的权力有多么大，正因为诸事能做主，故能根据经营活动的需要调兵遣将、大力变革。

四、重要的事情不着急，着急的事情不重要

在中国可能做不到这样，在华为也做不到，重大事项不能一个人说了算，因为担心出现重大失误，担心在重要岗位上用错主帅，害怕出现战略性失误。华为坚持集体讨论干部，集体使用干部。显然，这样做是很花费管理的精力和时间的，但这是华为的管理理念，而且早已经写进了《华为公司基本法》。当时讨论《华为公司基本法》

时的情景我还历历在目，我们有一天一直聊到夜里两点，任总离开的时候撂下一句话：重要的事情不着急，着急的事情不重要。在人事的管理上，诸如评级、提拔、薪酬待遇等，这都是重要的事情，在这些事情上多花点时间是值得的。

在重点决策上多花点时间肯定也是值得的，要反复权衡，让各种意见都充分表达出来，中国封建时代的帝王在朝廷上主持大臣们集体议事，也是这个意思。

在干部的使用上一定要坚持集体地讨论干部，集体地使用干部，不要少数几个人在一起就把干部圈定了。我们要多看干部好的一面，但也要看到其不足的一面，最重要的是在干部的任免上千万不要拉帮结伙，不要因为是我的干部就帮助说话，要帮公司的利益说话，帮公司活下去说话。（任正非，《认清形势，坚定信心，以开放的心胸和高昂的斗志和公司一起渡过难关》，2002）

华为人是企业文化塑造出来的。尤其是在互联网时代成长起来的“90后”，他们生活环境里的知识呈碎片化倾向，自我主动性容易摇摆，从一定的角度看，他们缺少“70后”“80后”的坚定性。应该相信的是，人类一定是一代胜过一代的，关键是你怎么去用好、管理好新生代。越是在这样的时代，华为就越是要坚持传承、发扬好自己的企业文化，提倡团队奋斗、集体奋斗，同时又重视和充分承认个人的贡献，并在分配上把价值贡献的差异性评价做好。

五、没有温差就没有风，没有水位差就没有流水

前两天诺基亚中国地区的总裁来和我们交流，谈到对地区性销售业务的激励模式。我发现西方的激励原则、管理模式和华为不太一样，他们是基于个人在人力资源市场上的地位来给予相应的级别、薪酬，这之外的奖金基本上是根据个人所负责业务的完成情况，按照某个级别的薪酬的20% - 50%给予的，到50%基本也就到头了。所以在这种机制下，对每个人的人力资源预算在年初就能做出来，就能知道到年底要给出多少钱，这个薪酬包就计入了成本、费用。

这种薪酬制度带来的结果是个人的奋斗只会保持在一定的幅度、范围内，因为当你的业绩已经做到了业绩指标的要求，再往前冲的话，也拿不到更多的激励了。一般来讲，西方的上市公司希望自己的业绩增长是可预测的，是有可靠的资源支撑的，似乎也不需要过高，达到20%就可以了，每年的业绩能递增20%就很不错了。跃进式的业绩猛增在他们看来通常是缺乏说服力的，一旦超预期实现了，他们还会去反思，为什么事先没有做好预算和业绩预测，差错出在哪里？如果业务部门看到了市场大发展的机会，需要等上级批准额外的资源预算，但往往业务部门是等不及这个预算被批准的，通常到了下一个财年才会通过新的预算。

我认为西方一些上市公司的这套管理机制是有问题的，我们要学习的是它们基于

流程的规范化管理，同时再引进中国企业的奋斗精神和激励机制，若能二者兼修，那这个企业就不得了了。华为就是这样一个企业，对“奋斗者”这个词中的“奋斗”二字，我们在出版著作时还特意讨论过不同的译法，曾经想过用“hardworking”，但觉得意思比较片面，它是“勤劳工作、苦干”的意思，但奋斗者的辛苦和贡献有时未必是体力的付出，而是思想的艰辛劳作，后来我们选择的译法是“dedication”，这个词有“贡献、奉献、为事业献身”的意思，能较好地传达华为奋斗者文化的内涵，“奋斗者”是专注、有责任心的人，他们尽心尽力地做事情，为组织的进步殚精竭虑，全心全意地付出。

中国人几千年来就是这么奋斗过来的，客观而言，中国人的生存条件比较艰苦。现在华为在海外的员工为什么不愿意回来呢？除了激励本身的作用，除了华为不断改善他们在当地的工作条件、生活条件，除了这些物质原因以外，很重要的一个原因是，当地的环境比我们这里强多了，他们的孩子可以送国际学校，公司也是给补助的，选择的国际学校还可以不在工作地国家，还可以送到其他国家去学习，妻子跟着丈夫一起过去工作，还能得到一些补助。所以生活条件、人文环境还是很重要的，这也是华为员工能在国外踏实工作、焕发奋斗激情的一个原因。

物质条件有了以后，就要讲精神，光靠物质激励是不行的。你有了这种企业的奋斗者文化，再有了物质基础，那么在满意的物质基础之上，就更要强调文化，正所谓“蓬生麻中，不扶自直”，不管是“90后”，还是将来“00”后进来，在这种文化氛围中，他们就会受到教育和熏陶。企业是依靠文化来驾驭员工的个性的，不是说依照你的个性分别去管理，企业无法一个一个地去迁就员工。

在价值分配上，华为既强调个性，又强调集体奋斗，西方的激励一般是针对个人的，重视个人绩效，华为更重视的是团队绩效、集体激励，奖金是根据团队业绩打一个奖金包，然后团队内部根据每个人做出的贡献再分下去。若从上面去定奖金政策，是很难摆平的，因为信息不对称。

华为的激励强调集体奋斗，有别于西方的激励机制。在《以奋斗者为中心》中，“狼性”干脆被放在了“奋斗精神”的前面，在华为，“狼性”第一是对机会的敏感，第二是集体奋斗，第三是艰苦奋斗。基于团队绩效的奖金计划 向奋斗者倾斜，按贡献合理拉开分配差距。

公司的价值分配体系要向奋斗者、贡献者倾斜，给火车头加满油，在高绩效中去寻找有使命感的人。如果他确实有能力，就让他快步小跑，差距是动力，没有温差就没有风，没有水位差就没有流水。（任正非，《从“哲学”到实践》，2011）

“按贡献分配，贡献面前人人平等”，在华为，在一线作出重要贡献的员工所拿的奖金，可能远远超过比自己高出几个级别的主管，这体现了在贡献面前的人人平等。华为去年有一个政策，为了推进低端产品的销售，对荣耀手机实行销售提成，这个政策是12月发布的，从10月1号就开始提成，你以前做的也算数，所以有的员工到了年底一算账，提成奖金拿了一百多万，这下工作积极性当然就很高了。

以奋斗者为本的文化可以传承的基础就是不让雷锋吃亏，对那些有使命感、自觉主动贡献的人，组织不要忘了他们。这也许就是华为文化，要使这个文化血脉相传。（任正非，《从“哲学”到实践》，2011）

我举个例子，华为曾经在负责所有对外支付部门的把关岗位上发现了一个典型，这位姓马的员工在这个岗位上做了12年，没有出过一次差错，这个案例被送到任总那里，任总一次性批示给这位员工提升了4级，4级的薪酬之差在华为至少是翻两番的。这位员工敬业爱岗，做了12年的“雷锋”，华为不能让“雷锋”吃亏。

六、华为的配股机制是按照“饱和配股”原则操作的

人与人之间的所有合作实际上还是利益分配问题。如果我们当初只想个人富裕的话，那么我们的朋友就会更少一些，我们的战斗力就更小一些，我们的利润也就更低一些。我们可分配的百分比很大，但基数很小，其相乘结果是很小的。因此我们的目的是把蛋糕做大，百分比调小，从而符合“利益均沾”的原则。（任正非，谈公司未来组织目标和体制蓝图纪要，1994）

企业利益分配的一个原则是谁投资，谁控股，比如联想集团最初是柳传志向科学院借了20万起家的，现在不管联想集团的规模发展到多大，科学院还是有控股权的第一大股东。这一条是不能改变的，改了就乱套了。但是，现在尤其是在IT行业，优秀人才对企业所有权是有诉求的，企业对优秀人才的吸引、留住也得靠给予一定的产权，你要是光给奖金也是有问题的。

资本为创造世界出了力，但最重要的还是靠劳动创造世界。优秀人才对产权的诉求，就要求企业要让渡出一部分产权来，至于让渡出多少，这是一个要进行深入细致谈判的过程，依据双方对企业发展所付出的贡献来达成交易。在未来，关键人才的价值、人力资本的贡献还会更加得到凸显，它不是像工业化时代那样通过工会来为劳动者争取权益，而是以企业对顶尖人才特殊价值的认可体现出来的。

28年“力出一孔，利出一孔”的厚积薄发，资本与劳动的分享机制，集体奋斗的精神，是华为独特的竞争力。（任正非，《前进的路上不会铺满了鲜花》，2016）

华为的员工持股制度其实就是这样来的，当时华为规模小，要留住优秀人才，单靠涨薪肯定是做不到的，那就只能把产权画成一个大饼，把股权分给员工。给了股权以后，每年是要分红的，分红需要大量现金，企业发展也需要大量现金，华为后来就实行员工购股制度，用所发的奖金不断进行后续的购股。那么其他企业也这样做的话，员工愿不愿意购股呢？这就需要企业家带头，高管团队带头，员工也可以选择不

买。但不买企业股权意味着对企业没有信心和信任，你传递出这样的信息，以后的升职可能就没有你的机会了。

所以我们说企业的文化是软的，也是硬的，它把员工与企业的未来紧密联结在了一起，这样企业就不断地做大了，创业者、企业家核心团队的股权不断地被稀释。正如华为的配股机制，它不是所有股份同股同权进行配股的，而是按照“饱和配股”的原则操作的，为每一个级别设定了一个配股的上限，一旦达到这个上限，你还想买更多股是不行的。这样做的目的是为了让管理团队和老员工不要过度膨胀，同时使得新配的股更多地向新进来的优秀年轻员工倾斜。

这样的机制势必会稀释老员工的股权，任总的股权也是如此，以至于到现在只有1.14%，所以华为现在也上不了市，至于未来的子公司会不会上市，那是另一回事。华为还没有这样的案例，我在TCL的时候遇到过这种事，它有一个做低压电器的子公司上市，子公司的高管们因此而暴富，与总公司市场部门或行政部门高管的收入一下子拉了很大，造成了一些矛盾，搞得内部意见很大。

华为没上市，所以没有这类问题。现在华为员工退休后还可以保留股份，如果主动离职的话不能保留，公司就回购了。过去对退休员工持股，华为还有限制，现在对退休保留股票的限制只针对于某一个级别之上的高管，这个级别之下退休后可以保留股权，享受分红和增值，没有任何限制，你到竞争对手那里去工作也不妨，退休员工的角色就相当于了变成了一个华为的投资者。

这样做的话，盘子会不会越来越大，公司会不会有一天支付不了分红和增值呢？现在看起来，华为的持股体系大体上还是在一个平衡的状态，员工有退休后继续持有股票的，有主动离职被公司回购股权的，总体而言，因为员工所持股份占比比较低，一个管理者的持股比例通常相当于十几位、几十位基层员工的股份，所以现在问题还不是很大。在分红方面华为也在管理员工的期望，没有以前那么高了，但比理财的收益要高，而且没有什么风险。所以员工还是愿意多买华为股票的，同时企业肯定也会有一个平衡的、全面的考虑，关键还是要保证企业的可持续成长。

如果一个企业的可持续发展受到怀疑的话，员工持股的意愿也会发生变化，而企业的长期成长靠的还是核心竞争力和稳健的财经保障。总而言之，资本与劳动这对关系在企业发展中会长期存在，企业一方面要激发员工队伍的活力，稳住团队，同时又要安排好员工持股的退出机制，这是一个非常重要的机制设计。上市公司有上市公司的设计方法，非上市公司在这个问题上可能难度要更大一些。

七、构建有利于年轻一代优秀人才成长的机制

华为在调整自己的人才机制，加强了对新进员工的管理。2017年华为从清华大

学招了182个应届生，从北京大学招了90个左右，从复旦大学、上海交通大学招了200多、浙江大学招了400多，中国科技大学招了270多个，西安电子科技大学、电子科技大学、华中科技大学共招了五六百人。新进员工的学历背景、素质背景越来越高，这些员工如果在华为待上三五年，掌握了华为的技术和文化，掌握了华为的管理，要是不能把他们放在合适的岗位上，他们就会走了，就留不住了。外面其他公司要挖的就是这些人，这些重点大学毕业的骄子们精力充沛，学习能力强，进取心强。

所以华为这几年在加大破格提拔的力度，先是提拔了一两百人，后来一两千，现在是提拔了三五千人，就是要把其中优秀的年轻员工快速地提拔起来。同时也在降低退休年龄，过去大家知道华为是45岁退休，现在是工作满8年以后，每再工作3年，退休年龄就提前1年。为什么要管理退休年龄呢？因为退休才能保留股份，在退休年龄达到前离职的话，股份就要被公司回购了。对基层员工来说，他们愿意保留股份，同时退休后出去就业又不受限制，早于45岁退休，在劳动力市场或许有更强的竞争力。当然华为同时还有别的制度，因为目前还没有公布，我在这里就不便分享了。

要使干部在最佳的时间段上，在最佳的角色上，作出最佳的贡献和得到合理的回报。（任正非，与干部高研班座谈的讲话，2014）

干部任用的“三最佳”原则已经成为华为的一个基本的人力资源管理原则，政策的设计还需要进一步细化。同时破格提拔干部，让干部队伍流动起来，干部要能上能下。华为不是用横向扩张的方式为员工提供更多机会，这一点和互联网公司不一样，互联网公司的管理层级比较少，它可以用横向扩张、进入新领域的方式来留住优秀人才。但是这样做也会带来一个新的问题，优秀人才有可能带着自己的团队整体跳槽，技术没开发之前我不得不依靠你，开发成功之后，对不起，拜拜了。跳槽一出去，VC和PE就跟上来了，天使基金就跟上来了，因为这样的团队是带着创新产品出来的，与那些还没有产品的公司相比，前者的投资风险小得多了，发展几年去上市，然后再退出，整个团队大家就一起暴富了。

华为的做法不一样，它要聚焦，聚焦的话就没有这么多横向的机会，而且它不鼓励内部创业，不支持，不资助，非要自己创业的话，你可以离职到外头去创业。优秀人才是宝贵的，但如果他一定要走，那就走吧，你要想办法再从项目里选拔人才，从外部吸引人才，造成一种良性竞争的人才环境。员工的平均年龄要保持在业界领先的平均年龄水平上，谷歌的平均年龄大概31岁，微软我记得是32岁左右，最年轻的公司还有二十多岁的，而IBM是三十六七岁了，所以它就显出老态了，这就是业界的规律。企业的持股机制就要服从这个人才规律，通过一种良性的机制来让这个规律得到体现。

如果我们不能形成一种有利于优秀人才成长的机制，高速前进的列车不能有上、有下，那么列车的运行就不能脱离生命的束缚，我们必将走在盛极必衰的路上。（任正非，从“哲学”到实践，2011）

企业留住优秀人才与制度化的淘汰，这两者之间的把握对企业发展是很关键的，需要有好的制度设计。

八、保持危机感，用数字化转型提升管理效率

电信产业投资下滑，运营商正面临来自OTT(Over The Top，原意为篮球运动中的“过顶传球”，现指互联网第三方服务)公司的巨大冲击，以及数字化转型的巨大挑战，客户迫切要求华为提供数字化转型和商业模式创新的解决方案。华为未来要面临的挑战，首先是怎么帮助客户转型去获得成功。现在尤其是运营商业务，面临着巨大的转型和挑战，因为互联网公司正在抢占它们的传统市场。

我前面讲到了创新和管理的不确定性，这是华为成为领导者以后面临的最大挑战，现在要做的是简化管理、激活组织，当组织发展成这样一个18万人的庞大队伍，企业的管理和运作效率会越来越低，如果完全用划分不同业务板块的方式去授权管理，平台的能力就会被削弱，如果不划开，官僚化就会滋生。那么，怎么解决这个问题？华为要用数字化转型来提升管理效率，来克服组织熵增的种种弊端，包括分权化带来的弊端。数字化的管理转型可以使得平台的力量直接支持到客户和合作伙伴，支持到前端的业务人员，并且给中央的指挥赋能——当然这个中央的指挥不是集权。

华为未来的组织模式是“平台＋项目团队”，要简化平台的管理复杂性，增强一线业务单元的活力，以敏捷地响应市场变化。未来的数字化转型，会使得企业的产业转型、运营管理和员工队伍产生巨大的、根本性的变化，我们对此要具有前瞻性，数字化转型涵盖的内容比较广泛，包括人工智能的应用、大数据、云计算等，这是一个综合的能力，企业在这方面要有预见性，要重视投入。

最后我做一个总结。我在分享中提出了企业战略、创新、管理中几对关键性矛盾的讨论，我们可以把企业看作一个矛盾体，正如黑格尔在《小逻辑》所说：凡一切真实之物，都包含有相反的成分于其中，因此认识甚或把握一个对象，也就是要觉察到视事物为相反的成分之具体的统一。黑格尔的话都是比较费解的，他的意思我们从做企业的角度可以这样解读，当一个企业处在发展的顺境中时，它未来的危机其实就已经蕴含在现在的顺境里了，这对矛盾是对立统一的，这样的矛盾现象应该成为我们企业管理的基本假设。

过去的成功很可能成为未来的包袱，甚至成为未来失败的原因。世界上那几个著名的大公司为什么倒下了？与企业经营管理的这一基本假设是有直接关系的，所以我们要问自己，企业家如何保持危机感，企业如何保持危机感，职业经理人如何保持危机感？这是很有挑战性的问题，也是企业持续发展、基业长青的精神动力所在。

（华夏基石e洞察公众号2019年5月12日发布）

吴春波

华夏基石管理咨询集团领衔专家，中国人民大学教授、博导，著名管理学家，任正非高级顾问，华为六君子之一。重要著作包括：《华为没有秘密》（1-2）、《下一个倒下的会不会是华为》（与田涛合著，中信出版社）、《回到原点：关于企业管理基本问题的思考》（现代出版社）、《走出混沌》（华为六君子合著，人民邮电出版社）等。

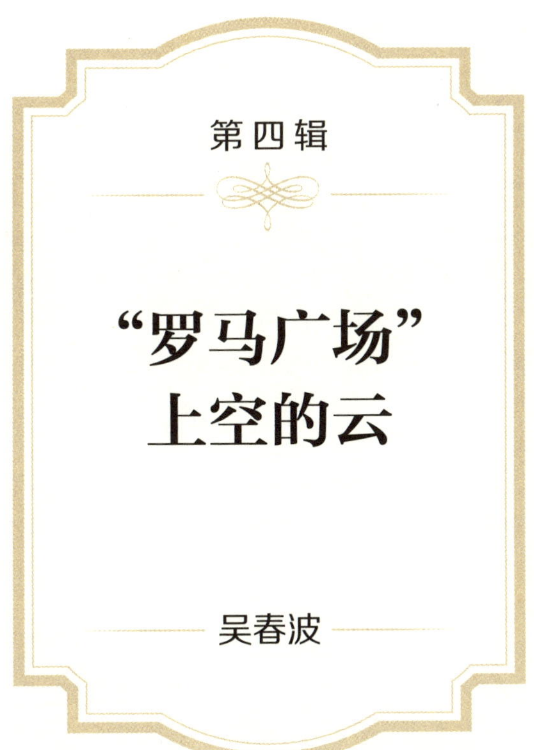

第四辑

“罗马广场”上空的云

吴春波

企业家要不断摘掉身上的钥匙

20世纪末，华为有几个重要会议是在珠海召开的，开会地点是石景山酒店，有几件事印象深刻，记录如下。

一、凭吊巨人大厦

1999年，华为在珠海开会，会议主题是公司的战略及KPI库，晚饭后通知有活动安排，所有参会者包括任正非乘坐大巴离开酒店，去哪里没有人知道。

下车后，周边一片漆黑，隐约来到一片工地。踏着长草，众人来到一个硕大的大坑，才知道这里是巨人集团的巨人大厦的工地。

任正非走在前面，后面紧跟的是华为的高管们，围着黑黢黢的大坑转了三圈，没有人说话，空气如同凝结了一般，有点像告别，也有点像凭吊，非常仪式化。

转完后，就回酒店了。

这个永远不可能竣工的巨人大厦，1994年初举行的开工典礼。原计划盖18层，后来改到38层，改到54层，改到64层，最后改到78层，如果建成，将成为当时国内最高的大楼。1997年初，巨人大厦因资金链断裂未能按期完工，只建至地面三层的巨人大厦停工，巨人大厦只在历史上辉煌过。

1992年，任正非在华为提出要“超越四通”，当年国内有“南巨人，北四通”之说，两家公司是当时高科技企业的代表，这一年华为的销售额达到1亿元。1994 年，巨人集团的产值就达到5亿元人民币，利润5 500万。华为的销售额达到8亿元，员工人数达到1 000人。这一年，任正非提出了“三分天下”的梦想。

再往后，华为发展迅猛，而巨人集团轰然倒下，正应了那句“眼见他起高楼，眼见他宴宾客，眼见他楼塌了”。

2016年，我在公司为巨人集团的高管客户上课，提起了当年跟随任正非凭吊巨人大厦的事，见一位高管泪流满面。从教这么多年，讲了那么多课，很少能把人讲哭了。也是在同一年，在北京的望京，看到破败不堪的摩托罗拉大厦时，我眼眶也有点湿润了，同时也理解了那位高管的举动。

任正非内心，充满了对企业的热诚，公司就是他的命，同时他也充满了对企业的敬畏，但他从来没有狂热过。他有一句名言：“唯有惶恐者才能生存。”英特尔前CEO格鲁夫也有一句名言：“只有偏执狂才能生存。”只有经过生活打压磨砺的人，方有如此精妙的总结。

当年任正非带领干部凭吊巨人大厦的目的，也在于此。保持沉静，保持危机意识，保持敬畏，保持警醒！

但我有一点始终不清楚，当年任正非在凭吊巨人大厦时，没有讲一句话，事后也从来没有提起过此事，他一直沉默着，如同当晚的沉默一样，或许从那一晚开始，危机意识已深深地植入任正非及华为干部的血液之中了，已无须言语！

二、身上一把钥匙都没有

某晚，任正非在酒店请人吃饭，让我作陪。

客人是华为的前员工，在公司初创阶段就加入公司，离职后在珠海创办了自己的公司，任正非是个念旧的人，趁在珠海开会，顺便约他一起吃个饭。

言谈间，两位都没有谈及往事，更多的时间是客人对华为快速发展的赞许。谈及离开公司时，客人有后悔之意。

任正非宽慰道：“人各有志，应该出去闯一闯，当了老板，才会知道当老板的不易，企业就是个绞肉机，各种矛盾与冲突都绞杀着老板。老板就不是人，公司发展好了，不能高兴，公司做不好，老板不能不高兴，完全是违背人性的。”

吃完饭，客人告别离去。

任正非介绍道：“他人非常聪明，懂技术，也懂营销，不比比尔和盖茨差（比尔与盖茨是公司两位高管的外号），但就是没把自己的公司做好。”

问其原因，任正非指着不远处的客人说：“原因就在他腰上。”

按照任正非的提示，我向客人的腰部望去，但见其皮带上挂着一大串钥匙，数量之多，已经到了夸张的地步，伴随着其步行，钥匙左右摇晃，叮当作响。

任正非补充道：“他连仓库的钥匙都挂在身上。”

然后，任正非起身，掀开衣服，说：“你看，我一把钥匙都没有。”

在华为，有很多办公楼的房间任正非是进不去的，如数据中心、研发实验室等，其工卡根本没有进入权限。

一句话点醒梦中人！这个世界原来有两类老板：身上挂钥匙的老板与身上不挂钥匙的老板。

钥匙是开锁用的工具，同时也是权力的象征。

身上挂的钥匙越多，意味着权力越大，责任越多。

身上挂的钥匙越多，合理的授权就越少，下属的自由裁决空间就越小、个人的值成就感就越低。身上挂的钥匙越多，老板需关注重大决策的时间资源就越少，不务正业的可能性就越大。

身上挂的钥匙越多，老板操心越多，费力越多，陷入日常事务的时间就越多。

身上挂的钥匙越多，老板成为孤家寡人式的伟大个体户的可能性就越大。

我相信，华为创立之初，任正非身上肯定也有不少钥匙，随着华为的发展，他不断地摘掉身上的钥匙。

任正非摘掉身上的钥匙，并依靠制度的授权机制，把钥匙挂在下属的身上，从而把任正非的华为变为华为的任正非，让制度与规则守望华为，而不是让老板身上的钥匙与门上的锁守望华为。

爱尔兰的威廉·巴克莱博士在《花香满径》一书中指出："我们不应该把所有的事都抓在自己手里，认为只有自己才能做好。"

身上挂满钥匙的人一个重要的价值观就在于：他一直坚信只有自己比别人做得更好。

国外的一篇文章提到，只有那些执着（甚至是到了痴迷程度）于最后的产出并且又不会在公司日常的大小事务中都面面俱到的领导者，才能够在竞争中脱颖而出，取得令人瞩目的成绩。

变成了甩手掌柜的任正非，不挂钥匙的任正非，方才有更多的时间关注客户，关注那些挂钥匙的下属。任正非倡导"力出一孔"和"以客户为中心"，从另外一个意义上讲，就是要求管理者视野要开阔，视点要聚焦。

陈全忠先生的《让规则看守世界》一文提道："让规则看守的世界，是生命的圣洁花园，是人之向往的天堂。而生活在那里的人，也将规则时刻放于心中，心甘情愿接受约束，以获得更完满的自由。"

老板，请丢掉您的钥匙，像任正非那样！

（华夏基石e洞察公众号2019年7月18日发布）

任正非的六大灰度管理思维

今天我本意想谈谈对人力资源管理的认知，不过看到今天管理大咖们的认知都是从宏观的角度出发的，于是更换了个题目：基于灰度观认知企业经营管理。

一、以灰度认知管理世界和未来

以灰度认知管理世界和未来，并不是简简单单的事，因为我们有很多疑问：黑天鹅什么时候出现？灰犀牛到底在哪里？蝴蝶效应的触发点在哪里？诸如此类的事，在现实中确实是混沌状态。我们对未来的把握，只有一点——不确定性。我认为，认知既包括对过去的认知，也包括对当下的认知和未来的认知。

1. 未来认知的形态

怎样认知未来？现在对未来的新的认知层出不穷，看完令人胆战心惊。这种认知包含各行各业，我举一些例子。

农业：100%机械人耕作。提出这个认知的人肯定没有去过农村，没到过田间，不知道联产承包以后，大面积土地被分割成“井田制”了，阡陌交错机械根本进不去。

金融：纸币、银行卡都将消失，货币将变为基于区块链技术的数字智能货币。这是难以置信的，而且是违法的。人民币是法定支付货币，而支付宝之类的只能是选择项。

汽车：会倒闭60%，制造能力强的公司留下来做AI公司的承包商，人们不再需要汽车，停车场变公园，汽车保险也随之消失。

工作：60%—80%的工作会消失，包括医生、律师、银行柜员、司机、模特、经纪人、个体商户，教师这个职业也在消失的“黑名单”里。据李开复的预测，部分保姆、司机、保安等工作，甚至一些非常高端的放射科医生的工作，都会在未来的五到十年之内被取代。50%的人类工作在未来十年将被取代。

还有极端的认知——**我们将进入无人时代**。无人驾驶汽车、无人飞机、无人零售、无人银行、无人餐厅，这些都变“无人”了。可是无人销售哪能算是新的事物，村里的老太太在集市上把自产自种的菜放在那里，旁边放个钱箱，那就是无人销售呀。还有无人飞机，你上了飞机以后，如果乘务长向乘客宣布，“本架飞机是无人驾驶飞机”，你敢放心大胆地坐吗？但我看过一个资料，飞机驾驶员，尤其是飞国际航班的飞机驾驶员，机长1/3时间在喝咖啡，1/3时间和空姐聊天，1/3时间在睡觉，基本上操心就是在一起一落的时候。现在高铁也基本上是无人状态了，似乎真的进入了无人时代。在学校经常会看到一个无人送快递的小车，名字叫“小蜗”，遗憾的是，这个“小蜗”不比蜗牛爬得快，后面还跟着两个人。

我们现在能看到多少工作被取代了？据说未来“无人”化管理与服务会达到90%以上，而且都是大概率事件。这些认知给我第一感觉是，“吓死宝宝了”！

2. 伪认知（预测）的基本特征

这些所谓的认知、预测，有几个基本特征：

· 不做任何假设、前提条件和约束条件的认知。

· 无限拉大认知（预测）时间的认知。把预测的时间拉得越长越保险，就不需要承担预测和认知责任。最难的预测是短时间周期的，谁能预测出一小时后彭老师总结发言的时候，会黑哪位老师？谁能预测出来谁就是神。有了时间约束，很多预测都不敢进行下去。

· 不是基于数据、事实和基本常识的认知。

· 基于新概念、新名词的认知。这些概念和名词根本没有定义。

· 基于个别案例、个别现象和小样本的认知。比如说哪个企业有新动作，就用这个案来替代普遍现象是很可怕的。

· 出于认知者个人认知偏差的认知。在中国这个浮躁的社会，为了自己的声名与利益，谁说得越出格，谁的号召力越大、粉丝越多。

· 出于认知者自身价值的认知。

· 出于认知者所属组织商业利益的认知。我们需要去判断，这些企业大佬们的所谓预测是否是基于其商业利益的预测或认知？

基于这样的特征，我对这种认知（预测）持质疑态度。因为一项技术从发明到创新，到使用，再到普遍使用需要很长时间。现在总是预测AI时代会怎样怎样，我反其道而行之，回顾过去，同样能看到现在。我列几组时间对比，大家看一看其中的差距：

· 1889年，爱迪生发明了电力；1983年，我们家正式通电。

· 1886年，奔驰发明了第一台汽车；2005年，我买了第一台车。

· 1903年，莱特兄弟发明了飞机；1989年我第一次坐飞机。

· 1925年，苏格兰人贝尔德发明了电视机；1986年，我家有了第一台电视机。

· 1946年，美国军方定制世界上第一台电子计算机；1994年，我开始用计算机。

· 1964年，日本的新干线开始运行，时速达到了210千米；50年后我才坐上国产高铁。

从发明、创新，到新产品成为日常的消费和每个消费者相联系，需要很长时间。有人会辩解这是因为中国经历了特殊的历史时期，发生了战争，经历了“文革”等，所以发展速度延缓了。未来，会不会出现这些类似的事？也有可能，谁能保证不会出现类似的事呢？华为2018年云大会上有一张PPT，题目是“回首人类文明，我们居然只做了26件事？”列举如下：

· 公元前9 000—公元后1 000年：驯化植物、动物驯养、冶炼矿石、轮子、写作、青铜、铁、水轮；

· 15~18世纪：三帆帆船、印刷、工厂体系、蒸汽机；

· 19世纪：铁路、铁轮船、内燃机、电力；

· 20世纪：汽车、飞机、大规模生产、电脑、精益生产、互联网、生物技术；

· 21世纪：商业虚拟、纳米技术、人工智能。

我们可以看到这是有规律、有演进过程的。我特别不喜欢“颠覆”这个词，也不喜欢“革命”这个词。

3. “理论”从“认知”再到“实践”也需要漫长的过程

再来看看理论层面的认知。从认识理论，再到实践，有一个漫长的过程，1789年马尔萨斯发表了《人口论》，距今已有229年。现在看来这个理论好像是有问题的，依据马尔萨斯《人口论》和马寅初的观点制定的中国的计划生育政策，延续了30年后也调整了。1911年泰勒发表了《科学管理》，已经把科学管理的基本原则讲清楚了，但是看看中国的现实，有多少企业做到了科学管理？我们很多还是粗放式管理。1924年斯隆完成了事业部制，现在很多企业都叫事业部，但只是一个名字，是一个壳，根本没有事业部的运作机理。1924年梅奥的霍桑实验，开始关注工作中的人、关注人的感受，重视人的感受和劳动生产率的关系，距今90几年了。1953年大野耐一创立了丰田管理模式，距今60几年。1973年德鲁克出版了《管理：任务、责任、实践》，提出的管理模式到现在40几年了。

可以看出，这些认知、这些理论，成为实践还有漫长的过程。那么以下这些理论什么时候能够变成管理实践？所谓少年不识愁滋味，为赋新词强说愁，现在社会的极速变化逼得管理学家没招了就造词：互联网思维、生态型企业、生态型组织、平台+生态化组织模式、基于互联网思维的分享制、事业合伙人制、人才众筹制、赋能型组织与赋能型领导、去中心化，平台运作模式，量子管理学与量子管理”。

这些新词，且不论合不合适、对不对，关键是太多了。任总说过，布谷鸟和啄木鸟都是益鸟，乌鸦也是益鸟，可以发出危险的警报，赞美是一种正能量，批评也可能是正能量。所以我要发出一个疑问：它们什么时候能够变成我们普遍的管理实践？这是一个很重要的问题。比如现在很多企业都提出做生态型组织，这不就是让业务像森林一样长大，但谁在研究这些“树”的组织模式是什么？每块业务组织模式是直线制、事业部制、矩阵结构，还是直线职能制？生态模式没有错，但是内部的各个业务模式，各个BG的运营是采取什么样的组织形式？这些理论还是有完善的空间。

二、任正非的“灰度认知”

1. 企业管理的正确思想从实践中来

毛泽东有一段话非常经典：人的正确思想是从哪里来的？是从天上掉下来的吗？不是。是自己头脑里固有的吗？不是。人的正确思想，只能从社会实践中来，只能从生产斗争、阶级斗争和科学实验这三项实践中来。人们的社会存在，决定人们的思想。而代表先进阶级的正确思想，一旦被群众掌握，就会变成改造社会、改造世界的物质力量。人们在社会实践中从事各项斗争，有了丰富的经验，有成功的，有失败的。无数客观外界的现象通过人的眼、耳、鼻、身这五个官能反映到自己的头脑中来，开始是感性认识。这种感性认识的材料积累多了，就会产生一个飞跃，变成了理性认识，这就是思想。

这一段话讲清了人的正确思想从哪里来的，也就是人的认知以及认知结论来自哪里。那么任正非的正确思想从哪儿来的？按毛泽东这段话可知，是从“实践”中来的，是从“感性”飞跃为“理性”。

我曾经在一篇文章写了四句话，总结了任总的认知来源：

其一，读万卷书。读万卷书是一个认知过程。

其二，行万里路。行路也是一个认知的过程。

其三，与万人谈。吸取别人的能力。

其四，干一件事。做事情要聚焦，就是干一件事。

任总认为总结的还可以，但是他跟我说，这四句话不要给基层员工讲，基层员工不能读“万卷书”，基层员工要读“万遍书”。

2. 企业不产生理论，但是企业家必须有思想

正确的认知也需要一个重要的过程，“企业不产生理论，但是企业家必须有思想”，这个思想就是你的价值观、世界观，就是你对于未来，对你企业的经营管理、人力资源、企业中的人的一个把握。任总有一段很经典的话：

“方向大致正确，来自企业家的思想正确；企业家的思想正确，来自对企业的正确认知；没有正确的假设，就没有正确的方向；没有正确的方向，就没有正确的思想；没有正确的思想，就没有正确的理论；没有正确的理论，就不会有正确的战略。”（任总与Fellow座谈会上的讲话，2016）

从这段话可以看出他的思想、思想的延伸以及思想的最后形成，是一个从理论到实践的过程。

“管理是实践的艺术”，但是这种实践需要指导。指导有可能是来自理论指导，或可能来自教科书的某种理论指导，或者咨询公司的指导，还有可能是来自企业家自身思想的指导，然后就有一个化风为雨的过程。把思想的云变成实践的雨，来经营管理我们这个社会、管理我们的企业。

3. 任正非用灰度认知管理的世界

很难概括任总是一个什么样的人，我眼中的任正非，是游走在黑与白之间一个灰度的人：既脾气暴躁又能静水潜流，既铁骨铮铮又柔情似水，既疾恶如仇又宽容妥协，既用兵狠又爱兵切，既霹雳手段又菩萨心肠，既悲天悯人又收放自如，既恪守中庸之道又明辨是非善恶，既霸气霸道又谦卑谦虚，既爱财如命又挥金如土，既内向羞怯又外向张扬，既冲动又自律，既成熟老练又稚气顽劣，既低调内敛又高调霸气，既简朴又奢华，既不修边幅又注意仪态仪容，既保守守旧又紧随潮流，既胆识过人又心存敬畏，既固守原则又豁达变通，既实用主义又理想主义。

我不知道用心理学的性格如何认知他，但毋庸置疑的是，他是一个很有特点、很有个性的人。作为企业家，他既这样又那样的，这就是灰度。他用灰度认知管理的世界。所谓的灰度，既是他的世界观，也是他的思维方式，同时也是他的方法论，三者构成了任正非的灰度管理哲学。他以此作为认识世界与改造世界的“思想工具”，并付诸华为的经营管理实践，这就是任正非的灰度管理，或称为“灰度管理哲学”。

灰度哲学，既来自华为的经营管理实践，并在实践中丰富和提升，又反过来指导华为的经营管理实践，同时接受华为经营管理实践的验证。灰度是任正非的世界观和思维方式，据此任正非发育了一套系统的管理哲学、管理体系和管理的方法论，这就是任正非的“灰度管理理论”。以华为为平台，任正非将其付诸华为的经营管理实践，而华为的经营管理实践也验证了任正非灰度管理理论。

4. 任正非的灰度观

这个世界确实五彩斑斓，但是基本色调是灰的，纯黑和纯白是两个极端，在纯白和纯黑之间稍微加一点黑或者白就变成了灰，而灰是一个充满活力的广阔的空间，纯白纯黑是两个极端，这就是灰度的基本来源。

也有资料表明，我们这个世界平均的灰度是18%，但是我们在日常教育中，凡事都要问是非、凡人都要问黑白，在我们儿童时期，认知方式上就接受了一个导向，就是区分好人和坏人、对的事和错的事。因此我们看人有时候就会陷入认知误区。在这里改写余光中的一首诗：

在淡化了黑与白意义的日子里，自由的颜色是灰的，黑色与白色之间，你是第三种绝色。灰是一种高贵。

灰对于我们来说很难，“知白易，守白不易；知黑易，守黑不易，守黑之白尤其不易。黑简单，白亦简单，黑白不简单，黑之白，谓之灰。”因为我们本来都是一个复杂的人，但是现实中我们是爱憎分明，要不就是无限热爱，要不就是踏上一只脚遗臭万年。

任正非的灰度观最基本的思想，是在一篇文章里面。那篇文章是集大成的，讲了领导人素质、方向、开放与灰度、妥协与灰度、假设与灰度的关系。其中讲道：

·一个领导人重要的素质是方向、节奏。他的水平就是合适的灰度。

·一个清晰方向，是在混沌中产生的，是从灰色中脱颖而出，而方向是随时间与空间而变的，它常常又会变得不清晰，并不是非白即黑、非此即彼。合理地掌握合适的灰度，是使各种影响发展的要素，在一段时间的和谐，这种和谐的过程叫妥协，这种和谐的结果叫灰度。

·没有妥协就没有灰度。妥协其实是非常务实、通权达变的丛林智慧，凡是人性丛林里的智者，都懂得在恰当的时机接受别人妥协，或向别人提出妥协，毕竟人要生存，靠的是理性而不是意气。

·灰度是常态，黑与白是哲学上的假设，所以，我们反对在公司管理上走极端，提倡系统性思维。

·或许我们还不知道什么是正确的，但是我们一定要知道什么是错误的，在错误的边界之外，我们就一定走向正确的方向。

三、任正非的六个灰度管理的应用

1. 灰度看人性，就必须摒弃非黑即白、爱憎分明、一分为二的认知方式与思维模式

任正非用他的灰度价值观、灰度方式看人。他讲华为的干部政策应该灰色一点，路归路，桥归桥，不要把功和过搅在一起，不要疾恶如仇，不要黑白分明，也不要排斥一些假积极。他有一个重要的观点：在华为能够假积极五年就是真积极，真积极固然值得肯定，假积极更值得同情，夹着尾巴做人更难。

最近我写了一篇文章谈任正非的英雄观。30年成长中，华为看待英雄有三个阶段：1987—1997年，是“呼唤孤胆英雄”，这时期任总有篇文章标题就是《呼唤英雄》。1998—2013年，1998年是《华为基本法》定稿之年，2003年华为在消灭英雄，一直在提倡“无为而治”。“英雄”这个词在这个阶段消失了。但是从2014年一直到现在，华为又在呼唤群体英雄，“遍地英雄下夕烟，六亿神州尽舜尧”，强调英雄背书，特别强调集体主义下的个体英雄主义。

2. 以灰度洞察未来，制定战略和目标

未来到底怎么样谁也无法预测，但是任正非通过自己的灰度哲学得出了一个重要的结论——方向大致正确，组织充满活力。这个结论我延展了一下：面对黑天鹅，面对白犀牛，面对蝴蝶效应，不盲目悲观，也不盲目乐观。有灰度，方能视野开阔，把握不确定性，看清未来方向，认清未来发展的战略目标，以实现“方向大致正确”。未来不确定，现在也不确定，两个不确定走在一起怎么办？总得确定一头。对任总的“方向大致正确、组织充满活力”，有的人质疑“大致”这两个字。我想说明一下，

“大致”蕴含的是一种谦虚，华为的战略方向基本上都是正确的，当然有犯错误的地方，只要保持大致正确的方向，组织充满活力就可以应对。华为能够长期保持战略方向的“大致正确”，重要的原因是任正非的灰度管理哲学，“坚定不移的正确方向来自灰度、妥协与宽容”。以内部规则的确定性应对外部环境的不确定性、以过程的确定性应对结果的不确定性、以过去和当下的确定性应对未来的不确定性、以组织的活力应对战略方向的混沌。

3. 以灰度看待企业中的矛盾关系

在企业经营管理中存在着大量相互矛盾和相互制衡的关系，如激励与约束、扩张与控制、集权与扩权、内部与外部、继承与创新、经营与管理、短期利益与长期利益、团队合作与尊重个性等。这些矛盾关系构成了黑白两端，对企业来讲像绞索一样在折磨着企业家，逼迫企业作出极端的选择。

任正非以灰度观来看待和处理这些关系，不走极端，不玩平衡，对内外部关系作出智慧的决策，其核心就是依据灰度理论，抓住主要矛盾和矛盾的主要方面，抓住牛鼻子，将这些矛盾变为公司的发展动力。这就是灰度处理办法。在华为发展历程中，任正非一直强调的“乱中求治”与“治中求乱”，是其灰度发展观的体现；而“深淘滩，低作堰”则是处理内外部关系的灰度准则。

4. 以灰度培养选拔干部，培养领导力，把灰度作为高层管理者的任职资格

“开放、妥协、灰度是华为文化的精髓，也是一个领导者的风范，领袖就是掌握灰度。”这句话很经典，华为一直讲要宽容“歪瓜裂枣”。《华为人报》曾把“裂枣”写成“劣枣”，被任总坚决地纠正过来了。“公司要宽容歪瓜裂枣的奇异思想——你怎么知道他们就不是这个时代的凡·高，这个时代的贝多芬？”他强调对事旗帜鲜明，对人宽容妥协，高调做事，低调做人。干部放下了黑白是非，就会有广阔的视野和胸怀，就能够海纳百川，心存高远。

5. 以灰度把握企业管理的节奏

任总一直强调，作为高级管理者在企业经营管理过程中，必须紧紧盯住三个关键点：方向、节奏与人均效率。当企业的方向大致正确之后，经营管理的节奏的把握就成为领导力的关键。着急和等不及，与不着急和等得及的节奏把握，就是任正非灰度管理的最好体现。

方向与节奏是战略问题，人均效率是人力资源。华为的第一CHO就是任正非，华为的CEO是华为的人力资源部，把握方向、节奏与人均效率。华为各个部门的考核表考核内容都不一样，但永远有两个指标是相同的，一个是人均效率，一个是客户满意度。考核任总一共七个指标，其中也包括人均效率、客户满意度。关于节奏的问题，就是要别着急、等得及。现在中国就是浮躁，也体现了中国积极向上的态势，比如说赶超、颠覆、弯道超车、变道超车、造道超越，这都是着急的表现，是机会主义的表现。“别着急，沿着正确的方向一点一点进，别折腾。”

我特别喜欢毛泽东给抗日军政大学的题词，“坚持正确的政治方向，艰苦朴素的工作作风，灵活激动的战略战术”。对企业而言，就是坚持大致正确的方向，随外部而变，随市场而变，随技术的变革而变，随客户而变。

6. 以灰度洞察外部商业环境

对于外部商业环境，任总是以灰度的视角洞察的。他从来不抱怨外部商业环境的险恶，总是以乐观主义的态度评价宏观层面的问题。10年前，华为就把竞争对手称为“友商”，并把“与友商共同发展，既是竞争对手，也是合作伙伴，共同创造良好的生存空间，共享价值链的利益”，作为公司的战略之一。

妥协是灰度的前提，没有妥协，就没有灰度。任总自称是“拉宾的学生”：“以土地换和平”。“投降没有出路，从来亡国奴就是任人蹂躏。华为整个公司嗷嗷叫，不怕谁。我们有能力自己站起来，不做亡国奴。”华为不想做“亡国奴”，但是有的企业不得不做了“亡国奴”。

四、任正非坚守的是三维灰度

任正非的灰度管理并不适用于企业经营管理的所有领域，而主要体现为上述六大领域。在其他方面，确实不适用灰度管理思想。比如华为的拒绝机会主义，自我批判，压强原则，变革过程的七大反对，坚持研发与人力资源的高投入、高绩效的企业文化，核心价值观的坚守等方面，任总始终是旗帜鲜明，决不和稀泥，决不捣糨糊。

在公司经营管理实践中，灰度管理理论不是放之四海而皆准的。“以客户为中心，以奋斗者为本，长期坚持艰苦奋斗”不能灰度；华为的战略路径“厚积薄发、压强原则”不能灰度；“自我批判、保持熵减”不能灰度；“力出一孔，利出一孔”也不能灰度。对人讲灰度，对事讲绩效、讲流程。也就是说，企业核心价值观、机制与运作、业务与流程、工作与效率等企业本源层面的问题不适合灰度管理，基层员工也不适合强调灰度思维。

1. 任正非坚守的是三维灰度

华为内部人说我们看不到任总的灰度，只看到任总的强烈地走极端的一面，强烈地走实施的一方面。从某一时期看，任总的经营管理思想确实不讲灰度，而喜欢走极端，但是如果在其思想演变过程中，加入时间轴，加入空间轴，加入结构轴，则灰度凸显。极端只是表象，灰度才是其核心与本质。

（1）时间轴灰度。人们普遍认为任正非充满了忧患意识，“华为的冬天”“华为的红旗到底能打多久？”“20年后的华为是坟墓”“唯有惶者才能生存”等提法，无一不说明任正非是一个悲观主义者。

但转换一个时空，任正非摇身一变又成为乐观主义者，他也曾提出“北国之春”“除了胜利，无路可走”“无人区”“我们走在大路上，意气风发，斗志昂扬，没有什么能阻挡我们前进”。

1998年任总见吴敬琏的时候，吴敬琏问华为的战略是什么？任正非回答“活下去”。“活下去”是企业的硬道理，把生存作为华为的底线，但时空转换，20年后，他又把“活下去”由华为的最低纲领，上升为华为的“最高纲领”。一面是忧患重重，一面是信心满满；一面是悲观，一面是乐观；一面是海水，一面是火焰。假以时间轴综合起来，灰度毕现。他认为决策的过程是灰色的，所以决策层必须有开放的大脑、妥协的精神，这样才能集思广益，但越朝下越要强调执行。高层决策忌快，慢一些才会不出错，基层决策讲究速度和效率。

（2）空间轴灰度。给华为的灰度管理加上空间轴，整个的管理图景是非常丰富多姿的。从外部来看，方向大致正确；从内部来看，组织充满活力。华为新近还提出“技术创新+客户需求”双轮驱动。对于研发，主张“板凳要坐十年冷”“是金子总会发光的”，甘于平淡，耐得寂寞，默默奉献，厚积薄发。对于市场，强调狼性，“胜则举杯相庆，败则拼死相救”，常提的名词是“上甘岭”“枪林弹雨”“一线呼唤炮火”“班长的战争”。对于HR，提出未来人力资源体系的整体定位是为公司找英雄，找领袖，鼓励员工冲锋。

对人力资源和总干部部，如果加入空间的概念，也有灰度。华为成立了总干部部是企业今年的一件大事，很多企业特别关心华为的总干部部，也想学华为建立总干部部。我的建议是悠着点，认知完成以后，想清楚了之后再做，华为做了你不一定也得做。华为的设计是，人力资源政策管理和干部管理都是推动公司前进的动力，人力资源体系要从权力中心变为服务支持中心，人力资源改革首先是强调深入战场，人力资源的价值就是要懂业务，做好业务的助手，多一些适应业务的构想。

（3）结构轴灰度。从内部结构来看，任正非的认知也是灰度的。比如，高层要有使命感、中层要有责任感，基层保持饥饿感。比如，高层任人唯“亲”，“亲”就是文化认同；中基层任人唯贤。比如，要砍掉高层的手脚，他只能干一件事——仰望星空，仰望星空就是战略，就是对未来的认知；砍掉中层的屁股，别老坐在那里；砍掉基层的头脑，别胡思乱想了，把你的工匠精神充分发挥。再如，眼睛盯着客户，屁股对着老板。又如，实体组织的配置是“主官+专家+职员。”

2. 不要误读任正非的灰度

关于灰度有各种说法，大家很关注，也有很多人写了很多文章，我也认真地研究了。我检索了一下文献，“灰度”这个词是在2007年，任总与美国一个高官谈话过程中首次提出来，有一个较长的演变过程。

外界对于灰度的认知也存在一些提法，我认为灰度不是中庸，尽管灰度和中庸有相似之处。中庸其实是很难的，往往和折中、平衡有关。灰度也不是没有原则的妥协。一切讲到灰度就感觉是虚无、消极，实际上灰度不是软弱、逃避或者退缩。灰度不是追求平衡与稳定，因为灰度的空间太大了，我们可以积极地游走在灰度空间中。

灰度不是悲观主义，灰度里面有求真务实、理想主义、实用主义、乐观主义。灰度不是文化，有人专门写文章说华为的灰度文化，我觉得这种认知是错误的。灰度并不玄妙，因为我们现实就是灰度。

灰度本质不是妥协也不是宽容开放，妥协宽容和开放只是灰度的手段和工具。灰度是很难把握的，有灰度的人很痛苦，这也是任总经常讲的一句话。他说：企业家不是人，你要把自己的自然属性去掉，企业经营好了不能高兴，你一高兴大家都猫在那里了，企业遇到冬天了你不能悲伤，你一悲伤大家就更悲伤。这是管理艺术。

五、华为对现代人力资源管理的新认知

2018年3月，华为发布了《人力资源管理纲要2.0》，把华为30年发展最基本的东西说明白了，这是华为对于它自身的认知。公司董事会是从2017年12月份开始审定的。《人力资源管理纲要2.0》来自1.0，八年前华为就开始在整理了，用了八年的时间，说明华为真的不着急，思想的问题也不能着急。

《人力资源管理纲要2.0》由整理到以PPT的方式公开发布，经历了很长的过程。思想是需要发酵、需要沉淀、需要争论、需要慢慢思考的。其中有两句话是画龙点睛之作。第一句话是“在坚持中优化”，这是总结过去的成功。第二句话是“在继承中发展”，华为没有讲变革、创新、颠覆。PPT中有两张让我震撼，第一张PPT是“人力资源管理是商业成功和公司发展的关键驱动要素”，这是华为对自己过去30年的认知，驱动华为的是人力资源管理，一个是驱动它商业成功，一个是驱动它持续发展，并且是没有之一。这是华为对过去的很重要的认知。第二张PPT只有这几个字：“让组织始终充满活力”，尽管只有这几个字，但给人力资源管理提出了新的课题，包括人力资源理论，也包括人力资源的实践。这个新课题、新愿景、新使命、新挑战是让组织始终充满活力。怎样能做到？这确实是很大的挑战，因为中国改革开放40年的发展，很多企业走向了持续成功，但是持续成功之后能否还保持当年那股劲。这也是华为后30年要解决的问题。

关于未来的认知，我们还是要做好当下。前一阵我看《南渡北归》，战争期间一群教授研究战争问题，在学校广场上开研讨会，底下学生露天坐着听，某教授讲了4点，说苏德不会开战，讲到第二点中场休息的时候，外面卖报纸的就喊，苏德开战了。我的意思是：少谈点遥远的未来，还是把当下做好，做确定了，以应对未来的不确定性。未来真的挺可怕的，新理论我们要听，关键是要实践，做好当下，应对不确

定的未来。

华为发展已经30年了，我利用这一段时间做了资料整理，送大家个“彩蛋”。这是任正非的30篇必读文章。这些文章给我留下了深刻印象，建议大家抽空阅读。要认知任正非和华为，先从这30篇文章开始。

【附：华为30年之任正非30篇必读文章】

1.《赴美考察散记》（1992）
2.《不要忘记英雄》（1997）
3.《我们向美国人民学习什么？》（1997）
4.《建立一个适应企业生存发展的组织和机制》（1997）
5.《华为的红旗到底能打多久？》（1998）
6.《小改进大奖励》（1998）
7.《创新是华为发展的不竭动力》（2000）
8.《活下去，企业的硬道理》（2000）
9.《一个职业管理者的责任与使命》（2000）
10.《为什么要自我批判》（2000）
11.《华为的冬天》（2001）
12.《北国之春》（2001）
13.《我的父亲母亲》（2001）
14.《致新员工书》（2005）
15.《上甘岭上不会自然产生将军的，但将军都曾经是英雄》（2006）
16.《要快乐的度过充满困难的一生》（2007）
17.《从泥坑里爬出来的人就是圣人》（2008）
18.《谁来呼唤炮火 如何及时提供炮火支援》（2009）
19.《深淘滩 低作堰》（2009）
20.《开放、妥协与灰度》（2009）
21.《干部要担负起公司价值观的传承》（2010）
22.《一江东水向东流》（2012）
23.《最好的防御就是进攻》（2013）
24.《用乌龟精神，追上龙飞船》（2014）
25.《在蓝血十杰表彰会上的演讲稿》（2015）
26.《决胜取决于坚如磐石的信念，信念来自专注》（2016）
27.《华为的胜利也是人力资源政策的胜利》（2017）
28.《方向要大致正确，组织要充满活力》（2017）
29.《一杯咖啡吸收宇宙能量，一桶浆糊粘接世界智慧》（2017）
30.《在攀登珠峰的路上沿途下蛋》（2018）

（华夏基石e洞察公众号2018年11月3日发布）

解析华为人力资源管理纲要2.0

一、提出人力资源管理纲要2.0的背景、时机和历史沿革

鉴于华为重要文献之间的历史沿袭性，我们需要寻根溯源先讲人力资源管理纲要1.0（以下简称“纲要1.0”）的相关情况，因为“人力资源管理纲要2.0”（以下简称“纲要2.0”）与之存在着内在延续性和传承性。

纲要1.0正式启动于2010年3月，实际上没有正式命名为“纲要1.0”。当时公司成立了一个人力资源管理纲要整理小组，由轮值CEO胡厚崑先生任组长，目的是从华为过去30年所取得的成功和经历的挫折中，总结华为人力资源管理方面的战略理念、价值体系、基本政策、框架体系、管理原则和基本的方法工具，识别那些未来能够支持华为长期成功的人力资源管理的关键要素以及可能导致华为走向失败的潜在风险。在这个基础上归纳和总结出指导华为成功的人力资源管理体系。

当初的范围界定、探讨总结主要来自公司以往的人力资源管理实践，是从战略层面、宏观层面研究探讨人力资源管理理念、管理哲学、政策、原则和方法工具，所以这个小组还有另外一个名字——公司管理哲学整理工作小组。当然我理解这里提的“管理哲学”，不仅仅是人力资源管理哲学，也包括管理哲学、业务管理哲学和财务管理哲学。整理的素材，主要来自公司的文献（包括内部文献和外部文献），提出的基本框架理论部分，包括组织、组织文化、价值评价、价值分配、干部和员工，共六个部分。

当时提出了六个基本原则：一是尊重历史，二是实事求是，三是重点关注，四是循序渐进，五是开放吸纳，六是过程与结果并重。

2010年4月，形成了初稿。4月初，对初稿进行了修改，向EMT（经济管理团队）做了汇报。5月，各级管理团队进行了第一次讨论。5月底，又一次向EMT汇报。6月初，访谈了部分体系的成员，向EMT汇报。6月1日，在全体员工中进行研讨。整个过程与外部研讨齐头并进。最后经过素材汇总，形成了几个阶段性的成果：素材汇总、纲要讨论稿、纲要建议稿、纲要修订稿、纲要发布稿。

2010年7月15日，公司召开了第一次人力资源管理纲要的研讨会，任总在会上做了重要讲话，但在外界没有引起重视，讲话题目是“干部要担负起公司价值观的传承”。有兴趣的听友可以找来参阅。纲要发布稿形成以后，就作为了华为公司高级研讨班的正式教材。

2014年11月，历经四年反复沉淀的“华为人力资源管理纲要1.0”正式出版了。这就是后来广为人知的《以奋斗者为本》，和《以客户为中心》《价值为纲》，共同构成了华为的价值观。

华为的人力资源管理纲要从2010年启动，延续到现在已经7年。其间，中国企业界浮浮沉沉，有多少楼起楼塌，所以对于华为这个漫长的讨论、修改、形成文献的过程，我十分感慨：华为做事真的不着急，等得及。

管理行为不能运动化，不能形式化，不是简单地搭一个班子，起草个文件。华为将之作为一个系统工程来做：大家拿出一个东西来，经过多次反复的修改，然后沉淀，再经过和高层的交流，形成了一个系统的、体系的、厚重的文献。

2017年8月7日，公司正式发出了“任总在人力资源管理纲要2.0沟通会上的讲话”的电子邮件。这个讲话对于我们理解纲要2.0非常有价值。

2017年10月，公司召开纲要2.0的三次对标会。

2017年11月20日到21日，华为的常务董事会民主生活会，专门辟出一个环节，对纲要2.0进行集体讨论。

任总在三次对标会和常务董事会上做了讲话，这也是我们最近看到的“任总关于人力资源纲要2.0修订研讨的讲话纪要”。然后网上发布了2018年3月20日总裁办邮件“关于华为公司人力资源管理纲要2.0公开征求意见的通知”。现在我们看到的纲要2.0是“总纲”，这意味着后面还有很多内容在支撑它。经过一年的高层运营与研讨，工作组初步形成了纲要2.0的总纲。

2018年3月，开始发给高管，讨论纲要。我们看到高管们写了大量关于纲要的心得和建议，华为“心声社区”也开始有大量的文章在讨论纲要。到4月5日为止，纲要2.0已经有30.5万人次阅读，2 071人次参加讨论。

查了一下相关资料，其中能看到很有意思的一个延续：1996年华为公司开始起草基本法，其中人力资源占了大概1/4的内容；2005年，华为对公司的愿景、使命和战略重新定位；2008年，华为对核心价值观进行了梳理；2010年，提出三个根本保证，即“以客户为中心，以奋斗者为本，长期艰苦奋斗”；2017年，华为提出新的愿景和使命；2018年，人力资源管理纲要的正式制定……这是一个长期的发酵过程。

换言之，经过大量的工作，我们才看到了现在这个版本，所以我觉得这个历史背景可能对思考、研究、学习纲要2.0有一定价值。在此特别补充一句：研究要“求甚解”。现在这种“学知识靠微信、搞学术靠百度”的行为，是非常短期的、不可取的行为，还是要踏踏实实地静下心来研究。

二、纲要 2.0 的简单解构

中国古人讲：盛世修典。华为进入了一个非常良好的发展阶段。在这个发展阶段中，在这么一个特殊的时期，华为为什么提出纲要2.0这个版本？

阅读纲要2.0后，我想对这一部分做一个简单的解构。我们看到，纲要2.0的基本架构体系分为两个部分。

1. 对华为公司30年发展的总结

第一部分，是对公司30年发展的总结。其中提出一个重要的论点——人力资源管理是公司商业成功与持续发展的关键驱动要素。这个论点总结得非常到位。华为在30年发展中，在管理模式上、在战略上、在营销上、在研发上有很多成功的要素，但是人力资源管理是它成功与持续发展的关键驱动要素。这个定位我觉得是对华为30年高速发展的高度概括。中国绝大部分企业的问题实际上是人的问题，人力资源管理在很多企业也是一个短板，但是在现实中企业对人力资源的重视程度远远不及对财务、营销、战略和机会的重视程度。华为这句话，对中国企业的启发是非常大的。怎样把人力资源管理作为公司成功和未来继续成功的关键驱动因素？我认为这是一个核心命题。其实纲要2.0基本上也是围绕这个核心命题展开的。这个核心命题是解读纲要2.0的一把入门钥匙，也是一个关键点。

第一部分分为两点：（1）人力资源管理的坚实基础，一个是人力资源管理的理念与实践体系，还有一个是人力资源管理的基本出发点，我觉得这对于华为的人力资源管理做了一个定位，对这个体系做出一个概括性提炼。（2）对以往人力资源管理存在的问题和挑战进行了分析。

2. 对人力资源管理的顶层设计

纲要的重点在第二部分。

（1）纲要的核心目标，是让组织充满活力。在分析了公司内外部业务环境变化的基础上，基于新的愿景、使命与发展战略，提出了人力资源管理的理念与基本框架。这个框架有一个关键点，就是让组织充满活力。也就是说，人力资源体系的聚焦点、关注点，包括终极目标，就是让组织充满活力。2017年一直在讲的就是“方向要大致正确，组织要充满活力”。在不确定的时代，制定一个详细的战略，有时候肯定是很费劲的，也是作用不大的，所以“方向大致正确”，但是公司牢牢抓住终极目标——“组织充满活力”。

（2）分析了公司新时期的机会和挑战，这个机会和挑战概括起来就是“三个万”——万物感知、万物智能和万物互联。

（3）以“组织充满活力”这个目标为前提，它的核心框架就是优化人力资源管理的价值链，关键举措有两个：构筑物质与精神的两个驱动力。这个是新提法，我觉得这个提法也非常重要，是对基本法的一个重要的继承基础上的发展。在基本法上没有写这两个驱动力。

（4）对人力资源管理的三个对象——干部、人才和组织——进行了界定。过去，人力资源管理都是模块化，通俗地讲就是选育用留；纲要2.0打破了模块化的特点，对人力资源管理的“干部、人才和组织”三个对象进行管理。这也是在纲要2.0占篇幅最多的一个重点。

总体上，第二部分是对公司未来的经营模式进行了概括和提炼，虽然这不是人力资源的问题，但是它和人力资源密切相关。这个界定也非常有意思，值得深思的就是“以核心价值观为天，以共同平台为地”，一“天”一“地”，实现差异化。也就是说，华为作为一个领先者，未来的经营模式可以概括为“共同价值守护与共同平台支撑下的统治与分治并重的分布式经营模式”。这在纲要中有提到，任总的讲话中也一直在阐述，实际上也是刚才彭老师点到的华为作为一个领先企业在人力资源管理上的探索，即探索在共同价值守护、共同平台，一个“天”一个“地”，然后统治与分治并重。因为华为进入了一个新的发展时期，作为一个领先企业，在这一背景下，人力资源管理到底怎么管？任总特别强调：共同的价值观，是共同发展的基础；有了共同发展的基本认知，才可能针对业务特点展开差异化的管理；共同的平台支撑是我们在差异化的业务管理下守护共同价值观的保障。

任总提出的从“一棵大树”到“一片森林”业务模式的改变，有一个核心的基础条件，就是要形成共同价值基础。我理解这个共同价值基础就是公司的核心价值观体系，或者讲是公司的经营管理哲学体系。没有这个基础，如果实行差异化经营，那么可能华为作为一个整体就很难存在，整体核心竞争力就会受到破坏，它的文化也可能会被分解。

在纲要2.0上，我们会看到，后半部分最主要是对三个管理对象的基本理念、框架、方向、体系和举措做出的顶层设计层面的构建。所以我认为2.0是一个顶层设计，是对人力资源管理的一个顶层设计。

三、读完纲要 2.0 的感想

认真学习纲要2.0，有以下三个主要感想。

（1）准确地把握了总结、提炼和创新的关系。纲要2.0基于历史，也基于现实，还基于未来。“三个基于”形成了管理纲要的主线，它不是颠覆性创新，是连续性、继承性的提炼和提升。

（2）在对公司人力资源管理的经验和教训做总结的基础上，对人力资源管理做了一种前瞻性的顶层设计，是华为走过了30年后又一次对人力资源管理的基本哲学、体系、内在逻辑的一种顶层设计。

（3）纲要是问题导向、现实导向、未来导向。整个纲要不追求形而上的文本之美，不像基本法那么严谨，条理很清楚。当时有人说，基本法一个字都没法改（不是不能改），因为经过三年的反复修改，已经非常精炼。纲要2.0从文本上来讲，没有追求形式上的文本之美，大纲是用PPT显示的，也不像基本法那样对每一条都很严格，也不追求理论上的完美，我觉得简略、普适、接地气。实际上在纲要中还有错别字，我也发现了，所以这个纲要是问题导向、现实导向、未来导向，核心把握得很准，然后展开的层次也很分明，内在逻辑也非常清晰。

四、华为的坚持、强化与纲要 2.0 的创新亮点

看到华为人力资源管理纲要2.0，我估计很多中国企业会失去自信。为什么会失去自信？因为看了华为这么高大上。从基本法到纲要2.0，这个过程有很多案例。对于华为这30年，我曾经提过四句话：在摸着石头过河中探索，在自我批判中不断地反思，在不断地改进中优化，在顶层设计中成长发展。华为经历这样一个过程，走到了今天，走到了纲要2.0。

读完之后，我觉得总纲非常宏大，也是非常厚重的，涵盖的内容确实很多。纲要2.0有点教科书性质，涉及人力资源的各个层面，但是又不是大学意义上的教科书。我认为一些新的提法对中国企业是很有启发的。我们可能学不了总纲，学不了纲要2.0，但是这些提法，包括华为已经在实践的东西，对中国企业还是有很大启发。

（1）由过去的分配评价制到获取分享制，是华为一个重要的变化。过去是先考核，给个评价，然后再进行分配。实际上华为这几年一直在实践获取分享制。前两天，任总接受媒体采访时也讲到了这点：他强调狼文化，乔布斯强调“海盗”文化（苹果公司原来有一个提法——宁做海盗不做海军）。获取分享制对解决机制的活力问题和人力资源的很多问题，我觉得都是值得学习的。

（2）一个很重要的闪光点就是纲要2.0提出了信任的人力资源管理。这在基本法里没有提。外界对华为的一些人力资源管理的批评，可能也和这方面有关。这次提出了“要基于信任，然后简化”。华为的三部曲是“先僵化，后优化，再固化”。现在华为做的应该再加上第四句话——“先僵化，后优化，再固化，然后简化解决”。

（3）纲要2.0多次提到多劳多得，其实是解决分配问题。尽管分配是一个老话题，但是我觉得我们很多企业的人力资源管理并没有解决，这是增强活力很重要的方面。邓小平的改革开放实际上解决的核心就是多劳多得。多劳多得为企业赋予了一种机制性的力量。尽管是一个老词，但是华为在纲要2.0中赋予它很多的新意。所以在这一方面，我们应从机制的角度来理解多劳多得。

（4）纲要2.0中提出劳动回报优于资本回报，这也是华为的实践。资本的贪婪问题，现在很多企业尤其是互联网企业，实际上并没有解决这方面的问题。华为一直在强调劳动回报与资本回报要实现3:1，实际上已经实现了。3:1的回报对我们启发很大。

（5）在纲要2.0中提出了人才和超优人才。在基本法中几乎没有看到“人才”，我们还是用的“人力资源”。这一次提出了人才的问题，提出了二八原则的问题。

（6）提出了互联网时代的很多新的概念，比如“平台+业务”，生态共赢，众筹快闪……这些都是互联网时代的语言，但是华为没有把去边界化、去KPI化等词用进来。

（7）用了很多鲜活性的、可能外人不太知道的、只有华为人清楚的一些语言，使得纲要变得生活、比较鲜活、非常耐读、有故事性。比如说“全营一杆枪”，来自电视连续剧《绝密543》。我2018年年底看完了这部电视剧，“全营一杆枪”，一直打飞机，描写我国第一支导弹部队怎么打下美国飞机。电视剧非常好看，但更贴近华为实践。

（8）在纲要2.0中，外界可能会有一些误读，比如提出了“主官+专家+资源”的业务运作模式。外界认为可能是不是把词搞错了，是“主管”还是“主官”，在纲要2.0里有很大的篇幅对此作出说明。

（9）很鲜活的一些东西，可能需要一些背景来解读。比如说，满广志和向坤山也写进了纲要。满广志是中国陆军第一蓝军旅“六边形旅长”，和红军33次对抗，32次取得胜利。

（10）提出了统治与分治的平台模式，在过去是没有这个提法的。

（11）鼓励集体奋斗中的个人英雄主义。这次强调了个人英雄主义，但是它是有约束的，这也是华为和任总灰度管理思想的一个典型说法。

（12）“要用活荣誉感与荣誉信物”。荣誉感和荣誉信物实际上在人力资源中是非常重要的，但是在很多企业中被忽视了。其实就是基本法中的“小改进，大奖励”。华为发奖和华为年会的仪式感非常强。我认为仪式感也是生产力，我们现在太不讲仪式了。为什么要提到用活仪式感与荣誉信物？实际上这里边的核心是两个驱动力中的其中一个——精神激励。精神激励中，荣誉感是非常好的激励，发奖是很重要的。我觉得这不是拘泥于过去，而是一种创新。对很多企业来说，应该是有很大启发的。发奖也是一门学问，也是一种激励。说白了，人力资源纲要的核心就是组织保持活力，组织充满活力。回到人力资源角度，组织充满活力无非是两个——激励与约束。激励包括物质激励和精神激励，约束是有惩罚性的东西。在这一方面，其实人力资源可以做很多。实际上这里边也不需要太多的创新，但是可以化腐朽为神奇。

（13）“转人磨芯”。这个词我还没有深入理解。我查了，还没查到。

通过以上这些，实际上就是回到了一个问题——团结一切可以团结的人，调动一切可以调动的积极性，挖掘一切可以挖掘的潜力。纲要2.0在这个基础上有很多新的提法，这些提法对很多企业都会有启发。实际上这些是探索和创新，也是在丰富人力资源管理纲要2.0。随着华为实践的一些探索，纲要2.0会越来越丰富。

五、如果给纲要 2.0 提建议

纲要2.0的基本框架是没有问题的，逻辑关系也没有问题，但是一些具体的提法还需要讨论。

（1）“5.3 构建组织职位、规模和考核管理机制”，这个话实际上是有问题的。因为从整个体系来讲，应该是构建职位管理平台，职位永远是人力资源管理的基础和平台。另外，不应该用考核管理机制来替代绩效管理体系。我们现在还仅仅是讲考核，而没有说绩效管理体系。在纲要2.0中没有提到绩效管理体系。

（2）有些语句可能不太通顺。比如第4页“坚持核心价值观的内在精髓，构建适应业务与人群多元化、奋斗进取的组织氛围”。这句话我读过几遍，感觉不太通顺。

（3）华为过去提出的提倡改进、改良和改善，“小改进，大奖励；大建议，只鼓励”理念，在纲要2.0中，对此没有继承。这里，既涉及干部组织，又涉及员工。当然，我们要创新，我们要探索，我们要洞察，但是更重要的还是要有工匠精神。工匠精神的核心还是持续改进，这一块在纲要2.0中是缺失的。

（4）“深淘滩，低作堰”的理念是提纲挈领的，这句话其实很容易理解，应该把它作为一个纲要。

（5）“打造价值创造的管理循环”这句话需要探讨。这句话在纲要中多处出现，我觉得不太通顺，应该是人力资源管理的价值链循环。价值创造是人力资源管理价值链的一环（价值链包括价值创造、价值评价和价值分配），而这句话只强调了价值创造的管理循环，在管理循环中，价值创造又是其中一环，我觉得逻辑上不顺。

（6）在“基于信任管理”这一块，关于“信任”界定得太少。当然，再回到刚才提到的人性假设问题，如何信任、体系的构成、内在要素、信任的主体和对象，基于信任管理的一些主要理念和举措等，没有展开。

总体而言，我相信随着内外部讨论的持续发酵，这些最基本的理念将会不断地进行优化。纲要2.0会更丰富，更有体系化，更让人读得懂。

（华夏基石e洞察公众号2019年8月25日发布）

组织成功的秘密：增加熵减，避免熵增

华为怎样让组织充满活力。未来的竞争是管理的竞争，不是资源的竞争，也不是人才的竞争。探析华为在实践与理论上如何解决组织活力问题。

首先看华为的成长路径，1987年9月15日注册，到今年已超过30年。华为用了30年的时间，由一个一无所有的民营企业，成长为世界级的通信制造业的巨头。这给我们一个重要的战略自信，就是中国人行，中国企业完全有能力在世界企业舞台展现中国企业的力量。要成就一个大企业，不需要多长的时间，30年足够了。这就是华为给我们带来的一个发展自信，也叫战略自信。

目前华为的外部经营环境遇到了诸多困难与挑战，但第一季度华为的销售收入达到1 797亿元人民币，同比增长39%，远高于2018年全年19.5%的增长率，终端业务增长达50%。2019年华为的销售收入目标为1 259亿美元，同比增长21%。

那么，隐藏在这些数字背后的，华为高速增长的驱动力是什么？其驱动力的内在机理是什么？是什么力量在支撑着一个大基数的公司还保持着如此旺盛的增长？

一、华为的成长发展是厚积薄发的成功，是等得及

我的第一个结论是，华为的成长发展是厚积薄发的成功，是等得及，是不着急，是坚守聚焦、厚积薄发、持续压强、水滴石穿、久久为功战略发展理念的必然结果。

我国的企业太着急了，市场经济充满了机会，但在这40年中，也产生越来越严重的机会主义，企业如此，个人也如此。大家都等不及，所以就不淡定，就焦虑，就会不择手段，不择路径。于是弯道超越、变道超越、造道超越等机会主义的发展模式大行其道。纵观华为30年的发展，可以看出，华为超越竞争对手都是在爬坡的时候。市场经济不相信眼泪，市场经济不同情弱者，市场经济只相信实力。

30年来，华为像“龟”。龟有两个特点：第一是紧贴地面，四只脚踏在坚实的大地上，不断地爬行，经得起诱惑，耐得住寂寞，在自己认定的领域坚持地爬下去。这只龟从来就没有奢望找到一个风口，也从来没有幻想长出一双隐形的翅膀，一飞冲天。华为从农村，爬到城市，爬到全球。爬着爬着缩短了和竞争对手的距离，爬着爬着和竞争对手肩并肩了，爬着爬着超越了竞争对手，直到现在爬到了“无人区”。它的第二个特点是高昂着自己的头，始终认清目标，坚守内心地呼唤，坚持在自己选定的道路上前行。坚持了26年，实现了三分天下的梦想；坚持了28年，成为了行业的老

大。在爬行的过程中，不断地积蓄力量，不断地强化肌体，由像一只龟，变成了象龟（世界上最大的龟，因四条腿像大象，故名）。

再看看另外一组数字。华为近10年的累计研发投入达到4 850亿元，仅2018年，华为的研发投入就达到1 015亿人民币。这个研发投入的力度是什么水平？在全世界企业研发投入最多的10家公司中，2017年华为占第8位，2018年提升到第5位。1996年在《华为基本法》里华为就给自己定下了纪律，按照销售收入的10%提取研发费用。有人说华为有钱，所以研发投入大，但华为没钱的时候也这么投。

当年他们真的没钱，任总当年还开着花10万人民币买来的二手车。华为当年有个口号——“先生产，后生活”。众所周知，搞研发的投入是一半成功，一半失败，有的研发投入扔到水里连个水泡都没有。大家想想，如果华为是机会主义，拿着钱干点别的行不行？收购几个企业，企业会迅速扩大，去上市，或者换个说法拿着钱搞房地产去，我觉得华为赚钱会赚得更快。任总讲，华为是一个赚小钱的公司，只能赚小钱，一旦能赚大钱了，大家就没有心思去赚小钱了。在中国，像华为这么另类的公司真的不多。我们现在都讲创新，什么叫创新？创新就是投钱，不投钱哪来的创新？2018年，华为的专利申请世界第一，现在平均每天申请8个专利。这些专利怎么来的？是真金白银砸出来的，这就是常识，这就是规律。现在我们把创新与创业浪漫化了、投机化了。

中国企业与发达国家的企业竞争，本质上是龟兔赛跑。那些国外跨国公司的兔子们速度很快，但是老不跑，华为是乌龟，都一直在爬。2013年任正非接受海外记者采访的时候，海外记者问了一个问题，华为凭什么当老大？任正非回答了四个字——“不喝咖啡”!华为就是把兔子们翘着二郎腿喝咖啡的时间用在爬上，超越了兔子。华为坚持不懈地向前爬，把距离交给老天爷。速度是天赋的，时间是自定的，距离是天定的。因为距离=速度乘时间，这是常识。只要按照正确的方向坚持爬行，自然就会有好的绝对距离和相对距离。华为是从2010年第一次进世界500强，用了8年的时间，在财富500强的排行榜爬到了325位，2010年是397位，2018年是72位，今年有人预测将达到55位左右。

中国是一个创造奇迹的国度，改革开放40年给我们提供了许多许多的机会，问题是我们怎样利用这些机会。我们不能机会主义，还是要相信坚守的力量，相信厚积薄发的力量。

相比在世界500强的排位，还有两块金牌更值得肯定。华为连续两年进入福布斯全球最具价值品牌100强，2017年排88位，2018年排79位，这是中国唯一入榜的企业。这也是中国改革开放40年令人感到很悲催的一件事——改革开放40年，在全球品牌榜单100强上只有华为一家入榜。日本用了20多年的时间，产生了多少世界品牌？而中国能够得到世界公认的品牌只有华为一个。中国的企业与企业家很幸福，赶上了可遇不可求的伟大时代。我们国土太大，人口众多，市场太大，机会太多，所以每家企业都活得很轻松。我们的危机感不太强，不像日本企业不敢做大，一旦做大国内市场就饱和了，就必须走国际化这条必由之路。华为目前所面临的困难与挑战，是每一个要进入国际市场的中国企业都会面临的。

华为30年的成长之路并不顺畅，一路风雨，一路艰辛。这30年也是一路跌跌撞撞走过来的，浑身是伤痕。它最新的广告词是这么说的：“没有伤痕累累，哪来皮糙肉厚，英雄自古多磨难。”

苦难一直伴随着华为的成长发展，没有苦难，就没有辉煌，因苦难而辉煌，苦难是华为的宝贵财富。华为是中国企业的一面镜子，它经历的磨难和现在的辉煌，让我们懂得怎样去经营企业，怎样对待企业的成长。

二、你没做好这个准备，最好先别做大

增长与发展也会给企业带来负面的影响，企业辉煌之后，往往是衰落的开始，任总在很多年前就提出“成功不是走向未来的可靠向导”。

企业衰落的主要原因在于其内部，借用热力学第二定律的一个概念，就是出现“熵增”，以至“熵死”。对组织来讲，首要的课题在于避免熵增，增加熵减，从而使组织系统充满活力。我们看到了很多所谓企业成功，所谓国家成功。有人统计过，中国自有纪元以来，平均每个朝代维持的时间不超过40年，活过200年的寥寥无几。朝代如此短命，这是什么道理？大家试想，一国一朝建立伊始，即一个政权成功以后，这时候就像企业创业成功，会积累大量的熵增，使组织机体没法承受，最后就轰然倒下了。人的生命也是这样，我们现在生活好了，都喜欢美食，我也喜欢美食，但是我们忘记了一点，从生理上讲，吃完了一定要消耗掉，如果不消耗掉，就是熵增，会继续增加肌体的负担，最后使你的组织机能衰退、损坏。机体如果不能实现熵减，就会出问题。我们往往无法逃离这个规律，这是很现实的问题。企业也是如此。许多企业创业的时候都是同心协力、同心同德、同甘共苦，但是当企业发展到一定程度，另外三个“同”出现了——同床异梦、同室操戈、同归于尽。

中国很多企业是伴随着改革开放诞生的，基本上都活了30多年，我们也实现了所谓的辉煌，达到了顶峰，但是最可怕的就是达到这个辉煌。随着公司的所谓“成功”，熵增现象大量发生。在组织层面表现为经营规模扩大，管理复杂度增大，组织板结、流程僵化、信息传递不畅，协作效率降低等。在个人层面表现为安于现状，不思进取；明哲保身，怕得罪人；唯上，以领导为核心，不以客户为中心；推卸责任，遇问题不找自身原因，只找周边原因；等等。这些因素与现象的集中表现就是组织活力下降、竞争能力下降。

华为曾总结出18种腐败行为，华为定义的“腐败”是广义的腐败，包括懈怠。任总2019年3月提出三个祛除：一要祛除平庸，二要祛除懈怠，三要祛除南郭先生。其实这些现象不仅在华为存在，在其他企业也同样存在。区别在于，华为能够通过自我批判正视这些问题，并着手解决这些问题。

从另外一个方面看，随着大量新员工的进入，员工的代际结构发生了巨大的变化。新员工还能认同当年创业的文化吗？他们进来了会否污染华为的文化？会否稀释华为的文化？会否背叛华为的文化？华为的狼性会否产生基因变异？从大灰狼会否变成喜羊羊？把大灰狼变成喜羊羊特别容易，符合人性，从山上往下走很轻松；而把喜羊羊变成大灰狼很难，不符合人性，是抱着石头上山。

对于老员工来讲，随着收入的增长、职务的晋升，他们还能保持当年那股激情、那股冲动和那股干劲吗？

那么，如何让组织始终充满活力？这个任务落在人力资源管理的肩上。这个世界上最难管的就是人。车好管，路好管，资源好管，最难管的就是人。企业做大了，就面临着一个巨大的挑战，什么挑战？人力资源管理的挑战。一个老板管十几个、二十几个人很轻松，但是管两千人、两万个绝对不是同一个概念，所以你没做好这个准备，最好先别做大，做大了真是一场灾难。

华为在总结30年成长发展的过程中，得出了一个重要的结论：“人力资源管理是华为公司商业成功与持续发展的关键驱动因素。”没有之一，那就是唯一。也就是说，驱动华为成长与发展的不是技术、不是人才、不是资源，而是对人力资源的管理。华为的成功是管理的成功，尤其是对人力资源管理的成功。管理是华为真正的核心竞争力。

怎样管理好人力资源，尤其是管理好知识员工，使他们的能力和潜力极大地发挥出来，使他们能够心甘情愿地为企业战略目标作贡献，这是一个非常难的课题，但也是我们必须面对的现实挑战。

荀子曰：“蓬生麻中，不扶自直。白沙在涅，与之俱黑。”我们不要抱怨现在的“80后”“90后”，他们在组织强大的企业文化和管理机制作用下，会改变的，关键在于企业的“麻”是否强壮！反言之，如果企业的“麻”有问题，也会被“蓬”绞杀的。中国企业很幸福，因为我国的人力资源不仅是优质的，而且还是廉价的、勤奋的和规模宏大的，关键在于我们如何去管理这些人力资源，激发其潜能，为客户创造价值。

三、华为最可怕的地方是对自己更狠

华为的企业文化不是所谓的“狼性文化”，这是外界对华为企业文化贴上的标签，但华为提倡狼性精神。其内涵特征包括三个方面：首先是有敏锐的嗅觉，盯着客户，紧贴市场需求。任总曾提出：在华为，坚决提拔那些眼睛盯着客户、屁股对着老板的干部，坚决淘汰那些眼睛盯着老板、屁股对着客户的干部。这就是导向。其次是强烈的进攻意识，像狼那样，闻到猎物的味道，就能本能地扑上去，不开会，不讨论，不请示，不汇报，不纠结。最后是群体奋斗，一个人走会走得很快，一群人走会走得更远。

保持狼性，首先在于“头狼”。华为的“头狼”不老。任总是1944年生人，44岁创业，今年75岁了，满身是病，但他还在客户身边，他也在持续地艰苦奋斗。

任总没有专车，没有专职司机，过去没有，现在还没有。从北京飞深圳，三个小时的航程中，他自己说看了两个半小时的书。什么叫艰苦奋斗？首先是思想的艰苦奋斗。下了飞机，没有前呼后拥的接送，没有VIP摆渡车。《华为公司改进工作作风的八条要求》中的前两条就规定：“我绝不搞迎来送往，不给上级送礼，不当面赞扬上级，把精力放在为客户服务上。我绝不动用公司资源，也不能占用工作时间，为上级或其家属办私事。遇非办不可的特殊情况，应申报并由受益人支付相关费用。”

2018年1月份在玻利维亚（高原国家，含氧量比拉萨还低），任总看望员工时承诺：“我承诺，只要我还飞得动，就会到艰苦地区来看你们，到战乱、瘟疫……地区来陪你们。在阿富汗战乱时，我去看望过员工……利比亚开战前两天，我在利比亚，我飞到伊拉克时，利比亚就开战了。”“我若贪生怕死，何来你们去英勇奋斗！”老板都不奋斗了，怎么让员工冲锋陷阵？老板如果腐败了，这个组织不可避免地会走向腐败；如果老板惰怠了，会有更多的干部与员工走向惰怠。任总说过一句很经典的话，他说我屁股上没屎，我就敢擦别人屁股上的屎，老板奋斗，就敢于惩治那些不奋斗的干部和员工。

他还在玩儿命，他完全可以不玩儿命。大家想想，华为的员工是什么心态，老板这么玩儿命，那些年纪轻轻的干部们好意思不玩儿命吗？人都是有感情的，老板这么干，你好意思不干吗？这就叫做活力，这就是精神感召。所以我觉得任总给中国企业家树立了一个高度很高的标杆。榜样的力量是无穷的，如果你都不能为你的下属作出一个榜样来，怎么去管理好队伍呢？人都是有良心的，人是可以被感动的。任总身先士卒，干部与员工必定会前赴后继。所以当组织懈怠与组织失去活力时，企业家应进行自我反思。

华为从2005年开始，每年都宣誓，坚持了14年。从上至下，各部门层层宣誓，宣誓的誓词是华为的“干部八条”。宣誓的作用可能有限，但起码每年血热一次、警醒一次。宣誓也是生产力，宣誓不是生产方式，不是作秀。

华为有个蓝军参谋部，其部门职责定位是：负责构筑组织的自我批判能力，推动在公司各层面建立红蓝军对抗机制，通过不断的自我批判，使公司走在正确的方向。

任总签发文件，要求各级干部讲真话，别讲套话，别讲虚话，他讲坚持真实，华为才能成长壮大。华为心声社区曾有《寻找加西亚》一文引人瞩目，起因是一名叫孔令贤的前员工2014年被破格提拔3级后，因畏于人言的压力而离开华为。随后任总签发总裁办邮件，指名道姓地呼唤其回归。他在邮件中连续追问：为什么优秀人物在华为成长那么困难？为什么会有人容不得英雄，华为还是昨天的华为吗？为什么不能按他们的实际贡献定职、定级？这是任总对一个员工的隔空喊话，他说是公司错了，公司对不起你，请你回来。所以一个公司出现问题了，关键是要有改变、修正这些问题的决心和能力。

这是2018年1月17日华为上班第一天，任正非签发文件，罚款罚了五个人，任正非罚了自己100万元，三位轮值董事长及人力资源高管各罚50万元，事情的背景是华为海外业务造假行为被查出来了，惩罚得很厉害，因为公司大佬们承担着间接领导责任，所以罚款问责。与其说是华为罚了任正非100万元，不如说是任正非罚了任正非100万元更确切。这就是把任正非的华为变成华为的任正非，让制度与规则守望华为。

对自己狠一点，对别人才能狠。我们有时候从人性的角度来看，通常大家是对别人狠，对自己却很宽容.

我觉得华为最可怕的地方就在这儿，对自己更狠。

四、长期坚持艰苦奋斗，是最大最难的挑战

从华为这30年来讲，华为的成功就是华为文化的成功。华为的文化是什么？首先永远以客户为中心，因为这个世界上只有客户给华为送钱，其他的人都跟华为要钱。

有的企业做到一定程度就傲娇了，就傲慢了，就瞧不起客户了，不把客户放在心上。客户是得罪不起的，因为客户有选择，只要客户认同你，企业死不了，你想死，客户都不让你死。所以华为的理念是永远做乙方，客户虐华为千万遍，华为视客户为初恋，能做到这样，华为死不了。这不是什么高深的道理，客户的要求是越来越高的，你必须要持续地努力奋斗，才能让客户满意。

我们听到“以客户为中心”这句话，感觉它太简单了，其实这句话很沉重。以客户为中心需要构建基于客户的业务流程、管理体系与组织结构。此外，在企业核心价值主张上还要做出艰难的抉择，如以老板为中心、以上级为中心、以员工为中心、以股东为中心等。因为在现实当中，除了客户，我们企业还有好多中心，股东是一个中心，领导是一个中心，员工还是一个中心。华为确实做到了“以客户为中心”，所以任正非在机场打的，他得排队等着，身边就没有下属前呼后拥，因为华为不是以老板为中心，也不是以股东为中心，也不是以员工为中心。我们很多企业真正做到了“以客户为中心”吗？很多企业在组织运营上，遇到什么问题为什么需要领导亲自拍板？

因为老板一骂人，问题都解决了，领导不拍板、不骂人，就没有人管。为什么员工对领导是一种态度，对客户是另外一副面孔？

现在正在讨论“996”，关于这个问题，我觉得这不是问题，只要有梦你就要奋斗，除非你没有梦；对现状不满你也要奋斗；还有就是客户要求你奋斗。有一大堆竞争对手围着客户，你干得好，客户都不一定选你，更何况你可能干得不好？奋斗是这个星球上、全世界普适的和朴实的价值观，是人类文明进步的巨大推动力。公司应该是志同道合者的组织，大家有共同的追求，在一起为了共同的理想做事情。怎样长期坚持奋斗？这就更难了，这是最难的挑战。

像华为这样坚持几十年，还能够艰苦奋斗，真的不容易。企业大量的熵增是一种巨大的惯性，它会一直存在，尤其像华为当上了老大以后，还能艰苦奋斗吗？这个挑战是巨大的。怎么解决这个问题？我总结，第一是开放，只有开放，才能与外界有能量交换，有能量交换就是熵减；第二是持续地作自我批判，自我批判不符合人性，批别人大家都能说，批自己很难，因为不符合人性。

华为的自我批判是一套体系，不是简单地开个民主生活会就够了。华为的自我批判是一个系统，在我的小文《华为是如何管理自我批判的》中有详细的介绍，自我批判就是熵减。自我表扬大家都会说，但自我表扬的结果最后就是温水煮青蛙。对自己狠的人才可能对别人狠，对自己都不狠，对别人也狠不到哪里去，当然也不会有什么战斗力。

五、开放和学习是一个公司和个人进步的主要动力

组织开放，才能持续地吸取外部的能量，开放的系统才能实现熵减，避免熵增，使组织远离平衡，从而保持组织的活力，此其一。只有保持开放，才能发现自己与他人的差距，知耻而后勇，不断地向优秀的他人学习，此其二。

保持开放（或谓拿来主义）、自我批判、持续对标学习是华为核心价值观的重要组成部分，也是构成华为组织的内在驱动力，其闭合循环就是驱动华为由小到大、不断成长进步的内在驱动力。

学华为或许学得会，华为可学的地方很多。我认为别的方面可以不学，核心是：一学华为如何保持开放，二学华为如何自我批判，三学华为如何学习别人，四学华为不搞投机、不搞机会主义。

华为一直在持续地学习别人。2012年12月28日任正非签发EMT决议《关于体验顺丰速运、海底捞服务的倡议》，倡议全体员工用一次顺丰，吃一次海底捞，感受他们的服务。其中提出：“华为公司要同步于这个快速变化的时代不落伍，就必须坚持自我批判，开放自己的心胸，不断地向优秀企业学习。”

华为员工在上海带着十几位客户在海底捞吃饭，买完单结完账，华为员工回到吃饭的桌上，发现海底捞给他们上了一个果盘。果盘摆成了华为的LOGO。做这个果盘需要人才吗？需要技术吗？需要资源吗？需要智商吗？海底捞做到了，为什么我们做不到？我们学别人的时候总给自己找借口，敝帚自珍，强调行业不同，所有制不同、地区不同，如此等等的理由。华为是向一切可以学习的东西学习，学习不问出处，只要对自己有益，只要别人比自己做得好，就先僵化，后优化，再固化地学习。

华为的开放、自我批判与标杆学习的目的，还是要回到企业的本质，回归到基本的经营管理常识，这就是持续地为客户创造价值。

要用资本主义的方式创造价值，持续地发展生产力，持续地挖掘组织与个人的潜力；用社会主义的方式分配价值，各尽所能，按劳分配，让奋斗者得到合理的回报；“力出一孔”地创造价值，“利出一孔”地分配价值。

华为对组织熵减的理论和实践的探索，所有的目的都是一个主题——使组织充满活力，开放，厚积薄发，增加公司的势能。具体来讲，一是继续强调奋斗，而且要长期坚持奋斗；二是人力资源要走向开放，别那么僵化，要加强淘汰；三是抓好两个激励，即精神文明和物质文明的激励。

其中的核心问题是构筑强大的价值链循环，全力创造价值，科学评价价值、合理价值分配。通过构建有活力的机制，团结一切可以团结的人，调动一切可以调动的积极性，挖掘一切可以挖掘的潜力，持续地创造价值。

最后，用任总的话作一个结尾，回答华为到底能走多远？下一个倒下的会不会是华为？

“华为公司未来的胜利保障，主要是三点要素：

第一，要形成一个坚强、有力的领导集团，但这个核心集团要听得进批评；

第二，要有严格、有序的制度和规则，这个制度与规则是进取的。什么叫规则？就是确定性，以确定性应对不确定性，用规则约束发展的边界；

第三，要拥有一个庞大的、勤劳勇敢的奋斗群体，这个群体的特征是善于学习。

如此，华为除了胜利，无路可走。”

（华夏基石e洞察公众号2019年6月1日发布）

“罗马广场”上空的云

一、华为的内在驱动力是什么?

企业家及其经营管理哲学、企业优秀的企业文化、企业的核心竞争力或许都是企业的内在驱动力，但从组织成长的观点来看，它们不但显得比较空泛，而且缺乏内在的逻辑关系，现有的研究更没有揭示其内在的运作机理。

人的驱动机制及其驱动力不同于组织的驱动机制及其驱动力，人是被组织所驱动的，那么，组织的驱动力是什么?

具体到华为这个组织，它的内在驱动力又是什么，是任正非及其管理哲学吗?

任正非长期致力于把“任正非的华为”变成“华为的任正非”，其个人及其经营管理哲学已经内化在华为组织之中了，组织的内在驱动力还需从组织内部寻求，任何相对独立于组织之外的要素，都难以形成组织的内在驱动力。坚守“唯有惶恐者才能生存”理念的任正非，在华为成立之初，予以华为基本的价值观体系，并通过管理、运作与机制设计，构建了华为的内在驱动力，这就是开放、自我批判与持续对标学习。

保持开放（或谓拿来主义）、自我批判、持续对标学习是华为核心价值观的重要组成部分，也是构成华为组织的内在驱动力，其闭合循环，就是华为由小到大不断成长进步的内在驱动力。

“以客户为中心，以奋斗者为本，长期坚持艰苦奋斗”是华为的经营哲学或核心价值主张，同样也可认为是华为的内部驱动力，但是这无法解释这三点正式提出之前，是什么力量在驱动着华为的成长与发展，因为这三点是在华为成立十余年之后才提出的。而且，这三点正是在华为坚守的开放、自我批判和持续对标学习基础上提出的。前者与后者之间存在着内在的逻辑关系，后者无疑是前者的前提。

可以认为，保持开放、自我批判和持续对标学习是华为由小到大以至超越对手的内在驱动力，这也是探求华为的内在成长逻辑的三个关键出发点，可以称为华为成长的“三元内在驱动力模型”。

封闭、模仿、学习与创新是一个组织的四种状态，支撑组织四种状态的是不同的核心价值观，或谓价值取向。华为一直把学习他人作为公司的核心价值观——在华为的六大核心价值观中没有“创新”，而与学习相关的有两条：“开放进取”和“自我批判”。内外开放与自我批判是学习他人的重要前提。

开放是前提，自我批判与持续对标学习是两翼。这或许也可称为华为的“一个中心两个基本点”。只有具备了开放的心态和开放的组织形态，才能够全方位地吸纳外部的能量，进而对组织存在的问题进行持续的自我批判，并在此基础之上，持续地向其他优秀的组织学习，从而为组织的成长与发展提供源源不断的动力。

华为在内部管理上长期奉行“先僵化，后优化，再固化”的方针。先僵化，就是在开放的前提下，不强调华为特色地学习别人；后优化，就是在自我批判的基础之上，根据公司的实际情况持续改进；再固化，就是把领先标杆的实践内化为华为的实践。

华为作为一个现象，是由一整套要素综合作用生成的，在任何复杂的现象背后，一定存在着简单的内在逻辑。从“三元内在驱动力模型”的分析框架中，寻求华为的内在驱动力，或许在理论和实践两个层面，是一个新的视角。

回顾三十余年来中国经济的发展，开放与改革是主旋律，而改革自身也包含了自我批判和持续对标学习两个核心内容。

当下，许多中国企业都对标华为，并在实践中也一直存在华为学得会还是学不会的争议。其中的关键在于，企业是否具备或能否构建自己企业成长的内在驱动力，即能否持续地保持组织的开放，能否持续地保持自我批判，能否持续地对标学习。

二、长期保持公司的开放性，是华为不断进步的前提条件

在许多人的印象中，华为是一个封闭的公司。实际上开放一直是华为坚守的核心价值观。华为从来不封闭，除在技术、市场和供应链等业务领域坚持自主开放的政策外，华为的内部文化也并不像外界理解的那样封闭保守。华为确实是低调的，但又是开放的，如同公司的logo（商标），华为一直在低调中开放着。其实，华为以往的封闭主要表现在对媒体上，伴随着 2011 年任正非《要改善和媒体的关系》文章的发表，相信今天不再有人坚持华为是个封闭的公司了。低调并开放着，成为华为的新常态。

早在二十余年前的《华为基本法》中，其第三条就提出：“广泛吸收世界电子信息领域的最新研究成果，虚心向国内外优秀企业学习，在独立自主的基础上，开放合作地发展领先的核心技术体系，用我们卓越的产品自立于世界通信列强之林。”这是七大核心价值观之一。

这里提出的开放合作，不仅仅是指技术方面，也包括组织、运营、管理等诸多方面。

长期保持开放，能够使公司避免封闭、保守，放眼看世界，时刻保持着与外部世界的沟通与能量的交换，持续地吸纳外部的正能量，使公司长期处于耗散结构（耗散

结构就是一个远离平衡的开放系统，通过不断与外界进行物质和能量交换，在耗散过程中产生负熵流，从原来的无序状态转变为有序状态，这种新的有序结构就是耗散结构）。把以往的优势耗散掉，形成新的优势。持续地感受外部的压力，并通过内部制度设计将这种压力传递到公司的内部，使公司处于熵减状态。企业必须也应该是开放系统，才能与外部能量交换，才能吐故纳新，才能持续地保持组织的活力。祈求于外部力量的保护，自我封闭，组织的能量就会衰减，导致系统的熵死。

任正非在2011年的公司市场大会上说：“公司长期推行的管理结构就是一个耗散结构，我们有能量一定要把它耗散掉，通过耗散，使我们自己获得一个新生。什么是耗散结构？你每天去锻炼身体跑步，就是耗散结构。为什么呢？你身体的能量多了，把它耗散了，就变成肌肉了，就变成了坚强的血液循环了。能量消耗掉了，糖尿病也不会有了，肥胖病也不会有了，身体也苗条了，漂亮了，这就是最简单的耗散结构。那我们为什么要耗散结构呢？大家说，我们非常忠诚于这个公司，其实就是公司付的钱太多了，不一定能持续。因此，我们把这种对企业的热爱耗散掉，用奋斗者、用流程优化来巩固。奋斗者是先付出后得到，与先得到再忠诚，有一定的区别，这样就进步了一点。我们要通过把我们潜在的能量耗散掉，从而形成新的势能。”

2013年4月，任正非给信息安全部报告的批示是：“宁可不安全，也要开放。”

每一个组织都是一个能量体，但能量体需要引发，如同中子轰击原子核一样，迸发出巨大的能量，否则能量就会持续衰减，组织就会陷入衰败。开放的必要性在于不断地吸纳外部的能量，以抵御组织衰败。2012年8月在与2012试验室座谈时，任正非就反复强调：“我们总有一天能量耗尽，就会死亡，所以我们要做开放系统。我们建立了一个封闭的系统，封闭系统必然要能量耗尽，要死亡的，我们一定要避免建立封闭系统。我们一定要建立一个开放的体系，特别是硬件体系更要开放。我们不开放就是死亡，如果我们不向美国人民学习他们的伟大，我们就永远战胜不了美国。”“华为成功的奥秘，就是我们很好地应用了‘热力学第二定律’和耗散结构理论，不断地加温，又不断地耗散，只有这样，华为才能保持20年的战斗力。”一语道破天机！

一个公司是否开放，基于其核心价值观，基于领导者的危机意识和战略自信；

一个公司对外部是否开放及其开放程度，取决于企业领导者风格、决策与实力；

一个公司必须对内外部的开放及开放程度取决于保持有效的管理。

在实践层面，任正非所提倡的“一杯咖啡吸收宇宙能量”、“炸开人才金字塔”、“罗马广场”、成立“思想研究院”、坚持“拿来主义”、构建“红蓝军机制”、“心声社区”等，实际上都是基于开放思想的，同时也是使华为保持开放系统的重要举措。

三、长期保持对公司的自我批判，是华为不断进步的内驱力

有人评价，综观华为的发展历程，会看到华为一直在犯错或出错。

此言不谬，这是华为的A面。外人难以看到的B面是，华为也一直在真诚地发现与修正自己的错误。还有人评价，与竞争对手相比，华为犯错快，但改错更快，此言也是真知灼见。华为做到这一点的关键，就是自我批判。

长期地保持对公司的自我批判，能够避免公司的干部与员工的傲慢、狂妄、自大与自恋，能够持续地聆听客户的声音，正视公司存在的问题与不足。尤其当一个公司处于领先地位时，还能保持一种谦卑，真的不容易。谦卑造就伟大，傲慢导致伪大。当一个企业的规模远大于它的客户规模时，还能保持当年小于客户规模时的那份谦卑和敬畏，这就是以客户为中心的体现。企业的衰败都是从傲慢地对待客户开始的。

只要一个组织持续地保持开放且保持自我批判精神和能力，任何自身所不具备的精神、思想、思维和基因，都能够在较短的时间以较小的代价移植并内化到组织内部。

在“摸着石头过河”中探索，在自我批判中进步，在自我优化中成长，在“顶层设计”中卓越。

所谓的自我批判，就是对自己狠。对别人狠，是快乐的，人人可为，是符合人性的；对自己狠，是痛苦的，也不是人人皆可为的，像孔圣人的弟子曾参那样做到每日三省的人，在这个世界上，真的不多，因为它是反人性的。对于善于自我批判和自我修复的组织或个人来讲，外部的批判、指责和打压，都会变成改进、优化和走向优秀的动力，即能够把外部的负能量内化为自身的正能量。内化外部正能量者，走向优秀；排斥外部负能量者，走向封闭；吸纳外部负能量者，走向溃败。容得下别人的尖锐批评，是一种进步；能够客观地自我批判，是走向伟大的进步。

当华为处于“四无”（无人区、无人领航、无既定规则、无人跟随）状态时，是否能够继续持之以恒地坚守自我批判，决定了这个组织还能走多远、走多久。华为的可怕之处在于：把自我批判作为组织的惯性，作为组织中每个人的价值观，作为常态化的制度设计，以此形成自我批判的文化、机制和制度体系。

华为的自我批判包括：①持续地吸纳客户对公司的批判，并转化为对组织的自我批判；②持续地吸纳全体员工对公司的批判，并转化为对组织的自我批判；③自发地组织对公司的自我批判；④高层进行自主的自我批判活动；⑤把自我批判作为选拔管理者的标准和核心价值观。通过持续的自我批判，使华为能够始终在主航道上运作，保证“以客户为中心，以奋斗者为本，持续艰苦奋斗”的核心价值观得以坚守和传承。

任正非在2004年曾言：“世界上只有那些善于自我批判的公司才能存活下来。”英特尔公司前CEO安迪·格鲁夫的“只有偏执狂才能生存”的观点，还应该加上一句话：“要善于自我批判，懂得灰色，才能生存。”惶恐者，生存；偏执者，成功！以过冬天的心态活在春天里，是一种活法；以过春天的心态活在冬天里，也是一种活法。问题是怎么活得更精彩。忧虑着会不会倒下，会站得更久，活得更精彩。在这个世界，唯惶恐者生存，唯偏执者成功。

四、长期保持对学习的饥渴状态，是华为不断进步的原动力

当下很多企业在学华为，其实华为也一直谦卑地在学别人，现在如此，过去也如此。学习他人，是个人与组织进步的捷径。古人曰，见贤思齐；今人讲，榜样的力量是无穷的；西方云，标杆管理或对标。

Benchmark是标杆、基准的意思；Benchmarking（标杆管理）就是在组织中不断学习、变革与应用这种最佳标杆的过程。美国生产力与质量中心对标杆管理法的定义是：标杆管理法是一个系统的、持续性的评估过程，通过不断地将企业流程与世界上居于领先地位的企业相比较，以获得帮助企业改善经营绩效的信息。所谓“对标学习”，是指以最强的竞争企业或那些行业中领先的和最有名望的企业在产品、服务或流程方面的绩效及最佳实践为基准，树立学习和追赶的目标，通过资料收集、比较分析、跟踪学习、重新设计并付诸实施等一系列的规范化的程序，将本企业的实际状况与这些基准企业进行定量化评价和比较，分析这些基准企业达到优秀水平的原因，并在此基础上选取改进本企业绩效的最佳策略，争取赶上或超越对手。

当年，华为是跟着老师学，沿着“先僵化，后优化，再固化”的学习三部曲执着地向他人学习，可以说，华为今天的管理体系、营运体系甚至经营管理哲学更多地来自学习，而不是自我的创新。向IBM学流程管理，向合益集团（HAY）学人力资源管理，向英国学任职资格管理，向埃森哲学客户关系管理，向丰田学精益生产方式，向韬睿慧悦（Towers Watson）学员工持股计划。除了这些，还学过美国人的创新与奋斗精神、德国人的严谨、日本人的勤奋与精益、英国人的保守；学过共产党的实事求是、自我批判、多劳多得和八项规定；学过美国的“蓝血十杰”；学过顺丰速运和海底捞；等等。当然还在不同的发展阶段学过索马里海盗、野战排、李云龙、阿甘、许三多、传教士、狼、蚂蚁军团、薇甘菊、罗马广场、都江堰、教堂等。

2017年1月17日在消费者BG（business group）讲话中，任正非指出：“我们要向所有优秀的人学习，学到优秀之处才能让我们变得更强。”“学习优秀之处，不要总拿我们的长处比别人的短处。”强调向苹果公司学习，向谷歌和亚马逊学习，向BAT学习，向小米公司学习，向OPPO、VIVO学习，并告诫：“你们要心胸宽广，善于接

纳，不要以为封闭起来做就是王。”

由此看出，任正非确实是在让消费者BG保持清醒，放下身段，但其目的与宗旨没有变，即谦卑地向竞争对手学习，然后奋勇赶超他们。

华为的成长过程，从实质看就是不断对标世界领先企业，持续改进，不断追赶，最终实现超越的过程。

当年华为最好的老师们，现在越发跟不上学生华为的节奏了，但谁也没法否定他们之于华为的标杆价值。

有标杆，就有了衡量差异的标尺，就有了学习的榜样，就有了假想敌，就有了超越的目标，就有自我批判的背书，就有了自我修正的动力。

华为的持续学习实践，来自任正非及其高层团队的胸怀、危机感与使命感以及其经营管理哲学。我觉得自我批判就是自我进化的过程，华为能走到今天，和任正非的格局、胸怀有很大关系。

在公司的各个阶段，不论是在经营管理方面，还是在技术创新方面，任正非坚守的是“拿来主义”，不断地呼吁“开放，开放，再开放”，要求华为人特别是干部“一杯咖啡吸收宇宙能量”。可以讲，华为公司由小到大的发展过程，就是一个谦卑地持续地向领先者学习的过程，华为自身影响力由小到大的演变过程，就是其长期坚持开放，持之以恒地吸纳与转化外部正能量的过程。

2014年1月任正非曾指出：“华为公司未来的胜利保障，主要是三点要素：第一，要形成一个坚强、有力的领导集团，但这个核心集团要听得进批评。第二，要有严格、有序的制度和规则，这个制度与规则是进取的。什么叫规则？就是确定性，以确定性应对不确定性，用规则约束发展的边界。第三，要拥有一个庞大的、勤劳勇敢的奋斗群体，这个群体的特征是善于学习。”

“如此，华为除了胜利，无路可走。”任正非眼里，永远是问题，而不是胜利，不是成绩，不是辉煌。

面对华为自身的问题，任正非也找到解决这些问题的答案：“用美国的砖，修华为的万里长城。”

要修好华为的长城，其中的要义就在于：开放、自我批判和持续对标学习。这三点是碳元素，呈三角排列，构成了金刚石般的砖，是华为修长城的基石，也是驱动华为不断进步和成长的内在驱动力。

（华夏基石e洞察公众号2019年3月7日发布）

田涛

浙江大学睿华创新管理研究所联席所长，华为公司顾问，国内外多家企业和投资机构顾问、董事，《投资与合作》杂志总编辑。

第五辑

被理想“绑架”的少数人

田涛

真正的商业革命者

一、一个观念与一个阶层的崛起

40年前的1978年，诞生了中国历史上前所未有的一个观念，这就是中共十一届三中全会提出的：以经济建设为中心。

自此发端，依赖十亿国民的意志力量和国家力量，过往40年，中国形成了人类商业史上最波澜壮阔的一次经济大潮，而大潮漩涡的中流砥柱者则是企业家阶层。

观念与时代共跳芭蕾舞，共同发育了中国有史以来从规模到结构、从风范到勇气都罕有的企业家群体，而遍布于中国大地角角落落的成千上万的企业家和商人们，在为共和国创造财富、奠基实力的同时，也沉淀出了色彩杂陈、品相多样的精神质地。下面我从三个时间断面和三个层面对40年来中国企业家精神做一个粗略的描述。

1. 实业英雄群体（1978—）

代表人物包括鲁冠球、张瑞敏、柳传志、任正非等人，他们背后站立的是一大群知名的、无名的制造业实业界的企业家们。

这里要特别提到鲁冠球——中国制造业一位丰碑式的英雄，他在1969年那个动荡年代集资创办了万向集团的前身——一家拖拉机厂，50年后的今天，万向集团在汽车零部件制造领域位居世界第一。

这是一代老派风格的企业家，也是在强烈的饥饿感驱使下的冒险家。他们最先捕捉到时代缝隙中的一道闪电，然后就聚集起全部的热情与身家性命赌上去，在体制的渐次裂变中迂回前进，风大了躲起来，风过了爬起来，有太多的人栽倒在山脚下半山腰，能够活三四十年的企业和企业家无不充满沧桑与传奇。苦难的土壤，开出了灿烂的花朵。

（1）强烈的使命感。他们的起点是卑微的，但不少人却怀有宏大的国家抱负乃至于人类使命意识，似乎要发挥尽这个古老而辽阔土地上的一切潜力，才对得起时代赋予的机遇。

有人问我，为什么20世纪80年代90年代的企业家们普遍拥有狂热的理想主义色彩？我给出的答案是，这也许和他们青少年时代所共同接受的传统理想教育有很大关系。

（2）强大的自信心。他们中的不少人都相信这个世界上没有不可战胜的对手。柳传志30多年前的野心是超越IBM，任正非在“四大皆空”（无资本、无技术、无人才、无背景）的起步期喊出的梦想是“20年后，三分天下有其一”……

（3）源自本能的不安全感。他们是旧堡垒的穿越者，同时也深知“第一个吃螃蟹”的代价与风险。他们中的一些人给自己设定的命运轨迹是：永远向前，向前，只有不断朝前奔跑，才能不断摆脱不安全感带来的阴影，以达成“在不朽的事业中寻求庇护”。

这是改革开放以来的第一代传统型的中国企业家，他们大多从制造业起步。

2. “92派”企业家群体（1992—）

1978是一个历史性年份，1992同样具有标志性。如果说1978的“三中全会”是一次伟大的“思想和体制破冰”，1992的南方谈话带来的则是改革开放从理论到实践的全面启动，“大众从商，万众下海”成为当时中国社会一道浓重的风景，而这中间的一批人则被媒体称为“92派企业家”。

代表性的“92派企业家”大多是前官员或前学者，有着良好的教育背景和行政能力的历练，洞悉历史潮动，同时充满变革的热忱与勇气，更重要的是内心深处的躁动、不安分使他们决心“换一种活法”——于是他们“下海”了，摇身一变成为创业者、商人、套利者、企业家。

（1）“92派”最重要的贡献是把现代企业治理的一整套理念与制度体系带给了中国企业界。“92派”从创立之初就普遍重视“产权清晰”“股份制”“契约精神”等现代理念，并刻意在自身企业中进行制度探索与实践。

他们是传统与现代的分水岭，是充满理性精神和征服精神的一代“大亨”，他们中的代表性人物许多是地产商、金融家或资源类型的企业家——不是他们选择了做什么，而是历史在恰当的时期给他们呈现出了恰当的机遇，因此，他们成为了地产商、金融家……同时，中国富豪榜的第一批明星也大多诞生于1992年之后创业的企业家群体中。

“92派”们大多很在乎自己在牌桌上的位置，但与互联网企业家不同的是，他们常常以理性掩盖深刻的激情，他们中的一些人既渴望爬上虎背，又忧惧骑虎难下，他们深知自己生活在一个并非无所不能的时代和并非无所不能的社会，当然他们更深知自己并非无所不能的英雄，所以他们普遍低调而克制，并时而表现出某种不动声色的傲慢与优越。

（2）“92派”是中国有商业史以来最具现代性的企业家群体，也是一个色彩混搭、不易评价的群体。

3. 互联网企业家（1998—）

与美国的谷歌、亚马逊、雅虎几乎同步，中国于20世纪末诞生了腾讯、阿里巴巴和百度等一大批互联网企业与互联网人物，并且以20年左右的时间创造出了世界级的奇迹。

（1）他们是真正的商业革命者。无论从理念层面、体制层面还是商业模式层面，他们对中国传统的经济与文化形态都有着巨大的颠覆性，乃至于巨大的破坏性。

很长一段时期，他们简直是在真空地带前进，自信满满且雄心勃勃，为争取机会而猛烈碰撞，“你不改革我就革命”——以互联网荡涤一切所谓传统制造业、传统金融业、传统生意、传统生活方式……他们崇尚互联网“万能主义”。

互联网企业家们的优点也是他们的缺点，他们是过往20年的一个大幻觉的鼓吹者，也是狂热的践行者。他们自信能在过去不存在规则的地方创造规则，或者推倒旧规则重建新概念、新理论和新公式，他们发明新词汇，如互联网精神、互联网思维、互联网文化、互联网……他们在很长时间并不知道自己走得太远了，让时代失去平衡的同时他们自己也失去了平衡。

他们的雄心或野心是被硅谷和华尔街撑大的，但在技术创新与市值导向的天平上，有太多的企业向后者大幅下坠，甚至一切奔着上市，奔着独角兽，奔着市值——离“华尔街”更近了，离“硅谷”远了。

（2）另一个重要特征是数据、数据、数据，数据为王。

（3）第三个特征是“互联网达尔文主义”。他们中的一些人信奉的是文明的弱肉强食法则，在一切能侵入的行业、领域跑马圈地，并类同于阿米巴虫的繁殖，一变二、二变四……进而实现“大者恒大，强者恒强”的所谓“生态圈”。

互联网已经深刻改变了人们的思维方式、交际方式、工作方式、消费方式和生活方式，中国的互联网企业家们厥功至伟。

然而，遗憾的是，中国的互联网企业与美国的互联网企业有一个很大的差异：创新。我们的创新大多是跟随式的，大多是“柜台式创新”，大多是在交易环节、流通环节、营销环节的创新，而谷歌、亚马逊、脸书则完全不同，在基础研究、原创技术方面他们远远走在了世界领先的道路上。

二、企业家精神之我见：做本分的生意人

1. 真正伟大的企业家无不呈现深刻的悖论

他们是理想主义者，是梦想家，是从过去到现在、到未来的信使，比如乔布斯、马斯克，比如任正非。但与此同时，他们又是超级实用主义者。

赚取更多的财富，是任何一个企业家命定的职业属性，这也从根源上决定了企业和企业家的生存法则：数字的增减与好坏的背后是你明天还能不能活下去。因此，任正非说，活下去是华为的最低纲领，也是最高纲领。

但伟大与平庸的企业家的不同则在于：赚钱的目的是什么。前者是为了一种理想，一种使命，财富则是撬动梦想的工具，后者发财就是为了发财。

（1）积极的风险承担者。他们天然地对风险怀有兴趣，某种意义上正是对风险的拥抱与抵抗，才能让他们真正展现出勇气、洞察力、意志力，以及对团队的感召力。但他们也是极端的趋利避害者——谨慎乃至于保守与他们对风险的偏好集于一身。

（2）偏执的守拙者。不讨巧，不取巧，“一条道走到黑”、走到光明处，也许就引领了世界。华为30年间坚守主航道，拒绝多元化，拒绝机会主义，30年后成为全球通信行业的颠覆者、领先者，世界500强中的多数西方公司也大抵如是。

（3）柔软的同理心与最坚硬的孤独者。伟大的企业家、甚至包括一个合格的企业家或管理者，他必须拥有一种特质：同理心。已所欲，人之所欲。

自己谋求财富与权力的扩张，追求聚光灯下的荣耀与辉煌，你的同僚、部属、员工又何尝不这样？因此，财富不可独享，权力不可垄断，成就感应当共享，唯如此，才能有上下同欲、同心、同力之上的众志成城。当然，同理心不仅体现在企业内部，还包括对客户的同理心，对社区和大众的“共感”。

2. 卓越的领导者无不是孤独者，坚硬的孤独者

以上是关于企业家精神的通识。但对于今天的中国社会来说，在这些通识之外，我们似乎更需要一种源自于西方工业革命以来的古典企业家精神：做一个本分的生意人。

（1）发现、发明的能力。优秀的企业家对任何社会来说都是最稀缺的品种，他们是资源的整合者，是“无中生有”的冒险家，敏于和善于从实验室的科学发明中捕捉改变人类命运的技术潜质。

我们必须承认，美国那些曾经伟大的企业比如摩托罗拉、依然伟大的企业比如IBM和微软、新崛起的伟大企业比如谷歌和亚马逊，他们无不有过这样的辉煌：把一个科学原理、一个实验室的公式转换为一种技术创新，进而把技术的颠覆性创新转化为颠覆性的创新产品，然后让大众受益。

美国的超级霸主地位正是奠基于几百个这样伟大的企业之上的。

在这些伟大企业的背后一定有一位或一群先知般的企业领袖，他们也许对科技一知半解，但他们对科学发明和技术的直觉力，尤其是冒险的魄力、资源的组织力却是常人无法企及的。

（2）推行大众化的本能。把发明转换成技术，把技术转换为产品，再把产品推向消费者，我们大多数成功的企业都拥有第三类本能和能力，这当然是对的，但遗憾的是，我们相当多的企业通过自我积累、通过资本化，拥有巨额的资本存量，但它却不愿意向上游的基础研究、原创技术进行投入，甚至许多企业的研发经费（包括应用技术的研发）远低于营销费用。

今天的中国经济与中国社会到处弥漫着“过度营销”，包括企业家自身的过度营销——他们的名声就是他们财富、权力、影响力的来源，但同时也使他们随时可能失去这一切。这无疑有点讽刺乃至于悲剧的意味。

（3）颠覆者与“盗火者”的双面一体。处于追随者地位时，他们是“掀桌子”的英雄，是技术、产品、商业模式的破坏性创新者；而当他们站在领先者、领导者地位时，他们依然有一种“舍我其谁”的普罗米修斯气质：为人类做“盗火者”、探险家、引路者。

（4）观念的纯粹性与职业的纯粹性。企业家并非无所不知，无所不能，不能以为创立了一家了不起的企业，就代表着一个企业家无师自通、一通百通，有能力对大千世界诸般事物、诸种事件“指点江山”、挥斥方遒，更何况在今天这个技术日新月异变化、社会剧烈震荡的时代，企业家倾尽全部身心，专注于自身行业与自身企业，也不见得能够应对眼下的挑战与未来的冲击。

三、企业家精神之“暗疮”种种

我们应该崇尚和张扬古典的、传统的企业家精神，竭力做“纯粹的生意人”，与此同时，也必须对“企业家精神的暗疮”保持警觉与警戒。

1. 雄心壮志与贪得无厌

一流的企业家无不怀有强烈的企图心，旺盛的欲望与旺盛的精力似乎是他们的天赋特性。然而，对一些人来说，通过奋斗摆脱了物质的饥渴，成为千万富翁亿万富豪，甚至成了财富金字塔顶端那百分之一、千分之一的“稀有物群”之后，他们却活得不快乐。

我们周围有一批这样活得不开心的富人们，财富积攒的越多越不快乐——这几年，不止一位几位企业家向我袒露过这样的苦恼。

雄心壮志当然是好的，但雄心壮志和贪得无厌往往是一墙之隔。

我在多个场合向一些企业家朋友推荐两本书，马克斯·韦伯的《新教伦理与资本主义精神》和肯尼斯·霍博兄弟俩合著的《清教徒的礼物》，两本著作讲的是同一个哲理：财富创造的动机与企业家的价值追求。财富不应成为禁锢企业家精神的“铁笼”，相反则是“轻飘飘的斗篷，随时可以将其甩掉”。卓越的企业家无不有一种“救世的气质”。

中国企业家普遍面临的精神困惑也许正在这里：赚钱的意义何在？财富是目的还是工具？

我们需要构建中华人文背景下的企业家信仰体系、使命体系与价值观体系。

2. 一个病态的商业逻辑：先作恶，后洗白

近年，一小部分怀有一夜暴富心态的创业者，在公开或私人场合堂而皇之、理直气壮地鼓吹类似的观点：野蛮生长，降维打击，唯快至上，垄断为王……

导致的结果是，什么有害无害、假货真货、假数据真数据、假信息真信息、侵权与否、安全与否……都不重要，都可以轻视以至无视。

一切都为业绩的火箭式增长让路，为市场的跑马圈地让路，为“一家独大”的老大地位让路，为威风八面的独角兽让路，为估值和市值让路……

有学者私信于我：先作恶，后洗白，某某公司就是这么走过来的。

不敢苟同。我们毕竟已经改革开放40年了，市场经济和法治化建设也40年了，我们已是世界第二大经济体，早该告别原始积累期的丛林法则了。

在一个喧哗、喧闹的时代，企业家最需要的是自我怀疑和自我审视。极端点说，中国的企业家可以不读管理书籍，但不能不读中外历史。读史使人明达而知进退、知荣辱、知行止。越是握有权柄和拥有财富的人群越要有大历史观。

历史有一条逻辑亘古未变：上升者必有顶点，上升快的，垮下来就更快。

3. 富不过一代、二代之兴衰律

这些年研究组织兴衰律、兴亡律，从美第奇家族，到胡雪岩帝国，到中国改革开放以来的一批民营企业，大致都逃不出这样的轨迹：初创时勤劳节俭，清明克已；发展到中期，即所谓繁荣期、成熟期，开始奢华失度，奢靡无算；到了晚期，就是溃烂，刹不住车地从上到下人性溃烂、文化溃烂、组织溃烂。

美第奇家族冒险与征服的基因不可谓不强壮，最终却以最悲绝的下场落幕，渗人骨髓中的浮华、腐化与懈怠是大悲剧的根因。而绝大多数的东西方公司并没有美第奇家族这样的幸运和长寿，毕竟它活了300年。

我们的祖先们总结得很精辟：富不过三代。

富不过三代？如果我们剥离掉外部环境历史治乱的周期律，看到的则是一个冰冷的组织自身、家族自身的兴衰内因：曾经赖以崛起的基因衰变了——活力衰减了、孱弱了乃至于丧失了。

一位46岁的投资家一边抽着雪茄，一边问我：老师，我的财富已经够几辈子了，可不可以告诉我，我和我的儿女们继续奋斗的理由……

30年前穿草鞋的少年，梦想有朝一日穿皮鞋，穿上皮鞋后依然奋斗不止，现在突然什么都有了，豪宅豪车游艇，雪茄红酒高尔夫……

也有企业家朋友对我倾诉：创业前十多年，我每天工作十几个小时，甚至通宵达旦，现在最不想去的是办公室，最喜欢的是茶道和香道，还有坐禅。

富不过三代？那是传统农业时代中国名门望族的盛衰律。而在今天这个竞争高度透明和残酷的信息时代，保有两代的兴盛恐怕都不易。而事实上，在第一代的身上，我们已经目睹了太多的速成与太多的速朽。

有学者认为，新教文明与儒家文化虽是完全不同的两大思想体系，但二者有一个共通点：主张劳动是人的天职，崇尚勤奋；同时训导人们要懂得节制、克制。勤劳致富的另一面是节俭。

4.“巨婴心态”与机会主义

中国经济一个显著特征是：政策驱动模式。

中国企业家中为数不少者也患上了一种“巨婴心态”的政策依赖症。许多企业家都是半个“时政家”，几十年在政府文件、领导人讲话、政府报告、报纸社论的字里行间期待或失望，亢奋或忧惧，在一波又一波的产业政策变化中捕捉机会、变换战略、调整方向，也的确有相当一批企业总是能踏准政策潮变的节拍，抓住了诸如房地产、矿产、金融证券、重化工、新能源、大农业、互联网+、文化艺术等机会，并获得短期的暴起和急剧的规模扩张，但这种政策驱动的非理性冲动在带来非理性繁荣的同时，是诸多企业的“肥胖症”：大而不强，大而虚弱。

令人叹腕的是，一些第一代的制造领域的优秀企业，也在过往的20年左右，定力不够，随风起舞，四面出击，八方布局，偏离了主航道。而稍具规模的县级以上企业大都涉足了房地产，更具规模的企业大多涉足了金融业，房地产与金融曾经在一些企业家眼中是最大的金矿，如今却是两大“风暴眼”。

互联网金融如火如荼时，我给一位支付公司的创业家发短信：深色西服、深色皮鞋、领带、戒指等代表着一种文明禁忌，距离财富、权力最近的人必须有更多的禁忌心，必须要更加知晓行与止的边界。

金融从业者是黄金堆边的“守护人”，但没有一分银子是他或她的，他们只是信托者，这就决定了金融的本质第一是风控，第二还是风控。所以第一是节制欲望，第二还是节制欲望，其次才是创新。但当大批的穿牛仔的冒险家、淘金者们闯入金融圈时，就离灾难不远了。

一位著名的科技制造企业的老板，前几年不无忧虑地对我说：我在北京一家酒店的咖啡厅喝咖啡，左边一群人是搞P2P的，右边的男孩女孩是搞投资的，后面的一伙是搞众筹的……似乎满大厅的人谈的都是金融，而且大多是年轻人。

“85后”“90后”这一代中国青年在这十年耳濡目染了太多一夜暴富的财富神话，走上社会后，他们中的一些人也成了躁进的机会主义者，都市街巷遍地而起的咖啡馆到处都是青春燃烧的面孔，和焦灼兴奋的“赌徒们”——几年前最发烧的是P2P与众筹，而今最新潮的是虚拟货币与区块链……

“一次赌徒，一世赌徒”。然而，赌场不再有了，也不能再有了。

（华夏基石e洞察公众号2019年8月5日发布）

何谓企业家？

一、被理想“绑架”的少数人

（一）我们为什么要做生意人

“每个细胞的梦想都是变成两个细胞。”（弗朗西斯·雅各布）每个生意人的追求同样是阿米巴式的：一变二，二变四，四变八……直至无穷多和无限大。饥饿感带来的扩张欲是人类一切活动的动力之源，对经营财富的商人阶层更是如此。

饥饿感分为三个层面。

1. 源自于动物本能的物质饥饿

正是这种基于活下来和活得更好、更自由的原始力量，使得有人类史以来就有了商业活动，有了“互通有无”的买与卖的交易，进而诞生了一个广大的职业化的阶层：生意人。

今天地球上有70亿人口，保守估计至少有几亿人是职业生意人，从摆摊小贩到巴菲特和马云，巴菲特做的是金融买卖，马云的使命是“让天下没有难做的生意”。

没有贪婪就没有买卖，没有巨大的财富饥渴就不会有巴菲特的“资本帝国”，同样也不会有拉里·佩奇的“谷歌帝国”。然而，帝国不是一个人、几个人缔造的，是一群人、数千人乃至数万人的饥饿感迸发出来的创造力的结晶。

因此，超级生意人的非凡之处就是深悉“已所欲，人之所欲”这个人性常识，并且乐于和善于驾驭人性、顺应人性、满足人性，大家一起把饼做大，一起分饼。任正非多次讲：钱分好了，管理的一大半问题就解决了。

2. 社会学动力：权力的饥饿感

权力欲既是与生俱来的，也是社会化的产物，一般来说，教育程度高的人的权力欲望更强烈。

大学不仅是获取知识、构建思维架构的殿堂，更是培植年轻人的野心、雄心的所在。因此，我们可以看到的现象是，国家、大多数组织包括企业，领导者管理者大比例的是那些接受了更多教育或者良好教育的知识人。

而在科技型的企业中，一个突出的特点是大多数员工都是知识劳动者，比如华为的18万员工，90%以上毕业于国内外一流大学，有一万多位博士生，有上千位科学家，他们当然有强烈的财富饥渴，希望通过自己的努力赚更多的钱，这一点毋庸置疑，但与此同时，也别忘了，他们普遍还有掌控一个部门、一片天地甚至更大地盘的志向，“权力有一种美学上的吸引力，它令人着迷”（詹姆斯·G.马奇等著《论领导力》）。

我们说员工不爱钱不是好员工，“财散人聚，财聚人散”，这只是说对了企业管理的基础元素，如果企业不能构建出宽阔的事业平台，让员工尤其是知识型员工的雄心、野心有安放之地，让他们掌控天下的抱负得到施展，恐怕钱给得再多，也很难规模化、长时期地吸纳和凝聚最一流的精英分子们一起打天下。

从数量的角度讲，华为与绝大多数企业相比没有所谓管理人才匮乏问题，在华为从上到下的权力走廊上拥挤着一大批“接班者”、取代者，他们普遍既有激情又富于才干，同时个性鲜明。这样的结果源自于任正非早期独特的用人思想：充分地释放权力与开放权力。这既满足了一大批年轻知识分子的权力诉求，又在权力试错与冒险中为锻造出了一支优秀的干部队伍。

3.荣耀感

商人们赚到了金山银山，从生理学的层面已经毫无意义了，为什么他还是奋斗不止、贪婪不息？很显然，财富的多寡已经超出了财富本身，成为了有心理学意义的精神符号，成为身份的、地位的价值符号。

人作为万物之灵的智慧动物，从一出生就被置于终其一生的各种各样的比较框架中，比较会激起一个人的进取心、竞争意识，也会滋生嫉妒与构陷，带来成就感与挫败感，但正是无所不在的人与人、组织与组织的比较与较量，才不断推动着社会的进化，个体的进步，企业的扩张和生意人的雄心勃勃。

对有远大志向的企业家来说，比较不仅体现在当下的结果，更重要的是精神能量的较量：不仅自身要充满对所从事的事业的荣耀与激情，而且要在整个组织中构造一种“荣耀感的互相助长”——当一群人、一大群人把财富创造上升到精神层面的追求时，超越他人应该仅仅是时间问题。

（二）告别“淘金时代”，“带着镣铐跳舞”

我们为什么要做生意人？首先生意是谋生的工具，其次它是权力表达的另一类形态，满足了人的掌控欲望，它也是人生舞台的道具。人人生而为演员，角色大小而已。

人生就是舞台剧，或威武雄壮，或悲凉凄苦，或平淡无奇。大幕拉开，生旦净末丑齐出场，大幕合上，又殊途同归，所谓的事业、所谓的人生都是过程。

20年前，我和一位企业家讲了上述话，对方猛拍我的后背：讲得对！既然如此，倒不如轰轰烈烈大干一场！

看开看透看淡之后不是悲观、不作为，而是放下包袱，卸下心魔，无所畏惧地自由创造。这才是真正的企业家精神。

但是，既然是舞台剧，舞台是有边界的，“剧”是有程式的，生意人也得有边界意识，有规则和范式，简而言之，要做本分的生意人。

（三）什么是本分的生意人？在商言商

一个人赚了很多钱是不是代表着他无所不知无所不能，从而要无所不在？当然不是。科学、艺术、政治等都是职业，生意也是职业，一个人一辈子做到真正的职业化，做一行专一行也不见得有真正的大作为，更何况思维大开花，对什么事都去染指、都去居高临下地下断语？

我们的生意场这些年冒出了一批成功的商人，也同时冒出了一些“在野的”、戴着企业家桂冠的多元人，他们既是品酒专家也是艺术鉴赏家，还是经济学家、管理学家和时评家……总之他们在各种论坛、各类社交场基本是那种声音最大或次大的少数人。但这好吗？

不要想着包打天下，不要总是指点江山，做一个合格的纳税人，带动更多的大众就业，足矣！

我强烈推荐各位读一本书《反社会的人》，看看今天的德国商人们、那些套利型的超级生意人他们是怎么处事、处世的。有一位中国的企业家讥讽道：我们和人家相反，有些老板刚吃了肉，出门还要在嘴上抹一层猪油，招摇过市……这显然讲的不仅仅是炫富啊！

做本分的生意人的第二层含义是：守法经营。

不能不承认，过往40年的中国充满了机会，大机会时代也应运而生了无数的机会家和冒险家，有些人倒下了，有些人九死一生地活了下来，他们大都有一部血与泪的创业故事。

倒下的是历史，活下来的也是历史，都值得后来的生意人和企业家们铭记、反思和警醒，更何况整个国家已经跨过了经济的原始积累期，已经告别了非理性主导的“淘金时代”，我们正在艰难地走向市场化+法治化的时代。

这个时代的生意一定是难做了，首先是暴利不再有或罕有，同时政策导向的“运动式发财模式”成为过去时，还有“牌照经济”快速退出生意场，更重要的是监管日趋规范和严厉，这个大背景、总背景命定了今天的生意人、企业家们必须有更强的使命感、更成熟的资源整合能力、更出色的管理水平和更高的法律敬畏意识。

比如互联网，20年前是只蚂蚁，现在进化、异化成了老虎，你会突然发现，从欧洲到美国到中国，都在以前所未有的警惕盯着、包抄着这只老虎，欧盟颁布的《隐私法》就是一个充满荆棘的竹笼，对数据的收集、保管、分类和应用有极其严峻的法律限制，“数据为王”的互联网逻辑恐怕要面临前所未有的挑战；还有美国对电商假货的打击、中国对网络信息的收紧管制等，都在释放一个异常清晰的信号：野蛮生长的互联网文化在快速远去，“戴着镣铐跳舞”将会成为新常态。

这不仅是中国现象，还是世界潮流。

（四）“教父经济学”：亚洲神话解构

20世纪80年代，改革开放初期，中国的官员、学界和媒体都在称羡所谓的亚洲“四小龙”奇迹，中国香港、东南亚的经济神话曾经风靡一时。

但是，有一本书《亚洲教父：香港、东南亚的金钱和权力》（以下简称《亚洲教父》）却向我们讲述了另一种故事，一个更真实的亚洲经济，一个没有被神化的超级富豪群体的发家史和生意经，一个以套利、食利为核心生态链的地区与国家的经济结构，一个资本大鳄们垄断的商业世界，一个大大小小的投机客们的天堂。作者将此称为“教父经济学”。

“教父经济学”的普遍特征是什么呢？

排在首位的是特许经营，即“牌照经济”。牌照在政府手中，更具体点说在官员手中，这就形成了东南亚多数国家商人和政府官员密不可分且密不透风的复杂的关系网络。

什么叫密不可分？企业是官员的“自动提款机”，官员是商人的“护院者”；什么叫密不透风？牌照有限，从100多年前的包税制到今天的电信、金融、赌场以至于粮油加工等，多数亚洲富豪依恃特许经营起家，依恃特许经营崛起。

他们从事的行业大多是：房地产、金融（规模大的东南亚家族企业差不多都有一到两家银行）、粮油加工和蔗糖加工、能源、电信、港口码头、航运、赌博业（赌场的高毛利尤其是充沛的现金流是支撑一些大亨向别的行业扩张的重要的资金池），这些行业无一例外的是靠牌照或者高门槛的竞标（如土地拍卖）圈起来的，只有少数人有资格成为玩家，而且是超级玩家。

与美国和西方企业、包括中国内地企业整体上相比，你还会发现一个极重要的差别：东南亚、香港的多数公司很少讲使命、愿景、价值观这些形而上的东西，很少关注企业文化建设，他们似乎更实际和更功利。

《亚洲教父》的作者乔·斯塔威尔认为，这是因为他们更多的是食利型资本家，而不是创新型企业家。

乔·斯塔威尔尖锐地指出，无论是中国香港、新加坡，还是亚洲其他国家和地区（日本、韩国与中国台湾地区例外，中国内地不在《亚洲教父》一书的研究之列），都没有世界级的制造业和世界级的品牌，没有世界级的工业家和企业家，而且100多年来在企业管理思想方面对世界几无贡献。

乔·斯塔威尔在长期的观察和访谈中，总结出了亚洲富豪家族的四代模式：

第一代主要是建立核心资本，包括资本的原始积累和构建政商网络；

第二代巩固和扩大与政治势力的联系，并与地区间和跨地区的巨头结盟或半结盟；

第一代和第二代普遍具有冒险精神（第二代大多接受过良好教育），生命力旺盛，个性顽强，雄心勃勃，是所处时代的枭雄级人物；

第三代大多属于守成型，“钱包鼓鼓，暮气沉沉”，缺乏开拓精神和进取意识，富于理性而激情不足，教育背景偏于财务、金融和企业管理，志向主要是守护反映父辈个性和人际关系的各种各样的资产；

第四代对事业的专注不够，先辈们原先创立的集团赖以生存的关系网衰落，加之家族企业固有的缺陷，导致“帝国”式微。

进入21世纪的亚洲豪族们，接力棒普遍交到了第三代和第四代手上。

（五）“上帝经济学”：上帝是伟大的心理学家

最近刚读完尼尔·弗格森的《帝国》一书，讲的是大英帝国200年全球扩张的历史，从中可以看到清教伦理在塑造英国那些冒险家、海盗、商人的使命精神以及形成整个国家的价值观方面的巨大作用。左手捧着《圣经》，右手拿着刀剑满世界去掠夺，去开拓，征服者们有一套完整的精神逻辑与行为逻辑。

这样的精神与行为逻辑体系在美国这片大陆发挥得可谓淋漓尽致。我试着将它用一个五段论加以阐述。

1. 首先赋予劳动以意义

新教倡导“劳动是人的天职”“上帝就是伟大的工头”，往日的日出而作日落而息原本只是为了生存，苦哈哈的，现在突然变得神圣，每时每刻的物质奋斗被涂染上了精神的色泽。

2. 与懒惰相比，贪婪并不可怕

这是对人性本能的巨大的道德认同，从而释放了人的欲望，定义了人对财富追求的正当性，极大地解放了生产力。

3. 赚钱的目的是为了构建上帝所期许的“理想国”

北美的耶路撒冷，人人富足而快乐的天堂世界——这就为人们的发财梦、持续的创富活动确定了一个近乎伟大的动机源头和完美的动力机制。种烟草去，开矿去，伐木去，造汽车去，登月去……市场、“账房”是最好的修行之地，美国由此开始了长达200年以上的、从未间断且不断升级的农业革命、工业革命、科技革命、物质主义运动。

4. 财富的归属

从国家或社会层面，或者叫人间层面，私人财产神圣不可侵犯，但在精神层面或者灵魂层面，你不过是上帝委派的“职业经理人”，遵上帝旨意拼命赚钱，赚的钱都是上帝的，你只是替上帝运作财富和保管财富，因此你手中掌控的财富只能用于投资、再投资，扩张、再扩张，以使“理想国”更理想，而不能用于个人挥霍。

（1）也就是说，你身处金山银山却必须克制而节俭。马克斯·韦伯对此的形象描述是，对于怀有信念的清教徒商人来说，“财富就像轻飘飘的斗篷，随时可以将它甩掉”。

（2）美国经济的两大巨轮，制造业+金融业正是奠基于这样的“世俗禁欲主义”的观念之上的。

第三层与第四层也同时界定了生意人与企业家的区别：真正的企业家不以赚钱为目的，金钱只是实现理想的工具，正像一篇文章所说的，“库克想让企业获取更高的利润，这无可厚非，毕竟这是他作为职业经理人最本分的事，也是自身收入增长的前提。

不过我们不应该忘记乔布斯在1995年接受媒体采访时所作出的警示：“毁灭苹果的不是增长，而是贪婪。”

乔布斯是伟大的企业家，库克是职业经理人。

5. 财富的传承

洛克菲勒的小儿子约翰·洛克菲勒在1962年的《时代》杂志采访时说：“洛克菲勒家族的财富属于上帝，我们只是管家。”活着，为上帝打工，让上帝委托保管和打理的财富不断增值，这是一种使命担当；死了，财富不能传承给你的子女，因为财富是上帝的，你不能贪污上帝的钱，同时你更不能犯第二重罪——剥夺子女劳动的权利，因为“劳动是人的天职”。

子女继承了几亿、几十亿、几百亿、上千亿“天上飞来的馅饼”，他或她为什么还要去劳动、去奋斗？上帝是超伟大的心理学家。上帝深悉“饥饿感”对人类个体、群体、组织有多么重要，因此创设了这样一个高度闭环的、基于人性之上的“上帝经济学”。

二、何谓企业家？

1. 卓越的企业家是能够制造信念的极少数人

生意人遍天下，但企业家罕有。卓越的企业家是那种能够制造信念、持续传播信念并巩固信念的极少数人。

信念是由使命、愿景、价值观连接出来的一整套的精神与文化体系。

（1）何谓“使命”？一个组织存在的理由。华为刚创立不久，任正非就以《华为人报》社评的方式明确了华为的使命：客户是华为存在的唯一理由。

当我深入、系统地对华为30年的发展史进行复盘时，至为深刻的感悟是，华为有今天的世界级成就，其根本就是对企业使命、对自身存在理由的一以贯之的坚持、几近疯狂和偏执的坚守。

在任正非30年来上千万字的讲话整理稿和华为常务董事会的无其数的会议纪要中，反复出现的词汇是“客户”，是类似“为客户创造价值，实现客户梦想”这样的语言的各种翻版——企业的使命就是组织的旗帜，领袖就是旗手，领导者集团就是升旗和护旗队，他们最重要的职分之一就是日复一日、年复一年地升旗和护旗，“响鼓仍须重锤敲”，让整个组织始终处于使命的召唤之中。

与此同时，甚至更重要的是：使命必须落地，必须化成个体与组织的一连串行为。

简而言之，无论是市场、研发、制造还是平台支撑系统，组织的全部体系、所有环节、每一个细胞都必须客户化，组织的所有成本都必须直接或者间接地服务于客户需求。

30年来，“爱折腾”的任正非和华为领导层在公司内部搞了一次又一次的思想变革与组织变革，30年不断坚持制度化的自我批判，但始终有一个清晰的方向：围绕为客户创造价值这个根本使命而展开。

（2）何谓“愿景”？一个组织关于未来发展的期许，即组织的阶段性理想。华为前30年的愿景是：丰富人们的沟通和生活。这也就定位了华为要在人与人的信息联结方面持续发力。

但是你会发现，这个时期即设定华为愿景的1997年，华为关于未来的灯塔、方向的组织性的设计还是不够宏大和霸气，字句间透着行业跟随者的意味，而不像它的创始人那样牛气冲天：20年后全球通信行业三分天下，华为有其一！

这句话喊出于1992年，华为成立不到5年，这句“打肿脸充胖子”的豪言壮语并没有被华为文本化，但却激励了一代又一代的华为人，有一位华为资深前高管说，事实上我们没多少人记得住纸上的华为愿景，但我们都记住了老板吹的牛：20年后……

20年后的2016年，华为已成为全球通信行业的领导者之一，华为为它的18万员工设定了新的愿景：把数字世界带入每个人、每个家庭、每个组织，构建万物互联的智能世界。

位势变了，新愿景的每个字都是霸气侧漏啊！

卓越企业家的人格结构中都多多少少嵌入了堂吉诃德的精神元素——堂吉诃德创造了一个世界，乔布斯创造了一个世界，马斯克创造了一个世界，任正非和马云也各自创造了一个世界，只不过堂吉诃德永远生活在幻想世界中，而一流的企业家既要忽视现实、善于做梦，又能够用梦想去渲染追随者、牵引追随者，并进而用一群人的行动去创造一个新现实，实现一个新世界。

但无论是小说中的堂吉诃德还是现实中的乔布斯、拉里·佩奇、任正非，他们和他们的追随者们首先得选择相信“我们在做一件伟大的事”，是值得一群人用青春甚至用生命去付出。

这就是所谓“信念”，她具有不可论证性，你得肯定甚至仪式化的宣誓“她是存在的，可实现的”，你只能在Yes或No之间做唯一选择。选择了Yes，大家一起激情四射奔未来，选择了No，信仰不同而不相谋，相遇不相行。

任正非说自己是阿甘不是没有道理的，阿甘是一个简单的人，一个偏执的小人物，一个怀有坚定信仰的英雄、体育明星和成功的企业家。

2. 企业家：用理念、价值观和好的分配制度将饥饿的个体组织起来的少数人

几年前，年轻的科技富翁扎克伯格在他的女儿出生时，夫妇俩承诺将99%的个人财产捐给慈善基金，中国某些学者和某些心理偏暗的人将其解读为“为了避税”。

但在十多年前，美国有人建议取消遗产税，结果反对最厉害的不是大众，而是巴菲特、比尔·盖茨等一批世界级的、美国级的超级富豪。

为什么？开句玩笑：他们怕下地狱啊——贪污了上帝的财产，剥夺了子女劳动的权利。

这是信念带来的自觉选择，是植根于新教伦理之上的被广泛悦纳的财富观和商业文化。

企业文化中隐藏着企业的信念密码。好的商业信念有几大特性：正当性、崇高性、进取性与对称性。

追求财富的增长是合乎人性的，是应该被鼓励的，这即是正当性；拼命赚钱不是目的，赚钱是为了实现顾客理想，这即是崇高性；正因为有着崇高的使命承担，所以要敢于和善于面向未来去冒险，去投入，这便是进取性。最后一点是对称性，它的深刻内涵是风险共担与利益共享，代表着企业经营与管理活动的基础理念和制度安排，即企业的核心价值观。

华为的企业文化打上了深刻的任正非烙印：理想主义，激进而宏大的愿景驱动，以及一套充分闭环的价值创造、价值评价和价值分配的风险共担与利益共享体系。

华为在企业的理念创新与制度创新方面对人类是有独特贡献的。

100多年来的传统经济学和管理学的一贯主张是：资本利益最大化，股东利益最大化，因为股东们是以真金白银承担了巨大的风险。

但任正非和华为的领导群体则认为，企业的劳动者同样承担了风险，甚至承担了更大的风险，这便是劳动者无形的脑力与体力乘以时间的付出；而从贡献的角度看，股东投入了资本要素，的确很重要、很关键，但资本是死的，让资本持续滚动和增值的是企业家和企业的全体劳动者，劳动者尤其是知识劳动者才是企业长期发展的根本动力。

这中间最核心的命题是：怎么看待人的大脑？怎么给人的大脑定价？

华为从实践中探索的结论是：给人的大脑定高价。因为华为认为，这样的分配制度才真正体现了企业中利益与风险的对称性。

华为的股权结构也同样体现着利益与风险的对称性，100%的股份为9万多华为员工所拥有，创始人任正非只拥有1.14%的股份，任正非在把利益分享出去的同时也把责任和风险分散给了9万多人，使得这9万多人只能在一条船上结成命运共同体，一起拼力划桨，不然船破了众人一起完蛋；

与此同时，也倒逼出了股东群体们的“一致奉献”：让劳动者先于和优于股东进行价值分配，股东要节制自己的短期追求和过度贪婪。

这并非股东们的道德自觉，背后同样是一种对价机制：第一，股东的长期收益得到了相对保障；第二，股东们大多是“劳动人+资本人”的双栖角色，纯粹的食利者人群也都曾经是企业的劳动者。

华为的理念创新和制度创新绝非某种乌托邦式的空想，而是对变化了的时代的适应、探索与管理试验。

传统经济学与管理学的理论基点来自100年前的两大背景：一是资本短缺化；二是经济活动的主体是非知识劳动者，即蓝领阶层。

从风险对称性的角度，主张股东利益最大化在这样的时空背景下无疑是正确的。但20世纪80年代以来，全球尤其是发达国家的资本市场高度发展，使得企业获取资本的方式、渠道越来越多样化，资本由短缺进入相对过剩，价格也变得相对低廉，同时，资本的收益机制和避险机制也越来越趋于完善。

而过往40年的另一重大变化是，信息技术尤其是互联网的迅速普及，知识透明化与知识共享带来了企业劳动力结构的重大改变，接受过良好教育的知识劳动者迅速成为经济活动的主体力量，手脚的价值正在让位于人的大脑，人的大脑的创造性已在许多领域远远超出资本的价值，这是一个根本性的时代变迁。

如何让知识劳动者的贡献与所得相匹配、智力投入与风险相对称，全球尤其是美国的一大批科技型公司如微软、谷歌、苹果等都在进行新的制度探索，华为的制度实验不过是另一类型罢了。

遗憾的是，经济学与商学院的研究却远远落后于企业实践。

3. 恐惧就在眼前，无须制造恐惧

宗教有两大心理学基座：关于天堂的愿景与关于末日的恐惧，这两者共同构成了信仰的力量。上帝制造了愿景，也制造了恐惧，同时也就制造了信仰。

（1）愿景是灯塔，是阳光，信众们被太阳的光芒牵引，猛力地朝前奔跑，其实也是为了逃离恐惧的阴影。愿景是动力，恐惧是压力。对成功的个人与成功的组织来说，动力与压力缺一不可。

伟大的商业组织都有点类宗教、类军队的意味，他们都需要设计愿景，都不讳言恐惧，也都有强大的奖惩系统，但军队和商业组织与宗教的不同点在于，军队和企业不需要制造恐惧，因为恐惧就在眼前，死亡是真实的存在，每时每刻都可能发生。

有些领导力研究的专家将“制造恐惧”作为优秀领导者的一大特征，这显然是象牙塔里的“咖啡式想象”——秀才们没上过战场，没到过市场，以为泼天的风浪都是领导者们的恐吓术，岂不知真实的疆场有多么残酷！

杰出的军事领袖和一流的企业家不但不会被恐惧淹没，相反都是利用危机、利用恐惧的高手。英特尔（Intel）的“三驾马车”之一安迪·格鲁夫的一生充满了恐惧，历经纳粹阴影、右耳失聪、难民逃亡，以及英特尔公司无数次的灭顶之灾，“但他把这种恐惧转化成了一种管理手段，影响了一代硅谷人。”

在硅谷大大小小的咖啡馆，到处分泌着征服世界、征服外星的荷尔蒙，到处燃烧着超越的激情，但也四处弥漫着焦虑的气息。

科技加速度地让新技术不断诞生，让新公司不断崛起，让小人物一夜暴富一夕成名，让还没坐稳王座的“王者”皇冠落地……

每家企业都离死亡很近，就连微软这样的巨无霸都“永远离破产只有18个月”——这是微软创始人比尔·盖茨在21世纪初的醒世危言。

华为离死亡有多近、有多远？看看任正非20年前、30年前无比向往的贝尔实验室（曾经的美国国家科技明珠）、摩托罗拉（无线通信的发明者）是怎么衰落的，爱立信、诺基亚怎么被华为超越的，华为的老师IBM今天的困境是怎么形成的……你就知道华为离死亡并不远，5年前，任正非在北京研究所对一位来访的高层领导说：3个月不努力，华为就会垮掉！

任正非与安迪·格鲁夫有很多相近之处。

家庭磨难、少年创伤记忆、青年时期的政治歧视、创业过程中纷至沓来的内外打击，多少次都有可能破产倒闭的经历，使他每时每刻都有切肤的恐惧感。

在华为创立的前10年左右，任正非不止一次产生过动摇，要把华为卖掉，不过他不想给华为戴上“红帽子”——成为一家国有控股或参股企业，他渴望戴一顶“牛仔帽”——让华为成为一家外资控股或参股企业，利用西方公司先进的管理，和一群中国科技知识分子的智慧与勤奋，将华为带向世界级的地位。

任正非曾经差一点将华为以近100亿美元卖给摩托罗拉，在最后一刻被否决了。走投无路之际，只能硬着头皮，从此心无旁骛，一条道走下去，但代价就是永远与危机相伴、与恐惧相伴。

一个性格无比阳光甚至有点强悍的男人，居然能患上深度忧郁症，居然在创业的前20年左右动不动就流泪，可知压力有多大！

与安迪·格鲁夫不同的是，创立华为以来，任正非将外部的无数次压力事件都尽量和公司的极少数人扛了下来，不让恐惧传导到管理团队和员工，用轮值董事长徐直军的说法“老板都自己扛了，我们一门心思做事，危机过去了，我们有时才知道"，更重要的是，"老板是天生的乐观主义"，形势不好时他总在讲"前途一片光明""潇洒走一回"，形势好时，他又总是喊"狼来了""冬天到了"……

任正非是那种善于将理想与现实、愿景与恐惧不断地进行场景转换和对冲的领导者。

与安迪·格鲁夫相同的是，任正非同样娴熟于将危机、恐惧转化为企业的战斗力和凝聚力。

2013年之后的华为，进入了历史上从未有过的相对舒适区，但"30年的运转，不可避免地产生了官僚和惰怠"，这几年组织变革的决心、力度、声势不可谓不大，自我批判的火力和频度不可谓不高，"但总有拳击手击在棉花上的感觉，效果不明显"，一位参与变革顶层设计的高管对此很焦虑。

两年前，我在一个场合讲道：今天的华为可能需要一场危机……

2018年12月初，危机来了，不过有点过于猛烈，比想象中严峻得多：一个超级大国对一家私人合伙制公司的全面围剿。

4. 潇洒走一回，让过程更精彩

企业家是人类社会最稀缺的资源之一，他们普遍拥有三大禀赋："无中生有"的冒险家；神经粗糙，意志强悍；奉献精神。

世界充满了风险，市场充满了风险，未来充满了风险，对抗风险的唯一法宝就是冒险，太平洋底有300多万艘沉船，绝大部分都是满载着金银财宝的商船，所谓"三分战略、两分运气、五分冒险"讲的就是生意人和企业家。

我在几年前读《乔布斯传》时，桌面上同时摆放着刚读完的《巴菲特传》，我崇拜乔布斯，敬重巴菲特。

乔布斯是从"无"中创造了"有"的伟大企业家，是那种一百年才可能出现的天才，他创造了顾客，并进而从根本上改变了人类的沟通方式、生活方式，乃至于思维方式；巴菲特是位卓越的价值发现者，是一位"钱生钱"的套利型超级金融资本家。他们都是冒险家，但对人类的价值贡献却截然不同。

冒险与风险是成正比例的，这是一个悖论：为了抗击风险去冒险，冒险又带来新的风险。

因此这就将企业家们，尤其是卓越的企业家们始终置于一种冒险与风险的轮回之中，命定了他们必须天生神经粗糙，并且在不断的命运打击中意志变得更加强悍。"没有伤痕累累，哪有皮糙肉厚，自古英雄多磨难。"

2018年的"12月事件"使任正非"流干了泪"，但却无法摧毁他的斗志，相反更加坚强和意气风发，两次冒着巨大风险奔赴阿根廷和俄罗斯，主持变革研讨和部署基础研究战略，心有惊雷，面不改色。

与此同时，整个华为进入了"战时状态"，几个月不到，市场和研发两大体系的变革以异乎寻常的规模和速度展开，组织从上到下充满了激情，“外部突如其来的一击，让阻碍华为奋力奔跑的因素，一下子全部转换成了正能量”，“堡垒容易从内部攻破，堡垒是被外部加强的”，一位华为的著名高管如此感叹。

恐惧带来压力，压力转换成了巨大的动力，安迪·格鲁夫娴熟于此道，任正非更是。

2019年前两个月，华为的业绩同比增长了35.8%。

奉献精神是领导者立身之本。不可想象，懦夫能够指挥千军万马？一只羊能够率领一群狮子？利已者能够有一大群的追随者？

领导者首先得是英雄，得有牺牲精神，其次才是领袖。

华为这个18万人的商业组织30年来始终洋溢着英雄气，这和它的创始人、它的高层领导群体的成长史有很大关系：他们都是从底层、从一线打出来的，在身居高位后他们依然眼睛盯着前线，并且经常冲锋在前，尤其是在面临重大危急关头。任正非就是一位跑遍了世界几乎每一处角落的老英雄，包括战火纷飞的地方。

领导者不仅要为组织构建使命和愿景，洞察危机和转化恐惧，还有至为重要的一点是：永远在现场，永远与团队在一起，奉献利益的同时奉献爱的力量。这中间最根本的是领导者的格局与胸怀。

真正的企业家是为信念而活着、而奋斗、而进取不息的精神物种，就像一位虔诚的教徒，他们的饥饿感更多的是在使命层面，是在过程的体验中，而非财富的堆积，财富对他们而言是工具，是实现使命的手段而已。

推荐各位读加尔法德的《极简宇宙史》，我读了五遍，和作者本人也有多次交流，每一次阅读和每一次交流都令人震撼，它让人从宇宙的层面看地球，看世界，看人生，心胸会变得无比宽阔，同时毫无悲观。

比如银河系这样的星系在浩瀚宇宙之中不计其数，太阳这样的恒星在银河系中有2千亿颗，打个比方，在一立方米的箱子中装满沙粒，每一粒沙子代表一颗恒星，足足要装100个纸箱！我们把太阳这粒沙子染上颜色，然后把纸箱的沙子铺满整个篮球场，随之去找太阳……太阳在哪里？而地球又在哪里？地球不过是绕着太阳这粒彩色的沙子运转和自转的一粒尘埃罢了！

那么，人类呢？人类的一切辉煌与荣耀、爱恨情仇与富贵荣华，一切的一切，又算得了什么呢？

守财奴永远是“奴”，无其数的生意人一生为金钱所役，无其数的企业领导人一生为权力所役，无其数的企业家一生为财、为权、为名所役所累，他们都该仰起头来，看看星空，读读《极简宇宙史》，从宇宙观的背景上构建人生价值观。这样他也许会活得更无私些，更开阔些，更进取些，更潇洒些，当然也会更自由些。

20年前，北京大学校长访问华为，任正非提出，退休后希望去北大学习理论物理学，研究宇宙的起源。任正非是一位天文爱好者，也是位不信鬼神的唯物主义者，他是从生命本原的视角想明白了人生的意义。

据说西方有许多知名企业家喜好天文学。中国也不例外，马化腾小时候的梦想就是做天文学家。

（华夏基石e洞察公众号2019年6月29日、7月3日发布）

组织活力=资源×（空间/时间）^{2}

三十年河东，三十年河西，是我们中国人对人类组织史，包括国家、企业、各类社会组织，乃至于家庭组织的很经典、很形象的阐释。

为什么我们在观察东西方各类组织的发展史时，总能够看到组织在艰难地兴起、繁盛之后，又缓慢地甚至迅速走向衰落，乃至于走向消亡？这中间无疑是有规律的。

一、关于组织的一个公式：组织活力=资源×（空间/时间）^{2}

任何组织都逃脱不了这样的公式：组织活力=资源×（空间/时间）^{2}。组织活力是个体活力之和。活力是组织的灵魂。资源包括资本资源、技术资源、人才资源和管理资源。有一些是可量化的，有一些无法量化。

资源与活力的不断交换、互为转换是组织的基本规律、基本逻辑。但是，一旦有了空间和时间的交错，尤其是时间这样一个矢量的必然介入，就意味着机会，意味着弱小被强大者超越，意味着时空纠缠、永无完美。时间是任何完美形态的杀手。因此，如果一个组织活得足够长久，那么以往所有的胜利就都是烟云。

华为到2017年有30年了，那么未来的30年，就是河西的30年，华为走向平庸式衰败或者急剧式死亡，也是不意外的。所以，无视过往的成功，无视过往的胜利，不断与组织病变、组织熵增做斗争，是公司高层领导者群体必须常有的危机意识。

二、文化力量与制度创新是华为崛起的两大要素

在华为发展的前10多年，华为与西方竞争对手们之间的关系是非对称竞争态势，但是30年后，为什么那些百年巨头一个个皇冠落地、辉煌不再，乃至像摩托罗拉这样的公司，已经成为历史烟尘中的伟大符号？相当重要的一点，跟资源、活力要素的动态匹配有关系。时间造就伟大，时间也是腐蚀剂。

华为创立的前10多年，拥有怎样的资源特征？

（1）资本短缺。华为创办时只有21 000元人民币，长达20年，资本短缺都极度困扰着公司的扩张与发展。IPD尤其是ISC（集成供应链）变革为什么没能按照IBM 专家们设计的方案一步到位？原因就是2002 年公司业绩出现重大困难，只能在变革上砍资金，才导致变革没有达成理想预期。

资本短缺之外，当然无技术、人才短缺，包括无管理，也是华为早期的几大特征。比如说人才短缺，今天华为可以在全球范围内吸纳世界一流人才，但在20年前，要想从国内一流大学招聘一流人才，非常艰难。

那么，究竟什么因素使得华为这个无资本、无技术、无人才、无管理的“小草”能够在过去20多年蓬勃生长，在与西方巨头们的非对称竞争中，追赶乃至超越它们?

相当重要的是空间因素：改革开放与全球化。这是华为过往30 年最大的优势环境，没有这样一个外部空间，像任总这样的人，尽管拥有巨大的抱负和野心，也不可能揪着自己的头发离开地球。

（2）特区环境下的制度创新。华为这样一个接近9 万人的员工持股制度在四五年前，如果在深圳之外、广东之外依然会被称为非法集资。30 年前，正是深圳这个中国最早的经济特区赋予了华为重要的制度试验空间，即人才雇佣资本的创新试验。

《华为基本法》凝结着任总10 年的创业实践的得失总结，以及关于如何办企业、如何管理知识劳动者、如何凝聚员工进行价值创造、如何进行价值分配等许多极富理想主义色彩和实用主义精神的思考，中国人民大学的几位老师把它逻辑化、系统化了。

《华为基本法》给华为确定了一个崭新的制度设计，这个制度设计就是劳动者加资本人的双栖制度。但在资本人跟劳动者的关系中，华为的核心价值观强调“以奋斗者为本”，从而界定了华为不是一家股东利益最大化的公司，而是一家劳动者优于和先于股东进行价值分配的制度创新公司。

过去30 年，华为员工的年收入平均之和（包括工资、奖金加福利）与股东分红的比例大致是3：1。这是一个了不起的企业制度试验，但前提是法律允许、政府批准。前提的前提又是什么呢? 改革开放与深圳特区的先行制度试验。

所以，早期的华为，可以说是资源贫乏背景下的“无中生有”，非物质资源、制度创新的力量在华为的发展历史中，起到了巨大作用。

（3）创始人野心宏大，高层领导群体头脑不发热，拒绝机会主义，拒绝多元化，在华为从小发展到大的过程中，任总带领十几万人始终聚焦主航道。

（4）最后一点，也是根本的企业文化要素，就是华为始终坚守“以客户为中心”。西方公司为什么在与华为30 年的竞争中，从早期的傲慢与不屑，到后来大多数走向衰落? 这和多数西方公司是上市公司有绝大关系，它们都走了资本最大化的道路，是资本意志而不是企业家的意志在左右企业的长期战略，资本是贪婪的，更是谋求短期回报的。

西方尤其是美国有一批伟大的商业战略家，但他们常常要屈从于股票市场的短中期波动。在华为创业的早期，通信行业的西方公司平均寿命99 年，它们拥有巨大的资本优势、人才优势、技术与产品优势和良好的管理，但这些资源态势既是优势，也是劣势——富营养症带来的傲慢、超高利润和低服务的劣势。

20多年前，它们进入中国市场时，把乙方做成了甲方。我访谈过一些国内运营商主管，他们都讲到20 多年前华为跟西方公司的一个重大区别，西方公司的确技术一流、设备一流、人才一流，但它们在最关键的地方出了问题，就是对客户傲慢自大。

一位邮电局的老局长跟我讲，说当时根本瞧不上华为，但外国公司的产品价格太高、服务跟不上。华为对客户特别好，在产品很烂、技术能力很薄弱的情况下，把服务做到了极致。

老局长说，他们的人经常对华为员工表现得不耐烦，动不动就把他们批一通甚至骂一顿，但华为人总是满面笑容，出了问题24 小时响应，半夜两三点去机房里修设备是常事。一个把客户真正当作上帝的人，客户可以原谅他、接纳他，愿意给华为公司更多机会，华为也争气，在市场成功的同时，把能赚到的钱都投入研发中，所以技术和产品也越来越好。

赢得一场战役靠的是军事力量，打赢一场战争需要的是精神力量。空间环境是精神力量的试金石，阵地战比拼的是组织意志。今天华为在全球170 多个国家有市场分布，我走过一些非洲、中东的落后国家和地区，发现这些市场都是公司一口一口用血与泪的付出啃下来的，用巨大的牺牲精神、奉献精神一步一步拼下来的。

20 多年来，西方公司节节败退，华为一步一步地把西方公司的传统市场乃至于今天的欧洲，包括北美的一些发达国家的市场拼下来、啃下来，背后比拼的是文化，是制度。

三、怪圈：富营养症表现种种

从一种绝对的非对称竞争态势，经过20年乃至30年的精神力量、文化力量、制度力量的比拼，华为终于在全球格局中与西方公司进入了对称竞争时代。对称竞争时代华为的优势是什么？可能的劣势是什么？

从资源的角度讲，华为今天基本可以称作强技术和强产品、强人才和强管理，与自己的过去相比也拥有强资本（与全球性高科技企业横向比较，仍是一家“穷公司”），当然这个强管理主要是向西方公司、向竞争对手学习的。

但是，我们看这种强，似乎有一点眼熟，因为西方公司也曾经是强资本、强技术、强人才、强管理，那么它们曾经患上的一些病症，今天的华为是否也会患上，甚至已经患上？比如说富营养症、技术路径的依赖症，还有管控过度症？

管理的表面优良并不代表着企业的强竞争力，因为许多西方公司曾经都是管理优良的公司，但是它们为什么衰落了？还有华为是否已经有官僚体系的过度“理性化”症状？科学管理把西方的商业组织从混沌和无序带向了秩序化、理性化，带向了高度科学化的管理轨道。但管理毕竟管的是人，人之复杂，尤其是人的集合体的复杂，很显然靠简单的量化、数据化，靠简单的科学化是有巨大局限性的。

我们在前边讲了活力是组织之魂，但今天的很多所谓科学管理、理性管理，走向极端的结果就是条条框框过多，大量的规则尤其是规则的烦琐化，扼杀了组织中个体的活力、群体的活力。

《清教徒的礼物》中讲了一个故事，说20世纪80年代前的美国企业中，发现了蛇，马上会有人把蛇杀死。现在发现蛇，层层汇报，到了上面赶紧成立一个屠蛇委员会，屠蛇委员会还不够，还要成立屠蛇顾问委员会，成立各种各样叠床架屋的机构，议而不决，决而不执行，人人都为过程负责，不愿意为结果负责，不愿意去承担。

结果蛇有了儿子，有了孙子，蛇子蛇孙遍地蔓延……这是很多成功大组织进入管理高度规范化、理性化阶段普遍存在的问题。华为会不会患上同样的病症？

我的观察和研究认为，有三种“组织黑洞”值得企业领袖们警惕，这也是任何组织都无法避免的三种负性现象。

第一个黑洞是腐败，腐败不只是行为上的腐败，还包括思想上的腐败。其实，整个人类史也是一个不断滋生腐败、不断反腐败的动态循环史。腐败永远像韭菜一样，割了一茬又一茬。东西方历史皆如此。

第二个黑洞是山头。人类本性中的不安全感，使人本能地要抱团，这种抱团在组织中利用得当，可能就是凝聚力，但出现主流之外的亚文化抱团现象，并且警惕和防范不力，任其发展，组织中则会滋生大大小小的山头、大大小小的利益集团。贪婪是基于人性的，不安全感是基于人性的，惰怠也是基于人性的，正因为人性的缺陷，才带来了任何制度先天的缺陷，所以我们才要进行制度变革。

第三个黑洞是惰怠。曾经充满活力、充满激情的一群人，聚合在一起创办企业，比如创办华为，有好的激励制度，如劳动者普遍持股制、好的薪酬制、好的中短期激励等，但这些激励措施能够让这一群人或者更多的人持久充满激情吗？当然不能。追求舒适是绝大多数人的天性，只有少数人是那种与生俱来拥有使命感、永远自我警醒、自我鞭策和奋斗的人。

一个好的组织，基业长青之道的根本是什么？就是要和组织中的惰怠现象持续进行斗争。

总之，我们说腐败、山头和惰怠现象，它源自人性的贪婪，人性的不安全感，人性中追求舒适、追求安逸的本能，那么对于任何组织领袖来说，可能他掌舵的每一天都要像永动机一般去自我革命，进而引领整个组织去进行变革，折腾自我，同时折腾组织。

我们还要注意到，这三大组织黑洞并不是独立存在的，它们有关联性，甚至存在链式反应，这就形成了关于前述组织公式的另外一种解读，可能是一种怪圈。

资源短缺，创始人通过精神的力量牵引，激发组织中的每个个体，激励整个组织去奋斗，其目的就是要形成更好的技术积累、产品积累，更多的资本积累，但是你会发现什么现象在悄然形成？资源增长与活力激发之间并不完全呈现线性的正相关。

通过奋斗与努力，资源越来越丰厚了。当组织拥有雄厚的资本资源，雄厚的技术资源、人才资源、良好的管理，但却面临着近乎宿命的现象——资源诅咒症。

比如，激励的资源丰富了，激励却呈现出了弱效应，甚至激励失效，很多大公司都存在着这样的现象。激励有可以量化的物质激励，有显性的权力激励，有无法量化的非物质激励，比如荣耀感的激励。这些激励资源怎么去组合，其实也是无解的话题。

四、忘记完美主义，以最开放的举措实现组织熵减

任何组织都有与生俱来的阴面和阳面，这就像人的身体一样，有致癌基因，也有抑制癌症的基因。为什么今天得癌症的人越来越多？主要是人的寿命大幅延长了。

对于组织来说，同样如此。一个组织发展到一定阶段，就会滋生各种各样的问题。组织永远面临着正能量和负能量的较量和赛跑。同样，组织衰变就像人的衰老和死亡一样是永恒的主题。但人类跟其他动物、生物巨大的不同是，人类有强大的自我挑战意识和自我修正能力，并拥有与宿命抗争的遗传积淀和本能力量，这是人类进化历史最了不起的成就。

人类数千年来发明的自我批判机制、创新机制、变革机制，是人类一切优秀组织，包括优秀个人所拥有的独特生存秘籍。

所以，虽然我们认识到组织的衰变是永恒主题，但同样要充满信心，通过批判与变革，把组织带出迅速衰老的轨道，让组织活得更长久一点，同时更健康一点。所以从这个视角讲，要忘记完美主义，不断地、持续地进行组织的自我变革和自我批判。

自我批判只能是消减熵增的有效工具，而不能根本消除熵增。华为的民主生活会、自律宣誓活动，在华为内部大家非议不多，但外面个别学者却不以为然。

我的观点是：一切人类组织关于组织建设和组织批判的一些有效措施，为什么不能拿来主义为我所用呢？而且它到底是有效的还是无效的？比如说民主生活会，我想华为能够健康地，或者相对健康地走到今天，跟公司诞生之初，任总在公司所坚持的民主生活会有很大关系。

为什么呢？一个组织问题越堆积越多，大家你好我好，这是相当危险的。当问题全面爆发时，再用很激进的手段处理，组织可能就崩溃了。所以，定期地开展中高层干部的民主生活会是很重要的组织自洁机制，就像我们经常要打扫卫生一样。

再讲讲高层宣誓活动，从廉政宣言到作风八条，员工看到表象是一群人在那儿举

举手，但背后的深意则是把领导者们置于18万人的监督之下。你在台上举着手说我要做到什么，我不能做什么，但是说到了却没有做到，甚至反着做，就叫言行不一致，言行不一致带来的后果就是员工对你、对领导层的普遍不信任。

当一个领导、一个高层管理者被普遍不信任时，要么组织出问题（组织出问题对公司来说就是溃散性的文化异化），要么个人出问题（领导者至关重要的一点就是权威性，而权威不是建立在你拥有那个职务就拥有那个权威，而是靠你的言行一致所带来的威信累积支撑起来的）。

讲讲心声社区。心声社区这两年越来越热闹，我也经常在看，也经常被心声社区所批所骂。心声社区是华为的民主广场，是一个虚拟的罗马广场。

我前一段跟财经体系的人交流，一位部门负责人跟我讲，“我们的财务报表一定要做到最真实，没有任何的水分和虚假，华为的财务报表一定是中国最真实的，在世界上应该也是前几位的，华为的财务报表既不为股东负责，也不为业务部门负责，当然也不为老板负责，我们只为真实负责。”他接着说，“假使我们的财务报表有问题，心声社区的舆论就会让我们下不了台……”

这就是民众广泛参与的力量。一个组织如果无视舆论，公司的高层领导集团如果无视广大员工的声音，就有可能走向封闭，走向自我禁锢。心声社区是盘旋在华为18 万人头顶，尤其是各级管理者头顶的猫头鹰，是一种普遍的大众参与和大众监督的平台。

今天的华为已经成为全球行业领导者之一，恰恰在这样的背景下，走向衰落乃至于走向垮台不是危言耸听，因为华为曾经的竞争对手们就是在鼎盛期走了下坡路。所以，华为必须要有更开放的姿态，在开放体系下，才可能有效消减熵增。

在心声社区你会发现，既有巨大的正能量，也有很多尖锐的批评、批判的声音，而且这些批判、批评的声音，恰恰反映出18 万人中的多数对公司的生死存亡是有使命感、有责任意识的。

因此，能够打败华为的只能是华为自己，能够拯救华为未来的也只能是华为自身，是华为的18 万员工。

下面，我们从几个方面看华为怎么去激荡正能量、消减负能量。我们说任何组织任何人都有阴面和阳面，对华为来说，当然也要首先从自身的正能量中去开掘、开发战胜负能量的因子。

如果从心声社区某些尖锐批评文章和后面的跟帖看，你可能会觉得公司充满了问题，明天就要完蛋了（事实上，客观、理性甚至偏激一点的批判性声音是很重要的正能量，批评言论指向的问题才是负能量）。但是你看同样是心声社区上的另外一些文章和跟帖，又充满了正能量。

还有，比如说这几年，我和公司的一些同事编写的《枪林弹雨中成长》《厚积薄发》《黄沙百战穿金甲》三本书，当然也包括公司的明日之星的评比等，其实都在张扬组织的正能量，把华为好的基因、好的文化，最大程度地张扬开、传播开。

不讳言问题，同时也要看到阳光向上的一面；暴露和剔除问题，同时树正气扬正风，两者都要强才行。

五、“换血”与“输血”：组织年轻的唯一选择

变革是让组织延缓衰老、保持青春的唯一选择。组织的衰变、疲劳、最终的消亡跟人一样，长期看具有不可逆性。时间之矢会把任何的事物都带向无序和混乱，包括最终的消亡。

华为也会死掉的，但是华为今天所有的努力，一切有识之士在任何组织中，包括国家组织中所做的一切努力，都是要让组织能够活得久一点，能够更健康一点，少一些病态现象。相当重要的举措就是保持整个组织的开放，持续进行组织变革，说得直白些就是永续折腾，以延缓组织衰老，本质上是组织的“换血”与“输血”。

组织没有新鲜血液、新鲜力量输入，就会走向血管硬化，走向组织僵化。尤其在充满变化和残酷竞争的时代，组织的“换血”与“输血”是必然选择。

我们看华为过去的一些做法，市场部大辞职，包括7 000人的“辞职门”，很大程度上就是组织内部的换血与输血的变革。

每年总有一些人因为各种因素退休或离开，但同时公司还在不断招人，任何公司都如此，任何组织都必须如此。我们前面讲了资源跟活力之间的关系，在资源短缺时，组织中的个体跟群体有强大的饥饿感，正是饥饿感带来个体的持续奋斗精神。

但是能持续到什么时候？其实，这对任何人、任何组织都是挑战，总有人甚至整个组织患上富营养症。有一些或者相当多的人，在早年加入公司时，他是有饥饿感的，“一贫如洗”推动他奋斗、奋斗、奋斗，努力去赚钱，改变物质贫穷的命运，但在富裕起来后，没有了物质的饥饿感后会如何？

马克斯·韦伯曾几次考察美国，最后一次考察时，他有一个很深的忧思是，财富对清教徒来说，本应是轻飘飘的斗篷，随时可以把它扔掉，最后却变成束缚人的铁笼，人们不再奋斗了，不再努力了。

小公司难，大公司也不易。穷而难，穷则思变；富亦难，富而懈怠。我非常理解任总关于华为在新阶段要大力倡导精神文明的观点，物质激励是基础，是激励的原动力，但它并不能在个体、群体活力的激励方面持续有效，它会因人因时产生饱和效应，而精神的“饥饿感”则具有无限的延展性，在激励手段和方式上也拥有更广阔的想象空间。所以二者一定要并行使用，并重实施。

饥饿感带来组织激情的迸发与个体活力的张扬是符合人性的基本假定的。华为这

几年规模性的破格提拔，也是基于这样的理念而形成的。

研发体系2 000名员工奔赴市场一线，首先给予提级，甚至连提两级、三级就是具体事例。过去30年，华为跟运营商之间的关系是相对单纯的供应关系。但今天很多国家的运营商3G（第三代移动通信技术）投入都还没有形成利润，更何况4G（第四代移动通信技术）呢。

所以运营商面临的是迷茫，面临的是我用了你的设备，用了你的解决方案，怎么能够有利润、能够发展得好的问题。所以传统的买卖关系可能要变成共同面对未来、探索消费者新的需求增长点这样一种紧密合作关系。

所以2 000名研发人员到一线去的目的之一就是跟一线的市场人员和客户从技术视角、新商业模式的视角携手探索未来。但另外一个重要目的是，在激活市场组织的同时，进一步激活研发组织，这是一举几得的变革共振效应。

再举一个变革的例子。华为前不久颁布了“日落法”，美国总统特朗普在葛底斯堡的演说给公司领导层带来的启示是：有一个新政策出台，就砍掉两个旧政策；一个新的流程出台就得砍掉另外两个旧流程，这也是相当重要的变革举措。

还有，华为坚持不上市，创立以来一直奉行人力资源投入高于财务指标追求，研发投入长期超过利润2倍左右甚至更多的原则，一方面体现着公司领导层面向未来的战略图谋，另一方面也是为了避免掉入“资源诅咒”的陷阱。在全球大型高科技企业中，从资本资源的角度看，华为也许是一家“穷企业”。

六、活力指数与活力指向：组织兴衰之本

前面我们阐述的核心观点是：活力是组织之魂，惰怠是组织之癌；资源驱动活力，然而随着时空条件的演化，两者之间并不总是正相关，甚至呈现出负相关，即组织个体或整体患上富营养症，带来资源对活力激发的弱效、无效现象。组织活力指数的高低、强弱关乎组织的兴衰存亡。

但是，我们还必须格外关注一个根本：活力指向。

在资源与活力的动态转换过程中，资源持续的累积来自哪里？无疑是客户。那么，组织中个体与群体的活力指向——唯一的活力指向，也就只能是客户。

任总20 年前讲“客户是华为存在的唯一理由”、华为核心价值观的首条是“以客户为中心”，我个人理解，其本质内涵就是为组织中的奋斗行为确定了清晰、坚定的方向，即“活力指向”。管理者以各种各样的方式、手段激励员工持续充满活力，但活力必须直接或者间接地面向客户去释放；而对员工、对部门的价值评价和价值分配也当然只能是基于价值创造，价值创造的源泉来自哪里？客户，只能是客户。

我访谈过一些前华为员工，有多个人对我说，在华为时觉得人际关系复杂，离开

后才觉得华为比外面单纯多了，关键是，在华为薪水多少和提拔主要是看直接或间接对客户的贡献，不需要花太多心思去琢磨别的，华为的“上甘岭上出将军”还真是说到做到的。

反过来讲，假使哪天华为的“将军”晋升路标变味了，异化成了逢迎拍马者上、价值创造者靠边站，组织中的确是“活力四射”，但“四射”的方向是各级“上司”而非客户和创造价值，人们都很忙，忙于跑圈子、走门子……这样“充满活力”的华为要不了多久就会倒下，就会垮掉。

因此，华为的“奋斗者”是有明确定义的，核心价值观的三句话有严密的内在联系和内在逻辑，离开了任何一句都是残缺的、不完整的：艰苦奋斗讲的是活力，以奋斗者为本讲的是活力激发，以客户为中心讲的是活力指向。

然而，“以客户为中心”才是价值观之纲、之本，怎么反复强调都不过分！我读黄卫伟老师的三本书，最深的体会是，任总实在是位“捣糨糊大师”！将近30 年任总讲话数百上千次，花样、用词来回变，但从没离开这三句话和“坚持自我批判”，尤其“以客户为中心”这句话，大概是讲的频次最多、频率最高的。今天回头看，华为30年的成功无疑与此有绝大关系。

正由于此，自我批判与组织变革也一定要有明确指向：要围绕维护和坚守核心价值观而展开，不然，自我批判也会异化，变革也会走形。

当然还要看到的是，组织必须不断扩张和发展，不能守成。我3年前访谈徐直军时，谈到为什么要搞企业网和终端业务，印象极为深刻的一点是他的回答：不扩展，这么多人怎么办？

我理解背后的潜台词是：一个大组织，一大群雄心张扬的知识型员工，活力指向外部、指向客户，公司则兴盛发达；发展停滞或迟滞，活力就会指向内部，就会出现财富和权力资源的拥挤……那对华为绝非好现象，对任何组织也都是危险的现象。

七、变革无力症为什么是古今中外组织的普遍现象？

人类历史上的大多数变革，很多以失败而告终，其重要原因就是变革无力症。华为会不会有变革无力症的现象发生？

我跟各位带来的分享就是，对于华为的变革我相对乐观。我在公司访谈了几十位参与和主导变革的人，当然跟任总也有很多交流，整体的感受是华为历来是在公司发展好的时候开始变革，这是第一个特点，也是极其重要的特点。

第二个特点，华为历来在萌芽阶段发现问题，开始着手变革。所以公司早期的一些变革，经常有许多人不理解，就是因为大家觉得没有到那个程度。

比如，2009 年任总就开始讲，让听得见炮声的人来指挥炮火，你们要眼睛盯着客户、屁股对着老板。那个时候华为是什么状态呢？车轮滚滚，表面上形势一派大好。但用任总的说法是，如果不从2009 年开始简化管理，进行组织变革，华为今天早就出问题了。

第三个特点，华为的变革大多呈现出先试验再普遍推开的特点，坚持渐进式变革。我在《下一个倒下的会不会是华为》那本书里，有两章专谈华为的变革。

你会发现，华为历史上若干次的重大变革都至少没有失败，比较成功，从而使得公司在每一个阶段都能上一层台阶。

比如1996 年开始的《华为基本法》，我个人认为应该是中国式的思想变革。任总说，《华为基本法》颁布之日就是《华为基本法》过时之时，今天看来他说的是有道理的。两年零九个月，几上几下的充分讨论，其目的就是达成普遍的使命共识、价值观共识以及制度设计的共识等，是要解决这样一些观念性问题。

然而，华为成为全球化公司的根本，是全面向IBM 等西方公司的“削足适履”式的学习，这才是华为跟其他中国公司的重大区别，也是华为国际化和全球化成功的本质所在。但它又是构建在《华为基本法》这样的清洗思想盐碱地的基础上。同时期的市场部大辞职，是从组织层面进行清洗盐碱地的变革动作。

复盘看华为的30 年变革史，它无疑在宏观框架上有相对成熟的顶层设计，变革领袖群体很清楚作为一家中国企业我们到底缺什么，走向世界我们需要向谁学习，需要改什么、补什么、建构什么，也包括节奏的把握——先改什么后改什么，都体现出变革领导们的智慧与思想艺术。

有人问我，为什么华为的变革总能成功？IBM 同样在中国做了很多咨询，几乎没有一个是真正成功的，为什么？

我说相当重要的一点，是华为把中式的变革跟西式的变革有效结合起来了。还有一个因素是，创始人创业时年龄偏大，任总44 岁创业时，对这个世界，包括对人、对人性的认知已经进入成熟阶段，因此在拿捏变革的分寸、掌握火候方面显得老到和从容。

组织变革最关键的两点：一是做次优选择，问题到处都是，但在诸多问题的解决方案中做相对最优选择；二是妥协，进与退的妥协。任何四面出击和四面树敌的变革，最终都是灾难性的。所以我对今天华为以简化管理为中心的变革是持乐观态度的。因为过去华为经过多次的中式变革和西式变革，积累了一整套的方法论。

最后，讲一个发人深省的细节：主持过IPD（integrated product development）变革的华为某前高管讲道，西方一家大公司的高管在参访华为研发办公室时，指着员工桌下五颜六色的垫子对同行的几位主管以很冷峻的口吻说：总有一天，我们会败于华为的IPD和“垫子文化”……

其内涵很直白：流程、规则的有序性和强大的组织活力的结合，是华为让竞争对手敬畏之所在。

今天的华为还是曾经的那个华为吗？

八、提问环节

学员：请教一下田老师，盛极必衰是历史规律，华为在非对称竞争中存活下来，现在非对称竞争越来越快，我们会不会被别人打败？

田涛：首先“盛极”是个模糊概念，爬到了一座山顶就是“无限风光”？如果大家认为是，那公司也差不多到头了。

如果一个组织从不以当下为满足，那就没有“盛极”之说。而且，为什么盛极必衰？盛极必衰是普遍规律，但不是唯一规律。

人类有强大的自主意识，人类历史就是一部与怠惰和危机斗争的历史。关键是，我们有没有对盛极而衰的警觉。在100多年的世界企业史中，我们常常可以看到一些相似的轨迹，就是企业发展到巅峰状态时患上组织疲劳症，并且强而傲慢、大而自大、执行力降低、奉行烦琐哲学、山头林立等，把组织慢慢耗死了。

这几年学术界流行的看法是小公司对大公司的挑战，主要是产品或者技术的颠覆，这不完全对，技术和产品只是术的层面的冲击，而核心是组织文化的博弈。

初创企业在一开始，是高度的低熵和有序的状态，比如华为当年起家的时候，发展到几百人甚至几千人的时候，组织内部的各种关系相当简单，目标就是要活下来。

没有多少复杂的人际关系、企业政治问题、山头问题等，挣完了钱就分。当年公司分配简单到什么程度呢，你比他高一级，他做某个事情有贡献、有成绩，你当时就决定，兄弟，给你加两百块钱、五百块钱，不需要层层审批。这就是当年的华为，组织关系和分配关系极其简单。

但是，发展到一定规模和一定阶段，必须要设定层级、构建规则、建立秩序。这是组织变大走强的基础保障。

然而，规则与秩序会随着时间的演变而异化，甚至走向它的反面。人性的缺陷带来制度的缺陷，人的贪婪可能无度，人的不安全感会带来抱团现象，还有财富到一定程度，权力到一定程度，金字塔顶再也上不去了，就会形成心理和行为上的熵增、形成怠惰，这些问题才是大组织能否抗衡充满饥饿感的小组织、新创企业挑战的关键所在。

初创组织没有什么精神负累，不怕失败的初创组织是最可怕的竞争对手。华为当年就是不怕失败，大不了推倒重来。这是颠覆者必须拥有的精神特质。

华为在过去30年，无疑是全球通信技术行业最强悍的颠覆力量，但今天的华为大概很难有大不了推倒重来这样的气概。

然而，大组织也有它的巨大优势，就是抗风浪的能量足够大，只要它保持开放，持续变革，通过变革不断消减组织熵增，通过开放增加更多的负熵，增加更多的新鲜血液，内部也能够血流畅通，这样的组织就会既拥有强大的实力，又拥有强悍的执行力，小组织恐怕很难与之抗衡。

对华为在一线的执行力，我还是很感慨的。我经常讲，到机关你听到的到处都是问题，到一线尽管也是各种各样的问题，但一线那种让竞争对手闻风丧胆的战斗力，我觉得这是公司今天和未来大有希望之所在。

怕的是哪一天机关僵化了，一线也僵化了，组织神经末梢丧失了强大的活力。当然“肠梗阻问题”、决策权过多集中在上层等问题是要下大工夫改革的。

学员：我对您讲的屠蛇和屠蛇委员会的事情感触很深，一方面我们不能过度理性，另一方面看问题不能简单停留在表面，一定要研究背后的原因。我的问题是理性与过度理性的边界到底在哪里，这是实际工作中我们经常感到困惑的一个问题。是不是说成立这个屠蛇委员会一定不对？因为很多问题我都会告诉自己这就是灰度，但是其实我也不知道这个是不是真的就是灰度。

田涛：其实你已经把问题回答了，你觉得有边界吗？对领导者来说，节奏、尺度都在于你自己如何拿捏和把握。

要不要成立屠蛇委员会，要根据事情的重要程度、大小程度，根据组织的能力去做决定，一个人能力不够，那就要一群人，一群人还不够就请顾问。怕的是出了问题大家不担责，才要成立屠蛇委员会，屠蛇委员会也不担责，然后请外面的和尚来搞一个屠蛇顾问委员会。

我观察华为一线的那些主管，他们应该说还是普遍敢于拍板、敢于做决定的，但是机关里很多文职人员，经常就有人不愿意为结果负责，把过程搞得很优化，追求完美，而事实上哪有完美的制度、完美的管理？

大企业普遍存在的问题是追求无漏洞的管理，成立各种各样、叠床架屋的机构，人浮于事，为制度而制度，为流程而流程，影响和束缚一线作战。

学员：田老师，我非常认同您讲的组织活力，但是关于您刚才一直强调的组织要折腾，我想扮一个蓝军的角色，从历史上看，像晁错削藩、王莽的新政、王安石的改革，其实无一例外都是轰轰烈烈地开展，到最后都归于失败。老子讲“治大国如烹小鲜”，但华为现在就是我们说的折腾。我们要折腾到什么程度？为了什么去折腾？折腾谁？

田涛：你讲了一个重要的问题，其实我在讲座最后专门讲到变革的节奏、方法与手段。我们一定要意识到，组织尤其是有历史的大组织，沉淀了太多的问题，所以一定要变革，一定要折腾。但是折腾或者变革，要有一套“治大国如烹小鲜”的方法论。

比如，取舍的方法论，在所有问题中，哪些问题是当前最需要解决的。但有时候最需要解决的不等于现在就要解决，原因很简单，这样搞不好就会导致组织的巨大震荡乃至分裂。

第一，变革达成最优不太可能，次优是可能的。

第二，变革是一个妥协之道，不是说通过一次变革就可以彻底成功，这不可能。凡是变革成功的组织都有一个特点——理想主义加现实主义，凡是变革失败的也大多有共同点，比如乌托邦与极端主义、激进主义的混合。

第三，要熬。要像熬中药一样，把各种药放在一个锅里，熬到最后分不出哪是人参，哪是枸杞。各种不同观念、利益的融合是变革相当重要的技术策略，所以需要时间和忍耐。

大秦帝国兴于改革，败于历史沉淀过久过重，改革者操之过急，导致最后被车裂。但是没有商鞅的变革，就没有大秦帝国从弱小到强大的崛起。所以变革是必须和绝对重要的，但变革的一套方法论、变革的节奏、变革火候的掌握等，同样相当重要。

我觉得从大的视角讲，华为必须变革，必须在青萍之末就要预知危险、感知问题，去折腾，去变革，但是变革要有忍耐心，要有耐力，要把握好节奏，不能追求完美主义。

（华夏基石e洞察公众号2019年8月9日发布）

为什么你的“价值观”成不了组织基石？

一、交易型人才模式，尤如戈壁滩上种郁金香

近些年全社会都在喊创业，尤其是大江南北热血沸腾的青年们。创业成为时尚，但创业维艰。资本、技术、市场、客户……样样艰难，处处艰难，而最艰难处却是人，是团队。

乐视公司最火爆时，我告诫好几位热捧的学界朋友，乐视是不是庞氏我不知道，但戈壁滩上是种不出郁金香的，乐视和许多新创公司共有的现象是，组织建设的模式有问题。

什么模式呢？高度的交易型人才模式。急于求成，急于扩张，急于追超BAT，有钱没人怎么办？挖人，满世界高价（甚至几倍于原公司待遇）挖人，一时间让被挖公司的人力资源老大们整天整夜地失眠头痛，苹果、华为、三星、阿里……牛公司的一大批牛人啸聚而来，山寨大营瞬时间将帅济济，旌旗招展，好一派风光无限……

但且等等，等半年，最多一年，一个现象级的问题出现了：雄心向野心的异化，英雄向枭雄的演化。高价交易得来的精英们差不多都会干几件事（而且很快）：一是从老东家那儿挖一批“自己人”，快速建立山头，以壮自我势力；二是各念一套经——三星经，华为经，苹果经……组织文化异质化、碎片化，并且严重对立；三是多数沦为指手画脚的批评家……

何以南橘北枳？根本上在于新创公司没有自己的主体文化，没有自身强大而鲜明的价值观，同时制度体系也是零碎的、不完整的。

站在当年看乐视，站在今天看乐视，看过去和现在许多如韭菜般疯长的公司，我认为都不可轻易妄议创始人的德性或格局，但是依循一般的组织逻辑和人性逻辑，则可以大致洞察企业和创始人的演进轨迹和结局。

有些东西可以赶超，可以弯道跨越，但太多的东西不能，只能脚踏实地，一步一个脚印，尤其是人才和组织建设，而组织建设的根本又是文化建设与制度建设。

如果说华为是一个18万不同种族、不同国籍的知识劳动者所构成的巨大的混凝土组织，那么华为文化便是其中最强韧的凝胶剂。

二、家文化的结果常常是悲剧

少年时读《水浒传》，前2/3部分读的我血脉偾张——忠义侠情，大口喝酒，快刀复仇……但读到后1/3就很郁闷、很受伤，怎么那么好的兄弟说翻就翻了，而且极端冷血和残酷，不都信誓旦旦地结过义、拜过把子吗？

这些年研究企业组织史，阅读、观察和经历的多了，突然醒悟：“梁山聚义”原本是一部创业故事，过程充满了人性较量，每一页表现的都是司空见惯的忠诚与背叛。企业家们不妨闲时翻翻，把它当作小说版的、中国式的、反面的人力资源教科书。事实上，我们的多数企业组织都或多或少地有着“梁山模式”的影子。

“梁山模式”的精髓是情义观。你没钱，我也没钱，大家合伙去抢，抢完后论功分赏、就地分赃，分银子分位子分码头，唯独不分使命与理想，因为这样的乌合组织本就没有使命与理想。

“梁山结义”的一大特征是，一群人从四面八方聚拢而来，每个人都有着“不凡的过往”，人人都是“老江湖”，大都带有成分复杂的、鲜明粗砺的自我价值观和功利色彩，因此从“创业”起步时，这个草寇班子就充满了互相算计、大阴谋与小阳谋、站队跟人与吹吹拍拍、利诱权诱与威逼恐吓……经历一番震荡后，才形成暂时的组织平衡，但平衡、稳定的前提是：壁垒分明的上下等级和层层效忠的江湖文化。“兄弟”“大哥”“老大”这样的称谓在中国的企业组织中盛行，创始人或企业的各级主管也娴熟于、热衷于以这样的称呼和方式维护、维系与员工的关系。

夫妻店、父子兵、兄弟帮、校友舍友战友结盟创业，这是许多民营企业的原型构成，它的前提则是一种根深蒂固的历史烙印：家文化，扩展开来就是血缘或准血缘关系之上的熟人文化。正因为是“自己人”、儿子或者“义子”“类义子”，所以充分信任，充分放权，用人不疑……

但结果常常是悲剧性的。

三、“唯有文化生生不息”

30年前，43岁的任正非走投无路之际，也去创业。华为最早期的文化同样具有江湖色调，一群失意者、落魄者相聚一起，背后的动机既简单又复杂：对财富和权力的巨大饥饿感。但不到几年，华为的员工构成发生了质的变化：一位人到中年的理想主义者和一帮20出头的热血知识分子。

任正非阳光、激情、拥有罕见的活力和对人性的穿透力与掌控力，更有点堂吉诃德的影子：碰壁不断，挫折无数，但却始终乐观、乐观地“举着长矛战风车”，而追随他的一帮年轻的“桑丘”（堂吉诃德的跟随者），一边批评甚至嘲笑着老板，一边激情澎湃地跟着老板闯世界。

华为一个非常重要的特质，常常被研究者和学习华为的企业家们所忽略，即创始人和早期创始团队群体的年龄相差20多岁左右，而更重要的是，他们中的绝大多数人学校一毕业就进入华为，充满幻想，热血沸腾，敢于冒险，愿意相信，“一张白纸”好画“最美的画”，任正非从一开始就用他所信奉的价值观塑造、反复塑造这一批一批的年轻华为人——“你们一定要对客户好，对客户好华为就好，华为好你们就好……”选择相信的人留了下来，与任正非与同龄人一起奋斗，20年过去了，他们中的不少人成长为业界知名的科学家、专家和华为的高级干部，进而也构成了华为强大的内生型组织力量。

高台起于累土，但累土的材质至为重要。华为一位退休高管这么讲，一个人到了35岁左右，差不多世界观就定型了，说的好是成熟，说得不好是世故的“老油条”，他会本能性地抗拒一切与他认知不同的事物，你要给他传递、灌输理想与使命，让他接受新的价值观，一般来说比较困难。这一点任老板看得很明白，华为什么也没有，只能靠文化取胜，所以他说“唯有文化生生不息”。那么谁更愿意、更容易被文化“洗脑”？当然是年轻人，所以前20年，华为很少从社会上招聘员工，即使现在也主要是从高校毕业生中招收新员工……

这一点与军队类似。军队组织最显著的特征是：士兵都是年轻人。

四、西天取经：要义在“经”

少年时翻烂了《西游记》，着迷、着魔于“72变”的孙大圣，恨透了窝囊废、是非不分的唐僧。年纪大了，站在组织者的视角重读《西游记》，突然发现，这是中国小说中很异类的经典，充满了理想主义色彩，而唐僧则是一位伟大的理想家。西天取经的要义在“经”——使命、愿景与价值观。唐僧始终不改初心，并锲而不舍地将愿景传导、扎根于团队中的每一个人。他虽没有孙悟空的火眼金睛，时常被化成良善人家的妖怪所蒙骗，以至多次错怪部下，但这和他所信奉的价值观高度一致：心存善念。

唐僧团队的每一位都是“老江湖”，这是一支典型的杂牌军。“创始人”唐僧的厉害处在于他能够包容、驾驭、凝聚这不同出身、不同背景、不同个性、不同品格和能力的一群人（人少也很关键，加上白马也不过5个人的小团队），引领团队共同承受九九八十一难，经历无数的坎坷与诱惑，最终达成正果。

相较于水浒英雄们的大败局而言，前者是有魂的团队，后者则有“魄”而无“魂”。

华为是一支有魂有魄的商业军团。

任正非从华为创立之初至今，基本上不直接管人管钱管业务，而且越朝后越放手，越来越从必然王国进入自由王国。

任正非认为“最大的权力是思想权”，这也就自我定义了他在华为的角色与职责：像唐僧一样指出方向，确定使命，与高管团队们一起规划愿景，形成价值观，并一起制定战略，又在公司发展的某些重要阶段“一竿子插到底，为变革寻找切入口和试验田”。华为一位高管对任正非的画像也许更形象：吹牛大师+洗脑大师+践行者。

过去30年，任正非对内对外吹过的“牛”（愿景）都实现了，而且远远超出预期。

原因之一，华为的使命、愿景与价值观是一个统一的思想体，使命牵引愿景，价值观为使命与愿景的达成奠基。

原因之二，层层“念经”，时时“念经”，“阿弥陀佛，阿弥陀佛……”久而久之，个体的人被“洗脑”了，进而整个组织卷起了使命的旋风、价值观的旋风、持续奋斗的旋风。

原因之三，老大和各级主管身体力行。世界上最蛮荒的地方有华为人，最炎热和最寒冷的地方有华为人，战乱、地震、海啸、疟疾发生的地方和海拔最高的地方有华为人，有华为人的地方就有74岁的任正非和华为主管们的足迹。

唐僧永远和团队在一起。同样，任正非也永远和员工在一起。

五、为什么你的“价值观”成不了组织基石？

价值观是组织之魂。华为“以客户为中心，以奋斗者为本，长期艰苦奋斗”的核心价值观是融进了18万人的血脉之中，更融入了整个组织的制度与流程体系。

换个说法，是价值观决定了华为的制度走向、制度框架和制度创新，并进而成为左右华为人才战略与干部取向的根本准则。

但毫不客气地说，太多企业家对此并没有足够的认知，他们为自己企业设计的价值观要不是空洞的，如开拓创新、开放进取、以德为先（类似大而无当的词汇是许多中国企业的价值观用语）等，要不就是随意的，从制定到传播都失之于轻率，其结果就是“挂在墙上，忘在心上”。

对于华为而言，价值观本质上是利益关系的认知与界定，它规定了企业的价值创造来源、价值评价标准和价值分配原则，通俗点讲，是钱从哪儿赚—靠谁去赚钱，赚了钱后怎么分（也包括权力的分享、成就感的分享）—分钱分权的目的是什么的三段论，很显然，这也是一个高度闭环的利益观体系。

如果说这是老掉牙的人类常识，但将三句话闭环成互为因果的价值链条，进而上升为公司从上到下、人人都必须遵守的最高理念，却有着重要的创新意义，既是理念创新，也是制度创新。

比如，经典管理学的价值主张是股东利益最大化。华为却与此有重大差异。

华为尊重股东在企业发展中的重要贡献，认可资本所承担的风险，股东理应得到合理和长期的收益，但相比较而言，华为在股东和员工的价值权重方面更倾向于认为，员工（包括企业家和管理者）是企业持续健康发展的根本动力，所以员工要先于和优于股东进行价值分配，而股东则必须节制过度的贪婪和短期行为。

最显著的结果是，过往30年，华为员工的年平均收入之和（含工资奖金和福利）与股东收益之比为3:1左右；另外，在与客户的关系上，华为主张“深淘滩，低作堰”，绝不谋求暴利，而要谋求与上下游企业构建共兴共荣的产业链，大家一起强大，一起面向未来。

悖论、均衡、耗散、熵……这些自然哲学的词汇贯穿于华为30年的管理思想体系、制度和实践体系，在价值观上同样如此。

在客户、员工和股东三者的价值关系上，虽然三者有一定的权重，但绝不能走向任何一方的利益最大化，任意一方的利益最大化都会断送华为的未来，对另外两方也不一定长远有利。

这是一种多赢游戏，但在一些短视的企业主眼里、在过时的商业教科书中却变成了“你多了，我就少了”的零和博弈：对客户竭泽而渔，对内尽量压低劳动力成本，以谋求股东利益最大化。

价值观是对企业内外利益关系的描述和界定，所以价值观决定组织的盛衰兴亡，是组织的基石。因此，企业价值观是一件至关重要的大事，不是老大或者几个“秀才”拍脑袋想出来的。

华为的核心价值观经历了长达20年左右的实践和探索，三句话从公司起步始，就分散在不同的文件和讲话中，直到2007年才将四句话“以客户为中心，以奋斗者为本，长期艰苦奋斗，坚持自我批判”正式确定为核心价值观，现在又调整为三句话，因为自我批判与“价值”无关，它是维护和巩固核心价值观的工具，是“护法宝器”。而这个“护法宝器”越是强大，越是制度化、经常化和体系化，核心价值观也越能够做到不变形、不走样、不扭曲。

六、钱分好了，管理的一大半问题就解决了

我们要一碗米，他不是给你一斗米，他给你十斗米；你准备了一顿大餐，他给你十根金条，华为高管邹志磊这样评价任正非：“一个项目怎么干他不关心，只要结果，他给你政策、资源，还告诉你，这本来就是你们挣的……”

价值观重在落地，重在一诺千金——它是创始人和企业的高层领导群体对全体员工的郑重承诺。

说好的“以奋斗者为本”，实际上却是股东至上；讲的“以客户为中心”，事实上却以领导为中心。价值观与管理现实背离，或者在实施过程中严重扭曲，其结果就是价值观变得轻薄而无价值。

华为是一支让竞争对手们望而生畏的虎狼之师，30年一直充满了强悍的战斗力和凝聚力，其根源就在于悬在18万人头顶的核心价值观是有金子般的价值的，从华为创立至今，它的价值观始终能够兑现为沉甸甸的财富、权力和荣耀感。

华为有不少老员工对我讲，早年他们一个深刻记忆是，薪水涨很快，有人一年涨了7次工资，刚进公司时月薪560元，年底加到了7 600元；有人一年涨了11次，最多的一个研发部门的十多人，所有人一年加了12次工资……这既说明华为早期管理有多么混乱，又十足地反映出华为在践行“以奋斗者为本”方面多么激进和彻底！

我近距离观察和研究华为将近20年，我的印象中华为每年都要给员工普遍加薪，而且幅度不小，以至于蓝军部门撰文批评，认为是Overpay(过度支付）。

任正非说，钱分好了，管理的一大半问题就解决了。

分钱是门学问，但更考验老板和各级管理者的人格。

一群“海盗”们到海上去抢银子，抢了一大堆，马上面临的问题是：怎么分？

有格局的老大的选择当然是公平“分赃”，谁抢得多就分得多，责任导向结果导向嘛！

胸怀狭窄的海盗头子就犯开了小九九，先算自己的账，再照顾平常跟自己近的，说穿了就是那些成天围着他拍马屁的，接着要考虑平衡，到最后抢得最多的所分无几，而且常见的情形是，有本事的十有八九是刺儿头，有打仗的本事没逢迎的本领，不被一些老大所待见，所以轮到分银子分位子时总吃亏，但他可以一次认了，二次忍了，三次……还有三次四次吗？不是对着干就是“此处不留爷，自有留爷处”，或者堕落成又一个“马屁精”……

“公平分赃”至为重要，“就地分赃”同等重要。金山银山堆在那儿，大家的眼睛都发绿了，有多少人还有心思去找下一艘商船？我们有一些老板没想明白这个道理，有些老板的心理有点扭曲，虽然银子是一起抢下来的，但什么时候分是我说了算，就是迟迟拖着不分，以至于把“论功行赏”变成了老大的恩赐……

从激励学说的角度，延迟激励时间拖得越久，激励效果越呈现出几何级的衰减效应，再加上不能做到相对公平，带来的常见情形是，一些公司每到年底发奖金，人心就涣散一次……

我观察和分析过一些民营公司，一个深刻认知是：创始人、老板、高管的自私是妨碍企业发展的重要根源。

华为“蓝军司令”潘少钦讲到，华为事实上的人力资源部部长是任正非，事实上的“蓝军司令”也是任正非，任正非的一些管理思想是颠覆性的，比如，华为长期坚持人力资源目标高于财务指标追求，这在全球企业中很罕见，每年都是“养猪杀猪”——年初“养猪”，年底“杀猪”——年初定目标，18万人365天齐心努力，把“猪”养肥，年底先分奖金再分红，利润几乎全分光，公司又变成了“瘦猪”……华为大概是全球500强中“最穷的高科技企业”。

这应该是任正非将“熵理论”在管理中的极致应用，是一种不给任何人留退路、任何人都只能持续奋斗、只能持续前行的组织“倒逼机制”，这一机制的假设逻辑是，个体和群体的饥饿感驱动组织活力与价值创造；假设前提是，价值评价和价值分配必须是公正的和相对公平的。

多劳者、贡献者则“发财”，这条准则从华为创立之初到如今，始终贯彻得很彻底，由于“分配不公”引起的组织内讧、大面积的消极情绪以致团队分裂的现象在华为历史上很少发生；与此同时，多劳者、贡献者则“升官”的干部晋升机制，在华为也一直坚持得比较好。

你要想快速进步，到非洲去，到艰苦地方去；你要想做“将军”，到上甘岭去，到主航道去。华为很少讲“培养干部”，任正非倡导的是：将军是打出来的……

华为一位高管这么说，华为本质上是“分赃分得好”，这里所谓的“分赃”不仅是财富分配，还包括基于责任与结果导向的权力分享和成就感、荣誉感的共享。

七、管理的最高境界就两个字

阿甘，一个智商只有75的低能者，却凭借激情、执着和强大的信念、罕见的意志力，创造了许多奇迹：越战英雄，乒乓外交使者、企业家……

1. 十多年前，任正非说：我就是阿甘！

前几年任正非经常讲，这些年聪明的人都走了，留下来这些人，我傻，你们也傻，我们这一群人傻地一起干，就干出了今天的华为……

华为海思芯片公司总裁何庭波则说：“公司不投机，加上理想又远大，人就被激发出来了，华为大部分人内心是有点理想主义的。公司的基本概念是朴实的，老玩花样的人在华为是占不到便宜的，最终会被识别出来，而有贡献的奋斗者，坦荡做人做事，就会脱颖而出……”

简单驱逐复杂，是华为文化的一大特质。而简单和“傻”，也是华为人的共同“文身”。

有一位华为的客户高管告诉我，在通信行业，你能一眼识别出谁是华为人，他们都像被任正非、被华为洗过脑似的……我访谈过几百位不同岗位、不同年龄、不同职级、不同性别的华为人，我认同这位客户高管的看法，大致说来，华为人的共同特质包括以下几点：

①客户就是鸦片；

②极强的责任导向和目标导向；

③关起门吵架拍桌子，走出门遵守集体决策；

④类军队的强大执行力。

很多人在内部成天唱衰华为，尤其在心声社区尖锐甚至尖刻地批判公司、任正非及各级领导，但在外，绝大多数人以身为华为人而自豪，许多离开华为几年、多年的前员工更是如此。

2. 简单的人与简单的组织，这其实是管理的最高境界

世界上最一流的军队为什么一流？简单是其精髓，官兵上下一门心思想的是打仗和准备打仗，组织的全部环节都是直接或间接地围绕作战而设计，华为管理文化、管理制度中渗入了许多军队元素。

任正非深知，军队是与死亡对抗的组织，所以最具危机意识和创新精神，同时也最有效率，更重要的是，简单。

哪一天，华为人变得复杂了，组织变得叠床架屋了，华为也就离衰落不远了。

事实上，华为今天的组织已经相对复杂了，一些人也有点复杂了，所以华为这几年在不断进行变革，变革的核心宗旨是：简化组织，简化流程，解放人。

变革的学习对象是多方面的，但不少方面是在向军队学习，尤其是向美军学习。这一点在“人力资源管理纲要2.0”中有充分和鲜明的表达。

八、组织的本质：基于契约的交易

2008年或者再往前推到2001年之前，长达十多年二十年，华为构建了一支数千人、几万人的内生型人才团队，他们中的绝大多数都是学校一毕业就跟着任正非闯天下，以“青春加速折旧”的奋斗精神为华为做出了贡献，华为也让他们收获了财富、成就，让他们的雄心、理想有了一个宽阔的安放之地。

他们是被华为文化从细胞层面熏染了的一大群人，也是华为文化的共同创建者，是华为核心价值观的“基因组”或“基因群”。

然而，即使是这一群“打天下”的人，包括任正非，包括18万人中的每一分子，他们与华为的关系在本质上仍然是基于契约之上的交易关系，是高度对称的责任赋予与责任承担的闭环。

换句话说，哪一天，那个人不再具有责任承担的能力，或者活力不足了，倦于继续承担责任，那么他就应该被调整或辞退；某个人觉得公司不再是他认可的组织，他也可以与公司潇洒分手，大家简简单单地一拍两散。

制度派生于理念，华为的核心价值观本质上是规定组织与员工关系的最高理念：员工要围绕着客户努力奋斗并创造价值，组织要依据员工的价值贡献给予对应的回报。

这样的理念最终要以制度（契约）的方式落地。实施的结果必然是：简单的组织，简单的人。

中国职场上有一个热词：卸磨杀驴。30年来以各种原因离开华为的有几万人，但似乎很少听到离职或被辞员工有类似的抱怨，固然和华为优厚的在职回报和离职补偿有很大关系，但更重要的是员工和组织共同对契约的尊崇。

华为用人文化在30年间有一个“用人不疑—用人疑—用人不疑”的三段式循环。

早期十年，华为与中国绝大多数民营企业有相通的文化特征：重情义，讲忠诚，充分放权，用人不疑。整个公司在初创阶段生机蓬勃，可谓“遍地英雄下夕烟”，处处旌旗招展，研发与市场也不断创造佳绩。

但随着时间推移，人的欲望就开始膨胀，雄心滑向了野心，英雄向枭雄异化，组织中也出现了大大小小的山头。在华为成立的第十个年头左右、销售额突破一百亿元人民币前后，任正非患上了严重的忧郁症，尽管跟外部的多发性巨大压力有很大关系，但组织内人的挑战恐怕是更大原因。

多年来，经常听到华为不止一位高管抱怨：一只老鼠坏了一锅汤，几个人的背叛让老板后来变得对谁都不信任了……

高管们误读了任正非若干年。

九、中国式管理“黑洞”：江湖化

2002年的某一天，北京香山植物园，任正非和我散步时讲了一番话：西方制度制定的前提是，人是不可以相信的，制度更可靠，华为要依赖制度，这样离开谁天也不会塌下来……看得出来，这是他的观念升华。

在此之前的1996年甚至更早，华为就开始了与西方尤其是美国知名咨询公司的接触与小的合作，1997年花巨资引进IBM在华为进行制度与流程的全面变革，长达5年的边实验边思考的过程，使任正非在观念层面有了根本变化：建设一个制度依赖的华为。具体到组织与人的关系上，契约高于一切。

十多年后回头看，华为之所以能够成长为中国企业中最成功的全球化公司，之所以快速超越了那些曾经辉煌的一些中国同行，分水岭应该是，华为逃逸出了中国式管理“黑洞”，而为数不少的民营公司则不然，深陷于泛道德化的泥淖举步维艰。

中国式管理的“黑洞”是建构于情义观之上的熟人模式，除了“自己人”之外的都是“非我族类”的陌生人，都不可相信，而只要是“自己人”则会充分信任，包括放弃原则。

黑旋风李逵忠义当头，拿着大板斧到处砍人，但他只杀大哥不满意的人，唯老大宋江马首是瞻。老二老三拉山头本不应该，老大拉山头更是荒谬！但这却是许多企业的现实存在。

任正非个性非常活跃，很乐于敞开思想与不同人交流，但几十年来他却在公司内外很少有朋友，尤其在华为内部。

不结盟，不建圈子，也不走圈子，同时也警惕圈子，更注重用制度的利器防圈子拆圈子，使得18万知识精英在30年间，虽难免会有一些小的山头，但都很难坐大，而且相对松散，也难免会有一批既得利益者，却很少或很难结帮……这既归功于创始人的理性自觉，更归功于制度的力量，比如华为长期坚持的换防制。一个主管在一个部门3年，最多不超过5年必须换岗到别的地方或别的部门。

近20年来，华为的管理词典中很少讲“忠诚”，你也很少听到任正非对历史上“背叛”过公司的人进行指责或负评，最多偶尔冒一句：已经离开华为了，还总打华为的旗号干什么呢……

华为对高级干部有忠诚的要求，但指的是对事业、对公司的忠诚，而非对某个人包括对任正非的忠诚，恰恰相反的是“老板最讨厌马屁先生”。一位研发主管这么说，“做好自己的事，对公司有贡献，不需要讨好谁，有时候可能会吃亏，但总体上华为不会亏待老实人……”

从“用人不疑”到“用人要疑”，从情义文化到制度依赖，从“自己人模式”到“陌生人模式”，华为以30年时间，完成了一个本土公司向全球化公司的文化转型、制度转型，但在新的时期，这种文化与制度形态的弊端是什么？什么应该坚持？什么应该扬弃？

制度可依赖，但制度是有缺陷的；从来没有完美的制度，所以组织要因时因势进行制度变革。

这几年上自任正非等高层领导，下至“心声社区”内部网站上的大量普通员工的文章，尤其是跟帖，都在密集反思华为的用人观，集大成者是“人力资源管理纲要2.0”。其中有一个观点非常醒目：从不信任管理走向信任管理。

显然，这是一次螺旋式上升的“用人不疑”，而非倒回到20年前。

十、从“子弟兵”“兄弟连”到全球延揽贤才

如果说2001年之前，华为是清一色的“子弟兵”“兄弟连”，那么2001年，伴随着全球IT泡沫带来的人才泡沫，华为不失时机地在发达国家和地区试水延揽外部人才，起初更多的是技术类专家和产品开发人才，发展到2006年，尤其是2008年金融危机时期，华为逆势扩张市场的同时，更具意义的逆向动作是，以最开放的姿态快速吸

纳西方公司大裁员时裁出来的优质过剩能力，并在全球范围内招聘研发、市场、财经等多门类的专才加盟华为。截至2017年底，华为18万员工中有4万多、165种国籍的外籍员工，不少人是行业的高端专家，有上千位数学、物理、化学方面的科学家。

华为从一家国际化公司步入全球化公司：全球人才，全球市场，全球能力中心布局，全球治理结构和全球文化融合。

我的观察和研究认为，前15年，华为基本实行的是纵向的、内生型的人才建设模式，构建了一个特殊的、高度类型化、数量庞大的使命共同体与命运共同体团队，这在世界范围内的大企业中也并不多见。这既是优势，也是缺陷，拥有罕见的文化凝聚力的同时是文化自闭。

因此，后15年尤其是后10年，华为的组织建设进化成“内生+交易型”模式，变得相对自信和开放。华为的16位Fellow（院士）中，有9位外籍科学家，7位中国科学家。

（1）开放与自信的背后是价值观的普适性带来的认同。华为米兰研究所所长Renata Lombardi是一位“很华为”的意大利科学家，每天第一个到办公室，晚上7点左右离开，晚餐后又会打开电脑工作，一年有140天左右的时间在全世界出差，他的观点是：我从未想过要在生活与工作之间画一条明确的界线，因为这是我的生命。他对华为核心价值观中的“Fen Dou”（奋斗）一词有很深的认同，有人曾对他说，华为人充满“狼性”，他的回答是：“我也是一头狼。”

（2）与价值观并重的是制度认同。契约是企业一切制度的本质内涵，更是连接组织与人的神圣纽带。

华为首席信息安全官John Suffolk曾经是英国政府的首席信息安全官，在华为工作几年后的印象是，“人们对华为的表面认识并不是真正的华为，它非常专业，开放，有自信”“成就客户的价值观使得华为在英国游刃有余，也体现了华为和英国在价值观和工作方式上的高度契合”。他在一家东方公司“嗅到了熟悉的气息”，这就是“华为的流程非常系统化”……而摩托罗拉一位前高管告诉我，他与三个不同的中国公司打过交道，华为给他的最深印象是“华为对契约的重视不亚于任何一家西方公司……”这里的契约当然也包含了组织与员工的契约。

十一、上帝不能死，尼采不能疯

（1）管理本质上是关于欲望的悖论。“员工不爱钱，不是好员工”，听起来有些极端，但它道出的是人性真谛：饥饿感是个体活力和群体进取心的基础驱动力，所以组织要基于普遍人性，最大程度、最有效地满足员工对财富、权力和成就感的多元欲望，进而实现组织的价值扩张。

但无奈的是“夏娃身边有蛇”——人在追求正当欲望的同时，时常会超越边界，走向无度或非正当，走向财欲横流和权力滥用，走向动力机制的异化。

因此，欲望的管控就成为必需，也因此，管理作为一种工具就被赋予了永恒的两面性：激发欲望，控制欲望；张扬自由，崇尚秩序。

管理是那种“左也对，右也对”“左也错，右也错”的艺术哲学，所以一大批的所谓专家、学者们谁都可以站在岸边引经据典地指点企业家们怎么游泳、换什么样的泳姿……但说实在地，只有企业家本人最清楚，问题出在那儿，怎么才能不死，怎样避开险礁恶浪到达对岸，问题常常出在，他什么都明白，就是无力作为，不想作为，或者“装睡”……所以使命感永远是卓越领导者、一流企业家的标配。

（2）对有些人来说，使命感是与生俱来的，是一种本能，比如唐僧。唐僧是优秀的管理大师，手下有降妖伏魔的悍将孙悟空——天生反骨，是一位酷爱自由的秩序反叛者，而且打心眼里“瞧不上师傅那面团劲儿”。

而唐僧的使命感决定了他必须不断地激赏孙悟空的斗志，又必须不厌其烦、再三再四再五地管住孙猴子的“杀欲”，整个过程中你几乎看不到他的愤怒、烦恼或厌倦，相反看到的是淡定的平衡能力、驾驭能力：在“紧箍咒”（管控）与“金箍棒”（活力）之间运用自如。唐僧不得已间会念紧箍咒，但在漫长的西征途中念了不超过十次，更重要的是，永远让孙悟空金箍棒在身——唐僧深谙战斗力才是组织的根本！

（3）任正非同样深悉人的两面性和治与乱的循环，这既是生存法则逼出来的“见招拆招”，也是“摸石过河”的“思想与制度实验”。

原始积累期（前十年）的华为，呈现出的是极简的层级，极少的管控，极强的狼性和极高的效率，使华为得以杀出重围，从最底层快速崛起。但长期如斯，则大概率是“玩剑者死于剑下”。

于是，削足适履，在资金极困难的情况下花巨资买“外脑”、买制度与流程，让英雄或枭雄们臣服于制度与流程，给“孙悟空”戴上“紧箍咒”，从而使华为一路披荆斩棘，以20年左右的时间登顶全球业界领先地位。

然而，玫瑰犹香，艰困复现，既有领跑者关于方向的迷茫，更有管控过度、层级重叠、文牍主义、形式主义、威权文化带来的组织活力的降低，后者在组织学研究中被称作“帕金森定律”，这是所有大企业走到一定阶段都要面对的“更年期综合征”，华为亦不例外。

华为针对大企业病的改革已经有几年了。20年前的大变革是从乱到治，这一回的变革是从治到“乱”，“乱”的目的非常明确：解放生产力，释放创新力，让组织变得更有弹性、更少束缚，让人变得更自主、更自由。

一天深夜，任正非发给我一段视频：尼采是怎么疯掉的。尼采站在马路边，看到一位凶悍的马夫使劲挥舞马鞭，抽打一匹不愿朝前迈步的瘦马，马在痛苦地嘶鸣……

尼采愤怒了，冲上前，夺走马夫的皮鞭，抱着马的脖子：我的兄弟……

那一瞬间，年轻的哲学家疯了。

尼采曾经极端预言：上帝死了。

上帝则回应：尼采疯了。

上帝是规则的制定者、秩序的化身，尼采则是自由与英雄的象征。我们既要拥抱自由，呼唤英雄，同样也需要守护秩序，敬畏规则。

（4）在我的认知中，属猴的任正非从骨子里厌恶官僚体制，从小就有浓烈的英雄情结，一生崇尚英雄文化，所以他也许更欣赏孙悟空——不是孙猴子的“大闹天宫”，而是孙大圣的无畏与勇猛；但历史赋予了任正非“唐僧”的角色，所以，他必须既张扬理想主义、激赏英雄主义，又是制度、秩序、规则的建构者、卫道者、变革者；既要因时因势踩刹车，更要不失时机踩油门。

优秀的组织家无不是左右互搏的自相矛盾者，也无不是摆荡于两极的动态平衡家。

上帝不能死，尼采不能疯。

十二、组织管理的六大要素

（1）组织建设要从一砖一瓦做起。技术可以买，产品可以组装，市场可以虚幻膨胀，弯道超车貌似可能，但组织的强健与否则是检验一切的试金石。严酷的事实一再证明，任何反常识、反逻辑、跃进式的速成型组织都无法长久，无法支撑“奇迹”的持续。

戈壁滩上可不可以种植玫瑰花？当然可以！改良土壤，增加土地肥力，建构引水工程。这背后是企业家的勇气与智慧，更需要的是忍耐力，长久的忍耐力。

十多年、七八年甚至三五年就要超越别人一百年、五十年、三十年的行业地位，恐怕希望渺茫，那种“万一要实现了”的观点既不客观，也会误己误人。

（2）健康的组织一定要拥有强大的内生型的组织力量，这种组织力量像钻石一般的坚硬、纯粹、富有内聚力，是组织安危的基石。

钻石是从地底探挖出来的，金子是沙河里筛洗出来的，内生型的组织力量当然也是在漫长的岁月中一个一个、一群一群的锻冶、打磨出来的，既经历过辉煌，更一起走过了磨难，他们中的多数人与组织既是命运共同体，亦是使命共同体。

但是，内生型的组织力量并非封闭体，应该不断“吐故纳新”，不断换血和输血，开放性地拥抱一切认同并践行组织使命、愿景和价值观的个体。

（3）商业组织的本质是基于契约之上的交易，人才是通过“买卖关系”获得的，即使内生型的“子弟兵”，也绝不仅仅是因为理想聚在一起，理想、使命的基础是价值回报，没有富于吸引力的薪酬体系，再“高大上”的理想都只能是“镜中月”“水中花”。

道理很简单，商业组织的本质属性是利益的扩张，老板逐利让员工逐梦，这岂不是笑话？但事实上这样的荒谬笑话俯拾皆是。

雇佣关系是组织与员工的原生形态。把雇佣军转化为正规军的前提是，既充分关注、重视、兑现员工的物质诉求、权力诉求，也要用责任、愿景、使命去激发、牵引他们的成就感和多元的精神诉求。正规军与雇佣军的重要区别在于，前者是有魂的。

（4）开放性吸纳四海精英的前提是，组织自身要拥有基于人性、普遍认同的价值观。

华为的核心价值观是关于企业中客户、员工、股东三大关系的价值界定，是一个关于从那儿赚钱、怎么赚钱—靠谁赚钱、怎么分钱（包括权力获取和成就共享）—分钱（包括权力获取和成就分享）的目的的三段论，是一个建构于人性哲学之上的、高闭环的企业经营哲学，再加之充分落地与执行，因此获得了18万员工的普遍认同。

组织发展壮大的过程，事实上是选择同路人的过程。同路不同心者多有，但终不会长久。无论你来自何处，过往何等辉煌，但在加盟新的组织且处于高职阶时，如果不能认同企业的价值观，就无法被企业充分接纳。

企业自身要有消化和吸收、包容外来文化的自信，并有将“空降兵”改变、融合进自身体系的制度能力和组织能力。

（5）一切组织的最终成败，根本上在于组织与人的互动。雄心与野心是一体两面，如果组织没有清晰的价值观，没有良好的制度体系，没有建筑于这二者之上的使命与愿景，“南橘”移地则是“北枳”，雄心就会向野心异化。

（6）华为组织建设的核心理念是基于西方主流的人性假设。人是万物之灵，但人的欲望复杂而易变，因此与制度相比，人是靠不住的；制度是人制定的，制度天然有缺陷，但与人相比，制度是可依赖的。

制度的不完美性和制度的时空局限命定了任何组织都离不开两大工具：自我批判与变革。

华为的用人文化经历了“用人不疑”—“用人疑”—“用人不疑”的信任—不信任—信任的螺旋式进化历程，背后反映出的是华为领导群体的人性认知和制度探索、人性反思与制度批判，是一个递进、上升过程，而不是原地打转的“回归”，而且这个演进性循环还会继续。

（华夏基石e洞察公众号2018年9月5日发布）

中国需要长期坚持实业立国战略

【按语】中美贸易摩擦正酣，华为这家中国公司成为两个大国碰撞、摩擦、挤压的焦点之一，华为和任正非也从而成为全球媒体、政要、学术和科技界、企业界乃至于普通大众持续关注的焦点。为什么？根本点在于它在全球通信制造领域的领先地位和无可争议的技术、产品话语权。

华为是中国科技制造业的经典标杆，它对制造业的长期坚守、对工程创新和基础研究的不懈投入，对全球的经济与企业管理也不无借鉴意义。

美国今天的诸多问题是过往40年的过度金融创新造成的，华尔街的金融资本主义扬弃了美国强大的根基——工业资本主义，而硅谷的华尔街化、金融化，正在加速度地改变美国传统价值观，改变美国的财富创造模式和财富分配模式。“制造业重返美国”从奥巴马时代就被响亮提起，特朗普更是疾声大呼并采取了诸多行动，但去制造业几乎成为美国一个不可逆的进程。

中国在过去20年左右也经历了制造业被资本化，虚拟经济、房地产浪潮严重冲击的过程，制造业虽然也有不同程度的发展，但总体上生存艰难，在一些地方甚至被边缘化，资本、人才等纷纷涌入所谓热门产业，创新大多在风险资本牵引下朝着“短平快”的轻产业、流通业倾斜，社会舆论长期冷落、看衰制造业等，使得我们今天面临的经济与社会挑战，尤其是就业挑战变得复杂而严峻。美国的挑战要从自身找原因，而非其他国家造成的，中国同样如此。

对美国来说，“制造业重返美国”至为重要；对我们国家来说，最紧迫的现实是，如何形成制造业对越南等周边国家的竞争优势，留住制造企业，让工业家们以从事工业制造为荣、为使命，而不是灰头土脸；让制造业的企业家们轻负轻装，有信心有能力有决心长期聚焦实业，而不是度日维艰，转而成为所谓“企投家”或机会主义者。

我们要格外珍惜中国几十年来形成的多种所有制、多门类、多梯次的制造业基础，以未来20年、30年的时间夯实并不断实现转型升级，若干年后中国的全球竞争力将会大为不同。

华为总裁任正非在多次讲话中倡导向德国、日本、瑞士学习，脚踏实地，几十年如一日瞄准一个方向，做大做强制造业，这是一个放眼世界并且有30年成功实践的企业家的深谋远虑，很值得今天的中国企业家、社会精英、决策者们研究和思考。

本文作者田涛是华为公司管理顾问，2010年赴丹麦考察制造业和丹麦的劳工制度之后写出此文，首发于《第一财经日报》，《华为人报》以整版篇幅全文转载。9年之后重读此文，仍然具有现实意义。

一、“泡沫化”和“去实业化”现象种种

发端于20世纪 90年代的经济全球化，给我国的产业发展带来了前所未有的大机遇，尤其是在2001年加入WTO之后，中国以制造业为代表的实体经济得到了突飞猛进的发展，也涌现出了一批具备全球竞争力的知名企业，如联想、海尔、华为、奇瑞等。特别是一大批中小企业的成长，向国内和世界提供丰富的价廉物美的产品，向世界输出了“中国制造”的新概念，给中国经济带来了充沛的活力。这是我国商业史上最为辉煌的黄金时期。

然而近年来，“去实业化”现象开始急剧蔓延。以高速膨胀发展的房地产和股票市场为代表的虚拟经济，正在严重冲击我国实体经济的发展。

以房地产业为例。以房地产为主业的企业，在过去的10年左右，普遍获得了超常规的扩张。截至2008年底，全国注册的房地产企业达到21.4万家，而在1986年不足2 000家，2000年约为 2.7万家，企业数量和增速堪称世界之最。一批地产商人以神奇的速度进入中国富豪榜，亦堪称世界之最。

房地产成为远远超越实体经济的暴利行业，其引领效应是，从中央到县市，国内稍具规模的各类所有制企业的，几乎都涉足了地产开发和经营。一些曾经备受大众尊重的知名实业企业，如联想、海尔、国美、雅戈尔、新希望等，也都从主业分兵房地产和资本经营，并赚取了高额利润。

近年来虚拟经济的快速膨胀，已经或正在严重冲击实体经济的发展。2008年金融危机以来，我国企业特别是中小企业的发展环境普遍恶化，曾经以实业为主体的浙商群体、以资源开发为主体的晋商群体以及许许多多的民营企业，纷纷投身房地产、股票、艺术品等领域。

更为严重的是，众多大型中央企业都曾经是房地产市场的参与者。2010年，国资委推动78家央企退出房地产业后，依然有16家央企被定义为房地产主业公司。

近年来，境外资本尤其是中国香港地区的资本，也通过各种渠道，纷纷涌入内地房地产业，香港一批知名上市公司的主要利润来自在内地常年囤积的土地增值和房产交易。同样，内地众多上市公司，包括实业型企业，其利润的相当部分来自地产收益。

中国到处都是大工地，大大小小的城市处处高楼林立，然而，相当多的楼盘空置，被掌控在投机客手中。30年的改革开放（2008年），中国的确积累了相当一批高收入人群，但是，在房地产高速发展的前些年，这些多年形成的财富人群的自住和改

善性住房需求已经得到了充分释放。所谓中高端住房“需大于供”的现象，其实可能是一个虚幻的假象，在节节攀升的高房价背后，却是相对贫困人群的蔓延，一些潜在的中高档住房需求者的收入水平与购买能力之间的距离越来越大；房地产市场的贪婪和投机，在2009年以来已达到近乎疯狂的程度，所谓“一套房子消灭一个白领”的现象正在严重腐蚀我国经济的健康肌体，也给社会稳定带来隐忧。

再以资本市场为例，我国有上亿股民，企业家、政府官员、影视体育明星、退休工人、公司白领，乃至大中小学老师和大学生都加入了股民行列，整个社会弥漫着赚快钱的财富赌博风气。

在企业界，短期行为成为普遍现象，企业的目标和思维方式也越来越资本化，一些成功上市后的企业，创业家转瞬之间进入股权投资、风险投资等投资家的行列。而我国最短缺最珍贵的企业家人才，在虚拟化、资本化的大潮下，魔术般地快速成长但亦急速变身，创业、奋斗的文化在企业界变得越来越“落伍”，这已经对我国实业经济的长远发展构成根本性威胁。

我们的社会正在变得越来越躁动，各个阶层都在被欲望和焦虑所困扰。即便是富裕阶层，也在竞相赶超的资本赌博和虚拟经济的游戏中变得焦灼不安，以至于整体出现价值观的迷失，快乐和幸福感似乎正越来越远离我们的社会。

问题在于，在这种财富竞相追比、经济表面繁荣的背后，我国经济真正的竞争力与发达国家相比，到底是在增强还是在减弱呢？

二、奥巴马新政：美国启动“再工业化”

对于全球经济格局而言，此次危机最大的改变，现在看来并不是金融监管、国际货币体系改革，而是对发达国家经济发展思路的改变——从“产业空心化”到“再工业化”的回归。对于以制造业为主体的中国经济而言，这意味着全球投资市场、全球贸易市场、全球消费市场格局的重大改变。

2010年1月底，时任法国总统萨科齐在达沃斯论坛上的演讲言犹在耳：“此次危机不是全球化中的危机，而是全球化本身的危机。”

危机之前走向过度虚拟化的美国经济，已经启动了“再工业化”的华丽转身。2009年底，时任美国总统奥巴马发表声明，美国经济要转向可持续的增长模式，即出口推动型增长和制造业增长，发出了向实体经济回归的强烈信号。这意味着，在当前金融危机的背景下，美国已充分认识到不能依赖于金融创新和信贷消费拉动经济，开始重视国内产业尤其是先进制造业的发展。“再工业化” 成为美国重塑竞争优势的重要战略。

要知道，在2007年，美国制造业占国内GDP的比重只有11.68%，对美国GDP贡献最大的行业是金融、房地产业。在次贷危机之前，美国金融、房地产服务业的利润总额占美国企业利润总额的40%以上；美国标普500强企业的总利润中也有约30%是由金融和房地产业产生的。经济过度虚拟化、“产业空心化”是美国经济危机的最大根源。

美国“再工业化”不是简单的制造业回归，而是包含高科技引领在内。以智慧地球、智能电网、清洁能源和低碳技术等为代表，美国试图引领新一轮新兴产业革命，构建长期经济竞争力。美国还推出了未来5年的“出口倍增计划”。经济危机之下较低的土地和劳动力要素价格，为美国经济“再工业化”创造了较好的基础。

必须意识到，美国的制造业过去和今天依然具备强大的竞争力，“轮子上的国家”一旦回归到“实业立国”的传统财富增长轨道，再加上美国强大的科技创新能力和技术转化能力，美国实体经济非常有可能迎来复苏。在此过程中，美国等西方发达国家的贸易和产业保护主义也会变得越发严重。

对于中国经济的长期思考而言，以美国为代表的发达资本主义国家“再工业化”，是最大的外部环境转换。类似于中国加入WTO之后2001年－2008年的全球贸易环境，很可能已经一去不复返了。

三、“实业立国”重在国家政策导向

一部中国近现代史，从根本上讲，就是一部中国如何走向工业现代化的历史。

自晚清以来，无数先贤在国家积贫积弱的现实面前，发出振聋发聩的呐喊——实业救国。迟至20世纪五六十年代，中国终于出现了一次重要的工业化运动，屡遭波折之后，到改革开放时期，中国实业经济才真正迎来宽松发展的黄金时期，到90年代以后，全球化和全球产业分工又为之提供了千年难遇的重要机遇。

然而，近几年来以房地产和股票市场为代表的虚拟资产市场的急剧发展，非常有可能中断这个重要机遇和黄金时期。要明晰的是，对于中国这样一个大国而言，从过去的实业救国到今天和平时期的实业立国，是需要长期坚持的基本国家方略。

实业立国是一个国家经济发展的根本基础，荷兰、英国、日本、美国的财富发展史都充分证明了这一点。荷、英、日经济地位的下降乃至于衰落，无不缘于金融、地产经济的勃兴和实业经济地位的下降，当今美国经济的种种危机皆缘于此。中国应对此保持足够的警觉。而事实上，我国人口众多、资源短缺的基本国情，更加决定了不能重蹈发达国家曾经走过的弯路。在美国等西方国家开始重振实业经济的大背景下，我们更需明确提出和长期坚持“实业立国”的基本思路。

怎样做到实业立国？这需要我们明确，金融和资本市场的本质是为实体经济服务，处于从属地位。但这两年来，这一本质似乎被颠倒了，众多财经媒体和大大小小的工商论坛几乎无不被所谓的“资本英雄”和“地产新贵”所蛊惑，真正的实业家阶层则普遍被遗忘了。再如，在许多国家，房地产业主要是为了满足人们自住房的需求，但在我国却成了最大的财富赌场。所以，我们首先要改变的是整个社会的舆论环境：实业至上乃国家立国之本，投机盛行是国家的灾难。

实业立国，重在国家的政策导向。对我们这样一个大国来说，形成一批具备国际竞争力的多种所有制的大中型企业是绝对必要的，但是，除了一些事关国家经济政治安全的核心领域，政府不应成为市场的主要参与者和运营者。

此外，我国人口众多的基本国情决定了，发展以劳动密集型产业为特征的中小企业和农业，是我们要长期坚持的方向。保就业、促就业应成为我国宏观经济政策追求的最大目标。必须清楚，只有在灵活用工制度的基础上，企业才能得到良性发展，就业才能得到最大满足。所谓的产业结构转型，也必须建立在市场选择的基础上，任何人为的拔苗助长行为和一窝蜂、被动的产业升级，都不利于企业的正常发展，企业说到底是市场化的产物。

创造就业和缴纳税收是企业对经济最重要的贡献。和发达国家不同的是，在我国以间接税为主体的税收结构中，企业贡献了我国税收的大部分。创造税负水平合理、企业负担透明的机制，是提升企业竞争力的重要保障。但令人忧虑的是，我国企业通常还要承担太多就业和税收之外的其他责任。企业，尤其是实业型企业，代表着国家的核心竞争力，要提升国家竞争力，就必须致力于为企业创造平等、宽松、透明的发展环境。

“他山之石，可以攻玉。”举例来说，丹麦是一个北欧小国，但连续多年被评为“全球最适宜经商的国家”，丹麦自2007年起曾连续两年在全球竞争力排名中位列全球第三。这缘于丹麦灵活的劳工制度、对企业家的重视、教育科技创新领域的高水平，以及较轻的企业税负水平。与当下一些人认为的经济发达、金融市场也一定发达不同，丹麦等北欧国家虽有股票市场但并不发达，房地产业发展也更为稳健，此次危机中，丹麦就几乎没有次贷问题，借贷者的偿付能力较好，抵押贷款市场运行稳定。

丹麦是公认的高福利国家，但丹麦拥有极为灵活的企业用工制度，企业可以自由裁员。灵活的就业机制创造了丹麦4%左右失业水平的近似充分就业状态。一旦有人失业，政府会承担起保障机制。但是探究高福利的成本，并不是由企业承担，丹麦企业税率实际上只有25%及以下的所得税，除此之外不承担任何社保等其他支出，高福利主要是由个人通过高比例的个人社会保障税（8%）和个人所得税来支撑。

现代化不等于美国化，当然也不等于欧洲化，每个国家都有自己独特的国情。英美自由资本主义过度发展虚拟经济的做法不适合中国，丹麦等福利资本主义的高福利也不适合中国。事实上，达沃斯世界经济论坛对丹麦未来经济竞争力的担忧，最大一条就是高福利能否持续的问题。近期希腊等国的主权债务危机，背后的问题就是财政体系无法承担高福利支出。在我国，应该建立基本的养老、医疗、失业救济等社会保障体系。建立社会保障体系和大力发展教育，应该成为我国公共财政支出的主要方向。

我国是一个人均资源占有量极低的国家，从人均来看依然是一个较为贫穷的发展中国家，我们要警惕现代化进程中逐渐滋长的乐观和自负，要充分意识到国家和个人财富的增长是一个缓慢的过程，不能推崇挣快钱，还是要强调全社会各阶层普遍的实业精神，和以奋斗为本的价值观。

时任法国总统萨科齐先生2011年1月在达沃斯论坛的演讲中深刻批评了“金融资本主义”。他指出，危机之前的全球化首先是利润的全球化，所有的结余资产全球化，把一切的资金都给了全球金融业，而没有用于企业和劳工，创业者往往被置于投机者之后，而那些靠利息生活的人超过了靠劳动谋生的人。

萨科齐认为，有一些行为是不能够再得到公众的宽容和容忍的，比如过分的获利，这不能够再被接受，因为它和创造财富、创造就业是不成比例的。这样的一些收入也是不能容忍的，因为它和成绩毫无关系。经济应该为人服务，经济本身不是目的，而是手段。

很显然，萨科齐将实体经济的创业者、劳动、就业放到了至高无上的位置上，而对金融资产投机进行了抨击。这是清醒的。中国显然也需要这种清醒。

（华夏基石e洞察公众号2019年7月22日发布）

施炜

著名管理学家。先后毕业于中国人民大学国民经济计划专业（本科）、劳动经济专业（硕士）、华中科技大学管理科学与工程专业（博士）。华夏基石管理咨询集团领衔专家，中国人民大学金融与证券研究所研究员。长期从事管理咨询和管理学研究工作。出版的著作有《企业战略思维——竞争中的取胜之道》（专著）、《“时代的管理”：人的一场革命》（合著）、《重生——中国企业的战略转型》、《连接：顾客价值时代的营销战略》、《深度分销：掌控渠道价值链》、《管理架构师》等。

第六辑

高能组织的炼成

施炜

海尔“人单合一”模式的本质

一、对“人单合一”的理解

人单合一是海尔管理思想的结晶与总体概括。经过与张瑞敏先生两次面对面的交流，以及现场的参观研讨，结合卡萨帝品牌案例，我对“人单合一”有了一些新的理解和认识。在此和朋友们分享。

第一，“人单合一”是供需融合和统一的价值理念。张瑞敏多次指出，“人单合一”中的“人”是企业中的人，可以是员工，也可以是团队、小微组织等；“单”则是用户的需求和价值；“人单合一”的目的在于创造终身用户。我们可以将“人”理解为供给侧，将“单”理解为需求侧。这两者之间的矛盾是企业经营的最大难题，也是市场经济非均衡波动最重要的根源。“人单合一”旨在弥合、消除供需两者之间的缺口、错位、失衡等，实现两者的统一。用哲学语言说，就是合二为一。它是互联网和用户价值时代的统领性经营原则，是具有革命性意义的企业战略理念。

第二，“人单合一”是与用户直接交互的价值创造活动。在互联网连接平台上，利用顾客网络社区、社群的组织机制，企业及其成员与用户无论何时、无论何地都可以直接互动、交流，真正做到融为一体。正因为如此，组织打破了边界——用户在哪里，组织就在哪里；同时，可以真实、准确地把握用户需求，并借助敏捷反应的价值创造系统回应和满足用户需求。这样，传统的规模化“端对端”流就会分解为众多的微小价值循环，既满足用户的个性化需求，又能提高产品价值的迭代速度。

第三，“人单合一”是分布式的组织形态。欲满足微小用户群个性化需求、欲与用户同一时空下直接交互，庞大的集中控制型组织形态是无法做到和实现的。张瑞敏认为，传统组织是围绕总体目标的线性组织，而非满足用户需求的非线性组织。用户群体不断分形变化，用户需求处于流动状态，客观上要求企业组织更具弹性和灵活性。“人单合一”的小微组织，顺应和追随市场需求之势生成、变化，以分布式以及自组织形态应对外部环境的不确定，对于捕捉市场机会、深化用户关系具有重要意义。

第四，“人单合一”是市场化的激励和共享机制。张瑞敏曾提到，“人单合一”应该是“人单酬合一”。这里的“酬”是小微组织（包括内部成员）的报酬，它来源于外部用户。也就是说，是用户为小微组织支付报酬。用户获取了价值，支付了价格；企业内部的价值创造者则分享其中的增值部分。小微组织及成员分享利益时，不仅依据产品销售及盈利指标的考核结果，还要考量用户资源的积累、“引爆点”以及用户忠诚等指标完成情况（即双维度评估）。这种市场化、长期化的激励机制——同时也是用户价值责任机制——是对传统企业激励机制的颠覆，是驱动组织面向市场、深化用户关系的有力手段。

第五，“人单合一”是员工自治的治理模式。“人单合一”是赋能型管理模式，小微组织拥有较大的自主权，每个员工都是自主人。张瑞敏认为，“人单合一”模式要求领导者放权。领导者手里的权一共有三样——决策权、用人权、薪酬权。如果不能把它们还给员工，“人单合一”是没法学习和推行的。传统的组织治理模式，权力来源于财产和资本，企业内部的权力关系是自上而下层层授予；而在用户价值时代，权力来源于用户，企业的权力结构为自下而上的员工获取——基于用户价值创造的需要确定员工应获取的权力种类、范围等。这是责权清晰、责权对等的倒金字塔形企业治理架构，将用户为本和员工为本有机统一起来了。

总的来说，“人单合一”从理论到方法形成了一个零距离连接用户，对用户个性化需求作出敏捷反应，创造顾客价值的自洽、自为的整体性体系。“供需融合”是内核和牵引，“直接与用户交互”是价值创造方式，“分布式”和“自组织”是价值创造的组织保证，而“用户付酬”和“自主治理”则是组织运行的驱动及约束机制。

二、人单合一理论产生的背景

任何理论，都是对时代矛盾的回应，都是对现实挑战的解答。对“人单合一”理论，在时间上，要放在工业文明之后信息文明的背景下来看；在空间上，要放到企业国际化、全球企业创新的背景下来看。正是在这样的坐标系和视角下，我们发现，“人单合一”理论的产生，有5个方面的时代因素。

1. 用户需求的个性化

我曾经将我国当下的市场结构比喻成魔方，在收入水平、生活方式、消费场景3个维度不断拉长（差距拉大以及延伸发展）的情况下，魔方中的方块（细分的需求集合）越来越多。这也说明了用户需求的精深化。用户人群或需求集合细微化了，客观上要求企业内部也要变成由细微单元组成的分布式、自组织结构；所有的组织细胞要贴近用户甚至需融解到用户之中。换句话说，“人单合一”中的小微组织，是对外部用户小微群体的回应。后者是独特的，前者也就需要是自主、自治的。

2. 权力的转移

企业组织的权力有多种来源：用户、员工、资本（财产）以及社会。以往企业组织的权力主要来源于资本和财产，未来更多地来源于用户和员工。用户价值是企业组织权力的来源，员工基于用户责任具备一定的权力；而企业平台向员工赋能，则是创造顾客价值的基本要求。正是在这个意义上，张瑞敏认为，员工及小微组织的权力，本来就是其所应该拥有的。

3. 组织形态的变化

直至今天，我们绝大多数人都生活在工业文明之下。工业文明基本的组织结构是机械式的，主要表现为职位横向分类（研发类、生产类、营销类等）、纵向分层（从最初级职位到最高层职位）的双维交织型矩阵。当然，机械式未必落后，国内许多企业至今机械式的结构也没有运作好。当信息文明、生态文明到来时，企业组织由机械体向有机体、生物体转变和进化，原有的机械结构势必被互动的、关联的自组织的生态结构所替代。“人单合一”在这个层面上做出了自己的探索。

4. 互联网对社会资源配置机制的影响

互联网出现之后，两种社会资源配置机制的界限被打破了。按照经济学理论，社会资源的配置，主要有两种方式：一是市场机制，即价格机制、交易机制；二是组织机制，即计划机制、管理机制。互联网的网络状连接功能，帮助企业组织打开了边界：与外部用户合作，为用户参与价值创造提供契机和平台；以众筹、众包等方式整合利用社会资源；等等。同时，将市场化的交易机制引入企业内部。这样，市场和组织两种机制融合在一起了。“人单合一”模式在这一点上是非常鲜明的：企业与员工（小微组织）既是组织化的合作，也是市场化的合作。反过来，企业与用户的合作，原来是市场化的，现在变成了组织化的。

5. 技术革命的出现

技术革命的范围很广泛，对企业治理、组织架构及运作影响最大的技术是大数据技术和人工智能技术。这两种技术结合起来，将会穿透和重构企业的组织形态和运行机制。在大数据平台上，用户需求链和企业价值链有可能精准咬合和对接；在人工智能平台上，基于数字标准的价值流自动运行有可能实现。由此，流程化、网络化、自驱动、去科层的组织有了坚实的依托和基础，也有了现实的需要。从顺应、适应大数据、人工智能等技术发展的角度看，“人单合一”模式预留了足够的空间。

三、人单合一理论铸就的卡萨帝

“人单合一”适用于创客、创业组织，已有公认的例证。人们更为关注的是：在经营体量较大、长价值链的传统业务领域，“人单合一”如何运用？产生了怎样的效果？卡萨帝品牌交出了一份符合人们期待的答卷。

卡萨帝是国际高端家电品牌，覆盖冰箱、洗衣机、空调、热水器、酒柜以及厨房电器等品类。这一品牌在市场的成就，不仅仅因为年度销售百亿元（其中的明星产品单一品种超过10亿元），更重要的是它突破和改变了长期以来外资品牌代表高端的认知习惯以及市场格局。

在汽车、时装、食品等大多数消费品领域，国产品牌的生存空间都被外资品牌压在中低层次。华为手机基本上实现了突围，但盈利能力和苹果手机相比还有较大的差距。卡萨帝不仅成为高端家电产品的象征，更重要的是，它拥有坚实的用户价值基础以及用户认知（心智）壁垒。因此，在可预见的未来，卡萨帝的位置很难被超越。

12年的时间铸就了卡萨帝的传奇。它的做法和经验，用中国人民大学商学院刘凤军教授的话说，符合教科书但超越了教科书。下面，我们简要概括卡萨帝品牌的市场策略组合：

1. 目标市场定位

卡萨帝的目标用户是高收入人群。他们有较强的购买力，有对高品质生活的追求，也有在社交网络中分享购物以及消费经验的愿望。更重要的是，他们的需求在动态创新、延伸和深化；同时，他们不断挖掘产品的使用场景。

2. 产品价值创新

在对用户需求深刻理解的基础上，卡萨帝各品类产品无论是审美维度还是利益维度，都给用户创造和提供了独特体验和价值。比如卡萨帝冰箱的控氧保鲜、红外恒温、深冷速冻、三重杀菌功能以及自由嵌入（橱柜等背景物体）的形态等；卡萨帝洗衣机的高端衣服“空气洗”技术、双滚筒结构等；卡萨帝酒柜无振动、无压缩机性能等……它们是源于生活中的创意，又是新的生活方式的折射，而背后则是强大的科技力量。

美貌与科技、质感（细节）与功能、品质与格调兼备俱佳，是卡萨帝产品的基本特征。需要指出的是，卡萨帝产品的独特价值往往是组合式或团簇式的，包含有解决方案的意味；同时重点概念较为鲜明、清晰，价值诉求具有层次性。

3. 品牌塑造

随着自身的成长，卡萨帝如今已经成为面向特定目标市场的独立品牌。在品牌概念上，它已经和品质、高端、科技、生活方式等相关联；其品牌调性已呈现出艺术、简约、大气、时尚的特征。

在传播方式上，卡萨帝根据转型时代的媒体特征，一方面并不忽视传统主流传媒，另一方面充分利用互联网社交媒体（网站、APP、微信等），与用户持续互动，既强化认知，又深化关系（发展终身用户）。卡萨帝有一个强大的用户管理体系，用户可以“一扫注册”（产品上的二维码是流量入口）、“一键服务”（售后等），获得“一生关怀”。在会员制基础上，卡萨帝设计了若干个与用户交互、吸引用户参与和体验的活动平台，如“思享荟”“一起跑”等。

4. 通路结构

卡萨帝产品系列丰富、价值较大，既需要现场体验，也需要送装服务。在零售通路模式上，虽然线上线下立体布局，但实际销售主要发生在线下。卡萨帝的实体零售形态以面积较大的专卖店、店中店（例如开设在苏宁易购、国美电器等商场）为主，围绕用户情感和认知，构建既真实又艺术化的生活体验空间。卡萨帝零售终端在体验要素、场景氛围的设计上，在体验、社交活动的运作上可谓匠心独运、创意迭出，成为好戏不断的舞台。除线下终端之外，海尔集团的顺逛微店等也为卡萨帝提供了一定的交易量。

总的来说，卡萨帝在产品层面，以“审美”和“科技”为核心概念；在用户交互（认知、交易、关系）层面，以“体验”和“社交”为核心概念；整体运作以去中介、电子化、数据化和智能化为特色。而这背后，正是“人单合一”的法则在起作用。换句话说，卡萨帝优异的市场表现，来源于“人单合一”的模式和机制，如图1所示。

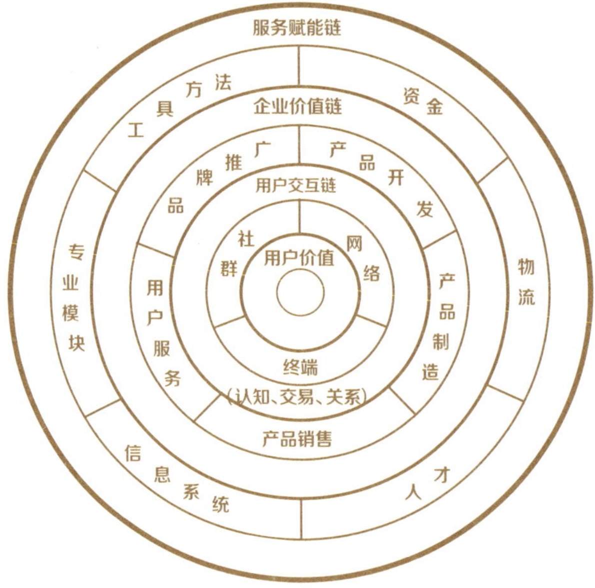

图1 “人单合一”的模式和机制

（1）卡萨帝价值链以及相关组织和人员，与用户直接连接和交互。依托的纽带、平台有3个：一是网络，即线上空间；二是终端，即所有的线下场景和物理空间；三是社群，即社交网络，既存在于线上，也存在于线下。用户交互链的运行同时实现3方面目的：第一，使用户对产品和品牌产生认知；第二，使交易（销售）达成；第三，深化用户关系，培育终身用户。

（2）卡萨帝价值链围绕用户价值链运行。同时，价值链开放，其中研产销等每个板块都与用户对接，理解用户需求并做出敏捷反应。为更好地实现与用户的融合，研发、制造等板块的内部组织结构根据需要适度并联，或采取分布式形态（如设立若干个产品开发小组）；并设计内部竞争机制（如小微抢单）。

（3）按照“人单酬”机制，卡萨帝价值链研产销各板块共享来源于用户的价值链收益。各板块之间的分配边界，不是通过简单的内部交易，而是通过相互承诺（对赌）来确定。而各方承诺的目标，不仅仅是销售量和利润，还包括用户关系（如重复购买）等。这种机制，更有利于价值链形成服务用户、创造用户价值的合力。

（4）价值链的各种价值创造活动的背后，有强大的服务赋能平台。赋能的对象不仅是企业内部组织，也包括整个价值网络上的合作伙伴。服务赋能的内容及要素包括资金、物流、人才、信息系统以及各类专业模块、工具方法（如终端产品如何陈列、用户如何体验的方法，社群如何运作……）。

（5）同心圆中，从用户价值链到服务赋能链，所有的价值创造活动都发生在统一的信息、数据平台上；前者以后者为依托和基础，后者为前者提供支持和引导。也就是说，所有的活动和行为都是信息化和数据化的，而信息、数据又为活动和行为的优化、改进提供了依据，创造了条件。

（华夏基石e洞察公众号2018年8月30日发布）

未来组织的三种形态

一、嵌套型组织

弗雷德里克·莱卢（Frederic Laloux）在《重塑组织：进化型组织的创建之道》中提出了嵌套型组织的概念。中国企业实践中，很难找到相应的案例。但是类似的组织结构是有的，即企业总部和事业部之间存在连接的纽带和嵌套的组织机制。

读者朋友都知道，事业部制是分权体制，直线职能制是集权体制。两者之间的中间状态就是一种嵌套型组织架构（图1）。它既不像事业部制那样分权，也不像直线职能制那样集权；既能保证二级经营主体的独立性、自主性和活力，也能保证整个企业战略上的统一性和风险的有效控制。

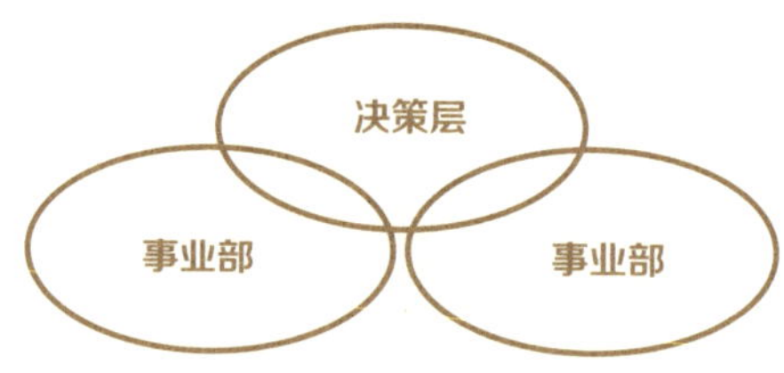

图1 嵌套型组织架构

韩国三星集团曾采用过这种架构。三星集团秘书室（后改名结构调整本部和战略企划室）是非常具有韩国特色的企业高层级机构。它既是三星集团实际控制人李健熙家族事务的办理者，也是集团决策支持机构及关键资源（比如资金）的分配者，并且具有一定程度的下属公司负责人的任免权（曾有人分析李健熙时代三星集团的重大决策权，90%属于李健熙，10%属于秘书室）。为将战略制定和战略执行结合起来，三星集团结构调整本部成立了结构调整委员会，成员包括主要子公司总经理和结构调整本部部长。委员会每个月开会一次，讨论决策集团及子公司重大战略事项。这个委员会就是嵌套式组织，是总部与子公司决策层的交集。

嵌套型组织架构最大的特点是：事业部（子公司）决策组织中有总部派出的成员，而总部决策组织中也有来自事业部（子公司）的代表。其优点在于总部和事业部（子公司）存在无缝沟通机制，缺点在于上下责权不清，容易导致分权不充分。我国也有企业借鉴三星集团的做法，在总部层面成立和下属事业部一一对应的小组，作为企业最高决策者和事业部之间的桥梁。小组组长的组织级别和事业部负责人基本相同；在某种程度上也可视作事业部负责人的“备胎”和B角。小组的主要职责是：

第一，在公司战略决策层和战略任务执行层（事业部）之间起信息传递和沟通作用；

第二，协助组织战略任务分解和实施方案制定；

第三，对战略任务执行、完成情况进行跟踪、调研、分析和反馈；

第四，对战略任务和行动推进过程进行跟进、协调和监督，组织跨部门的专题研讨并制定解决方案（按权限报批）协助总裁整合战略任务所需人、财、物等多种资源；

第五，组织并参与战略任务实施中的试点和标杆工作。

成立、运作这些小组，有利于总部战略决策在事业部层面得到有力的贯彻和执行。但小组的定位面临难题：如果仅仅是赋能者、监督者，可能对事业部的影响力不够；如果是事业部价值创造活动的直接参与者，则有既是裁判员又是运动员之嫌，同时也模糊了事业部的责任。

二、分布型组织

分布型组织是多中心、分散控制的组织。其基本结构是：在企业支持、服务、赋能平台上，存在多个并列的具有经营属性的小型组织（图2）。分布型组织也被称为单元组织及并行组织。这些并行的“单元”具有独立的地位和清晰的责权边界，往往从事同一种业务，彼此存在竞争。有的朋友也许会问，平台上有多个小的组织单元，但未必从事同一类业务，难道这就不是分布型了？分布型意指某个系统从中心控制转向了多中心控制，因此，某项业务范围内的单元衍生和扩张更接近其本意。海尔平台上的创客组织，它们的组织形式大部分是独立的子公司，已从原来的企业中分离出去了。

图2中的单元通常是一个小型团队。它属于任务小组，但并非任何小组都是“单元”。它的最重要的特点是能够独立地配置资源：掌控价值流（未必自主拥有价值流的所有环节），直接向顾客提供产品或服务。就像我们俗话所说的“麻雀虽小，五脏俱全”。对“单元”来说，五脏未必全，但功能都是全的。我们可以将其理解为微缩版的事业部。由此，我们可以将分布型组织视作事业部的细分。

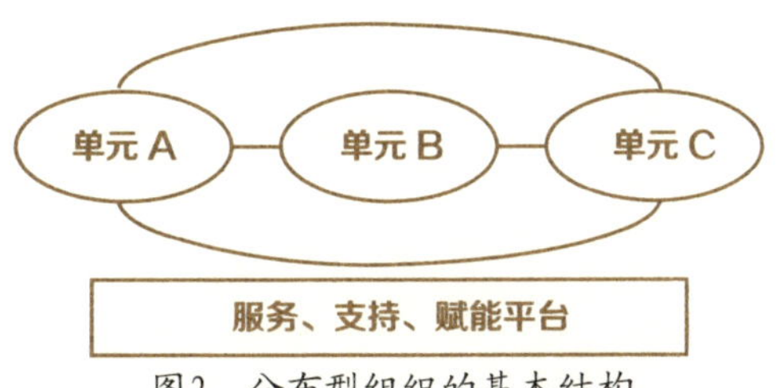

图2　分布型组织的基本结构

分布型组织广泛适用于顾客群繁多、需求细分度高、需求分散、需求具有不确定习惯的科研、时尚、创意产业。例如，互联网服装企业韩都衣舍，借鉴阿米巴模式设立了200多个小组，独立负责某一个品牌或品种的经营。小组里的核心角色有4个：一是运营专员，负责小组商品的价值流运营，通常也会担任组长（“小老板”）；二是选款专员（买手），负责款式的开发和搜寻；三是订单专员，负责订单流程运行，和生产部门对接；四是页面制作专员，负责商品的拍摄以及页面的制作维护。这些经营小组在公司统一制定品牌策略（调性）、产品规划、最低定价标准的基础上有较大的自主权，可以确定具体款式、生产数量、产品价格以及促销计划。它们可以分享经营利润。

除服装企业外，分布型组织比较典型的例证还有研究未来技术的科研机构。由于技术前景不明，因此安排若干平行研究小组分头探索，能增加成功的概率。据说当年华为在开发交换机时，也按不同的技术路线安排了不同的开发小组。此外，影视、出版等创意行业中的企业，有时会设立多个策划、制作及项目小组，并行开发产品。咨询公司、律师事务所等服务机构，也经常采用这种结构。

分布式组织的平台作用非常重要。有人认为，分布式组织适合短价值链行业，这样一线经营单元（团队/小组）整合资源、驾驭价值流的难度小一些。实际上，在长价值链的情形下，平台需承担价值流上的某些环节，比如，基础性产品族群或产品平台的开发、集成供应链的打造等。也就是说，要使一线经营单元的运作重心放在和顾客交互上，放在顾客需求的认知、体察上；要使一线经营单元成为打开市场的锐利尖兵。至于信息共享、人员训练、评价考核、资金支持等，平台的功能就更不必细说了。

分布型组织属于网络状组织。前线与平台、小组与小组之间有着多方向的密切联系。任何一个小组根据任务需要都可以调动上下左右巨大资源。这意味着，分布型组织通常是自组织。现代战争中，一线的作战人员面对分散、隐藏的敌人时，也需采取分布式结构。一旦有哪个小组发现敌人行踪或遭遇敌人，立即呼唤立体支援体系；后台迅速集结力量给予敌人致命打击。

分布型组织的优点主要有：第一，能够多方向、多触角地寻找、探索生存机会和生存方式；第二，灵活机动，对于突然出现的具体情况，可以快速反应；第三，借助自组织机制（连接和重组），可以实现小组/单元结构的优化和总体竞争力的提高；第四，通过局部损失处理，化解全局性风险；第五，每个小组/单元自主与外部合作，使组织边界消失，增加了企业的开放性和弹性。

显然，分布型组织不适合需求个性化程度低的同质化、规模化的市场，也不适合价值流连续、各环节不易分离的产业。由于它的结构扁平、分散，难以集中力量完成重大、重要任务，在未来很长一段时间内，将会是一种非主流的组织形态。

三、生态型组织

生态的原意是：在自然界一定的空间内，生物与环境构成的统一整体。根据这样的定义，生态系统有这样几个要素：第一，土壤，也就是平台。这是蕴含、培育各类生物的基础，必须富有养分。第二，生物，即土壤上生长出来的万物。第三，阳光、雨露，也包括温度、气流等因素，即来自外部的能量。第四，关系。土壤和生物之间，生物与生物之间，阳光雨露与土壤、生物之间存在信息和能量的交换；彼此循环式交互，具有自组织功能。

将上面这4点对应、映射到组织形态上，显然，生态型组织需具有以下几个特征：

第一，企业平台上生长出了许多生物；它们是基于多元化业务的独立经营主体；生物的品种非常丰富，远远超过了一般企业的事业部架构，有了分布型架构的意味。

第二，生物生长于一个共同的土壤（平台）上。这个平台不仅仅是品牌（如果仅仅依靠品牌连接各类业务及经营主体，那就是人们常见的品牌共享），更主要的是技术。只有技术才是连接各类生物的坚实纽带。

第三，所有生物向着阳光雨露健康、茁壮生长。这里的阳光雨露就是顾客需求和顾客流量。所有的经营主体都需寻找广阔的市场空间，挖掘强劲的真实需求。顾客，是企业生态系统一切能量的来源。

第四，土壤（平台）为生物提供养分（资源支持、赋能服务），生物回馈给土壤各种营养（增强平台能力的各种信息、知识、经验和资源）；生物之间相互关联，彼此增强；每类生物获取的阳光，与其他生物共享。

根据上述4点，生态型组织的基本结构如图3所示。

国内企业中，腾讯、小米等具有生态型组织的特征。腾讯的土壤是微信，目前多种树木正在以微信为依托成长；这片土壤获取的阳光雨露（顾客流量）非常充足（且获取成本较低），树木的外部能量供给充分，未来有可能成为茂盛的森林。阿里的土壤是电子商务平台，同样阳光灿烂、雨露丰沛，有些树（支付）已经长成参天大树了。小米的土壤是操作系统等软件，使得各棵树之间有了物联网络。小米生态圈模式和腾讯、阿里等企业不同之处在于，生态链上的各棵树能够自带阳光雨露，但连接的纽带和平台（操作系统等软件）还在发育过程之中。

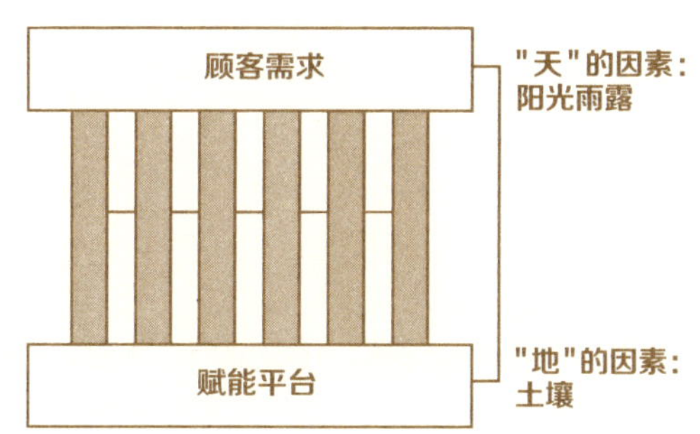

图3 生态型组织的基本结构

小米生态圈中的许多企业，从法律形式上说是小米投资的子公司。按理论，它们已超出了小米企业的范围，是一些独立的法人主体。但是，小米赋能体系，对它们有供应链和渠道链（主要是零售终端）的支持。这意味着小米在一定程度上介入了子公司的运营。小米和这些企业是一个资源共享的联盟。由此可见，生态型组织，可以突破企业自身的边界。小米生态链的某些企业，比起标准的子公司体制，对小米的依赖深一些；比起标准的事业部制，自主独立性要大一些。可见，小米生态圈是介于子公司制和事业部制之间的一种创新型组织形态（当然小米生态圈内部结构复杂，和小米的关系远近不一，我们这里指的是与小米紧密合作的企业）。

近年来，有些公司尝试内部创业，强调赋能平台上的多角成长。但是这种模式还不能算作生态化的，因为缺少坚固、稳定的土壤（投一些资、派一些人属于支持服务，难以称得上构筑了一个平台）。它更接近于孵化器，当然也可以理解为生态模式的初级状态。

未来区块链时代，有可能出现超越企业边界的社会化生态组织。在区块链技术平台上，每个组织单元（可能是机构，也有可能是团队，更有可能是个人）相互连接，共建一个价值发现、价值创造、价值交换、价值共享的体系。同时，每个组织单元的行为信息都在同一个“账本”（信息系统）上公开记录，任何组织单元都不得篡改、隐瞒和作假。每个组织单元凭借投入和劳动都能获得自身的权益；而且这种权益受到保护不可能被掩盖和损害。组织单元之间的权益交易采用智能化、自动化的机制，公正、透明（在共同体之间）、直接、高效。所有的组织单元彼此信任，对组织运行规则达成了共识；对组织单元的约束不是建立在“好人”“坏人”的辨识上，而是建立在每个组织单元趋利避害的理性选择上。一个分布式的节点（组织单元），如果失信于大的协同同盟和组织，就无法生存。因为所有的组织成员都知晓了失信者的行为，都会排斥它，不和它交往、联系。

这似乎是一幅区块链乌托邦的图画。但是未来基于区块链技术或理念的顾客和股东相统一的开放式、自组织的新组织形态很有可能出现。

（华夏基石e洞察公众号2018年10月21日发布）

铁军组织是怎样炼成的？

一、为什么这种企业能够这么快速地成长？

前几天，中国人民大学商学院有一个转型创新特训营到苏州参观学习，我作为教练，和学员们一起参观了汇川技术公司。这个企业总部在深圳，主体工厂在苏州，是做自动化控制系统的，如变频器、控制器、伺服电机等，现在逐步向轨道、新能源汽车等领域延伸。汇川技术于2003年成立，2011年上市，成长速度很快，长期保持30%左右的增长（图1）。这个企业有鲜明的华为特色，因为19个创始人当中有16个是从华为出来创业的。去了这个企业之后，大家都觉得很激动，因为在现在经济不景气的情况下，作为一个电机企业，面临的对手是西门子、施耐德等国际巨头，却能够逆周期成长。参观结束后，我跟一个学员，也是我的朋友，宁波单车侠自行车公司的老板刘鹏冒雨开车去宁波。在路上，他问我一个问题：为什么这种企业能够这么快速地成长？

刘鹏的问题让我陷入了沉思。我没有马上回答他，而是做了分析：企业的成长原因无非就是外因和内因。从外因来看，它所处的市场环境不能说特别好（因为是寡头竞争行业），也不能说特别不好，但是一定不属于风口。而且电机这个行业技术门槛还是挺高的，要一点一点做，做着做着，后发超越的势头才会渐渐出现。从内因来看，它有个很好的组织基因和组织能量。

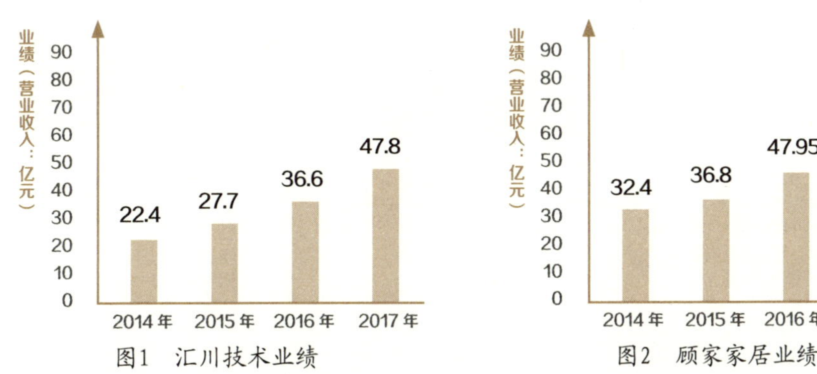

图1　汇川技术业绩　　图2　顾家家居业绩

图1是汇川技术业绩增长图，它属于工业品行业。图2是顾家家居业绩增长图，它属于传统的消费品行业，从2014年起复合增长30%左右。中国有一批这样的企业，我把它们定义成高能组织。这是我创造的概念，因为有高能物理，我想也可以有高能组织。

二、高能组织的“三高”

1. 高能量

企业在外部的市场竞争中具有很强的竞争力和战斗力。不管在什么行业，它们一进入，就能赶超对手，能在比较短的时间内形成优势并保持优势。我把这种现象叫做高能量。

2. 高绩效

高能量也反映在高绩效上。高绩效就是有比较高的顾客价值和企业价值。其中一个特点就是毛利水平较高。根据近几年的年报信息，汇川技术的毛利保持在40%以上，可以创造比较好的顾客价值。如果这样的高绩效企业是上市公司，那么，企业价值也会比较大，估值比较高。

3. 高能力

高能量的背后有一支高素质的专业团队。这批人身上有独特的知识，包括专业技术知识、经营管理知识以及营销知识等；同时还有高行动力、高执行力。

我把这样的高能组织的特点概括为“三高”。做人不能“三高”，但做企业一定要“三高”。我去走访和咨询的企业比较多，经常遇到的问题是：我们企业为什么到市场上使不出力量来，总显得没劲儿呢？我们今天不谈差企业，先看看人家好企业为什么有劲儿。

三、高能组织的公式

我概括了一个公式：高能组织=人×管理体系×数字标准（图3）。

图3　高能组织公式

我们把高能组织抽象出三个变量——人、管理体系、数字标准。智能时代是数字驱动，数字怎么驱动组织？用数字标准来驱动。

（1）人。人即组织的成员。一个高能的组织，必须用一批高能的粒子。每个个体本身就很强悍，个体的集成也非常强悍。这是高能组织的前提和基础。

（2）管理体系。体系是无人化的，不管谁来都会用同样一套体系。俗话说“铁打的营盘，流水的兵”。对企业来说，铁打的营盘是对的，其实管理体系就是一个铁打的营盘。要注意的是流水的兵，对企业来说适当的水流是可以的。2008年，我去为广西贵港扬翔集团做咨询。扬翔集团有个部门叫营盘部，就是做管理体系的。一个企业、一个组织要把每个人组合起来，很重要的因素是管理的制度、流程、方法等。

（3）数字标准。数字标准贯穿于整个价值链的全过程、全环节，研产销过程中有大量的数字标准。从要素角度来看，技术、人才、资金等各种要素也都有一系列的标准。听起来有点抽象，举个例子，我们在座的有很多人来自制造企业，大家熟知的六西格玛等，就是工作品质标准。丰田生产方式一个很重要的标准是作业标准，比如一个工人拧一颗螺丝是2秒。其实并非大数据、人工智能时代才具有数字标准，在任何时候都有数字标准，只是在大数据时代变得更清晰、更全面、更细微、更可视、更容易辨识。

为了说明数字标准的定义，我给大家讲一个生活中的例子。很多年以前，我们家有个保姆小李，她从农村来到城市，不太会做菜。有一天，我太太跟她说：小李，今天晚上吃白菜煮豆腐。小李煮好后把菜端上来，我太太一尝，说：豆腐放多了，白菜放少了。小李记住了。过几天，又煮了这个菜。我太太一吃，说：今天这个菜倒过来了，白菜放多了，豆腐放少了。小李一脸迷茫地看着我太太，不作声，但是没有解决问题。有一段时间，我太太出国学习，由我来管理家务。我采取数字标准，比如，1斤排骨配20粒枸杞，当然，这个标准是可以调整的，如果觉得油太多了，就减为15粒，这就是动态迭代。一开始，小李要一粒一粒地数。如果熟练得像王府井百货大楼的张秉贵那样一把抓准，那就不用数了。但也不需要每次都很准，我允许她的误差是正负1粒。这就是数字标准。如果每项工作都有数字化的标准并且不断提高，那就可以驱动组织不断追求卓越。比如，原来拧一颗螺丝需要2秒，后来提升到1秒，最后挑战极限到0.5秒。

除了上面三个变量，还有一个因素是乘号。乘号指的是这三个变量之间的关系。所有无人化的制度、流程、体系都是人创造出来的，反过来，制度、流程又在塑造人，两者相互创造、相互适应、相互激发。这就跟树和土地的关系一样。如果人很强，所衍生出来的流程制度就会很优异；流程制度优异，又促使人变得更优秀。这就是高能组织的奥秘。数字标准和人的关系也是如此。

四、高能组织中的人：铁军是怎样炼成的？

通过研究华为、美的等多家企业的人力资源政策和人力资源管理模式，我概括了7条经验。

1. 学生兵，高材生

以学生兵为主，较少从社会上招人。这次我们去汇川技术，其中最大的事业部的总经理对我们说，最主要的经验就是全部用学生兵，他们是一张白纸、比较单纯，让他怎么做就怎么做。不仅仅用学生兵，还用高材生。中国高考体量庞大，大学扩招使得大学生之间的差异迅速拉大。华为最先发现了这个奥秘，所以华为就先下手了。其他企业很快也发现了，导致今年校招的竞争激烈程度要远远高于以往。原以为今年经济不景气，校招没多少企业参加，实际上，好的学校里面人山人海，说明大家意识到了要在人才的源头上解决问题。

学过物理都知道，高能粒子能够带电。首先粒子本身要强，其次要有加速器。学生兵、高材生就是强悍的粒子，企业就是加速器。

2. 给人才一个待遇"△"

待遇上要有一个增量，要利用薪酬杠杆。薪酬杠杆是指给一个大学生的报酬比一般平均水平高30%，但是他所创造的业绩要比一般平均水平高50%。业绩曲线的斜率一下就上去了。实践证明，好的学生所创造的价值更高。

3. 用"前置"方式发现、争夺人才

给了好的待遇，是不是就一定能把好人才招到？不一定。招聘工作技术性很强，有测试、面试、评鉴等，最重要的是要了解学生的信息。我在大学里面做过多年的班主任，可以负责任地告诉大家：同班同学中，学生之间差异非常大，远远大于我们的想象。有些企业为什么招学生兵遭遇那么大的困难？是因为没有招到好的，一个班里只有20%是好的，要把他们找出来。正确的方法是工作前置，事先介入，如设置奖学金、跟班主任谈话等，用多种方式预先选出班里的优秀学生。要是等别人招完了你再去招的话，还不如不招。

4. 高目标牵引

人来了怎么办？高目标牵引，响鼓要用重锤。高目标就是高压力。顶得住的，就上来了；顶不住的，就被淘汰或者自己离开。

5. 高组织张力

高组织张力就是不对称激励。所谓不对称激励，就是薪酬向关键岗位倾斜。比如一个普通的主管年薪12万，做到经理就是50万，做到总监能达到200万，就这样往上跳着走。这样做的话，组织张力就大了，中下部分竞争很激烈，优胜劣汰。我们分析过，企业在高速成长时期，团队（包括厂长、车间主任、营销人员等）是高速度流动的。这个时候不要考虑流动问题，流动30%也没关系，不行就换，最后，李云龙式的人物就出现了。

6. 给人才一个舞台，建立人才后备营

不怕人员流动，关键是后备人员要多，所以，在人力资源的规划上一定不能一个萝卜一个坑，而是要一个坑两个萝卜甚至三个萝卜，要有人才储备，要有长远的成长目标。同时，要把年轻人用上去，给年轻人一个舞台。在中国，如果你用的干部平均年龄比别人小5岁，一定是最好的人力资源模式。最不好的人力资源模式是从一些名头很大的企业招一批人过来，这些人到企业来变现，其实他们并没有真正的打仗的本事。

机制比人才更重要，有了机制，人一定会有。很多企业老板总跟我说：我们企业的人不行。我经常鼓励他们说：你的人挺好的，是没什么问题的，我们又不做登月行动，不需要那么复杂的劳动、那么高精尖的人才。大部分企业任务，一般的人是可以达到的。一旦建立后备营干部机制，一般人的能量可以被激发30%左右。什么是后备营？比如，销售系统中有区域经理，在任命区域经理的同时，设立一个后备区域经理的训练营，配比1∶2或1∶3，最少也要1∶2。而且，不是点对点接班，而是一群人对一群人接班。因为如果是点对点接班的话，在位的就会打击后备的。而一群人接一群人，就不会有这个问题。有的领导还很想把自己下面的人选送到其他部门去呢！后备营机制，就是抽驴赶马，后面的驴一叫，马就着急，回头一看驴上来了。驴其实也很着急：马怎么还不下来？现在有些企业连驴后面的狗都准备好了，这就是双层干部后备营。

最近我们在浙江宁波金田铜业做咨询，访谈每个部门、分公司，发现金田的团队很强悍，已经可以和行业里全球领先企业的团队比肩了。只是有一些关键岗位要补充和调整，如高纯合金研究；还需要一些外语特别好的高级人才等。像一般的分厂厂长、职能经理、区域经理、车间主任、炉前技师等，通过现有团队不断更新和发展，完全能够支撑企业未来的发展。

人的潜力是无限的，在座各位一定要对自己的团队有信心。我为很多企业做过咨询，发现对于团队问题不能形而上学，三步之内必有芳草。没有芳草是因为你没看到，或者你没有形成让芳草长大、茂盛的土壤。

7. 高浓度组织文化

高能组织的团队一定有高密度、高质量的组织文化。大家学习华为的“以奋斗者为本”，需营造华为那样的极强的奋斗氛围。这就是场，是高密度的精神场，也可以理解为是产生精神力量的加速器。

五、高能组织的内核：基于人性的管理

以上7条经验是操作层面的总结。进一步思考、提炼，我们发现：真正要激发一个团队，打造一支铁军，核心是基于人性的管理。由此形成三个层次（图4）：第一个层次，是企业文化的鼻祖沙因讲的“人性假设”。这个词不好理解，我换了一个

词叫“人性想定”，就是对人性的理解，对人性的设想。第二个层次，是与人性对应的管理理念和原则。第三个层次，是由理念、原则所生出来的管理政策、机制、方法等。所谓“道生一，一生二，二生三，三生万物”。

图4 基于人性的管理模型

人性有什么内涵？人性是人的本质属性，既与人作为生物的本能有关，也与人在和大自然的斗争中、在社会发展的过程中、在人与人的关系中形成的一些有社会含义的特征有关。我思考了一下，觉得人性可以用6组词来概括：（1）善恶。人是有伦理的，是有价值观的。（2）荣辱。荣誉感、自尊，中国人叫面子。很多组织行为学的专家专门研究面子和中国管理的关系。《菊与刀》是研究日本文化的，书中提出，日本文化是耻感文化。耻感文化就是荣辱文化，在一个群体里面，别人好好干而我不好好干，太耻辱了。（3）是非。有人称作罪感文化，一是一，二是二，讲究事实的真相，这是人性中非常重要的一个属性。讲面子的时候，不一定讲是非，可能还要把真相隐瞒起来。一个民族的性格里面如果只有荣辱没有是非，这个民族就出问题了。（4）利害。这是最重要的人性，赵履宽教授说，人性就是四个字——趋利避害。本能、欲望等都属于利益的范畴。（5）爱恨。人在情感和情绪上有爱和仇恨。（6）勇怯。人在态度上有勇敢和怯懦。

对应6种人性，可以形成6种新的管理理念：（1）意义、使命、价值。为什么愿景重要、使命重要？因为每个人不仅有个人的意义追求，还有群体、团队的意义追求，才能从内心生成能量。（2）尊重、荣誉、自尊、参与。要激发员工的荣誉感、自尊心，让他们积极参与。我在写企业文化大纲的时候，经常会写一条“参与也是激励”。我曾去过一家研发型企业，采用项目式管理，大的几百人，小的几十人，他们不用打卡，报酬差别也不是特别大。我问他们：靠什么驱动你们？他们说靠自尊心。（3）真相、辩驳、数字、公正。事情真相发现了，自然就公正了。（4）利益、机会、惩戒。（5）关爱、团队、救助。（6）氛围、赋能、表率。这些都是高能组织的管理

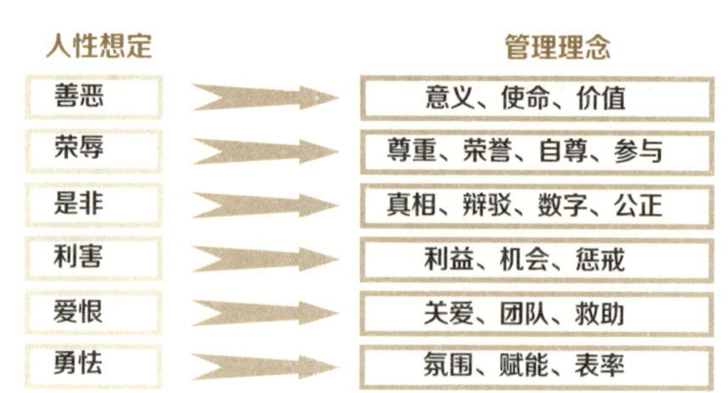

图5 基于人性的管理理念

理念，高能组织的内在根源（图5）。

六、高能组织中的体系：基础是如何夯实的？

前面说过，体系就是规则的集成，经营管理的理念、思想、战略、政策融入其中，具有整体性、结构性、系统性的特点。

借鉴杨杜教授的说法，体系是“无人化”的。（1）群体共享的显性知识。它不是某个人的隐性知识，而是大家都学得会的知识，比如集成供应链流程ISC，大家都按照这一方法来做，那物流肯定是好的、交付肯定是高效的。（2）独立于个人的刚性法则。既然是法则，就是刚性的，法则面前人人平等，领导人不能随意改变，也即无领导化。（3）超越个体的矛盾处理机制。企业中有各种各样的矛盾，不能靠个人处理，而要靠机制处理。犹如一个家庭，多个小孩间互相吵架，靠父母明察秋毫处理，一定是有冤枉的。

构建体系时，可以采用《管理架构师》一书中的POC模型，即“三化”：（1）活动流程化，把价值创造活动变成大大小小的流程，一级、二级、三级……形成好大的一棵流程树。（2）流程组织化，每一项流程以及流程的每一个环节，都要找到责任主体，这就是流程的组织化。（3）组织协同化。连接组织内部，使其动起来、协同起来。

怎么协同呢？有四种连接方式：（1）权力连接。比如我要喝茶，我指挥他们，张三去打水，李四去拿茶，这是权力连接。（2）流程连接。只要我一落座，张三自动去打水，李四自动去拿茶，形成一个流程。（3）交易连接。要喝茶，我掏钱给王五，王五给我茶喝。（4）文化连接，即价值观连接。价值观也属于权力连接的一种，因为权力有两种，一种是控制性权力，一种是共识性权力。在共识性权力下，大家形成了共识，能够自觉地去做一件事。这也解释了文化为什么重要？因为文化能够使一个组织在没有领导的情况下也能够协同起来。

七、高能组织中的数字标准：企业进步是如何实现的？

企业要有一个数据流平台。理念上，要用数字权威来替代权力权威，因为权力是最不可信的，权力是腐蚀人的、是不确定的。企业在长期数据化、信息化的建设过程中会形成一系列数字化标准。基于此，所有流程都数字化，每一个环节都数字化。这样的话，一定是少人化和扁平化的。因为数据驱动的时候，很多事情不需要请示领导了。酷特服装为什么没有车间主任、科长？因为每个环节都有数字标准。到某个环节，工人要钉几个扣子、用什么扣子和线、扣几秒等都有标准，这样员工就可以自主自律地工作，组织内部就可以真正做到网络化连接。

依靠流程、信息系统，大家在数字流下工作，这样监督也会减少。现在很多企业尝试无人审批报销制度，首先需建立数字标准，什么层级的干部到什么地方去，住宿费用、交通费用等都有标准。只要符合标准的系统自然就过，用不着审批了。

此外，如果内部的价值链和外部的供应商、渠道共享信息系统和数据，那么，内外价值链就融合了。由此可以得知，生态型组织的基础是什么。数字标准不断递进的过程，就是企业竞争力不断提升的过程。

八、成为一名高能领导者

所有高能组织力量的最终来源是高能领导者。欲成为一名高能领导者，需要做到：（1）高强度思考。很多企业事情做不好是因为领导人没想清楚、想得不够或想得太粗放，也就是思维的密度不够。（2）行动力。王阳明云，“知中有行，行中有知”，做就是了，不要天天光想不做。（3）逢山开路，遇水架桥。企业面临困难的时候，不要怕问题。很多企业老板经常跟我说缺人，我说缺人就去招呗，缺会计就招会计，缺出纳就招出纳，赶紧去做，这样就不纠结了。（4）有时候，矫枉需过正。缺10个人可能要招100人，不怕流失。（5）在管理体系建设上，有的时候要以空间换时间迅速建体系，有的时候要以时间换空间慢慢打磨。一开始搭建框架的时候，要以空间换时间，不能拖。但是每个具体的项目有了框架之后，要以时间换空间，要有工匠精神，不要太着急。（6）相信一分耕耘，一分收获。

真正的高能领导者，核心是破“心中贼”。心中贼包括：偏离真相、常识、规律的“自我设定”；对市场、顾客投机主义，走捷径（这是最大的毛病）；狭隘本位立场的利令智昏；权力意识的扩大。有的老板在公司里面像皇帝一样，这样的企业不适合90后和00后。

总的来说，中国的大部分优秀企业没什么问题，但我国许多产业做得并不好，每一个产业应该都能够产生非常伟大的企业。比如服装行业，作为衣食住行之一，需求量非常大，是万亿级的市场，但中国却没有做得特别好的服装企业。这一点还要向日本人学习，不光向优衣库学习，最近我看到的一个案例是镰仓衬衣，一年向全世界卖10亿件衬衣，光衬衣就做成了一个世界级企业。只要按照高能组织的要求去做，相信每个行业都很有机会。

（华夏基石e洞察公众号2018年11月05日发布）

如何构建特别能战斗的高能力组织？

一、管理学的一种研究方法

我先花几分钟时间讲一讲管理学的一种研究方法：怎样从管理学的范式上进行研究，而不是依据经济学、数学以及其他学科的范式。我对这个问题思考了好长时间，现在基本上得出结论了：管理学的研究要从实践出发，从现实的问题出发，从时代的要求出发。管理学是一门实用的学问，一门与时代息息相关的学问。

作为管理研究者，首先要在实践中发现问题。从时间的角度来说，有些问题是短暂的问题，有些问题会在很长的时间内存在。从空间角度来看，有些问题是特殊问题，是某个企业、某个行业或某个区域的问题，还有些问题则是跨企业、跨行业、跨空间的普遍问题。如果你能发现一个时间延续很长，同时又跨空间的问题，那么所提出的答案也就可能更具有历史的延续性和地域的超越性，更加接近普遍规律，也就更有价值。

发现问题之后，第二步是要提出一个解决问题的方向和原则，并对其“一言以蔽之”。也就是说，要提炼出核心概念。这对管理专家来说是最难的事情。这个核心概念是一个理念，是一个理论标签，代表着解决问题的核心思想。比如从战略角度说，大家经常提到“颠覆性创新”或“破坏性创新”，这是一个非常好的概念。“蓝海战略”“平台战略”等也不错。

概念出来之后，任务并没有完成。不能光讲概念，说这是“混沌”，那是“不确定性”，是没有太大意义的。关键是第三步，找出一整套解决问题的方法，并把它模型化，即把若干个变量、环节结构化地表达出来。这个结构化的表达就是解决方案，到这一步，你就成了。很多人炮制概念，人家不知道是什么意思，也不知道在实践中如何将概念落地。比如很多人讲“数字化管理”，那么数字化管理的变量是什么？逻辑结构是什么？主要针对什么问题？如果这些展开的内容都没有，“数字化管理”是无法实现的。

以上是我从实践角度对管理学研究的一点思考。概括说，三个主要步骤是：提出问题—定义概念—给出系统化、结构化的解决方案。这不同于“假设—检证—证伪”的研究方法。因为管理学很难归入揭示普遍规律的“科学”范畴，它是领先企业经验的总结，是未来趋势的揭示，是应用于实践的专业方法和技术的提炼。

二、组织高能化是企业系统成长的必然要求

我们回归主题。优秀的企业总是逆周期成长，总是在产业整合期产生。这一点大家是有共识的，我不展开说了。企业成长的决定和影响因素我归纳为“一心二门”：“一心”是目标和愿景，“二门”是战略和组织。

企业成长首先要有“一心”，即心之所愿。要实现这个心愿，就要打开两扇门，一扇门是战略，另一扇门是组织。战略问题今天不讲，把主题聚焦于组织。架构、流程、团队、文化等等，这些都属于组织的范畴。

为什么提出高能组织——特别能战斗的高能力组织？它是在一个什么样的背景下提出来的？

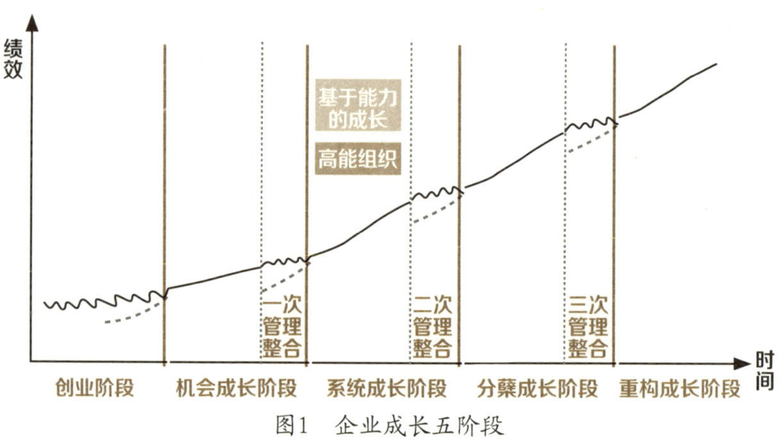

图1　企业成长五阶段

图1 展示了企业成长五阶段。2015年，我组织了五六个人，研讨“中国企业成长导航问题”，夏惊鸣、苗兆光、郭伟、陈明等都参与了讨论。记得这是我在香山会议上灵机一动提出来的。还要感谢陈明，我记得陈明当时急切地提醒我说，你要把成长因素动态化，不动态不行，所以我就做了一个企业成长阶段划分。大家请看这五个阶段：创业阶段—机会成长阶段—系统成长阶段—分蘖成长阶段—重构成长阶段。我对照了大约50家中国企业，企业成长五阶段图和它们的情况基本上是吻合的。

其中吻合度最高的是美的，这是苗兆光做美的案例时发现的。华为的情况还有一点不吻合，华为的有些过程是重叠的，它的分蘖成长阶段和重构成长阶段基本上是平行的两段河流。

我国有大量的企业，正处于从机会成长向系统成长的过渡之中。这就是一个分水岭。未来的企业成长将从机会导向变成组织系统能力导向，而在这一阶段，组织必然是高能组织。否则，组织体系无法支撑成长，也就无法应对转型。当然高能组织还要延续发展到以后的成长阶段。它起始于机会成长之末、系统成长阶段之初，其锻造的

过程贯穿于企业的系统成长全阶段。可以说，提出打造高能组织的目标、任务，并付之行动，就是进入系统成长的标志。

三、高能组织的内在机制

为了避免概念过于宽泛和抽象，下面我们进一步对高能组织作出定义。我们可以从功能角度定义，如高能组织就是特别能战斗、能打胜仗、能超越对手的组织。这样定义并不复杂，真正有难度的是从结构、机制的角度作出解析性定义。今天分享的重点是，我把高能组织用系统理论的方式给大家作一个解析，做一个系统理论形式的表达。

1. 高能组织输出的是高绩效、高能量、高能力

这种组织能产生“三高”的输出。首先它在财务上表现为高绩效，这样就符合了平衡计分卡原则。高绩效主要表现为营业收入、利润、资产总量及增长等。高绩效是表征，真正重要的是高能量。能量和绩效有交叉的地方，我认真地辨析过，二者不完全是一回事。高能量的组织往往是高绩效的，而高绩效的组织未必有高能量。比如，有些企业也许正好撞在风口上，或是遇到了什么政策，绩效突然就起来了，但它未必是属于高能量组织。我们经常可以看到一些业绩成长很快的企业，在真正的行业整合到来时轰然倒下。

高能量表现为一种强大的竞争力，表现出非常强劲的超越对手的势能。它基于长期战略目标可能会放弃一些机会，短期内绩效可能不一定快速增长，但在长跑中一定是中后程的领先者。高能量的背后是高能力，这个能力是指技能、人员的素质。高能组织不仅输出高绩效、高竞争优势，还会输出高人力资本。这样我们就把“三高”的逻辑理清楚了。

2. 高能组织输入学生兵并具有六种关联机制

如图2所示，高能组织输入的是学生兵，组织里要有这样六种机制：绩效机制、分配机制、使用机制、培养机制、文化机制、领导者。绩效机制就是目标责任机制；分配机制我单独列了出来，主要指利益分配机制；人才的提拔、任用是使用机制；培

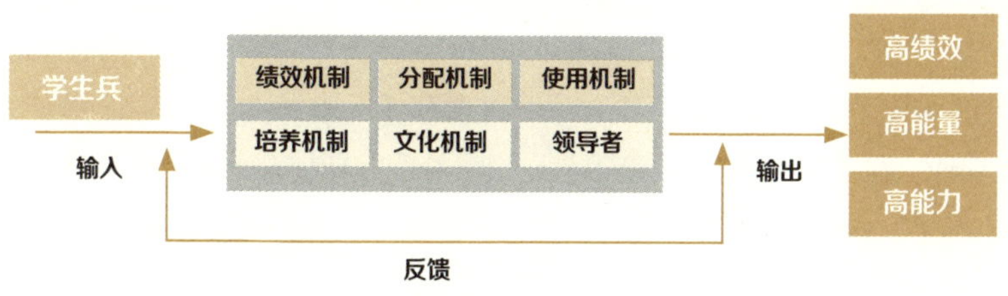

图2　组织的六种机制

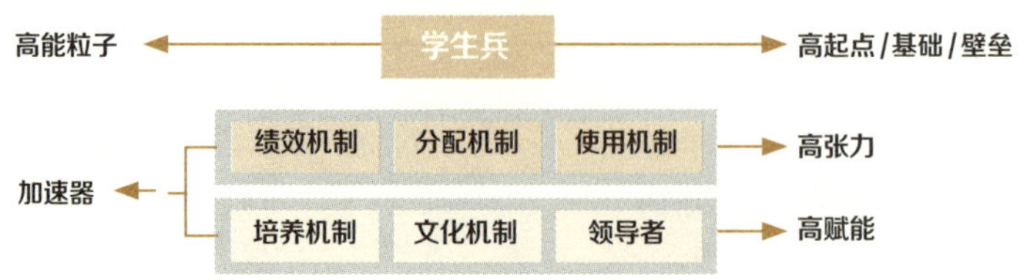

图3 六大机制的分类

训、训练是培养机制；文化机制包括组织的氛围、规则、习惯、导向等。此外，领导者本身也是建设高能组织的一种机制。

学生兵是组织的高能粒子，高能组织的六种机制是加速器。我专门上网去查了，高能粒子是带电量比较大的粒子，经过加速器（六种机制）加速后具有了巨大的动能。这也意味着组织是高起点（基础），甚至是具有高人才壁垒的，如图3所示。

图4 六大机制的分类

我把六种机制又分为两大类。绩效机制、分配机制、使用机制被统称为组织的张力机制，它们使得组织更有竞争性和活力。培养机制、文化机制、领导者被统称为赋能机制。张力机制和赋能机制构成了高能组织的必要条件和充分条件。

从高能组织内部机制的逻辑看，文化机制是核心机制，领导者是承接性、枢纽性的机制，其他机制是操作层面的机制，如图4所示。

四、毕业生人力资源市场和职业化人力资源市场：哪个更有效?

2018年底，在中国人民大学劳动人事学院的年末论坛上，我和一些学生探讨这样一个问题：为什么这么多企业喜欢用学生兵？这里面隐含着一个假设，即大学毕业生人力资源市场比职业化人力资源市场更有效。

《奈飞文化手册》这本书不错，我建议大家可以读一读。奈飞（Netflix）是美国著名的视频企业，它有一个文化主张是：用最高的价钱请行业里最牛的人。那么，我们中国企业为什么不这样做?

1. 学生兵的优点

对于毕业生（学生兵）的优点，我概括了五点：

第一个优点，起薪比较低。比如企业招一个“大鱼”，一个资深职业经理人年薪要200万，用这个钱能招10个年薪20万的博士生。对很多企业来说，这个人力资源的性价比是很明显的，招学生兵薪酬成本较低。

学生兵的第二个优点，在于高考制度是有效的，通过高考，至少学生的智商、认知能力经过了筛选——情商不好说。对此，企业是承认的。从我们经历的某些企业干部评价的结果看，在认知逻辑这一块，没上过大学的干部分数大都较低。这说明缺乏高等教育造成的认知局限，对一般人来说，在工作过程中是难以弥补的。

学生兵的第三个优点是易于接受企业文化。总的来说，大学生单纯而热情，价值观可塑性强，往往对企业文化理念由信而行，好比一张白纸可以画出美丽的图画；同时对企业的感情较深——有点像初恋。

第四个优点是学生兵的适用领域宽阔，可以多频道转换。你从外面招一个50岁左右的人进来的话，他的能力基本上已经固化了，很难再转换专业。而学生兵不管学什么专业，只要学习能力强，未来能胜任的业务领域很宽广，有进一步培养、造就的弹性空间。

第五个优点，也是最重要的，是学生兵中有隐性的“大鱼”，未来会成为企业的中坚和栋梁人才。他们自己并不知道自己是“大鱼”，糊里糊涂的，对自己缺乏认知。得到这样的未来绩优股学生兵人才的企业，等于获得未来成长的支柱和保证。

2. 学生兵的问题

问题是，企业用学生兵的代价非常大，因为他们的流失率非常高。有一家上市公司做人才盘点，发现2012年招来的大学毕业生，到2018年已经有85%流失了，2013年招来的流失了75%。这个数据告诉我们，实际上企业为学生兵付出的代价并不低。虽然有这么大的流失率，但企业引以为安慰的是，留下的那15%全部都成了经理以上的干部，有的当了总监，成了企业的中坚力量。就此观察的话，企业成了一个无形的筛子，把学生兵中那些好的人才筛出来了。

招学生兵，对企业来说最大的挑战是要帮助他们实现社会化，这是一个艰难的过程。我们国家的高考是一个封闭的制度，学生从小到大两耳不闻窗外事，一心只读考试书。在大学毕业、硕士甚至博士毕业的时候，他们的社会化其实还远远没有完成。社会化包括认知社会，与社会和谐相处；在工作和生活中发现自己的角色，认知自我、认知他人等。

3. 职业化人力资源市场的利弊

职业化人力资源市场的优点：首先是人才获取的效率高，今天下午去招聘，可能晚上人就来了；其次是人才的适用效率较高，人一来，马上就可以干活。

职业化人力资源市场的缺点也是明显的，主要表现在信息不对称、期望差距和价值观磨合这几个方面。

首先是信息不对称。俗话说，路遥知马力，日久见人心。只有相处时间长，才能了解对方。人刚来，你对他的真实情况很可能缺乏真正的了解。美国的情况可能好一点，人力资源市场可获取的信息或许更充分，人才信息的透明度、诚信度更高。可是我们国内企业面对的人才市场还不行，一些人才可能在好几个国际大集团待过，可能还是双语、多语人才，尤其是PPT做得很好，但有可能企业急需的能力他不具备。

其次是期望差距。这是我在《重生》那本书里提出来的。民营企业老板和职业经理人之间相互都有期望，两者的期望往往存在着一个缺口，也就是存在差距。老板心想，我一年给了你两三百万元，你得给我解决重要问题。职业经理心想，我是术业有专攻，不可能给你解决那些特殊问题。这样一来双方都失望了。职业经理人到任之前，民营企业老板通常是礼贤下士的，充满了谦逊和要干一番事业的雄心。很多职业经理人其实非常幼稚，以为遇到了圣明之君，结果到了企业，看到不同的企业各有各的问题。有些老板的确可以信赖；但也有些老板很投机、素质不行，心里马上有落差了。

最后是价值观的磨合。文化冲突表现在很多方面。这里不展开讲了，《重生》里有详细的分析。总结一下，我觉得理解了这两类市场的利弊，可以从一个侧面理解中国的文化和社会，从中挖掘出很多深层次的内容。

4. 如何获得高素质的学生兵

我对获得高素质学生兵的方法、举措要点简单地作了一个概括。首先是素质标准，要有一套适合自身情况的科学的人才选拔标准，包括成就导向、动机勇气、知行平衡、学习能力等方面。其次是精确策略，对优质生源作出来源评价——去哪里招，招什么专业，等等。最后是人才鉴别。要有前置性参与和洞察，以某种方式介入大学的教学研究活动中，发现真正的人才，对人才作出科学评价。我在大学做过多年班主任，好学生和差学生的差异非常大，你如果去最好的大学招个最差的，不如去我的老家南通大学招个最好的。

五、构建高能组织机制的要点

下面我对高能组织的六种机制逐项做一个概述。

1. 绩效机制

高能组织绩效机制的特征是高目标、高牵引、高压力。但绩效目标是短期目标和长期目标的平衡。这里我们要强调一下，有一个误区是把高能组织做成了短期行为的组织、狂飙式的组织。高能组织是长期战略导向的，只有当你明确了方向，坚持不懈地做下去，这才叫真正的高能。

绩效机制的构建需要注重以下几点：

第一，结果和过程平衡；

第二，评价公开、透明、直接、数据化；

第三，淘汰和流动机制强劲。

2. 分配机制

第一，薪酬水平超越行业平均水平；

第二，设计多层事业合伙人机制，利润分享以及超额利润分享；

第三，内部分配差距拉大一些，向价值创造者倾斜。

3. 使用机制

第一，干部任用标准清晰、合理；

第二，在政策导向上重视年轻干部；

第三，优化干部任用的权力配置，完善建议、考察、任用流程；

第四，加强、完善干部的考察和评价；

第五，采用公开竞聘机制。

4. 培养机制

第一，浓缩大学生的职业生涯；

第二，采取师徒制；

第三，建立多层次后备干部营；

第四，导入专业通路的任职资格管理；

第五，跟踪重点人才，重视离职学生兵面谈。

5. 领导者

高能领导者非常重要。“将熊熊一窝”，没有高能领导者，就不可能有高能组织。高能领导者的特质主要有：

第一，好战，求战心切，喜欢打仗，喜欢竞争；

第二，争胜，自我驱动，好胜，渴望成功，追求胜利体验；

第三，勇猛，敢于亮剑，有一往直前、压倒困难的英雄气概；

第四，算力，不能有勇无谋，很多老板勇猛、好战，但是脑子里的算力不够。去年，有些扩张迅猛的企业资金链断了。算力强的企业资金链不会断。

所谓算力就是战略思考力。算力的强弱涉及思维的强度及变量的宽度、密度、关联度等。大家可以看一些写战争和写战略的书。有一个日本记者写过一本《太平洋海战》，分析为什么日本的海军在第二次世界大战期间在南太平洋的所罗门群岛等地方完败于美国。作者得出的结论之一是日本海军将领考虑的变量太少，比如气候、海流、对手作战习惯、对手飞机特点等等，想得不周全。日本的将军有强烈的决战冲动，但无周密的战法。最后蠢猪一样战败了，自己效忠天皇“以身殉国”也就算了，关键是那几十艘军舰也全沉没了。我计划写一本书，名字就叫《战略是一种算法》。

战争中要想取得胜利，重要的是要算清楚仗怎么打。

6. 文化机制

在高能组织的六种机制中，最后我还要特别强调一下文化机制。

高能组织不是纯粹的利益组织，给钱、给压力，不行就走人，这不是真正的高能组织；高能组织之所以特别能战斗，是因为赋予了团队价值和意义。只有解决了为谁战斗的问题，团队才会有战斗力。

基于人性、尊重人性，是我所研究、设想的高能组织的最终管理依据。经典企业文化理论认为，人性是假设。“假设”这个词我觉得用得太多了，我想了另一个词叫做“人性的想定”。这个说法不是我发明的，是从一本书上看来的。从人性的想定以及团队的文化价值出发，发展出一套管理理念，进而衍生出管理政策、机制和方法，这是研究高能组织的基本逻辑。

说到高能组织的文化形态，应该是军事文化 + 校园文化。图5是这两种文化类型的一些要素。

图5 军事文化和校园文化的要素

把上面这些文化要素都落地了，使它们在组织里深入人心了，高能组织的作风就可以用毛主席题词的八个字来概括：团结紧张，严肃活泼。

最后我请大家再思考一个问题：军事文化和校园文化应该统一在一个什么样的平台上？我认为核心有两点：第一是科学思维。军事思维一定要讲科学，不科学怎么能打胜仗呢？例如，打仗时都要用到地图。地图不能画错了，要画得准确清晰，不能歪曲实际的情况，这就叫做科学。而校园里主要就是学科学的，大学生们绝大多数认同崇尚科学思想。第二是合作与协同。军事组织是用愿景和目标来凝聚的，是讲究协同合作的，战友之间有情感的纽带。而大学生活也是一种集体生活，大学生们也有团队意识，也讲同学情谊。

这就是今天对高能组织这个话题的一些更加深入的思考。

（华夏基石e洞察公众号2019年2月26日发布）

杨杜

华夏基石管理咨询集团领衔专家，中国人民大学商学院组织与人力资源系主任，教授、博导，著名管理学家，任正非高级顾问，《华为基本法》六君子之一。自2003年起，连续15年作为唯一学界代表点评中国500强。

重要著作有：《中国企业500强十年风云》（经济管理出版社）、《成长的逻辑》（经济管理出版社）等数十部。

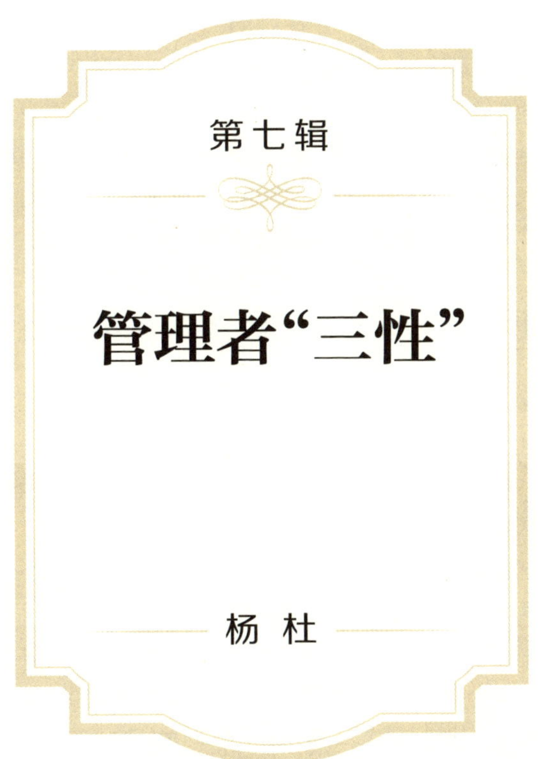

第七辑

管理者“三性”

杨　杜

迈向2049的中国企业与中国管理

1978年，与共和国的改革开放同时，我考进中国人民大学，开始了研究中国企业和中国管理的学术生涯。以经济建设为中心的基本国策，给了中国企业发展壮大以极好的历史机遇，也给了中国管理研究难得的展现平台。当今世界，直面百年未有之大变局，科技创新潮起云涌，商业模式层出不穷，管理技术日新月异，经营思想不断迭代，国际环境空前复杂。迈向2049，站在历史潮头，我们认为，中国企业家需要具备通透的历史观、宏大的战略观、有效的创新观，才能做出时代的新业绩。中国管理学需要服务管理实践、开展本质研究、贡献高维知识，才能迈向时代的新阶段。

一、回眸：四十年中国企业与经济的基本成就

1. 中国大企业的爆发式增加

自20世纪80年代起，我们开始研究中国大企业的成长，那时我们没有一家企业能走向世界舞台。1995年才有3家公司入围世界500强，到2005年增加到16家，其后逐年快速增加，2015年达到103家，2019年达到119家，与美国的121家只差2家，如果包含中国香港、台湾地区企业达到129家，超过美国企业8家，这可是一个历史记录。中国大企业的成长正迅速改变着世界经济的地图和企业实力的格局。

图1中可以看出，法国、德国、英国等欧洲大企业已经在数量上退居二线，多年来保持不多不少的基本平稳状况，我们在战场一线看到的是美、日、中三国大企业的比拼。与最高峰2002年的198家相比，美国大企业减少了77家，而日本大企业与最高峰1995年的149家相比减少了96家，中国大企业从1995年开始则增长了116家，主要是替代了美、日大企业的位置。这也是美、日企业特别是美国企业把中国企业当作竞争对手的主要原因。

1995年，美国企业在世界500强有151家，日本达到了创纪录的149家。这也是美国开始打压日本经济和日本企业的时期，此后美国企业继续增加到198家，而日本企业减少到了88家，美国主要压制了日本的电气、IT、商社和汽车等强势产业，结果是美国企业完胜！而目前的局势是，中国大企业也成长到了与美国大企业只差2家的距离，美国正在采取与对待日本大企业一样的招数，打压中国企业，我们必须汲取日本企业的教训和经验，发挥中国的优势，采取正确的战略，坚定不移地走好自己的发展道路，实现中国大企业的持续成长！

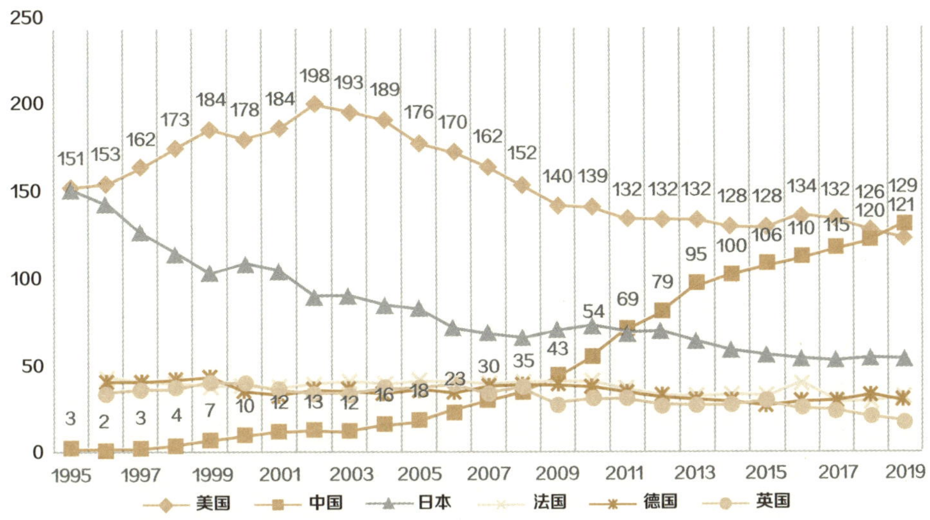

图1　中国企业在世界500强企业中的地位变迁

2. 中国经济的起飞式增长

中国经济的大发展，企业的成长支撑着中国经济的增长，图2展示了近五十年来特别是1995年以来中国GDP的增长态势和预测值。人们把一个国家的经济发展称为起飞，这条GDP曲线完美地展现了中国经济在进入21世纪“出海”后的起飞式增长。2016、2017、2018三年，我国经济总量连续跨越70万亿元、80万亿元和90万亿元大关，2018年达到900 309亿元，占世界经济的比重接近16%。按不变价计算，2018年GDP比1952年增长175倍，年均增长8.1%；其中，1979—2018年年均增长9.4%，远高于同期世界经济2.9%左右的年均增速，对世界经济增长的年均贡献率为18%左右。除了总量，中国的人均GDP也从1978年的224美元，达到了2018年的9 608美元。今天的中国经济，依然保持着6%以上的高中速发展。

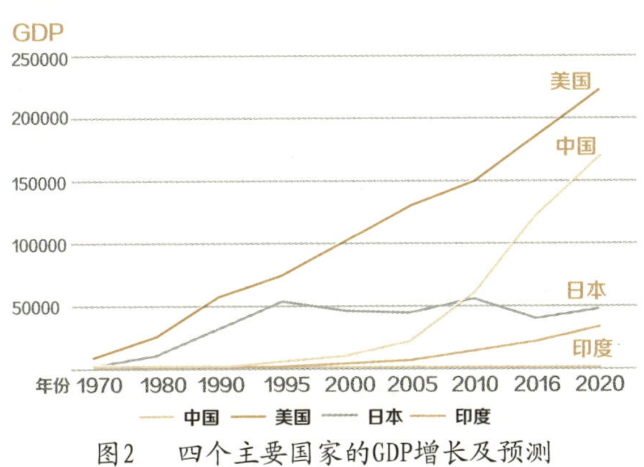

图2　四个主要国家的GDP增长及预测

我们认为，中国企业和管理的基本成就，首先决定于五个基本因素：稳定的政权基础、正确的根本国策、全民的艰苦奋斗、幸运的国际大环境、充足的企业家精神。

其次，在变革管理方法论上，采取了稳住国企，放开民企的策略。完善计划，激活市场。中国经营，西方管理；

中学为魂，西学为体；搁置争论，结果导向；解放思想，摸石过河；顶层设计，底线思维。形成了一整套社会主义市场经济体制基础上的中国道路、中国制度、中国管理和中国理论。

尽管我国的经济和企业取得了辉煌的成就，但我们不能误判社会发展的基本现实，我们的国家依然处于发展阶段。首先，我们只是每年的增量超越了美国和日本，但总量积累依然有很大差距。其次，我们还只是处于世界工厂和世界市场的阶段，与日本的世界研究所和装备部，尤其是与美国的世界办公室和规则制定者的地位差距更大。因此，我们并没有成功，我们还在成长，我们的时代依然是“奋斗的时代”，艰苦奋斗精神依然是这个时代的主旋律。

世界不是谁自己的，道路总是不平坦的，丛林法则是竞争的。自从2010年中国GDP超越日本成为世界第二，就已经埋下了中美贸易摩擦的种子，当年美国通过“广场协议”打压势头正劲的世界老二日本的场景还历历在目，日本没能说不，从此进入了基本零增长的三十年。历史不能重演，中国不能是日本，更不能是苏联，我们必须抗争，我们拥有大势，领导知道应对，企业拥有智慧。中国必须胜利，中国一定胜利！

二、展望：中国企业的“三观”

以历史为镜知规律，以战略为法做布局，以创新为要得未来。老话说，三十年河东，三十年河西，其实在十年前美国次贷危机发生时就已经促进了中国企业的历史性转型改革，而到了改革开放四十年后的今天，这一转型变革更要求我们具有通透的历史观、宏大的战略观和有效的创新观。

1. 通透的历史观

企业领导要具有历史洞察力和广阔的视野。深刻了解中国所处的发展阶段，洞察未来的社会和行业趋势，从而规划企业的发展道路。

纵观中国现代史，从全球地位看，1949年之前，我们国家长期受侵略，因为愚昧、落后，所以挨打。到1949年之后，我们终于站了起来，但由于长期积贫积弱，虽然建立了一定的现代工业基础，并没有富强起来。从40年前的改革开放开始，我们经过艰苦卓绝的经济建设努力，吃了苦，受了累，拼了命，致了富，实现了基本小康，但我们还没有成为全面现代化的强国，还没有成为备受世界敬重的国家。就像华为公司，虽然获得了中国人的敬重，但引起了美国人的恐惧，还没有获得美国人的敬重。相信经过今后继续的艰苦奋斗，在“两个一百年”目标实现的时候，我们会到达第四阶段——既有财富、又深受敬重的阶段，实现民族全面复兴，成为屹立于世界民族之林的伟大中华民族。

从产业发展看，我们也走过了三个阶段。在第一阶段，我们主要是靠卖劳动力、卖资源赚钱；第二阶段，我们主要通过卖产品、做贸易发展；到目前的第三阶段，我们开始卖设备、卖技术，高铁、核电等产品出口，和日本、德国等发达国家有所竞争。到第四阶段，我们就会站在更高一个层面，通过卖规则、卖标准、卖文化来参与世界竞争，这主要是和美国以及美国大公司的竞争。这一竞争必然升级到知识产权的竞争、技术标准的竞争，如果企业没有掌握核心的知识产权，没有在技术标准上的发言权，就很难在以美国为核心的世界级企业中有立足之地。

从技术实力看，与世界列强相比，与世界级跨国公司相比，过去我们是“望尘莫及”，被人技术禁运，价格垄断，我们只能在后面“吃气”。后来我们是“亦步亦趋”，拼命学习模仿，但也不过是个“吃土”的角色。现在我们在不少产业和产品上，可以做到与人“并驾齐驱”了，进入了同台博弈的阶段。通过我们的创新、努力和坚持，我们一定会形成系统领先，甚至可以在某些方面“绝尘而去”，逐渐进入“吃香”阶段，这是我们新一代企业家、科学家的使命。

2. 宏大的战略观

如何从中国领先走向世界领先，需要转换立场，不仅是站在中国看世界，更要站在世界定位中国。我们和世界的关系也要由过去的被动应对世界，转向把握世界和主动引导世界。

中国企业正逐渐由地方级成为国家级，未来要出现更多的世界级企业，这需要我们做出怎样的转变呢?

在行为上，可能需要五个基本转变：一要指着世界地图，而不仅是中国地图；二要说着多种语言，而不仅是普通话甚至您家乡话；三要雇着各国员工，而不仅是中国人甚至只有亲朋熟人；四要算着多种货币，而不仅是人民币和美元；五要熟知各国习俗，而不仅是儒家礼仪。

在思想上，可能需要四个重要调整：一是超越商人思维，形成企业家思维；二是超越机会主义，形成战略格局意识；三是摆脱羊群效应，形成狼群集体奋斗；四是保持系统开放，形成有效管控。

世界政治经济风云变幻，错综复杂，这就需要我们采取灵活机动的战略战术，研究对手，筹划对策。在战略层面，我们遇到的是对手的“四论”：一是威胁论，制造中国威胁的舆论氛围。二是规则论，指责中国不按他们定的规则做，用有利于他们的规则遏制中国的竞争。三是变色论，挑动政治、宗教等问题搞颜色革命。四是崩溃论，臆想中国内部失控，自我崩溃。

针对对手的“四论”，我们应该有自己的“四策”：第一策是强化危机感。我们正走在奋力爬坡的路途上，一不小心就滑下去，对手也会卡你的生命线，这就需要我们激发危机感，团结一心，保持好自己的发展节奏。第二策是集中大资源。我们要用好体制优势，集中资源干大事，不能幼稚地妄想众多小企业用日积月累的方式一点点慢慢成长。没人会给我们那么多的时间。第三策是创造新文明。从中国道路、中国信仰、中国文化、中国管理、中国人的思维模式出发，发扬包容、和谐、伙伴等核心价值观，参与重构世界的共同价值理念。第四策是构建超经济。在强化经济力量的同时，发挥政治、军事、法律等力量，保护我们在全球的利益。

战略过程是一个总体布局，分步实施的过程，不需要那么着急，不能被眼前的中美贸易摩擦等障碍所影响，也不要机会主义。

3. 有效的创新观

由继承走向创业，由模仿走向创新，由制造走向创造，说起来容易做起来难。对于企业来讲，创新是手段不是目的，对创新必须有效管控。企业家应该明白，企业的创新不同于科研机构创新，要明白为什么创新？创新什么？如何创新？何时创新？用什么人创新？创新成果推出的时机？等等。总而言之，不能盲目创新，要建立企业创新管理的机制。

企业家精神的内涵之一，就是先抓机会，再整合资源，最终把事做成。因此，企业家做事情具有一定的不确定性，但不能赌博，更不能为抓机会而越过边线。

边线是什么？我们认为有三条边线：一是政治边线；二是法律边线；三是技术边线。

政治边线就是要求企业家“有政治觉悟，不做政治家”。职业不能越界，不能坏规矩，首先企业家管好自己的嘴巴，不乱说企业家职业之外的话，比如，政治家说话经常包含人民、自由、公平、民主、贫富等概念，而企业家的专业用语应该是客户、市场、竞争优势、效率、效益等。

法律边线就是要求企业家“有法律意识，不做法学家”。创新不能违法，了解做企业应负的主要相关法律责任，与企业经营行为相关的各种法律，如公司法、税法、合同法、劳动法、证券法等；如果感觉法律太多，自己记不住，就应该经常请律师顾问，按照标准法律文本格式、程序等处理相关经营活动。无知者无畏，但无知者有罪。买卖不成自由在，不能因利失足！

技术边线就是要求企业家“有科学素养，不做科学家”。创新不能越线，不能忘记企业使命是以客户为中心赚钱盈利。正如华为任正非先生指出，永远不要忘记我们是商人，不是科学家。华为没有院士，只有“院土”。创新不要有技术情结，我们要的是客户满意的技术，创新的目的是为客户创造价值。

关于企业创新，我们认为有以下五大陷阱需要特别注意。

第一，过早创新。市场还没有培育出来，你投入过早，盐碱地改造完了，还没打粮食先把自己累死了，就是过早创新。第二，过快创新。创新节奏太快，没有产品和技术生命周期意识，还没把前面研发的费用收回来，就又推出新技术、新产品，自绝前程，形成恶性循环。第三，过度创新。就是在管理流程或管理体系变革上，搞推倒重来，闹革命运动，应该固化下来的东西被推翻掉，搞运动不搞建设，搞折腾不搞夯实。第四，过虚创新。创新只为获得奖项和职称，只获得一个资质，不能变为客户和企业的价值。这一点要学习海尔公司，他们认为创新就是创造有价值的订单，订单才是创新成果实实在在的证明。第五，封闭创新。不能像农民一样什么都自己做，自己种。创新越大，风险越大，要做到风险共担或者分担，不能搞封闭或者美其名曰的自主创新。越是前沿的创新，越是要和别人合作，共同研发，共同推向市场，共同形成标准。

做企业好比开车，快不是问题，慢不是问题，节奏才是问题：要跟好前车，做好头车，控好刹车。企业创新是为了做头车，为了领先，但要把握领先的节奏。领先一步是先进，领先两步是先驱，领先三步就成先烈了。更不要领先一万步，领先一万步的是先知，是思想家，不是企业家。

三、任务：中国管理研究三大任务

作为中国管理教育和研究的奠基者之一，中国人民大学商学院在中国企业发展新时期，顺应时代发展提出了做“最懂中国管理的世界一流商学院”的愿景。随着“一带一路”倡议的推进，中国走向世界的步伐不断加快，作为管理学者，我们应该紧跟这个时代的发展。回顾以往，四十年来，我们经历了“出去学知识”和“回来用知识”的两个阶段，并思考、研究和验证了一些中国企业管理模式及理论，今后，我们应该进入“出去用知识”“出去讲知识”的第三阶段。把这些中国企业管理模式及理论，拿出去贡献于世界。

根据目前的形势展望未来的中国管理研究，可能有三大任务摆在我们面前：一是服务管理实践；二是开展本质研究；三是贡献高维知识。企业的管理实践是走出中国道路、创建中国制度，大学的管理研究是要贡献中国理论、建设中国文化。

1.服务管理实践

我们认为，能够进入第三个阶段，必须有懂得中国管理的基础条件，这包括了参与中国企业管理实践、了解中国企业管理特征两个方面。

首先我们发现，早期管理学大家大多来自企业家和企业领导者。比如泰罗、巴纳德、法约尔等。后来才有咨询专家出身的德鲁克、彭罗兹、西蒙、波特等，但企业家在理论发展中一直起着重大作用，如韦尔奇、松下幸之助、稻盛和夫、乔布斯等。再后来，纯学者的理论著作和学术文章越来越多，但也越来越远离管理，让管理者也有些不懂了！

中国的企业家以其丰富的实践经验，在中国的管理学理论发展中同样起着举足轻重的作用，为中国的管理理论的创新贡献了大量闪光思想。如华为总裁任正非提出的以“以客户为中心，以奋斗者为本，长期坚持艰苦奋斗”的奋斗者文化等；国家电网前董事长刘振亚提出的“1个战略体系、6大支柱、3个中心”的“163卓越管理体系”等；海尔集团董事局主席张瑞敏提出的“人单合一模式”等；联想集团名誉主席柳传志提出的“定战略，组班子，带队伍”管理三要素等；中化集团董事长宁高宁的“选经理人、组建团队、发展战略、市场竞争力、价值创造”的五步组合法等。跟踪和参与这些具有中国企业影响力的企业家的管理实践，使我们能够更了解中国管理和理论的真髓，知道它们的产生，明白它们的应用，也理解它们的局限。最终提炼出产生于中国的管理理论。

其次我们要懂得欧美日管理与中国管理的不同。从早年走出去学习和研究，到后来把中国管理理论和模式拿出去检验和推广，在这个过程中，我们逐渐形成了自己的管理理论。比如不同于野中郁次郎知识管理理论的“知本管理理论”，不同于西蒙决策理论的“三性决策理论”，不同于统计定量管理的“分类管理理论”等。同时，思考与他国的共性、差异及中国管理的定位，我们从地理、特色、焦点三个维度，将各国企业管理划分为9种组合，并用二分法对比了中国与欧洲、美国、日本的差异，如图3、表1所示。

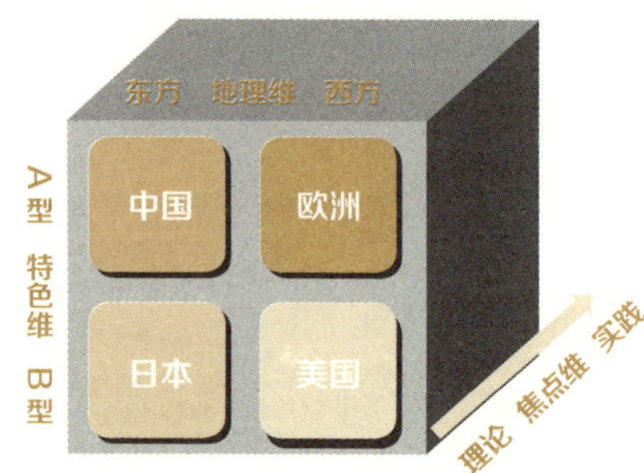

图3 管理模式的三维度分类

表1 管理模式的9种类型

要素组合	地理	特色	焦点
1	东方	中国	实践
2	东方	中国	理论
3	东方	日本	实践
4	东方	日本	理论
5	西方	美国	实践
6	西方	美国	理论
7	西方	欧洲	实践
8	西方	欧洲	理论
9	其他	其他	其他

我们将中国与欧美的不同，用二分法总结为：中国人爱学习，欧美人爱创新；中国人认多样性，欧美人认唯一性；中国人善辩证思维，欧美人善逻辑思维；中国人认包容价值，欧美人认普世价值；中国人认国家利益，欧美人认个人权利；中国人习惯熟人文化，欧美人强调契约文化；中国人讲工作、生活兼顾，欧美人讲工作、生活分开；等等。

如果以上比较的是“是什么”，那么理论就要说明其背后的“为什么”。比如我们可以假设这些区别背后是文化、伦理乃至宗教等方面的差异所造成的。比如，中国人讲尊老爱幼，背后是家庭伦理；欧美人讲女士优先，背后是绅士文化。中国人讲尊卑有序，背后是祖先文化；欧美人讲人人平等，背后是上帝存在。中国人读论语尊孔子，背后是家族血脉；欧美人读圣经敬耶稣，背后是宗教信仰。中国人讲伦理纲常，背后是人性本善；欧美人讲法律制度，背后是人性本恶。如此等等，不一而足。

在中西商业和管理交往的过程中，我们不能仅凭自己立场、按照自己的习惯思考问题，而要通过比较找出共通性、不同点，建设兼容多元化价值的管理模式。

其次，尽管都是东方国家，但中国与日本的社会与组织文化存在相当大的差异性。具体表现在：中国强调多元民族，日本强调单一民族；中国崇尚商人精神，日本推崇匠人精神；中国用的是周易思维，日本用的是直线思维；中国喜欢持续变革，日本喜欢精细改善；中国式决策从上到下，日本式决策从下到上；中国做事内外有别，日本做事表里不一；中国是社会圈子文化，日本是公司辈分文化；中国为权变创新，摸着石头过河，日本为持续改善，搞零缺陷运动；中国擅长制度变革，日本注重技术创新；中国秉持选择主义，而日本信奉拿来主义；中国人表达重点在前，日本人说话重点在后；中国人认为有天堂地狱，日本人认为死了都是佛；等等。

理解了这些，我们就容易找出中国和欧、美、日之间的"似是而大非"，找到中国与欧、美、日之间的相处之道和中国的发展战略，再结合"一带一路"沿线国家和其他国家的异同兼容，就能更好地服务于管理实践。

2. 开展本质研究

我们需要什么样的管理研究？从时代要求看，有三种领域应该是有价值的研究重点。那就是基于中国人精神的人本管理研究，基于知识价值化的知本管理研究和基于动态三分法的哲本管理研究。这三种研究我们称为本质研究。

（1）基于中国人精神的人本管理研究。人本，即中国式管理的研究，基于中国人特有的精神来思考管理背后的内涵。我们认为，中国人特有的精神主要包含抗争精神、奋斗精神和比学精神三种。

第一是抗争精神。这种精神贯穿着中华民族的整个历史。从精卫填海、夸父追日、后羿射日、女娲补天、嫦娥奔月，到愚公移山、大禹治水、修长城、挖运河等，都是历代中国人改造大自然的活动，都是战天斗地、人定胜天的故事。到近代的抗日战争、抗美援朝、南水北调、东电西送、抗洪救灾、抗旱抢种等，从古到今，中华民族就是一个不屈抗争的民族。中国共产党人有着与天斗其乐无穷、与地斗其乐无穷、与人斗其乐无穷的革命乐观主义。我们的科学家不怕禁运，不服输，创造了量子通信、超导、新型核电站、人造太阳、FAST中国天眼、空间站、卫星导航、特高压等技术，这些技术中国没有从西方获得有益的帮助，但中国已经开始在这些领域并跑或领跑世界。

第二是奋斗精神。共产党就很讲奋斗精神，一不怕苦、二不怕死的精神。井冈山精神、延安精神、大庆铁人精神、两弹一星精神，梁家河精神等，就像信仰一样，一以贯之。华为公司的企业文化就是奋斗精神，以客户为中心，以奋斗者为本，长期坚持艰苦奋斗。一大批以华为公司为代表的奋斗型企业，正是通过“白加黑”“五加二”的长期艰苦奋斗，牺牲喝咖啡、晒太阳、与家人团聚的宝贵时光，才逐渐缩短了和西方发达国家企业的距离，并在某些方面实现了超越。

第三是比学精神。中国人从小就被教育学雷锋，人口多也形成了争先恐后的氛围，也激发了赶英超美的口号。中国人总是在比较，为什么我们不如美国、德国、日本？然后问：中国怎么就不能？不服气！然后是自信，我们的目的一定要达到！我们的目的一定能达到！然后就努力学习、模仿和创造！以至于国力要和美国比，福利要和北欧比，环境要和加拿大比，机械要和德国比，手机要和苹果比，飞机要和波音比，汽车要和丰田比，芯片要和英特尔比，电商要和亚马逊比，搜索要和谷歌比……中国总是在和世界上所有最好的比较，并且追赶。中国企业与行业标杆的比学和对标管理，成了推动中国企业发展的巨大动力，为此不惜花费巨额咨询费用。

（2）基于知识价值化的知本管理研究。近些年来，支撑中国的经济和企业的发展的不仅仅是人本精神，还有知本，也就是知识和技术层面的创造精神。我们很早就关注中国企业的核心竞争力问题，认为不是一般所认为的普通劳动力成本低，而是聪明好学的中国知识工作者价值大。中国只有通过激励知识工作者的创造和创新动力的机制，才能赶上西方发达国家公司的脚步。因此，我们提出了知本论，提出了知识管理三维模型，从知识价值化、知识显性化以及知识组织化三个维度来剖析基于知识价值创造、知识价值评价和知识价值分配的知本管理活动，并运用于华为等知识工作者聚集的高科技企业。

知识本身是没有用的，只有转化为其他东西才产生价值。我们将这一过程概括为知识的三个“四化”。第一是知识创新四化，即知识显性化、知识关联化、知识内溶化以及知识共感化。第二是知识转化四化，即知识体验化、知识概念化、知识系统化以及知识应用化。这是知识管理专家野中郁次郎的研究成果，这个成果主要集中在知识和知识之间，以及知识和产品之间的转化。我们的研究认为，仅靠这个理论，中国企业是赶不上竞争对手的，因为我们没有那么多的知识积累，也没有那么多的拔尖人才。对于中国更重要的，是用迅速有效的知识价值转化，激励知识工作者奋力拼搏和创新。第三个“四化”，即知识价值四化才是我们成功的有效道路，包括知识的商品化，即知识变为金钱；知识的职权化，即通过知识实现升职；知识资本化，即知识转化为投资股权；以及知识的资产化，即创造专利标准等知识产权价值。

国家和企业的科研经费投入在迅速增加，总规模已经仅次于美国，达到世界第二。我国一直强调科研成果转化，不断出台支持科研人员创业的政策。如果我们承认管理学是个应用学科，那么管理理论知识也和科研技术知识同样不应只是停留在理论和论文发表层面，而更加应该通过企业实践实现其价值。另一方面，实践知识也应该通过总结提炼，将感性认识上升到理性认识，继而运用于更多的实践，通过验证过的知识的转移和共享创造价值，而不需每个企业都去摸索、试错。其实我们想强调的，不是所谓的理论联系实际，更不是实践知识和理论知识哪个重要，而是管理知识不能自得其乐，管理学研究不能成为研究者个人的谋生手段，管理知识的价值实现才是我们的使命。管理学研究不是发表一篇论文，不是获得什么奖项，甚至不仅是做出一种方案、提出一种设想，而是要以管理者为中心，对管理者有用。对管理者无用的管理论文是多余的论文，对管理者无用的研究部门是多余的部门，对管理者无用的管理学研究者是多余的研究者。

理论“不仅要解释世界，还要改造世界”，所以管理者的目标和任务在于改造世界，管理学研究应该思考的是怎样通过调节变量和中间变量来帮助管理者，有效利用手上的资源以实现这一目标和任务，而不仅仅是研究统计学意义上的自变量和因变量之间的相关关系和因果关系。

（3）基于动态三分法的哲本管理研究。如何在哲学层面思考认知管理，本质上是知识观和方法论问题。我们认为哲本主要指的是思维模式之本，包括三个内涵，第一是时空，即世界观；第二是色形，即方法论；第三是存亡，即生灭观，也就是事物的生命周期是什么？生存状态如何？生存底线是什么？

中国人的哲学思考讲究一分为二辩证法。比如《道德经》的“有无相生，难易相成，长短相形，高下相倾，音声相和，前后相随”，再如毛泽东的《矛盾论》。中国人以此为本，擅长并一直沿用这种一分为二、对立统一的思维模式认知世界、解释世界、治理世界，也常用这种思维模式认知管理、解释管理和实践管理。

我们认为，一分为二思维适合用于哲学和政治，但不适合用于管理和经营。管理和经营更适合运用“一分为三”思维。“一分为三”思维是一种不同的方法论，在现实世界中“一分为三”比比皆是：比如有-1、+1，就一定有0；有南极、北极，就因为有赤道；有黑、有白，就一定有灰；有固定费用，有变动费用，就一定有无法归类其中的费用。其实，佛学里面也是用假观、空观与中观的三分法来解释世界的。在此我们提出“三个世界”的观点：一是现实世界，如企业的经营管理；二是理论世界，如管理学研究成果；三是思维世界，如管理者思维模式。这三个世界之间存在着三种紧密联系——理论世界与现实世界之间的互动关系，现实世界与思维世界之间的认知关系，以及理论世界与思维世界之间的表述关系。而优秀的领导一般具有极为有效的思维模式，使其能够快速洞察他所面对的现实和灵活运用学者的理论，实现他的领导力。

我们认为，用三分法来看待现实管理、理论管理与思维管理，在静态前提下可以，但在动态的管理过程中还不够，想要超过竞争对手、跟上和引领时代，往往需要加上时间维即“与时俱进”，加上创新维即“与众不同”，也就是具有比别人快一步、高一维的思维升级。我把超越人本、知本和哲本之外的创新思维就叫做悟本——

以悟为本。比所有人高一维，比所有人先想到，就成上帝或先知了，当然做不到。但你至少要比多数人高一维，比多数人先想到。想要做到高于多数人，先于多数人，就需要悟性的管理。管理者如果想改造世界，就要跳出原本以为对的和擅长的东西，做到与众不同、与己不同、且与时俱进。

中国的勤奋，美国的创新，日本的精益，英国的规范，俄国的战斗，每个国家都有自己的民族哲学和核心竞争力，兼容和整合这些优势，需要高维度认知和思考。

3. 贡献高维知识

我们认为管理知识可以分为一维到五维。只有高维知识，才能有效应对和引导复杂的环境变化。

（1）一维知。一维思维即线性思维，线性产生的一维知识也叫做阶段知或层次知。在一条线上分阶段或分层次就是一维的思考。在一维认知中，你会知道企业成长需要不断的线性积累，其中包括市场客户、资本实力、技术专利、管理团队、管理能力、企业文化、品牌信誉与社会关系的积累等方面。你会知道先服务好客户，再管理好团队，再处理好行业关系，最后协调好政府关系的管理递进。缺少其中任何一段或一层，过于跳跃的做法会使线性思维中断，产生很大的风险。《大学》有云：“物有本末，事有始终，知所先后，则近道矣。”一步步来的线性思维是管理者最基本的思维模式。

（2）二维知。二维思维即平面思维，平面思维产生的二维知识也叫做方向知。比如企业可从设立时间和企业规模进行两维思考，得到一个面或四个象限，以此可以知道企业到底处于哪个象限？以什么方式活着？我们把存活时间短、企业规模也没做起来的叫做夭折型企业，把成长得非常快但是存活时间短的称为巨婴型企业，把持续时间长而基本长不大的叫作百年小店型企业，而把既做得大也活得长的叫作可持续成长型企业。可持续成长型企业是我们所追求的企业活法。企业的发展方向如何确定，就是从两维平面布局的，目标是既要做大又要做久。比如华为公司的“一定利润率水平上的成长的最大化”，就是这种平面思维。

（3）三维知。三维思维即立体思维。我们把立体思维产生的知识叫做定位知。比如企业发展定位要向上看、向外看、向前看，向上看国家政策和国际环境，向外看企业市场变化和行业跨界动向，向前看未来趋势和标杆走向等。就是通过三个维度给企业做空间战略定位。

三维知识促使企业思考我是谁？我将来是谁？我应该是谁？帮企业了解自己现在处于什么位置的格局，未来应该成为的结局，才能知道自己如何布局。知道自己应该干什么，不应该干什么。就像华为不碰数据，不搞应用，不搞股权投资，不做小企业能干的小商品式的技术创新，等等。这就是华为的边界和道路，也是三维的思考。

（4）四维知。四维思维即时空思维。我们把时空思维产生的知识叫做预测知。四维思维就是把时间纳入主要思考范围。按照企业成长来讲，考虑在不同阶段应有的管理战略以及管理的重点，聚焦在某些点上进行突破。在四维思维引导下，企业组织不仅是一个静态的三维体，也要思考这个三维体应该往何处发展，过程中可能遇到什么客户、技术、竞争或者政策方面的变化，即预测性。要有依据假设的布局的提前性，要有应对变化特别是颠覆性变化的危机管理和减灾措施。这需要企业的洞察力、想象力和假设力。

（5）五维知。五维思维即生态思维。我们把生态思维产生的知识叫作生化知。万事万物都在生灭、转化。比如，人和动物的生灭，某种产品、技术和企业的生灭；再如，矿物、植物、动物、生物之间的转化，固态、液态、气态、离子态之间的转化，企业强弱地位的转化。对于生态系统来说，合作共生是一个方面，而涉及生灭的食物链是另一个方面，而且是必要方面。企业层面的产业链是如此，有依存共生的生态链，也有你死我活的食物链。国家层面的关系也是如此，一个国家在国家食物链中是资源国、生产国还是消费国？国家之间是建立合作生态链，还是竞争食物链？是我们应该思考的问题。我们所面对的是世界其实是一个比食物链更复杂的食物网，是一个你的饭碗被人家端掉了，但人家做的事竟然和你无关的食物网时代。如何认知企业的进化、生态和存亡关系，这可能是企业管理之道的终极问题。

知道谁吃你决定你的生存，知道你吃谁决定你的发展。

研究和贡献三维以上的高维知识应该是管理研究界的核心任务。

经历了四十年的风风雨雨，站在历史潮头的中国企业，需要具有通透的历史观、宏大的战略观和有效的创新观等三大观念，站在研究前沿的中国管理学，需要完成摆在我们面前大的服务管理实践，开展本质研究和贡献高维知识等三大任务。我们坚信中国企业的全球发展，我们坚信中国管理学的世界贡献。

（华夏基石e洞察公众号2019年8月12日发布）

改变认知，做“三性”管理者

先分享大家一个不为人知的秘密，这几年非著名管理学者杨杜，也就是我本人，不再研究所谓的“管理”了。大家不要觉得惊诧，因为觉得“学者”没有“活着”重要，所以我一直在琢磨一件事情，我们是怎样的活法？企业是怎样的活法？管理者又是怎样的活法？管理者怎么样认知“活法”？换言之，现在的经济形势下，企业面临严峻考验，日子难过、喘气都非常难受的情况下，管理者怎么看待这个时代、组织以及自己？围绕管理者的认知模式，我和大家分享一些话题。

一、管理者六维认知模式

（一）彭剑锋“十点”管理者认知模式

有学者教授总结过管理者十大认知模式。管理者思维认知模式分十种：战略型、必要型、多赢型、对人型、成败型、兼容型、灰度型、悖论型、边界型和一分为三认知型。非管理者的认知模式分十种：执行型、可能型、独食型、对己型、善恶型、排他型、黑白型、矛盾型、中庸型、一分为二认知型。研究者的认知模式也分十种，分别是想象型、重要型、自得型、兴趣型、真假型、自洽型、定量型、推理型、模型型、一分为五或一分为多认知型。这三者逐一对照来看，大家会发现，一个人选择怎样的活法，和他的认知有非常大的关系。我们可以对照这些信息，分析自己是属于哪一个类型或者偏哪个类型。

为了更好地厘清管理者的认知模式，我们再来分析一下企业家和政治家的具体不同。政治家是“家事国事天下事，事事关心”。企业家是“你事我事他人事，事事分清”。企业家是经济社会的主体，政治家是政治社会的主体，两者的事业追求显然不同。企业家思考的管理与政治家思考的管理有着不同的边界，顺着这个思路，或许我们能在其中隐约窥见管理者的思维模式，按照彭剑锋教授的“十点”模式，我们列出管理和政治的十个区别：

（1）价值问题是管理，正义问题是政治；

（2）效益问题是管理，财富问题是政治；

（3）创造价值是管理，贫富悬殊是政治；

（4）规则概念是管理，自由概念是政治；

（5）效率概念是管理，公平概念是政治；

（6）追求垄断是管理，反对垄断是政治；
（7）建立机制是管理，强调民主是政治；
（8）组织概念是管理，国家概念是政治；
（9）以奋斗者为本是管理，以人为本是政治；
（10）不让雷锋吃亏是管理，学习雷锋是政治。
由此十个区别，我们再延展一下，就能超越彭教授的“十点”模式：
（1）工作概念是管理，权力概念是政治；
（2）聚焦职责是管理，忧国忧民是政治；
（3）服务客户是管理，发动群众是政治；
（4）个人建议是管理，联名上书是政治；
（5）对事负责是管理，对人负责是政治；
（6）静水浅流是管理，激情澎湃是政治；
（7）灰度思维是管理，黑白分明是政治；
（8）不同意我的说法是管理，完全同意是政治！

（二）管理者的六维认知模式

为了更简单地了解管理者的思维模式，我总结了“六维认知模式”，斗胆试着囊括以上各种“十点”。

1. 一维层次知：先做与再做

“物有本末，事有始终。”在认知模式上，我已经顺着图1底部的“业务理论”逐级而上，开始研究哲学层面上的管理。不再从一般的事情和人这个层面去思考怎么做，而是直接思考何者在先、何者在后。这个思考方式，也和我的岁数有关系。

2. 二维方向知：做大与做久

公司到底做大还是做久？有些公司提出来，能不能两者相结合？有些公司以做久为导向，宁做“五百年”不做“五百强”。还有的公司，导向就是只做“五百强”，不做“五百年”。林子大了，当然什么样的鸟儿都有，企业也不例外。中国文化常讲“中庸之道”，现实中，往往是按照图2中这个斜线走的。

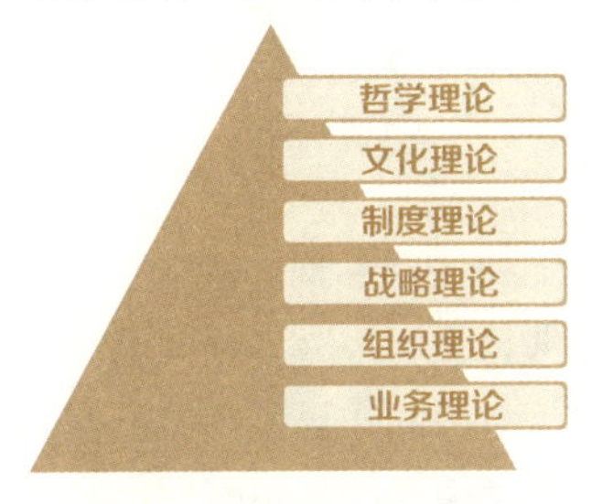

图1　管理层次金字塔

图2　二维方向知

3. 三维定位知：向上、向前与向外

横看成岭侧成峰，远近高低各不同。看什么样的风景取决于我站在哪里。从三维角度来看，比如说向上、向前、向外看，我们定位一个地方的时候，延展的方式就属于三维定位知。反过来也可以生发出新的认识：

（1）三维假设知：从上、从前与从外。如图3所示，以三维假设知从上看、从前看、从外看，按照我们的认知，就是“从未来看明天，从后天看明天”这种方式。今天看明天，预测值当然会有不同。可以假设这种状态，即“站在上帝看人类，站在后天看明天，站在宇宙看地球”，这样来设计一个产品，你就要跳到外面看它。

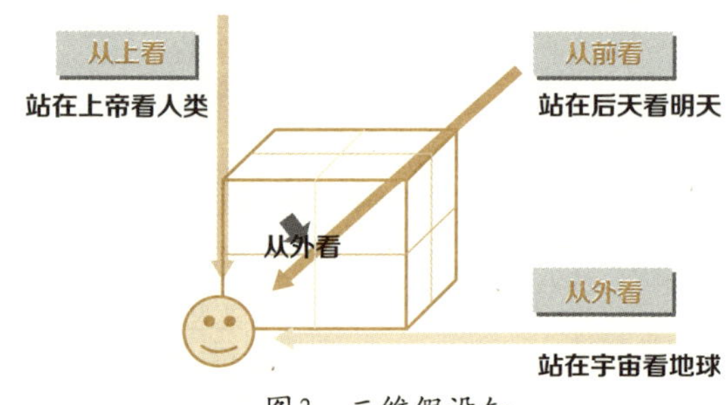

图3　三维假设知

（2）正确假设的重要性。正确假设非常重要。可以设想，五年以后、十年以后你的生活、境遇会是怎样？你的儿子、孙子又会是什么状况？用假设的方式看问题，传播频率较高的是任正非的思路：

· 没有正确的假设，就没有正确的方向；
· 没有正确的方向，就没有正确的思想；
· 没有正确的思想，就没有正确的理论；
· 没有正确的理论，就没有正确的战略；
· 没有正确的战略，就没有正确的机制；
· 没有正确的机制，就没有正确的管控；
· 没有正确的管控，就没有正确的绩效；
· 没有正确的绩效，就不能证明该假设。

这一个循环的方式，能说明我们到底在忙什么。不同层级的每个领导者，应该站在哪个层次来思考这件事情，表现出来的就是不同层面的认知。

4. 四维预测知：洞察与假设

第四维，是在时间轴上观察变化和可能发生的变化，就是洞察和假设。比如，围绕企业的技术、产品、所在行业，或者围绕人，差不多都是一个S曲线，即从创业到成长、成熟、衰退，如图4所示。

我认为，如果GDP增速降至5%左右，中国的企业基本进入成熟期。成熟期低成长的企业怎么管理？高成长的企业又怎么管理？两者活法或许大相径庭。你的企业在发展有规律的阶段，怎么做好假设？怎样调动资源？如何做好战略布局？回答好这些问题，企业家、管理者的洞察力和假设力必须非常强。四维之中，时间不断缩短、速率

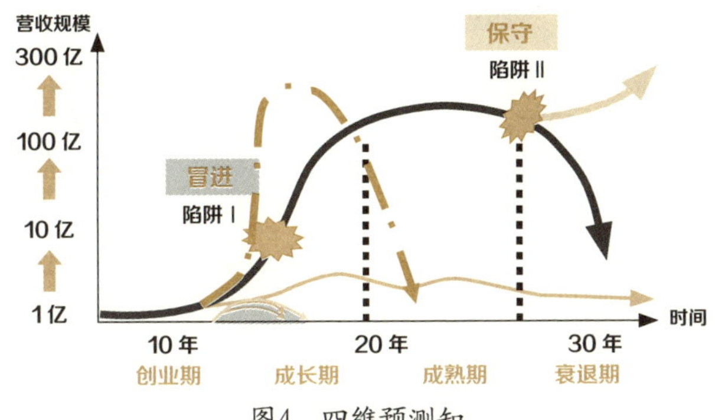

图4　四维预测知

不断加快，所以你必须快速反应、迅速变化、迅速响应某些东西，不同年龄的人能看出来的信息截然不同。70多岁的人考虑问题与50多岁的人考虑问题必然有差异，因为不同时代的人，思考问题的时间感不一样。

在频率加快、波长缩短、带宽像太平洋一样粗的时候，我们大约难以想象自己到底该如何思考这个世界。但是那些非常有影响力的人，早已在用超带宽、网速与信息振幅，迅速提升自己做事情的波及率。发一个推特全世界就知道了，是用链式而不是一层一层地发。比如特朗普用推特治国，推特粉丝有5 140万人，脸书粉丝有2 310万人；印度总理莫迪的推特粉丝有4 230万人，脸书粉丝是4 320万人。大家都在关注他们，不管他在推特、脸书发表什么言论，都可以迅速地推向外面。我们国家领导人的讲话同样如此，通过有组织的推动，新闻、头条都在置顶，迅速在几千万人、上亿人中产生影响力。企业洞察这个趋势，自然紧随甚至引领这方面的技术，像华为，主攻的就是宽带和视频，用技术载体的方式推动这个社会更快速地往前走，我们的认知模式也因之发生变化。

5. 五维生态知：生态与生存

到了第五维，就要谈到生态。关于生态系统，我认为，合作共生是生态系统的一个方面，食物链是生态系统的另一个方面，而且是必要方面。

（1）国家间食物链。能否活着是死活问题而不是成败问题。按照不同的生态，谁吃谁和生态链条的排列，都是食物链的问题。国家间也有生物链：从资源国，到生产国，再到消费国；从石油、矿产、土地、机会，到勤奋、装备、人口、技能，再到规则、金融、军事、技术。原来我们卖资源比较多，后来是发展产业和工厂，再往后是用钱生钱。这就是美国的方式。按照这种食物链条谁吃谁是比较明晰的，这是对生态的认知。

（2）生存与发展的认知。关于这一点，有两句话和大家共享：一是知道谁吃你决定你的生存。羊闲来无事不要老在狼面前晃悠。二是知道你吃谁决定发展。生存问题肯定比发展问题重要得多，很努力地吃饱最后被别人吃掉，比如电视剧《人民的名义》里那个贪官，贪了很多钱，一分没舍得花，最后钱都得上交。所以解决“活法”问题，根本上要知道“谁吃你”，而不能只记得你在哪里吃。总结起来，就是以生存为底线，以富强为边线。“富强”这两个字是社会主义核心价值观排首位的非常重要的两个字。

（3）思维模式的进化与循环。思维模式的进化与循环，让我们知道自己在哪个层面上思考/活着？点思维、线思维、面思维、立体思维，往上走是灰度思维，再往上走可以做分类的思维。我们做事情可以类型化，再加上时间就会出现一个动起来的东西，永远是有预测性的，不管是三秒、一星期、一年甚至更久。这是我们认知的实在的、活着的世界，但是很麻烦，活着活着可能活到坑里去了。所以五维的东西就是生态，是“谁吃谁”的食物链的问题，而不仅仅是成败的问题。活着活着，发现有问题了自己会非常难受，所以建议大家不要往想不清的地方走，放下就行了，不然可能会导致抑郁症。

（4）零维创意知。我们要回归“零”。按照零思维，在所有的维度都放下你的“东西”的时候，那就不是你的事、不是你的钱、不是你的人、不是你该想的事。我们称之为“零的创意思维”，或者叫“量子思维”。量子思维是什么？有即是无，无即是有，按中国文化的思维，展现在这里的是本质的或者最深层的某些东西。宇宙一爆炸，无极生太极、太极生两仪、两仪生四象、四象生八卦，八卦生六十四卦，之后就是超级计算机，是连续想事情的逻辑，否则就是糊里糊涂的。从认知层面看，有无观、矛盾观、时空观、周易观，世界如此就证明我们活着，否则就是没有活着，我们认知了自己就按这个思路继续前行。

（5）太极到周易思维模式。这个抽象的世界可以画出来，八卦是符号，可以用最抽象的图形来思考问题，如果转换为数字，就是二进制，也就是我们现在传统计算机的计算规则。如果再往前推进就是零维，就是量子，就不分一二了，而是一种态叠加的状态。

（6）有与无：按零维到五维区分的七种知识。叠加态的思路在现实过程中我们可以慢慢体会到、感受到。按照“有无”思考这个问题，从零维到五维，再加上前后两头就可以产生七维的知识。从创意知到层次知、方向知等，人最开始发展的是创想力，从0到1，从无到有；接着是构想力，是产生结构、组织、层次的东西；再接着是预想力，未来可能怎么样？如果你有资源、权力，有了构想力、预想力以后，再把这些凑到一起去完成预想的实现。最后，是止想力。本来世界就是如此，不需要把人考虑其中，因为人工智能、机器可以解决这个问题了，不需要人工。

我们用四种力（创想力、构想力、预想力、止想力）来思考万事万物，一时也许忙乱，所以送大家四句话：

- 财富使人不再乞讨——经济自立；
- 工作使人不再烦恼——排除杂念；
- 文化使人不再争吵——宽容他人；
- 信仰使人不再迷茫——顺应自然。

零思维是有信仰会思考，关于量子大概就能容易理解了。如何从以上这些角度去思考自己习惯于几维？如果你喜欢写东西，就是一维的，喜欢画图就是二维的，喜欢视频就是三维的，喜欢想东西但是表述不出来那就是多维的，如果不想了那就是零维的。

二、管理者的七种认知框架

领导者的人生是“战略需要框架、行动需要焦点、管理需要流程、一切需要结果”，也就是从三维、两维、一维到最终的东西，形成“升维思考、降维打击、快速响应、剩者为王”的认知模式。

所谓思维框架，是思维者思考和表述自己的观点或研究成果的某种结构或系统。管理者的思维框架可能有很多种，这和我们由一维讲到六维是同一个道理。目前管理学上的框架，主要有以下七种。

1. 线性框架

管理学研究有许多直线性框架。常见的一分为二框架有：双因素理论，分为激励因素和保健因素；人性理论，分为X理论和Y理论；成熟理论，分为成熟和不成熟；组织理论，分为正式组织和非正式组织；决策理论，分为程序化决策和非程序化决策；权变理论，分为机械组织和有机组织。一分为二框架容易被熟悉一分为二思维模式的国人理解。比如，我们将意识形态分为社会主义和资本主义，将经济体制分为计划经济与市场经济，将所有制分为公有制与私有制，将分配原则分为按劳分配与按资分配等。在管理学上也有特别多的模型采用一分为多的方式：人性假说四分法，即经济人、社会人、自我实现人、复杂人；管理职能五分法，即计划、组织、指挥、协调、控制；领导方式四分法，即专权独裁型、温和独裁型、协商型、参与型；管理要素七分法，即结构、战略、人员、管理风格、体制与程序、领导观、价值观；竞争力五分法，即供应商交涉能力、购买者交涉能力、潜在竞争者进入能力、替代品替代能力、行业内竞争者现有竞争能力等。

2. 分层框架

按照组织的层次先后做事情。首先分层次，再考虑不同层次、力量，不同的责权利。只要用分层的理论和思路考虑问题，有太多的工具可以去用。

管理学研究中常见的分层框架有：

（1）需求理论分层框架。第五层，自我实现需求。第四层，尊重需求。第三层，社交需求。第二层，安全需求。第一层，生理需求。

（2）管理手段分层框架。第五层，信仰手段。第四层，伦理手段。第三层，文化手段。第二层，制度手段。第一层，法律手段。

（3）企业文化分层框架。第四层，精神层。第三层，行为层。第二层，制度层。第一层，物质层。

（4）企业利益相关群体分层框架。第五层，社会需求。第四层，政府需求。第三层，员工需求。第二层，股东需求。第一层，客户需求。

（5）组织分层框架。第四层，组织间。第三层，组织。第二层，团体。第一层，个体。

（6）社会责任分层框架。第四层，慈善责任。第三层，伦理责任。第二层，法律责任。第一层，经济责任。

3. 曲线框架

画上一个分类的框架，量可能超出我们的认知。带点灰度的感觉就是按分类走，比如，活力曲线、S曲线、微笑曲线等都是按照曲线走的。

4. 循环框架

这就是周易思维认知的模式，循环往复，形成闭环。PDCA的循环框架、六西格玛管理MAIC循环框架都是如此。

5. 平面四分框架

平面四分法是人类认识复杂事物最简化、最有效的方法。企业成长模式框架、安瑟夫战略矩阵框架、通用电气（GE）的矩阵框架概莫能外，我所讲的只不过多了维度而已。

6. 金字塔框架

企业的层次不是单纯一条线的，还要考虑做“面上”的状况。我们可以用金字塔的方式架构一个结构，包括组织图、鱼刺型图（躺倒的金字塔），随着影响因素越来越多，再去分解并聚焦到分析问题的最终目标上去。此外，我们的思维方式到底按照归纳法走还是按演绎法走？最终经过推理，得出结果，推理的过程合规，就会得出相对成功的或者科学化的一个框架，这就是逻辑金字塔。

7. 网络框架

某些行业，比如国家电网，本身就是网络。华夏基石组织的论坛也是在网络上运作的，每个节点、中心都会产生大量信息。我们怎么了解、管控这样的网络（互联网、物联网、通信网等）？这是现代社会非常要紧的问题。

三、管理者“三性认知”

人类的认知一般是按照流程走的，从感觉、知觉，再到思维，从身体开始，到比较综合，最后用脑子去思考。管理者的思考特征则是先想明白，再做知觉、感觉，思考这个事的可行性，与一般流程好像是背道而驰。所以管理者要靠想象力、计算力解决某些事情，但是也不能总是从0到1算账，老算账就彻底变成商人了。所以会有一些比较模糊化的认知，量子思维分不清楚，但是可以从1到N、从N到1、从1到0、从0到

1，思维就这样转起来，这是企业家的思维模式。

1. 感性认识

当我们看到一朵非常漂亮的花，感觉第一念是颜色、第二念是概念、第三念是心情。我们把念头拆出来，其中的意念、语言、行动和心情瞬间的表现，就是人的认知过程。请问大家一念有多长时间？弹指、瞬间、刹那是什么意思？这都是时间单位，跟秒、分、小时是一回事。一昼夜是三十须臾，一须臾是二十罗预，一罗预是二十弹指，一弹指是二十瞬间，一瞬间是二十刹那，一刹那就是一念。我在讲、大家在笑的过程中已经好几百个刹那了。人控制自己的一念非常难，但是很多非常优秀的企业家能够控制到一念，也就是0.018秒。厉害的人是在非常短的时间段以内，控制自己的念头，让它向着正确的方向走。

我们一念的变化、认知的过程，用佛学理论来讲大概就是如此。佛学讲“识”就是认知的结果，获得“识”的条件是“缘”。用眼、耳、鼻、舌、身、意、潜识、藏识，在各种角度看到、没看到，或者看到之后没有任何见知或者有一些误解，就会形成各种各样的“识”。

认知到最后会得到非常复杂的结果。八识“心王”支配六类五十一种“心所”，你就知道你的心里面有多少芜杂散乱的、杂念的东西。尤其是现在这个世界，大家已经不是“吃不饱”，而是信息“吃”太多了。走路的时候都拿着手机一边走一边看，以至于让自己像个盲人。认知对我们很重要，我们在行为上、心理上、接受信息上，到底应该怎么思考和对待这个问题？我认为这和哈姆莱特留下的经典问题有得一拼。

2. 悟性认识

悟性认识就是动脑筋、创新，想的是与众不同的有增量的东西。我们看国学，很多东西是认知模式的而不单纯是内容的，因为它的内容互相之间是有矛盾的。国学中的认知模式是什么？国学经典有三类主要的观点。

第一类是和人生阶段相联系的道理，这一般比较准确，因为和经验相关。比如《论语》中有“君子有三戒：少时血气未定，戒色；壮时血气方刚，戒斗；老时血气已衰，戒得”“四十不惑，五十知天命”等。

第二类是与德才相关的道理，包含价值观的问题，所以仁者见仁，智者见智，大家都讲得有道理。比如孔子说，“君子喻于义，小人喻于利”“君子怀德，小人怀土；君子怀刑，小人怀惠”“君子坦荡荡，小人常戚戚”“君子求诸己，小人求诸人”。《孟子》一书中提及：“为富不仁矣，为仁不富矣。”

第三类跟因果相关的道理，一般人看不懂，也很容易误解，所以需要悟性。这属于量子思维的范畴，必须有悟性才能拆解。

我把自己悟出来的定律和大家分享。第一定律，现实中没有一个结果是由一个原因所引起的。比如：柳下惠为什么坐怀不乱？可能有五个以上的原因。愚公移山为什么成功了？可能有八个原因，但其中最重要的是那位偶然路过的神仙。大禹治水为什么三过家门而不入？这些问题我们别在固化的思路里面琢磨，可以开拓思路，甚至打开脑洞。但众所周知，这几个问题都有固定的答案，这其实不利于思维的锻炼。

中国经典中的思维特征有三个：一是轻逻辑，一生二、二生三、三生万物。为什么生万物？没有讲给我们。二是重伦理，对圣人、君子、小人进行特征研究。三是因人易，分君臣、父子、长幼、内外。

《大学》里讲：

“知止而后有定，定而后能静，静而后能安，安而后能虑，虑而后能得。”

“君子先慎乎德，有德此有人，有人此有土，有土此有财，有财此有用。……是故财聚而民散，财散则民聚。”

《中庸》里讲：

“凡事豫则立，不豫则废。言前定则不跲，事前定则不困，行前定则不疚，道前定则不穷。”

“唯天下至诚，为能尽其性。能尽其性，则能尽人之性。能尽人之性，则能尽物之性。能尽物之性，则可以赞天地之化育。可以赞天地之化育，则可以与天地参矣。”

《论语》里讲：

“名不正，则言不顺；言不顺，则事不成；事不成，则礼乐不兴；礼乐不兴，则刑罚不中。”

“上好礼，则民莫敢不敬。上好义，则民莫敢不服。上好信，则民莫敢不用情。”

“其身正，不令而行；其身不正，虽令不从。”

这三个经典中的话语方式，一因一果，是链式产生的。这种话语方式，基本始于《道德经》，道生一、一生二、二生三、三生万物。国学经典差不多都是这种思维模式，大概始于《周易》。《周易》中是有逻辑的，但后人没有特别从形式上明确其中的逻辑。所以，对古人的道理，需要添加逻辑法或因明法来解释，需要寻找结论的前提。我们用四维讲——唯“书”去读，唯“实”去看，唯“思”为重，三者融合起来就是唯“悟”，即发现式、创造式的认知模式，这样跳出国学经典思维模式，返回去再看再学，就可以超越西方到达我们的新时代。

3. 理性认识

理性认识是和西方最近几百年比较接近的思维模式，与中国经典思维模式怎么连起来思考呢？道生一、一生二、二生三、三生万物，从逻辑角度上来讲，都是不一定的结论，一必须在一定的条件下才能生二，二必须在一定条件下生三，三在特定的条件下才能生万物。按照数学模式就是0+1=1，1+1=2，2+1=3，9 997+3=10 000，中国人就是这种思路，不知道中间的1和0是怎么回事，只要生出结果就好，中间的过程不管。

因此我又悟出来第二定律：有原因不一定有结果，有结果一定有原因。所以“因果关系”变成“果因关系”，一类结果必有三类原因：必是多个因、必有不确定因、必有未知因。

四、有“三性”管理者的特征

讲到此处，有感性的、悟性的、理性的“三性管理者”，到底有什么样的特征？

1. 自信果断但又谦虚

知道自己想到的任何方法仅仅是许多方法中的一个，还有很多方法自己连想也没有想过。

2. 是建设性的而不是批判性的

思考的目的不是为了证明自己比别人更聪明，而是为了得到更好的认知和行动的方案。

我们用这种思路解决问题的时候，会发现世界有三种：现实世界、理论世界和思维世界。这几个世界之间，思维去表述理论，用理论和现实互动，现实和思维又是认知的过程，三维在其中循环。三个世界投射到商业世界，信息和信息之间的是互联网，事物和事物之间是物联网，人类和人类之间是感情网。其中的商品、情报、客户共同构筑起未来商业发展的空间，这就是百度、腾讯、阿里巴巴现在的做法。实际上，我们是在构建新时代、新世界，企业家思维引领我们前进。

从三个世界到四个世界，就是在虚拟世界里面照样会产生许多的事物，你不是你，虚拟世界还有一个你，那个云里的你比现在的你更真实。人类的表述、互动和认知，所有东西都是互相连着的。世界动不动，看你动不动，虚拟的世界是通过你的眼睛和脑子连起来考虑的问题。

但我们需要回到自主灵性的世界，因此要练习“不动心动脑，不动情动理”。有三个方法：想到一个点子，从上下左右前后三维去表达；听别人话语，不听内容，看逻辑结构或语法；听别人观点，不评对错，看他的价值观和立场。归纳一下就是：举一反三法、形式解构法、以人观语法。

笛卡儿说：“我思故我在。”杨杜说：“我知故我富、善知故我强。”

（华夏基石e洞察公众号2018年10月30日发布）

优秀的中国管理应基于奋斗人假设

随着经济的发展，许多优秀的中国企业不再满足于生产产品、占领市场，而是迫切希望提升自身的管理体系，积极参与国际竞争。“我国经济已经发展到了需要中国特色管理学理论的阶段。”中国人民大学商学院教授、著名管理学家杨杜老师在接受《环球财经》记者专访时表示。

自1978年考入人民大学，杨杜与中国工商管理教育的摇篮——中国人民大学商学院结下数十年不解之缘。1996年，作为参与起草《华为基本法》的“六君子”之一，杨教授在华为这家优秀中国企业的成长历程中书写了重要一笔。从中国特色的管理理论到优秀企业的实践案例，在历时一个小时的专访中，杨教授向《环球财经》介绍了他对中国管理的重要思考和心得。

中国管理包含三个重要方面

《环球财经》：您在管理学领域从事多年的研究，对华为等优秀的中国企业有深入了解。您认为中国管理有哪些特色？要管理好一家中国企业，最重要的是哪些方面？

杨杜：我国经济已经发展到了需要中国特色管理理论的阶段，企业在生产产品的同时，也生产了自己——也就是形成了独具特色和有效的管理理念和管理体系。之所以强调“中国管理”，一方面是因为国外管理理论有些并不适合国内企业，我们要找到诞生于中国的，经检验是成功的，符合我国企业目前发展阶段的，并且具有传播价值的管理理论；另一方面的需求是，当我们的企业走向国外的时候，由于宗教、习俗和文化背景的不同，可能会产生一些误解和冲突。企业需要向外界解释清楚自身的管理理念和方式。因此，有必要对中国特色的管理做出归纳和总结，形成普适性的理论。

那么，中国管理的特色是什么呢？首先在行为和思维模式上，东、西方是不一样的，从文字来看，欧美文字是拼写出来的，中国使用象形文字，是画出来的，这影响着人们行为和思维模式。从工作来看，中国人非常勤奋，“白加黑”“五加二”地工作，所以工程推进的速度特别快。这种精神在发达国家有过，比如日本公司的“企业战士”“猛烈社员”，但现在已经比较少见。从进步来看，中国人非常善于学习，这跟我国的尊师重教传统有关，和我们国家过去100年里落后于世界，形成了这种拼命学习和奋力追赶的文化有关，学习过度便会形成“山寨”文化，不过现在正迅速往创新文化转变。

其次，从管理学的角度，就要思考如何把这种具有竞争力的特色在企业管理理论中体现出来。因此，我提出了奋斗人的假设。过去西方经济学、管理学上有经济人假设、社会人假设等，这些理论都不太适合中国。在中国，存在很多奋斗者，只要把这些人聚集到企业中，给予应有的激励和提升机制，企业就会产生向上的强劲势头。

以奋斗者为本的中国企业，其管理机制包含三个重要方面：

⇨ 一是中国传统文化观念，包括团结互助、讲究秩序等；

⇨ 二是来自西方的市场竞争观念，讲究建立游戏规则，强调创新；

⇨ 三是共产党的组织领导给企业带来一种信仰，希望为国家、为组织做出贡献，这种爱国情怀和组织意识不仅存在于国有企业，也存在于民营企业，中国人在成长和受教育的过程中自然形成了这样一种追求和志向。

传统文化、市场文化和政治文化这三者组合起来，共同造就了中国企业管理的独特机制和优势。片面强调任何一个单独的方面，如家族酋长式的权威独断、彻底自由的市场竞争，或是单纯的爱国情怀和信仰等，都不是中国特色的管理体系或模式。这个几乎成为正三角形的包容性的管理机制，是中国企业的独特竞争优势之一。

优秀企业中的奋斗人

《环球财经》：能否请您具体解释一下奋斗人的概念？是什么促使您提出这个假设？

杨杜：西方学术界对于人性提出了很多假设，比如经济人假设，假定人做事情前要考虑值不值；社会人假设，强调人的情感和社会关系；竞争人假设，讲究人和人之间要争输赢；决策人假设，认为人的所有行为都是一种决策选择。

但我在华为这样的优秀企业看到的跟这些理论都不太一样，那里有一群奋斗人（华为公司叫奋斗者，我用管理学的概念就叫奋斗人）。他们做事之前并不忙着计算利害得失，并没有整天想着干掉竞争对手，社会关系也没有在他们的工作中起决定性作用。奋斗人眼里的竞争，是要比对手做得更好，而不是想办法消灭对手；是以客户为中心，而不是以竞争对手为中心。如果拿体育比赛来比喻，西方理论中的竞争人像拳击手，要把别人打倒才算赢；奋斗人则是长跑选手，目标不是打倒对方，而是跑到终点。西方理论中的经济人是交易的思维，交易合适、成本节约的事情才做；奋斗人则是投资的思维，是为了将来做长远考虑并舍得投入，而不是只顾现在值不值，也不把节约成本放在第一。因此作为奋斗人的中国人可以为了美好的未来而承担暂时的苦累，也愿意为将来的收益承担风险。

从奋斗人假设产生的管理，从具体的、有着特定身份和立场的人出发，从其特定需求、动机与企业目标、使命一致认同的角度进行分析，并进行制度设计，从而更具有企业的活力和管理体系的竞争力。每个人生来都会有奋斗的基因，要生存，要吃饭。但后来生存压力没有了之后，有些人的奋斗观念就会变得比较弱。这时就需要施加适当的环境和机制影响：当周边的人都在奋斗，就可以互相承认、互相鼓励；如果一个奋斗者的团队中有人不劳而获，就会影响其他人的奋斗热情，这时必须把惰怠者淘汰出团队。与此同时，企业的激励体系也要向奋斗者倾斜。这些就是企业管理要做的事情。

企业的成长目标分为“三段九做”

《环球财经》：您曾说过，中国经济已经走过了三个阶段：第一阶段卖劳动力、卖资源，第二阶段卖产品、做贸易，第三阶段卖设备、卖技术。现在我们已经到了第四阶段，需要思考如何通过卖规则、卖标准、卖文化来参与世界竞争。您认为中国企业是否已经具备了这种竞争能力？在国际竞争中，大型国有企业主要发挥何种作用？

杨杜：企业的成长目标是分阶段、分指标的，我认为可以包括三段九做：第一段是做大、做快、做多，第二段是做优、做强、做新，第三段是做局、做人和做久。

目前，我国优秀企业应该多去想一想做局的目标，也就是标准层面和规则层面的管理问题。中国企业在做大、做快、做多的阶段已经做得非常好，甚至有些过头了，所以现在才要去产能、去杠杆、去库存。把该去的产能去掉、该关的工厂关掉后，留下来的企业下一步就是要做优、做强、做新。做优，就是要提高质量、塑造品牌；做强，就要考虑企业的战略，不要只看营业收入；做新，就是不满足于山寨模仿，要充分发挥中华民族历史上的创新传统。如果能够实现做优、做强、做新，那么企业在下一个阶段也会有很好的发展。

部分优秀的中国企业已经走过了第二阶段，它们现在开始做局（进行战略布局）、做人（承担企业的社会责任）、做久（实现未来可持续发展）。通过做局、做人和做久，企业就可以进入引领世界技术和管理潮流的阶段。只有一部分优秀企业能够达到这个阶段，但它们对于中国经济的牵引力和导向力将是非常强的，也会为中国企业打开巨大的未来空间。管理者应该根据不同的成长阶段来调整企业的机制、企业的目标和企业的考核指标，把握战略大方向，而不只是被动地抓商机、找缝隙。

有关国有大企业的地位和管理，许多人喜欢在政治层面上讨论所有制问题，比如，国外有人认为他们的企业和国有企业竞争不公平，这没道理！你那跨国公司不是比国有企业厉害得多，早早就占据了垄断地位，还联合起来搞技术封锁吗？中国企业没有的，你卖天价；中国企业一旦创造出来，你就说倾销，那是公平竞争吗？

从经济学和管理学的角度来讲，企业的成功与所有制无太大关系。在国际竞争中，对手都很强大，我国的企业丝毫没有从小到大慢慢成长的时间，必须依靠包括国有企业在内的有核心竞争力的强大组织力来参与国际竞争。不论国有、民营还是混合所有制，中国一定要保持住这些优秀组织的竞争力。在已经形成寡头垄断的国际市场上，如果中国企业的实力跟其他国家相差太远，就没有办法争得一席之地。弱国无外交，弱企无活路！

创新重在可积累

《环球财经》：最近几年，在国家提倡“双创”的背景下，诞生了许多创业创新企业，它们多数是一些小公司。创业公司往往人员流动很大，很多员工都有多次跳槽的经历。如何更好地帮助年轻人找到自己的定位？您对这些创业创新型小企业有哪些管理方面的建议？

杨杜：评价公司的大小有许多指标，有些公司从人数、营业收入、设备、厂房等方面来看确实小，但是如果我们从不同的角度来看，年轻人头脑中的知识和创意或许蕴含巨大的能量，有可能突然膨胀长大。在知识经济时代，很多小企业按照传统标准来看是很小，但其吸引和调动资本的能力非常强，因为它们的未来性、成长性很强。这些知识集约型、创意集约型企业的扩张模式跟传统的资本集约型、装备集约型企业大不一样。过去是点到线、线到面的发展，现在有了技术的支撑，点很快就能到网状的、立体的、边际成本为零的发展。

与此同时，年轻人在互联网时代的确面临更多的职业选择。许多人不愿意在一个大公司里“排队”等待晋升为职业经理人，也不想一眼就能看到自己未来二十年的发展后，还在那里等着。现在有些年轻人一旦能够看清未来的阶梯，就会勇于走上创新的道路，积极参与创新创业。那些“不明觉厉”的成功故事，由于极快的信息传递，也刺激着年轻人。这种现象不仅存在于当下，在任何时期都出现过。只不过从前的机会少，现在给年轻人做“创客”的机会非常多，社会的宽容度在提高，已经不愁吃穿的他们承受失败的能力也更强。中国人的企业家精神现在供给充足，这是全世界都很羡慕的优势，同时，在经济快速增长的背景下，新的创业机会也很多。

所以，年轻人经常跳槽并不是大问题，重要的是你必须在每段工作经历中学到东西。如果不断换工作，总抱怨怀才不遇，但自己什么都没有学会，那么这个人的判断力就出了问题。一方面可能是自身的能力经验积累有问题，另一方面可能受到浮躁气氛的影响，只想着明天发横财，态度有问题，那样终将一事无成。

对于那些创业创新的企业，我认为必须要有某种新技术或新模式做支撑。如果只是比别人勤奋，工作的时间更长，“抢”了别人的工作，那不能算创新。互联网时代的创新应该着眼于提高效率、实现共赢。如果技术只用于金融层面的炒作（例如，最近很热门的比特币等数字货币），不能跟实体经济结合起来提高效率就更像是一种变相的赌博，不能创造新的价值，光吹泡泡是长久不了的。

创新进步的标准应该是为社会增加了可积累的东西，别人在你创新的基础上能更上一层楼。许多东西虽然很重要，但难以或者根本不能积累，就难说有什么创新。比如道德是不能积累的，没有人生来就是圣人，每一代人都要重新接受道德教育，你写的道德文章汗牛充栋也积累不了道德；还有金钱，事实上也是不能积累的，囤积金钱不能创造社会价值，币值一变会一文不值。

技术进步是一个可以积累的东西。现在各行各业都有许多非常年轻的技术骨干，他们并非单凭自己的能力取得如此多的成就，而是在前人技术的基础上向前推进，不需要从零开始；另一个可以积累的东西是管理体系，包括各种规则、法律、准则等，中国的企业管理体系随着企业的发展、时代的推进而不断完善，能否形成社会的积累，成为世界管理理论丛林中的一棵大树，应该成为管理创新的一个衡量标准。我们的任务和使命，就是要让后人能够在这些技术和管理创新的基础上继续前进，再多的金钱和道德说教也会成为后人的过眼烟云。

奋斗人的精神不可积累，奋斗人的管理机制可以积累。我们希望优秀的中国企业能够建立和不断完善奋斗人的管理机制，成为激励一代一代奋斗人的沃土，实现中国企业的可持续成长。以奋斗人假设为基础的中国管理理论也将因此而雄立于世界。

（华夏基石e洞察公众号2019年10月2日发布，本文曾刊发于《环球财经》月刊）

2019，不确定性增加环境下企业怎样成长？

谈到2019年的经济环境，很多经济学家都认为我们面临着很大的不确定性。那么在这种不确定性之下，企业应该怎么实现成长和突破，这是我作为一个企业管理学者比较关注的问题。

不确定性是一个相对而言的概念。面对不确定性，有些人的态度是害怕的，躲避的；但是也有些人面对不确定性的态度是憧憬的，好奇的。不管是人还是企业，面对不确定性的心态必须要端正。

为什么我们的企业会害怕未来的不确定性？笔者认为，最重要的原因是我们的企业本身还不够强大，如果企业真正强大起来，它对环境的影响，对竞争的把握都会提升。近几年来，技术创新的周期越来越短，变化越来越快，如果企业发展和管理仍然按照传统的方式，当然会受到挑战，产生不确定性。

而且，随着信息技术的发展，行业之间的边界越来越不清晰，一个企业未来的合作伙伴或竞争对手可能存在着明显的跨界现象。

此外，在很多行业和领域，中国的企业进步非常快，有的甚至已经走在世界前列。但这也面临一个问题，过去我们进行企业规划时，可以找到一个标杆和榜样学习，但现在我们踏进了一个全新的领域，面临着一些并不单纯靠市场竞争就可以解决的问题，这个时候我们怎么办？这也是企业感受到不确定性增强的一个重要原因。

笔者认为，2019年，企业制定发展规划时，应该从以下几个角度应对不确定性。

第一，不要在宏观层面关注太多，但只埋头做好微观层面也不行。我们要多结交合作伙伴、增加人脉，把握好产业小环境，在产业链上形成一些规则和共识。

第二，不断贴近客户需求。不管环境如何变化，我们都要从客户需求的变化中调整自己的规划，没有必要了解我们的竞争对手在忙什么。

第三，要建立好企业的危机应对机制，用确定性的机制应对不确定的未来。个人面对危机时，多少会受到情绪的影响，把公司的发展系在个人身上，总会有些风险。危机应对机制要建立一个组织，对不确定性进行梯队式的应对。华为公司的铁三角组织就是一个成功的应对危机的机制，铁三角并不是一个三权分立的制约体系，而是紧紧抱在一起生死与共，聚焦客户需求的共同作战单元。在这样的铁三角组织中，有专门负责应对风险变化的，有专门负责执行原有计划的，有专门考核效益效率的，还有在资金和人才方面进行风险把控的。它们的目的只有一个：满足客户需求，成就客户的理想。

第四，用规则的确定性应对市场的不确定性。未来，企业的客户需求有很大的不确定性，供应链可能也会发生巨大变化，但如果我们用协议把规则确定下来，企业的发展就有了一个保障。

第五，用法律遵从的确定性，应对国际环境的不确定性。现在企业发展面临的问题已经不是市场、技术、产品问题，而可能是观念问题，贸易规则问题。企业要遵守法律条款，依法合规经营。

第六，以高成本应对高不确定性。在未来的企业竞争之中，活下来才是最重要的，当我们进入一些创新和我们不熟悉的领域的时候，舍得为未来的发展付出成本，才可能在战略领域取得先机。

第七，方向大致正确，保持组织活力。在不确定性的环境中企业无法制定精密、严谨的战略计划。只要发展方向和技术路线正确，未来具体执行时用企业的活力及时调整，就不会面临大问题。

第八，企业家要靠使命感和奋斗精神增强信心，要想好办企业的目的是什么，企业家追求的是什么。不确定性说到底还是一个心态的问题。

第九，聚焦企业发展的主航道，减少投机性的业务。把企业的业务聚焦到熟悉的地方，不确定性就会下降一点。多元化的战略规划在未来并不一定是件好事。

（华夏基石e洞察公众号2019年1月23日发布）

包　政

著名管理学家，包子堂创始人，社区商务方式理论创立者、深度分销理论构建与实践者。

孙健敏

华夏基石领衔专家，著名管理学家，《华为基本法》起草人之一。

肖知兴

著名管理学者，领教工坊联合创始人，先后任教于中欧国际工商学院、乔治·华盛顿大学和北京大学汇丰商学院。

周其仁

华夏基石e洞察智库撰稿人，北京大学国家发展研究院经济学教授，著名经济学家。

吴晓求

华夏基石e洞察智库撰稿人，中国人民大学副校长、财政金融学院教授，金融与证券研究所所长，教育部长江学者特聘教授。

第八辑

底层逻辑之变

什么是未来的管理

包政

各位来宾，大家好。关于企业和管理，我写了两本书——《企业的本质》和《管理的本质》，今天我将基于未来的视角谈一谈“企业及其管理的本质”。

一、企业是分工基础上的组织

我认为，现有的理论系统都没有定义过什么是企业。什么是企业？或者企业到底是什么？我今天斗胆下一个定义：企业是分工一体化的关系体系，其中分工一体化是技术经济的一体化、社会心理的一体化。

我们这个时代是从分工开始的，亚当·斯密的理论也被称为分工理论。分工之后如何变成一个整体，如何结成一体化的关系，使人与人之间有一个稳定的关系？这是一个难题，因此而形成的整体我们称为组织。所谓企业，就是分工基础上的组织。没有分工就没有企业。

企业是怎么起源的？亚当·斯密1776年写的《国富论》，对国民财富和性质及其原因进行了研究，其中最重要的内容是讲了“分工”。他认为一个国家的财富应该通过生产活动领域提高劳动生产率获得增加，而不是通过买卖。这刷新了买卖贸易的理论、重商主义的理论。亚当·斯密认为，通过劳动生产效率的提高来创造更多的财富，然后进行交换，彼此之间的财富就会更多。为了论证这一点，他讲了一个案例。有一个生产大头针的工厂，过去一个工人手工劳动一天只能生产20枚针，但是把制针的过程分成18道工序分给10个工人去分担，一天能够生产4.8万枚针，人均每天生产4 800枚针，与之前相比劳动生产率提高了240倍。这个真实的案例启迪了全世界人的智慧。大家都要学会分工，这一点对在座的各位很重要。换言之，现在我们的企业分工不够，很重要的原因就是分工之后不知道如何变成一个整体。我以前去过宝安集团，问其战略是什么，回答说他们达成了共识，以房地产为龙头、以工业和农业为基础、以商贸和证券为支柱，全面发展。很明显，这个答案不是清晰分工的结果。

分工是劳动生产的起点，这里的分工指的是自觉分工。与自觉分工对应的是自然分工，德鲁克认为大约一万年前就出现了自然分工。真正的自觉分工是从1776年开始的，分工之后工作的工序就简单了，随后引用技术、工具、方法，后来发明机器，使用新的动力，这个过程是连带发生的。分工是企业的起点，所以我们谈企业时，一定要有分工。我下的定义是“分工基础上的组织”，这不是简单的“组织”的概念。

所有的大企业都是以分工为基础的，所有的大企业的毛病、难点也都是在分工基础上如何变成一个整体。大家都在不断探索，想要解决问题，由此开始有了工厂制，后来就以机器代替部分人力，随后有了股份制、公司制。

二、管理是分工与组织的手段

什么是管理？这个问题到现在为止没有定论。管理是分工与组织的手段，管理要解决的问题是如何分工、如何组织，如何在分工的基础上实现一体化。这是难题。

德鲁克的观点是，管理是组织的一项职能。我并不认同，因为他忽略了分工，忽略了管理也是分工的一项职能。法约尔的14项管理原则中，第一条就是分工。如果在座各位同意我的观点，从今后一定要首先关注企业的分工，如何变成一个整体是第二个要解决的问题。逻辑上是如此，在实践层面，企业的组织能力不够，分工就不能更精细，两者实际上是相辅相成的。如何把它们变成一个整体？我们来看管理的三种手段。

1. 机器代替人力，工作的工序化

我们看到管理历史的时候，会很惊讶早年的管理者、经理人都是工程师出身。泰罗把他们从美国的协会当中独立出来变成管理学会。那时是以机器代替人力，管理者基于机器系统想弄清楚的是工序，也就是工作的工序化。分工是工序的分解，依照标准化手段、工序配合实现一体化，因此管理者、经理人被称为效率工程师。这个过程中已经用系统解决了一体化的问题，只是没有解决如何把它变成工序。德鲁克对这一点是非常清楚的，他认为，过去只强调工作，而没有强调做工作，工作是由工序决定的，做工作应该根据人来明确如何做工作，所以一定要把工作和做工作分开。曾经我看德鲁克的书时觉得他很卖弄，但是现在看来这一点非常重要。过去我们只关心机器的效能如何发挥出来，但是每一个人实际上是工序的一个部分，工业化的早期，分工变成一个整体是依靠机器的逻辑形成的，但是在社会心理层面上，并没有有效地实现一体化。

2. 泰勒：模拟市场交易法则

回顾管理学发展历史，泰勒提出的是模拟市场交易法则，把管理当局变成定价系统，用时间研究和动作研究确定每一件工件是多少钱，创造了“计件工资”。我在写《科学管理的原理》这本书的序时，总结了泰勒的观点。泰勒就是做定价，把一件产品、一个工件或者完成一个作业量设定标准，明确定价。经济学上企业和企业之间的社会化分工，用市场法则是一样的。科斯1937年写的一篇文章，讲企业内部是管理、企业外部是市场。其实这个观点不科学，在泰勒研究的时期，企业内部已经实现了市场的法则，这个市场到今天为止依然存在，就是KPI。也就是说，你完成了多少利润，完成了多少销售额，给你提多少奖金。KPI跟过去的计件工资本质是一样的，过去叫计件工资制，背后是公司定额，现在是绩效工资制，背后是KPI，只是名称不一样了。

当年平安保险的老板马明哲，年薪算到6 000万元那么高，引起大家质疑，其实他是合法的。董事会与他签了一个协议，其中有一条是完成多少亿元的营业额并带来多少亿元的利润，就可以拿到多少年薪。马明哲手上是没有资源的，但他作为CEO能和各地的分公司经理切豆腐，假如分公司经理完成100亿元的销售额带来10亿元的利润，能够拿年薪多少万元，大家都认同了签了字，知道了绩效导向。这个企业走向了绩效导向。日本有一个做保险的人叫原一平，不是卖保险的而是买保险的，他站在顾客立场上向他的保险公司采购保险，这叫作营销。据说中国平安保险有12万人撒向小区去推销，口若悬河，慷慨杀熟，这叫作销售。

泰勒的方式到今天为止依然为企业所用，不同的是，我们现在支持劳动者。过去所有的工序都是通过公差配合，形成标准的数量和标准的质量，传递加工的对象。考核不是按照最终的成果进行，而是对整个价值创造过程都可以监控、监督、纠偏，即计划、组织、指挥、协调、控制。到了知识劳动阶段，中间环节就很难了，因为性质变了。过去我们是以物品作为加工对象，现在是以事情作为加工对象。在这个过程中，我们很难确定这件事情在传递过程中怎么去界定它的中间环节？事情是很难界定的，尽管企业最终有结果考核，还有行为指标，但仍旧越弄越模糊。

德鲁克的观点是，我们学会了对体力劳动的管理，却没有学会对知识劳动的管理。知识劳动管理的本质是以事情作为加工对象的，对它的过程无法设定标准，因此无法检查、无法纠偏、无法控制。而且所有这些事情不是以线性的方式在传递，而是来回反复的，这样更难评价它背后的价值创造流程。最麻烦的是，整个过程伴随着创意、推断、判断，同样一件事，有些人不会也做不出来。不是什么大象都会画画，而是只有一只大象会画画，所以很难用KPI描述整个管理价值创造的流程。

3. 福特：胡萝卜加大棒

有关社会心理的一体化过程，我们需要学习一下福特，尽管德鲁克说福特的方法已经失效了。福特是胡萝卜加大棒，他从1896年到1908年开发出T型汽车。1908年这个历史时期，在美国汽车行业发生过两件大事，一件是T型汽车问世，一件是通用汽车公司成立。这两件事有什么必然联系？竞争不过福特的企业，干脆联合起来抱团取暖，希望能躲过一劫，所成立了通用。福特没有停下发展脚步，从1908年到1913年开发了固定流水生产线，效能非常高。1908年，福特汽车卖850美元，当时所有汽车厂家的普通汽车大概卖到2 000到2 500美元，豪华的卖到4 000美元以上。福特的固定流水生产线越来越成熟，福特汽车1916年350美元，1925年240美元。福特的目标，就是如何让生产汽车的人也买得起汽车，因此他一直在研究，并且认为工业技术的潜力是无限的。引用乔布斯的话来说，就是“我们大部分企业对技术的应用敏感性不够，用技术打造极致产品的意识不强”。技术永远是制造企业的根本。华为懂得这一点，所以不是在一般意义上讲技术导向，而是拿出真金白银，10%以上的销售收入投入研发。其实10%以上的投入不算多，佳能达到20%以上。我们要舍得在技术领域花钱，这是企业家和商人的区别所在。

1914年，福特把每天的工资和工作时间改革了，从9小时2.34美金变成 8小时5美元，并且跟工会签了协议，如果完成年度KPI利润对半分。不要以为这个资本家觉悟很高，这场买卖，他买的是人心，所以实现了所谓的社会心理的一体化，管理上叫“专制”。专制到什么程度？工作中工人是不能交头接耳的，否则工头就会警告，他有随时开除你的权力。开除了之后不怕人员断层，因为有足够的报酬。并且，福特5%的技术工人和技术员已经把这个作业指导书写完了，把训练工具做完了。很多工具只需要几个小时就可以达到熟练程度。现在制造业的企业一定要记住这一点：人力资源管理没那么复杂。5%的技术工人和技术员就可以把整个价值创造流程管起来。我们招的很多HR经理没有用，有用的是价值创造流程中的人，他们既是工人，又是领班，又是指导员。

公元前3世纪到5世纪的罗马军团，没那么多HR经理，就是靠十夫长、百夫长、千夫长来管人。十夫长是基本的作战单元，不管战术战略。十夫长只需要管住行军打仗、埋锅做饭，把这些人圈起来。打仗的时候十夫长死了，士兵还活着就一起惩罚，所以十夫长拥有特别保护，而且十夫长是世袭的贵族，这些人在企业里面是不可能被转移的。我上次去丰田，他们工厂中最高资格的就两人，号称拿个锤子就可以敲出汽车，这两个人谁都挖不走。福特工厂有8万到10万员工，他们大部分是南美移民，与北美移民不同，南美移民既没有家族的传承手艺，也没有文化，怎样用这些移民干成世界级的公司？5%技术工人和技术员管住了8万到10万泥腿子，创造了世界级的公司。20世纪20年代，福特的T型汽车占全世界市场份额的50%，到1927年下架以后总共卖了1 500万辆。

在座各位今天听完报告，回去得重新思考，而且要做的第一件事情，就得让HR经理穿上工人服装直接上生产线。这不是我发明的方法，曹德旺就是这么干的——专职管理的人坐在办公室，说话要用PPT，没有用的，就是要按照工序，按照你的工作要求做对、做到位。所以曹德旺把人给整合起来了。

三、对未来管理的几个思考

德鲁克的观点是，企业要使工作者有成就，要使工作有效率。面对未来，他在《卓有成效的管理者》一书中讲，除了工作要有效率以外，工作者“做工作”要有成就。怎么能做到这一点？

过去的时代结束了，现在已经发生的事情，是供求关系逆转了。这会带来什么后果？生产领域不再是竞争的强有力武器，它向两头延伸：一头是商务活动领域（参见拙作《营销的本质》），另一头是研发活动领域。营销和创新才是企业价值创造的职能，生产只是成本。

由此引发了下一个变化——知识劳动成为企业中的主体。再有就是互联网时代来临了（参见拙作《互联网的本质》《管理随笔》，两书名为出版社所加，原名分别为《互联网创新之我见》《管理者随笔》）。接下来摆在我们面前的就是机器系统与知识系统。

1. 机器系统与知识系统

过去是机器系统代替人力，未来是知识系统代替人力。即德鲁克所讲的以机器代替人力、以知识代替人力。卓别林在《摩登时代》中扮演的是拧螺丝的人，在这个岗位创造不了太多的价值，大多数价值全是靠机器创造的。当营销的创新人员离开了机器的时候，必须有一个系统的支持，使他变得工作有效率。无论营销也好、研发也好，还有技术活动领域，必须依靠知识系统提高每个工作者的效率，同时提高工作者工作的效率、提高“做工作”的成就感。

如何建立知识系统？当营销系统、销售系统、市场系统中，没有一个知识系统来支撑每个人的工作效率，人均销售收入和人均利润肯定是很低的，这是一个大问题。前几年华为有个数据，人均销售收入是132万元。华为是互联网的宠儿，但自己不是互联网公司。华为必须是一家互联网的公司，只有如此我们才能用互联网的方式共享大家的大脑。互联网不是给大家提供平台去共享单车、共享汽车、共享房子，而是共享人的智慧和大脑。脸书正在这么干，如果华为不做互联网共享，很可能未来就没戏了。过去机器系统只是让工人转成工序，变成“工作”的一个附属，按照工作的要求做好、做到位。在那个时代，劳动分工的实质就是工序的分解，人与人之间的关系只是工序和工序之间的关系。所以分工之后的一体化是依靠机器实现的，因此是技术经济的一体化。营销和创新的工作者一旦离开了机器系统，如何保证效率？必须要构建知识系统，这是正在发生的未来。

2. 知识工作者与知识系统

一直以来，我们对知识工作者的概念认知是偏颇的，从管理视角来看，不应该分体力劳动、脑力劳动。这个分工带有歧视性。按聂卫平的说法，下围棋是重体力活动；并且，进行体力劳动不用脑子是不可能的。德鲁克说过，现在很多工人也都是知识劳动者。所以正确的概念是什么？从管理的视角来说，要区分的是“做物品的劳动者”和“做事情的劳动者”。现在真正遇到的麻烦不是白领、蓝领、知识劳动者的区分。如果你是做物品的劳动者，就依靠机器系统继续发挥长处。如果你脱离了机器系统，一定要依靠知识系统来提高你的工作效率。

这是我们没有学会的。原因在于，构建知识系统并不依赖于效率工程师或者传统意义上的经理人，而是依赖于每一个知识工作者的天赋、创造性和主动性，以及他们创造知识和贡献知识的意愿。这是关键。

3. 企业制度创新

我在《企业的本质》第二章谈到企业的宗旨“三喜悦原则”。这是我们在研究怎么写《华为基本法》过程中学习到的。当时思路不畅时，发现本田技术研究所的本田宗一郎和本田的创业者藤泽武夫，两个人对谈怎么能够永续经营。他们讨论了很久没弄出头绪来，因为长寿是不可预测的，所以就倒过来看，什么企业在什么情况下倒闭了？首先是现金流断了。现金流不是本质，比它更为根本的是产品。产品也不是本质，本质是人。比如谁设计摩托车，谁来买、卖摩托车？如果人不对，肯定做出来的东西也不对。最后他们发现一定要有好的理念，把这些优秀的人集合起来形成一个生态，所以确定了“喜悦”。到现在，它的宗旨还是让消费者喜悦、让经销商喜悦、让员工喜悦。

中国古人自古至今有一条基本原则——“成人达己”，己欲利先利人、己欲达先达人。这与“三喜悦原则”有些吻合。但是现在的企业或许没有意识到这点，或者是意识到、想做到而没有做到。以华为来说，它对“以顾客为导向”的注解，“要在……通信领域中实现顾客的梦想，依靠点点滴滴锲而不舍的努力使华为成为世界级公司”。这句话其实不对，如果倒过来表述为“依靠点点滴滴锲而不舍的努力去实现顾客的梦想”，就能很好地体现顾客原则了。如果不倒过来，只能说它表述的是任正非的帝国梦想，而不是顾客的梦想。再看华为现在的员工原则怎么写的？“认真负责管理有效的员工队伍是企业的财富……尊重每个人的个性，不迁就有功而落后的员工”，我认为这句话还是欠妥。制定《华为基本法》（简称《基本法》）时，我从德鲁克书上抄下来的是“认真负责的员工队伍是企业财富的源泉”。员工是创造财富的源泉。人不是资源，你不能把自己当资源。这句话最可怕的是改成了“管理有效”。不能把“管理”加在《基本法》当中。管理是企业的职能，如果承认员工是财富的源泉，就要讲企业跟员工是什么关系。稻盛和夫讲得很清楚：企业永远是员工生活的保障，这不是雇佣关系，而是心灵的归属，是做人的尊严，这样才能够根本上唤醒全体员工的良知和良心，协同起来为顾客做贡献。社会心理一体化不是管理的任务，从根本上说，是企业建立时在组织层面上一定要确立相应的原则，回答员工跟公司是什么关系。

很多人都说我太理想化了。这话说对也对，说错也错。如果我们没有理想，为什么到这里开会？如果我们不知道什么是正确的，到这里瞎做有什么意义？你知道什么是对的而做不到时，理想和现实背离，没关系，但要搞清楚对的在哪里。我们要在企业制度上创新、从根本唤醒良知和良心，让其愿意贡献知识，发挥主动性、创造性和天赋。有了这些才能构建知识系统，否则是不可能的。现在流行一句话——“管理是赋能”，其实目前这种层面上，管理是赋不了能的，如果管理是行政化的，那管理就是让员工完成KPI，根本无法赋能。

4. 资本主义和人本主义

资本主义的生产方式是建立在一定历史条件和社会制度形态上的，到今天我们应该再植入一个人本主义的生产方式。我们要唤醒他们的良知和良心，愿意去为组织一体化做知识上的贡献，至关重要的是让大家能够共享知识。我们现在依然处在现代企业制度的条件下，但是面向未来，我们必须学会自主创新、企业层面上的创新。

企业是分工基础上的组织，因此要建立起有效的分工一体化关系体系，而且使每一个人在社会心理层面上相互依存、相互作用，然后围绕着顾客、围绕着市场，谋求长期存在的价值和理由。制度上的创新一定是在企业层面上的，而非管理层面上的，否则管理根本不可能赋能。明茨伯格讲，高端人士的头脑中往往有两套观念相左的体系，以便使之能够有效地了解过去、把握未来、处理好当下，否则我们将会一头栽到那些不可跨越的鸿沟面前。这是我的忠告。

5. 行政体系与管理体系

给大家推荐《梅奥的本质》这本书。这本书的主要内容是讲梅奥兄弟俩如何把一个基于产权的行政体系变成一个管理体系。原先诊所性质的公司怎么进行公司化运作？梅奥兄弟俩发现，大牌医生们十年、八年积累的病例、知识不愿意贡献出来，所以他们认为必须做出牺牲，就把名下所有资产都捐出来，变成梅奥的产业协会。这个协会当中有12个信托人守住资产让其增值保值，增值部分扩大再生产、追加投资。没有一个人可以在资产收益上获得好处，也没有一个人可以把自己管理的资产当作遗产，让儿女能够在加勒比海岸度假的。梅奥兄弟在19世纪就干了这最大的一件事，到今天为止，梅奥已经150年历史，全中国医药行业都在学梅奥。梅奥医学中心所在地罗切斯特，一个当年只有十万人的小镇，成为了全世界医药行业当中的朝圣之地，而且是美国首屈一指的公司化运作医药企业。他们怎么样建立基于人本主义的管理体系？所有的医生把他们的病例贡献出来，形成一个系统，在这个系统中衍生出新药的开发、新治疗方案的开发，同时衍生出医务人员伺候不同年龄患者的实践。梅奥非常值得我们学习。

最后，企业内部有两种协调方式，一种是市场法则，一种是管理法则。未来将通过互联网的方式、积分的方式，形成数字协调的方式。而数字化协调以后每个人对企业做的贡献，其中绩效上的贡献以及其他方面的贡献都可以通过积分形成产权，由此解决全人类工业化以来的一个难题——如何让每一个人能够变成劳动的共同体，共同劳动、共同占有生产资料？西方社会解决了资产的人格化问题，而在互联网时代，我们将有机会在解决资产人格化的基础上，实现共同劳动、共同占有生产资料。

（华夏基石e洞察公众号2019年2月10日发布）

不确定时代的认知规律

孙健敏

一、与认知相关的两个疑问

先从我人生的两个疑问谈起。这应该是和大家具有共性的、非常值得探讨的两个疑问。

第一个疑问，是我在小学时形成的。每次我们参加完公益劳动后，老师都会布置一篇题为“记一次有意义的劳动”的作文，类似的题目现在的出现频率依然很高。为了得到表扬，我挖空心思把能想起来的词都堆在里面，彩旗招展、秋高气爽、天高云淡……结果只得了60分。但是，同样是去参加劳动，总有同学的作文，不仅老师认为好，我听了以后也觉得很好。我就很纳闷：都是参加劳动，别的同学和我看到的、经历的事都是一样的，为什么我听了别的同学写的作文以后会感动？后来，我找到了答案，这是因为认知能力的差异。

第二个疑问，是这么多年经历之后发现的。全世界有很多精深的、高深的理论，但没有哪个企业是按照这样的理论、逻辑做起来的；格言警句也很多，但完全按照这样的格言警句去做而取得成就的人并不多。就是说，为什么我们往往懂得很多道理，但行为上却根本做不到？我也找到了结论：懂了不见得真信，信了不见得能变成习惯。真正成就一个人，不是靠企业的包装，也不是靠懂不懂，而是看你信不信；也不仅仅是信不信，而是能不能把信的这些道理转换成行为习惯，并且能够持之以恒。大家都了解“一万次定律”，但在座的各位在生活中、工作中，有没有哪件事情做到了一万次？

二、人与人认知能力有差异的原因

那么认知是什么？可以从两个方面去分析。一是认知的内容。我们看到的、听到的信息，包括对自己、对他人、对事业、对金钱、对风险、对不确定性等的信息，简单来说可以分成三类：对人、对事、对物。二是认知的过程。包括认知模式、认知风格、认知能力、认知偏差等。具体来讲，我们用不同的方式去看、去听、去想，就会产生不同的说法。同样是“记一次有意义的劳动”，有的同学就可以造出一些鲜活的词，而我却造不出来。今天论坛的各位大咖分享的东西，大家在生活中未必没有经历过，但是大咖们用不同的认知方式，归纳出不同的符号或者理论系统，来认知所感受到的所有信息。这就是人与人之间的差异。

我们无法做到把共同经历过的事物用同样的符号来表述，于是，有的人认知能力很高，就显得高明一点，有的人就略逊一筹，因为他认知能力不够。同样的东西，不同的人可以用完全不同的术语、词汇来表达。比如认知革命这个词非常好，大咖们可以就此展开丰富多彩的分享，认知能力高的人能将其上升为概念，通俗的说法就是“造词”——通过现象去把经历抽象提炼出来，用一个概念来表述。但是我们会发现，今天分享中提到的逻辑思维、直觉思维、概念思维、形象思维、聚合思维等概念，在学术界是约定俗成的，有明确的所指与能指，与现象是一一对应的关系，大家都接受并且形成了共识。相对而言，还有一些存有质疑，没有达成共识但是也有人用的，如量子思维、生态思维、互联网思维、黑白思维、灰度思维、中庸思维、阴阳思维、辩证思维等。

信息时代、互联网时代，我们面临的最大挑战是，新东西不断涌出使得我们眼花缭乱、应接不暇，但又不想让人觉得自己落伍了，所以，就手忙脚乱地去赶。在座的各位估计有许多人是赶飞机、追火车、熬堵车，十万火急地赶到这里听报告。还有个别人，比如我，各种赶车，各种意外状况，赶过来也晚了，自己心烦意乱，找不到北，阵脚大乱。其实，什么时代都有各种不确定，工业时代也没有全都确定，未来同样如此。想不乱阵脚，不见得非要去看未来是怎么样的，只要知道以前是怎么样的，大概率上是可以帮助我们找到脚下的路，所谓“以史为鉴可以知兴替”。只看未来反而容易找不到路，就掉坑里面去了。

三、四个值得关注的认知规律

1. 框架效应

前几天，我在华夏基石e洞察粉丝群里看到大家的提问：

（1）同时面临的几个发展机会，都有让企业在行业中快速拓展的可能，如何找到核心业务，迅速做大做强？关键点有哪些？

（2）营业收入从千万元到亿元，从十亿元到百亿元，从百亿元到千亿元，公司高管团队的角色升级任务是什么？

（3）如何看待万科提出的“活下去”？

（4）针对先有分子公司后有总部的集团公司，人力资源管控应如何设置，才能达到有效管控的目的？

看完后，我非常感慨。其实我们有很多认知在相当程度上没有遵循人类认知的规律。老祖宗早就总结出了这些规律，不需要我们再费尽心思探讨。这些认知规律不需要我们都做到，只要能把其中一点做到极致，就可以保证你成为高能量的人，但这一点可能做一万次还不够，而是需要做到十万次，要变成习惯，变成自动加工、自动反应。

大家应该都听说过“屁股指挥脑袋”，但知道框架效应的很少。什么是框架效应？拿着相机去拍照，在摄影上叫构图，面对同样的场景，不同的人构图不一样，拍出来的照片也就不一样，但反映的现象是同一回事。这个差异不只是在清晰度上和取景的角度上，框架效应在相当程度上比认知能力、认知方式还重要。“屁股指挥脑袋”反映的就是框架效应，即立场决定观点。在框架效应中，立场不是通常认为的立场，而是脑袋里面自动勾画的一个参考框架。我们看一件事情、看一个人、解答一个问题的时候会有一个参考框架，这个框架决定了我们怎么样去定义和评价它。

2. 认知偏差

人们不善于为该做的事情找理由，却善于为做了不该做的事情找借口；越做不好事情的人越善于找借口，于是没有任何借口输出时，大家都趋之若鹜。这是20世纪60年代美国心理学家发现的一个很重要的认知规律。丹尼尔·卡尼曼“把心理学成果与经济学研究有效结合，从而解释了人类在不确定条件下如何进行判断”，（他的合作伙伴阿莫斯·特沃斯基离世比较早，因为诺贝尔经济学奖不颁发给不在世的人，所以颁给了丹尼尔·卡尼曼）获得了2002年诺贝尔经济学奖。他的突出贡献在于他的最重要的成果是关于不确定状况下人类判断、推理和决策的研究，他证明了人类的决策行为如何系统性地偏离标准经济理论所预测的结果。所以，谈不确定性，我肯定是没有资格的。丹尼尔·卡尼曼的代表作《不确定状况下的判断》这本书翻译得不是非常好，但如果大家感兴趣的话，还是可以读的。这本书非常有价值，主要是研究分析企业经营，尤其是金融公司的投资、股票、证券、风险决策，也分析了人的天性、贪婪、需要等。丹尼尔·卡尼曼还有一本特别好的书叫《思考，快与慢》（*Thingking，Fast and Slow*），可以帮助解释我和彭剑锋老师的差异。彭老师属于thingking fast，我属于thingking slow。

决策时，为什么大家知道哪些错误不该犯还会去犯？简单来说，就是道理讲了很多，为什么大家做不到？影响因素有很多，其中有两个：一个是你信不信，另一个就是认知误区或者认知偏差。

3. 选择的悖论

什么是正能量？能量没有正负，你认为是正就是正，你认为是负就是负，这是认知方式或者认知规律。不同的人有不同的认知方式，认知方式决定了我们在感受客观刺激的时候是有选择的，我们不是原封不动地把所有的刺激都纳入脑袋中，而是选择把自己感兴趣的、认为重要的东西吸收进来。比如，今天的分享，大家能够记住几个词？每个报告人都认为他分享的东西经过了很多年的积累，都是重要的，都是深思熟虑过的。但能进入大家大脑的是能够理解的内容，理解不了的就放弃了。

数字时代让我自己面临很大的挑战，不是去做是非对错的选择，而是选择哪些东西对我来说是有价值的。这挺难，选不好我们就跟不上时代的节奏，永远都被别人牵着鼻子走。所以对于个人来说，数字时代最大的挑战实际上是选择，要选择就要有判断。丹尼尔·卡尼曼和阿莫斯·特沃斯基都是从这个角度来研究问题的。我非常喜欢这个说法：如果选择更少，人们会活得更好；把选择的限制看成解放而不是束缚；要成为选择者，而不要成为捡拾者。

在社会生活里，选择少一点的人反而会活得很快活、很幸福。基本逻辑是人们只要做选择，一定会带来认知的失调。这个结论的前提是人们在人生中的任何选择都不可能是完美的，于是决策就有了模型，是选择最优还是满意？买衣服、买车子、上学等都是如此。一旦做了选择，就不得不舍弃某些东西，于是只要做选择就会带来认知的失调，而认知的失调导致不舒服。从这个逻辑来讲，认知失调越少，人们的幸福感越高。

4. 斯特鲁普效应

斯特鲁普（Stroop）效应是一个基本的认知规律。现在我们来运用一下这个规律。请大家做几个选择：

问题1：假设现在给你一个奖励，这个奖励有两种方式。一种方式是直接选择拿1 000元，这样的话百分之百可以拿到；另一种方式，通过抛硬币决定，如果硬币正面朝上，你可以拿2 000元，如果反面朝上，你一分钱都拿不到。

美国的一项研究表明，全球78%的人选择直接拿1 000元，因为人们有一个基本的倾向叫回避损失，但是企业家会选择第二个，去赌一把。

问题2：你做错了事情要被罚，要么赔偿1 000元，就可以走人了；要么赌一把，如果抛硬币正面朝上，可以一分钱都不给，如果背面朝上，需要赔偿2 000元。

很多人选择直接赔偿1 000元，经济学家给这种现象起了一个名字是禀赋效应。当你拥有一个客观事物的时候，客观事物在你心目中的价值和它的实际价值并不对应，所以失去了才觉得它的珍贵。

问题3：张三拥有A公司的股票，在过去一年里，他考虑过将A公司的股票转成B公司的股票，但是他没有这样做。现在他发现，如果当年转成B公司的股票，现在将获利2万元。李四拥有B公司的股票，在过去一年里，他把B公司的股票换成A公司的股票。现在他发现，如果他一直只有B公司的股票，他将多获利2万元。

很多人认为李四更后悔，及时行乐是有条件的，这是经济学上的结论，但用的是心理学的原理。人们因为作为所产生的遗憾程度，比因为不作为所产生的遗憾程度要大。有些事情没有做会后悔，有些事情做了之后发现不该做，后悔程度更大。经常听人说为避免年老时后悔，有些事就赶紧做。反过来讲，有人表示可以选择不做，不做的话遗憾程度较小，其实这不是我们主观上想不想的问题，而是它有不可抗拒的规律在里面。

再给大家看几张图片（如图1所示）：

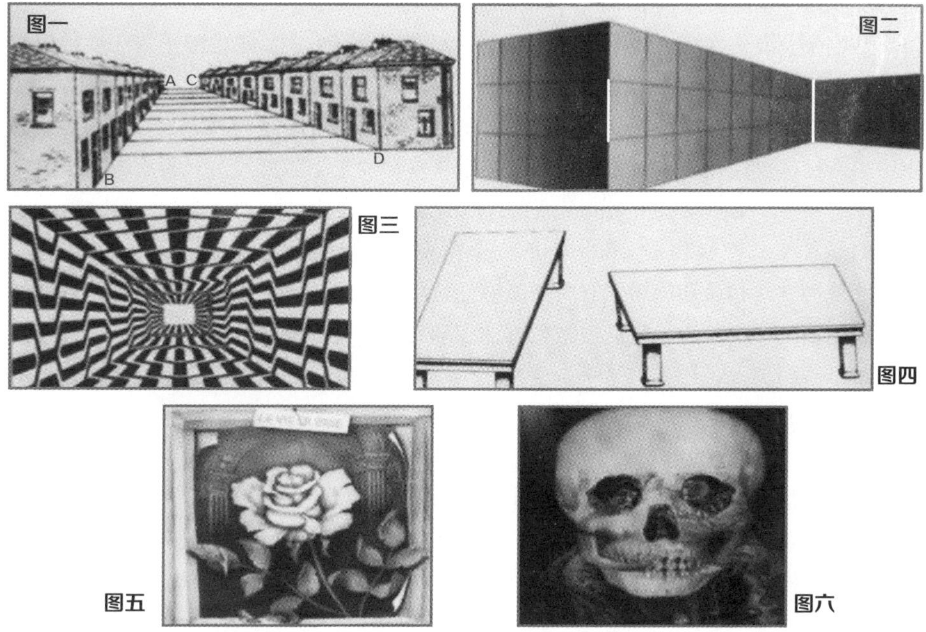

图1　视觉错觉

图一，AB和CD哪一个长？看起来是AB较长，这就是视觉的错觉效应。图二，米勒·莱尔的幻觉效应，哪条红线更长？实际上两条线是一样长的，这就是对比的差异。图三，所有的正方形是完全的正方形吗？我怎么看都不像完全正方形，但实际上是的。图四，两张桌子的面积一样大吗？实际肯定是一样大的，但是看起来却不一样大，直观来看就是右边的桌子比左边的大一点。图五，既可以看成是一朵花，也可以看成是两个相拥接吻的恋人。图六，可以看作一个骷髅，也可以看作是一个男士在向一个女士求婚。

由此我们认识到知觉的几个特征：

（1）知觉有选择性。我们不是完全被动地把外部的刺激，包括自身的刺激接受进来，这种选择性使得我们在生活中既有可能情人眼里出西施，也有可能狗眼看人低。

（2）知觉有完整性。我们拒绝与选择有概括性，会通过个别信息对事物做出整体评价，这叫以偏概全、以点盖面。

（3）知觉有恒常性。一旦对事物形成了印象，就比较稳定，这叫刻板印象。

（4）知觉有理解性。我们往往会在理解、解释别的事情的时候，加上自己的主观偏见，极端地说，就是解释任何事情的时候都可能是“以小人之心度君子之腹”。

下面请大家快速地告诉我，看到的这个字是用什么颜色写的。如果把红这个字涂上黄色，把黑这个字涂上红色，把白这个字涂上蓝色，随后让你回答字的颜色时，你就会反应速度减慢，而且很难准确判断。

1964年，有位研究者发现这个现象的时候并没当回事，后来他成了临床精神病学和心理学的权威。他认为这是人的认知规律。人们对于客观刺激的反应有两种：一种是自动加工，另一种是控制加工。人们对于意义的加工实际是自动加工，因为对意义更熟悉，已经自动化了；对于颜色的加工是非自动加工，需要经过一番思考，所以反应会延迟一些。第一反应出来的东西是自动的东西。

自动加工和控制加工实际上不能完全独立，它们相互之间会干扰，于是就有了不同的认知方式和认知能力。有些人能够把这两个东西独立开来，是因为他的自动加工对控制加工影响较少。我们也常以感性和理性来区分。有的人必须先怎么样再怎么样，这是序列加工；还有人是平行分布加工。不只是在认识自然事物上，认识社会事物、认识人的时候也一样。

这位研究者就是斯特鲁普（Stroop），后来人们将这一研究称为斯特鲁普效应，即心理学中优势反应对非优势反应的干扰（由于优势反应的干扰，个体难以迅速、准确对非优势刺激做出反应）。之所以称为效应，是因为这是一个客观存在的现象，不管在什么条件下对什么人都会存在。

四、进行认知革命的四个建议

马克·吐温说：“给我们带来麻烦的，不是我们不知道什么，而是我们已经知道的，却不是那么回事。” 这句话对我特别有启发。当大家在追着学习新东西的时候，我一直提醒自己，不要着急去学新东西，先把老东西说清楚。我们往往忙着去学新东西，结果已有的东西却不见得成立，我个人的经验是，已有的东西甚至可能都是错的。

首先，反思已经知道的。我们应该回过头来静心反思一下已经有的东西是否成立，已经知道的是否正确。实际上，没有简单的对和错，知识不能用对和错评价，而是用真和伪评价。何为真？何为伪？在我们这个条件下成立的现象或者规律，放到另外的环境下可能就不成立了。

了解我的人可能会发现，我不管是讲课还是做研究，很少直接给别人提方法。我一直认为方法来自自己，我的责任是帮助别人把问题说清楚。方法是出自于你自己之手，对我有用的方法，对你不见得合适，而且我教给你的方法，你也不见得去做。方法有很多种，勤能补拙，相信我的方法，你就会去做，不相信就不会去做，这不是逻辑本身的问题。

其次，理清自己想要的。我的学生问我，是应该继续读博士还是就业，我不会直接回答，而是问他想干什么，对他来说人生第一要的东西是什么？

再次，掌握人生必要的。我们要弄清楚三要：想要、必要和非常重要。什么是重要？想要的东西不见得是重要的。于是，就回到最基本的问题——价值观和价值。

最后，遵循科学验证的。什么是理性的东西？互联网带给我们的挑战之一就是难辨真伪，谁都能够说出一套。我们必须要从源头上把住关，接受真正经过科学验证的东西。但经过科学验证的东西也只能说是相对靠谱。我们不要人云亦云、道听途说，但是多听一听对于启发思维、灵感肯定是有好处的。

20世纪70年代认知心理学兴起以后，马里兰大学的几位教授提出人的知识可以分成两种：一种是叙述性知识或者叫陈述性知识，另一种是程序性知识。叙述和陈述性知识说的是事实，程序性知识是指知识如何得来，也就是程序和方法。

我一直给自己的定位是一位老师。大师和老师的差异是什么？大师是讲自己的话，老师是讲别人的话，讲自己的话只要自圆其说就可以，讲别人的话还得讲得别人愿意听，显而易见，做老师更难。中国社会不缺大师而缺老师。从小学老师开始甚至从父母开始，我们教给和要求孩子的，真的就是他一生可以拿着作为基本法去遵循的东西吗？我认为我们的教育在这里可能有一点误区，因为我们更多是知其然而不知其所以然。老祖宗说，授人以鱼不如授人以渔，要给人猎枪，让他能够拿着枪自己去获取食物，而不是给面包。但与之相对的是，我们的教育者给了面包和鱼，学生没有掌握知识是怎么来的，总是等着别人来喂，于是就成了巨婴。巨婴的一个重要表现就是缺乏自己获得知识和技能的能力，因为从小学开始就被灌输各种知识，考试背出来，最后还给老师。我们没有教给学生掌握过程的方式方法，包括思维方式的训练。

以上介绍的这些认知规律只是挂一漏万。对于我们来说，最大的挑战不仅是选择读什么书、听哪个报告，实际工作中面临选择和判断的问题，我们得判断什么东西对自己而言是值得的、重要的。我们花费周末宝贵的时间来听报告，听的时候很激动，回家一想什么都没学到，这不是因为开窍不够、受启发不够。学习心理学告诉我们，学习是由于经验所带来的行为的持久变化，如果一个人的行为没有发生改变就不能认为是学习了。仅有思路上或者观点上的启发是不够的，我们需要在行为上发生改变，并且持之以恒。子曾经曰过，“学而不思则罔，思而不学则殆”“知之为知之，不知为不知，是知也”。我一直觉得我很无知，幸而按孔子曰的，知道无知就会知道我知了。

（华夏基石e洞察公众号2018年11月10日发布）

领导者的任务

孙健敏

针对40年的回顾和展望，我觉得很难从研究的角度去给大家作一个系统的分享，但是对这个问题确实有一些自己的想法，这些想法来自对中国企业实践和研究的一些关注，我都不敢说是研究。夯实基础，发展技术，强化制度，这是我今天要讲的主题，我把他们叫做“三个支柱”。需要说明的是我的三个支柱跟大家目前在媒体上看到的、普遍流行的“三支柱”不是一回事。我的三个支柱是20年前提出来的，今天觉得不过时，所以愿意跟大家分享。

一、没有第二个华为

首先我们来学习一下习主席的话，习主席说：“历史记述了前人的成功和失败，重视、研究、借鉴历史，了解历史上治乱兴衰规律，可以给我们带来很多了解昨天、把握今天、开创明天的启示。”我要跟大家分享的，也是从这样一个角度去践行习主席的教导，而且我发现习主席对人力资源管理非常有研究，他其实已经表达了我想表达的很多东西，我只能给他的思想作一个注解。比如，习主席教导我们说：“信仰、信念、信心，任何时候都至关重要。小到一个人、一个集体，大到一个政党、一个民族、一个国家，只要有信仰、信念、信心，就会愈挫愈奋、愈战愈勇，否则就会不战自败、不打自垮。无论过去、现在还是将来，对马克思主义的信仰，对中国特色社会主义的信念，对实现中华民族伟大复兴中国梦的信心，都是指引和支撑中国人民站起来、富起来、强起来的强大精神力量。”他说的“三信”（信仰、信念、信心），不仅仅是对一个国家，从一个人、一个集体，到一个政党、一个民族、一个国家，都需要“三信”。我个人的感觉是我们现在缺这个“三信”，不管是在个人、组织，乃至在民族的层面上。对于组织管理，对于人力资源管理，这“三信”如果不是更加重要，至少是同样至关重要。

为什么我要把“夯实基础”放在最前面？是因为我信这句话，我发自内心信这句话，不管从我个人的成长，从讲师到教授，从作为一个学院的副院长，到我领导的课题组，我做过咨询的企业，再大到我所见到的民族和国家，我觉得这是一个基本的规律，这个规律就是老子所告诫我们的：“合抱之木，生于毫末；九层之台，起于累土；千里之行，始于足下。”而我们恰恰是没有按照这个规律做，所以我觉得由我来说，不如让老子来说更合适。

在我们“六君子”里面，我是谈华为谈得最少的，我有一个观点：华为是学不了的，谈华为没有意义，谈论它的意义只能是满足一下我们脆弱的虚荣心。因为你要学华为，你必须要看30年前华为在干什么，20年前华为在干什么，你看它的今天是没有任何意义的。

其次，如果你承认领导力对于组织来说至关重要，而你没有任正非这样的个人特征，咱们叫它魅力、风格也好，叫格局、远见也罢，如果不具备这些，你也学不了华为，更别说时过境迁。其实不光在中国是这样，在美国也不可能出第二个通用电气（GE），也不可能出第二个IBM，是同样的逻辑。中国的商学教育只有大概30年的历史，而哈佛商学院又培养出多少个通用？当然，他们虽然没有第二个通用电气或IBM，但可以出苹果、谷歌、脸书等。他们在每个领域都有自己的“通用电气”。这才是值得我们深刻反思的！

二、企业所犯的错，与30年前如出一辙

利用给多所大学EMBA讲课的机会，我每次都会问学员一些问题。我问他们：无论是否从事人力资源管理，作为管理者，作为经理人，从你的角度，在你们的组织、公司里，你觉得人力资源管理最大的挑战是什么，难点在哪里？然后我就不断收集这些反馈，有好几百个回答，于是我就从中汇总了这么多问题在这里面，蛮有意思的，这里面的每个问题我都回答不了，没有现成的答案。

- 如何吸引和留住优秀人才（顶尖人才）？
- 如何找到合适的人才？
- 如何处理新老员工的矛盾？
- 如何保持创业团队的激情和凝聚力？
- 如何使绩效考核公平合理？
- 如何调动员工的积极性？
- 如何解决“三观”不一致的问题？
- 如何促进健康的流动？
- 如何做到招得来、用得起、留得住？

这些问题给我们提供了一个分析问题的角度，我们应该怎样来看这些东西，大家看到这些问题，心里有共鸣吗？再比如说，这些是实践的问题吗，是你面临的问题吗？我可以告诉你，我有答案，但不在这儿说，我们下面私聊。我这个答案不是解，我这个答案是帮你做诊断。好比我们觉得不舒服了去医院看病，医生在开处方之前，一定会让我们做很多的检查，然后大夫才告诉你，这是肝癌还是肺癌，是一期还是二期，是保守治疗还是需要开刀。

在这里我要跟大家分享的角度是寻找规律。这些现象里面隐含着不可抗拒的规律。不是吗？中国商业企业管理协会应该算是比较权威的，2017年7月发布报告，中国小微企业名录收录的中小微企业已达7 328.1万户，为中国就业做出了巨大贡献。然而，存活5年以上的中小企业不到7%，存活10年以上的不到2%。从我自己的观察，当我们强调新新人类的时候，以ofo小黄车为代表的一批近几年新新人类创业的企业，正在前赴后继、无义反顾地步20年前乃至30年前50后、60后创业失败者的后尘，其路径惊人地相似。大家好好去看一下当年巨人集团倒掉的时候，好好去看一下沈阳飞龙集团折翅的时间，看看史玉柱和姜伟做的反思，仔细看看2006年TCL李东生“鹰的重生”中提到的3个错误，再看看2004年联想集团被迫“高速路上换轮胎”的时候，杨元庆所提到的联想集团犯的4个错误。我们不难发现：现在企业遇到的问题或者所犯的错误，与20年前乃至30年前如出一辙。

我觉得没有几个企业真正敢说我不会犯那样的错误。可是，从20世纪90年代中期巨人集团和沈阳飞龙集团的衰落，到2005年前后大型企业所犯的错误，乃至近几年中小企业的倒闭和大企业的变阵，这里面告诉我们很多规律。而这些规律并不新鲜，在一定程度上可以说是老生常谈。为什么别人的教训不能变成自己成长的阶梯？为什么要反复“踏进同一条河流”？这让我感觉到很焦虑、很忧虑。我的焦虑不是因为我自己要失业，我相信机器人代替不了我。

三、领导者的任务

我的焦虑的来源可以归纳为“四乱挠心”。

第一，我们在概念上太混乱了，新词儿太多了，但本质问题并没有改变，更没有针对实际问题。什么人力资源、人才资源、人力资本、社会资本，什么机制、模式、平台机制、共享经济等，我就不一一去说了，大家要吸收这么多东西，可别撑着了。新东西多，未必比老概念更能揭示本质，更不容易落地，因为我们没有逻辑。我们在接受西方的东西时，引进和介绍了很多概念，我们自己也创造了很多新概念，但是概念之间的逻辑我们没有介绍。概念是用来构建理论的，不是用来感悟的。什么是理论？理论就是一套逻辑，这套逻辑通过概念之间的关系表达出来，可以用来解释为什么A和B是这样的关系，为什么X和Y是这样的关系，为什么00后、90后创业者在失败的路径上与50后、60后几乎是一样的。我在EMBA课堂上，从学员那里学到一个逻辑，这个逻辑总结了创业的五个阶段，简称为“五同”：①同心同德；②同甘共苦；③同床异梦；④同室操戈；⑤同归于尽。我很受益，我觉得他们总结得非常深刻，我总结不出来，这“五同”确实能解释很多中小企业成长的过程，尤其是创业阶段所面临的挑战或问题。当然，这个“五同”还不能算是理论，所以才需要我们做研究的人进一步深入研究，不仅是提出新概念，更要提出符合实际、能解释现实的逻辑。

第二，就是理论的迷乱，我们缺乏理论，缺乏经过严密推理并得到反复验证的理论。例如，关于人力资源管理与绩效企业关系的理论，关于参与分配的生产要素的理论，关于有效激励的理论，关于个人特征与绩效关系的理论等，我们都还没有明确的逻辑。来自西方的理论又不能完全解释我们的现实。各种说法鱼目混珠，莫衷一是。

第三，我们在实践上很零乱，不管是用6个模块，还是选、用、预、留4个职能，它们相互之间是什么关系？这是教科书上没有告诉我们的，教科书上只是写着招聘、录用、选拔、考核、培训、薪酬、劳动关系等，但在相互之间的关系上没有系统。对人力资源管理实践的系统性缺乏充分的认识，导致不同的模块相互之间脱节，很凌乱，表现为头疼医头、脚疼医脚。

第四，方法杂乱。实践领域出现了很多所谓的技术方法，很杂乱。一会儿讲BSC（平衡计分卡），一会儿讲KPI（关键绩效指标），一会儿讲OKR（目标与关键成果法），有人说结构化面试好，有人说履历分析也有效。最后没有一个能够真正落地的，很少有组织能把一种技术或方法用到极致，大家都在追求新鲜、时尚的词汇。谁能真正告诉我，KPI对中国的组织真的不好吗？刚才有人说360度好，可我能给你证据说明360度不好，我有充分的证据。为什么360度不好？很简单，就是爹娘评价你和我评价你的标准是不一样的，依据也不一样。你的男女朋友评价你和老师评价你一样吗，雇主和同学评价你一样吗？什么叫360度？是上司、下属、自己、同伴，当然再加上客户，不同的人会从不同的角度去评价，不仅仅对一个人，包括对一个事物。怎么把它统起来呢？所以就出现了一个问题，一个是评价的角度，一个是不同角度的权重如何分配。大学里面有一个现象，发文章多的老师相对来说讲课不是很好，讲课好的老师相对来说发文章不多，这个概括肯定不全面，但也代表了一些现象。为什么会这样？各位请告诉我这个逻辑在哪里，为什么会有这样的差异？有时候学校要淘汰一个人，还老淘汰不下去，因为他在社会上还有市场，有听众喜欢他，很叫座，你怎么去解释这个东西？因为评价指标不同，要求不一样，期望标准不同。

所以我觉得我们在迷失呀！我们过于沉迷于心灵鸡汤、成功格言、幸福密码，却不重视自我的改进；我们陶醉于大咖论坛、名人讲座、圈子分享，唯不见实际行动。看看我们周围，一边是标题党大行其道、新名词不断涌现，另一边是感叹古人的智慧大道至简、知易行难；一边是基层群众津津乐道顶层设计，另一边是顶层领导撸起袖子大干快上；一边是新概念、新词汇层出不穷，另一边是不断抱怨缺乏执行力，呼吁重塑工匠精神。所以，我觉得可能大家今天不该来，不该来听这些令人眼花缭乱的新词汇、新观点。可今天不来，更待何时呀？听了我的奇谈怪论，大家不要笑，回去之后哭吧，其实我睡觉前经常哭，我对一些现状感到闹心，怎么办哪？我天天都在见到这样的现象，这还不仅是现象，这背后有逻辑、有道理。

我看到的一个很普遍的现象，从30年前就开始，一直到今天，我走遍中国所有的组织都看到这个现象，就是领导觉得无人可用，群众觉得怀才不遇，我说的是所有的组织，包括学校。当领导觉得无人可用的时候，下面的群众觉得我有本事，此处不养爷，自有养爷处，走为上。于是所有的机构都抱怨说：我们这里成培训中心了，我们把人才培训好了，可他却走了。

很矛盾是不是？其实不矛盾，它有必然的内在逻辑在里面。我认为，我们不缺新概念，我们缺成熟的技术，精益求精的态度，也就是工匠精神。我们缺规则，我们擅长打破规则，不善于建立规则和守住规则。实际上我们不是没有规则，而是更多地依赖于“潜规则”。为什么？因为亲兄弟要明算账的话，就不再是亲兄弟了，朋友之间不能讲理呀，这才是中国特色。

任正非曾经说过：什么叫自由？火车从深圳跑到北京是在两个轨上，这叫自由，把两个轨拿掉，它就跑不到北京了，自由是有条件的。从心所欲不逾矩才是自由，不是完全没有章法，要去建规则、建制度。中国不是要解决个体的问题，而是要解决三个和尚没水吃的问题，是要把“三个和尚没水吃”转换成“三个臭皮匠顶个诸葛亮”的问题，同样，我们五千年没有解决“一山不容二虎”的问题。

有人说，吸引人才得有一个大家都喜欢的人，把他拉过来，大家才跟着来。大家喜欢什么人？张瑞敏早就提醒了，20世纪80年代的时候他就说过了，但我们没有落地，很遗憾，海尔也没有完全落地。说了什么？这就是领导者的任务，不是去找人才，而是建立一个能够出人才的机制。这个机制是什么？内生机制，让组织里面“藏着的龙，卧着的虎”能够各显其能，能够自如地表现、自动地涌现、自发地奉献，源源不断、代代相传，这才是我们要去解决的根本问题。

四、HRM 的三个支柱

解决这个根本问题，要从我的三个支柱入手。

1. 夯实基础：管理实践需要坚实的基础

夯实基础类似于盖房子的地基，楼房越高越需要深厚的地基。这个基础可以从三个方面来说。

一个是理念基础，最高理念就是习总书记的“三信”，你信啥呀？非得要有信仰、信念和信心。人生真的不仅仅是钱，还有诗和远方。管理制度要落地，人们必须相信这个制度，要信组织所采取的管理方法，相信它不仅能够解决组织的问题，也能够解决个人的问题，不仅给你钱，还可能给你一个光明的人生。如果你不信，所有制度都不能落地，最后就是上有政策，下有对策。

所以管理者要去考虑的问题，不仅是制度本身，更要考虑怎么让员工相信这个制度是对的，是有效的。严格地讲，制度本身没有好坏之分：你信，它就成了；你不信，它就没效果。所以在很大程度上不是信不信制度的问题，而是信仰的问题，信仰带着我们往前走，它太重要了。

另外两个基础，一个是法律基础，劳动关系是建立在劳动合同基础上的，法律意识、契约精神和雇佣合同是人力资源管理的基础。刚才说到的组织的人员管理一定是在契约、劳动合同的基础上，就算是外包，它也是一种雇佣关系，未来会不会自雇，我们先不谈。第三个是组织基础，包括组织的核心业务、治理结构和管理架构。

2. 发展技术：管理落地要靠扎实的技术

我认为我们的人力资源管理最缺的不是理念，而是技术，过硬的技术。不仅现在如此，以前也是这样，人力资源管理要想落地、到位，必须靠扎实的技术，只有技术才能让我们不可替代。

我把它归纳为三大技术：组织分析和组织评价的技术（也就是如何分析和评价一个组织）、工作分析与评价技术，以及人员分析与评价技术。组织评价和人才测评要结合起来，分析一个人时，要从哪些角度去分析？西方教科书里的KSA（知识、技能和能力）这三大类是逃不过去的。如何判断一个人是否胜任一项工作？需要测评技术、面试技术等。知识、技能和能力这三样东西的属性不一样，你怎么分析它们？这就需要技术。如何评价一项工作的价值？需要职位评价技术。

3. 强化制度：真正打造一个强有力的组织

组织靠的是制度，要强化制度。为什么强化制度？我一直认为人力资源管理这几个字的解释需要澄清一下，其实不是人重要，不是人力资源重要，而是"管理"重要，是管人的一套办法重要，有了这套办法，不是人才也就成了人才。《华为基本法》明确指出：资源是会枯竭的，只有文化生生不息。而制度是文化的直接体现。大家可能都认同这个说法，你不能说某个人不是人才，你可能只是把他放错了地方、放错了位置。

管理不仅仅是用人数量的增减、调配，让高中生就能做博士才能做的活，这才是管理应该做到的。管理是让本来没有信心的人、没有感觉的人，让本来觉得自己一无是处的人，到了你这儿，发现我还能干点事，让我找着北了。所以我感谢中国人民大学劳动人事学院收留了我，因为我在博士毕业的时候是找不着工作的，劳动人事学院把我收留了，才有了我的今天。它不仅给我发工资，还成就了我的事业，更重要的是结识了一帮好兄弟。

我们说建立一套管人的方法，这套方法就是制度或者叫规则，所谓一套就是系统。当然制度不是万能的，但是没有制度是万万不能的。建立信任不是靠朋友，而是靠契约、靠理性。西方提出，信任可以分好几种，一种是基于感性的信任，另一种是基于理性的信任。所谓理性的信任，就是基于制度的信任。所以，建立一套制度，解决陌生人也可以互相信任、没有交情的人也可以同甘共苦的组织管理问题，是我们走向可持续发展的必由之路。

这就是我的三支柱。人力资源管理首先要有一套理念，或者指导思想，这些理念来自组织的高层。前面我提到的习主席的那段话就是他的理念，整个中国是在他的这个理念指导下形成了一套制度。人力资源管理不能外包，人力资源管理不能完全电子化(eHR)，为什么？因为管理制度一定是组织高层领导的理念的体现，买来的管理系统无法保证与本组织的高层领导的理念完全吻合。于是，往往出现水土不服现象。

人力资源管理专业人员是干什么的？他们要用自己的专业技术把高层的这些理念转换成系统化的制度，要配套，不同的制度相互之间不能打架，要相互支持。你决定吸引什么样的人，必须给他什么样的待遇，你就只能给他什么样的生活环境，一流的待遇吸引一流的人才。所以，高层的理念、专业人员的技术和组织的制度，构成了我们的三支柱。

最终要达到什么目的呢？要造成一个“又有集中又有民主，又有纪律又有自由，又有统一意志，又有个人心情舒畅、生动活泼，那样一种政治局面”。这是开国元勋伟大领袖毛泽东1957年说的话。半个世纪过去了，我觉得我们仍然还有很长的路要走。真正打造一个这样的组织，才是我们人力资源管理应该追求的目标。

（华夏基石e洞察公众号2019年1月12日发布）

企业底层逻辑的较量

肖知兴

今天我讲点轻松的话题，聊一聊管理是什么。

其实也是秉持德鲁克的“管理是一种博雅艺术”的原则，试图从思想、从历史的角度去理解管理。

我主要分三个部分展开：中国思想、中国管理和中国企业。

一、看中国思想

大家都知道德先生、赛先生，从五四运动开始提，到现在差不多正好100年了。

1958年胡适回到中国台湾的所谓“中研院”担任院长时，蒋介石发表致辞时就讲到，只有德先生、赛先生还不够，我们还得再加一个东西，叫伦理。

但胡适当时没给蒋介石面子，上去讲话时直接就说，伦理是什么，能跟科学和民主相提并论吗？蒋介石面色大变，这是他们那个年代的互动模式。

但其实蒋介石是对的，科学、民主之外还有一样更重要的东西被人们忽视了，那就是信仰。

信仰的重要性，我们可以通过看它与科学和民主的关系来了解。

科学与信仰的关系，这里我引用了一句话：“微小的学识使人远离上帝，广博的学识使人接近上帝。”

从牛顿到达尔文，从哥白尼到布鲁诺，从爱因斯坦到爱迪生，都是虔诚的宗教徒。

有一个非常著名的调查，过去300年，300位最伟大的科学家，其中92%都是虔诚的宗教徒，所以，这里面什么关系就不言自明了。

信仰与民主的关系，我引用一个著名的苏格兰牧师的一句话，他说：“在苏格兰有两个国度和两个国王，在地上这个国度，您是国王；在天上的国度，在耶稣基督的国度，您不是国王，您同我一样，是上帝的子民而已。”

由此可见，信仰对于民主有多么重要。

大家都知道1688年光荣革命奠定了“国会比国王大”“法比王大”的原则。

但是你们可能只知其一，不知其二，这其实是苏格兰长老会从1638年起，浴血奋战了半个世纪，才取得的一个成果。

其中有一个非常重要的历史性路标，就是1648年的威斯敏斯特会议，这个会议确认了一个原则，就是“信仰比国王大”。

良知的自由，比任何事情都更重要，这是英国的历史给我们的启示。

所以你仔细看，中国从1840年左右开始睁眼看世界，这100多年，我们真的看清楚这个世界了吗？这就要打一个问号了。

西方的经典，是有正典和负典的。

正典就是两希文明，希腊和希伯来这两希。正典相当于是他们的粮店，是买主食的地方。

但是我们很多中国学者，不管是因为无知还是因为浮躁，选择的几乎全部是负典：尼采主义、存在主义、各种后现代主义，什么结构主义、现象主义、东方主义。

这些东西不是没价值，但它不是粮店，它是药店，它甚至是杂货店，是无聊的人去买点小东西、去玩一玩的地方。

这是思想史的一个大的背景，给大家奠定一下基调。

1. 科学的进展

中国人真懂科学吗？其实这也是要打一个问号的。

1923年著名的科玄论战，最后梁启超和胡适出来，算是落下了定音锤。

胡适管那些关注科学之外的话题的人叫玄学鬼。玄学鬼就像孙悟空，怎么翻也翻不过如来佛的手掌心。

如来佛是谁呢？就是德先生和赛先生。

但是梁启超水平更高，他说，科学的领域不管怎么扩张，都无法涵盖到两位先生的领域，一位是爱先生，一位是美先生。

这两位先生，“上不臣天子，下不事诸侯”。这是梁启超最后的定锤之音。

很多人理解不到科学之外还有这么重要的东西，他们把科学变成科学主义了，变成崇拜的对象了，这是很恐怖的事情。

真正的科学家不会去崇拜科学，没有真理，只有一个无止境地向真理靠近的过程，这在学术上叫证伪主义。

你拿出一个理论出来，如果没有任何东西能够驳倒你，说明你是伪科学，说明这个理论本身就站不住脚，真正做学问的人都懂这个道理。

社会科学比自然科学更复杂，为什么呢？

因为它有不同的“分析层次”：个人层面、团队层面、组织层面、产业层面、经济体层面，规律都不一样。

你没法通过“化约”的方式用个人层面的理论去代替组织层面的理论，也没法用组织层面的理论去代替经济体层面的理论，而且很多社会现象它都是过度决定的。

例如，李雷和韩梅梅离婚了：你从心理学角度分析，他们俩脾气不配，都太暴躁；从社会学来讲，这个李雷是个凤凰男，现在社会地位高了，跟韩梅梅关系就紧张了；从经济学角度，他们俩收入都不错；从文化人类学角度看，如今大城市你获得异性的方式有很多，何苦要结婚呢？

有很多维度去分析这两个人为什么离婚。所以往往知道其中一个维度的原理，他就会夸大，他就会觉得他们俩就是性格不合。

其实未必，它所有原因加起来是超过100%的，它是200%、300%，所以你觉得你了解的这个原因占了80%以上，就是最重要的原因了吗？未必，因为所有原因加起来可能是300%。

大家听得懂我的话的意思吗？社会科学，复杂就复杂在这儿。还有一个更复杂的地方是很多社会领域的所谓的真理，都是社会建构的结果。

比如大家都认为股市明年会涨，都去买，它就涨了，这就是社会建构。

所以，社会科学比自然科学更复杂，我们做学问的人要用一种更加谦卑的姿态去理解它，不要轻易地把自然科学的逻辑拿到社会科学领域、管理领域来用。

2. 民主的进展

民主的进展，在中国还是蛮艰难的一个过程。

我们首先非常不幸，在向西方选择思想的时候，他们发生了第一次世界大战，让我们对欧洲主流的东西产生了失望的情绪。

第二次世界大战就更是让我们中国慢慢失去了与西方沟通的主流频道，所以我们只能在黑暗中自己进行艰辛探索。

当然，现在慢慢地社会主义核心价值观，包括民主、自由、平等、法治都已经成为大家的共识了，这是非常值得我们欣慰的一件事情。

但是在现实生活中、经济生活中，我们企业家关心的领域，总书记说的3个门，“玻璃门、卷帘门、旋转门”，你真是做企业的就知道，欲哭无泪啊。

所以央行行长易纲在上次中央银行行长会议的时候提出国有企也竞争中性的原则，最近郭树清提出大银行必须1/3贷款给民营企业，中小银行必须2/3贷款给民营企业，这些都是值得大家关注的一些现象。

其实我们要的是什么？民营企业不要别的，就是要公平的规则，但是这个过程非常艰难。

3. 信仰的进展

科学在中国这一百多年，大家还是慢慢上岸了，我们至少找得到民主的方向了。

但是信仰的重要性，实话说，很多中国人没有概念，至少是没有恰当的比例感。

怎么能够像美国的新教徒一样，像IBM的创始人沃森一样，像戴尔的创始人戴尔一样，像沃尔玛创始人沃尔顿一样，一方面对自我极严格的要求，另一方面战斗力无比强大？

这才是信仰的正道。

二、看中国管理

下面我们结合中国的实际情况，看看科学、民主和信仰在中国企业界的情况。

这句话大家知道吗？

“互联网的零距离，把这三位的古典管理理论都颠覆掉了，泰勒的科学管理颠覆掉了，韦伯的科层制颠覆掉了，法约尔职能管理颠覆掉了。”

这完全是瞎说，你只要有分工就会有泰勒制，只要有上下级就有科层制，你做事只要分两个以上步骤就会有法约尔的职能管理，这些怎么会被颠覆掉呢？

所以过去这四五年，中国经济有一点迷失了方向，在互联网上浪费了太多精力，浪费了太多资源。

互联网重要，但没有那么重要，比起科学、民主和信仰来，这个重要程度不知道要差多少。

1. 科学之于管理

我非常小心、努力、谦卑地致力于把社会科学的内容糅到管理学里头来。

图1　科学之于管理

从人类学上，走上面偏实然的一条线，社会学、经济学、心理学，走下面偏应然的那条线，政治学、法律学、伦理学，最后归结为宗教学，将其和管理联系起来。这才是做学问的正道。

不能说到管理就自创一大套概念或者是理论，因为这么多聪明人，琢磨了一百多年才有了现在的管理学。

我们要做的就是理解这些几百年才沉淀下来的学问，把这些领域的知识努力地糅到管理学中。

同时，管理也要努力避免另外一种倾向，就是低龄化、幼稚化、寓言化的倾向。

2. 民主之于管理

上面是从科学这个维度去理解管理，还有一个维度是民主的维度。

我做领教工坊，跟中国最优秀的一批年轻企业家打交道，我有一个天大的谜题，就是这些老板为什么从来不跟向他汇报的下属做一对一谈话？

从来不做，怎么跟他说，他就是不做。

我说，你只要跟向你汇报的那十个人做一对一谈话，每个月做一次，甚至每一个季度做一次，你整个公司的绩效会迅速乘以两倍，乘以三倍，但他就是不去做。

大家知道什么原因吗？原因说破了也很简单：此山是我开，此树是我栽，一砖一瓦、一草一木都是我打造的，你一个打工的人，跟我一对一的谈话，还要按肖老师的要求，坐成90度，完全平等，他根本受不了，他内心深处无法接受。所以他能躲就躲，能逃就逃，无数个借口，就是不去做。

内心深处，你和企业，谁是老子，谁是儿子？他这下听懂了，企业一定是老子，我是儿子。

我可能是大儿子，责任、权力、利益大一点，但是我是平等地率领着兄弟姐妹来一起为这个老子，为这个共同的使命、愿景、价值观拼搏的团队成员之一，这个才是做企业的正道。

立法和行政要分离，一般企业家无法理解这个概念。你制定游戏规则，你就一定要去按照这个游戏规则去做。

你别上午刚制定，下午又改了，你让大家怎么看你？怎么尊重你这个制度的神圣性？

所以我再三强调中国做企业，企业家精神我们都有，中国最不缺的就是企业家精神。

中国人缺的是什么？中国缺的是职业化的精神。

什么叫职业化精神？就是坐下来一对一，大家谈好合同，你给我A，我给你B，按合同去做。这就是最重要的做企业的精神基础。

很多企业家不懂这种基于普遍的价值观、共同的价值观基础之上的职业化的做事方式，所以他的公司是出不了国的。

有的人说，老师你说的是普适价值观，是“西方那一套”。

这个从来不是“西方那一套”。

美国人为什么更强调平等、尊重、信任、合作、分享？因为美国是一个移民国家，你去纽约街头、加州海滩上看一看，高矮胖瘦、红白蓝绿，什么人都有，大家都从五湖四海到这个地方来，你不按一个共同的游戏规则去玩，怎么玩呀？

所以它强调普遍价值观是因为这个原因，不是因为这个是他们那一套，只是因为它率先进入了国际化的人际环境、国际化的经营环境。

做企业一定要记住，企业是介于公域和私域之间，它不是家庭，也不是国家。它是在两者之间，用明茨伯格的话来讲就是“共域”。

这个共域决定了什么呢？你必须同时向公域和私域学习。

我们要向公域学习规则意识，向私域学习对人的温情，对人的爱，这是企业管理之道的不同之处。

从这个意义上讲，所有企业都是社会企业，你这个企业如果不是社会企业，那它不是“公司”，它是“私司”。

3. 信仰之于管理

很长一段时间，金融街最好的酒店是洲际酒店，接待了无数名人大腕，主办了很多高大上的活动和会议。

2019年3月份，合同到期了，没谈拢，牌子换掉了，不是洲际酒店了。

2019年4月份我到那儿，还不知道这个情况。

还没进门，就发现那个保安开始骂人了，训斥开车来的人；一进去，就发现前台的女孩子们在那儿玩手机。

你知道，你进一个酒店，前台的人在那儿玩手机，你是什么感觉？而且大堂内弥漫着一股难闻的气味，我当时心里就倍儿凉，为什么会变成这样？

这个告诉了大家什么道理？

管理就是这么一个脆弱的东西，管理反自然、反人性、反历史。

什么意思呢？自然界的规律是熵增，有秩序的东西慢慢变得无秩序。

你们家的花园两年不去料理，肯定是荒地，这是自然界的规律。你喜欢去的餐厅，去第四次、第五次，那个牛肉就咬不动了，这就是自然界的规律。

管理就要跟这个规律做斗争的。

管理还是反人性的，我们天生都喜欢看别人的缺点，看到别人骑自行车摔一跤就哈哈大笑。但是管理就要逼着你去看人家的优点。

用人用其短，天下无人可用，用人用其长，天下人人可用。

打个比方，我们都喜欢逞能，一有机会就要表现。管理者不能逞能，一定要赋能，一定要让别人去表现。

所以我再三地跟我的企业家朋友们讲，你的领导力水平，跟你在企业内部开会的时候，你发言的比重、频率、先后次序，完全成反比。

我们领教工坊年会大概加起来十几个嘉宾，我不发言的。因为那么重要的场合，下头几百个大佬，我一定要把这个最宝贵的表现机会让给别人，我在那表现算什么？

这都是反人性的。

最可怕的是，管理还是反历史的，什么意思呢？

人都是要死的，大家同意吧？企业也都是要死的。

最后都会死，你忙活个啥呢？

你一定要懂这个道理，我拼的是什么？我拼的就是比你晚死一天。

好莱坞电影里头的英雄和歹徒缠斗了两个半小时，最后两个人都倒了。最后英雄爬起来了，他没死，也许第二天他就死了，但是不妨碍他是英雄。

听懂我这个话的意思吗？

管理拼的就是这种使命感，它要的是类宗教的一种精神，一种圣徒精神，你没有这种圣徒精神，你是不可能长期坚持去把这点点滴滴的工作做好的。

当然我这里说的信仰不是什么宗教信仰，我们做企业的人不要去唱高调，你就信你的事业就好了，信你的使命、愿景、价值观就好了。

马克斯·韦伯多年前就说了：没有新教精神就不会有资本主义的崛起，没有这批人拼命挣钱、拼命省钱、拼命捐钱，就不会有这些国家的繁荣，它背后是新教精神。

大家都知道科学管理的创始人泰勒，他是虔诚的路德教的教徒，他拿着秒表来掐着时间做动作研究。

他每天早上掐着秒表起床，掐着秒表刷牙，掐着秒表吃早餐，他就是这么一个人。

包括德鲁克，你真要读懂德鲁克，你一定要懂他背后的理念。

他认为，社会组织、社会制度都是为了一个更高的目的而存在。

我们企业的目的不是利润，甚至不是客户的满意度最大化，企业为了一个至高无上的目的而存在。

这个目的是什么？就是提高人、成就人、完善人，大家要懂德鲁克他背后的最深层次的逻辑。

我们在商学院的人都知道，哈佛商学院是一批什么人在那里长期主导？

摩门教徒，以克里斯滕森为代表的摩门教徒。

他们对自我极严格的要求，他们不仅不喝酒，连茶都不喝，就是为了显示自我控制的这种能力。

IESE，欧洲最好的商学院之一，也是我在中欧商学院的合作伙伴，它的背后就是事工会，是天主教最保守的教派。

所以全世界最好的商学院背后都有这样的信仰背景，大家一定要懂。你不懂这个，所有那些方法、工具、技术，各种制度、体系、流程，全部是过眼烟云。

管理是什么？

管理是科学，要有系统的方法，系统的方法里头包括全面的视角、长远的视角、技术的视角。

管理更是民主，它需要法治精神，这个法治精神是很高级的：你遵从的不是法律的文字，你遵从的是法律的精神。

你不仅在完全合同下要遵从，而且在不完全合同下也要去遵从，因为大多数雇佣的合同都是不完全合同，它无法规定你礼拜三早上起来做什么，给你多少钱。

某种意义上，它不是合同，它是誓盟。

合同是我给你A，你给我B，那叫合同。誓盟是不管怎么着我就是A，这叫誓盟。

很多最优秀的企业，他的员工跟企业签的都是誓盟，不是合同，就像结婚的那句话，不管你是贫穷还是富有，是健康还是生病，我都要爱你，这叫誓盟。

但是最重要的，管理是信仰，它一定需要共同地对这个事业的认同，没有对事业的共同的认同，就无法解决这三个问题：方向、协同和动力。这三样东西，都需要信仰的力量支持。

三、看中国企业

我们稍微来看一下中国企业，最优秀的中国企业，是暗合我这个逻辑的，科学+民主+信仰。

大多数中国人，你跟我讲天主教、跟我讲新教，根本听不懂，但是党的那套组织方针我们都听得懂，中国很多优秀企业，都很善于向党学习。

阿里把这套用得非常好，阿里的政委体制、组织部，它的2001年的三大运动，完全是一模一样的打法，然后再加上通用电气（GE）公司的人才管理的一些原则，再加上武侠文化，就成就了阿里这个企业。

你可以说是很优秀的一个杂交、混血，你也可以说是一个小怪胎，取决于你的角度。

华为的这种群众动员机制、干部管理机制、批评与自我批评机制是从哪儿来的？是长期以IBM为师，把IBM 2B的那套打法学得炉火纯青，再加上他们对美国军队的研究，成就了华为这家公司。

还有一家小一点的企业叫广州视源，他们是真正的共产主义，所有高管的钱都放在一起，你要结婚？给你200万元。你要买房？500万元。所有的员工、团队开会自己决定自己的工资，你觉得你值多少钱，你自己说。小男孩拍着胸脯：我1万元；小姑娘羞答答：我8 000元。

这就是广州视源，就牛到这个地步，所以它在管理学界是一个非常值得跟踪学习的对象。

当然也有别的一些选择，像曹德旺是非常虔诚的佛教徒，他是真正既做到了不随波逐流，又做到了勇猛精进。

他20世纪90年代就把台湾的EMBA的所有教材通读了一遍，把台式的精细化管理真正用到了福耀玻璃上，几十年如一日，只做一件事，做好那一片汽车玻璃，所以他是世界汽车玻璃大王。

现在经济有点危机，大家都很担心，他一点都不慌乱，因为他早就做好了所有的准备。

再如方太，学孔仁孟义学得非常到位，然后他加上对惠普、对西方的这些人本主义的管理方式的学习，两者融合得非常好。

还有我们现在比较年轻的一些企业家，把基督教的思想和精益生产管理融合起来，也取得了相当不错的业绩。

我讲这些东西，不晓得大家听了什么感觉，我很谦卑，我从博士生读着读着变成大学生，再读着读着变成小学生。

我发现原来管理居然是这么一个陌生的女子，我原来根本不认识她。

我讲这些东西，最后要回归到杜维明的这三个阶段。

我们做企业的时候，刚开始是“各美其美”，慢慢一定要“美人之美”，最后要达到“美美与共”的这个阶段。

有些人说中国最好的企业是中体西用，中国理念、西方标准之类，我是不认同的。

我希望我今天的演讲能够帮助大家理清思路，真正理解什么叫管理，管理背后这个科学的维度要求我们做什么，民主的维度要求我们做什么，信仰的维度又要求我们做什么。

（华夏基石e洞察公众号2019年7月14日发布）

如何面对不确定的未来

周其仁

一、已知的最好答案是“不确定”

经济学常常被看作一门忧郁的学问，看未来不那么明朗乐观。亚当·斯密还比较明确，认定只要提供充分的经济自由，看不见的手就能把人类带向一个更好的经济增长。在他那个时代，英国工业革命蒸蒸日上，实践也支持对未来明确乐观的经济学。《国富论》最了不起的预见，是断定美国经济有远大前途，这点后来得到验证。

但是亚当·斯密以后，随着资本主义迅速展开引发各种矛盾，很多经济学家就不那么乐观了。最知名的是马尔萨斯，相信人口增长会持久快于食物增长，所以未来一定麻烦，要靠饥荒、灾难，甚至战争等来重建平衡，由此也给经济学打上了忧郁的印记。

到了《共产党宣言》，一方面非常乐观，充分肯定资本主义生产方式给人类历史带来超过以往任何时代的生产力解放，另一方面又基于社会化生产力的爆发性增长，预言资本主义生产关系必将灭亡。自那时起，这个大判断一直在经受检验，说资本主义要灭亡，却一直还没有灭亡的紧张挥之不去。

苏联曾有几十年的乐观，不但证明“一国可建立社会主义”，而且提出“一国建成共产主义”。最辉煌的时期是第二次世界大战，用计划体制动员起来的工业能力成为反法西斯的物质基础。战后更乐观，赫鲁晓夫放言“一国建成共产主义”“20年赶超美国”。可惜没得到验证，在和平时期满足人民不断增长的物质文化需要的竞争中不但没胜出，还弄得经济停滞、体制僵化，一直到苏联解体。

关于未来最好的理论答案是“不确定性”，那还是奈特教授在1921年的著作（《风险、不确定性和利润》，中国人民大学出版社2005年版）里提出来的。

何谓“不确定性”？就是经验概率也推不出来将来一定会是个什么样，不妨干脆译成“莫测”。按奈特的原意，不确定性比“风险”来得严重，本质上不可测，用保险机制也对付不了。这与现代物理学家或有一拼，他们说观察一个处于纠缠态的粒子时，无从预知它究竟是什么，根本就测不准。不确定的世界怎么应对？经济学得出了一些今天看来还站得住脚的结论，那就是离不开一套制度——法治、市场、财产权、合约，特别是股权合约。为什么要“让市场在资源配置中起决定作用”？归根到底，就是未来不确定。

二、“对未来严阵以待”

以上答案靠得住，但不好说完美。首先关于未来不确定、莫测，似乎没什么更多内容可说，导致对“人们怎样看未来影响其当下决策与行为”的忽视，降低对行为的理解力和解释力。其次，莫测无非“天有不测风云”，容易让人“预后不良”，似乎不确定总意味着灾难来临。最后，不确定性也可能是意外惊喜，并不是单边确定的倒霉。

所以对“不确定”还可以解析。这方面，彼得·蒂尔的《从0到1：开启商业与未来的秘密》（中信出版社2015年版）对我有启发。作者把人们怎么看未来，构造成一个两维对两维的矩阵（明确／不明确，乐观／悲观），得出了四个象限：明确乐观、不明确乐观、明确悲观、不明确悲观。然后他把“各国看待未来的方式”，装进了这个认知矩阵。当然不够严谨，因为“各国”都有一大票人，看未来的方式不尽相同，所以顶多是对各国主流看法的概括，少不了作者自己的主观印象。虽然不那么严谨，但对我也有启发，冲击力还不小。

譬如他认为，“从17世纪一直到20世纪五六十年代，对未来明确的乐观主义者都领导着西方世界”，而1950—1970年的美国，更是有史以来“明确乐观主义”的典型代表。蒸汽轮船、铁路、电报、大规模机械化、化学广泛应用、跨海隧道、地铁、陆地其他基础设施建设，以及从苏伊士到巴拿马运河开凿，所有这些改变人类生活的壮举，并不是“被法术召唤”出来的。作为得天独厚的英国在北美的殖民地，美国自然禀赋丰裕，人口又不多，开荒种地吃饱饭，卖点棉花、烟草、木材，对于那代欧洲移民来说足够好了吧？为什么还要发明工厂流水线、造帝国大厦、建金门大桥、搞曼哈顿计划、投资洲际高速公路？还要实施阿波罗计划？更不要提无数民间的奇思怪想、胆大妄为之举。总之，没有哪一样是“纯自然”的，一概是人工、人为之物。人做事情之前，总受对未来看法的支配，难怪蒂尔先生把20世纪80年代以前的美国，毫不犹豫地划入看未来“明确乐观”的第一方阵。

不过，作者认为后来的美国转向了“不明确的乐观”。特征是“乐观但又迷茫”，金融家取代科学家和工程师成为天之骄子，“财技”比科技更加耀眼，人们高估“机遇”，低估“规划”和持久努力，低储蓄、低投资、高消费，让金融、政治、哲学和人生一并蒙上不明确乐观的色调，谁也不问究竟能不能持久。当然，作者以为“当下欧洲”更糟糕，受“不明确悲观”的支配，得过且过，眼看油瓶都倒了，议论半天也没见谁当真起来扶一扶。

读来最受刺激的，是这本小书居然把“现在的中国”列为“明确悲观”之代表！为了不至曲解作者原意，容我给各位读段引文：

一个对未来明确的悲观主义者相信未来是可知的，但却是暗淡的，所以他必须提前做好准备，也许当今的中国是最典型的对未来明确的悲观主义者。美国人看见中国的经济迅猛增长（自从2000年以来，每年都有10%的增长），便认为中国是一个自信能够掌握自己未来的国家…… 其他国家都害怕中国将要统治整个世界，而中国是唯一一个认为自己不会统治世界的国家。（《从0到1：开启商业与未来的秘密》，第87页）

根据是什么呢？“老一辈的中国人孩童时都经历过饥荒，因此展望未来时，总会考虑到天灾。中国公众也知道‘冬天’即将来临。局外人着迷于中国内部的巨大财富，但是他们没有注意到，富有的中国人正努力把自己的财产转移出国，贫穷一些的则能省就省，以求储备充足。中国各阶层人士都对未来严阵以待。”

不管大家同意还是不同意这位仁兄随口大发的议论，我读后还是很受触动的。其实自我划界，还归不到上述四个象限中的任何一个。勉强要划，不过是个另类而已——“埋头观察阐释经验现象，无暇顾及怎样看待未来”。任何人问我关于未来的问题，我都回答“不确定”。这样久已习惯的思维定式，要不要有点反省呢？

三、以色列的启示：难做之事易做成

更多触动来自2017年以来的两次访学之旅。第一次是到以色列，是正和岛商学院组织的，我受邀与一批年轻企业家同行。时间不长，加上最后我自己去看一个沙漠里的基布兹，前后8天而已，但震撼不小。行前找到一些读物，说以色列是上帝的“应许之地”，是“流淌着奶和蜜的地方”。到了才知道不完全如此，这个法定面积比北京市还小的国家（实际控制面积2万多平方千米，略大于北京），自然资源极为匮乏，60%的国土为沙漠，可耕地仅60万亩，大约一半地方的年降雨量不足200毫米，南部地区甚至年降雨量不足30毫米。但现在的以色列却是“欧洲菜果厨房”，每个以色列农民可供养的人口从1955年的15人增长为2014年的400人，高品质、高附加值农产品大量出口，滴灌技术和设施农业称雄全球，连淡水和海水淡化技术也出口。

更了不得的是它总人口800万，却拥有7 000多家科技创业公司，是除美国、中国之外，纳斯达克上市公司最多的国家，拥有比美国、欧洲还高的人均创投资本。2014年，以色列人均GDP 3.5万美元，高科技部门贡献了总出口的50%，就业的10%。

凭什么？就凭人。特别是凭人掌握的知识，凭把知识转成技术和产品的卓越能力。哪来的这套本事？源头还是教育。我们中国人也重教育，但对比之下重点有别。

一是人家的教育重信仰，让世世代代的犹太人坚信自己不但是上帝之子，且生来就可以“与上帝角力”，所以自强不息，绝不惧怕任何艰难困苦。

二是虽信仰虔诚坚定，对拉比也极为尊崇，但从小受鼓励大胆发问、审慎怀疑、挑战权威。犹太母亲对放学回家的孩子，不问考试也不问成绩，只问“今天是不是问过一个好问题”。

我在佩雷斯中心听了一场阿龙·切哈诺沃的讲演。在他小时候妈妈教他说，人走进一条河流，可以顺水走，也可以逆水走，但是“你要永远逆水走”。这就预先画出了他一生的轨迹：在任何领域一旦成功走顺，立刻另辟一个领域逆水行舟。学术上打遍国内无敌手，他就跑到美国闯天下，评上终身教授后又不甘顺境，再回特拉维夫主攻科研难关。2004年他获诺贝尔化学奖，是以色列获诺奖第一人。他的经验体现了《塔木德》里的一条哲理，即“难的事情反而容易做成”。

另一场精彩分享，报告人是以色列国防部武器研发前总管丹尼戈尔德准将，介绍研发“铁穹”（Iron Dome）的故事。背景是2006年第二次黎巴嫩战争，邻国向以色列北部地区发射了约4 000枚火箭弹，造成44名平民死亡，迫使25万人被疏散，100万人不得不躲进防空设施。同时，在南部还有近100万以色列人在射程更远的“卡桑”（Qassams）火箭弹的威胁之下。2007年，时任国防部长佩雷斯选择“铁穹”应对，领导研发的正是这位丹尼戈尔德。6年后，“铁穹”完成实战部署，仅2009—2012年三年间，就成功拦截了245枚来袭火箭弹。在报告中，这位前准将给我们播放了一段视频：一大家以色列人正举行婚礼，空袭警报响起，却没人慌慌张张跑向防空洞，大家反而举起手机对天空拍照，但见被拦截的火箭弹在空中散开，活像外邦来贺的礼花！退役后的丹尼戈尔德初创科技公司，研发一款微型导弹，用在人体的血管里打血栓。

难怪以色列成为一个与其资源和人口数量完全对不上的创新国度。到以色列，我们才知晓那些名满天下的硅谷超级科技公司，从微软、Intel、苹果、Google到Facebook，无一例外都在特拉维夫设科研中心。在以色列研发出来的、真正称得上改变人类生活的关键技术，足可列出一张长长的清单。再问一次，人家凭什么？凭人家的智慧和永不枯竭的那股劲儿，看来这个民族把对神的信仰转化为对人的知识和能力的信念，敢于在已知知识的基础上探索未知。倘若问以色列创业人群怎样看未来？“明确乐观”绝对占据主流。否则，他们为什么老挑别人不敢想、不敢碰的事情做？前面探路的成功鼓舞着后人，更多人就相信不确定的未来机会无穷。

四、百无禁忌想、脚踏实地干

第二次访学就在前不久，我们几位老师、同事和校友，自行组团到美国考察创新。事情的缘起是，2015年在北京大学国家发展研究院办过一个论坛，请到一家中国创投公司的创始人王煜全，介绍他们在美国投资科创项目的经验。他还请来一批美国科创公司的企业家和科学家，现场说法、演示、答疑，一起讨论王煜全概括的“美国积木式创新”，让参会师生大开眼界。此后我的一位同事薛兆丰教授躬逢其盛，参与组织了积木式创新的访学之旅，并发布他与王煜全合著的《全球风口——积木式创新与中国机遇》，详述1980年美国国会通过的《拜杜法案》，怎样与其他经济法律制度和政策配合，一起促成联邦科研基金、非营利大学、教授与博士、各路创投资本、企业家等资源有效组合，在极不相同的技术经济方向上创新，以及对中国制造业和中国创新的意义。

我是全程听了那个论坛的发言，也全文拜读过王、薛两位的新著。多年习惯，凡听着有意思的，最好能实地看一看。知道今年他们还组织“积木式创新的深度考察之旅”，报名成行，与三十几位同有此项偏好的同事校友一起游学两周。所谓积木式创新，要点是打通科学象牙塔里的“想法”（idea）与产品、市场、产业之间的经脉。所以此次游学，基本就在旧金山湾区与波士顿走廊，围着两家知名大学打转转。过去是来过的，也听过斯坦福大学的校训“让自由之风劲吹”以及MIT（麻省理工学院）的校训“动脑又动手”。原来不知道的，是美国最好大学的思想能量，早就越出本来也不设围墙的校区，与市场和产业精锐部队，打成一片。

还是举几个印象深的实例，回答在前沿做事的人怎么看未来。先说XCOR，从洛杉矶往北约90英里处，一片半沙漠地带里竖起一座“通往太空的门户”，那就是莫哈韦航天航空港（Mojave Air and Space Port）了。XCOR是设在此地的一家科创公司，研制垂直起降、可往返太空飞船的发动机。毫不起眼的仓库式厂房里，40多位科学家和技工已经忙了十几年，除了预售过一批太空游机票（每位9.6万美元，真有美国人来埋单），XCOR连一分钱的进项也没有，就靠投资人烧钱研制着一个型号又一个型号的太空发动机。

我们见到的那些朴朴实实的家伙，他们究竟怎样想未来？据说在莫哈韦小镇上聚集着一帮太空迷，基本共识是地球不堪人类负担，要为太空移民未雨绸缪、早做准备。先向火星移民200万吧，那不过是一个初级目标，可真要实施，还不得天天向太空发定点班车（船）？于是才要“可往返使用的太空飞机”，才要过去根本不可能有的太空发动机。

再说Hyper Loop One，立志要造超级高速列车，构想把一个大管道里的空气抽干净，让列车在真空状态下由磁悬浮技术推进，时速可达每小时800千米！当我们在洛杉矶市中心一个满墙涂鸦的街区找到这家公司时，它的CEO（首席执行官）干脆利落地用半个多小时简单介绍了他们的梦想、进展、成就与希望。听起来总共融到不过1亿多美元的资本，就要干一票如此惊天动地的大业。据说他们在拉斯维加斯沙漠里的测试已通过，也有找上门来的客户下了订单。前程一片光明，几十位工程师干得热火朝天，很多人不领工资——其实要领也没有——而是把工时折成公司股票，“万一成了呢”？

这两档事的未来大不确定。问题是干的人不知道吗？为什么还冒得出来那么“离谱的想法”？也不觉得上太空、超高铁这类事只有“国家”去想才合适。人家百无禁忌，“国家（nation）观”与我们也不太一样，里面含着包括他们自己在内的国民，绝不单单只是“政府”，更不仅仅只限“官人”。百无禁忌地想，还能动员一群人踏踏实实地干，七八年、十来年就撂在那件事情里了。这后面没有薛兆丰在游学中屡屡强调的“制度”，当然完全不成。不过人们怎么想未来，似乎更是隐性的根本，要不是明确乐观地看未来，那些钱财、人力、物力干什么不好？

我们还看了一家叫WiTricity的公司，创始人是MIT的物理学家，他的研究支持无线充电，从大学得到专利授权，找来创投资本和管理人就创立了这家企业。现在他们的实验室产品可以拿得出手看，但见一块充电软垫上，放几部手机、笔记本电脑上去，立马自动充电，连一根电线也没有。电动车充电就不再需要建充电桩。更妙的是，它还可以透过人体给体内的心脏起搏器充电。公司架构也有意思，教授做学术顾问，企业家管公司，各方分享股权。

波士顿附近还有一家公司1366，它研制太阳能硅片。现行技术是把硅块切成薄片，贵重的硅材料在切割中要损失一半。新技术可以一次成型薄硅片，再也无须切割，成本省一半，使太阳能发电接近火电的价格。我问CEO，你们量产的时候，会不会考虑到中国去制造？他说不会，他们已在纽约州北部选址建厂，但生产出来的硅片会运到珠三角组装，再推向市场。

王煜全最早投的Wicab在威斯康星，公司老总专程到旧金山给我们做介绍。他们发现，人并不是用眼睛“看”世界，而是通过眼睛把外部图像信息传输到大脑，然后在大脑成像。根据这个原理，盲人只是接收信号的眼睛出了问题，但只要他们的大脑成像功能还在，就可经由别的途径输入信息，重见光明。为此他们发明了一种设备，让盲人含在舌头底下（Wicab，又叫“电子棒棒糖”“电子冰棍”），另辟蹊径地把图像信号输入大脑，让盲人看不了也能见！

路上带着布赖恩·阿瑟的《技术的本质》（浙江人民出版社2014年版），这不是易读的一本书，不过跟着看了10多个科技项目后，觉得明白了一些。何谓新技术？就是“针对现有目的而采用一个新的或不同的原理来实现的技术”。那什么是“原理”？“就是应用某种现象、概念或理念”，而技术不外乎就是“概念的物化”。更好懂的是，“新技术是由社会需求形塑而成；它们主要来自标准域外的经验；它们更容易伴随展示交换的过程产生；它们经常在网络中得到促进”。这不正是此次游学我们天天见到的吗？探究这些从事创新活动的美国人看未来的态度，他们一律相信科学原理可被发现，可被应用，而人类的种种难题，总有希望解决——“明确乐观”扑面而来！

五、让务实的明确乐观抬头

回头再议蒂尔先生认定中国人“明确悲观”的根据。我认为他找到的最靠谱的理由，不是漫长文明史留下的思维定式，而是向前看不到明朗的前景。请看如下议论：

对中国来说，最容易的发展方式就是不断学习已经在西方行之有效的模式。中国现在就在做这样的事情：使用更多的火电，建更多的工厂和摩天大楼。由于人口数量巨大，资源价格不断攀升，没有什么办法能使中国人民的生活水平完全赶上世界那些最富有的国家，中国人也知道这一点。（《从0到1：开启商业与未来的秘密》，第87页）

什么意思呢？

就是按现存技术，以10亿人口计数的中国，要想都过上西方发达国家的生活，资源和环境都支持不了。早有这么一说：全世界都要过上欧洲人的生活，需要三个地球；要都过上美国人的生活，需要五个地球。可是，哪里有三五个地球？结论是不可能，这才是中国人“明确悲观”的真正由来。

要害是照搬、仿制支持现有发达生活的技术，几亿人或许行，十几亿人、几十亿人断然不成。环境已经发出了警告。倘若把经济开发的环境成本全部“内化”为价格，那么现代享受对多数人口注定“贵”不可及。谁能劝说人们安于“耕地靠牛、点灯靠油”的传统生活呢？继续向前现代化，要承认现存技术再先进也还不够先进。欲满足人类不断增长的现代化需求，研发不能停，创新不能止。要让中国人，还有非洲人和其他人，普遍明确而乐观，从0到1尚不够，还要有能耐把不断冒出来的1，在环境支持限度内扩展成为n——可不是小数目的n，而是10亿、13亿、30亿。如果我没误读，这也是《富足》（浙江人民出版社2014年版）一书的中心观点。此书作者彼得·戴曼迪斯是工程学背景的哈佛医学博士，又是美国商业太空领域的领军人物。带着他这本书在游学路上边看边议，堪称绝配，值得推荐给各位一试。

看来我们要面对一个闭环。明确乐观的未来观，是一切经济、科技革命行为者的精神前提；可是只有当最神武的科技展示出多数人也可以过上富足生活的现实前景时，人们才可能普遍对未来抱有积极态度。先有鸡，还是先有蛋呢？老问题要新解，我们在游学中感悟到一点，愿意拿出来与大家分享：创新创业的最优主体既不是超大组织里的所有人，也不是单枪匹马的先知先觉。最优创新组织是不大不小的“群”——同气相求容易达成共识，互相欣赏、互相切磋、互相鼓舞，组织成本不高就形成一致行动。群与群交互作用，行动出正果，就可以感染更多人群。这像生命一样，能够无中生有，是起于“一锅原生浓汤”，活跃分子凑到一起，闷在一块儿，高频互动，直到长出一个新结构。从这点看，革命、改革、建设，在发生学上是一样的。

最后，总结几点分享：

一是发达经济体的前沿创新值得关注，中国人大可从中淘宝；

二是想法比资源重要，因为每个时代的可用资源皆由想法决定；

三是敢想敢做极有意义，而相信未来更好，是敢想敢干的前提；

四是创新创业人群要主动对冲弥漫周遭的各种焦虑——增长焦虑、转型焦虑、教育文化焦虑，还有讲不明白的焦虑，但仅凭焦虑杀不出重围。要让务实的明确乐观在中国抬头，先从创新创业的人群开始吧。

（华夏基石e洞察公众号2018年10月16日发布）

突围集

周其仁

中国经济这两年，也许还包括未来的几年，基本就处在一个突围的状态。为什么要突围呢，我们被什么力量围住了呢?

主要是两个力量，一个是全球格局正发生所谓百年未有之大变局，中国正当其中，被围住了，另一个力量是我们自己多年的高速增长带来的国内经济的一些变化，这也把我们围住了。那么，能不能完成这次突围，关系到中国能不能晋升到现代化强国的行列，同时也会对全球经济走向产生一些外延式的影响。这就是我今天想跟大家分享的主要内容。

一、这个世界跟过去再也不一样了

我这个看法其实2017年就形成了，当年我出了一本小书，书名就拟为《突围集》。那个时候很多看法还不同，因为要回顾改革开放40年，很多国人更多地看到自己的经济发展和成就，这也是对的，但在2017年的一些调查研究中，我们也确实看到一些麻烦的现象，某种局势已经形成了。

我先讲讲国际上的一些情况。我并不是国际问题尤其是所谓中美贸易问题的专家，我只是用经济学的视角和基本构造来帮助各位去理解，为什么全球形势发生了这么深刻的变化。第二次世界大战后的全球局势简化地看，可以说是“穷经济”“富经济”并存。富经济的特点是人均资本多，人口、劳动力不多，但资本的积累量非常雄厚，因此生产率高，收入就高。穷经济正好相反，人数很多，劳动力很多，但没有资本积累，这个资本既包括物质资本，也包括知识资本。资本不够，生产率就低，主要依赖自然给予的力量，所以生产力低，导致了穷困。

这是两个基本的经济板块，就是战后所谓的“南北问题”，即一富一穷。我们长期处在这两个阵营内，相互之间是不怎么开放的。这其中有很多原因，一个原因是，包括中国在内，都是第二次世界大战以后独立的，对国家主权看得非常重，所以当时的整个认识包括对发展经济的认识，都认为要维护国家主权，就要关起门来搞经济，不能随便让外国技术、外国资本、外国商品进来，要用国家政权把这些东西挡在外头，空出一个国内市场，来发展民族经济。

当时普遍是这样的认识，当然也由于一些外部事件，如中国参加了朝鲜战争、台湾海峡局势紧张、西方对中国的封锁等各种原因。总之，一穷一富的两个经济体，收入差别非常大，中间有一个壁垒，互不相通。邓小平非常重要的一个贡献就是率先在我们已经拥有了可靠的国家主权的情况下，主动开放，拆掉壁垒，引进外资，大胆地开放国人对外部世界的了解，让信息、科技、知识、商业模式、市场打通。这样一来会发生什么变化？

穷国这么点资本，富国那么多资本，现在打通了，原来穷国是不可能得到发达国家资本的，打通后，穷国可以和发达国家的劳动力一起利用这些资本。人工也打通了，虽然移民还没有那么开放，但各国劳动力生产的产品是可以贸易的，其中一部分服务也可以贸易，只要可以贸易，就相当于人力资源在全球范围内有相当大程度的流通。

一打通，竞争就会激烈得多了，因为原来有壁垒，富国的人跟穷国的人之间没有什么关系，他们自己过自己的好日子，挣高工资，过现代化生活，壁垒打通之后，情况就完全不同了。但这个局面刚开始时看不出来，我们中国人的经验就是这样，刚开始我们什么都不会，我们的产品相比发达国家的产品没有竞争力，但是事情会变化，只要持续开放，持续吸引外资，持续让新技术进来，再穷的国家，人民还是肯学习的。

只要肯学习，开放了的穷国学习曲线就会升得比较快，所以，所谓全球百年未有之大变局，从经济角度来看，就是由于差距很大的这样两个经济体之间去除壁垒产生的，所以这个世界跟过去再也不一样了。咱们简单分析一下，在这个经济版图上，到底哪个部分发生了变化，产生了竞争呢？

二、中国几十年来的高速增长就是成本领先

我们先来看发达国家。以华尔街为代表的资本家是非常欢迎全球化的，道理很简单，因为他们以前只为那十一二亿人口服务，现在全世界都来争取这他们的服务，他们的相对稀缺性提高了。我们都知道马云很厉害，马云融资也是到华尔街去融的，如果不是在美国上市，阿里巴巴今天恐怕也不可能是一个几千亿美元市值的公司。

华尔街为全球服务，赚全球的钱，全球化越是高歌猛进，它的业绩就越好。硅谷为代表的高科技部门也是欢迎全球化的，因为过去高科技的市场就是这么一个只有十一二亿人口的发达国家市场，现在中国一开放，印度一开放，全世界一开放，光一个Windows全球卖了多少？一个苹果手机全世界卖了多少？现在它们服务的对象已经远远超出了发达国家的边界。

但并不是发达国家的所有板块在全球开放中都得到了同等的收益，技术含量不太高的这些行业、部门、地区、工人，其中也包括一些白领，它们的情况是不同的。刚才在听会的时候，我大概看了看我们这个会场，我们这个行当大概30年前是没有的，

做投资这个领域的人都是在中国经济的开放、增长中长出来的，原来没有人做我们今天会议主题所关注的投资、PE（市盈率）这些事情，只是发达国家的那些人在做。现在又新冲进去了这么多人，所以竞争是很无情的。

最先受到冲击的就是中国人最早学会的那些制造、组装之类的基础工业流程，这个逻辑大家看得很清楚，中国人一旦学会了什么，发达国家的一部分人就有麻烦了。因为发达国家的人工薪水已经很高了，我们是从穷往富走，他们是从高处往低调，这个刚性是很大的，是很难调过来的。

不发达国家也并非每一个板块的收益都是一致的，为什么沿海先富起来？因为这一波增长的源头是第二次世界大战后积累的资本和技术，谁靠近这个源头，谁先得到，就先富起来。国内的公民中懂一点英文的，知道一点新知识的，能跟发达国家打交道的，都是先富起来的人。所以全球化到来的景象非常有意思，一方面人类得到了空前的发展机会，形成了一个空前未有的大市场，但是，富国、穷国国内矛盾积累的程度也是前所未有的，收入差别的分化在发达国家很醒目，在发展中国家也醒目。

前两年很流行的一本书——《21世纪资本论》。19世纪有马克思的《资本论》，那是资本主义的早期，劳动关系尖锐，收入差别非常大。为什么21世纪又来一个《21世纪资本论》？大家看看这位法国经济学家搜集的一些资料。众所周知，基尼系数是衡量一国人收入差别的指标。第二次世界大战前，美国基尼系数达到了很高的程度，战后收敛了，一直到20世纪八九十年代，这个指数调头又升上去了，就是因为开放，中国来了，印度来了。这个系数差不多又恢复到了战前的水平，形成了一个马鞍形，中间是很大的一个低洼。

欧洲发达国家的趋势有一些不同，但基尼系数变化的类型是一样的。所以出现了占领华尔街，出现了1%和99%的人口之间的矛盾，贫富的差距非常大。华尔街是为全球服务，是为马云的阿里巴巴这样的公司服务，当然挣大钱，但是美国的蓝领工人是要和中国的制造业竞争的，他们的情况呢？这是另外一个故事。

2017年，我在宾夕法尼亚州看了美国的一家钢铁公司，过去它非常辉煌，美国第一艘航空母舰的甲板是它供货的，圣弗朗西斯科金门大桥的钢材也是它供货的，现在我们看到这家公司已经“锈”了。我们在现场受到很大的震撼，公司关闭了，巨大的工厂遗骸还在，人连拆除的力量都没有了。作为一个中国经济学家，这个现象对我来说并不难懂，因为日本、韩国、中国的钢铁起来了，河北的钢铁起来了，全世界的竞争就是物美价廉这么一个原则。第二次世界大战后，在封闭的情况下，美国钢铁这类传统制造业的工资已经达到了很高的水平，它是没办法跟一路追赶的发展中国家的产品比价格的。在竞争中这样关掉的制造产业的公司当然不止一个。

于是美国出现了一个新词叫做“锈带”，美国的南部原来是奴隶制，工业化大致集中在东北部，美国的经济地理图上，颜色越深，锈得越厉害，倒闭、失业就越严重。多年来中国人埋头干自己的事情，没有抬头去看看我们的进步给全球其他地方带来了什么变化。对于特朗普，据我了解，美国的知识分子、学术机构可以说都看不上这位总统的作派，但从选举政治来说，他还真有民意基础。大家看他的票仓，与锈带的分布之间有很好的重合度，大国对外政策是对内政策的继续，对内摆不平，它当然要对外去寻找解决的办法。我认为这就是会有单边主义、保护主义、中美贸易摩擦的原因，所有这些新闻的曝光度很高，但事件背后有非常朴素的经济基础。

我们再来看中国国内发生的变化。这是2008年纪念改革开放30周年的时候，美国经济学家罗纳德·科斯，1991年经济学诺贝尔奖获得者，用自己的奖金在中国请了50多位学者、基层干部、企业家们去芝加哥一起研究中国的经验。这是我当时的一篇论文，想回答一个问题：中国到底做对了什么事情，才会从1978年的状态变成2008年的状态？主要就是做了改革开放嘛，人口多，又穷，不开放，就是关起门来穷，一开放，却发现穷就是竞争力。

穷不就是成本低嘛，所以开放的意义真是大极了！我们过去工人、农民的收入都不高，人穷，但我们的体制很贵，它受苏联模式的影响，有着极大的束缚性，很多事情你就是不可以做，分明做了对国家、对经济有好处，但就是不能做，自己把自己绑起来，过穷日子。邓小平对外开放，对内最重要的改革就是把这些体制束缚扒掉，让实践去检验一下，是不是真的不可以做。这么多人口，国家又招不了工，怎么就不能搞民营企业？怎么能死守着多年前的教条，说雇佣7人是小业主，雇佣8人就是资本家了？做起来试试看吧，就这样走出来了。

第三条最重要，中国各行业、各阶层的人都是肯学习的，发展经济最根本的动力就是每个家庭、每个人都想改善生活，只要有机会，人们会对机会作出反应。这三条原因加到一起，就成就了中国经济高速增长的基础。但是，要非常清醒地看到，这三条加到一起，加出来的东西叫成本优势，而世界竞争、商场竞争争的是两个东西，一个是争独到性，另一个是争成本。要么你与众不同，要么你成本比别人便宜，中国作为一个大经济体，这几十年来的高速增长就是成本领先，对发达国家在国际市场上形成了我们的成本优势。

三、我们的独到性优势还没有形成，就被围住了

独到性方面我们还差很远，还是一个后发优势，还是一个追赶的格局。包括我们现在把创新喊得这么响，但所有这些概念都是从外面来的，还是在学习人家，只不过我们现在跟得快一点了，我们自己真正优势的东西不多。2010年我去参加达沃斯会议时，在会场我获得一个感受：这个世界就是两个海平面，发达国家有资本、有技术，为什么一开放它们就哗哗哗地往中国来？因为边际报酬率不同，一个经济体拥有某一

个要素越多，它的收益率就越低，要是落到这个要素相对稀缺的地方，回报率就高了。

倒过来，中国为什么有很多东西能够出口呢？因为我们的成本优势。大家想一想，中国刚开放的时候，中国人落进口袋的收入大概是美国的百分之一，是一百倍的差距，一打开壁垒，这个对流的猛烈已经不是经济学了，这是物理学了。但成本永远存在一个诅咒，世界上经济学教科书很多，成本变化的图形从侧面看都像一只碗，它先是一路下降，等降到了最优点，就掉头向上。在座各位应该都懂这个道理，比如，一个流水线刚开始生产，工人不熟练，还达不到最优技术产出，然后单位成本会逐渐下降，降到了最优点时，扩大产能，投资，招工人，但这时投资和工人都开始贵了，扩建要占地，地也贵了。这是经济活动不可改变的铁律。

竞争无非是争，你比别人成本降得快一点，升的时候比别人慢一点，你就站住了。但是中国40年经济高速增长，成本这条线涨了多少啊！我们的成本还不光是市场竞争形成的成本，还有一些政策、法令强制形成的成本。2004年各地都抱怨说劳工成本涨得快，《劳动合同法》出台以后，这个呼吁很高，我查了一下数据，工资总额的增长数比名义GDP高一点点，真正涨得快的是税收，是政府的地税收入、带有强制性的社保缴纳，以及政府独家垄断的一级市场向二级市场供应土地的出让金。

1995—2012年中国经济高速成长期，土地出让金的价格涨了64倍。什么生意不是在土地上进行的？所以不知不觉中，我们的成本优势一边在见到效益，一边在减弱。麻烦的是，中国开放的经验又影响了多少国家，别人不会说是在学中国，但世界上只要是做对了的事情，你挡也挡不住别人要学习，你中国能开放，印度不能开放吗？我们的邻居朝鲜也要开放。改革开放没有专利权，下了决心就可以搞，所有穷国一看中国的经验，都可以搞。越晚开放，成本优势越明显，大家看越南的土地和工人什么价，印度、印度尼西亚是什么价，你去看看吧。

中国是1978年改革开放，印度是拉奥总理1990年改革开放，苏联1991年解体，苏东国家的市场都开放了，现在这个局面就是我提出“突围”这个说法的由来。我们向上还没能力够着天，虽说发达国家都有一本难念的经，但从竞争的独到性看，全世界的独到性还是在发达国家手里，多少好产品、好想法、好潮流，追根溯源，是从哪儿来的？我们现在这么热火的大数据、云计算，都是哪儿来的？2008年全球经济危机这么凶，美国一家公司的产品却可以让全世界的消费者通宵排队，这就是天。

那么地呢？越南的地比你便宜呀，印度的地比你便宜。中国经济高速增长40年，从全球看，我们被夹在了中间，我们的优势并不明显，独到性优势还没有形成，就被围住了，搞不好上头还会堵你。过去它们无所谓，教你一点就教你一点，给你一点就给你一点，你那么穷。可是今天中国全球第二大，引起方方面面的警觉，你看今天美国的留学生政策都大幅度收紧，不光是贸易战。别说是敏感的专业现在对中国留学生越来越不开放，连不太敏感的专业壁垒也提高了，它知道你的知识来源是在它那里。

我们的后面还有追兵。你看印度2030年的目标是什么？成为全球第三大。只要看看中国自己的经验，你就会知道，可不要随便看不起印度，后发优势会让走在前头的国家丧失警惕，因为你洋洋自得。中国人不要觉得印度追不上，你把时间放长一些看，这个可能性是有的。

四、一批中国公司在贸易战以后加快了全球布局

以上就是中国被围住了的原因。那么，怎么突围呢？第一步，你还是得靠改革突围。中国的改革呀，没办法的时候是真改，一旦有了成绩，就容易变成只是喊喊口号。因为改革要触动利益，不是被逼到墙角，那个利益怎么触动呢？要不是饿到粮食供应不了，怎么会同意包产到户？要不是几亿人的就业没法解决，怎么会开放民营经济？

从制度、法律、文化、思想上，我们真的把改革开放这件事情想通了吗？我的观察是还没有，至少上层建筑里很大一个板块的人不作此想。实际情况是没办法的时候让一步，形势好就不改，硬生生地不改。但如果不改没有出路，那就还是得改。咱们想想这个成本优势，我们也就是人均9 000美元的国家，我们的税收结构、整个国民经济分配的构造难道不失衡吗？税收上这么连续、高速地抽，跟我们的发展阶段和国力相匹配吗？

政府手里拿了钱，想法就多了，那个宏图有多大，你看全国到处修了多少没人去的新区？这都是钱哪。如果不是手里搞到了这么多钱，你想这么过瘾也过不了。于是开始反腐、反奢，中国确实已经出现了未富先奢的苗头，你看我们这个社会上方方面面的腐败现象，但是你要问，手里这些钱，是哪儿来的，怎么可以这样奢侈地过日子呢？你的核心技术都是从别人那里来的，要是没有长期艰苦奋斗，还想成为世界前沿国家，哪有这么容易的事情？现在如果要突围，首先要解决如何继续坚持艰苦奋斗的问题。

第二个突围是应对的突围。从这个方面看，我认为这两年的战略方针是正确的。不能因为特朗普在自己国内压力下的收缩，我们就跟着收缩，不能以牙还牙、以眼还眼。因为你要想想清楚，对中国而言，我们从改革开放中获得的收益远远大于它所带来的成本，中国如果不继续开放，下一步的现代化是不可能找出一条关起门来自己发展的路的。这个问题一定要清醒，要继续坚持开放。

虽然改革开放已经40年了，但我们的观念还没有跟上，大家一放眼世界，还是这么一张旧地图，以国家边界划成的一块一块的世界，两百个左右主权国家构成一张世界地图，其实这种地图是误导人的。各国人民主要还居住在各国边界内，这一条没有

变，在国界之外居住的大概有三亿人口，占世界城市人口的大约6%–7%。但是，住在国内不等于人们的经济活动就在国内，有大量的来来往往，今天其实你很难说国家和国家的经济之间是什么“你大我小”的，而是你中有我、我中有你，世界贸易现在大部分是中间品贸易，不是成品贸易。

全世界每天有5万班航班在天上飞，35万条船在全球跑，再加上我们大家每天都在用的全球信息高速公路，这才是今天真实的世界。国界线全世界加到一起只有25万千米而已，高速公路、航线、航道、各种油气管道、信息高速公路、光纤，这些加到一起是多少千米？是千万千米级的，是千万级对十万级。

所以我不太喜欢用“中国贸易战”之类的词，其实它是中国和美国在特定经济格局中的关系。你看特朗普国内降税、进口加税，他首先是冲着谁去的？他首先冲着美国跨国公司去的，中国对美贸易顺差里很大一部分其实是美国跨国公司在华生产品的对美出口，特朗普的组合拳就是进口税提高、国内税降低，我看你回不回来。但是据我看，虽然他有选民支持，但是他的世界观、全球观有问题。现在这个世界哪个总统也没有办法把国民经济拉到国界线以内去了，是你中有我、我中有你，在中国生产的很多东西的图纸、技术、原料，都是全球来的，真要是把在座诸位手里的手机里面的零部件搞清楚，没有一样东西是在一个国家内生产的。重要的产品无一例外。

从这一点来看，开放是改变不了的，没有哪一个行政权力有能力把这种局面再拉回去。这种全球分工带来的全球生产力的提高，是未来全球福祉的一个基础。所以你看特朗普闹下去，说不定导致的会是一个相反的局面，全球关税有可能继续降低，现在已经降低了，全球关税现在也就是5%–6%，再闹一闹，谈判还个价，你看已经签订了好多零关税协定了。美国以提高关税开的头，最后有可能以继续降低关税结局，当然这要看协商各方怎么去看这个问题。

中国到现在为止以更大的开放应对贸易战，这个战略我看是正确的。这两年我看了不少基础设施，从上海港一直看到鹿特丹港，全球的大船越造越大，单位成本中货物是在哪里生产的，这个转运成本几乎可以忽略不计，这种技术的变化你们知道对经济配置有什么作用吗？特朗普我看他还有一个贡献，就是把一批中国公司打成跨国公司，你不可能对全世界都收25%的关税，你哪里不收，我们就到哪里布局。我访问过一批中国公司，很多都是贸易战以后，加快了全球布局，去越南、去墨西哥等地开公司。当然去那里开公司，当地也欢迎，来吧，你们一轮一轮地来吧。打来打去，本来中国公司愿意待在国内，国内市场这么大，很诱人，大家互相又太熟悉，习惯了在国内作战，但现在很可能外部的力量会逼出一批跨国公司，像华为这样在全球布局，到187个国家去设点，我看这样干好得很。

五、中国的创新大有文章可做

第三个突围是创新突围。成本这个因素现在你改变不了它，但是成本可以向右下方移动。这是什么意思？劳动力和地贵了，你还生产同样的东西，还用同样的办法，当然是死路一条。天下比我们劳动力贵的国家有的是，人家也有还过得好好的，你到北欧那些国家去看看，哪个国家的人均GDP不是五六万、七八万美元的？去年我去瑞典访问，瑞典人均GDP是8.2万美元；雀巢总部不还是在瑞士100多年前它起家的那个小镇上吗？人家都过得好好的，这是什么道理？

成本涨了，如果你收益的能力提高得更快，何害之有呢？所以这40年来我们只学会了一个成本优势，现在看来也到了一个该转方向的时候了。经济增长了，工资当然应该增加呀，而且那些法定的成本，如果改革到位，它就不会涨得这么快，总的趋势就是收入会得到提高。倒过来，如果人工贵了，就没戏唱了，这也是对美国经济提出的问题，它的工人人均收入5万美元，就没戏唱了。这说明它的结构调整、产业升级、教育和培训在蓝领工人中的普及都远远不够，美国这个大国应该向很多小国学习，去荷兰、丹麦、瑞典看看，它们的人均收入都比美国高，照样生产出了具有全球竞争力的产品。

当然，我也要从这个视角来提醒中国，我们怎么就不能做到把成本曲线向右下方移呢？能，但是要创新。但是千万要当心，创新是有很多选择的，我和腾讯研究院一起切磋后得出了一个看法，中国到目前为止的创新有两条路线：一条是从市场上的产品中发现有厉害的东西，攻不下来的话，去研发技术，技术研发不下来再去找院士、找大学、找基础研究，攻原理，中国大部分创新走的是这条路线。另一条路线是从原理出发往下打，原子能、原子弹哪儿来的？最早是1939年的一篇论文，它讨论分子结构和原子结构的能量不同，如果要原子结构的能量裂变出来，需要什么条件？

发达国家所谓“从零到一”的原创，这个“零”是什么？是先有发现，再有发明，我看我们这个后手棋还没有开局呢。我们有近3 000所高校，这些高校和国家研究组织里释放的能量，包括我们形成的风气，有没有攻难关的精神，有没有突破性原创的魄力？而不是仅仅跟着发达国家的热门课题去发论文，此外，有所发明的理论、技术怎么去走向市场、转成产品？中国创新这方面的大文章可以说题目已经开出来了，真正做还早着呢。时间的关系，我不多去展开了。

图1是人类600年来的重大发明，大家可以随便扫一眼，想一想如果这些东西都没有，现在的人类会怎样？

中国要从现在开始，不要总认为我们就是应该跟在人家后头，他们热门什么，我们就热门什么，就仗着我们人口多，市场大，炒作的能力强，再继续这样行吗？要来一些真东西，要有一些与我们占全球人口1/5的大国体量相称的东西。

我们到现在还在说古代四大发明，近现代以后我们在科学进步上的承担真不多。大家也不要认为发明、创新完全是一种高大上的东西，是大科学家、天才才能做的事情。统计数据摆在这里，越来越多的发明创新在日常化了，这是美国专利的情况，每一百万项专利的推进速度越来越快，因为教育普及了，科学革命以来的那些故事刺激了更多的人乐于去尝试一把，普通人、匠人、工人跟科学家、国家机关可以站在同一起跑线上。

中国发明专利的数据也在大幅度增加，尤其要用非常务实的态度来看待发明，中国喜欢把创新变成高大上的口号。宝洁原来有一个商店巡视员，在巡店时发现了一个问题，每个店都有计算机，但每个店在点货的时候，各个店之间没有能相互连接货品信息的系统，一款口红卖得好，上午卖空了，结果商店不知道，工厂也不知道，因为商店到了晚上才点货清账，这中间有一些热销品就脱销了。这类问题在我们的商业世界有多少？于是他针对这个问题去寻找解决方案，最后的办法是给每管口红加一个小芯片，货柜上用一种射频发射器，每件货品卖出时芯片一移动，射频信号就自动传入电脑系统，从而整个生产体系对消费者的响应能力大幅度提高，不当库存大幅度下降。之后，几个人志同道合，在一起举一反三、举一反十，这个发明在很多领域可以用，最后MIT把他们请去，专门设立了一个识别技术研究室，几百家公司愿意给他们投资，支持他们研发、应用。

最后这个概念一出来，到现在都很流行，叫作“万物互联”（IOT），已经成为中国人热炒的一大概念了，其实它就是这么来的。中国有这么多公司和行业，创新的关键问题是心态，是怎么去解决问题，在已有的技术里，作为供应方、需求方怎么去找到解决需求的办法？这就是发明、创新。如果再加上科学研究的原理级、一般性、抽象性的创见，那真的可以改变人类生活。我们现在用的智能手机购物功能，一点屏幕，下午东西就来了，就与这个技术有关，几个大电商的仓库你去看看，要是离开万物互联，它怎么知道这个东西要送到哪里去呀？离开技术，人再聪明、再辛苦，也是做不到的。

我在佛山看到的一个中国人的创新故事。佛山的家电制造已经是不得了了，有的人却发现其中有痛点，他做了很多用户调查、拍视频，痛点是什么？点火需要弯腰，平均下来做一次饭要弯很多次腰，去洗锅的间隙，煤气不能关到最小，没有油烟的时候排风还是习惯性开在强档上，大范围内算下来这些细处也有很大的能源损失。他们怎么改进的？这是一个江西人创业的公司，最后的解决方案很简单，应用蓝牙技术，在锅把上装几个按钮，这个按钮又能调节油烟机的风力，又能调节煤气灶的火力，这项发明帮助销售公司增加了十几亿的销售额。

可见创新不是一件多么伟大的壮举，是可以在日常生活中进行的，问题是要有一个推动力。现在的大环境在逼着我们的企业界往创新的方向走，很多东西人家不让你

- 复式记账法（1300-1400）
- 印刷机（1440）
- 凹透镜（1451）
- 降落伞（1483）
- 地球仪（1492）
- 滚珠轴承（1497）
- 便携式手表（1500）
- 日心说（1514）
- 平方根和正负号（1525）
- 三次方程和复数（1530-1540）
- 肺呼吸（1535）
- 乙醛（1540）
- 汽轮机（1551）
- 铅笔（1560）
- 墨卡托地图投影（1569）
- 超新星和彗星（1572-1577）
- 针织机（1589）
- 复式显微镜（1590）
- 抽水马桶（1596）
- 行星磁学（1600）
- 望远镜（1600-1610）
- 椭圆轨道（1605-1609）
- 木星的位置（1610）
- 遂发枪（1610）
- 黑子（1610）
- 对数（1641）
- 血液循环（1628）
- 游标卡尺（1631）
- 海洋潮汐（1632）
- 计算尺（1632）
- 自由落体定理（1634）
- 解析几何（1637）
- 气压计（1634）
- 机械计算器（1645）
- 真空泵（1654）
- 摆钟（1656）
- 游丝腕表（1660）
- 波义耳定律（1662）
- 微生物（1674-1680）
- 光速，第一次定量测量（1676）
- 胡可定律（1676）
- 压力锅（1679）
- 微积分（1684）
- 万有引力定律（1686）
- 三大运动定律（1687）
- 钢琴（1700）
- 音叉（1711）
- 蒸汽机（1712）
- 水银温度计（1714）
- 八分仪（1730）
- 飞梭（1733）
- 林奈生物分类法（1735）
- 精密计时器（1735）
- 避雷针（1750）
- 珍妮纺织机（1764）
- 苏打水（1767）
- 光合作用（1770-1800）
- 植物的呼吸作用（1772-1773）
- 氧气（1772-1776）
- 双光眼镜（1780）
- 汽船（1780-1810）
- 载人热气球（1783）
- 银河（1785）
- 动力织布机和轧棉机（1785，1793）
- 天花疫苗（1796）
- 石版印刷术（1796）
- 电池（1800）
- 原子理论（1800-1810）
- 分子（1800-1810）
- 吊桥（1800-1830）
- 蒸汽机车（1805）
- 穿孔卡片（1805）
- 光谱仪（1814）
- 听诊器（1816）
- 自行车（1817-1836）
- 盲文（1821）
- 电动机（1821-1850）
- 热力学第二定律（1824）
- 可编程计算机（1837）
- 电报（1838）
- 硝化甘油（1846）
- 生铁/炼钢法（1850-1860）
- 电梯（1835）
- 自然选择（1859）
- 塑料（1862）
- 火药（1863）
- 电话（1876）
- 电灯泡（1879）
- 汽车（1885）
- 计算器（1885）
- 无线电广播（1896）
- 电子（1897）
- 机动飞机（1903）
- 狭义相对论（1905）
- 超导性（1911）
- 装配流水线（1913）
- 广义相对论（1915）
- 量子力学（1925）
- 液态燃料火箭（1926）
- 电视（1927）
- 青霉素（1928）
- 喷气发动机（1932）
- 原子反应堆（1938）
- 计算机（1944）
- GPS（1958）
- 因特网（1970-1975）
- 个人计算机（1976）
- 万维网（1989-1992）

图1 人类600年重要发明创新年表

资料来源：史蒂文·约翰逊，《伟大创意的诞生》附录

抄了，逼着我们也要进行所谓“从零到一”的研发。

六、中国的未来取决于我们的努力，取决于我们的抉择

我希望大家要形成新的全球观，不要再纠结于某个国家与另个国家之间的所谓“贸易战”。这个东西很容易上新闻标题，国别政治好玩得很，但今天的世界不完全如此了，是我中有你、你中有我。

全球化是遭遇了重大的挫折，因为居民大部分还是生活在自己的国家里，全球化受损的大部分人群是他们，所以他们要求自己的政府作反应，国内政治由此就会延续为对外关系，就会演化成国家间关系某种程度的紧张。但是从根本看，全球化是不可逆转的，也许我的判断过于乐观了，因为各国从全球化得到的好处太大了。这个趋势与中世纪原来各地方一个一个的小市场最后扩展成国内的本地市场、区域市场，是同一个道理。统一的市场有分工、深化，生产率得以提高，这是人类未来福祉的一个可靠的基础，这个趋势是挡不住的。

中国现在就是在这个过程中被围住了，被我们的成就围住了，被中国经济体量在

世界上具有的一席之地围住了，要不然没人来管你这些事儿，如果你体量小小的，偷几个专利就偷几个专利，抄人家一下就抄一下，因为你不成气候，人家不会太在乎。现在之所以这么多国家对着我们，是因为我们真的有两下子了，你够一定分量了。问题是你要挺得住这一关，被围住了要突得出去，要改革突围、开放突围、创新突围。

至于这场突围有没有胜算，比较好的答案是“不确定”。突不出去的话，那无非就是起个名目，叫它什么“陷阱”就算了，有多少国家都是到了临门一脚，踢不出去了。中国的大历史上发生过这个事情，我们的宋朝多厉害，所以李约瑟就很感叹，中国当时看来已经具备了一切进入现代化的条件，为什么临门一脚却踢不出去，裹足不前，停在了门外。这就是李约瑟难题。

我们这一次会怎么样？很有希望。我们从那么穷变成现在世界第二大，人均GDP水平从两三百美元上升到9 000美元，可以说中国现在是历史上离成为现代化伟大国家最近的时候。但没有人能保证我们一定赢。你看历史就知道，不是第二大都变成了第一大，从第二次世界大战后算，第二大变第一大的是少数，只有美国，前面的几个第二大都是往后面走了。并不是中国现在第二大，像做算术一样多推几年我们就是第一大了，上帝没有给出这种保单。

这事情要取决于我们的努力，取决于我们的抉择——政府怎么做，企业怎么做，还有高校怎么做。如果做得对，是一个结果；如果做得不对，是另外一个结果。但是如果大家非要想坐下来说，我们的前景会怎么样？我愿意把宝押在我们的突围能够成功这一面，道理在哪里呢？

因为我观察中国经济，观察我们国人，我们有一个明显的文化心理上的特点，就是形势差的时候我们的表现比较好，甚至是形势越差，表现越好。遗憾的是，如果形势一转好，我们的表现常常就变差了。什么时候形势好的时候，我们的表现也比较好，那就是中国真正进入世界强国的一天。

我们要共同为此奋斗！

（华夏基石e洞察公众号2019年5月4日发布）

我们永远要记住1978年

吴晓求

改革开放40年，我们国家发生了历史性的变化。我们永远要记住1978年。这一年，对中华民族来说，是历史转折的一年。多少年来，我们都在探索中国发展之路，期间经历了不少弯路，之前的探索都不太成功，“文化大革命”更是一场民族浩劫。我们将会永远记住这个历史浩劫给中华民族带来的深重灾难。1978年，我们终于找到了正确的发展道路。十一届三中全会是我们党历史上40年来最伟大的一次会议，从根本上拨乱反正，调整了中国前进的航向，开启了中国改革开放的伟大事业。实际上，1978年是中华民族崛起的起始元年。1978年，对我们国家来说，要永远铭记它。对中国人民大学和江西财经大学两个学校来说，都是在1978年复校的，我们具有共同的命运。

总结改革开放40年，实际上就是总结中国走向复兴之路的经验，并将之传承下去。这个经验就是邓小平同志说的这几句话，解放思想、实事求是，以经济建设为中心。习近平总书记在十八大闭幕的时候，特别强调以人民的利益为宗旨，把这些结合在一起，就是我们的经验。

改革开放40年来，中国经济获得了人类历史上辉煌的成就。在一个10多亿人口的大国，在计划经济体制如此顽固、计划经济的观念如此深入骨髓的国家，能够全面系统地推进经济的市场化改革，这本身就是一个令人惊叹的成就。我们在座的年轻学生不了解其中的曲曲折折和巨大困难。我1979年进入江西财经大学（当时还叫江西财经学院）学习，1983年到中国人民大学进行研究生阶段的学习。每个青年学生都沐浴着那个时代思想解放的阳光雨露，改革开放和振兴中华成为那个时代青年知识分子的座右铭。

40年前的中国是一个贫穷、落后、封闭的国家，今天的中国已经成为一个小康、自信、开放、正在迈向现代化的国家。40年的改革开放，虽然其中有很多的曲折，但沿着市场化改革的方向没有变。

1978年，中国GDP是2 400多亿人民币，2017年的GDP接近83万亿人民币。人均GDP 1978年大概只有200多人民币。按当时的汇率，应不到100美元。今天人均GDP折合成美元接近9 000美元。从人均不到100美元到现在的9 000美元，这是什么概念？40年两代人改变了一个国家。

1. 40年改革开放，首先是思想解放

对中国来说，思想解放特别重要，它能爆发无穷的生产力。中国之所以长期落后，是因为没有解放思想，人们的思想被禁锢。思想是一个民族进步的源泉。没有思想的解放、没有思想的进步，这个国家、这个民族就没有源源不断前进的动力，就没有技术进步。不要以为科学的发展、技术的进步与思想解放没有关系。它们之间有密切关系。思想解放了，才会科学地看待失败，才会有科学的容错机制。一个国家没有容错机制，社会就不可能有创新，不可能有发展。谁也不可能天生就正确，一次失败都没有。思想解放包括容错机制。看待一个人，不能仅仅看他是否成功，还要正确地看待他的失败。

（1）这里，核心是你不要用公器、公权力去谋私，公权力谋私就是腐败，必须坚决反对。如果用公权力为社会创新、改革，失败了，我们要容错。有时候追责机制也要有科学的界定。如果没有容错机制、没有一个正确的衡量标准，过分地追责就会让人变得无所适从，人们就不干事了。不干事，社会怎么进步，财富怎么创造。中国40年经济社会取得的成就与这些都有密切关系。那个年代是有容错机制的，敢试敢干，虽然走了一些弯路，但中国发展了，走出了一条中国特色的发展道路。深圳就是一个案例，成为中国最具有竞争力的经济体，有极大的创造力。

（2）与经济增长相匹配相适应，中国金融也发生了很大变化。金融为中国经济的增长作出了巨大贡献。当然，对中国经济贡献排第一的是体制改革。40年来，我们冲破了计划经济的束缚，解放了思想，焕发了人们的积极性、创造性。改革开放之初，虽然生活仍很贫困，但内心很充实、很快乐，是因为有追求、有希望，因为我们知道未来的中国是光明的、是有前途的。在解放思想的时代，人们都在追求理想。所以，中国经济发展的成功经验，首先是解放思想，首先是冲破计划经济的束缚，焕发人们的积极性，个人的利益和国家的利益、个人的前途和国家的命运高度融为一体。个人有成就了，也推动了国家发展，国家的成功也有每个人的努力。在那样的环境下，你能不高兴、不快乐吗？所以，我经常在想，我们这代人感谢改革开放40年，给了我们一个巨大的舞台，尽情地展现才华。

2. 其次是开放

中国经济发展与开放有密切的关系。改革开放初期，我们的资金是非常稀缺的。中国的外汇储备1978年只有1.67亿美元，今天中国外汇储备维持在31 000亿美元左右。当时，外汇奇缺，经济建设没有资金。怎么办？开放。开放是改革最重要的动力，只有开放才能让改革找到正确的方向。所谓找到正确的方向，就是如何与世界经济体系融为一体。2001年加入WTO就是要把中国的经济纳入全球经济体系之中，参与公平竞争，不搞垄断，不搞壁垒，在规则范围内参与全球竞争。

开放在当时中国人的意识里面是很困难的。我们有很多帽子，过去有很多帽子工厂，一不留神就给你来一顶，帽子压死人。我们的前辈冲破重重阻力，打开国门，推动开放。我记得为了露天煤矿的开发引进资金，小平同志亲自出面接待外方投资者，那时资金奇缺呀。开放就要有胸怀，人家是来赚钱的，你不能不让别人赚钱。开放也要守规则。加入WTO是一个标志，中国经济体系得以全面融入国际经济体系，参与竞争。

开放给中国经济注入了巨大的活力，这个活力来自竞争。竞争给了我们信心。我们发现，跟外国人竞争没有什么问题。中国人很勤劳也很聪明，一些东西看看就会了。当然知识产权保护很重要。事实上开放给了中国人巨大的信心。我最不喜欢看清朝的片子，不明白我们为什么老拍披着辫子的戏。那是一个极其愚昧的时代。有什么可以展现的？男人披着辫子是封闭和愚昧的代名词。能不能拍一拍开放后中国人的精神风貌。那些披着辫子的戏都是愚昧的戏。我们今天之所以有自信，是改革开放带来的。通过开放，发现中国人是完全可以参与国际竞争的。所以，开放给中国注入了巨大的活力，增强了我们的民族自信心。一个民族是要有自信的，但这种自信是理性自信，不是盲目自信。理性自信是通过竞争形成的。这是40年中国经济发展取得巨大成就的第二个重要原因。

3. 最后是人才

这与中国的大学教育有密切关系。1977年开始高考，中国大学培养了数以千万计的人才。这些人才与改革开放同行，他们充满着理想，经历了思想解放的洗礼。思想上没有束缚。他们拥有共同的理想，就是振兴中华，实现中华民族的腾飞，这是这个时代的最强音。有这样的人才，这个国家能不建设好吗？这一代进行了全方面的探索，其中建立资本市场、建立深沪交易所就是一个里程碑式的探索。从小岗村的探索到国有企业的改革，从价格改革到股份制改革等，如果人们有思想的束缚，能做到吗？进行这样的探索是要有无私无畏的精神的。在自然科学、工程技术领域有一大批科学家，也是这些年培养出来的，从最高端的航空航天、卫星发射、信息科学、生命科学到现代制企业等，都有了全方位的进展。所以，人才很重要。这个年代培养出的人才，不但有一种探索精神，而且没有思想禁锢。

前面三个原因是根本性的。当然，第四个原因也是不可忽视的，那就是中国金融的发展对中国经济进步的贡献。经济的发展是通过资源配置来完成的，经济的增长也是通过优化资源配置来完成的。金融是资源配置的主要机制，虽然在不同的经济发展时期、不同的金融结构下，金融资源配置的机制和特点不同。

经常有人会问，金融对中国经济究竟做了什么贡献。这个问题很大，大到我们要认真研究中国经济与金融的发展模式。今天中午有位校友给我提了一个非常专业的问题。他的问题是，为什么中国M2如此之大，但没有引发通货膨胀？这个问题本身非常有意思，有巨大的内涵，里面包含了中国经济增长与金融之间复杂的关系，也包含了中国经济金融模式的丰富内涵。

对中国货币量与经济增长的关系及与价格变动的关系，是一个复杂问题。但有一点可以肯定，中国经济增长中中国货币发行制度起了独特的作用。这与中国外汇结售汇制度以及以此为基础的货币发行有密切关系。我们非常巧妙地运用了这样一种金融资源去推动经济的增长，M2的快速增长有货币政策的因素，更有这个国家特殊的金融结构的因素。中国M2中相当部分的是因为外汇占款带来的。贸易规模、贸易模式、外汇增长、外汇模式以及基于外汇储备模式的货币发行机制，到经济增长之间，实际上存在一个清晰的逻辑链条。我们很好地运用了这种逻辑。过去经济增长的经验告诉我们，要善于运用金融杠杆。运用得好可以有效地推动经济增长，不要把金融杠杆妖魔化。金融的本质就是杠杆，金融就是运用杠杆推动实体经济的发展。

我们要防止的是，金融自身过度使用杠杆。我们并不必然反对金融对实体经济的杠杆效应。如果不理解这个原理，就不能理解现代经济结构下金融与经济的关系，就会把金融看成非常消极的机制。一个时期以来，我们过分狭隘地理解金融与实体经济的关系，以为这种关系就是金融要为企业提供融资贷款服务，不管这个企业好与坏，不管风险有多大。这是非常错误的认识。

我们要深刻理解金融与实体经济的杠杆关系。我们要防止的是金融体系的过度杠杆。防范的是金融创新远离实体经济。我们决不反对来自实体经济需求的金融创新。我们必须创造出一系列能够推动经济发展的金融创新，包括杠杆的运用。

40年来，中国经济从2 400亿元人民币到近83万亿元的规模，平均增长速度超过10%，金融资产的扩张要比这个增长速度快多了。1978年全国城乡居民储蓄存款210亿元人民币，今天居民储蓄存款超过70万亿。从210亿到70万亿，这背后增长多少倍，肯定比经济增长速度快。从金融资产规模看，改革开放之初的1978年只有1 000多亿元人民币，现在360万亿元。从1 000多亿到360万亿，金融资产的增长比经济增长的规模以及经济增长的速度快得多。

有个指标很有意思，这个指标叫经济的货币化率。1978年是0.3左右，现在到了2.1。还有不少金融指标与经济指标相比较，结论都是金融的速度是经济增长速度的1.5到2倍。面对这种变化，究竟是出现了金融泡沫，还是说这是金融深化的表现？或者两者兼而有之？这都是需要认真研究的问题，我们不要把金融看得那么附庸、那么消极，实际上金融对经济的影响力起着越来越主动的作用。小平同志说，金融是现代经济的核心。实际上他是在强调金融的主动作用，在强调金融改革的重要性。只有通过改革开放金融才能更好地为实体经济服务，才能提供更高效率的更好质量的金融服务。

中国金融的结构正在发生很大变化，这个结构变化对中国经济增长的质量有深刻影响。证券化金融资产的比重在提升。金融结构有很多说法，其中最核心的是金融体系中金融资产结构状况，因为金融所有的功能都是通过金融资产或金融产品来完成的。现在证券化金融资产，股票和债券加起来大概在110万亿元到120万亿元之间，从最窄的金融资产口径看，证券化金融资产的占比接近50%，最宽的口径也在30%左右。

基于金融结构的变化，中国金融的功能也在发生重大变化，中国金融开始逐步以融资为主，过渡到财富管理和融资并重的时代。金融功能的变化意味着中国金融体系在升级。资产结构和金融功能的变化，导致金融风险发生变化。过去的金融风险是单一的机构风险，中国金融脱媒的时间非常短，脱媒的力度有限，所以，在相当长时期里，中国金融的功能是非常单一的，主要表现为融资，投资功能严重不足。所以，很多人理解金融与实体经济只是一种融资服务关系，是有历史原因的。

实际上，从2010年开始，中国金融的脱媒速度在明显加快，进而推动了资本市场的发展。我们不要看到当前股票市场有波动，就没有信心。这是市场发展过程中的必然现象。金融市场化脱媒趋势浩浩荡荡，是一个历史趋势，因为社会需要多样化的资产匹配，人们已经不满足于一个无风险的收益。市场需求推动着脱媒的加速，市场由此发展起来。

最近几年，科技的进步使金融脱媒的速度大大加快，从而改变了金融业态。脱媒的加快以及技术进步的影响，中国金融业态开始由银行类金融机构占绝对主导地位的单一金融业态慢慢过渡到第二金融业态和第三金融业态并存的时代。我理解第二金融业态就是脱媒后的资本市场，第三业态就是Fintech，特别是互联网金融，其中又以第三方支付为代表。第三金融业态是金融业态的进步。

从这个变化就可以看到，金融的边界在无限扩展，它将变成一个没有边界的领域。基于这样一种基本趋势，中国要维持未来经济的长期、持续、稳定增长，必须进一步推进金融改革和开放。中国金融改革的重点有三个：

一是继续推进金融结构的市场化改革，大幅度提高证券化金融资产的比重，大力推进资本市场发展；

二是要推进金融的科技化；

三是金融的国际化。要把中国的金融特别是资本市场建设成国际金融中心。一个世界性的大国，如果其金融不是国际金融中心，那只是一个区域性大国。一个全球性大国的重要指标就是金融是否是国际金融中心。

按照习总书记在十九大报告中对未来的构想，到2035年我们要建设现代化的国家，2050年建设成现代化强国。我认为，到2035年之前，中国金融市场一定能成为全球新的金融中心。

我要告诉各位，中国金融体系现代化、中国成为新的国际金融中心，对未来的中国极其重要。它会从根本上推进中国的法治建设，会从根本上推进中国法治社会的进步。我们现在与一个国际金融中心相匹配的法治社会，还有相当大的差距。新的国际金融中心的形成会从外部强烈地推动中国法治的完善，就像加入WTO，会使中国有强烈的知识产权保护意识一样。在加入WTO之前，中国基本上没有知识产权保护的意识，你的是我的，我的也可能是你的。知识产权保护是人类社会进步的重要引擎。我们成为新的国际金融中心，别人用钱买你的股票债券，你说你不是法治社会，那怎么行呢？一旦成为新的国际金融中心，中国社会就会真正进入一个现代化的法治国家。我们正在迈向这个目标。我们要满怀信心。我认为，只要我们坚持改革开放，坚持解放思想、实事求是的思想路线，中国金融的宏伟目标一定能够达到，中华民族的复兴一定能够实现。

（华夏基石e洞察公众号2018年11月3日发布）

苗兆光

中国人民大学管理学博士，多家上市公司独立董事。华夏基石企业管理咨询集团高级合伙人、华夏基石咨询集团业务副总裁兼成长企业研究中心总经理。

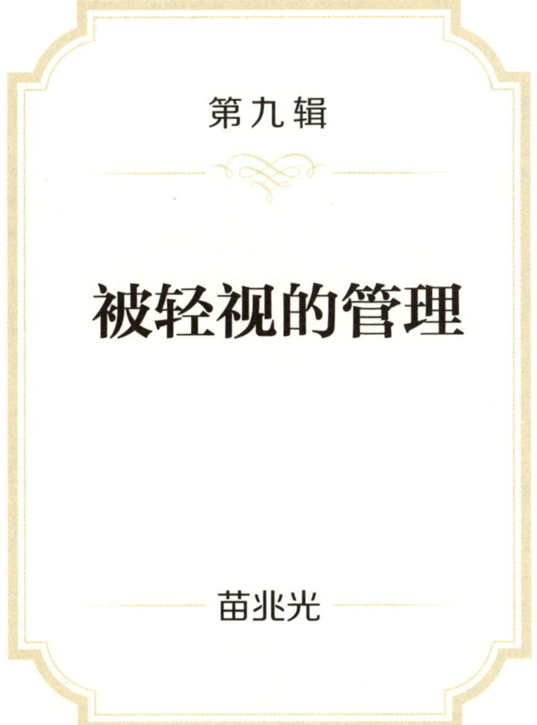

第九辑

被轻视的管理

苗兆光

对管理的误解，是你成功的绊脚石

之所以选择分享这个题目，是缘于在很多论坛、很多培训会上发现企业对“管理”有误解，或者说是轻视，现实中也有很多企业因此问题重重。

一、误解管理的几种典型说法

（一）“经营大于管理”VS“经营先于管理”

现在出现一种语言表达的“惯性”，在各种场合，无论是专家还是企业家，过度强调经营机制，而对管理没有足够的重视。有很多种说法，比如说，“经营大于管理”“要经营不要管理”等，这种说法非常极端。2017年我曾和大家分享过关于小米的案例，提出“经营先于管理”，这种说法不同于“经营大于管理”。思考经营管理的问题，我认为经营在前，但经营不能代替管理。

做企业，不能不关注经营。关注经营第一是要找风口，“站在风口上，猪都能飞起来”，这是雷军的名言。企业找到风口，也就是管理学上讲的“蓝海”，可以事半功倍，即使付出较少的努力也可以迅速把生意做大。我们看到很多互联网企业、独角兽企业迅速做起来，就是基于此风口，这显然是必要的。

另外，经营还赚什么钱？模式的钱。商业模式如果建得扎实，机会抓得好，资源布局布得早，这都是经营范畴。做得好，赚钱也容易。比如阿里巴巴，几乎像一个造钱的机器，这源于阿里的商业模式做得扎实。

但是风口也好，模式也好，持久性也是有限度的。前几年手机就是个“大风口”，这两年手机市场趋于稳定，风口市场关闭了，这个时候拼什么？拼的就是管理能力。

在汽车行业，风口已经很少了，全世界的竞争格局几乎已经非常稳定，在经营模式上也很难有差异。通用、丰田、大众、福特等，其实在经营模式上也很接近，在这样的情况下，企业之间的竞争拼的是什么？2018年财富500强榜单里的汽车企业，丰田是排行榜的第6名，排在所有汽车企业的第一位，销售规模大约在2 650亿美元左右，而跟它接近的第7名是大众，2 600亿美元，这两个企业规模相当。再往下排，依次是戴姆勒–奔驰，大约1 800亿美元，通用和福特都是1 500亿美元左右。这五大企业规模是相当的，但是在利润上差别就大了，丰田是225亿美元，大众是130亿美元，戴姆勒–奔驰是118亿美元，通用是亏损，福特是70多亿美元。在体量差不多的情况下，丰田的利润相当于大众和戴姆勒–奔驰之和。由此引起我们的思考：丰田到底强在哪里？那就是丰田世界闻名的高能力管理水平。在规模相当、经营模式接近的情况下，谁都没有特殊的机会，只能去拼同样一款车谁赚的钱更多，谁的库存低、周转快，谁的质量更可靠、性能更强，谁的研发周期更短……这些因素决定了在稳定市场下企业之间的竞争差距，这就是丰田的厉害之处。

再来看华为和小米之间的竞争。在前几年的手机行业，小米相比华为占有优势。小米初期靠模式致胜，最早采用“低成本竞争+互联网营销”的模式。这种模式的创新使小米一开始就建立起营销的优势，成本低，营销的动员能力强，这是小米的厉害之处。小米第二波采用生态链的模式，把营销模式做得更强，优势发挥得更大。最近一两年，华为逐步追上来了，在与小米的手机竞争之中取得了更好的优势，原因是什么？是因为华为与小米的模式也开始趋同。华为也掌握了互联网营销，双方未来的战略布局也很接近。从华为的新战略来看，它和小米未来瞄准的都是智能家居市场，这时候双方在做法、策略上空间都不大，就只有拼管理，拼谁的战略执行到位，拼谁的研发节奏更快，拼谁的性能提高得更好，拼谁的营销动员能力更强，拼谁客户服务做得更精准，本质上还是拼管理能力。华为数十年来一直在抓管理，管理的基础越来越强，现在优势就逐步显现出来。

所以说，不是“经营大于管理”，而是“经营先于管理”。在经营做好的时候，给管理留下了空间，使得企业能迅速上升到一个规模上，管理是有空间的。但经营绝不能替代管理，企业的长期持久发展拼的还是管理。

（二）“机制大于管理”VS“机制先于管理”

另一种极端的说法，叫“机制大于管理”。我在2017年写过一篇文章——《避免管理失效的六条原理》，其中第一条就是“机制先于管理”，为什么提“先于”？先于与大于不一样，“先于”是在经营的布局设计好之后，机制是调动资源的手段。机制设计好了，管理才有基础，毕竟落实管理活动依靠的是人来执行，机制不能把人动员起来，管理的活动就很难做到位。没有机制，管理很难做好，但是，机制代替不了管理。很多时候，企业是善于利用机制的手段，比如，在公司刚成立时，创始人拉人做股东或合伙人，大家都拿很低的工资，分享公司的利润。在公司小的时候，支付能力弱，机制就很有效果。营销端的提成制、生产端的计件制，都能降低企业的支付压力，在企业发展早期会有动员资源的价值。但是，企业到了一定规模的时候，单纯依靠机制的力量会造成山头主义。华为在1994年就遇到了这种难题，为了打破这种山头主义，轰轰烈烈地搞市场部大辞职。因为机制调动起来就形成了高授权、高回报，没有管理来协同的时候，这种山头主义、资源割据是很容易出现的，没有办法打破。众所周知，企业对外拼的是整体性，单纯依赖机制手段，整体性会丧失。

现在有一种组织形式叫“阿米巴”，提的是怎么把单元划小，让每个单元的负责人都成为独立的经营者。在稻盛和夫的书里，他特别强调：如果这些小的阿米巴没有在管理权威的统一协调下，而是各自为政，对企业来讲就是一个灾难。类似的话马云也说过。阿里建立了八大事业部，马云后来说，如果这八个事业部实行彻底的独立事业部，阿里巴巴也不会有今天，可能早就散了。虽然事业部把组织肢解了，但在顶层，事业部之间还保持着高度的协同，这种协同的力量来自哪里？显然是管理在起作用，一定是有一种权威来推动各大事业部在一个共同的战略和业务平台下工作。而这种工作、协同，单靠机制是难以实现的，所以机制先于管理，机制是管理的土壤，没有机制人就动员不起来，管理就很难有效。但是如果只有机制，没有管理，企业也走不远。

（三）小企业不需要管理？

现在很多人说：“小企业不需要管理，小企业只需要机制”。这句话更有问题。现在流行把组织切小，很多小企业把内部切得更小。但我并不主张小企业把组织打散，小企业更需要攥紧拳头来做事，因为小企业资源更有限，更需要把资源有效地利用起来，更需要研产销的配合，更需要各个资源之间拧成一个拳头。小企业与大企业相比，没有像大企业那样显而易见的管理体系，但对管理的需要更大，要求管理的有效性更高。在小企业，管理并不是显而易见的。比如工作中，一名业务员要去出差，你作为上级和他聊天，你可能会问：这次出差的目的是什么？见什么客户？想在客户那里达成什么样的目标？是要与客户达成订单、建立关系还是回款？如何才能实现这次的目标？这种简单的沟通，就是在明确计划、目标。业务员出差一天后，你可能会打电话问他：过程怎么样？见客户聊了些什么？有什么难题？客户会要货吗？能回款吗？业务员可能会有很多的问题反馈，这其实是管理执行，即PDCA循环【计划（plan）、执行（do）、检查（check）、处理（act）】里的D，也称为计划的辅导，就是你在帮他执行。业务员回来后，如果拿到定单，你会表扬，这叫反馈；如果没有做好，你们会讨论后续如何改善，将来如何才能做得更好。以上整个过程就是管理。在管理的过程中，你与业务员之间形成了共识，双方共同得到了提升。你了解了你的员工，了解他在工作中有哪些不足，在以后的工作过程中，你会在他的不足方面提前帮助他，给予辅导，这就是具体的管理。小企业的管理更简单、直接、有效。那些绩效不好的企业，这些最基本的管理活动都不会做，不清楚现在的人和过去的人在能力方面是否得到了提升，也不清楚业务具体在哪个环节出了问题。小企业不是不要管理，而是需要更简单有效的管理，需要与业务状态和规模相匹配的管理。

因此，“要经营不要管理”“机制大于管理”这些类似的种种说法，并不是说管理没有用，而是不要那些错误的管理。

二、正确管理企业、做大做强有三个重点

那么正确的管理是什么？管理应该怎么做？

（一）复制能力决定企业做多大，变革能力决定企业做多久，而管理的出发点正是建立企业的复制能力和变革能力

企业归根到底有两个目标：一个是做大，另一个是做久。企业的管理者想把企业做大，就要追求增长，企业增长是解决企业内部矛盾的唯一方式。只有把企业做大，员工才有上升的空间，股东才能获得更大的回报，管理者也能够实现对事业的追求。

1. 企业做大的秘诀是具备超强的复制能力

大企业的当家人就一定比小企业的当家人累吗？并不见得。因为企业能否做大的秘诀就是取决于企业的复制能力。我们用一个例子来类比一下这个概念：如果让你一天写十万字的文章，你肯定望洋兴叹，“臣妾做不到啊”，但如果让你复制粘贴，写十万字的文章，就不成问题了。企业做大也是这个道理。做大应该是一件简单的事情，而不应该是在复杂的系统下做大。企业做大关键在可复制，比如，把开发一个客户的经验变成一种简单的模式，使得把开发一个客户的成功经验复制到很多客户上，开发很多客户都能成功，将这种成功变成连续的成功；成功开发一家门店，变成开发很多门店都能成功；成功开发一个产品，让一个产品的成功经验来支撑开发出多个产品的成功；在培养人员方面，建立一种能力、一种标准，源源不断地培养出合格的人员……复制能力是企业做大的条件，如果每做一件事情都必须要有一种新的方式，显然是不可能做大的，因为太复杂了。企业无法应对复杂的过程，最简单的方式就是复制，探讨实现第一次“成功”的经验、模式，不断地复制这种成功，企业就能做大。

归根到底，复制能力决定了企业能做多大。管理的首要任务，就是明确如何复制成功。比如创业，无非是建立业务模式，满足创业成功的条件，这种模式是可复制的；找到核心团队，这些团队是可复制的，能够形成裂变。大企业建立的基础就是复制能力，能一个一个地往更广的市场、更大的资源空间上，复制简单的成功。

2. 企业要想活得久，持续的变革能力是基础

如果建立一个稳定的模式，能够不断复制是最好的。但问题在于，外部的环境和内部的资源是在不断变化的，模式不可能一劳永逸，当内外部环境发生变化时，企业的生存会遇到挑战。另外，如果总是简单的重复，员工的热情也会丧失。

很多企业在环境变化的时候死掉了。比如手机行业起来的时候，原来很多好的手机企业日益衰退，而一些籍籍无名的企业却生机勃勃，在苹果做出iPhone之后，早期

那些很牛的手机企业，像诺基亚、摩托罗拉就被市场舍弃了，随后三星、华为、小米这样的企业也崛起了。为什么在机会来临的时候，有的企业往上行，有的企业却直线下滑了？根本原因在于企业的变革能力。在原来的轨道上发展，突然前面道路的方向改变了，行业的机会改变了，企业能够迅速调整，满足客户新的需要，建立新的业务模式与组织模式，建立新的经营要素，达到一种新的状态。这是企业持续发展的必备能力，所以变革能力决定了企业能走多久。很多时候，企业活不下去，是因为变革能力太差。很多企业经营困难，是因为还停留在过去的做法和思维方式、行为习惯里，固步自封、因循旧制，无法应对外部的环境变化。企业要想活得久，持续的变革能力是基础。

这种复制能力与变革能力从哪里来？这就是管理要思考的首要命题。企业在小的时候，在业务模式没有起来之前，要探索可复制能力，一定要形成经验，应用到更大、更广的范围，管理首先是对经验的管理。例如，有十个业务人员，一定要将其中资历深的业务人员的成功经验形成工具、方法，复制到新人身上。经验被放大后，在一个店能做成功，也能复制到更多的店获得成功，往更大的范围去做，企业也能变得更大。

变革能力是可以管理的。华为有一个经典三问，每年华为都要求各个层面的管理干部问员工三个问题：

- 我们过去的成功经验是什么？
- 我们这些成功经验哪些还能用？哪些已经成为发展的障碍不能用了？。
- 我们企业未来成功靠什么？

这种思维就是变革的思维。通过不断地询问，淘汰掉过时的思维理念，投入新的模式，应对新的变化。

丰田的管理模式是PDCA循环，也叫持续改善。三星几乎时时处于变革状态，几乎隔几年就有一次大的变革。这些大的、好的企业，都有变革的管理和变革的基因。变革是管理的主要任务。怎样不断地淘汰过时的思维与机制，发现环境的变化，引导企业跟着变化走，这也是管理的具体工作。

（二）管理的核心，是管理经营要素的积累和变化

管理的本质是管理企业的复制能力和变革能力，那我们怎么实现这种管理？管理的核心，是管理经营要素的积累和变化。经营主要有四个要素。

1. 业务要素

业务要素是指机会、价值定位、业务过程和关键资源。找准机会，围绕机会做合理的价值定位，业务过程能够实现价值定位，保证价值能够合时、合地、合质、合量地实现。为了使过程实现，要有关键资源。

2. 价值要素

围绕业务应该建立什么样的价值原则，这些价值原则，应成为设计组织的要素。业务落实到组织，如何设计组织原则以保证业务的执行？因此先要有组织原则，而这些组织原则来自业务。我们称之为价值要素。

3. 机制

业务模式设计好后，资源如何调动起来，服务业务，这就是机制。机制的作用就在于调动做业务所需要的资源。

4. 领导

业务、价值、机制都有了，难题就在于如何让参与方对设计者有信心。解决问题的本质力量来源于领导。领导的核心是唤起业务参与方对业务的信心。

以上这四点都属于经营要素，如果做不到，企业就经营不好。管理的核心就是把这些经营要素管住，使这些要素不断地积累放大，并且围绕着环境的变化而变化。例如，做业务要配置人，人是核心资源，通过管理把人的价值变大，业务就会得到更大的扩张。招聘来的人一开始可能是不达标的，他的能力如何在做业务的过程里得到提升和成长，并且变得更好，这离不开管理。再如，技术是关键资源，如何通过管理把技术积累得更强，更能满足业务的需要；还有业务过程，随着业务环境的变化，规模的增长，人员结构的调整，业务过程如何更新和积累更多的经验，如何调整适应环境的变化，是需要管理的。又如机会，在同样的机会下，有些企业可能越做越小，机会形态在改变的时候，如何调动资源去管理和响应这些机会，同样需要管理。还有机制和机制的设计：在单一业务的时候，机制有可能是有效的，随着业务的不断复杂，机制如何去改变、去调整；在同一个机制下，对人、业务、组织的要求，这些要素怎么与机制相匹配；企业做合伙人机制，对合伙人本身是有要求的，如何在这个过程中运用好淘汰机制，促进人达到这个要求。这些都是需要管理的。

（三）管理可以简化为 PDCA 循环

管理的任务是提升企业的复制能力和变革能力，管理的核心是要管理这些要素，同时也要让这些要素根据变化去调整和积累。那么管理的最有效的手段是什么？管理的基本工具和方法是什么？

管理可以简化为PDCA循环。这是一个持续改进模型，它包括持续改进与不断学习的四个循环反复的步骤，即计划（plan）、执行（do）、检查（check）、处理（act）。PDCA工具最早起源于贝尔实验室，是休哈特博士提出的最早使用的管理工具，后来被戴明带去日本，被丰田普及。到目前为止，我认为PDCA是最有效、总结最到位的管理工具，核心是定目标、定策略，找差距，分析原因，找对策。

1. P是计划

在企业经营的方方面面，都是需要制定计划的。比如定市场目标，要分析机会在哪里？为什么是机会？为什么不是机会？客户的需求是什么？竞争对手是谁？分析管理的目标究竟是什么？如果竞争对手采取不同的竞争方式，对应的方法是什么？……这些就是计划。做内部的人力资源管理也需要计划。为了达到岗位要求，应该招聘什么样的人？这个人从哪里获取？是自己培养还是另行招聘？通过何种渠道招聘？选择何种人？……这些都属于计划的范畴。研发一个新的产品，如何设计产品的服务？研发过程和生产过程应该怎么协同？怎么分工？怎么设计？ ……同样属于计划。

2. D是实施

有了计划之后，要辅导落实，要与员工沟通，告诉他营销计划。实施计划的过程中，每个环节人员如何参与？如何转化为行动？如何制定自己的行动计划？如何去实施？弄清楚流程中的每个环节，员工应如何去做，这即是实施或执行。

3. C是检查

在实施的过程中，也有可能与原来的设想有偏差。其原因可能是行动的人没有落实好任务，也有可能是原来的计划，原来的作战方案有问题，这时候需要去检查和对照，如果计划有问题，就要做必要的修正。

4. A是处理

根据检查的结果，评估偏差，制定下一步的方案。

正是通过大大小小、各个层面的PDCA循环，通过这种持续的改善，管理才能得到不断的改进与提升。因此大家在实践中会觉得管理是一件枯燥、乏味的事情，并且需要不断地重复这种枯燥和乏味。一个人能否有一番成就，就在于落实想法的执行层面，能不能忍耐住这种单调和乏味。举一反三，一个企业与另一个企业的发展步子之所以有所不同，不是在于两者比拼有多么高的资源能力和战略布局，最终拼的，还是管理的素养。

（华夏基石e洞察公众号2018年11月1日发布）

怎么对抗组织管理焦虑?

2018年企业家和管理学界都处于焦虑之中。不仅仅是企业与管理学界，中国人普遍处于焦虑状态是不争的事实，最近咪蒙和罗辑思维遭受批评，主要是指责他们制造并恶化这种焦虑。制造焦虑的套路很简单：一是夸大未来的变化和不确定，让你对未来无所适从；二是夸大一些未经验证的新知识的意义，让你感觉自己处于无知状态；三是夸大大众遥不可及的神奇力量或者身边的不公，恶化你的恐惧和不安。

其实，看看管理学界，何尝不是如此！近年，管理学界的大词特别多，动辄就说某某时代来临了，比如说互联网时代、不确定时代、个体的时代、共享时代、合伙时代、众筹时代、生态时代、共生时代、知识时代、数字企业时代……在提出“新时代”时，还不忘否定旧时代，被否定最多的是“工业时代”，类似的还有“竞争的时代”。伴随着各个“新时代”的，是各种“思维”。这些说法或多或少都代表着一些现象，不能说不对，但问题是：这些说法不仅被严重夸大，还概念不清，似是而非。人人都在谈，但每个人都说不出个所以然。我到很多企业去，看到企业老板滔滔不绝地谈论这些似是而非的“大词”，企业被折腾来折腾去，员工敷衍地跟着老板一起嗨，但私底下却是一片迷茫。这些企业家、这些企业、这些员工，都是不安于现状的奋斗者，但他们显然是被一个接一个难以驾驭的管理新词给弄焦虑了。

作为管理研究者，我们不应该跟风制造焦虑，而应该通过自己的研究，发现商业中规律性的东西，发现商业中的确定性，向企业传递经过验证的、可靠的管理知识，帮助企业管理者以确定性应对不确定性。要做到这一点，不夸大那些未经验证的、纯属试探甚至是猜测的管理知识，不轻易制造管理新词儿是最基本的操守。只有这样，才能降低企业管理者的学习成本，使之少走弯路，真正把精力放在做好企业上。

基于这种想法，这几年我下决心深入研究企业案例，研究产业的发展史，希望弄清混杂管理概念之中的脉络，希望在今年能出版成书。在这里和大家做个简单的分享。

一、核心商业模式只有四种类型

每个企业家做企业的具体目标有很多，但归根到底可以归结为做大、做强、做久。2018年我把各个时期的代表性企业、在每个时期创造出非凡成就的企业找出来，理清它们的历史，看看它们是怎么做大、活久的。梳理了近20家企业之后，发现从有大企业开始到现在一路走过来，商业模式只有四种类型。

1.项目型模式

早期的公司都是项目型的，每一个订单都是一个项目，例如120年前的奔驰汽车，销售的汽车只是一个大致的概念，每一台汽车需要根据客户需求进行二次设计，定制化地做出来。那时候的公司由一帮能干的合伙人组成，每一位合伙人既深谙客户需求又懂得汽车的设计原理，属于精通研产销的复合型人才，甚至本身就是一个汽车工厂主，只是统一于“奔驰”这一品牌。他们到客户那里洽谈订单，拿到订单后组织设计部门进行二次设计，然后要求生产部门按单生产。这种模式在小企业中很普遍。当然如今也有一些特定行业中的大企业采用这种模式，如建筑、军工、设计、地产等。但对大多数行业的企业来说，这种模式会限制企业的规模，因为定制化造成管理复杂度增加，增加到一定程度就会限制企业的发展。

2.产品模式

1910年左右，福特汽车开创了产品模式，该模式的核心是围绕着产品的，通过产品将市场需求和大规模生产统一起来，产品不一定完全迎合顾客的需求，但因为其更适合大规模生产，使得产品更可靠、成本更低，也使得顾客愿意牺牲部分个性化需求来购买它。典型的产品模式至少包括产品开发、营销和生产交付三个过程。采用产品模式的企业关键是做到三点：产品创新、交付效率和营销通路畅通，这也是很长一段时间企业之间竞争的焦点。产品模式是商业史上最大的商业模式创新，到目前为止，80%以上的企业，仍然采用的是产品模式。需要强调的是，产品是产品模式的基础，但“重视营销通路畅通和交付效率，忽视产品创新”，是中国大部分企业的通病。应该说，对大部分中国企业而言，产品模式还没走彻底。

3.平台模式

20世纪80年代，是电脑企业领先的年代，这一时期产生了平台模式，代表企业是英特尔和微软。英特尔早期也是产品模式，当英特尔在电脑芯片市场上的市场占有率达到50%时，英特尔CEO格鲁夫就认为单靠打败竞争对手很难带来更大的增长，这时候必须发挥“摩尔定律”的作用，通过计算机的升级换代让消费者淘汰老产品，更换新产品。但这种升级换代必须得到整条产业链的配合，芯片速度升级之后，相关的硬件和软件必须跟进，才能形成一股力量，推动消费者升级。于是英特尔在产品之外，建立了“架构实验室”，牵头为电脑行业建立标准，联合一批企业成立标准联盟，每一次芯片升级，匹配一套标准，以降低硬件和软件企业的跟进成本。这种模式的厉害之处在于，“强调的是一个价值链跟另一个价值链竞争”，尽管英特尔的竞争对手摩托罗拉一度在芯片技术上领先，但因为无法对抗英特尔建立起来的标准联盟，最终无法撼动英特尔的地位。平台模式的实质是围绕终端客户的需求用一套标准体系搭建一个平台。平台体系其实是标准体系。前几年有一个说法是“一流企业做标准、二流企业树品牌、三流企业做产品”，说的就是平台模式的厉害之处。

4. 生态模式

最近几年来，随着亚马逊、阿里巴巴、腾讯这些互联网新贵的崛起，生态模式被炒得热火朝天。生态模式在本质上需要有一个底层的基础设施，如太平洋、高速公路、高铁等，有了高速公路，自然会有各种各样的车队上来，有饭店、有旅馆、有加油站上来，生态自然就形成了。现在的企业学习生态，把重点都放在怎么建饭店、旅馆、加油站上，而很少关注自己的高速公路怎么建。在这种情况下，很大的可能是做不成，即便做出点规模，也会因为“组织空心化”分崩离析。建生态链，最应该回答的问题是：生态中的基础设施是什么？到了移动互联网背景下，基础设施不再局限于铁路、公路、电信等，电商平台、支付宝、微信等都具有了基础设施性质，才有了亚马逊、阿里巴巴、腾讯这些企业，业务看似扩展得没边没沿，不知道边界在哪里，它的核心其实是生态模式。生态模式的核心实际是建立起一套基础设施，在这个基础设施上各种业务自由成长，表面看起来长得草树丛生，里面还是有内在规律的。

限于时间，每种商业模式的要害这里不细讲。但提醒大家，从产品模式、平台模式到生态模式的商业演变过程，归根到底的核心是产品，产品能力不强，就无法建立平台，更无法建立生态。

二、组织的核心是平衡悖论

在众多流行的管理论调中，有很多听起来很有鼓动性，诸如：未来企业之间将会从竞争转向共生；以前企业强调核心竞争力，未来企业最重要的战略方法是跨界；以前组织的核心是一体化，未来的组织是强调个体……其实，组织当中充满悖论，很多乍一看很有道理、非常流行的观点，都是夸大地强调悖论的一个方面。比如“未来企业之间将会从竞争转向共生”这一说法，仔细想想，现在是共生的年代吗？竞争还存不存在？可口可乐和百事可乐就像是是一对孪生兄弟，竞争到你死我活，但是通过竞争，造就了可乐这一大品类，二者又共同获益。因而，竞争和共生的辩证关系是一直存在的事情。前几年管理学家们强调竞争、对抗，强调组织是对抗性的，要打败竞争对手，或者是这一套体系成熟之后，再去强调共生，强调合作。其实这两头都是存在的。我们应当清楚，竞争依然是白热化的，共生也是客观的。共生和竞争是同时存在的，你不能此时强调一下这头，彼时强调一下那头，就得出结论说时代变了，认知要换代。

组织中类似共存的悖论有很多，比如：

1. 分权VS控制

分权与控制是一组悖论。最近看《大国的兴衰》，其中讲了历史上两大类强盛的王朝，一类是中国式王朝，主要特征是高度控制、强调统一于皇权，跟着开国皇帝打天下的是战功赫赫的贵族，贵族阶层享受整个王朝人民的供养，他们的子子孙孙还是如此。皇族和贵族处于整个帝国的统治阶层。这个阶层结构越来越强大，并且因为王朝越来越集权，上层群体越来越庞大，内部自我循环，王朝中只有自上而下的命令，没有自下而上的信息传递，底层的利益和声音不被重视，负担越来越大，最终不堪重负，揭竿而起，王朝走向败亡。

第二类是罗马帝国式王朝。罗马帝国采用的是分权模式。罗马帝国有一句名言叫“罗马将士无凯旋”，即打仗的人没有凯旋。罗马全部采用的是分权制，想打哪个地方就组织一支队伍，一个将军搭一个班子，带一队年轻人打过去，后方对此也没有什么支持，多数情况下打败了，战死疆场；另一部分打胜了，也不回来，而是在当地扶植一个傀儡政权，将军当了总督，年轻人论功行赏成为当地的官员。因此，强壮的年轻人都出去了，总部越来越空心化，能力越来越稀释，称为组织空心化，最终无法统一分散的诸侯。罗马帝国的衰亡正在于此。

控制和分权两种模式之间没有绝对的平衡。所以，中国历来朝代更迭的时候一直在解决的是集权和基层的流动问题。古代的王朝实行科举制和保荐制，目的是让部级的官员去地方上任职，让地方上的官员上来，去弥补集权制模式的弊端。这一点上古今无不同，比如华为，一直要解决的是总部干部和基层干部的流动问题。那么分权的模式是不是就比集权模式高明一点？并不见得。

其实集权和分权都很难，需要找到平衡关系。组织当中没有完全的集，也没有完全的分，两者之间一定有一种平衡关系，选择其中一种模式，就要靠另一种手段来弥补。2017年我深入研究了两个案例，一个是华为，一个是美的。这两个企业非常有个性：华为一直解决的问题是集权模式下怎么去治大企业病，包括反惰怠、反腐败等；美的一直解决的是怎么治小企业病，企业资源高度分散如何去统一，最近十年美的改革，都是想把分散的营销资源组合起来。

集权和分权均不能自洽完美。如建系统、建平台是“集”的思路，划小核算单元是“分”的思路。这两种模式其实没有哪个是完美的，我们要充分处理的是平台跟分权的关系。

2. 机会VS能力（跨界VS归核）

机会和能力是组织确定战略的两大基点。企业战略扩张，可以是依赖于机会的，也可以是服从于能力的。企业需要掌握好机会与能力之间的平衡。以亚马逊为例。它做得很好，估值很高，市值世界第一了，其本质上是跟着机会走的，响应机会的过程中，积累了能力，又把这些能力应用到其他领域。亚马逊这类企业，看似业务边界突破很大，其实它的机会跟能力之间的平衡掌握得很好，绝非简单的跨界。

比如，亚马逊一开始做电商，属于B2C模式，它的厉害之处是建立了云数据处理平台，能够做到精准配货；后来，亚马逊在电商平台上引入C2C模式，但是它把自己云数据能力开放给它平台上的卖家，获得了很好的效果，之后又进一步将其云数据处理能力向外部企业开放，逐渐形成了它的云业务；还有，亚马逊最早做电商是从做书开始，从起初的纸质书发展到电子书，有了电子书之后，亚马逊就知道了读者在什么样的桥段、情节、语言上停留的时间长，喜欢读什么内容，于是亚马逊开始有了自己的出版业务。亚马逊业务发展逻辑很简单：先由机会牵引出能力，等能力起来之后，再往外复制，能力越复制越大，业务边界越来越扩大。现在亚马逊连能源领域都进入了，但回过头来看，亚马逊之所以会进入能源领域，是因为做大数据、云平台需要庞大的数据机房，能耗极大，它自己需要解决成本问题，需要探索能源的解决方式，等到这项能力做好了，成为了行业最佳实践，亚马逊说不定会成为一个新能源企业。

生态无序扩张的基础是能力。亚马逊的生态链模式是把自己的能力做到最佳实践的时候再对外开放。不断地提升自己的能力，不断地对外开放，整个生态从外向内看好像乱七八糟，实际上内部是有核心的，在机会上有统一的门槛。这就是它在生态上无序扩张的理由。

小米也是如此。小米做手机，起先为了绕开高成本的传统渠道，降低销售成本，建立了自己的电商平台小米网。等到电商做起来的时候，成为它的一个能力，拿过来再整合供应链。小米的生态链就是这样一步步形成的。

跨界和归核看似矛盾，其实内部也是有统一性的。在跨界与归核之间，亚马逊与小米掌握了某种平衡。

3. 价值观驱动VS利益驱动

再看价值观驱动机制与利益驱动机制之间的悖论。中国的企业家们一直在机制上特别兴奋，机制归根到底是利益的分配方式。把钱分好了，就能动员起足够强的力量。但另一方面的问题是，当利益的洪流被无节制地动员起来之后，商业底线如何坚持。早年发生在牛奶行业的三聚氰胺事件、去年爆发的疫苗事件，都是如此。我国的消费者为什么会喜欢到海外购买？主要原因是很多时候会先有成见的认为，海外企业做产品时是有底线的，而对国货的最大担心是它们是没有底线的。利益驱动机制强调过狠的时候，企业就会守不住自身的价值观。如果一个企业从上到下都在死命追求增长和利润，这个企业是很难做久的。我们很容易在抓一头的时候，守不住另一头。当企业的价值观驱动和利益驱动机制平衡的时候，企业可能才是稳定发展的。

4. 复制能力VS变革能力

我2017年研究商业模式的时候，最大的体会是：一个企业能做多大，取决于企业的复制能力。企业能够把一个简单的事情复制到更宽的领域，这个企业就能做大。比如把一个产品的成功复制到更多的产品上，把在一个区域的成功复制到更多区域的成功，把一个客户的成功复制到更多的客户，把一个产业的成功能复制到更多的产业，从一个人才的选拔成功复制到众多人才的遴选。所以，做大企业不应该是一件复杂的事情，只要是找到了复制方式。

举个例子，假设给你三天时间写一篇十万字的论文，实际上是写不出来的，如果告诉你可以复制粘贴，不到三个小时你就可以完成。所以，企业要解决复制能力，包括实现产品化、规范化、标准化等。

另一方面，企业能做多久，取决于变革能力。环境总在变化，竞争也是流动的，企业必须适应环境的变化调整自己。难题是，企业越是复制能力强，越是能够用标准化的方式，把企业的活动方式固定下来，就越是锁住了人的工作方式和行为方式。随着环境的变化，企业原有的这一套可能不适应了，这个时候要打破原本的结构去变革。

在复制能力和变革能力之间，存在内生的矛盾，麻烦的是如何去平衡，企业要思考如何去处理这两者之间的矛盾。

……

组织中类似的悖论有很多，这些悖论共存于组织之中，很难强调一个方面，而把另一个方面忽视掉，如何平衡、驾驭这些悖论，是组织问题的核心。

三、驾驭组织悖论需要灰度领导力

灰度是黑白共存、正反共存，比如授权和控制通常是同时加强的，胆大包天的目标和保守的策略计划同时存在等。我们讲组织中存在的各种悖论，不能用此消彼长的方式去处理。比如美的是分权模式，美的在做分权的时候，其控制系统是同时加强的，将组织划分为事业部，事权、人权、财权下移；利益分配力度加大的同时，审计系统、财务系统和绩效管理系统也是空前强化的。所以，灰度不是在两者之间取舍，而是同时平衡。再比如，华为在强调利益机制的时候，同时强化价值观系统，先做基本法，配套的是先做文化，先做动员。

我认为“恰当平衡组织中存在的悖论”是灰度的实质。聪明的企业家实际做哪个工作的时候，一定是从软的、相对容易的、明确的方面去强调的，同时是在对应、对抗或者对冲的另一条线上去同时加强，这叫灰度。

灰度是高阶的领导力才能驾驭的境界，需要企业领导者长时间去体会、去修炼。如明兹伯格所说，“管理是一门手艺”。什么叫手艺？例如，开车就是一门手艺，第一次倒库的时候倒不准，刮蹭几回，慢慢就准了，熟悉之后再倒库仍然没有标准，全靠手艺，大小、左右、前后，调整着就合适了，时间久了手感就出来了。其实，管理也是一门手艺，我非常认同明茨伯格的观点。

以华为手机的定价策略为例。华为手机从Mate7往后越做越好，原因是华为做手机的感觉越来越好。刚开始的时候华为是做低端机，都是移动的贴牌机。华为第一款成功的高端机是Mate7，价位大约比苹果低1000多， Mate7发布后成功了，华为开始有些自大，之后紧接着出了一款手机叫MateS，裸机价格就定得比苹果还高，以为自己能够冲击高端市场，那台机器卖了两月就不行了，这个定价就砸了。2018年Mate20的推出，可以预见华为干掉苹果是迟早的事，华为现在的感觉太好了，不仅在性能上进步神速，定价上也越来越有定力，苹果的iPhone X裸机价格往上万走了，华为却没有跟进，而是牢牢站住了5 000–6 000元价位，结结实实摆了苹果一刀。这充分说明华为做手机的手感有了，艺术也掌握了。

华为的研发有一套策略：“领先半步是先驱，领先一步是先烈。”研究华为历史发现，在20世纪90年代，华为开始做第一代研发的时候是非常保守的。做第一款交换机用的是模拟技术，当时数字技术已经产生了，但华为担心技术超前，当时预判中国的电信行业不会有这么快的速度。而模拟技术在门数小的情况下，比数字成本低、效果好，只有在门数特别多的情况下，数字机的优势才能够凸显出来。保守的策略导致华为刚研究出来产品，还没有卖就已经过时了。华为早期的研发特别浪费钱。后来走激进路线，开始超前研发，比如在20世纪90年代末认为3G是未来技术，把所有的研发资源都集中到3G了。结果2000年，中国电信行业遇到的问题是电信和网通拿不到移动牌照，采用了一套落后的技术（小灵通）来绕过没有移动牌照的被动局面。但华为因为大量的研发资源都押在了3G上，大量的研发项目没有用武之地，眼睁睁错失“小灵通”的市场机会，这就导致了2001年时，出现了华为的冬天。华为先保守后激进，反复挫折后，才有了深刻认知，即“领先半步是先驱，领先一步是先烈”。

所以说，企业管理真的是艺术，从左右为难到左右逢源，到最后掌握了手感，才能够适度的领先。问题是管理者怎么去找到手感？需要在直面管理冲突、管理变化的过程中，要在前进过程中、试错过程中找到平衡点。

（华夏基石e洞察公众号2019年2月3日发布）

小米的二次创业

这么多年，虽然中国企业在实践上有很多好的做法，但是在管理理论上一直很滞后，大多数的理论提出来热闹一阵子，过一段时间就过时了，主要原因在于对企业实践的研究不深入。这也是我近年一直专注案例研究的原因，我希望通过案例的研究，深度地跟踪一些好企业，把这些好企业先进的模式、被检验过的模式和道理、方法总结出来。

研究小米久了，也有很多其他朋友关注，他们会经常有小米的信息，会有很多人发我，所以我获得信息也比较容易。上周宋劲松老师还转发过来一份田涛老师的留言，田老师大概的意思是说，以十年评价一家公司为时过早，说小米需要沉下来，再沉下来，学者们千万不要追风，长期跟踪研究十年二十年才能出来像样的研究。

田老师是管理的大家，他的话很有道理。但是我依然坚持在研究小米的同时，陆续把研究成果发出来和大家交流，而不是再等十年发布。因为我觉得既然这个企业能够在这么短的时间内获得这么好的成绩，一定说明这个团队对企业的理解是在一个高的水平上。不管它在一些事情上做得对还是不对，它遇到了问题，因为它的团队很棒，寻找的解决方案，都会是高水平的。

因此，我认为小米经历的事情，对大多数企业来讲有参照意义。很多时候它遇到的问题我们也遇到了，我们自己想对策的时候可能要耗费很大的心思，穷尽智慧。如果我们能找到水平高的人，看一看他们遇到这种事情时拿出的解决方案，对我们肯定会有启发，所以我研究小米的参照意识是很强的。这也是为什么我会长期地追踪小米，而且过一段时间就去总结它，提炼它经历的成长阶段、经历的问题、采取的应对措施。这也是我今天来给大家谈谈小米的初衷。

一、小米已经进入二次创业阶段

4月6日，是小米成立9周年纪念日。雷军在其公开信中明确提出“小米踏上创业第二阶段”。其实我们大多数企业都有一个惯用的称呼，称这个阶段叫“二次创业”。

什么是二次创业？在一次创业的时候，企业能够做起来，其实有很大的偶然性，多数的企业创业成功是靠机会、靠风口，中国这么多企业，凡是能做大的，都遇到了好机会、抢到了好风口，它们的成功具有相当程度的偶然性，雷军也经常讲做企业要看风口。创业企业如果赶不上一个好机会，是很难做起来的。

这时候企业需要好机会、大风口。什么是风口？就是需求急剧爆发，你的能力没那么强，产品和服务做得没那么好，核心竞争力还没有建起来，但因为市场需求急于放量，而市场的供应链准备不足，所以你能够在做得不那么好的情况下，也能够顺着风起来，这是创业企业必须要找的机会。

创业企业的重心一定是在业务，有一句常话，先有业务，再有管理，这也是大多数创业企业所坚持的做法，也是比较流行的管理原则，就是早期先不要管那么多，只要把业务冲起来，别的什么都不重要。这是创业时期企业的一个特点，小米也是那样做的，早期就是速度、速度、速度。

创业企业还有一个特点就是规模优先。我们知道，企业在规模小的时候是很难建立起组织能力的。所谓组织能力，它需要规模的支撑。我举个例子来说明，比如你想先建立人力资源管理的职能，早期你可能用两三个人，这两三个人既管薪酬，又要招人，又要评估干部，又要做考核方案，当这些人什么都干的时候，很难每件事情都做到专业的水平，这时你的人力资源的职能是很弱的。如果你要想让它的职能变强，你最好要再进行分工。

但是你要让它强的时候，你会发现，如果我把专业分得这么细，我就需要规模，如果企业没规模，你养不起那么大的人力资源团队。所以在创业时期，规模是优先的，企业必须创造规模，否则你想建起高的能力都很困难。

创业时期还有个特点是团队先于组织。你这个时候必须优先建团队，什么叫团队？就是要找很棒的人。雷军也在讲，他在创业之初大量的时间用来找人，百分之六七十的时间在找人，虽然有点夸张，但不过分。现在很多企业也在讲一定要找到很棒的人，因为创业的时候，你的组织能力没出来，打天下要依赖于英雄式的人物，依赖于这些有创业精神的人，所以企业的早期是团队优先的，这是创业期的特点。

但是，我们要知道这样的特点是很难持续的。很多企业都是增长到一定程度上，遇到瓶颈，再往前发展，发展不动了，因为市场机会是不连续的，原来的机会、风口现在收口了，别人都进来了，金融、投资都进来了，大家开始拼能力，拼的时候你发现你的能力对抗不过人家。

二、二次创业的核心命题：把能力建到组织上

所以我们就提出来一个命题，企业在创业时期到达一定规模的时候，要做一次二次创业，二次创业的核心命题，就是要把能力建到组织上。这句话听起来很笼统，有些人也不太理解，什么叫把能力建到组织上？很多管理者把组织的能力等同于个人能力、团队能力，其实不然。我举个例子，什么叫组织化的能力？我认为人类社会区别

于动物，就在于人类能够把自己组织起来。人作为一种动物，在这个动物世界里面，如果纯拼体力的话，实际上它在食物链的低端，是很弱的，但是为什么人最后能超越所有的动物，主宰了这个世界，人的能力到底在哪里？我们想一想，关键是在于人能够把自己的种群组织起来。

组织的厉害之处到底在哪里？第一，它是超越个体的，这一点不难理解；第二，它的厉害之处，在于它是按组织当中最长板的那个人的能力，来形成组织能力的。比如人类绝大多数人不会制造飞机，突然莱特兄弟等一众发明家就发明了飞机，并成功实施了飞行，发明成功以后，能工巧匠们把飞机做出来，以至于你掏钱就能买一架飞机，普通人也可以驾驶飞机。由此，莱特兄弟等几位发明家的能力就形成了全人类的能力。

这一点是很重要的能力，所以世界上不需要那么多具有发明飞机能力的人，可能在这方面有一两个、三四个就够了。这几位极少数的天才发明完了以后，这种空前的新技术就迅速地被人类所掌握。人类掌握了新事物、新知识以后，还厉害在哪里？飞行器原理的发明者和成功实施飞行的莱特兄弟死了以后，人类新获取的这个能力不会丧失，还会有人把制造飞机和飞行的技能延续下来，那以后，还不断有后来者在莱特兄弟成功实施飞行这个能力上，再往上叠加更新的技术，于是人类可以越飞越高、越飞越快，这就是组织能力的厉害之处。

但是你反过来看动物，它们就不行，丛林之王的老虎群中可能也会出现一两个天才，比如说某只老虎跳跃能力出众，能从这个山头上跳到那个山头，但它这个能力肯定复制不到其他老虎身上，当老虎跳跃之王死掉以后，老虎的种群并没有传承到这种能力，并没有得到异禀者任何特殊天赋的遗产。这个简单的对比帮助我们更清楚地看到人类组织的能力。

我们再回到企业，有人讲企业是普通人的企业，其实当我们正确地理解企业时，企业依然需要天才的推动，需要寻找一些聪明人为企业建立核心的知识，然后我们通过组织化的手段，把聪明人的知识、经验、见解转化到组织身上。

同样，组织还可以建立超越每个个体的能力，即便每个人没有那么聪明，组织也可以通过互补的手段给大家赋能。比如这个聪明人只会研发，能做出好东西，但是不会卖，组织可以通过分工，让别人帮他卖，这就是组织化的能力。说来简单，其实把组织的能力建出来是没那么容易的。

我们回过头来看，很多创业企业都是在这个问题陷入了误区。为什么很多企业创业捞了第一桶金以后，再往上就止步不前了？原因在于大多数企业没有看透小企业经营方式的局限，一直只知道在小企业的方式上去折腾。很多的企业本来的规模就不大，出于这样的错误想法，又再进一步把企业做各种切削，切成一个一个零碎的小单元，而回避了一个企业在成长过程当中应该及时去建设组织、提升组织能力的问题。

殊不知，如果你要让你已经发展到一定程度的企业，再回到创业的状态，这是不太现实的，也基本上做不到。大家知道，创业是件九死一生的事，要靠很好的运气，投入极大的心血才能存活了下来，本来企业已经把自己做到一个规模上，有一定积累，有了一定市场地位，这个时候我要保证可持续的成功，应该花工夫、下力气的是抓紧时机，建立起组织的力量和战略的引导力量。

对一些做大的企业来讲，那些能够成长为大企业的，都会经历过这个阶段，这个阶段的核心命题就是“二次创业”，就是要把能力建在组织上，对企业做组织化改造，建立企业进一步发展所急需的各种核心的组织能力。

三、建立系统化的组织能力，是企业持续成长绕不过去的坎

现在小米应该说正在经历这个阶段。我们看小米从上市以来，对外边发布的较大规模组织调整就进行了五次，而且在内部还做了价值观讨论、机制重构、搞信息化等一系列的措施。小米以前很少专门花时间去谈组织的事、管理的事，而最近一年，它在组织上的动作很大，包括传出来小米要做等级制，这些都是组织方面的事。我们可以肯定地说，小米在正在进行二次创业。我觉得小米的厉害之处，就是在合适的时候，清楚要去做合适的事情。

那么，同样的这个过程，我们在华为的历史中也看到了。大家可能也看过前几天华夏基石e洞察发布的摘自《企业成长导航》一书的文章，这两篇文章是我关于华为变革史和美的变革史的研究成果，这两个企业几乎都是在1996年前后开始经历二次创业。当时华为从人力资源改革开始，先后进行薪酬和绩效改革，推出《华为基本法》，做流程化改造、信息化改造，华为大概是1996年到2002年经历了这个组织能力建设的阶段。到了2003年之后，华为的组织化力量已经很强了。

同样，美的大概也是在1996年做的事业部改造，围绕着事业部，建立起一套管控体系和用人体系，通过一系列事业部体制的改造，建立起它的组织化能力。这些企业经历的上述历程，离我们这个时代已经很遥远了，我们现在回顾它们的历史，某种程度上已经失去了情境感，只能说是从历史文献中，也根据很多人的叙述来回溯这段历史。

我们看这个小米的这些变革，包括它通过二次创业推动的变革，这个我们刚才也谈了，创业时主要看机会，抓风口，突破规模的局限。但如果单纯依靠机会，对企业来讲是没有持续性的，所以你最终还是要建立起自己的战略导向，用战略来引导资源配置，引导人的流向，引导你的组织建设。

如果一个企业没有战略的引导，你是不可能在长时间内配置资源的。比如要想建设技术能力，我们现在看华为，华为正在经历多事之秋，如果它的技术储备比如5G，

没有几十年的积累，很难建立起这么大的能力、这么好的优势。再比如，企业的人力资源的成长尤其如此，类似的核心要素还有品牌。

这些都是创业期的企业不可能去做的事情。创业企业都是过了今天不知道明天的，能活多久还很难说，所以它只能围绕着机会去做。于是我们看到了小米跟华为的差异，小米的整体能力虽然不断有精彩出现，但是它的系统性能力显然处于弱势，因为这两个企业处在不同的生命阶段。

四、小米二次创业第一式：建立战略引导力量

说到企业的战略，它本质上可以分三个层面，一个是战略假设。你假定未来的环境会变成什么样子？如果这个假设你想得不到位，假设定错了，对于未来要发生什么趋势，你没有预见到，那你的战略就很难做到家。所以战略是基于假设的。

华为的例子就给大家活生生地摆在面前。任正非多年前就有自己的判断和假设了，如果美国制裁华为，他怎么看，怎么办，华为怎么办？当时判断美国要制裁华为，只能是一种假设，也有可能是不会发生的。正因为他有了那样的战略假设，华为现在在一些重要领域、关键技术上才有了这么多备份，提前做了备胎。我们发现当美国大肆制裁华为的时候，它不像中兴那么狼狈。

战略假设只能引导你做资源配置，但是当战略假设发生的时候，还要做战略的筹划。你假设完了要发生，你想应对的时候，提前要做哪些准备，要把资源配置到哪些环节？比如，当华为的供应链中的西方企业还能给它供应的时候，这时它去研发自己的芯片，建自己的鸿蒙操作系统，这叫做战略筹划，其实这是需要战略决心的，需要对假设的认定。我觉得这种战略假设的能力，是真的来自领导力。

有了战略筹划，第三个是战略节奏。首先你的假设是方向，筹划是资源的配置，那下面的问题是，节奏怎么控制？大家都知道那一天要来，但什么时候来是不确定的，所以战略的第三个方面，是你要怎么去控制节奏？任正非好像在今天的采访里也在谈，他以前也做了战略备份、战略假设，但是不知道美国政府的动作来得这么快，直到孟晚舟被捕的事件发生时。他们本来预见到可能这次制裁要是放在两年之后，孟晚舟事件的发生让华为意识到制裁很快将要到来，所以它的战略节奏也必须加快。

我们大多数企业其实对这三个战略的重要概念没有理清楚，所以会有很多误解。比如很多人说战略是走出来的，其中特别流行的一句话是，你不需要定战略，我们在打的当中，战略就走出来了，路就走出来了。所以有一句非常流行的话是：战略不是设计出来的，是走出来的。

但是仔细想想，这句话之所以成立，它其实是指的战略节奏，因为创业的时候，已经偶然或必然地经历了某一个战略的方向，虽然可能并没有很主观地去做什么战略

假设，但实际上你还是被方向带着走了。而节奏呢，是根据打的过程当中市场竞争结构的变化、条件的成熟，去不断地控制快慢、控制力度，控制市场打法的节奏。所以这其实是战略节奏，而创业企业误区是经常把战略节奏当作战略的全部。

这也是为什么很多企业过不去创业那道坎，到一定规模就走不上去了，实际上它的问题是没有在合适的时候建立起战略引导的能力，对未来的假设不够，错把战略节奏当作战略的全部了。小米显然是意识到了这一点。我们早期还还可以说小米是踩在了风口上，靠爆发力起来，但是经过这一年，我们可以看出来，小米战略的模样走出来了。

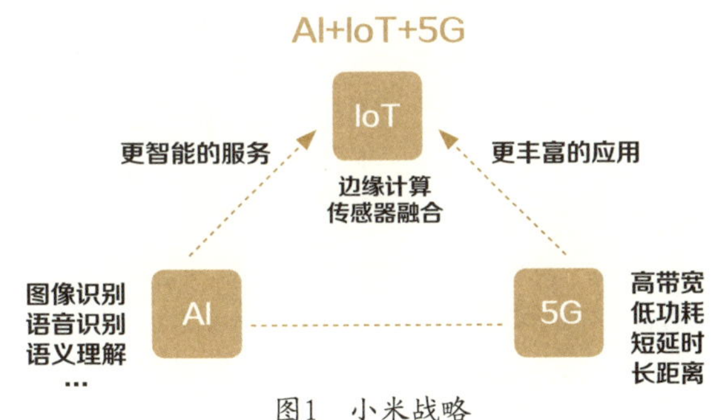

图1　小米战略

刚才我看大家的提问，有人提出，说小米的战略比较分散，业务比较分散，但我们看得出来，起码小米有几点是清楚的。第一，比如说它现在的战略是聚焦到手机，是“手机+AIOT”战略。手机是小米的一个的核心业务，这一点不容置疑，现在手机是它最核心的业务。另一个是它的AIOT，即所谓的智慧物联，不管它的生态链扩张到什么边界，扩展到哪里，小米资源的投放是集中到这里面的。比如说它提出来“铁人三项”，它的模式是互联网服务，加新零售，加手机，加IOT，手机是它的核心服务，新零售其实是营销扎根，是小米低成本战略的一部分。

我们往下再解读，从过去的一年里可以看出来，在手机上，小米走的是多品牌的路线，它的打法很明确，就打性价比。在这一点上，其实在历史上很多企业都是靠这个成功的，远的例子如福特的一款T型车，曾在最高峰的时候占到世界汽车产业规模的70%。后来的丰田，再后来如沃尔玛，这些巨头的战略都是占领普遍市场，你要想做最普遍的市场，打性价比还是一个最实在的路线。对小米来讲，它也在走多品牌，比如说把红米和小米的手机分开来，红米主要做低价的路线，走最低的价格，这个路线小米走得非常坚决。

它的AIOT战略即智能物联，这些设备里面主要是立足于家居产品，这里的战略意图也很清楚，就是卡位和海量设备。怎么卡位？我们知道未来智能家居里面，一定是设备跟设备之间、电器跟电器之间互相连在一起的，互相接受指令，这里面有些关键性的属于入口级、平台级的设备，比如手机，现在几乎我们家里的每一台智能化设备都能跟手机连在一起控制的，这是一个点。第二个点，比如说Wifi，小米前期在Wifi上头没有那么成功，这些智能设备现在要连在一起，每个设备都要连到Wifi上。

2018年，小米的最成功的一个地方，是它找到了另一个关键点——小爱音箱。将来的设备互联，以前我们说通过键盘，后来说通过遥控器，现在看起来这个趋势，真正的核心是人通过语言来指挥，所以小爱音箱就变成了一个很重要的入口。你家里有个音箱，你喊小爱给我做什么，她就帮你干了。所以这个音箱，小米花大价钱、大力度把这个业务给做起来，小爱音箱在在同类产品的销量目前是排在第一或第二位。

再说海量设备。小米在家居产品里关键点的卡位，是投入重兵的，它做海量设备。小米的厉害之处还在于它布局未来智能家居的一个底层逻辑，它现在走低价路线，设备不赚钱，雷军也公开说过，硬件的利润率综合利润率不超过5%，它靠互联网服务赚钱。要想靠服务赚钱，必须有海量的设备，你才有那么大的用户群，用户群、海量设备贡献海量数据，海量数据上才能衍生出增值服务，通过增值服务才能赚钱，这是小米的逻辑。

所以小米开始走海量设备，开始布局大家电，小米已经铁定了要进入空调、冰箱、洗衣机，现在产品也陆续推出来了，这就是整个生态链。靠自己推还不够，我们知道智能设备都有各自设备领域的技术，靠小米自己建是很困难的。它用生态链的方式，只要这些设备跟我的IOT连接，走我的网络。它建了生态链系统，现在小米已经投资了220家。

小米最厉害的一招就是把它的IOT平台开放，别的企业的产品可以跟我的IOT连接起来，共享数据，共享智能的输入。比如小米现在跟宜家合作，宜家的全系智能照明产品都可以跟小爱助理连接到一起，你用了小爱音箱，就可以指挥宜家的照明系统。

现在小米还跟全季酒店合作，开放它的IOT系统，做智慧酒店。它还跟爱空间合作，跟车和家合作，在车载的语音解决方案里也形成了生态。前两天还有人送我一个小米的反光镜，把它装在车上，可以通过它跟小爱音箱发生联系，这个反光镜就是一个语言交互系统，可以听音乐，做很多互联网上的事情。综上这些，你会看到它这个逻辑建立起来了，小米的战略意图还是很清晰的。

我们再看小米的盈利模型，硬件不赚钱，是占位建基础数据，靠互联网服务赚钱。我们看小米的历次组织调整，它把大量的互联网服务部门从二级部门上升到一级部门，直接向雷军汇报，这意味着对互联网服务部门的重视。

另一个方面是在技术上的投入。小米的毛利非常低，它的研发投入很难用绝对数来估量，它很难像华为那样拿出来每年利润的15%用于研发。像小米这种靠跑量的企业，毛利空间没那么大，想拿出大量的研发投入还很困难。但是我们看到，小米其实对技术也开始有了足够的投入，2018年投入58亿元，比上年已经有很大的增长，几乎相当于前两年的总和，增长力度还是很大的。小米的研发投入还隐藏在小米的投资逻辑里，它投了220家生态链企业，这220家生态链企业都是有各自携带技术的创业团队的，小米去把这个团队投资进来、引进来，这其实也可以理解成一种对研发的投入。

还有一个重大举措是成立技术委员会，小米的技术已经到了一个整合的阶段，它对这些业务板块分散的技术资源进行统筹，来共享技术的标准，开放技术接口，把同一种技术在内部去放大。

我们看完小米这些战略的布局，其实从去年一年小米的动作来看，它的战略的模样是越来越清楚了。

五、小米二次创业第二式：分权与强化头部功能同步

我们再看小米二次创业的另一个关键点，它从依赖于团队，升级到建组织。在企业的发展过程当中，是先有团队再有组织，我不久前写过这方面的文章。小米也是遵循这个道理，早期，它主要是在各个层级圈来有能力、被检验过、有创业激情的人，作为经营的核心支点。但是我们知道，企业做到一定程度时，靠这样的人的力量，仅靠机制的释放把人激活，有它的局限。一个创业企业家在企业的早期，他对资源有权控制，能够协调这些资源，但发展到一定规模后，你会发现在每个团队的条块之间，资源就很难整合了，当年在华为把这叫山头主义，这时团队、资源协同起来就很困难了。

小米在上市前后也出现了这种问题，比如同样一个市场职能，在很多业务板块里都有，这些业务板块相互协调起来很困难，一个是资源重复，另一个是策略不统一，协同不起来，甚至在不同的产品领域也有重叠的现象。这个时候就要建设组织了，要去重新整理组织的职能。

很多时候企业处理不好上下级的分权问题，比如过于放权，基层的人因为不能整合出系统的资源，只能选择那些竞争比较平稳、压力没有那么大的市场去做，所以企业经营的雄心就没有了。然后企业整体的竞争力开始放缓，总是找那些弱的市场去干的时候，你会发现时间一久，企业竞争力就变弱了。

我们再回过头来看小米。小米在2018年7月初上市，7月23号就作了一次组织调整，成立一套质量体系来解决它的质量不足的问题。9月份作了第一次最重大的调整，成立了两个关键部门：一个关键部门是总参，由联合创始人王川负责；另一个部门是组织部，由刘德负责。这两个联合创始人都向雷军直接汇报。

平时大家看这些自媒体的文章，都在讨论所谓这是组织部的时代来了，还是什么的云云。其实小米真正做这个组织调整的意图还不在这里，它真正的意图是，要把权力往业务线放了，在放的时候，首先要保证不散不乱；要想做到不散不乱，总部要有足够的能力来管住业务的战略、各业务的方向。这就是小米在拆分出若干个业务部门的同时，在集团层面成立组织部、参谋部的原因。

与组织部、参谋部同时成立的，是电视部、生态部等14个业务部门，有互联网业务部、硬件产品部、技术平台部、电商部等。值得关注的是，这里边有5个跟互联网服务有关的部门。小米的硬件不赚钱，未来靠服务赚钱，它成立了这5个一级部门，意味着在互联网服务上加大了投入，互联网服务肯定是布局在未来。这里面也包括智能硬件，即做小爱音箱的那些部门，也都在这些一级部门里。

这些组织安排都体现了小米的战略意图，说白了，组织还是要跟着战略走。

六、小米二次创业第三式：打开年轻人晋升的天花板

大多数企业在创业成功后，难以避免创业激情的丧失，也可以叫退化，这是很多上市公司在上市前后都要经历的。我们很多时候在谈奋斗者之所以创业成功，是因为外部找到了好机会，内部积聚了一群有创业精神的人，在华为也叫奋斗者，这两个因素一结合，企业成功的概率就很大。

问题是奋斗者很难一生都做奋斗者，奋斗这种行为在一个人身上是流动的。有些人可能一辈子都能做一个奋斗者，有些人可能在一个时期内，比如年轻时，在一个大城市没法立足，要买房、娶妻、生子，孩子要上学，这个时候决定了要奋斗，但是等获得了一定财务自由的时候，人生还有其他安排，这些都是正常的。所以你的人员里头，难以避免地创业激情会出现衰退，他干的时间很长了，在同一种状态也很长了，他要换一种活法，这些都是不能避免的。

小米尽管没有明讲，但事实上它这种情况是存在的，它也做了一些系列的措施，上市后也有创始合伙人退出，小米整体的安排就是你要么退出，要么这些联合创始人上升到战略层。所谓的战略层面，比如新成立的总参、组织部、小米金融，包括管手机的核心业务，这些都是战略层面的。

企业分出战略层的时候，战略层的战略决策跟经营性决策最大的区别，就是战略更考验人的自由度，人的思考越自由，战略决策水平越高。这些有了人生自由度的创始合伙人，在战略层面做事，更能表现出战略远见和定力。

对于业务层面，竞争层面需要投入，需要快，需要集中精力，在这个层面上，更多的是需要年轻人。

小米这一点上做得很好。它在从第一批成立十几个业务部门开始到现在，应该是这个级别上新设立的部门也快到20个了。这些部门用的人清一色是80后，清一色都是少壮派，这些人有的是小米成立几年后进来的，有的是跟小米一起进来的，他们出身的背景都很好，如从互联网企业背景过来的人。小米正是用这种方式打开了年轻人往上的通路，这一点实际上是很重要的。

七、小米二次创业第四式：从模糊评价机制到战略评价机制

我们知道创业时候，机制是很难去细化的，基本上都是粗放式。我当年也总结过华为，大家如果有兴趣可以看看我在《企业成长导航》那本书里面写的关于华为那段历史，它早期的典型特点就是模糊评价，然后把贡献记录下来，年底回溯你的业绩完成得如何，给你奖金，给你股份。这个时期是在老板的直接管理下，在创始核心团队直接管理下，分配是相对公道的，加上你选的人都是有创业精神的人，这种机制是有效的。

我跟小米的人聊过，小米2018年之前的确没有KPI。雷军也多次谈过，说小米在创业时期没有KPI，没有考核。事实上在创业时期内很难做KPI，这是有道理的，因为你的战略都没那么清晰，是靠机会引导的。在创业期的时候，如果你给公司一个员工定目标，说你的业绩要增长百分之百，你这个KPI肯定下不去，员工无论通过什么样的市场分析，都很难得出来业绩翻番的结果。所以局限就在于，KPI谈目标是上下级之间谈，谈出来个增长百分之六七十、百分之七八十就不错了。

在创业期，恰恰是靠指数方式来增长的，都是翻几番，所以创业型企业不适用KPI这个观点是对的，即我们不能用KPI制度来做创业的事，创业企业必须在风口的带动下，用非常规的增长方式，创业企业强调复盘，它强调的是滚动地往上增长目标，所以你会发现创业企业才有了今年100万元、明年1 000万元，后年1亿元、10亿元这样的速度往上放，不是KPI这种方式能完成这样的增长的，KPI在这个时候反而会限制它。

另外，创业企业也没有确定战略的能力，所以KPI对这种创业时期的企业高度不适合，对那些创新型业务比重比较大的公司也很难适用。我们现在看今日头条，今日头条内部也不是用KPI，他们是用OKR，把 OKR做成一种沟通工具，不断地勤复盘、勤迭代，不断地更新目标，更新与目标的对齐。

创业企业的特点就是这样的，是模糊的评价、模糊的机制，靠粗放式的分红、分股权来带动企业的成长，我们看华为早期也是这样。但是，这种粗放的管理往后走就很困难了，因为企业开始建立战略的时候，你会发现随着规模的扩大，企业内部的创业氛围一定会降低的。随着创业氛围的降低，你会发现高层的战略意图在组织当中越来越衰减，企业这时就开始必须建立战略导向的评价和分配机制。

由此来理解，你看现在的小米，内部开始也有KPI了，尤其对成熟的业务也开始建立起KPI考核体系，也开始有计划预算体系，开始有职位等级系列，开始有员工晋升通道。

八、小米二次创业第五式：用信息化来推动和固化管理变革

我在开篇讲到人何以能组织起来的时候，我讲了几点，在企业建组织的时候也有一个观念，就是组织的功能要能够使知识放大，有一两个聪明人，他们想明白了一件事，有了好点子，当少数聪明人建立起这样的知识，在组织内如何把它放大？

早期的企业是怎么解决这个问题的？我们看福特的案例，它是把大量的工作标准化，专门成立一些知识部门，比如说搞产品开发的，你只要把车设计出来，然后交给工程部门，工程部门开发流水线，一个一个地开发工具，把造车工作变得简单，一个工位、一个工种地设计，每个工种都从事简单的动作，由几千个简单的工作、工种加到一起，每人干一些简单动作，就形成了整体的一辆车的生产。

企业中做复杂劳动的就那些人，搞研发的，搞工程的，其他大量的都是工人，再就是监工，要求工人必须按工序要求做。研发部门和工程部门，研发工程师和工程工程师，他们把动作已经肢解到非常简单，你甚至在市场上找那些刚被释放出来的人，他们经过两周的培训就可以工作，所以劳动力非常充盈，福特发展得就很快。

企业花大价钱找这些高端的人，因为少，也没那么难找，我们看华为在20世纪90年代也做了这些事情，尤其1996 – 2000年，也做了这些工作，他们先搞职位设计，搞流程化改造，把端到端、从客户需求到产品开发，一直到研发，然后从客户的需求到交付，整个交付到客户端，对这些流程进行大的梳理，肢解成一个一个动作，梳理出一个一个职位，把每个职位的工作职责、工作模板和工作规范都一个一个固定下来。

设计这个模板的都是有经验的人，他们在这个工作上非常熟悉，你把你的经验总结出来，每一项工作应该怎么做，把它模板化。当年轻人到这个职位上来的时候，他是看着一些通过经验固化出来的模板、规定好的模板来做的，他没有经验，但是他站在了这些有经验的人的基础上工作，所以年轻人也能做出来好的工作。

与华为、福特那些企业相比，小米的优势就更明显，因为现在这个时代，你再那样搞、用那种路子来做，来一个脱胎换骨式的组织改造大循环，会非常耗时间，华为的二次创业变革做了6到7年，职位梳理的成本很大。

小米的办法是直接做信息化，用信息化的方式把员工串联起来，把每个工作的程序、跟上下游的接口，用信息化的方式连接起来。其实推动信息化的过程，就是要求每个人、每个流程梳理自身的过程，要求每个人总结自己的工作，提炼工作的模板、方法、工具。我觉得现在移动互联网带来的技术的升级，其实是为企业二次创业提供了便利的条件。

九、小米二次创业第六式：用价值观共识为变革护航

企业要想做大，要想把它的各个职位连接起来，统一价值前提是一件很重要的事情。我们在创业时期，这个问题没那么严重，因为决策是集中的，多数决策都是由高层来完成，所以问题不突出，而一旦决策要分权分下去的时候，这时价值前提存在分歧的问题就尤为突出了。

华为到了1996年，开始着手起草《华为基本法》，主要目的就是要统一各级管理人员的价值前提。小米现在也在做这份工作，在4月13号，雷军召集总监级以上的管理人员，开了一个价值观的讨论会，重新讨论小米的价值观，讨论价值观到底是什么，方法论是什么？这实际上是个很重要的问题，我觉得小米也仅仅起了个头，小米的讨论层次还仅仅停留在早期雷军的一些提法，比如和用户交朋友，做好每一个产品，做好每一件事，大概重申的还是早期的一些价值观，包括真诚和热爱这样的提法。

我们现在还没法判断小米是否做到这个地方为止，还是后续有很多动作，但是从我的观察来讲，对这个问题，小米还没有足够的重视，实际上强调这个问题是非常必要的。企业的价值观不应该仅仅是笼统的一个核心，谈一谈真诚和热爱、和用户交朋友就足够了，如果停留在这个层面，管理团队的共识深度远远不够。没有共识深度，高层还必须通过对实际业务的介入来保证下属不走偏，但介入过多会引发分授权不彻底，从而影响组织化进程。

实际上价值观在企业当中分了很多个层次，在每件事、每类事之前都有一个价值前提。所以华为有一个《华为基本法》，《华为基本法》后面还有一百个子法，这些都内容共同构成了华为的价值观体系。华为现在公布出来三本管理纲要，叫《人力资源管理纲要》《财经管理纲要》和《业务管理纲要》，我们2018年9月份还在看，在公共关系管理上，也有这样一份纲要，这些纲要都是给每个关键职能澄清价值前提的。

十、应该发生的二次创业第七式：创始企业家领导力升级

企业创业的时候，外部是机会驱动，内部是企业家驱动。企业家都有一种天赋，他们精力旺盛，对经营比较敏感，很多关键性角色都是由他个人来做。企业家的决策也很多是不透明的，都是在企业家头脑里去产生，所以早期的企业家都很辛苦的，属于超级奋斗者，初创企业对企业家个人的依赖也比较高。

但当企业到了更大规模的时候，很多企业到了一定规模再往前发展的时候，企业家本身就对企业形成限制了。因为这时候，别人决策满足不了他的要求，他自己决策，精力又不够，这个时候就会产生一个企业家封顶的问题。

到了二次创业的时候，企业要解决好的一个问题，就是企业家个人要去转型，他要把自己置身于这个企业之下，按照他在企业里应该扮演的角色去履行自己的职责，而不是把他个人架设在企业之上，这时候他要做一些转型。如果他不转型，他在过去轻车熟路的环节上还继续充当企业能力最强的人，当他在这些环节上越强，企业其他的人就反而能力发育不起来。企业其他的转型都能够通过外力的方式去解决，唯独企业家的转型是需要自己去超越的。

现在雷军个人可能介入的业务还是很深，我们跟小米的干部沟通，知道很多产品的创意，包括命名、功能的定义，雷军都要介入的。所以我们之前作这个分享的时候，也有学员问我，怎么看雷军？他要直接掌管中国区的业务，直接做它的负责人，我们怎么看这件事？

我觉得这对企业来讲，恰恰是小米要解决的问题，企业家越是从这些具体事务中超脱出来，他的战略决策的水平越高，企业家的功能会履行得越好，可能对雷军来说，这个转型可能还需要一点时间。

（华夏基石e洞察公众号2019年5月25日发布）

华为30年，走出了一条“教科书级”发展之路

牛顿有句名言：“如果我看得比别人更远些，那是因为我站在巨人的肩膀上。”没有一个人的成功不是站在前人的肩膀上的。做企业也是如此，很多时候你费尽心力想出来的办法，在别人的企业里早已是习以为常的常识。为人要善于向别人学习，做企业要善于向别的企业学习。善于学习可以让企业走得更快、弯路更少。这也是华为的厉害之处，华为在发展道路上向太多的优秀企业学习，从这些企业身上获取能量，然后把这些能量内化到自己身上，进而超越一个个“老师”。

在一个后发的国家、强竞争的行业，低起点、后出发的背景下如何胜出，华为给出的答案，可谓教科书级的。从这个意义上讲，怎么下工夫研究和学习华为都不为过。问题是，该怎么学习？

一、学习华为最忌讳简单归因、东施效颦

很多企业学习华为到痴迷的地步，多数效果并不好。归根结底在于要么是学习方式不对，要么是学错了内容，甚至是学习的发心就错了。

很多企业在学习华为时容易犯的错误是把华为的成功简单归因，然后简单机械地照搬、低层次模仿。

1. 奋斗者文化

让员工都成为奋斗者是人力资源管理的理想目标，也是每个管理者的理想，更是很多企业学习华为时乐此不疲的地方。

华为的奋斗者文化有自身的自适应性，没有那么简单。奋斗者文化的由来，可以从任正非和员工家属的一场对话说起。2011年的时候，日本福岛核辐射、阿富汗战争、利比亚战乱等危险事件相继发生，几乎所有在这些地方的企业都在撤退，但华为员工的身影却冲在第一线。很多员工不理解：有什么能比员工的生命更重要？公司的这种文化是不是可以改变？人力资源政策是不是可以调整？

在这种背景下，任正非亲自安排了和员工的对话。他说，我们做的是给运营商提供通信设备的生意，运营商的业务特点是全程全网的。这就意味着，网络覆盖范围越广，网络的价值越大，对运营商的价值也就越大。比如，大家都知道iPhone X好，

但如果全世界只有一台，它还有用吗？因为手机网络的全覆盖，才赋予了单台手机的价值。所以即便是最偏僻的山区，运营商也一定会去布局，甚至在喜马拉雅山上都有移动信号。华为的员工背着设备去维修，几千米的地方也要上。我们应该有这样的理念：客户的生意在哪里，我们就应该在哪里。越是战争的时候，网络的价值越大。现代战争最关键的就是指挥系统，如果通信系统被摧毁了，司令部就瘫痪了。所以，越是战争的时候越需要网络通信。曾经在安哥拉，华为当地负责人不请示公司，就背弃了当地政府，背弃了运营商及合作伙伴，私自撤离，酿成大错。事后多年，当地政府坚决拒绝华为再进入安哥拉，华为为此付出了很大代价才重返安哥拉。

通过这些事例，任正非告诉大家，华为要做运营商生意，就必须要坚持奋斗者文化。企业文化不是主观的，而是由企业的客户和业务性质决定的。华为的奋斗者文化是个抽象的提法，背后是由一组行为标准构成的，这个行为标准是和华为所从事的业务相一致的。

企业要学华为的奋斗者文化，同样的提法，内涵、标准也是不一样的。曾经有一个企业，老板非常迷信华为，希望我模仿《华为基本法》帮他起草一个类似的基本法，华为怎么干他就怎么干，换换提法就行。我和他讲：一个企业的文化和价值观要内生于自身的业务，又服务于业务。人家华为做通信业务，地震了，让员工往上冲，叫奋斗者文化；你一个做服装的，地震了，你不让员工赶快撤，叫瞎折腾。

奋斗者文化不是简单字面上的“奋斗”，而是和自身业务相一致的行为。所以，学习华为的奋斗者文化，学的是华为如何从深层次把业务和价值观统一起来。

2. 基于动态股权的合伙人制度

合伙人制度现在也是一个热门。有很多企业声称是和华为学的，还设计出新的合伙人模式——动态股权。老板成立了一个新业务，参与者都可以按一定比例拿股权。同时，企业又担心把股权分配出去了，新业务又没做起来。这种情况下就诞生了“动态股权”。所谓动态股权，就是老板确定多个战略任务，为每个战略任务分配一定比例的股权，完成一个任务给一定的股权，然后按照完成比例进行利润分配。

表面上看，动态股权很完美。但仔细推敲之后发现，还是有问题。无论什么激励制度，最重要的是要建立起自下而上的动力机制，让每个基层员工都自带动力。但我们看上面的“动态股权”的模型里，核心还在于“战略任务”的确定，如果战略任务的确定逻辑没变，所谓的动态股权仍然是分包模式。

我们学习方案的时候，一定要从大企业的成功实践中总结方案。一个创业公司、一个新业务面临的最大的难题就是战略不确定。创业公司就像小孩子一样，跌倒了再爬起来，被烫着了缩回手，知道了火不能摸。创业公司也是一样，都是在探索中成长的。企业发展的核心是唤起企业家精神，唤起创业意志。所谓的动态下的新业务，制定战略的人就是操盘者，启动一项新业务，操盘者和业务应该是紧紧捆绑在一起的。

所以，一些新模型，不要看着表面很完美，一定要经过实践的考验，才能取得成功。

3. 全员持股

全员持股是华为比较愿意展示的，很多专家也都做过解读。广为传播的是“任正非的股权已经被稀释到1.42%”（刚刚发布的华为2018年年报显示，任正非财务出资部分的股权进一步压缩，降至1.14%）。很多人因此评价，任老板有境界、有胸怀、敢分享。这里需要厘清一个错误归因的概念。什么叫做错误归因？比如有人问巴菲特：你是如何有这么多钱的呢？他回答：我小时候，爸爸给了我10美元，我用这些钱买了很多笔记本，一个一个卖给我的同学，赚了50美元。然后，我又拿着这50美元去给大家提供别的东西。说到这儿，这个人说：我明白了！巴菲特问：你明白什么？我有钱的主要原因是我大学毕业的时候，我爸爸给了我5 000万美元的创业资金。这就是错误归因的例子。

就像我们讨论小米的成功，都归功于“去KPI”。我研究过小米，知道小米成功肯定不能简单归因于此。创业公司都没有KPI，那是因为公司在不断变化，没有能力提炼出KPI。按照小米的说法，这叫做“去KPI”。而这种“去KPI”现象反而成为一种时尚，成为外界大量传播的成功经验。但事实并不是这样。即便是专家提炼出的经验，都有可能是不对的。即便是企业告诉你的成功归因，也很有可能不是真的归因，只是他们想让你知道的东西。比如华为，1987年创业时有六个股东，一人3 500，一共21 000元注册资金。1989年华为开始做股权激励，是因为这一年华为开始做研发了。研发需要资金的大量投入，再加上早期研发的失误和开发方向的跑偏，导致资金严重短缺。民营企业融不到资，钱不够用，就拖欠员工工资，给员工打白条，后来就把白条转化成股权。这就是华为早期股权的来历。但是做股权转化，遭没遭到原来股东的抵触我们不得而知。我们现实中看到很多企业，通常会受到原始股东的强力抵触，他们通常不明确反对股权激励，而是提出不要做研发，做贸易挺好的。名义上是反对战略，核心其实是因为触动了自身利益。企业家想往前迈出这一步是很困难的。既要超越自己，又要搞定既得利益者。说白了，机制的设计是第一步，强悍的领导力才是关键。但这个领导力的展示过程是什么样的，背后的要素并不为外界所知。我们需要用历史的眼光去看待企业成功的逻辑。

同时，我们看很多大企业，老板持股比例很高，同样也做得很好，而且不影响扩张。比如美的何享健，持有美的集团的股权超过35%；小米上市，雷军拥有31.41%的股权；海底捞上市，张勇拥有62.7%的股权。同时，也有很多全员持股的企业并没有做大。华为从1990年做全员持股，同年，在美国的500万家企业当中，有2 000家也采用了这种方式。但是这些企业都没做大。背后的原因是什么？首先，全员持股，一起参与决策，决策机制的效率被降低。其次，企业家精神被掩盖。他们认为，对财富的追求，才是企业家精神背后的源动力。创业几十年，牺牲了家庭，全员持股以后又不能获得足够的利润，就会感觉很不值得。因此，必须在资源配置机制上保护企业家精神。当然任正非占1.42%，还是往外分得太多了。

全员持股之所以在华为推行得如此成功，是因为适应华为的企业文化。全员持股的背后就是任正非一直推崇的三高文化：高绩效，高压力，高激励。2017年，华为出台了“人力资源管理纲要2.0总纲”，在这个“总纲”的全员讨论会上，任正非发表了定调讲话，大意是，华为还是要坚持奋斗者精神，要追求高绩效，因此要淘汰那些业绩差的员工。这篇讲话出来，很多媒体争相报道，微博上却是骂声一片。如果企业文化一旦跟社会主流文化和舆论对抗，会大大增加企业风险。华为陷入这种内外交困的巨大压力并非第一次，但任正非总有成功驾驭这种局势的能力，使得企业文化能够凝聚人心。但你的企业能不能这么学，如何学，也需要评估。

4. 华为的管理体系

其实，华为的管理体系也不时髦。华为薪酬制度和任职资格制度的设计思想在1996—1998年就已经确定下来了。在当前的中国，不要说华夏基石这样的知名企业，即使是一般的咨询公司，花很少的钱，在这种思想指导下设计一套薪酬制度，都非难事。

事实上通过复制华为管理体系成功的企业寥寥无几。华为的管理体系，并不是每个企业都可以复制的。

企业究竟向华为学什么，又该怎么学呢？我认为，无非是学习华为背后成功的逻辑：第一，华为做大的逻辑。华为到今年为止，已达到七千亿的规模，但还在继续做大。第二，华为做久的逻辑。目前为止，与华为同时代的企业，没有几家还能像华为一样保持高速增长。第三，华为做强的逻辑。在通信行业里，只有做得强才能做得久，而华为的产品是可以和西方比肩的。

二、华为成功背后的三大逻辑

（一）华为做大的逻辑：复制能力

首先要学习华为的，就是如何把企业做大。有的企业一直做不大，是业务模式限制了企业发展。想把企业做大，就得符合大企业的逻辑。

1. 华为商业模式的四个关键点

第一，华为做的是大市场。如果做零碎的小市场，一个市场几千万规模，要想做到千亿级，就需要几百个这样的市场。这极大增加了管理的复杂程度，就决定了企业肯定做不大。

第二，业务标准化。任正非、马云、何享健会比普通的企业家更累，做的事更多吗？不见得。做大企业反而不是一件复杂的事。一天内写一篇10万字的文章不可能完成，但复制粘贴十万字，一个小时就可以交稿。大企业做大的核心逻辑，就在于复制能力。只需要在一个最小的业务单元上打通，就能向更广阔的市场上复制。一家店开成功了，就能复制更多的店；一个区域做成功了，就能复制更多的区域；一个产品做成功了，就能复制出更多的产品。因此，复制能力是企业做大的关键，而复制的关键在于标准化。

第三，人才的专业化。标准化的关键在于人才的专业化。华为从1987年成立到现在30多年，员工平均年龄只有29岁，大多数刚毕业的年轻人在承担着绩效。为什么大量的年轻人能够在短期内实现这么高的绩效？因为他们成长得快。人才之所以能获得这么快的成长，因为华为一直坚持人才专业化，坚持在一个领域里成长，速度就一定快。

第四，管理的职业化，一套有效的管理逻辑可以被不断复制。很多企业开展新业务就像二次创业，但华为启动一项新业务时，有大量的要素可以复制过去。如果这项业务需要10个要素，9个要素都可以从老业务里复制过来，只剩下一个要素需要突破，事情就会变得简单。老任曾经阐释过什么是“主航道”，所谓“主航道”，就是一件事做对了就可以不断得到复制。这就是企业做大的逻辑。

2. 从“人民战争”到“现代战争”的华丽转身

因为有了这套逻辑体系，华为在市场竞争上打的是“现代战争”，而其他企业大多打的是“人民战争”，主要是发动群众。现在的中国企业搞的合伙人制也好，生态链也好，其实就是发动群众，打“人民战争”。当然华为早期也是这样。但现在西方打的是“现代战争”，是全方位、立体化的战争，不仅有地面部队，还要有飞机、导弹，海陆空一体化打击。老任说过，游击战只能取得战术性的胜利，不能取得战略性的胜利；想取得全面胜利，还要靠现代战争。所以，历时这么多年的改造，华为完成了从“人民战争”到“现代战争”的转化。

举个例子。在餐饮行业，麦当劳年销售额246亿美元，在美国餐饮行业中排名还不在最前；中国餐饮行业老大海底捞，年销售额106亿元人民币。在咨询行业，埃森哲咨询公司的年销售额368亿美元，纯利润是340亿美元。西方大的咨询公司，体量都在百亿美元级别以上；而中国的咨询公司，前50名加起来都到不了这个数，简直是望尘莫及。

体量差别为什么会这么大？我们做不了大企业的关键原因在哪里？我认为，中国企业做不大的根本原因是短视。很多企业不仅眼光不长远，关键是不知道眼光应该往哪儿放。

3. 华为做大与大企业的发展逻辑

华为初期也在不断摸索大企业发展的逻辑。真正意义上的第一代大企业产生于汽车行业。那时陆续有了福特、丰田、通用，后来其他行业也在出现大企业，比如宝洁等。这一代企业的模式都是以产品为核心的。第二代大企业，是在电脑时代产生的一批公司，英特尔、微软、谷歌，伴随这些企业的产生，就有了平台模式。最近这些年，进入了手机时代，苹果、阿里巴巴、腾讯、小米、亚马逊，平台模式开始朝更大体量发展。

（1）大企业1.0：产品时代的标准模式

【例1】福特——标准化是做大的先决条件

在福特公司之前，汽车行业采用的是单件生产方式。客户预定一台汽车，公司先派人跟你谈车的型号、构造、装修等一系列细节，谈完报价，然后下单去做。那时的奔驰公司也实行合伙人制。奔驰早期的运行模式是，上面有一个平台，下面有很多工厂，每个工厂都是合伙人。这种模式下，能工巧匠是核心。企业一年大概只做几百辆车，一直做不大。不仅培养一个匠人很难，找到一个既擅长沟通、能打动客户，又能精通技术的合伙人更难。那时候一台车卖几万美元，只有真正的大款才能买得起。

福特公司的创建，提出了“要让最大多数的人能买得起车”的新逻辑。这一理念的核心是，价格低、质量有保障，实现标准化、大规模生产。实现标准化、大规模生产，流水线作业，工人就更为熟练，设计更可靠，质量更稳定。同时，规模上去了，在研发比例固定的前提下，随着规模增加，研发费用就会不断摊低。价格低了，也就实现了大规模销售。所以，福特车品种极少，只有一款T型车。在这种模式下，福特把几万块美元的汽车降低到800美元。就这样，福特坚持实现了价格便宜、质量可靠、几乎所有美国人都能买得起的目标。

首先，福特的生产工序极其标准化，从美国种植园被释放出来后仅训练两周的黑人，都能成为一个成熟工人。当时福特采用了激进人事政策——5美元工资制。当年，工资最高的是IBM公司，日薪大概是2.3美元，而福特一天5美元，远超其他公司。所以说，给多少钱，你就拥有多少权。福特的工人都能严格遵守铁律，严格执行工序标准。

其次，福特还采取了疯狂的垂直扩张模式。为了保证企业运转，在生态链中，无论上游的钢厂还是下游的销售网络和配件，都是福特公司自己做。另外，福特还采取激进的价格政策，将价格一步到位定到成本线上。所以，福特在早期实现了急剧扩张。

第一代大企业的模式是规模化。没有标准化，就没有规模化；没有专业化，就没有规模化；没有大市场，就没有规模化。这是福特公司当年扩张的逻辑。华为在当年做IPD的时候，跟IBM的顾问产生了很大的冲突。IBM的顾问要华为梳理产品和业务流程，实现标准化。可华为认为做不到，华为做的是大客户，几个大运营商的需求千变万化，不满足客户的需求就没法做下去。IBM的顾问说，客户的需求是永远无法完全满足的。为了实现标准化，产品的思维就一定要在满足客户需求和企业规模效益之间取得平衡。企业要想做大，就得把品种减少。所以，华为当年在产品标准化改造上花了很大工夫。

软件行业实现标准化的难点在于，客户的需求变化太大。国内的用友公司为了满足客户需求，建了一个产品平台。而这个平台只完成70%的标准化，剩下的30%做非标的。在西方，大企业只做那70%，30%的非标产品，天然适合小公司去做。小的团队都是老板亲自挂帅，成员也都是多年培养起来的"铁杆儿"，做起来会非常用心，所以产品性能得以保证。

现在，"云"的出现给软件行业提供了做大企业的机会，所有的企业都可以往"云"上靠。而企业想做"云"，就要把自己的活动标准化，才能搬到"云"上。因为技术上的突破，客户的观念也随之变化，软件企业做标准化的难度就会大大减少。所以，软件企业做大的几率会大大增加。在行业没有找到标准化的可能之前，企业是做不大的。

互联网企业做生态链，主体是做行业里最有可能标准化的领域，而把剩下的不适合标准化的领域交给生态企业去做。京东起步做的是3C产品，是最容易标准化的，如家电、书。等销售网络做大了，才开始做非标产品，如生鲜。当企业销售网络足够大后，就可以倒逼供应链，让供应链按照要求做标准化，用市场改造行业。比如，要求供应商养标准化的瘦肉型猪；养标准两千克重的鸡，规定35天时间交货。所以，雷军说，互联网的兴起，使每个行业都值得再做一遍。这是因为互联网企业掌握了客户的话语权，可以回过头来，倒逼产业链完成标准化的改造。比如餐饮行业，做得好的首先是快餐，像麦当劳，就那几个品种，完全标准化；其次是做团餐，目标客户群是工厂、学校等，在一个相对封闭的环境里，只需要每周换一次菜谱，极容易标准化，所以能够做大。另外，做餐饮供应链也能做大，比如海底捞，给你配菜、配肉、配调味料，完全可以实现标准化。做产品的企业，首先是要找到能够标准化的行业，其次要在技术上找到做标准化的可能。这就是做产品的逻辑。

【例2】通用——以职业化和分权突破企业家的局限

福特公司最后做不下去的原因是在推出新产品的时候，缺乏具有原来那样执行力的人，失去动力。这也是我们大多数企业二次创业时的通病。而通用后来者居上，不仅做了产品线规划，规划好不同价位车的不同特点；而且用了事业部的分权方式，调动更多人的积极性去推行新业务。然后，强化每个业务单元的管理，使战略型和战术型分离。瞄准未来的扩张，培育企业家团队。

斯隆在通用公司开创了职业经理人模式。职业经理人逐步分解单块业务，老板把企业交给职业经理人管理，相应地，就诞生了战略预算管理、激励机制、利益分享等现代企业制度。这些机制，解决了经理人职业化过程中出现的代理问题。通用汽车公司开创了职业化，而职业化和分权的方式突破了企业家的局限，使企业能够做得更大。

【例3】宝洁——产品分销模式

大规模生产带来的成本优势，是以大规模分销为前提的。宝洁模式就是分销体系的鼻祖。早期格兰仕和长虹等公司在市场立足，都是靠规模化生产，把价格降到最低。后来，TCL能够打败长虹，就是靠控制终端，依靠强势的门店分销，从终端上实行了垄断。现在中国企业都非常重视分销。在手机行业，OPPO、vivo打华为和小米还是利用这种手段。宝洁的主要模式就是分销模式，其核心仍是这种产品规模化、标准化的逻辑。

20世纪80年代至今，大多数企业的发展路径都是解决大规模生产、大规模分销、产品集中，还有职业分权化和职业代理人等问题。

（2）大企业2.0：电脑时代的平台模式

苹果在1976年发明了个人电脑，IBM这样做大型电脑的公司对此不屑一顾。苹果公司就是按照福特模式，产业链、软件、芯片、分销，都是自己做。1980年，IBM意识到个人电脑是大势所趋，想在短期内打败苹果。于是，完全开放产业链，自己做电脑，请其他公司做软件和芯片。结果，开放出了问题。软件由微软来做，芯片由英特尔来做，但同时，这两家企业也和其他公司合作。IBM短时期内取得了优势，但却失去了产业链上的主导地位。因为芯片和软件的共享，市场上出现了很多兼容机，像苹果那样整合出一条完整的产业链极其困难。

【例4】英特尔——标准利益联盟和架构实验室

电脑时代的来临，让英特尔开创了企业发展的另一模式——平台模式。电脑的指挥系统是芯片，如果芯片升级，所有的硬件都得跟着升级。英特尔的战略就是推动升级，以芯片更换倒逼电脑更新换代，从而创造更多的需求。英特尔不但自身升级换代，还要推动硬件、软件的产业链一同升级。这就是英特尔的战略逻辑。因此，英特尔成立了标准利益联盟和架构实验室，为电脑行业免费建立架构。首先，架构实验室在每次升级之前，都要定义新产品和过去的延续性，而且新的专利免费供同盟企业使用。其次，和利益联盟企业共同制定标准。

而谷歌则把平台模式发挥得比英特尔更极致。谷歌用100多亿美元买了摩托罗拉，又以29亿美元卖给了联想。摩托罗拉尽管经营不善，但在手机领域里拥有专利最多。谷歌买了摩托罗拉，把专利攥在了自己手里，谷歌利益联盟中的企业可以免费用。一个平台企业的着眼点在于体系架构。做行业创新的协调者，要引导别人跟着你一起走，才是平台企业的关键。

【例5】微软——以基础产品建立客户黏性

再看微软公司的平台战略。第一，卖得很便宜。Windows操作系统是对标苹果的，但苹果系统收费很高。第二，习惯养成。比如浏览器，苹果是在左边关闭，微软则是在右边。这种设计是故意让用户养成区别于苹果的使用习惯，一旦用习惯了微软，就很难习惯苹果的系统。因为便宜，微软吸引了广大用户；而因为习惯养成，形成了用户的黏性。在用户黏性建立的基础上，再绑定浏览器和Office等软件。这就是微软的平台战略，即用一个基础的产品来建立广义的客户群，然后建立黏性。

很多中国公司也在做平台，比如滴滴。微软的模式是以高性价比的产品和高质量服务，建立客户黏性，再利用黏性推动增值服务，在平台上做附加价值，再通过附加价值赚钱。可中国的平台却做得特别鸡贼，开始让大家免费用，拿补贴吸引客户群。当你形成依赖以后，就开始涨价，而不是为平台赋予更多的价值，结果往往失去客户群。

【例6】7–11——建立扎根客户需求的策略联盟

另一个做平台比较成功的企业是7–11，2016年人均利润达到120万元。从经验上判断，在中国，人均销售收入超过百万的都是优秀公司。中国人均销售收入最高的企业是阿里巴巴，年人均销售额117万元。好企业是有一定标准的，按照人均销售额衡量，100万元以上的是一级战略公司，是我们的重点客户；70万–80万元的是二级战略公司，我们也很重视；50万元以下的，只能说很一般。试想，销售额50万的公司，一定雇不起年薪30万的员工。那么企业人员结构就会存在问题，观念会落后，变革就复杂。

7–11不是普通意义上的便利店，它集合了很多功能，包括咖啡机、取款机、考试报名、相片冲印、买保险、缴费纳税等，包揽了几乎所有和日常生活相关的业务，甚至能帮你解决扔垃圾找不到垃圾箱的问题。7–11的门店除少部分由自己做之外，大部分都是加盟店。连配送货物的车，也是加盟的。为了保证熟食的新鲜度，它在每个区域都有配套加工厂，加工厂也都是加盟的。7–11是一个靠加盟而组织起来的企业，而且加盟店的分红率还特别高，差不多占纯利润的50%。原因在于，第一，拥有自己标准而规范的体系；第二，保证加盟商赚钱。7–11到哪个区域，当地零售商都主动归顺。7–11根据一套企业标准化体系，从终端销售上用客户的标准来倒逼供应链的整合。

某种意义上，7–11是一个共同体，拥有共享理念：共享目标、共享顾客、共享信息、共享系统、共享经营结果。其核心思想其实就是围绕客户，从顾客的生活方式入手，扎根小区，客户需要什么、我就做什么，把便利店做成无可替代的“最后一千米”。这种模式是非常扎实的，谁都打不垮。因此7–11能成功控制终端，然后倒逼供应链。7–11诠释了平台的实质——建立满足客户需求的策略联盟。而它自身，则是这个策略联盟的盟主。

以上是三种平台模式：英特尔模式、微软模式、7–11模式。还有另外一个平台模式，VISA模式。当各银行都开始做信用卡后，VISA和银行合作，各个银行把信用卡业务出让给它，然后成立了VISA。

（3）大企业3.0：手机时代的生态模式

【例7】阿里——把价值的创造过程做成基础设施并对外开放

进入手机时代，生态做得最好的企业是阿里巴巴。阿里巴巴的平台首先建立在一个交易场景上，而交易场景中最需要的就是展示功能、结算功能、物流功能和信息功能，淘宝就是在这四个基础设施上建立起来的。

当然这还是基础的平台模式。阿里巴巴为了打造生态，进一步实现了基础设施的对外开放。支付宝原来只是淘宝平台上的一个支付手段，后来向各个行业开放应用。菜鸟物流、阿里云都相继开始对外开放，然后再整合，建立接口。这条生态链的根本，就是把产品价值的创造过程变成基础设施，然后对外开放。开放平台，实现价值共享，其他的附加产品、附加价值就会自然聚集。就像一片原始森林，一定有动物、植被；一个湖泊，一定有鱼、鸟。大企业的模式告诉我们，做生态，其实就是做基础设施。

几乎所有生态的模式，都是从此变通出来的。共同的内在的逻辑是：没有产品模式就没有平台模式。无论英特尔还是微软，在建立平台的时候，都是先做一个基本产品，然后建平台，通过联盟、架构往外扩张。阿里也是先做了产品，再做平台，然后做生态。这个过程很难跨越。现在很多公司想通过做生态实现对外扩张。可它们产品都是抄袭的，何以做生态？没有自己的研发，走不通产品模式，根本无法实现对外开放。

我曾问一个从美国回来的手机研发专家，回到国内做研发与国外最大的区别是什么？他说："在美国，老板交给我一个任务，是一定要做出新东西；回到国内，老板却说不要做新东西，照着竞争对手的做，成本就会低一点。"没有真正意义上的研发，这是中国大部分企业的产品模式面临的最大挑战。

华为现在也在做生态。早期，华为做的是运营商业务。当时，这块业务在全世界有1万亿美元的市场。在市场结构稳定后，华为意识到必须开拓新的领域，进入了企业网业务，最初想用运营商的模式做，发现行不通。因为运营商都是大客户，全世界不超过1 000家，大的也就50家。企业网面对的是企业客户，客户数量巨大，不适合原来的模式。由此，华为开始做生态，研发还是自己做，从销售、服务上开始做生态。因为前期的路走得扎实，华为的生态一定能做出来。因为顶层设计已经得到成功实践，再建立机制和利益规则，华为的路线图符合把企业做大的逻辑。

（二）华为做久的逻辑：变革能力

再来看把企业做久的逻辑。如果说复制能力决定企业能做多大，那么变革能力则决定企业能做多久。市场风云变幻，有时候尽管你做的是正确的事，但竞争一旦发生，就必须随机应变。比如，摩托罗拉作为手机行业里面的百年企业，应对变化的能力跟不上，很快就倒闭了。而苹果、三星、丰田这种变革能力极强的企业，就能做到长期不倒。华为的变革能力无疑也是很强的。

华为还善于把资源投向未来。把资源投入现在，就只能永远保持现在的样子。

华为1994年绩效变革，首先就是变革分配制度，废除原来的提成制，按照战略任务定绩效。机制是调动资源的手段，把资源引导到未来，企业才有发展。其次，研发就是把资源投向未来。华为原来的三分利法，员工工资、研发费用和净利润比例是1∶1∶1，变革后，变成了3∶2∶1，除工资外，企业利润在降低，研发费用却在增加。对研发的投入就是华为实现持续增长的保障。

从任正非的价值观、方法论、经营哲学到变革机制，可以看到华为骨子里有一组从下到上的变革系统。华为30年成长期间，过程中成长的契机正是变革的关键阶段。变革是推动华为发展的历史逻辑。变革不是简单的一个层次的事情，需要企业文化价值观、变革方法、牵引机制等多层次的配合。

（三）华为做强的逻辑：持续改善管理体系

华为做强的逻辑是什么？做生意一定要做到“风口”，没有“风口”做不起来大企业。所谓“风口”，就是成长速度足够快，竞争压力相对小的行业，才好抢夺新地盘。有增量市场，生意就容易做。中国市场与其他市场的不同在于，只有 “风口”，没有“蓝海”，不论哪个风口，都有一堆竞争对手。西方人的逻辑是，一定要和别人做得不一样。而中国企业的典型逻辑是，不做新的，总是跟在别人后面观望和模仿。美的都曾存在这个问题。早期看别人做电扇，他就做电扇；看别人做空调，他就做空调。到处都是竞争对手，用美的的话说，叫“利薄如刀刃”。有人说，华为当时进入了一个“蓝海”，其实并不是。1987年，和华为同样做了通信代理的全国有四百家企业，其中深圳有50多家，竞争很激烈。2010年，中国手机企业就有500–600家。虽然到处都是竞争者，但中国市场有一个重要特点，大市场成就大企业。在中国，不能指望发现一个别人没有发现的市场，而是要比别人做得更强。

怎么做强？我们看小米跟华为的竞争，最初华为处于守势。小米搞互联网，靠模式创新，一度战胜过华为。可当模式进入了稳定期，华为的产品更新速度比对手快，很快开始领先。华为手机从摄像、稳定性、外观设计等功能上一步步突破，不断改进，而且定价策略也逐渐成熟。产品层次、交付、市场端和供应链的整合，都足以打败对手。

一个行业到了模式稳定、机会稳定的阶段，拼的就是管理能力。华为的管理模式就像挤牙膏，一点点把对手挤出去。华为很擅长标杆超越。第一个使用标杆超越的成功范例就是丰田。丰田进入汽车行业时，福特已经做大了。丰田进入的是后发市场，品牌定位要比别人高、质量还不能差、价格还要便宜，而且丰田所在的日本，市场又小，规模优势出不来。在先天的劣势下，丰田的厉害之处是，利用现代技术，改善大规模生产的弊端，把量降低，并在小的人群当中也能产生大规模生产的优势。丰田模式的精髓就是管理的改善，先找到目标，然后找差距，制订计划并执行，做完一遍再复盘，一步步滚动持续改善。华为就是按照这种模式，通过持续改善，越来越缩短和竞争对手的差距。

大多数企业的错误在于，设计一套机制以为就此一劳永逸了，其实不存在这种机制。过程和方法都要持续改善，真正的管理管的是这个改善的过程。这是企业做强的核心，也是华为的厉害之处。任正非说，华为的核心竞争力是持续改善的管理体系。这种模式，在战略上我称之为“后发制人”的管理体系。进入一个后发市场，如何持续改进？有个方法论叫标杆超越。要想在一个行业里做大，先找到这个行业的老大，然后十年如一日，持续向它对标，不断接近、不断超越。以世界上最好的标杆为准，请世界一流的咨询公司，把标杆企业的方法论拿过来，尽可能如实地去复制。这就是华为“削足适履”的文化，内部称之为“先僵化、再固化、后优化”。华为从来就是在追赶标杆的过程中，就把对手消灭了。而最终的方向，是用从标杆企业学到的方法，超越标杆。但大多数企业是没有这个耐力的。

（华夏基石e洞察公众号2019年4月9日发布）

夏惊鸣

华夏基石管理咨询集团首席战略专家、华夏基石业务副总裁兼战略转型与组织发展研究中心总经理。

第十辑

时间的函数

夏惊鸣

真正的战略高手，都具备逻辑穿透力

一、做战略规划经常出现什么问题

我们做战略规划时，经常会出现什么样的问题？就像做作业，似是而非。尽管战略分析洋洋洒洒，战略概念冠冕堂皇，但很多时候就像是做作业一样，我们对现实、对客户、对竞争、对未来的趋势并没有搞透，自己都说服不了自己，战略报告就像做作业一样了，战略结论似是而非。所以，就出现了战略犹豫，不能决断，或者一遇到风吹草动就缺乏战略定力，来回变化，或者很多战略束之高阁，或者战略规划是一回事、战略执行又是另一码事。这都是因为没有真正搞透。

二、做作业的背后不是不懂战略规划工具，而是缺乏战略能力

为什么会似是而非？如何做到不做作业呢？主要不是因为我们没有掌握工具。工具是很简单的，比如，战略分析无非PEST分析、竞争分析、客户分析等，看几本书就明白了，但就像我们有了刀谱不见得就是很好的刀客一样，关键还是利用工具背后的战略能力。相同的信息不同的人看到时，由于能力不同，会有不同的反应和判断。举个例子，在辽沈战役中，林彪和指挥部指战员一起听取胡家窝棚战斗的汇报数据，当汇报到缴获短枪与长枪的比例、小车与大车的比例、军官与士兵的比例时，其他人都没有什么感觉，但是林彪一听就说停住，问大家这反映了什么，其他人都没有反应过来，林彪说，黄伯韬的指挥部就在那里。为什么？因为短枪的比例比其他战场要高，小车的比例比其他战场要高，军官的比例比其他战场要高，所以他判断这是指挥部。命令炮火、部队集中攻击，果然黄伯韬的指挥部就在那里。通过这个例子说明，我们要做好战略规划，不仅仅要掌握战略规划的工具，更重要的是具有背后的战略能力。

三、战略能力的关键是要具备战略思维

那么如何具备战略能力呢？首要的是具备战略思维。战略思维既是在战斗中培养，又是一个人在战斗中能够成长为将军的关键。

那么，战略思维是什么？战略思维其实就是一种基于战略思考的“本质思

维”，成功往往是穿透了本质，抓住了本质。要具备这种战略思维，我总结有三点：第一，关键事实思维。坦率地讲，我们掌握关键事实之后，都能够做出一个判断，只是我们没有意识到，就像林彪讲短枪与长枪比例、小车与大车比例、军官与士兵比例，林彪一提，大家会说“对，那确实是指挥部”。只是有的人没有意识到，有的人意识到了。第二，商业逻辑思维。企业要赚钱，谁给你钱？他凭什么给你钱？你能提供什么价值？还有谁也能提供这些价值，那为什么让你提供而不是让其他人？我们能不能提供比别人更好的价值？那么，我们提供价值要做好哪些事？这是一种商业逻辑，无论什么花哨的概念和模式，最终还是要回归到商业的常识。所以那些能够准确判断一件事情的，往往是掌握了本质逻辑。第三，回答问题思维。我们在做战略分析，往往走在路上，忘了方向，方向就是要回答问题。尽管，我们战略分析都在给出结论，看起来好像是回答了问题，但那是一种做作业式的回答问题，很多时候，在回答问题时，都没意识到自己要弄透这些问题。回答问题思维，就是始终将“弄透问题”深植到自己的骨髓，形成一种思维习惯。这样，才能驱使我们有目的地去弄清那些事实，弄透事实背后的真正逻辑，那么，我们才能形成真正的判断力，我们的结论就不是似是而非的。

（一）关键事实思维

我们如何理解关键事实？首先，我们来理解什么是事实。有时候你会说我已经掌握事实了，其实并不一定的，我们通常把观点和事实混淆。比如说，有人说我们公司职责不清。这是事实还是观点？这不是事实，这是他的判断、观点。事实应该是你们哪些职责不清？你们发生了什么事？这时候客户会讲，行政部和公关部都有接待这个职责，有一次某客户副总来我们公司参观，行政部认为公关部在下面等，公关部认为行政部在下面等，结果客户在外面等了一个小时，还没有人来给他开门。这个就是事实。

别人讲，我们职责不清，你能真正判断到底是什么问题吗？你能真正判断到底是什么原因造成的吗？你能形成真正的解决方案吗？不可能。我们只有掌握了事实，才能做出正确判断，才能真正解决问题。而且，企业很多问题都不是看到的那个问题，都是背后的问题产生的，要找到真正的问题、真正的原因，就是要掌握事实。为什么事后诸葛亮厉害？因为事后，所有的关键事实按照结果逻辑地、集中地突出出来了。

很多战略的成功，都是掌握了正确的关键事实。

我给大家讲一个案例——乐刻运动开门红式创业成功。

乐刻运动是一家健身房连锁公司，于2015年成立，创始人韩伟曾是阿里的市场总监，他离职去了美国，后从美国回来后开始创业。健身行业是一个很难做的行业，看起来高大上，很光鲜，但很少有赚钱的公司，公司老板痛苦、消费者和私人教练也糟点很多。但是乐刻现在有300多家连锁店，已经做到了全国第一。

为什么讲他是开门红式创业成功呢？因为他的商业逻辑没怎么试错，一炮而成，这是非常难得的。而且他的做法有些奇怪，比如讲，2015年5月他开的第一家店是在一个写字楼的10楼，我们一般的认识应该是要找个人流旺盛的临街门面啊，这个地方平常零人流，进电梯居然还要刷卡。开业后的前几天，写字楼里弥漫着讥笑声："这是哪个互联网的二傻子在烧钱？"但短短3个月后，这家店实现了盈亏平衡。

为什么他能开门红式成功，而且似乎是违反我们的一般经验，我认为一个主要原因就是韩伟有个特点——深入实际，掌握关键事实。

韩伟在美国时，就把美国所有健身的商业模式都研究透彻了，自己买了很多健身房的卡。回到中国后，为了了解健身行业，他报考健身教练证。在准备创业过程中，韩伟做了深入的调查和研究，你能看到他商业逻辑决策背后都是掌握了关键事实。比如，为什么他第一家店选址放在一个违背常理的写字楼10楼？因为他经过深入调查研究后，发现一个关键事实：顾客最关注的是便捷，走5分钟就能到。看见没有，为什么他选在写字楼的10楼也能成功，一般的"过客"人流没有用，有用的是"住客"人流，写字楼的人够就行，上下电梯，5分钟不到，很方便，健身完，开车回家。再比如，消费者和私人教练最大的痛点是什么？都是推卡，教练痛恨公司让他们推销会员卡，消费者也最痛恨教练给他推卡，所以，乐刻不让教练推卡，那么，私人教练的收入怎么办，私教费大部分给教练就行了。再比如，乐刻运动的健身房没有淋浴间，我问他这样消费者愿意来么。他说调研过，首先从科学来讲，健身后45分钟以内是不能洗澡的，否则不利健康；另外，他调研发现，真正在健身房洗澡的顾客大概不到10%，如果乐刻为了留住这10%的人，需要更多的空间，至少要增加1名员工，还要承担用户体验的风险，如水气，带水出来包括洗澡的体验等。为了留住10%的人，营业额需要增加40%，才能抵消成本，因此他果断决定不提供淋浴间。

我讲这么多的核心是什么？就是掌握关键事实。这个不清楚，谈的战略都是空中楼阁。

是不是什么事实都要掌握，其实不需要，是掌握关键的事实。我讲讲第二个案例——对光伏危机的预判。

2012年去浙江海宁，那是我第一次接触光伏行业。当时这家企业进入光伏行业，从拍板到赚钱不到12个月。我参观厂房时，室内是一尘不染，外面还在搭着支架做外墙，这就是老板，就是企业家，有经营思维。看完后，我对对方讲了一句话，你们赶快想想你们差异化优势在哪里，壁垒在哪里，这个行业3年内一定会出问题。当时我们约定好5月份合作，后来一直推迟合作时间，直到后来打电话说合作不了。然后，他问我，夏老师，您是不是和海关很熟。我说不熟。他就很奇怪，说那你怎么知道光伏行业数据的呢？我说不知道。他说你既然不知道光伏行业数据，你怎么知道我们这个行业一定会出问题？我当时其实还不知道，光伏行业在2012年直线下跌，这个时候，我才知道。我一听他问这个问题，我就笑了，回答他我只不过是用常识来思考。然后我问了他四个问题：第一，大家是不是都认为光伏行业是朝阳行业？他回答是。第二，这个行业以前是不是很赚钱？他回答是。第三，你们是不是只有钱，没有技术、没有人才，只要有钱，买设备，招人，就大把大把赚钱？他回答是。第四，如果是这种情况，那么会发生什么？一定会有很多企业往这个行业涌。我说，你们从决策到生产，12个月，我保守估计一个投资周期是1.5年，三年是2个周期，而且以前一定已经投资了好几个周期，所以我约摸着再过2个周期，这个行业一定会饱和了。然后他在电话里说原来这么简单。

通过上面这个例子，我想说的是，做出一个判断，我们不需要掌握所有的事实，而是关键事实。但“关键”又意味着什么呢？关键的背后一定是逻辑，没有逻辑判断，我们也无法知道什么是关键。大家看看，我上面讲的是关键事实，但同时也是一种逻辑：大家认为这个行业是朝阳行业，这个行业很赚钱，没有技术，没有人才，买了设备，招了人就赚钱，那么，大家一定会往里面涌，结果就是一定会过剩。

那好，战略思维需要掌握那些商业逻辑呢？

（二）商业逻辑思维

首先需要讲的是，下面我总结的这些思维就是一般战略理论，没有新东西，只不过现实中，很多企业恰恰在这些方面摔跟斗，我把它们以概念的形式突出出来，引起注意而已。

1. 未来思维

“以未来定义现在”“布局”这都是未来思维。

比如OEM公司其实是很爽的，不需要市场营销，不需要研发，投资生产就能简单地赚钱，但大家记得否，一遇经济波动，订单没了，就傻眼了。因为OEM公司没有市场能力，没有品牌、没有渠道，有的连产品能力还没发育出来，只是会生产。很多OEM公司躺在赚钱的现实中很多年，没有很好地思考未来可能会发生什么，为什么，及早布局。而有未来思维的公司会及早布局，比如讲，有的往下游产品走，有的发展到ODM、JDM，融入大客户价值链，提升自己的价值和能力。

再比如，为什么三星等企业很早就开始往东南亚布局？这也是未来思维，我相信是他们预判中国的生产成本会上升。

再比如讲，温氏在大家还没有意识到环保的重要性时，果断投资进行环保改造，并加大养猪业的布局，到国家真抓环保，很多散小养殖户不能养殖时，正是温氏养猪业大发展的时候。

企业战略的持续成功，首要的是未来思维的成功。我们今天做得不错，未来会有哪些趋势和变化，那么，今天我们应该做些什么？

2. 客户思维/竞争思维

无论什么商业模式，回到原点，就是要为客户创造价值（客户思维），要为客户更好地创造价值（客户/竞争思维）。战略可以用模式来表述一个整体图景，但核心是要从客户出发，但别人和我大谈特谈商业模式时，我就是问一下问题。客户有哪些？有多少？我们的客户到底是谁？客户有什么痛点？客户关注什么？我们做什么解决客户的痛点和需求？客户为这些痛点和关注点愿意付费吗？愿意付多少？客户在哪里？客户是如何做决策的？客户购买的习惯和场景是什么？有哪些竞争对手？竞争情况如何？我们的亮点和优势要在哪里？我们应如何做？等等。

客户思维/竞争思维是业务战略制胜的核心。

3. 现实机会思维/路径思维

现在确实存在很多企业热衷"模式"，但这些模式就是机会吗？不一定。所有模式的突破，首先要回答的是我们面临什么样的现实机会；为什么这是一个机会，客户是谁，他有什么痛点和需求；机会如何实现突破，客户在哪里，如何决策的，购买习惯和场景是什么……正如上文所言，当别人跟我大谈特谈他的商业模式时，我就问以上问题。没有现实机会牵引，没有第一步现实机会带来的突破，然后以成功支撑成功，模式怎么形成？哪有什么模式？

我们对未来趋势的分析也好，还是琢磨现实的痛点也好，都是为了回答一个问题——机会。就像乐刻运动创业成功，就是他把事实研究透了，发现了其中的机会。而我们战略模式本身的突破，不仅是要回答机会，而且是回答现实的机会。

所谓路径思维，就是我们见到成功的战略模式，都是前面已经吃了10个包子形成的。像华为、阿里很成功，我要学习他的模式，一学必死无疑，因为今天这个模式是人家20年的积累，已经吃了10个包子。

很显然，现实机会思维和路径思维是一致的。现实机会思维是路径的第一步，是找到现实的突破口。但为什么还要提出路径思维呢？我见到太多企业在战略转型，进入新业务或新模式时，都是看到了一个所谓的成功模式，以为找到一个先进的模式就能够获得成功，然后从模式出发，而不是从现实机会出发，不是从现实客户痛点或需求、购买或使用出发，而是构建模式，然后结果只有一个—— 一地鸡毛。

很奇怪的是，很多成功的企业都在犯这个错误，他们忘记了以前他们成功的业务也是吃了10个包子——商业逻辑试错，然后突破，然后扩大市场规模、建立市场地位，并不断提升竞争力和组织能力，是一个成功支撑另一个成功，这么一步一步走过来的。他们也忘记了，只有从现实机会出发，才能形成正循环：机会—投入—回收；而从模式出发，很多年只有投入，而且还不知道未来会怎么样。即使流量型互联网企业也没有违背这个规律，只不过是要算算流量的投入和流量的价值。

这也是我经常说的很多企业把核心业务、成长业务及未来业务搞错的情况。核心业务是你的现金流业务。成长业务是盈利逻辑非常清晰，只要集中资源，市场就会迅速扩大的业务。未来业务是看起来有未来，但是商业逻辑没有被证明，这个时候一定不能用大部队，要用侦察兵，先侦查是否是有敌军大部队（验证需求市场），当商业逻辑不清楚时，就用大部队容易出问题，花了几十亿元，可能这个市场不存在，或者这个市场需要一步一步培育。

在战略转型或进入新业务时，切记路径思维。模式是第十个包子，不要一开始就按照第十个包子去做，而要考虑，第一个包子是什么。大家想想华为、小米、阿里、腾讯是不是一步一步走过来的?

现实机会思维/路径思维，是战略转型或新业务实现突破的关键，若谈到所谓的模式，首要的是注重现实机会，而不是模式本身。

（三）回答问题思维

其实，上面讲了那么多，关键事实、商业逻辑、回答问题这三大思维是一体的。上述的分析，也都在讲述回答问题。正如前文所言，为什么要提出回答问题思维，就是存在很多看起来好像是回答了问题，但那是一种做作业式回答问题，很多时候，在回答问题时，自己都没意识到要弄透这些问题。只有将“弄透这个问题”深植到自己的骨髓，才能驱使我们有目的地去弄清那些事实，弄透事实背后的真正逻辑，那么，我们才能形成真正的判断力，我们的结论就不会似是而非。

尽管我们很多管理工具帮助我们思考问题，但要树立回答问题思维，最后一定要脱离工具框架，不要从工具框架出发去回答问题，那些只是分析的底稿，而是要从自己界定的关键问题出发回答问题，这些关键问题是理论框架和现实结合后，所做的判断界定。所以，为什么我们按照很多管理工具去分析，最后都流于似是而非，流于形式，这也是一个重要原因。

四、要不要战略规划

要不要战略规划，我们需要理解战略规划的作用——战略规划是一个思考的媒介、沟通的媒介、协同的媒介和复盘的媒介，因此战略规划是重要的，但不能内容机械化和执行机械化，而要真正成为企业战略思考、战略沟通、战略协同和战略动态复盘调整的媒介。

下面是一个一般性的战略规划的内容（新业务和既定战略下的动态管理是不同的；业务性质和阶段不同，内容也有详略不同；甚至有时要非常简单——无非基于一个战略假设，明确定位、目标、核心竞争力方向，为了实现增长和布局，要干成哪些事，干到什么程度，谁来负责把这几个问题想透就可以了。关键是掌握关键事实，想透！）。

1. 战略复盘

战略复盘的维度有：我们去年业绩情况什么样。我们要与规划对比，行业对比。做目标偏差分析、关键任务偏差分析、新机会偏差分析。最后做战略复盘总结。总结非常重要，将看似云里雾里的东西，把真正的、关键性、本质性的结论总结出来，这是充分理解和正确判断的基础。

2. 战略假设

战略假设就是战略分析。（1）关键趋势分析，未来会发生什么。行业分析，整个行业的空间和格局是什么样。（2）竞争分析，我们主要的竞争对手是怎么玩的，预估他们未来会怎么做，他们的缺点在哪里。（3）客户分析，客户有哪些？客户是谁？痛点是什么，需求是什么，关注点是什么……（4）战略假设总结，并作出判断——增长机会在哪里，从战略分析中得出其他主要战略命题及结论。这一部分是关键的关键，是其他部分的基础。

3. 战略纲领

制定战略定位、战略愿景、目标、阶段性目标、核心竞争力、关键策略，形成公司战略地图，明确实现战略目标的逻辑，以及公司关键绩效指标与目标值。

4. 战略部署

从公司价值链出发，对各领域的关键目标和任务进行部署。

五、平衡计分卡的问题出在哪里？

最后简单点点平衡计分卡的问题。

战略管理有个核心工具是平衡计分卡，其中平衡计分卡的核心是战略地图，既连接了战略也连接了目标分解。

但似乎最近批评平衡计分卡、KPI等声音很多，OKR（目标与关键成果法）开始风行起来。这些工具细微的差别确实存在精妙之处，比如，OKR鼓励创新、改进和效果导向，但其实这些背后逻辑都是一致的，都是目标管理工具，都是一种思维，战略地图也可以看成一个公司OKR。只不过我们把它做错了。

那么，战略地图之所以出问题的主要原因是什么呢？还是出在被工具驾驭，而不是驾驭工具上。对战略地图，我总结以下6点。

（1）搞清楚战略是做好战略地图的前提。很多公司做战略地图时，把公司战略放在一边。公司战略是战略地图的内容。

（2）整个战略地图要反映公司战略。同一个公司，你理解的战略不同，那么战略地图一定不同。战略地图要能够读出公司战略。

（3）所谓“前置指标、后置指标”这些概念一点都不重要，重要的是战略地图“财务—市场/客户（原来是客户）—运营—能力（原来是学习与成长）”的本质逻辑：我们要实现什么经营成果（财务），要实现这些成果得攻下哪些山头（市场/客户），要攻下这些山头得做好哪些事（运营），要做好这些事得提升哪些能力（能力）。

（4）很多人对运营这一栏不太理解到底是什么东西，我的定义是主价值链或按照策略进行排开，理解了这一点，你就知道怎么界定这部分内容了。能力（学习与成长）是关键辅价值链，包括人才、机制和系统三部分。

（5）战略地图里面的目标（如“降低采购成本”）是某一领域基于战略应着重提升的关键因素。

（6）最后，战略地图要读出战略，读出现实需要改进的关键问题，读出如何实现战略目标的逻辑。

把握以上几个本质，战略地图就可以随便画了。

最后，以我对战略本质理解的三句话作为结语，即战略主要回答三个问题：

（1）增长点在哪里——这是发展战略，业务选择的问题；

（2）如何实现增长——这是业务战略/竞争战略的问题；

（3）如何将增长的责任分解下去——这是战略解码与管理的问题。

更重要的是，以上判断是基于什么样的战略假设（关键事实）！

（华夏基石e洞察公众号2019年1月5日发布）

管理的真相：企业文化、顶层设计与组织变革

一、企业文化、顶层设计和组织变革三者之间的关系

首先，解释一下企业文化与顶层设计。我们做企业文化的时候有两种做法：一种是传统做法，明确核心理念，然后进行阐释，比如使命、愿景、核心价值观，核心价值观比如团队、创新、诚信等，然后再一一阐释。另外一种就像《华为基本法》，不是一种凝练的理念与阐释，而是把一个企业如何持续成功、在哪些关键领域有哪些明确的指导原则写出来。我们经常讲《华为基本法》是文化纲领，实际上，从某种角度来讲，它不是传统意义上所讲的文化纲领，它是企业的顶层设计，是企业如何实现组织理想的系统思考——企业持续成功的核心逻辑和系统原则体系。

企业文化和顶层设计这种写法的意义在哪里呢？为什么会有《华为基本法》这种写法呢？主要是一个原因——容易落地。比如，一个企业的核心价值观是“团队”，那么，“团队”怎么落地呢？有的时候是搞不明白的，或者是乱的，无从下手，不知道怎么去落地，但是用《华为基本法》的方式来写，就不需要去考虑团队怎么落地，只要在各个领域有明确的指导原则，大家按原则来做就行了。这样一做，可能“团队”理念就落地了，比如，“优先从优秀的团队选拔人才”，团队就落地了，因为大家必须团结，把业绩干好，干好之后，有更多的机会被选拔；“优先选拔培养人的人”，团队理念就落地了，因为培养人、培养梯队、培养团队，这就是团队精神的落地，这个指导原则也很明确；“优先选拔有自我批判精神的人”，这也有利于团队理念的落地，如果一个人遇到问题，首先自我反省、自我批判，而不是指责别人、推卸给别人，团队理念就很容易落地了。

大家体会一下上述两种写法：一种是单纯做理念式的，尽管很精炼，但是不知道怎么去落地；另一种是纲领性的，是关键领域的明确的指导原则，一看就知道导向是什么，应该怎么做。

尽管企业文化和顶层设计有不同，但本质上又是一致的——都是企业持续成功的核心逻辑和系统原则。企业文化的提炼一定要基于此，用顶层设计的模式来写的话，它背后也是一个企业持续成功的核心逻辑和系统原则，只不过是明确到各个领域的具体指导原则，所以非常容易落地。

我今天为什么要讲组织变革？实际上，一个企业想要做企业文化的时候，绝大多数是组织能力需要集中建设或组织能力需要重构（即组织变革的时候）。企业要做企业文化，往往是因为觉得浑身都是毛病，干什么都不太对劲，采取的一些管理措施好像也不怎么起作用，最后得出结论是疑难杂症，企业文化出了问题，所以就要做文化了。或者是，即使还没到这种状况，但是预计到企业快速发展，后续组织和人员会更复杂，或是企业战略转型，成功逻辑发生了改变，如果不明确指导思想，浑身都是毛病的系统性失效的情况就会出现。这两种情况，无非是预防和治病的区别。无论哪种情况，本质上是一个组织变革的事情。做企业文化也好，或者顶层设计也好，目的不是为了把文本设计出来，本质上是要进行一场组织变革——组织能力建设或战略转型的组织能力重构。

我上次讲企业文化的时候也谈到，其实企业文化很简单，只要问自己五个问题就清楚了：企业文化有没有用？有用。怎么起作用？你用它就起作用。你为什么用它？因为你相信它会成功。那么，企业文化是什么？是一个组织持续成功的核心逻辑和系统原则。那么，应该怎么提炼企业文化？就是简单问自己一个问题，如果企业要持续成功，应该坚持哪些基本原则。就是这么简单！

既然这么简单，但是为什么我们还有那么多企业文化咨询项目呢？为什么那么多企业听完之后依然不知道怎么做企业文化呢？那是因为，这不是一个简单的文字提炼，而是要想清楚基于战略意图的成功逻辑，并需要系统一致性的支撑，并且，这不是一个文本设计过程，而是一个组织变革的过程。这个过程比我前面讲到的企业文化五问要复杂得多，已经不是简单地提炼几个企业文化理念就可以了。作为一场组织变革，事情要复杂得多，所以，企业文化、顶层设计本质上是组织建设/变革的纲领，企业文化提炼和建设、顶层设计及其落地其实是在做组织变革。

二、两种转型及其主要问题现象

转型有两种情况：一种为组织转型，一种是战略转型。

组织转型就是我们经常讲的二次创业，一个企业刚开始抓住了一个机会，一不小心突然做大了，做大了之后，组织变大了，人员也变多了，组织越来越复杂了，然后突然缺管理、缺人才，浑身都有问题，做这也不对，做那也不对，这样做没有效果，那样做也没有效果，企业内部有很多矛盾和冲突，有很多事情想不清楚。我们把这个时期称为二次创业的组织转型期。

还有一种是战略转型，比如，有的企业原来是在一个领域做，组织建设很健全，管理体系也基本完成，但做着做着，突然这个领域出现了市场饱和等一些状况，这时，企业面临新的业务领域，就开始进行业务转型。新的战略选择之后，过去的成功惯性对未来有可能是一个障碍，反而带来一些问题。这种情况下，企业需要组织变革，我们称为战略转型。

1. 组织转型往往存在以下现象

第一个典型现象是高层的思路来回变化。今天一个想法，明天又一个想法，后天又变了。尤其是现在管理培训很多，听到一概念或什么模式，以为找到了解决问题的法宝，比如，听了学习型组织，回来之后开始推行学习型组织；听了阿米巴，回来就搞阿米巴；听了致良知，回来就开始致良知……但该解决的问题似乎并没有解决。

第二个典型现象是思想林立，甚至是相互批判。一个在企业二次创业期，往往存在思想林立情况，比如目标不统一。企业家往往激情澎拜，提出更高的事业理想或目标要求，但很多人认为条件不具备，太过激进，干不成，干不了。比如，阶段的不同。以前创业阶段，目标简单、组织简单时，大家简单直接，但现在需要打造组织能力，需要形成持续竞争力，需要建设人才梯队、管理机制和各类系统，目标也复杂了，组织越来越复杂，有一个从简单到复杂，又从复杂到简单的过程。比如，管理建设与业务发展的对立。一线的人员认为搞管理麻烦，形式主义；后台搞管理的人员则认为一线人员没有管理意识，没有格局，不知道带队伍、建系统。再如，现实的绩效矛盾。一方面，搞管理之后好像速度真的慢下来了，确确实实影响了前线；另一方面，又觉得如果不建管理的话，还真是问题。这个时候怎么办？到底什么是对什么是错？又如，这一个时间段，经常会集中、大量地招聘“空降兵”。各路英豪过来之后，大家对未来的发展，对各个领域应该怎么走，看法都不一样。每个人带着过去成功的经验，有人说我在华为是怎么做的，有人说我在阿里是怎么做的，有人说我在联想是怎么做的，等等。公说公有理，婆说婆有理，是这个阶段经常出现的典型现象，那么什么是对的呢？

第三个典型现象是相互不满。在组织转型期和战略转型期，往往老板对经理人不满，经理人对老板不满。老板认为自己的战略很清楚，但下面这些人执行力不强，和他不是一个频道，不理解他，对他的战略意图贯彻没有执行力；下面的经理人则认为老板的战略不清楚，很多事情没有想透，不是执行力的问题。

第四个典型现象是文化开始异化，开始稀释。有一些企业在壮大了之后，开始不断地招人，久而久之，文化开始异化，开始稀释，感觉和过去不一样了。比如，原来创业时期，几个兄弟什么都不用说，一个眼神就明白遇到什么事情，非常主动去干、去解决问题。高薪挖了很多人之后，新人越来越多，资历好像越来越好，但是大家做派不一样，新人没有老人的这种主动意识。到底是新人本身的问题，还是我们什么做得不对？为什么文化会出现异化呢？难道从外面招的新人和原来老人在创业期所形成的文化必然不一样吗？

第五个典型现象是管理建设的似是而非。这个时期很多问题是因为管理系统不完善造成的，这个时期也是管理系统建设期，但进行系统的管理建设时，往往发觉很多管理观点或方法论好像是对的，看起来很专业，却又感觉不对劲，没起到应有的效果。比如，建设流程，流程反而越来越慢，所以，很多公司经常出现此类抱怨——与内部人协调比外部还难；做绩效考核时，没有激发大家去抢山头、攻山头、创造绩效，反而员工绩效与公司绩效错位，员工考核很优秀，但公司很多问题应该解决没有解决，甚至业绩在下滑，竞争地位在下降，或者员工绩效与员工贡献错位，做多错多；再比如，一搞管理，结果搞成了相互制造工作，集团管理，变成了集团总部人员自嗨；再比如，到底是以人定岗还是以岗定人？到底是以人放权还是以岗放权？再比如，到底如何才能激发奋斗……现在，出现了一个较为通常的现象，做的管理看起来很专业，但是就是没效果，甚至会带来一些问题，难道一定是这样吗？如果不是这样，问题有出在哪里？

2. 战略转型往往存在以下现象

上述组织转型的第一、第二、第三种典型现象，在战略转型期，也往往存在，同时，战略转型期还有以下问题。

（1）战略方向与战略。战略方向明确不等于战略明确。有时候，企业只是讲了一个战略方向，就认为自己的战略非常明确。这也没关系，但是如果没有认识到战略方向明确并不等同于战略明确，不激发大家进一步战略思考；不深入实际，研究客户和竞争；不组织关键人员对环境的假设、客户需求和痛点、竞争格局和竞争者、业务定位、核心竞争力和竞争策略进行充分的讨论，真正弄透；不允许进行战略试错，没弄明白就要大干快上；那么企业的战略就只是停留在一个方向上，企业事实上处于战略迷茫、战略徘徊、战略折腾状态。

（2）从现实出发与从模式出发。现在所谓的概念和模式较多，很多企业的转型是老板发现了一个“先进的模式”，比如，现在一个最诱人的模式就是所谓的“生态模式”，看起来很灿烂，但所有的生态模式都是从一个现实的机会出发，从现实的客户痛点进行突破，在某一点形成优势，然后再进行延伸，逐渐形成生态模式，而不是直接进行模式构建。因此，所有的新业务，必须深入现实：客户需求是怎么样的？空间大不大？客户痛点痛不痛？竞争情况如何？客户决策是怎么样的？市场突破是否直接明确，还是跟太多环节或因素相关？如何才能快速扩大市场规模？等等。

（3）第一个包子和第十个包子。企业进行新业务转型，往往是借鉴或对标了一个成功的模式，或者是借鉴自己成功的经验。但别人的成功模式也好，还是自己的成功，都是吃了十个包子才行的，而且是第一个包子的成功支撑了第二个包子——以成功支撑成功，然后，战略逐渐走了出来。而企业这个时候在做新业务时，往往按照第十个包子状态的思维和规律行事，比如，忘了新业务需要用“侦察兵”进行试错验证（少量资源进行孵化验证），而是采取第十个包子的做法，“大部队作战”（商业逻辑已证明，可以集中资源），结果，很可能商业模式存在问题，根本不像想象中那样。其实，要作为一个新业务，是要从吃第一个包子开始的。也就是讲，战略是一种路径，第一个突破口在哪里，对于新业务是首要的问题。

（4）成功逻辑的转变。当企业进行战略转型时，比如，2B业务向2C业务转型、产品向解决方案转型等，往往伴随着商业逻辑的转变，商业逻辑、关键要素、能力结构、人才结构等都发生了转变，但很多企业没有完成转型的系统思考，很多方面仍然不自觉地根据过去的成功逻辑行动，过去的成功却成了转型的障碍。

三、问题产生的真正原因与解决之道

上面讲的组织转型期五个典型现象之所以产生，主要是因为以下三个原因。

1. 系统性的缺失

任何企业的成功都不是设计出来的成功，都是一不小心的成功，所以在企业小的时候，绝对不会说，5年后我们会做大，今年要做好什么准备。而是干着干着，一不小心突然商业逻辑证明成功了，市场突然突破，迅速扩大，突然就感觉缺人缺管理了，就觉得到处缺人才，而且内部的职位体系、薪酬体系、绩效体系、价值观、组织流程等，都非常需要。所以这个阶段的组织转型，是突然从一条小船要硬生生地变成一条大船，而不是在原有的小船上打补丁修改；是一个突破型创业小企业突然要变成持续发展型的中大企业的管理模式，需要各种职能、各种专业。在这个突然性的变化当中，是一种系统性的缺失，最常出现的就是头痛医头、脚痛医脚，感觉无论做什么都不对，做了薪酬和绩效好像不行，做完流程好像也不行，等等，因为这个阶段是系统性缺失。

2. 导向混乱

由于是系统性缺失，这个阶段要进行系统性建设，一件事情，统一导向是容易的，但一个系统各个部件形成一致性的导向，这是个难题。而且一个管理系统的不同部分是不同的人负责，那么这些人是如何认识的这些管理系统构件的？他们是否在正确的导向下建设系统？这会是问题。

3. 没有掌握方法论的本质，或者没有把本质贯彻下去

我们在做管理的时候，有很多时候是看起来做得很专业，但是实际上有可能还是没有掌握方法论的本质，或者是没有把本质贯彻下去，所以在企业当中，一做就会出问题。

比如，我经常问一个问题，放权到底是基于人还是基于岗位？本质上，放权是基于人的，不是基于岗位的，即使是相同的岗位，人不同，放权也是不一样的。尤其是企业在成长期，人才不是很成熟，因人定岗，因人放权，这是一个非常普遍的现象，如果我们机械地按照岗位去放权，那么就会带来问题；再如，我们认为人不成熟，就有限放权，对于有限放权事项我们又是怎么做的呢？很多企业有事做错了，看起来权限在上级，需要上级审核审批，但仍然需要当事者提出解决方案，上级判断认可后执行。经过这个过程，上级可以判断当事者的思维，以及通过几次绩效结果可以判断是否可以充分放权。而且，大家再看看，放权与有限放权在本质上有何区别？当事者该做的都要做，只不过要一个人点头而已。但我们现实中，很多企业是错的，要么，当事者只提问题——领导，有这个问题，你看怎么办？或者是另一种错误，上级直接越级决策指挥。那么，我们永远无法判断这个人何时可以充分放权了。

再比如，我们做绩效的时候，看起来绩效表格非常好，也很专业，但是一个企业经常会面临两个问题：第一个问题是员工绩效与公司绩效错位，一方面，通过绩效考核，员工的得分都挺好，一打分，都是90多分，有时还搞个加分，能拿到105分甚至110分；另外一方面，公司想解决的很多问题没解决，业绩在下滑，竞争地位在下滑，这叫员工绩效与公司绩效错位。那么，这个问题产生的本质是什么呢？其实，我们通常讲的绩效管理就是做好目标管理，如果目标管理不做好，一定会出现这种问题。用一句白话讲，就是因为我们考核的不是我们想要的。

大家想一想，如果说我们的考核是我们想要的，那么就不会出现绩效很好但是想解决的问题没解决的情况。既然你想解决的是这个问题，那你就考核这个问题，如果考核分数很高，那一定就是解决了。就是这样一个逻辑，问题的背后就是我们考核的不是我们想要的。要做到考核是我们想要的，那么就把目标管理做好。公司的目标就是公司想要的，然后将之分解到各个部门去干。

我经常举一个例子，某一年，一个客户的人力部把它们的考核指标拿给我看，指标栏写着“招聘主管级人员以上122人，培训1万小时，初步建立企业大学，完善薪酬制度、绩效制度等”。我看完之后就问他：年底评估时，是不是大家的分数都很好，都差不多，但你们老板会认为这个问题没解决，那个问题也没解决？他听完之后就说，确实是这样。他就反问我：夏老师，你认为应该怎么办？我没有直接回答他怎么办，继续问：你们公司目前需要解决什么问题？

这个企业原来做矿产，非常赚钱，然后开始多元化，当年有一个新业务是花生油，建设期完成，要转入市场。所以，我就自问自答：你们今年的一个核心问题是新业务要快速实现市场突破，如果不能实现市场突破，新业务有可能会成为资金的黑洞。他非常同意，说最近老板确实在为这事苦恼。

然后我讲，第二个问题是老产业效率的提升，因为原来很赚钱，一个矿长、一个副矿长、一个矿长助理就把问题解决了。后来搞人才梯队，设了一堆副矿长、矿长助理，人一多之后，效率反而低了，无事生非，相互制造工作，然后没啥事干了，大家就开始天天比拼办公室，为什么我的办公室比他的小一点，为什么他的办公室在阳面而我的办公室在阴面等。

时间关系，我把第一个问题简单地捋一下逻辑。企业现在主要是什么问题？新业务要市场突破。人力部应该做什么贡献，是不是应该尽快地把合适的经营班子和关键岗位序列人员招到位？他说对，老板最近天天在谈这些事情，尽快把经营班子招到位，尽快把营销序列人员招到位。那好，考核就要改变一下，简单地说，不是招主管人员122人，而是在3月30日之前直接把核心的经营班子招到位，50分；4月30日之前把营销序列人员招到位，50分。考核的是想要的，如果到年底拿到100分，是不是说明企业想解决的事情已经解决了。

大家再想一想，这样是不是一定做到位了呢？是不是一定是老板想要的呢？不一定。为什么？假设这样一个场景，到3月20日，人力找到的人，老板一个也没有通过，这个时候人力会怎么做？会去公关老板——市场上的人才就这样的情况，已经相当不错了，您赶紧定一个，不然耽误工作。老板一想，可能就是这样，那好吧，定一个。但可能这个人确实不合适，当年业绩没有实现突破，目标达成率只有15%。但是根据考核，3月30日之前确实把核心经营班子招到位了，50分拿到了；4月30日之前确实把营销序列人员招到位了，50分拿到了。虽然拿到了100分，但是新业务的当年目标达成率只有15%。显然，这不是企业想要的，企业想要的是新业务实现突破，所以，考核需要再变一变：新业务突破目标达成率80%以上，40分；3月30日之前把经营班子招到位，30分；4月30日之前把营销序列人员招到位，30分。如果这个时候是100分，说明企业想要的已经确确实实实现了。

我举这个例子是要说明一个什么问题呢？就是我们管理上出现的一些问题，做的时候好像没有效果，这时，要思考问题的本质在哪里。员工绩效与公司绩效错位，错位的背后就是考核的不是我们想要的，要做到考核的是我们想要的，就必须把目标管理做好。如果把这个东西参透了，我们才能正确地进行管理建设，管理才会发挥效果，不然不但没有作用，有时甚至是副作用。

组织转型就是要完成组织能力建设的系统思考，让团队正确认识本质规律，并明确正确的导向，以支撑后续的管理体系建设。

四、顶层设计的作用

顶层设计在组织变革过程中所发挥的作用，就是想透——企业如何实现组织理想的核心逻辑和系统原则，之所以产生矛盾和问题，源头是事情没有想透；同时，以顶层设计为抓手，团队参与，改变认识，形成共识，产生战略行动力。想透才能真正共识，共识才能产生真正的行动力。所以，转型期我们做顶层设计，是一个完成系统思考的过程，是一个改变认识达成共识的过程。

（一）组织转型的顶层设计作用

我们还是以《华为基本法》为例，它起到什么作用呢？我理解是起到三个作用。

第一个作用，让任正非先生完成了系统思考。《华为基本法》作为一个顶层设计，想透了到底要干成一个什么样的企业、到底怎么样才能把它干成、到底在哪些领域要形成什么样的指导原则。想清楚了之后，心就定了，就不会动摇，不会来回变了。在管理建设过程中，有些东西当时看起来是没效果的，但是他知道这个事情必须得这么干，久而久之会起到效果。有的时候，做了这个部分的管理，但要起作用需要其他部分相配套，明白了这些规律，就不会再轻易动摇，也不会太过焦虑。

第二个作用，让大家达成统一思想。当时在华为，有不同的思路，有各种各样的看法，但是《华为基本法》让大家达成统一思想。我听张建国老师曾经讲过一个案例，当年在做营销考核的时候，任总提出来要由县级市场向省级市场进军。既然提出这样一个目标，那么营销考核必须具有一个指标——省级市场的营销收入增长。但是与营销部门一讨论，问题就出来了。营销负责人讲，这是书呆子做法，我们在县级市场是有竞争力的，对手是“巨大中华”的巨龙、大唐、中兴，但是往省级城市进军，我们的对手完全变了，全部是世界500强，是北电、朗讯、爱立信、诺基亚、西门子、阿尔卡特，这不是鸡蛋碰石头吗？这就麻烦了，任总说要往省级城市进军，营销负责人认为这是鸡蛋碰石头，听起来都有道理，到底谁对谁错呢？那好，我们看看《华为基本法》，第一句话就是“华为的追求是在电子信息领域实现顾客的梦想，并依靠点点滴滴、锲而不舍的艰苦追求，使我们成为世界级领先企业”，华为团队在追求上达成了共识，那么，这个问题就很好判断了——如果连中国的省级市场都搞不定，怎么能够成为世界级的领先企业？所以大家看，顶层设计，就是在一些基本问题、大是大非问题上达成思想统一。

第三个作用，《华为基本法》让整个华为团队的管理素质和能力实现了飞跃，或者说，是华为管理团队建设的核心工具。我们把团队送出去学习，送到中欧国际工商学院、北京大学、清华大学去学，学回来之后可能成为理论家了，大家相互批判。但是在华为内部学自己的《华为基本法》，学的是自己的管理理论，知道在华为的各个领域应该按照什么指导原则去做事，学完之后是可以用的，懂得应该怎么管、怎么去行动，大家达成了共同的语言体系，共同的目标体系，共同的原则体系，马上可以用，而且一致。

（二）战略转型的顶层设计作用

我还是用案例来说明。

B企业原来是批发商，老板认为批发没有前途，未来要做渠道服务商。所谓渠道服务商就是到各地去设分公司，开拓终端，并成为供应链的服务商。但是转型了三年，没有转过去，当时企业认为战略很清楚，这些人老是干不好是因为执行力文化出了问题。

基于这种战略转型，我们怎么办呢？一样，首先，一定要分析透问题背后到底是什么原因，问题在哪里，在这个基础之上，再组织大家参与讨论，形成共识，然后再形成顶层设计。

我们经过研究之后发现，企业战略转型的商业逻辑发生了改变，但企业很多行动仍然是根据过往的逻辑行事，自然转不过去了。

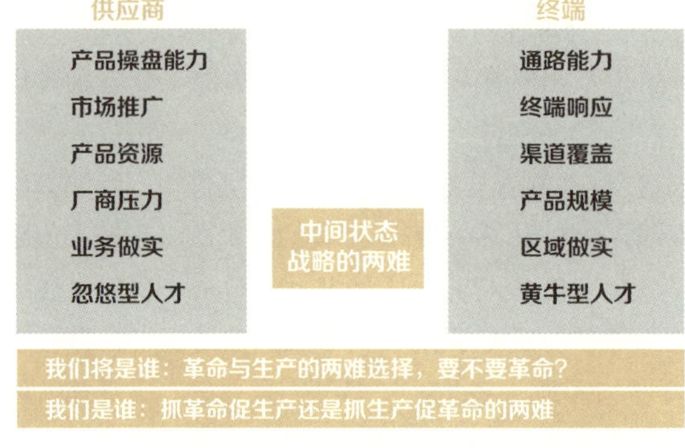

图1　某公司战略转型的不同商业逻辑

我用图1表示其商业逻辑的变化。B公司在原来的商业逻辑下，重视供应商，只要拿到好产品，就有了话语权，那个时期，是产品为王，有了产品，终端提着现金排队候着。在产品为王的商业逻辑下，侧重产品的操盘能力，然后进行市场推广，要和厂商搞好关系，抓到好的产品资源。他面临着厂商的压力，如果产品卖得不好，厂商就不给他好的产品，所以一定要把产品做实。这样的情况下，需要什么样的人才呢？需要忽悠型人才，天天和供应商、和上游的厂商搞好关系，能够忽悠厂商把好的产品给他。

转向渠道服务商的时候，需要的不仅是产品的操盘能力，更需要通路能力。要有广阔的终端覆盖，这个时候的关键能力是对终端门店的响应，如订单处理、送货、换货、退货、维修等，对覆盖广阔的终端来讲，不仅仅是要有好产品，而且还需要产品的多品类，所以新的逻辑是一定要把区域做实。区域做的是供应链效率，这个时候需要黄牛型人才，而不仅仅是忽悠型人才。

在新的逻辑下，组织模式也发生了改变，我用图2来表示。

在新的逻辑下，公司进行了组织模式的变革，由过去只有产品事业部，变成了“产品事业部+区域事业部”，但问题是产品事业部和区域事业部的功能几乎一致，都负责出货效益，都考核产品销售额和产品销售利润——皮囊改了，但内涵没有改。那么应该是什么呢？本质上要区别产品事业部主要负责出货效益——考核销售额和销售利润；区域事业部主要负责出货效率，除了销售额和销售利润，还要考核产品销售效率，库存周转、订货、换货处理等。

可见，在战略转型期，不同的商业逻辑，背后的定位、关键要素是不一样的，那么，工作的角色和侧重点就不一样。认识到不一样，动作就改变了，动作一改变，效果就会出来。战略转型期，如果这些事情不去想清楚，只是在谈理念，就转不了，只有刻画出从一个战略逻辑向另外一个战略逻辑的转变，让大家认识到“噢，原来是这样”，才会去改变。

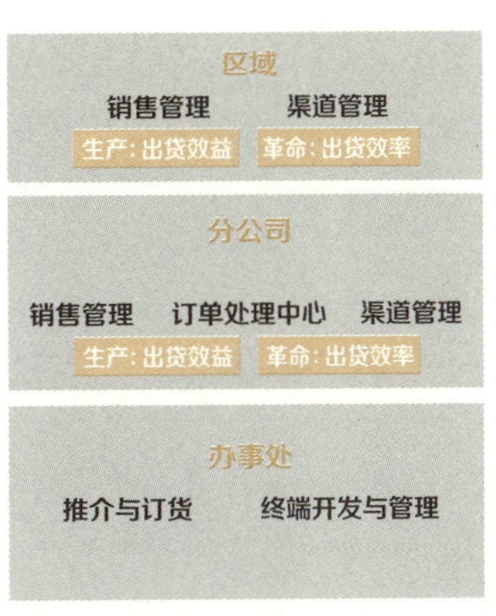

图2　某公司战略转型的组织模式转型

通过这两个案例，给大家讲的是怎么通过顶层设计去推动组织变革。顶层设计的基础在于想透实现组织理想的逻辑，摸透现实所面临的问题，分析背后到底是哪些认识出了问题，只有把这个找出来，所形成的顶层设计，才是促进改变现实问题的，才是促进成功的，才是促进战略转型的。然后在这个基础之上，让员工参与进来讨论，认识到之所以没有成功转型，背后是在哪些观念上不太对。只要认识到，员工会马上去变，因为不只有企业渴望成功，每个人也是渴望成功的。

总结一下。第一，企业文化、顶层设计和组织变革的关系。企业文化和顶层设计是两种写法，企业文化更强调提炼，顶层设计是纲领的表达形式，是企业持续成功关键领域的指导原则体系，更具象、更具体、更容易落地，但这两者都是企业持续成功的核心逻辑和系统原则，其实是一回事，只不过是表现形式不一样，层面不一样。第二，组织变革期往往是一个系统缺失期，无论是二次创业的组织变革，从一个小公司突然变成一个大公司，原来是没有体系的，现在突然要建一个体系；还是战略转型是要重新构建一个新的战略逻辑、新的体系，都是一个体系化的建设。既然是体系化的建设，就容易出现头痛医头、脚痛医脚的现象，为此，一定要完成系统思考。这就是顶层设计能够促进组织变革的作用原理。很多企业的组织转型、组织变革之所以出现问题，就是因为在前期老板没想透，高管没达成共识，大家都没有完成系统思考。如果前面完成系统思考，就会减少这种问题，就会加快企业的组织变革进程。第三，完成了系统思考，顶层设计应该怎么去做？它一定是基于现实的问题，一定要把企业当前的主要矛盾、主要问题，现象背后的原因刻画出来，这就会变成一面镜子，然后组织团队一起来思考、来讨论，形成正确的认识。只要认识到，马上会改变，而且效果也马上会出来。顶层设计有其高大上的一面，更重要的恰恰要基于现实问题，只有如此，顶层设计才是有根基的，才是对的，才能够让员工有共鸣，才是马上能用的，能用就会起作用！

（华夏基石e洞察公众号2018年12月10日发布）

新零售：没有新理论，只有新解释

一、产业生态、生态战略是不是一个新东西？

新的产业经营模式，就是我们现在通常所讲的“产业生态”模式。为什么不直接用“产业生态”，我想不直接从新概念出发，更容易回归到本质。比如，产业生态、生态战略是不是一个新东西？如果理解了这一点，我们就更能发现“产业生态战略”的本质规律。

大家看看，这是丰田汽车的产业布局，这是不是产业生态（图1）？

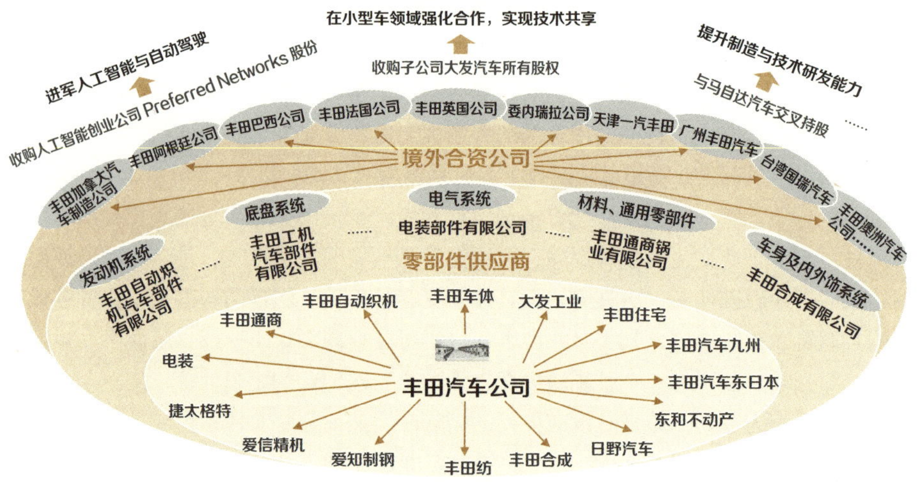

以汽车公司为核心，集团内放射性交叉持股

图1 丰田

显然，这是一个产业生态。我们再来看几个代表工业时代领导型公司（图2、图3、图4）。

这些叫不叫产业生态呢？我们可以看出，在许多领域会形成相互协同的产业生态。在工业时代的产业生态，多是基于技术/产品进行延伸，后面技术进行了分支，走向了绝然不同的领域，形成了产业生态群。

显然，这些都可以称为产业生态，是一个开放的价值协同网络。如果按照这个定义，华为、苹果、美的、海尔等都是生态型企业。其实，我还是那句话，没有新理论，只有新解释。过去叫产业链经营或复合产业链经营，其实产业链和复合产业链经营就是一种产业生态经营。

那么，厘清这一点有什么价值呢？我们可以进一步思考，互联网时代产业生态和工业时代产业生态有什么相同点，又有什么不同？从而我们可能更容易发现更本质的规律。

1. 相同点

（1）领导型巨头，都是在一个时代性技术的肇始阶段更容易形成。

（2）都是在这个技术时代代表的基础性行业和大市场行业。比如电力时代，电力

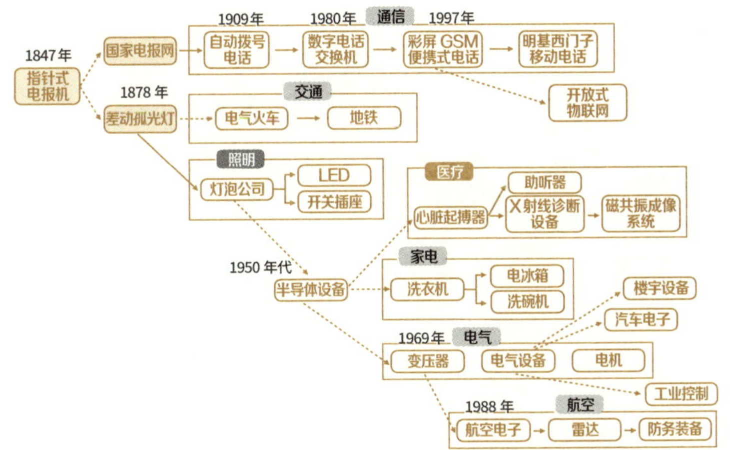

图2　西门子

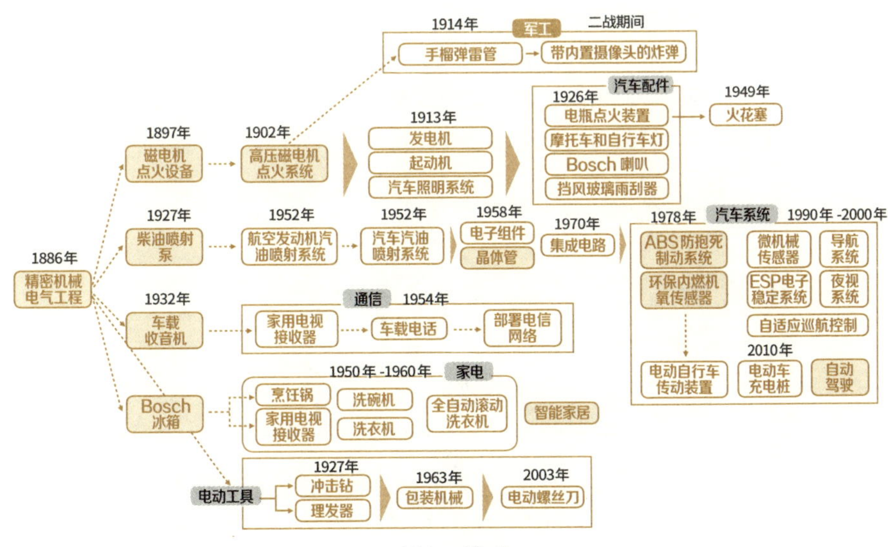

图3　博世

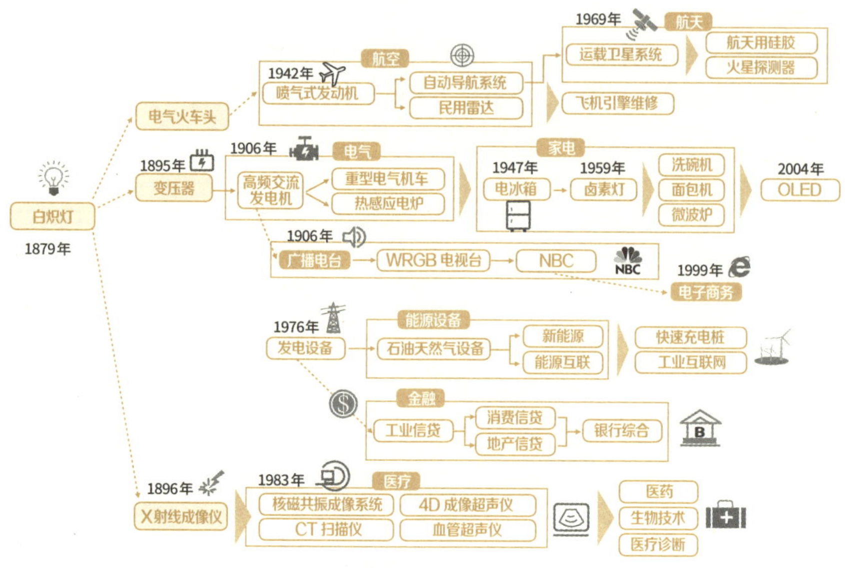

图4 通用电气

装备，互联网时代流量连接都是基础性行业；而家用电器、汽车等是工业时代的大市场，而商业、媒体、金融会成为互联网时代的大市场。

2. 不同点

工业时代是围绕着技术或产品不断延伸，形成开放的价值协同网络。而互联网时代的生态主要是围绕用户流量平台，然后不断延展，形成开放的价值协同网络。

在工业时代，技术突破的一开始，这些生态巨头们，首先是在基础设施如电力设施发力，因为那是一个电力时代；其次是基于新技术发展出大市场业务如家电、汽车等领域，西门子、博世、通用电气都是如此，表现出电力和工业时代的特点。你细看就会发现，这几个领导型公司的发展路径彼此是大同小异的，只不过随着技术和需求

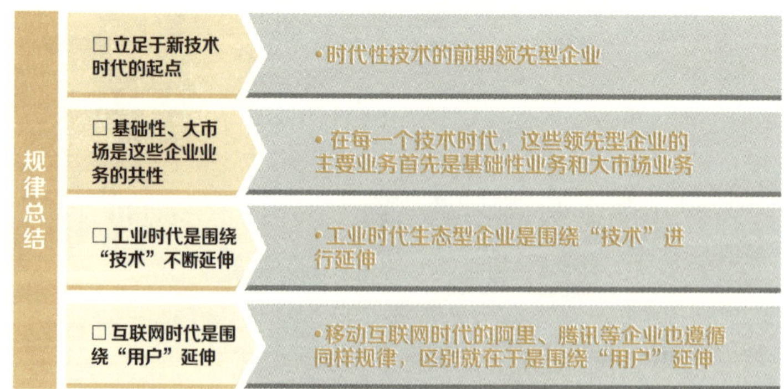

图5 规律总结

的进一步分支出现了不同的发展路径。

互联网时代生态业务的发展，其实也是一样的规律，也是基于一个新技术时代的起点，首先发展基础性业务——连接和流量平台，然后是大市场业务如商业、传媒、金融；所以我们看到媒体、零售等商业模式创新层出不穷，迅猛发展，金融有其特殊性，不然这个行业早被颠覆了。如果区块链技术成熟了，它未来的意义一定是在金融、交易等领域。我相信，以后也会像工业时代一样，进一步分化很多创新出来（图5）。

二、“产品规模化”与“用户规模化”

基于以上分析，我们再来考虑一个问题，沿着技术或产品延伸和沿着用户延伸最本质的区别是什么？我用下图来表示。

大家看看，工业时代解决了产品规模化的问题，通过技术、工厂，能够很快实现“产品规模化”，但是用户需要一个一个去找。而互联网时代，通过连接平台，能够很快实现“用户规模化”（也是我们现在所说的流量平台），可以去连接规模化的产品或者个性化的产品。

大家想一想，是“产品规模化”后去“+用户”容易？还是用户规模化后，去“+产品”容易？产品可以集中生产，但用户是分散的，显然，用户规模化之后去“+产品”更容易，更何况产品在工业时代已经规模化了，即使是需要“产品个性化”，现在技术也是能解决的，也是集中生产（图6）。

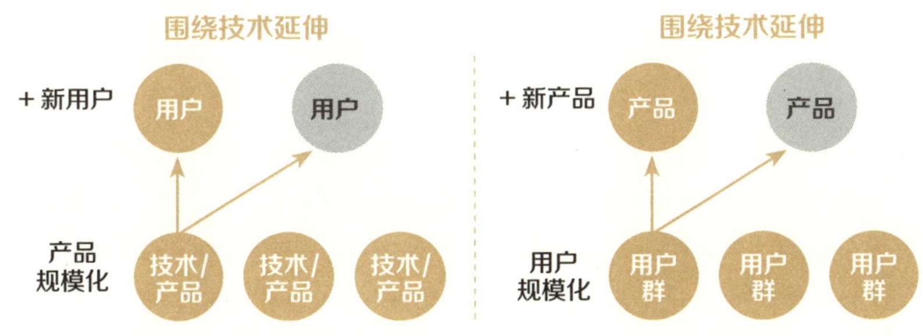

图6　区别

因此，从这个角度讲，工业时代的意义是实现了快速的产品规模化，而互联网时代实现了快速的用户规模化。

零售业本身上依赖“用户规模化”，以提高销售流通环节效率，在互联网时代，可以更多样、更快速、更低成本地快速实现“用户规模化”。与工业时代产业生态是从技术进行延伸不同，互联网时代是沿着“用户”延伸产业生态，从这个角度去思考，新零售带来的不仅仅是零售业革命，可能是“互联网时代产业生态经营”的引擎。

三、新零售向产业生态延伸的三个关键点

（一）互联网时代新零售与产业生态的关系

以百果园为例，百果园是一个水果连锁企业，2018年底有了3 500家门店，线上会员4 000多万，实现线上线下一体化，全年销售额超过100亿元，在水果零售行业全球第一。水果零售业本来是做不大的，当年余惠勇先生在全球找对标，发现找不到标杆企业，他非常兴奋，知道如果自己做成了，就是全球第一。

我曾经写过一篇百果园的文章，刻画百果园的商业逻辑如图7所示：

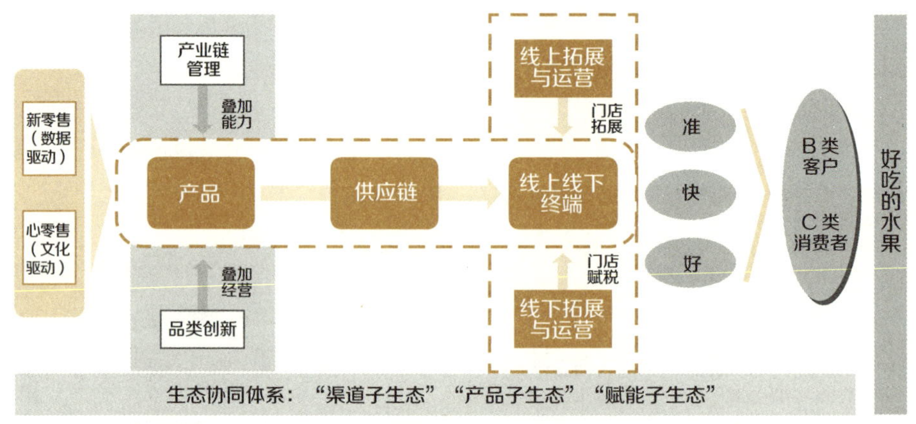

图7　百果园的商业逻辑

百果园有3 500家店，会员4 000多万，线上和线下一体化，这是一个典型的连锁商业业态，也是一个典型的新零售企业。但它不仅仅是一个新零售企业。首先，百果园就是一个水果商业连锁，先是线下终端，后面逐渐发展线上，还有自动售货的百果盒子等。但百果园又是一个“水果品牌公司”，基于“卖好水果”的定位，发现必须要管理产业链，后面牵住了“水果标准”这个牛鼻子，与合作基地紧密合作，全球有230个合作基地，并且延伸到了水果种植管理，而且目前发展了自有品牌20多个，如良枝苹果、不失李、天使美莓等。百果园通过自有IT部门、投资、合作等方式联盟了许多智能化公司进行数据赋能；通过自己的研发和后熟部门进行种植技术赋能，一个商业连锁的百果园种植技术人员就有60人；通过资本对合作伙伴进行子金融赋能。

百果园从商业连锁出发，逐步发展延伸，形成了产业生态模式。百果园的产业生态以图8来总结。

那么如何理解百果园新零售与产业生态的关系呢？我们看一个例子就理解了。

比如，深圳有一家水果企业，与百果园做“好产品”的理念较一致，主要做西

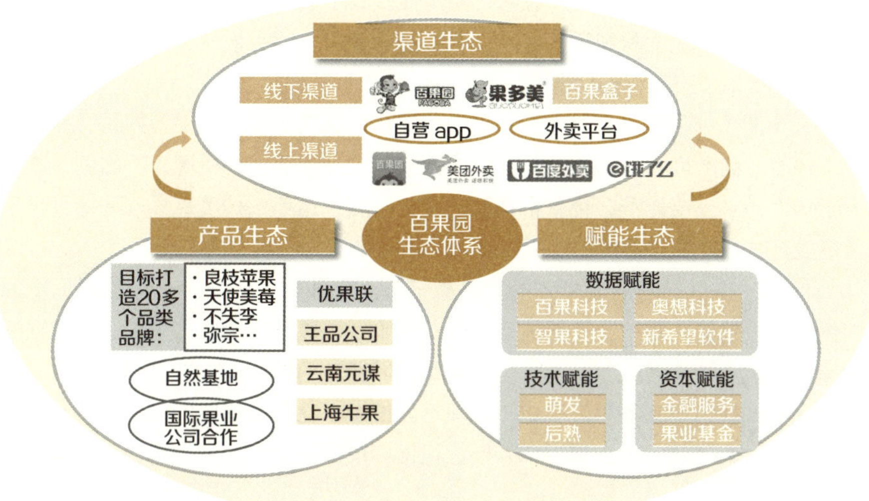

图8　百果园新零售与产业生态的关系

瓜，但其他的也做，也开一些店，多年来一直在4 000万元销售额徘徊。后来，百果园进行投资合作，对业务进行重组，砍掉其他业务，只做西瓜，以渠道为引擎，并在技术指导、生产资料供应、资金支持等方面进行赋能，3年时间从4 000万元迅速做到8亿元。

很显然，“规模用户的渠道”（流量平台）是引擎，这是新零售对于产业生态形成的意义。但产业生态的形成并不是“规模用户+产品”这么简单，而是，对于这些用户，百果园的定位是什么？百果园需要围绕着这一定位去把它做透，这才是真正经营用户，是新零售形成产业生态模式的核心。

我们来看看百果园是怎么定位和围绕定位形成产业生态的。

百果园对自己进行了明确的定位——做“好吃”的水果。水果很有意思，与其他食品不同，好吃往往意味着不健康，但好吃的水果是健康的，好吃的水果是生态的，好吃的水果是更有营养的。

但问题就来了：百果园怎么保证采购的水果就是“好吃”的？水果这种东西变化太大了，产地不同，味道不一样；同样的产地，不同的种植方法，味道不一样；同样的产地，同样的种植方法，由于每年气候不同，味道也不一样，阴面阳面不同可能味道不一样。而且，水果的味道还和采摘时间、储存运输等都有关系。

这中间的一个关键就是制定产品的标准。

百果园通过自己多年经营水果的经验，将水果标准分为四级三等——招牌、A、B、C四级；大、中、小三等。比如“四级标准”就是从“四度一味一安全”（糖酸度、新鲜度、爽脆度、细嫩度、香味、安全性。其中，糖酸度、新鲜度、安全性是共性标准；香味、爽脆度和细嫩度标准，有的水果有，有的水果没有）六大要素，明确每一个品种水果每一等级的标准。

举一个例子，招牌级巨峰葡萄，它的标准是什么呢？一个关键指标是“糖酸度”要大于19度。糖酸度大于19度意味着什么？意味着必须要用有机肥，不然糖酸度不可能大于19度；必须要控产，种植密度要降低，不然也达不到19度；必须杜绝过早采摘以及不能打激素催熟，不然，也不可能大于19度。

“标准”是百果园商业模式的“牛鼻子”。比如，客户体验上，相同标准的水果，体验是一致的；定价，按照标准定价；检验，按照标准检验；采购也是依据标准采购。那么，上游管理呢？如上所述，比如巨峰葡萄的糖酸度标准是超过19度，如果要超过19度，种植户必须用有机肥，必须不能按照以往产量导向的密度进行种植，绝对不能通过激素催熟，也不能过早采摘。根据标准定价收购的利益机制，倒逼上游种植优化。

但中国的水果种植水平是非常落后的，种植水平达不到，尽管通过倒逼会起到一定作用，但是整个产业链效率就极其低下，高标准的产品也会供应不足，怎么办呢？百果园只得发展种植技术，现在有种植技术人员60人，自己的力量不够怎么办，投资联合精准有机种植类科技公司共同赋能种植行业；同时，在水果种植这个行业坚持做好水果、能把水果做好的并不多，所以后面成立优果联和投资公司，一方面共享产业知识和资源，另一方面，发现志同道合的种植企业家，进行投资联盟，打造产品品牌。

（二）百果园这种模式是不是一种特例？

其实小米也是，它做生态的逻辑其实跟百果园本质上是一样的。开始做米聊和MIUI，米聊没成功，MIUI也不好变现；又开始做手机，通过互联网进行传播和销售，手机成功之后，形成了流量平台小米电商；基于小米品牌和小米电商渠道优势延伸出小米生态链。

小米生态链的成功，也是“规模用户渠道”（流量平台）为引擎，但不仅仅如此，其实至少实现了三大赋能，品牌、渠道、资金。一个新企业或新产品要获得成功，最核心有两个难点，一个是渠道，一个是品牌，其实另外还有一个关键要素是资金，这个就不用多说了。新产品最怕迟迟得不到市场突破，而要市场突破的核心就是有足够规模渠道销售，而且需要广大用户知道你的产品和信任你的产品，小米最关键是赋予小米生态链企业品牌和渠道，借助小米品牌，小米体系下的生态链企业或产品首先解决了用户对品牌的认知心智占位——极致性价比和以用户为中心；其次，小米电商已经积累了大量用户（消费者），他们认同小米的定位，渠道也解决了；因为在口碑和渠道上占据了市场的制高点，所以小米系才能产生这样的生态协同效应。另外，新产品刚开始销量小的时候，供应链配合意愿是不高的，而且成本高，比如开一个新模具就很贵，因为有小米品牌和渠道做背书，所以供应链愿意提供支持和配合。

其实腾讯、阿里、绝味食品（不是从流量平台延伸，主要是从共享冷链供应链能力开始延伸）等都是，未来，华樾教育、恒昌医药、维也纳酒店、海伦斯酒吧、乐刻运动等都可能会成为产业生态。当然，这里讲的新零售包含了商品和服务的销售，涉及许多行业，正如马云所讲，是一个泛零售概念。

（三）新零售向产业生态延伸的关键

从以上案例也可以看出，产业生态的形成和新零售想产业生态延伸，一般有以下三个关键点。

1. 制高点

产业生态不是想形成就能形成的，一定要占据产业制高点并要形成足够的优势。比如阿里巴巴，是把淘宝、天猫做成功了，拥有巨大流量，才能去延伸；再比如小米，如果不是在品牌和电商入口形成足够的影响力，那么它的生态链公司也不可能成功。新零售就是因为占据了流量平台这一制高点，若形成足够优势，新零售就成为了产业生态形成的引擎，就是这个道理。

2. 平台能力

生态各经营体之间是相互赋能，但仍然会存在一个主生态体，才可以说是一个产业生态模式，不然这个概念就没有意义。比如，全社会就是一个价值协同网络，整个社会我们可以说是一个生态，但我们不能把全社会叫做产业生态模式。主生态体的核心是具有平台能力。百果园形成产业生态模式，是因为有了渠道赋能平台、技术赋能平台、金融赋能平台等。因此，新零售往产业生态延伸还有更长的路要走。

3. 重构红利

形成产业生态，往往是重构了原有的“顾客连接或者价值链或供应链或者产业链”，提高整个产业系统的效率或价值，形成重构红利，实现产业生态各方共赢。新零售往产业生态的延伸是要带来整个顾客连接和产业链的重构，从而产生更大的效率红利，实现整个产业生态的共赢。

四、新零售向产业生态延伸是一种必然

最后再谈谈新零售，新零售新在那里呢？我曾写过一篇文章《新零售的本质与“零售业”未来》来探讨新零售的本质规律。

新零售先别看“新”，先看那些不会变的。顾客连接（店址）、产品、效率、体

验，这四个本质要素是不会变的。（1）你要买东西，一定要到“商店”，只不过过去是线下的店址，现在互联网时代有了线上的商店，即各类流量入口。（2）无论什么新零售，你要的是产品，不是概念、噱头，即使是服务，也是一种产品。（3）如果运营效率不高，供应链成本高，产品再好，也没有性价比；或者有了价格优势，但过度牺牲产品和体验。这两种情况，最终都会失去消费者。（4）买产品的过程要愉悦，如果不方便，感觉不爽，有了可替换的，消费者很容易转换，尤其是在线上越来越发达的情况下，转换成本会变得越来越低。无论是旧零售，还是新零售，这四点是不会变的，是本质要素。

那么这四点在新时代，又会发生哪些变化呢？这里关键来说第一点——顾客连接的变化，明白了这一点的变化，我们就可以理解新零售向产业生态的延伸，可能会是一种必然。

在互联网时代，顾客连接的主要变化就是两点：容易连接，所以也就容易拦截。

1. 容易连接

传统零售是靠线下店址与消费者进行连接，这种连接受到时空的限制。要产生连接，你必须跑过去，连接的规模也受到店址面积、辐射周边人口和时间的限制，而且是被动连接。若不跑到你家门口发传单，你就不知道商店有关信息。若你不去，连接就产生不了。

在互联网时代，你不用跑过去了，坐在家里通过APP就产生了连接，手机就是店址，电视就是店址，甚至未来冰箱也是店址，可能很多屏都会成为店址。而且不再受店址空间、辐射范围和时间的限制，可以随时主动推送，甚至互动，因此，在新时代，连接要容易得多。

2. 容易拦截

容易连接就会带来另一个问题——容易拦截。

一方面，传统零售（尤其是非个性化、非体验商品或服务）很容易被拦截。消费者和“店址”的连接方式发生了改变，尽管有线下店址，但真正的“第一店址”可能转移到了手机上。坐在家里下单了，哪怕你线下经营得很好，也很容易被拦截，从入口拦截。所以，很多传统零售商越来越窘迫，要走向线上或与线上企业相结合。

但另一方面，单纯的线上企业也不会永远那么惬意，线上入口也容易被拦截。因为，未来入口一定是过剩的，拼多多就拦截了淘宝，各类入口都在拼杀。还有一个重要的变数就是许多线下公司，尤其是社区连锁型零售公司，发展线上会员，也会形成巨量的流量平台，再加上线下的优势，就很容易拦截单纯的线上公司。比如，百果园现在有3 500多家线下社区水果店，线上会员达到了4 000多万，未来要发展到1万家店，未来线上会员可能要达到1亿人，而且这些会员具有定位的天然一致性，完全可以基于这种定位组织不同品类的产品。

容易拦截，所以，深化连接就成了必然！

因此，阿里投资那么多线下传统零售，不仅仅是发展的需要，也是减少被拦截的风险和增加护城河的需要。

这种深化连接的重要性可以再看看滴滴的案例。

我猜测滴滴出行现在赚钱还不怎么容易，或者讲，现在还未完全走通，不过，滴滴出行差一点就完全走通了——形成一个很容易盈利的商业模式。我们回顾一下滴滴出行的历程：一开始通过补贴出租车司机和乘客，迅速形成了流量平台，然后深化连接，通过补贴专车司机、快车司机，迅速连接、聚集了大量社会车辆。这一点很关键，如果这一步走通了，滴滴出行就完全走通了。但一纸政策下来，不允许非营运车辆进行营运，滴滴只能自购车，本来就要走通的商业模式被政策拦截了。为什么呢？连接出租车是赚不到钱的，目的是形成流量平台，然后连接社会车辆，全社会的车辆都可以成为平台的一员，滴滴就坐地收租就行，而且滴滴不用为车辆固定成本折旧发愁（车主为车辆折旧负责，主要还是自用，折旧是理所当然的成本，顺带赚点零花钱，如果把它变成运营的营生，只有多跑，自负盈亏）。但政策一拦截，一搞自购车，资产就重了，自己要对资产折旧负责，那么，对运营效率的要求指数级提高，滴滴要盈利自然要艰难得多。

但深化连接形成产业生态没那么容易，这是要踏踏实实围绕用户定位，真正形成为顾客高效创造这种价值的产业生态。最近，拼多多被美国列入"恶名市场"名单，也反映了拼多多还没有形成他真正的产业生态能力，还需要更多时间去走。小米、百果园可以说是这种深化连接的典范，也基本形成了产业生态能力。

总结来说，连锁零售企业，天生会连接用户，归集用户，连接用户与产业；在互联网时代，这种优势更加明显，用户规模（流量平台）更容易形成；因此，新零售企业往往可以成为产业生态的引擎，明确定位，为用户提供一致性的价值，并能延伸出产业生态；同时，甚至可以推测，新零售企业往产业生态延伸也是一种必然。

最后，我还是用这句话作为结语：新零售、产业生态尽管带有新时代颠覆性特点，但回归到本质，还是"用户（流量）为王、品牌为王、产品为王、能力为王"！

（华夏基石e洞察公众号2019年5月7日发布）

一切都是格局和时间的函数

2019年，我们听到了企业的普遍焦虑。实际上，焦虑不仅是今年的新状况，这几年几乎都在谈焦虑问题，但是在今年，大家对未来的焦虑指数似乎到了峰值。那么，中国产业到底发生了哪些变局？我们能不能从本质上对中国产业状态有个把握，从而也促进内心冷静，不在迷茫和焦虑中浪费时间呢？

一、中国产业变局图景

中国经济到底是好还是坏？这不是一个能给出确切答案的问题，有很多企业在生存边缘挣扎，但也有很多企业欣欣向荣。比如，我2018年咨询了一个酒吧连锁企业叫海伦司，企业不大，做到几亿元。我们提出咨询费可以不要，用股权来置换。海伦司董事长却痛快地说，我们给咨询费，我们有钱。当然，这样的企业不是一两个，可以看到，一方面很多企业非常纠结、非常困难，但是不可否认，中国还有许多企业还是很有活力、很赚钱的，有人欢喜有人忧。那么中国的产业图景到底发生了什么变化呢？或者说，到底是一个什么样的状态呢？

2015年，我总结了一个增长形态模型，我这几天在思考今天演讲内容时，突然发觉，这个模型可以很好地解释中国产业变局状态。

我先解释一下这个模型（图1）。

图1　增长形态模型

这个模型是谈增的长，增长背后其实就是“机会”，所以这个模型的横坐标用机会来表示。当然，机会有两种形式：一种是增量市场机会，也就是市场处于高速增长中；另一个是存量市场机会，也就是我们通常所说的红海。中国从20世纪80年代一直到前几年，30年的时间基本都是增量市场，所以做什么都赚钱，造汽车赚钱，卖电视赚钱，卖房子尤其赚钱。但现在为什么很多企业讲钱不好赚了呢？因为很多行业已进入了存量市场，市场成熟了，所以做什么都是红海，这叫存量机会。

横坐标是机会，纵坐标是实现机会的方式。要实现机会的一个本质就是“创新”，只不过，创新有两类：一类是战略性创新，比如互联网的发明，比如锂电池的开发，比如索尼开发随身听等。还有一类是战术性创新，简单讲，带不来颠覆性的变化。

以机会和创新为坐标，划分了四大象限，其实这四大象限代表了四种不同的增长形态，即风口猪战略、不对称战略、重构战略、风口鹰战略。

那么如何用这个模型来解释中国产业经济的变局呢？我用图2来表示。

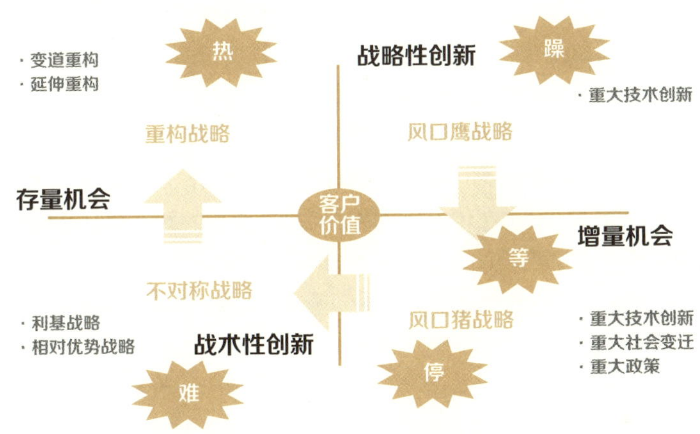

图2　中国产业经济的增长形态模型

1. “停”的意思是：过去很多高速增长的市场都饱和了，进入了存量市场

实际上，中国企业这40多年的发展，基本上都是“风口猪”。包括华为、美的、格力等，也包括阿里、腾讯、百度等，都是在别人发明核心技术所产生的一个个增量市场中发展起来的。就像冯仑所讲，这是一个时代的成功，大家都坐在电梯里面，跟着电梯往上走。我把这种增长形态叫做“风口猪”，企业没有什么核心技术只靠一些战术性创新就能发展。现在的问题是过去40年绝大多数增量机会没了。有些企业非常焦虑，就是因为风停了，增长形态转移到了红海，我们没有了市场增长，汽车零增长，水泥在下滑，玻璃在下滑，钢铁在下滑……市场进入了存量市场，也就是经常说的红海。

2. “难”的意思是：风停了，绝大多数企业从风口猪区域转移到了不对称区域，但不对称的竞争力没有形成

在增量（风口）市场里面，企业是成批地高歌猛进。风停了之后，有三种情况，一类是有些企业形成了核心能力，业务组合也提前做了布局，对于这些企业来讲，尽管受宏观环境影响，但这种环境，可能更是机会，比如华为这类企业；还有一类企业，就是在存量市场中进行战略重构创新，各行各业都存在痛点，而且现在又是互联网时代，很多企业尽管是在存量市场，但他们基于行业痛点进行重构创新，表现出欣欣向荣的生命力；但是，我们太多产业和企业没有利用风口猪时代积累核心技术和基于未来布局，这就是目前很多企业纠结难受的根本，那就更别说形成全球产业竞争力和全球技术竞争力了。

3. “热”的意思是：存量市场重构创新

前文提及，现在很多企业基于行业痛点进行重构创新，欣欣向荣。那么什么是重构战略呢？重构包含两类重构，一类是变道重构，就是重新定义了行业和业务，比如互联网电视重新定义了电视，电视成为一个可互动的互联网终端；一类是延伸重构，比如百果园利用原有终端的优势，向产业链管理延伸。目前最大的重构就是互联网时代对各行各业的重新定义。像阿里、腾讯、百度等巨头利用原有优势进一步延伸重构，还有像百果园、绝味食品等行业领先企业也在进行延伸重构。其实还有一类，像海伦司，做酒吧连锁；乐刻运动，做健身连锁；恒昌医药，做药品及流通；中环地产，做二手房中介等。这类在传统的领域进行创新重构的新兴企业已越来越多。

我就拿海伦司酒吧连锁来讲他们是如何在一个传统领域进行重构的。海伦司2018年做到160多家店，已经全球第一了，尽管销售额不是很高，但全球做酒吧连锁的企业，基本上没有发展到几十家、一百多家店的。未来5年，他们的目标是1 000家。那么，海伦司是如何重构行业玩法的呢？大多数酒吧的一般逻辑是：我要赚钱—要选一个好地方—租金比较贵—酒贵才能赚钱—实在不行，搞点假酒才能赚钱—还得希望大家多消费—顾客感受并不好，消费能力受限制—顾客流量减少—其实还是不赚钱。

海伦司的逻辑是什么？给顾客提供一个消费得起的自在的社交场所；选对商圈，但不在乎“好”地段，而是真诚对待顾客，日久见人心，经营商圈的“住客”；不用所谓“金角银边”的选址铁律，甚至可以在二楼、三楼等不显眼的地方，这样租金费用降低；酒便宜，必须真酒；过来消费不消费没关系；顾客感受良好，消费能力限制减少；顾客越来越多，反而赚钱。而且他们的会员数量越来越多，本身带有社交属性，活跃度也是很高的，未来还有很多创新的想象空间。

我举这个例子要说明的是，很多行业原来的玩法，都可以通过一种新的方式进行重构。在增量时代，大家抓机会就行，在存量时代，要么提前布局建立不对称优势，要么进行重构创新。

现在的存量市场当中，确确实实存在大量的企业，进行着重构、创新。就像海伦司是酒吧行业的重构者，乐刻运动是健身连锁行业的重构者。重构的机会很多，因为现在社会的痛点太多了。看病有痛点，上学有痛点，去酒吧有痛点，去健身有痛点，甚至买药也有痛点。只要是让大家觉得很痛苦的、很烦的事情，就说明原来的模式具有变态的地方，就说明原来的模式具有重构的机会。

4. “躁”的意思是：新技术周期可能快要来临

我们经济中还有一部分看起来是热闹的，甚至说是躁动的，比如新能源汽车、

VR、人工智能等。这些技术这两三年非常火。但像VR技术，初中我读英语阅读理解的时候就出现过，已经30多年了，为什么过去不躁动，而这两年这么躁动、这么热闹？核心原因是，过去这些技术离产品化、商业化很远，现在，它们产品化、商业化的临界点快要来了。这些新的技术突破，往往是几十万亿美元的市场要重构。新能源汽车技术突破，就是20多万亿美元的市场；如果VR技术突破，也一定是几十万亿美元的市场。VR技术突破会带来什么呢？每一家的电视都会变，投影仪也要变，VR手机也会出现。就人工智能，我举一个简单的场景——理发。有句俗语说，理发三天丑。可以发明一个智能理发头盔，让你每天都能保持最佳状态的头发长度和形态。这些新技术一旦突破，不仅仅会出现一批造风的“鹰”，还会带动一大批一大批的“风口猪”。

值得一提的是，5G不是躁动了，而是“风口鹰”实实在在产生了，它就是华为，这是一个了不起的事情。日本产业追赶主要抓住了机械、汽车、电器和电子等产业的弯道超车；韩国主要是抓住了产业转移和电器、电子产业的弯道超车，中国呢？除了5G，还有什么？新能源汽车？生物？人工智能？

总结一下，中国经济的状态到底怎么样确实不好给一个明确的答案，但我们可以通过中国产业变局的图景去理解中国经济变化的逻辑。现在的状态就是——绝大多数“增量市场的风”停了，当然还是有许多小风的，比如服务业、互联网（泡沫也非常严重）、高铁、还有政策导致的行业等。大量企业没有积累不对称的核心竞争力，在存量市场当中煎熬，有些形成了不对称优势的，活得还是不错的，要么去全球找机会，让自己表现出有不对称竞争力，有的甚至变成了鹰，比如华为；还有相当一部分企业对存量市场进行了重构，焕发着活力，各行各业都存在重构的机会；同时我们要看到，新技术周期的临界点，应该就在眼前，这个“眼前”到底是一年两年还是三年都不好说，我们只能等，等的不仅仅是更多的风口鹰，而是这些鹰会带动大批大批的“风口猪”。

二、这轮增长周期的教训

教训是：我们成长出具有全球产业竞争力和全球竞争力技术的企业太少。

此前40年，我们在飞速的发展过程中，既取得了巨大的成就，成为了全球第二的经济体，但像我们这样成了全球第二，还这么全民焦虑，问题出在哪儿呢？

尽管我们在高速发展，但缺少具有全球产业竞争力、具有全球竞争力技术的企业。像华为这样的企业太少。因为我们没有全球性核心竞争力，我们才会对未来更加担忧。全球的温度稍微一变，我们就会染上风寒，甚至是大病。所以，今天我不是讲过去40年有哪些成功，也不是讲现在的焦虑应该怎么去解决，这没有什么神招，恰恰是了解这轮发展周期的教训，更有利于正确看待现在，如何正确走向未来。

我们这轮发展周期的关键教训就是——我们成长出具有全球产业竞争力和全球竞争力技术的企业太少。

2018年，我们世界500强公司增加到了120家，日本从1995年的顶峰149家降到了52家，但我们的世界500强企业，基本上是政府垄断型企业：中国银行、中国工商银行、中国交通银行、中信银行、中国移动、中国联通、中国电信、中国石化、中国石油……中字头的企业可以一直念下去。我们除了航天，基础设施（工程建筑、电力）、高铁、华为等为数极少的几个领域具有全球产业竞争力和全球竞争力的核心技术企业，基本上是关起门来狠或依赖资源或并没有占据产业制高点。但是日本的500强，具有全球产业竞争力和全球竞争力的核心技术企业比比皆是，丰田、本田、三菱、松下、佳能、索尼，都是在全球数一数二的企业，有核心技术，有核心竞争力。

那么，针对这一教训，我们需要反思的问题是什么呢？

三、从企业发展规律来看产业竞争力形成的关键

我用图3来说明一个企业的一般发展规律。

1. 追求

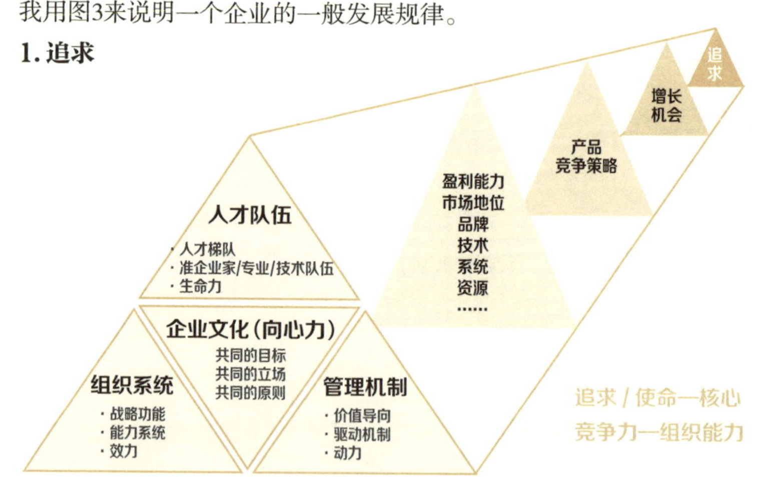

图3　企业的一般发展规律

一个人或者组织总是有某种追求或者理想。

2. 增长机会/产品与竞争策略

企业会因某种追求或理想而对相应的机会比较敏感，然后会找到一个增长的机会，比如华为与通信设施建设，联想与电脑技术。所有企业都有一个增长的机会，通过产品和实施一定的策略，满足客户，实现市场突破和发展，就把这个机会抓住了。值得注意的是，实现0–1的突破，开始赚钱，市场规模到一定程度时，理想可能发生

了重新定义——赚钱后，发现还可以成为一个可以持续发展的事业。

3. 核心竞争力

再往后发展，除了盈利和规模增长外，它一定要形成核心竞争力。一个企业的核心竞争力，主要包括四个方面：品牌、技术、系统、资源。第一是品牌。互联网时代形成品牌的时间或者品牌的转移更容易一点，但品牌的壁垒还是很高的。第二是核心技术。曾经有一种说法是“一流企业卖标准，二流企业卖品牌，三流企业卖技术，四流企业卖产品”，于是很多企业都跟着参加国家标准制定，以为就有了核心竞争力了，这种理解是错误的，真正的标准竞争其实也是技术，而且称得上标准竞争的技术一定是一种底层技术和卡口技术，不用不行，它卖的其实是知识产权，是底层性、卡口性的知识产权，就像英特尔、高通所做的那样。第三是复杂系统。比如零售企业的终端运营系统、供应链系统等，再比如华为的技术研发系统、营销系统和人力资源系统等，如果这个系统具有复杂性，就具有了高壁垒，尤其是系统的形成和运作主要对企业自己的人才或管理要求高，并且系统内知识和经验具有累积性。第四是资源。你能持续拥有或拥有持续的排他性资源，这也是壁垒和核心竞争力。

4. 组织能力

那么市场地位和核心竞争力是怎么形成的呢？组织能力建设是前提和保障。为什么说组织能力是核心竞争力的前提和保障呢？我打个比方，核心竞争力是车的性能，组织能力是造车的能力，如果没有造车能力，如何去打造一辆高性能的车呢？

那么什么是组织能力呢？组织能力包含四个方面：人才队伍、管理机制、组织系统和组织文化。

组织能力首先是人才队伍，组织能力的背后首先是人，是人才队伍。有的企业说，我们要打造一个不依赖人、不依靠人的组织，就是所谓制度流程，就能做到“铁打的营盘流水的兵”。这是一个错误的观念，而且是不可能的。组织能力首先体现在人才队伍上。因为所有的事情都是人干的，所有的制度流程都是人设计的，最后是人去落地的。而且形成梯队很重要，梯队形成就说明这个组织具备了自我新陈代谢、自我成长的条件。人来了之后有没有动力干活，这就是管理机制，有了动力干活，是在什么样的平台干活，比如，是在山路上跑，还是在高速公路上跑，这就是组织系统。组织系统不是指组织机构，而是各类能力营盘，能力体系，比如IPD体系，供应链体系、干部管理体系等；而文化就是我们经营管理的导向和原则，就是我们在人才队伍、管理机制、组织系统建设和运作中所应遵循或体现的导向和原则。

总结来说，一个优秀的企业是怎么形成的。首先，一般是有追求和动机的，一不小心洞察到了一个增长机会，要抓住这个机会，首先必须得有产品（服务也是产品）和按照一定的策略去做，机会突破后，企业越来越大，组织也越来越复杂，这个时候，企业有可能开始重新定义自己的理想，要做一番事业了，无论是理想，还是继续活下去，必须不断提升自己的竞争力，形成壁垒，而要解决现实的问题，还是提高壁垒和竞争力，组织能力建设是保障，是前提。

因此，核心竞争力形成的关键是三个：有机会（产品和竞争策略）、有追求、组织能力建设！那么，我们就可以推演出我们缺乏全球竞争力企业的关键原因了。

四、缺乏全球竞争力企业或全球竞争力技术的关键原因

图4　格局

上述企业发展规律图，其实就是四部分，我们看看这四个部分，就马上明白了我们缺乏全球竞争力企业或全球竞争力技术的关键原因了。

看看我们有什么，前四十年，我们有的是“机会”，通过产品与竞争策略也实现了抓机会。但我们缺什么呢？我们缺有“核心竞争力”的企业，那么，为什么缺呢？那就是“追求”和“组织能力”建设的问题了。根本来讲，追求是格局问题，组织能力建设也是格局问题，因此，这两个问题的背后是“格局”问题（图4）。

所以，我要讲的是，这轮周期中，我们缺乏全球竞争力的企业，最应反思的是“追求”和“组织能力”建设，但这两者背后是“格局”问题！

1. 追求与格局

毫无疑问，不同的追求代表了不同的格局。

前面谈到日本世界500强企业尽管数量现在比我们少得多了，但日本具有全球产业竞争力或全球竞争力核心技术的企业比例要多得多，那么这里的原因是什么呢？很多人讲是体制，从某个角度讲，我们的经济体制有时候比日本和美国还自由。我个人认为，这种差异背后的主要原因是“追求”不一样——我们看看，小松怎么讲的，打败卡特彼勒；佳能呢？击败施乐；丰田的丰田喜一郎从美国参观回来以后，发誓要让日本人的路上跑满日本人自己造的车。我们的一汽、二汽要是有这样的追求，怎么会是现在这个样子？那么我们的追求是什么呢，类似汽车业的一些国有企业，追求的是什么？当官，安全。其他的呢？我想改革开放有一个口号——劳动致富！这既起了积极作用，也产生了负面作用。我们的追求就是劳动致富，富了就行了，所以，就很少人去考虑全球产业竞争力了！

当然现在，我们有追求的企业家越来越多，这就是我们第二个周期的一个很好的方面，我相信未来具有全球产业竞争力的企业会越来越多。尽管如此，我们更要深刻理解“追求”以及“组织能力”建设的意义！

2. 组织能力与格局

追求是格局，大家都不会有什么意见，也就是我们通常所讲的使命型组织。那么，为什么讲“组织能力”建设也是“格局”问题?

因为没有追求，谁会去做组织能力建设？这是不是格局?

组织能力建设需要耐得住寂寞，长期认真、坚持、持续改进，没有格局，怎么能做到长期认真、坚持、持续改进？举个例子讲，很多企业要学华为，我经常说你们根本不用学华为，就学习你们创业时候的经验。你们在创业的时候，是不是以客户为中心，是不是以奋斗者为本，是不是持续艰苦奋斗？但为什么华为一直是“以客户为中心、以奋斗者为本、持续艰苦奋斗”？而绝大多数企业到后来就没了？这是因为华为通过不断地组织建设，把“以客户为中心、以奋斗者为本、持续艰苦奋斗”等这些精神组织化了，从而实现了持续性。

还有，没有利益分享的胸怀与格局，持续对人力资本进行高强度、持续投资，怎么能将一个组织建设成为“以客户为中心，激发员工持续奋斗”的组织？这是不是格局决定的?

五、学习华为具有战略性意义

学华为意义在于：如何发展成为具有全球产业竞争力的企业。

我讲的这轮周期我们的教训——缺乏全球产业竞争力的企业。那么在中国，有一个企业具有全球产业竞争力，这就是华为！我们看看华为为什么会有全球产业竞争力，我们就理解了最终的关键是格局！

前段时间，在华夏基石e洞察群里出现了认为“过度神化华为”的观点，也有孙建敏老师的一篇文章《华为是学不了的，谈华为没有意义》（标题党，内容恰恰又是华为的经验）引起争论。我反对这些观点，我们学习当然是要学习成功，难道还要学习失败的经验（不是吸取教训）？所有的成功都是有规律的，而且背后的规律都是一样的，学习不是复制，学习华为也不是华为没有问题。而且谈华为时，一定是基于一个整体人格，落到每一个人，每一个方面，不可能100%的清一色。更重要的一问题是，我们一定要从更高层面去体会学习华为对中国具有战略性意义，为什么？就是如何出现更多的具有全球产业竞争力的企业！华为不是谈多了，而是还远远不够，也不是学多了，而是学的也远远不够!

我们看看华为成为具有全球产业竞争力的经验是什么。

第一，敢于追求。成为世界级企业的追求。而且是真实的追求，很多企业是口号，真实的追求一定会落到企业经营管理的每一个角落。这些追求会落到人才标准、技术目标、质量目标、绩效考核等。所以，你看当初华为还在民房的时候，就大量吸引华中科技大学、清华大学的人才！再比如绩效成果对标世界第一，进步要比他们快。这都是需要极大魄力才能这么做，才能坚持的。当然，追求并不一定非得要世界级，哪怕把一个事情追求做到极致，这也是，我们太多差不多，太多对付。这是不是格局？

第二，未来思维。也就是企业的危机感与布局。任正非最近接受访谈时，说了一句话，令我感触很深。他说：今天华为所面临的局面，我们十几年前就已经预见到了。这句话说明什么？说明他们有未来思维。我们很多企业今天的困难不就是因为昨天没有未来思维——赚钱时没去想未来的变化和危机，十年如一日地持续建设组织能力，提升竞争力，并及时布局成长和未来业务。这是不是格局？

第三，长期主义。对技术的长期高强度投入，对管理建设的长期坚持与持续优化。这是不是格局？

第四，认真、坚持、做透。华为是把基本逻辑“以客户为中心，以奋斗者为本，持续艰苦奋斗”做透了，也把基础工作做透了。我们听听华为的经验，一听就懂，但为什么绝大多数做不了？关键在于较真做，坚持做，持续改进，这种水滴石穿的较真、坚持很难。2018年的华夏基石变革企业家研修营，我指导了几次走进华为、走进温氏等活动，他们所讲的没有什么听不懂，管理学不像天体物理那样让人搞不懂的。所以学华为不是有什么神秘的方法、神秘的观点，或者神秘的工具，背后最难的是认真、坚持、做透。所以，我经常讲，一个企业真正的核心竞争力就是“认真、坚持、做透”。“认真、坚持、做透”就是一种格局！

第五，分享胸怀。华为的分享机制和人才管理体系是管理界的关注热点。招募优秀人才，分享利益，持续对人才进行投资，就才是真正重视人才。敢于招募优秀人才，持续对人才进行投资，这是一种勇气、自信，也是一种格局。

第六，第五级领导力。主要是谦逊与意志。我把谦逊理解为超越自我更好。尽管任正非先生脾气不好、武断，但他总能与时俱进，总是在大是大非方面保持清晰，至少到现在没有看到他志得意满、忘乎所以。中国有不少的民营企业家，过不了这一关，需要向任正非先生学习超越自我。如果不能超越自我，就不能海纳百川，就不能激发团队，这是我们中国很多企业面临的问题。

有了这样的一些格局，才能够更好地去进行组织能力建设，才能打造核心竞争力，才能避免过去的这个周期之内出现今天这样尴尬的局面——120多家世界500强，具有全球产业竞争力的居然没有几家。我们应该深刻吸取这个教训。

六、未来的启示

目前所谓焦虑期，很多人就像无头的苍蝇一样，到处找秘方，以为学到了这种模式、那种模式，自己的问题就能迎刃而解。没办法的，该来的是要来的，还是要老老实实研究客户，研究竞争，研究积累能力。机会没有了，就重新定义增长机会；没有新的增长机会，那就老老实实聚焦，打造核心竞争力；春风得意的或已经达到一定地位的企业，别忘了这轮周期的教训——我们缺少全球产业竞争力的企业！这个教训的核心就是“格局”——高远的追求和持续认真的组织能力建设，打造核心竞争力，提前布局，制胜未来。华为给了我们很好的启示——敢于追求，未来思维，长期主义，认真、坚持、做透，分享胸怀和第五级领导力。

最后分享一句话：一切都是格局和时间的函数。

（华夏基石e洞察公众号2019年2月20日发布）

张文锋

华夏基石高级合伙人，业务副总裁兼华夏基石产业集团CEO。

郭 伟

华夏基石副总裁、首席事业合伙人模式设计专家。

孙 波

经济学博士、教授，华夏基石咨询集团执行副总裁兼人力资源顾问公司总经理。

李东来

顾家家居股份有限公司总裁。

邢 雷

华夏基石高级合伙人，业务副总裁兼首席企业文化专家。

第十一辑

走在变化之前

用机制驱动员工奋斗

张文锋

很高兴今天跟大家做这个分享。

今天要讲的合伙人机制，实际上不仅仅是企业的激励手段，更是完成一个产业生态构建的必要的交易结构。先来了解一下最近形势的变化。简单来说，现在国家在做三件事：第一是改善营商环境。其背后有一个很重要的因素，即保障就业。就业分为政府就业、国有企业就业、民营企业就业三个方面。每一个政府就业岗位，国家要承担的成本是民营企业就业的十倍，所以不能靠政府就业。但是从去年开始，民间投资比重下滑，各个行业都在萎缩。比如汽车行业，2018年萎缩了3%左右；2019年上半年，我到重庆看到大概同比下滑16%。这是一个逆周期时代。现在改善营商环境的目的是拉动中小企业的发展，因为中小企业是保障就业的主力军。第二是国有企业改革。国有企业各地方的负责人在找我，说看到合伙人的理念，我们能不能用合伙人机制来做。我们做了好几个这样的项目。第三是金融在放开。我不了解上海的情况，深圳是比较快的，它资金也很雄厚，从2018年到2019年，尤其是在最近，给中小企业千亿元规模的信用贷款。

从各种因素来看，我个人认为，包括中美贸易摩擦，未来肯定是好事，短期内不一定坏事。为什么说短期内不一定坏事呢？就是说它创造了一个“逆周期红利”，这个词是我创造的。什么叫逆周期红利呢？我们一起看看历史上大地主是怎么产生的？只有灾年才是大地主产生的最好时机；丰收年的时候，不会有大地主产生，你好我也好，大家日子都过得去。灾年的时候怎么办？我手里有粮食，我手里有资源，大地主就是这样产生的。如果再去研究一下全球产业发展史，会发现一个惊人的现象，大企业，尤其是头部企业，基本都是在行业逆周期时代发展起来的。“华为的冬天”，华为没倒下，华为成为了这个时代通信领域的一个全球整合者。美国甚至不惜用全国之力打压华为，客观上来说，证明我们的企业更强大了。相信未来我们会有越来越多的企业超越美国。一个互联网泡沫，阿里巴巴、腾讯没有倒下，它们就变成了那个行业里数一数二的企业。最近的这段时间也是一个逆周期时代，逆周期时代就有逆周期的红利产生，我们看到的国家金融上的放开，包括国有企业的整改，实质上是拿出一些可以让民营企业参与的部分。整个经济不好的时候，看似没有赚钱的空间，其实这个时候机会还是很多的。各地方政府现在招商引资，推出了一系列的政策，从武汉开始，再到青岛，再到杭州市长调任郑州市委书记，整个过程都在释放逆周期才会产生的红利。

未来我们怎么把握这样的红利？彭剑锋老师讲过新时代产业领袖要具备的几个重要特征，我们可以此为参考。我个人坚持的观点是，未来十年，从2019年开始到2029年，是一个产业性机遇爆发的时期。在这十年当中，有三年的布局期，七年的收官期，不要认为十年都一直有机会，也不要认为很多产业的发展都是一样的。产业机遇出现以后，有些企业先布局，布局完成后产业的机会窗户就被关闭了。未来七年，只要你别犯错，没有大的失误，这收官你基本完成了，就会形成一个在某一个领域或者全领域的头部化地位。这几年，行业集中度一定会提高，客观地讲，一批企业会死掉，但也有一批企业会脱颖而出。相较于上一个十年，机会和风险同时被放大。

那么究竟在这个时代应该怎么去生存？我们提出了四化，即战略生态化、组织平台化、人才合伙化、产业要素和资源的资本化。今天重点讲第三点——人才合伙化，即怎么将员工从原来的雇佣关系转变为跟企业家一样，为了事业的梦想，从共识、共担发展到共享的合伙关系。

关于四化的关系，这四者之间是一个内在的统一。

很多头部企业来找我们说，他们在做的不是企业的经营战略，而是在做产业经营战略。要从原来封闭式的企业经营转变为去中心化、利他式的，具有长板效应的开放式的产业链。在未来的时代，任何一个企业，只有两种选择，要么创造一个产业生态让别人加盟，要么加盟到别人的产业生态中去。

我遇到一个做生鲜的企业，他们说：张老师，我的竞争对手还在以烧钱的模式在做，我认为这种模式是不可持续的。但那家企业我非常了解，我明确地告诉他们，那家企业的模式不但是可持续的，而且它的模式是正确的。因为你是在用自己这一个企业跟人家的产业生态去竞争。它是通过生鲜去做一个入口，通过这个入口积累了用户的流量，通过产业链的另外一端，积累传承了资本化的一个过程，通过这个资本化的过程，拿到了相关的资本资源，再反哺前端的损失。所以人家是用一个生态和你一家企业在竞争。你想打赢这场仗，如果只是用自己的单个企业去抗衡由若干家头部企业构建的一个完整的产业生态，那无异于以卵击石。

一、构建一个产业生态需要的三个因素

怎么去构建一个产业生态，怎样加盟到一个产业生态里去呢？需要三个因素。

第一，去中心化。现在这个时代，越是有中心化的思想，越很难成为中心；越是有去中心化的思想，不想成为中心都很难。所谓欲速则不达，如果你老追着赚钱的方向去，会发现赚钱越来越难，但如果你每天考虑的都是我怎么把每件事做好，我怎么真正地为客户创造价值，会发现想不赚钱都难。换言之，钱是跟着人走的，不是人跟着钱走的。这和去中心化的道理是一样的。

第二，利他主义。世界上最伟大的商业模式就是利他主义。什么叫作利他主义？举例来说，假设你跟另外一家企业合作，发现自己的贡献占98%，它的贡献只占2%，那么你会选择怎么跟它合作？按道理来说，公允的方式是，我占98%的股权，它占2%的股权，这个叫正常的公平合理的分配方式。但是如果运用这样的思维方式去思考问题，仍然是中心化的思维方式，是站在自己的角度思考问题的。这样做你会发现，所有人都会认为自己的贡献大于那个贡献，如果只给它2%，它会认为你做事不公平。这样的合作方式，可能1 000家企业当中，只有一家企业愿意跟你合作。那么换一个角度思考问题：我的贡献是98%，我只要2%的持股，另外98%全部给我的合作伙伴。这个时候你会发现，可能1 000家企业全部愿意跟你合作，理由是别人都想占你的便宜。但是事实上，让它占你便宜的过程当中，你是最大的受益者。用小学数学都能算得明白，你占98%，只有一家企业愿意跟你合作，98%乘以1等于0.98，而2%乘以1 000等于20。

有很多头部企业，都在用这种思维方式在思考问题。我在讲到产业要素和资本化的时候，会讲到一个真实的案例：明明是一家企业的贡献大，但它只要34%的股权，给它的手机合作伙伴66%的股权。当所有人都跟这家企业合作的时候，这家企业变成了真正的行业领袖。再换个角度来说，2016年的时候，彭剑锋老师跟任正非有过一次对话。任正非讲道："华为之所以有今天的成功，主要在于两点，第一点，我们分钱分得比较合理。华为的员工持股计划，让奋斗者，让有贡献的人拿到自己应该拿到的受益；第二点，我比较傻，所有人都愿意占我的便宜。所有人怎么占我便宜呢？他们得跟我合作才能占我的便宜，当所有人都跟我合作的时候，我就是最大的受益者。"

这就是利他主义和傻的经营哲学。希望越来越多的企业能够用这样的方式去思考问题。我们本身也是这么思考的。

第三，长板效应。长板效应大家都明白，每个企业都很难去弥补自己的短板，所以一定要把长板发挥到极致。但是很多企业对长板效应是存在理解偏差的，我们往往认为长板就是企业的优势，实际上这是不对的，你的优势不仅是你的长板。如果你谈企业经营战略，你的核心优势，比如说你研发有优势，你的产能有优势，你的客户资源有优势，你的渠道有优势，这个时候，你的优势就是你的长板；但是如果你谈产业生态化的经营思维，你的长板不是你的优势，而是说，你的合作伙伴最短的那块板就是你的长板。

譬如，最近我们做了一件事情，帮一家在中国排名第一的企业，也是唯一一个进入世界时尚产业集团20强的企业，做了一个所在行业的供应链金融体系。它在国外有50%的业务，国内有50%的业务，所以能够低成本地获得国外的资金，这个供应链金融体系能做到给我的供应商和我的渠道伙伴赋能。做过服装的都知道，最怕的就是资金的占压，辛苦干了一年，利润全在仓库里。这种情况下，就不能认为资金是这个服装企业的优势，从产业生态化的思维来看，它的长板在于它的合作伙伴和上下游最需要的东西，这才是它应该构建的长板，只有构建了这个长板，才能获得行业不可替代的地位。很多人没有理解这个道理，总跟我讲，张老师，我们研发有优势，我们产能有优势，其实看看整个产业链条会发现：你所谓的研发优势，并不是你的客户、你的伙伴最需要的。你客户最需要的有可能是：你能不能跟我进行联合开发？当我把所有订单都交给你的时候，你能不能把成本给我降低20%？理解了这个道理，就能明白为什么一家企业，它的产品原来卖1块钱，是亏损的，现在它卖8毛钱，反而盈利非常好，这都是由生态化的模式和产业要素资源的资本化模式带来的结果。

二、企业组织平台化建设的两个要点

关于组织平台建设，在这里强调两点。

第一，平台+分布式的组织模式，一定要以用户为中心，真正为用户创造价值。很多人都会讲“以用户为中心”，但是当我问到一些企业的时候，我发现它们的思维方式仍然是“以产业为中心”和“以自我为中心”。比如，我问一家企业是做什么的，他说是做服装的，问另一家企业是做什么的，他说是做水杯的，再问一家企业，他说是做牛奶的。他们满脑子想的全都是产品。

什么是以用户为中心？就是你真正站在用户的角度，去思考他到底想要什么。有一个人说了这样一句话：用户买的不是一部手机，他买的是一种移动互联网时代的生活方式。讲这个话的人是乔布斯。第二个人，也是一个美国人，他说：用户需要的不是一双运动鞋，他需要的是在某种运动场合的穿着偏好。这个企业在2005年的时候真正做成了平台+分布式的模式，它一个个的业务单元不再是产品业务单元，而是根据用户的不同使用场景，划分成了篮球、足球、男子健身、女子休闲等单元。所以从2005年开始，它一跃超过了阿迪达斯，变成了世界第一大运动品牌。国内也有类似的创新例子：用户需要的是酒店吗？我们的战略是经营酒店吗？我们经营的不是酒店，我们经营的是以酒店作为场景，为用户，为会员提供衣食住行游购娱的一个全面解决方案。酒店从经营主体变成了一个场景，在这个场景下完成了人、货、场的重新分配。谁说酒店不能卖床上用品了？我们真正以用户为中心的时候，才会有新的业务单元诞生出来。为什么酒店卖枕头卖得好，卖床上用品卖得好，可以卖出爆款呢？它有三个优势：第一，它是真正的体验式营销，无论在超市还是京东去买这个产品的时候都不是体验式营销，酒店里真正能做到体验式营销。在酒店里面用过以后觉得真舒服，会产生买这个产品的想法。第二，它没有陈列费用，超市里有陈列费用，做线上也有相关的费用，而且越来越高，但是在酒店没有相关的陈列费用。第三，酒店本身就是一个大规模的采购者，它可以把成本降低，这个时候就能给用户提供又好又便宜又方便的产品。现在大家讲新零售之类的零售理念，实际上，任何一个模式回到本质上，就是得回答能不能为用户提供又好又便宜又方便的产品的问题，即是否为客户创造价值？所有的平台+分布式模式，一定得围绕怎么为用户创造价值，否则就变成了无源之水，无本之木。

第二，平台+分布式，是以平台为前提的，没有平台的赋能，一个一个分布的业务单元就变成了一盘散沙，是没有办法形成增值的。2018年我们跟京东做事业合伙人机制的时候，讨论了一个非常现实的也非常有意思的问题，就是如何依靠平台的赋能提高每个业务单元的效益？京东的一个个业务单元都是单独作战的，那么京东物流到底是一个平台部门还是一个独立性的业务单元？后来达成一定的共识：京东物流首先是一个赋能平台，然后才是一个营利性的业务部门。它的首要任务不是盈利，而是帮助下面的衣食住行游购娱、健康、教育、社交这几个领域，满足它们对物流的需求。因为我们知道，做3C和做生鲜，对物流的需求是不一样的，做生鲜和做医疗，对物流的需求也是不一样的。这就是我所讲的，围绕着战略，才会有平台化的模式产生，才会有平台+分布式的组织方式的改变。

三、企业成长所需的长板思维与开放式思维

关于长板理论，我们需要有思考模式的改变。我们可以做一个是不是在用长板理论思考的测试。每个企业家都思考一下，你们每天是不是花了80%的时间去做你最擅长的80%的事情？我看了这么多企业，90%以上的企业家都是花80%的时间，做自己最不擅长的20%的事情，只有20%的时间是在做自己最擅长的事情。这其实仍然是短板的思维方式。

我认识一个老板，企业上市了。他是搞技术的，说企业上市以后自己得研究资本运作，就到处去听讲座。有一天跟我讲，他想了一个交易结构：给这个提供产品，给那个提供服务；这个放在上市公司体内，那个放在上市公司体外。我问他同业竞争怎么解决，他说不知道什么是同业竞争。我给他解释完以后他很感慨，说是自己学习学得不够，得继续学习。我建议他说，你的基因就是做技术的，这是你最擅长的，你可以招一个最好的董秘，变成你的合伙人，他每天做他最擅长的事情，你每天做你最擅长的事情，你俩加起来效益就提高了，企业一定更好。这就是把短板的思维方式变成长板的思维方式。

以前我给别人做咨询，我也什么都干，战略—组织—人才—机制—文化，但是我发现，我不擅长那么多的领域，我最擅长的是企业的顶层设计、事业的合伙人机制和资本运作。现在我每天都做着自己最擅长的事情，何屹老师做他最擅长的事情，郭老师做他最擅长的事情，这样就形成了一个抱团作战的方式，每个人的效益

都提高了。这时候木桶装的水越来越多，我们每个人分到的水也越来越多，赚的钱也越来越多。这就是通过优势的互补，用生态化的思维方式，用自己的长板和别人的短板相交换。

中国企业在选择业务的时候，有一个特点：绝大多数企业都只会做加法，不会做减法。看到这个业务好，把这个做了，那个也有机会，把那个也做了，最后每个市场都做出了一堆的业务，但是没有一个业务是真正具有核心能力的，整个企业的盈利能力很差。我讲一个与众不同的例子，前一段时间我们给电力行业的一些上市公司做咨询，发现这些公司的利润都不高。这几个公司同时告诉我，他们有一个供应商，是做电力当中的一个模块的，这家供应商的成本只有200块，卖1500。我们能想象到这个行业还有这样利润的企业吗？原因是什么呢？因为做这个模块只有它一家，在整个行业中占了90%以上的市场份额。我见到这个老板的时候，问他是怎么思考的？经营战略是什么？通过探讨我发现，他跟华为初期的做法是一致的。起步的时候在市场上只有20%—30%的市场份额，那个时候他的团队就跟他讲再做一个市场，再做另外一个产品。老板坚持一定要聚焦到这一个行业上。他没有做别的事情，就在这个领域内，把市场份额从30%提高到50%，然后是70%、80%，再到90%以上，真正变成了行业内不可或缺的一块长板。当他从不是第一到第一，再从第一到近乎唯一的时候，就获得了产品的定价权，并且获得了整个产业链利润的分配权。

所以说小到企业，大到国家，都需要尊重这样一个逻辑：一定要学会做减法，减到能够在那个细分领域做到唯一。很多企业都说想成为华为，说实话成为华为没那么容易。华为当年说永远不进入信息服务业，兢兢业业成为世界一流的通信设备供应商，这就是长板思维。

在这个时代，我们更强调隐形冠军，强调在某一个领域不仅要做到第一，而且要做到唯一。当你做到某领域的唯一的时候，就具有了不可替代性。

第二个我们需要改变的思维方式，就是从原来的封闭式的战略思维变成开放式的战略思维。现在很多企业在做战略规划的时候，还会运用到经典的迈克尔·波特五力模型。如果你希望变成产业生态的构建者，就不能用这个方式去思考，用这个方式思考就会认为竞争对手是应该去打压的，客户是应该去服务的，替代者是应该去防范的。实则不然，在这个时代当中，如果存在一个生态化的结构，在社交模式下，客户既是我们的客户，又是我们的销售人员，又是我们的研发人员，又是我们的生态人员。在某种意义上来说，竞争对手是我们的合作伙伴。比如说，中国现在排名靠前的几个零售企业，在联合做一件事，我有小数据，你也有小数据，他也有小数据，这个时候我们把数据进行合作，用户画像就变得更加清晰，而且这个合作可能是同业的也可能是跨界的，这时候竞争对手也可能转变为合作伙伴。

四、事业合伙人机制与股权激励、资源整合、利益共享之关系

什么叫事业合伙人机制呢？事业合伙人机制不等于股权激励，不等于资源整合，不等于利益共享。

第一，事业合伙人机制为什么不等于股权激励？首先，事业合伙人机制是产业生态构建的基本的规则，它不是企业内部给员工的激励。它既能给内部生态链（即老板和员工管理层）承诺，又立足于产业链外部（供应商怎么变成合伙人，渠道伙伴怎么变成合伙人），所以它不等于股权激励。其次，仅仅是从公司内部战略来看，它和股权激励有天壤之别。股权激励是老板和员工的关系，是激励和被激励的关系；事业合伙人机制是合伙关系，是相互激励、相互赋能的关系。前两天有一个企业家表示非常认同我的观点，他说原来我们也做过股权激励，但是真正要承担责任的时候还是我一个人承担责任，大家都是来分钱的，而不是来拼命的。

合伙人机制是指我们有一个共同的伟大理想，希望把这个企业打造成为下一个华为、下一个阿里这样的企业。你有这方面能力，我也有这方面能力，我们为了一个共同的目标走到一起来，肩并肩，手拉手，共同奋斗，这才是真正的合伙人机制。

事业合伙人机制是围绕着增量分配的原则。增量分配的原则是合伙人机制的前提，存量是不能分的。它又需要有分工协同为基础，只有分工协同提高了整个产业链条的效率，它才会有增量。人类社会的进步是以产业分工和合作为前提，产业分工使效率提高了，每个人都做自己最擅长的事情，产生了增量。合伙人机制讲的是增量分配。

举一个简单的例子，我自己干，能赚两千万元，你自己干，也能赚两千万元，我们一起干的话，如果只产生四千万元的利润，早晚有一天要拆伙。合伙人机制要表达的是，你自己干赚两千万元，我自己干赚两千万元，我们俩加起来能赚一亿元，你的两千万元还是你的，我的两千万元还是我的，这个叫存量，不能动。增加的那六千万元，我们按一定比例分配，你占51%，我占49%；你占70%， 我占30%；你占81%，我占19%……这样一个明确的交易结构，使得每个参与方都能清清楚楚地计算出来通过跟对方的合伙能赚多少钱。

再举个例子，一家企业，希望把自己的销售人员都变成自己的合伙人，让员工不再是打工心态。另外它希望把代理商也变成合伙人。这是很多家企业在应用的标准型的结构，我们称之为51–34–15模型。企业51%控股，因为企业要销售收入并表，这时才能有更大的资本增长的空间。然后再用资本增长的空间去让其他合伙人共同来分享资本的受益，给到自己的渠道伙伴，即代理商34%的股权。因为它有了一票否决权，它不用担心我坑它。未来的34%的股权采取置换或回购的方式，你做得越大，我

给你的上市公司的股票就越多；你做得越小，给你的就少。如果你能干到10亿元，PS一倍，能干到30亿元，PS1.1倍，你能干到50亿元，PS1.3倍，你干得越大，你的股权越值钱，这个时候，不仅仅是我们和渠道伙伴构成合伙关系，我们需要把双方的团队都能够激励起来，于是我们共同拿出15%，我51%，你34%，还有15%，这15%给到我和你两家共有的团队，这样我们发现，人员减少了，成本降低了。为什么人员减少了呢？原来非合伙状态的时候，代理商总是让企业多派出几个人，多投入费用，企业也同样希望代理商多出人员和费用。真正成为合伙关系的时候会达成一个结果，就是企业不需要派人，他的人才是真正有价值的业务员，而我可能在投入广告方面有优势，这样就使得每个人都在做自己最擅长的事情。分工协同下形成增量的原因就在于此。

第二，合伙机制也不等于资源整合。绝大多数的情况下，没有人愿意被别人整合。但是，很少有人会拒绝别人提供的帮助。你自己干只能赚2 000万元，现在和别人合作能赚4 000万元，你会拒绝吗？傻子才会拒绝。这就是去中心化的思维方式和利他的思维方式。原来讲整合的时候，总有人以自我为中心，讲获得一个机会去整合一个行业，实际上可以转换为获得一个机会去帮助所有的行业合作伙伴提高盈利能力，最后企业就变成了一个行业的成功企业。所以，不要谈整合，而是谈利他，去帮助别人赚钱，这样最后你也一定会赚钱。

第三，事业合伙人机制不等于利益共享。共识和共担是合伙人机制必不可少的两个决定性的前提条件，好多企业没有重视共识和共担就贸然合伙了，这样早晚有一天会散伙。因为合伙的前提是双方有一个共同的目标和理想。有这样一个案例：有三个合伙人，是很好的朋友，一起创立了企业。这个企业干得非常好，在最高时候做到了3亿元销售额、1.8亿元纯利润。但是后来三个合伙人发生了本质性的分歧，董事长认为，我们有了这么高的利润，应该上市；总裁认为不用上市，每年分点钱就挺好的，上市后会很麻烦；总工认为，上不上市不是关键，公司在这个行业已经做到了70%多的市场份额，已经接近饱和了，我们要进入到另外一个行业。董事长和总裁全部反对，说我们在这个行业是有技术优势的，换个行业根本没有任何优势。就这样三个人开始争吵，很多核心人才开始离职，导致企业每况愈下，以很低的价格卖了出去。

因此，合伙之前一定要有共识：合伙是为了形成真正的命运共同体，双方的理想是一样的。有些人合伙是为了赚短期利益，这样的人不能放在一个合伙层次上。总之，没有共识千万不能合伙，早晚有一天会散伙，而且散伙的代价很大，甚至连朋友都不能做了。

合伙之前还要有共担。为什么合伙人机制必须以共担为前提？最简单的共担就是出钱，好多老板很有情怀，说我愿意送股权给合伙人。我到现在都没发现谁这么做能成功的。没有共担作为前提的时候，不是说他获得了不该获得的价值，最关键的是人性有一个普遍的共同点：99.9%的人在遇到困难的时候，选择的都是退缩，只有企业家在遇到困难的时候选择的是进取，不管任何困难，必须克服它。没有共担的时候，大部分人想到的是，这个太难了，反正我也没出钱，反正我也没有代价，顶多就是赚不了钱，这事我不干了。有了共担的因素在里面：这件事干不成，这三年就白干了；这件事干不成，这十年就白干了；这件事干不成，可能就倾家荡产了。没办法，硬着头皮也要往前走，和老板一起，肩并肩，手拉手，抱着没有任何困难是不能克服的信念。这就是我们所讲的一定要以共识和共担作为前提。我们要弄清楚利益共同体、事业共同体、命运共同体之间的区别。

五、区分命运共同体、事业共同体、利益共同体

第一，很多企业家越来越意识到这一点：持续增长是企业永恒的主题，想要保证企业的持续增长，决定于企业拥有多少能跟企业志同道合，能像自己一样把公司当成生命一样重要的合伙人才。有的企业家说，我不缺技术，我不缺产能，我也不缺资本和客户，我缺的就是能像我一样为了企业全心全意奋斗的人才。我的企业拥有几万人，但是真正奋斗的只有我一个人，别人都是打工心态，没有公司立场，没有老板立场。

到底什么样的人能够成为合伙人呢？我的观点是，不管处在哪个行业，企业发展到哪个阶段，必须要有这四类人才：专业和技术、业务和营销、管理和运营、资本和金融。尤其是中小企业，这四类人才越齐全，成长速度就越快，这四类人才欠缺的，成长速度就慢。

怎么样使人才能够像老板一样奋斗拼搏呢？有一个机制，我们一直在坚持。我经常给企业讲，不要教育员工为了公司奋斗，为老板奋斗，要教育他为自己奋斗。在客观的情况下，99%以上的人只会为自己奋斗，而不会为了公司和老板奋斗。我们要形成一个什么样的机制呢？我们要承认人是自私的，要让人去为自己奋斗。在一个良好机制的前提下，他在为自己奋斗的同时，也为公司创造价值。即主观为自己，客观为公司创造价值。如果员工一辈子都是自私地为自己奋斗，一辈子也都给公司创造价值，那么他就是无私的。

在2015年的时候，我们给自己设计了一套机制。我们从来不教育自己的员工无私，每个人都在为自己奋斗，但是客观上为公司创造了价值，为客户创造了价值。2019年4月20号，华夏基石有一个闭门性的产业峰会，19号晚上11点，湖南的一个上市公司老板到我们公司来，一看我们公司灯火通明，所有人都在，有的在写报告，有的在开会。他就问：张老师，他们为什么不下班？我回答说他们在为自己奋斗。当时他很感慨地说："我今天才明白什么叫真正的事业合伙人。"我们公司从来不规定几点上班，只规定几点下班，因为如果不规定几点下班大家身体全都要搞垮了。所以一定

要激发人才的活力，激发每个人为自己奋斗的动能，这个企业才是足够强大。

第二，要改变老板一个人拉车的局面，让每个人都成为动车的一个车厢。2013年的时候，我们曾经给一家企业做战略和组织的一个项目。老板说，说实话我请你们来，我也不知道该做什么。他的公司2009–2013年的增长曲线是这样的：2009年，只有3亿元的规模；2010年到2014年，分别是6亿元、12亿元、36亿元、94亿元、196亿元，赶上了智能手机行业爆发性增长的时代。老板说，我原来认为，我企业从3亿元到100亿元规模的时候应该成为一架马车，我就是那个驾车人，我前面有一群牵马的，他们有做技术的，有做研发的，有做生产的，有做质量的，有做运营的，有做人力资源和资本运作的，有做市场营销的，有做品牌策划的。等到真正到100亿元的时候，我发现跟我想的有点差别，我这企业还是像一架马车，但是我发现我不是那个驾车人，我是前面那匹马，后面坐了一堆驾车人。原来这架马车的规模很小，重量很轻，我还拉得动，现在100亿元的规模了，我拉不动了，我现在每天都在骂人。我跟他讲，不是骂人能解决问题的，最大的问题是，你没有在经营成长的过程当中，培养一批人才，你的员工都是打工心态，虽然对老板的忠诚度很高，但是没有主观能动性。老板想的是，现在规模这么大了，不能天天只听我跟你们说怎么干，你们自己得有主动性地去干。那一年，我们还没有事业合伙人机制，最终打破我们和他签订的咨询内容，给他推出了一个共同奋斗者计划。通过这个计划，他选出了20多个骨干。原来是关于战略和组织问题的咨询，我们先把机制确定下来。没有机制作为依托，就不可能去讨论战略问题。先改变机制，再改变文化，最后再讨论战略，这就是中国企业的组织建设的三驾马车，我们也叫事业合伙人机制，奋斗者文化，或是层级性的员工培养计划。这是很多企业都欠缺的，所以通过合伙人机制，让每节车厢都变成一个动力的来源。

第三，在做事业合伙人机制的时候，每个企业推行中要注意，不要认为所有的人都是在一个层级上。华夏基石的事业合伙机制遵循三个原则：分利不分权、多层级合伙机制、动态股权机制。

第一个原则，分利不分权是指利益可以分，权利不能分，我本人只有百分之八点几的股权，但是我还有公司百分之八的投票权，合伙人机制的结构是稳健的。我们也有淘汰机制，2/3的合伙人认为某一个合伙人不行的时候，他就会被淘汰，所以合伙人必须得努力奋斗。

第二个原则，多层级合伙机制。这个机制一定是按照不同的群体的需求，按照事业共同体、利益共同体形成的。有一个案例，在2011年，有一个企业，老板拿出了自己价值10亿元的股票，分给了他公司内部的200个核心骨干。为什么这么做呢？2007年的时候，老板提出了千亿市值计划，当时还没上市，老板讲未来一定要达到千亿市值，员工很兴奋。2009年他们完成了上市，股权结构是不能变动的。到2011年，股票终于解锁了，老板说我一定要兑现我的承诺，于是拿出了10亿元，送给了自己的员工。当天晚上请我喝酒，老板非常高兴，说我们千亿市值的梦想一定会提前实现的，我说拭目以待吧。过了一个月，他说，确实有点问题，上个月还挺管用，大家都挺积极的，这个月大家都和原来一样，该不加班就不加班，该不承担责任还是不承担责任。他说，你能不能帮我调查一下。我个人喜欢非正式沟通的方式，于是找了一位研发骨干喝酒。喝酒之前我问他一个问题，你怎么看待老板给的股权分红？他回答说：那当然好了，我们老板是有情怀的人，我也是有情怀的人，我不是冲着公司来的，我是冲着事业来的，我要为这个事业奋斗我的终生。我们继续喝酒，喝酒喝到一定程度，我就向研发的技术骨干问了三个问题：什么情况下能像老板一样奋斗，什么情况下能像老板一样把公司当作自己的生命一样重要，什么情况下能像老板一样把工作当作生活的必需。喝完酒后，他的回答就不一样了，他说我回答你这三个问题，我在任何情况下都不可能像老板一样奋斗，任何情况下都不可能像老板一样把公司当作自己的生命一样重要，任何情况下都不能像老板一样把工作当作生活的必需。实际上，员工是没有错的。错的是老板本人。他认为：我给了大家10亿元的股权，大家为什么就不能像我一样玩儿命呢？这就是本末倒置，一定是他跟你有共同的理想、愿意承担责任，这个时候你才应该授予他合伙人的身份，而不是说你先给他合伙人机制，他就变成了一名真正优秀的合伙人。这个道理等同于，一定是先有共产主义信念，才能成为共产党员，而不是先成为共产党员，再琢磨要不要树立共产主义信念。很多企业都犯了这个错误，老板本人还觉得很冤，认为我给了机制，给了他们那么多股权，他们这些人道德有问题。实则不然，是他没有真正搞明白，不同的人有不同的需求。为什么要建立多层级合伙机制呢？就是根据不同的人以及阶段性的需求，在满足他们的需求的情况下，让这些人能够获得他们想要获得的价值。

有一家独角兽企业，这家企业未来上市没有任何问题，老板一点股权都没分，原因是他一直在担心一件事情，他说看很多朋友，企业没上市之前把股权分了，大家都玩命干工作，一上市以后，2/3的高管，解锁以后全都套现离职了。他担心这样的事情会出现。在这个企业我们设计了一套三级合伙人体系：对于一级合伙人，叫作命运共同体，他不直接持有上市公司的股权，我们搭了一个集团结构，每个人都只能在集团上面持股，并约定15年之内不能变现；到了15年以后，达到了公司的目标的话，每个合伙人可以分得10亿元，保证合伙人真正的财富自由。二级合伙人，也不在上市公司层面上持股，在上市公司下面的各个事业部持有股权，按照三年受益，三年回购加未来上市一年的锁定期计算，我们叫作“奋斗5到7年，实现财富自由”，二级合伙人可以选择继续干，也可以选择离开这个企业。到了约定期限，根据每个业务单元完成的数额和股权的价值计算出来，每个人可以获得1亿元，他们是事业共同体。对于第三级合伙人，即各个区域公司和门店的合伙人，不讲股权，讲的是现金的激励。按照门店的利润，比如说现在是50万元。和三级合伙人签订5年的协议，年利润如果是50万元以下，合伙人只能领到基本工资；利润达到50万—100万元，拿出20%给合伙人分享；100万—200万，拿出30%给合伙人分享；200万—300万元，拿出50%给合伙人分享；300万元以上的部分，全部归合伙人分享，这叫利益共同体。这就是我们讲的对于不同层级的人的需求的不同方式，每个人都可以找到自己的层级。不愿意成为命运共同体的，可以选事业共同体，不愿意选事业共同体的，可以成为利益共同体。任何一个机制是不能违背人性的，违背人性的机制都是不可能实现的。三级合伙人怎样跟二级合伙人之间对调呢？我们给了一个条件，所有门店的负责人，每年拿出20个名额，做到业绩最好的前20名，可以选择不要现金，把现金留在公司，公司给他兑换成五倍价格的事业合伙人的股价，这就是一个完整的机制，可以保障不同层级的人都能得到不同的激励。

合伙人机制是做得最成功的，我个人认为是共产党，打土豪，分田地，使耕者有其田，共产党把四万万中国农民全变成了合伙人。我们没听过主席给农民讲什么是共产主义，农民听不懂什么是共产主义，他们只知道，谁给我粮食，谁给我土地，谁让我有饭吃，我就跟谁干，这叫作利益共同体。而命运共同体靠的是理想，靠的是远大的抱负，靠的是未来价值实现的预期。所以，合伙人机制不是把全公司的所有人都变成一样的合伙人，而是要给大家选择的权利。一定是按照不同的层级，细分成为谁是命运共同体，谁是事业共同体，谁是利益共同体。

举一个实例，在某一家企业，老板一直认为：这个是合伙人，那个是合伙人，这个不是合伙人，那个不是合伙人。我从来不去对人性做判断，因为人性都是靠不住的，我从来不是听一个人怎么说的，我是看一个人怎么做的。于是我设计了一个选择题，同样完成业绩目标，可以选择拿400万元奖金，没有股权；200万元奖金，股权10%；100万元奖金，股权15%；0元奖金，股权20%。选择题出来以后，老板说，那个人一定会选择股份的，因为他一直跟我说“老板我不是冲着工资来的，不要给我涨工资，我是冲着事业来的”。测试的结果是，那个人选择的是拿400万元奖金。因此，一定要用不同的激励方式，不要听每个人怎么说的，而要通过每个人做的来看他究竟属于哪个层级。另外，不要把每个人的选择和企业政治挂钩。有的老板说了，凡是不想成为合伙人的一定给我把队站好，说这个人的道德有问题，那个人没事业心。千万不能这么做，这样做了以后，一堆人哭着喊着都要成为事业合伙人。其实这一部分人根本没有这方面的共识，也没有共担的能力和共创共享的意愿。

这里介绍一个颠覆性创新的中小企业的事业合伙机制设计历程。当时我们研究的一个问题是，到底颠覆性创新是不是可以组织化的？最后我们研究的结果是，颠覆性创新在中国目前的文化环境下，很难组织化。我们把这家公司的业务区分成了三个不同发展阶段的业务形态，比如说，有些业务还处在0—1的阶段，在这个阶段，不通过组织化的方式来完成。创新型业务通过由它公司的一级合伙人（就是那三个人，一个运作资本的，一个负责技术的，还有一个是做营销的）来带队完成的。这个业务不是通过下面的中层人员做，因为中层人员没有商业直觉，没有all in的心态。往往这种小业务阶段，它要求有赌博的心态。职业经理人是不敢all in的，只有老板本人才敢去做决定all in。当这个阶段的业务从A级发展到B级的时候，我们称之为成长型业务阶段，这个时候，用的就不再只是这三个人了，而是按照每个业务单元去配置一个完整的合伙人结构，按照专业和技术，业务和营销，管理和运营，资本和金融，分为4—5个合伙人，资本和证券财务方面的合伙人，管理方面的合伙人，营销方面的合伙人，技术方面的合伙人，这四个人再加一个总经理。这家企业定的标准很简单，一把手拿到30%，剩下这四个拿50%，还有20%留给基层的骨干人员。一把手拿30%，另外4—5个人一共拿到50%，平均每人拿到10%，另外30—50人只拿走20%的股权。这个结构是实践当中我们认为效果最好的一个结构。一把手先拿走最大的一部分，因为他要肩负责任，如果没有足够的激励空间，他不会真正地去扛这个责任。

再到成熟业务阶段的时候，即10—n阶段的时候，这个时候就不能仅仅依靠合伙人，而是要依靠一个完整的组织功能，来完成整个组织进程，这样就把公司打造成为一个不再是这三个合伙人创立的企业，而是由几十个甚至上百个人形成的合伙机制。

六、合伙人机制的目的——实现 7 个转变

整个合伙机制我们希望达到的是什么目的？就是我希望将每个人都从花别人的钱给别人办事，变成花自己的钱给自己办事。花自己的钱给自己办事，效率是最高的。花别人的钱给别人办事，效率是最低的，花自己的钱给别人办事那是圣人，花别人的钱给自己办事那是腐败。

绝大多数的非合伙人机制的企业，员工和老板之间，员工就是花别人的钱给别人办事。员工花公司的钱，给公司办事，那么效率自然低。那么怎么把利益不一致变成利益一致呢？什么叫利益不一致？老板和员工之间利益是永远不一致的，老板想的是，给员工的工资最好低一点，活最好多干一点；员工想的是，工资最好高一点，活最好少干点。这是天然的利益不一致，在不同关系模式下，是不可能一致的，劳资矛盾永远是不可调和的矛盾。

怎么把它变成利益一致呢？2018年的时候，有一家企业做计划预算，老板认识到一个问题，说，整个2018年是一个攻坚年，原来我们都是自上而下做预算，因为每年自上而下做预算，没有一年完成过，干脆各个事业部能完成多少，就完成多少。结果各个事业部把预算提交上来，毛利2.5亿元，费用2.7亿元。总裁给董事会做报告，老板很生气，把总裁批评了一顿，这种预算你还往董事会报。

老板看了看分析，2018年确实是比较艰难的一年，他很郁闷，要亲自和每一个事业部过预算。通知一发下去，各个事业部很重视，给老板讲今年业务艰难需要招人，需要涨工资，言之凿凿，老板听了也深以为是。结果后来各个事业部的预算报上来后，发现毛利还是2.5亿元，费用变成了3.7亿元，老板说那就更没法干了。为什么会造成这种结果呢？不管用什么样的预算方法，仍然是在花别人的钱给别人办事，各事业部想的是，费用高点，这样我的空间大些，反正最后我拿的是年薪，2018年经营压力比较大，我认为这个问题解决不了。作为这个企业，怎么解决这个问题呢？我们用一个简单的方式。

我按照每个事业部和公司的战略相关性的程度，划分成了四个象限，每个象限给予了20%—40%不等的股权。然后我给了一个机制，按照刚才10个人的事业部，给了事业部虚拟股权。如果未来几年能持续做到1 000万元的利润，我就按照6倍的PE估值去回购你的20%的股权；如果你干到2 000万元的利润，我按照8倍回购；干到5 000万元，我按照10倍回购，就这么一个简单的方法。把这个机制公布完以后，我再找到事业部经理，问他还需要招人吗？他回答，千万不能再招人了，现在人已经很多了，老板不了解实际情况，我是最了解实际情况的，有两个人是不干活的，把这两个人砍掉，我们8个人加加班就能干完。我问那你看能不能给大家加点工资，他说不能再加工资了。为什么会发生这样的情况呢，是人性改变了吗？跟人性没有关系，是机制起到了作用。原来他每花公司100万元，没花他自己1分钱；他现在有20%的股权，就意味着他现在每花公司100万元的费用，他个人减少了120万元的股票收益。最后引导出的机制就是，谁敢花我钱不给我干活，我就跟谁拼命。老板也是谁敢花我钱不给我干活，我就跟谁拼命，他现在也是。这样就把利益的不一致性，转变成为利益的一致性。

这个模式不一定在所有的企业都能成功，这里有很多操作细节。我主要想讲一个道理给大家，就是能用机制解决的问题一定要用机制去解决，机制没有成本，只要用增量分享的机制进行增量分配；管理是有管理成本的，甚至有些事不是用管理就能解决的，就像刚才的企业，开了那么多次会议，没办法解决，就用一个机制，把所有问题全解决了。因为每个人从花别人的钱，给别人办事，变成了花自己的钱，给自己办事。

合伙机制干成的一个标志是要完成7个转变：把老板一个人奋斗变成一个团队奋斗，把单独作战变成抱团作战，把单打独斗变成1+1+1=111，把员工变成老板，把职业经理人变成创业者，把利益共同体变成事业共同体，把搭便车的人变成奋斗者。这就是我们希望合伙人机制达到的目标。

（华夏基石e洞察公众号2019年7月25日发布）

国企混改重在“改”而不在“混”

郭伟

国有企业改革被认为是我国经济改革中最艰难的环节之一。自十八大启动新一轮国有企业改革至今，已经5个年头，在为什么改、怎么改的问题上，仍有许多人认识不清，以为国有企业改革就是实现混和所有制，就是股权多元化，就是引进多种资本，就是实现员工持股。在此认识水平下，实际操作中往往体现为以“混”为主，以“改”为辅。从国务院发表的《关于深化国有企业改革的指导意见》结构来看，包括了三层意思：第一层意思是混合所有制，第二层意思是建立和完善现代企业制度，第三层意思是加强和改进党的领导。而自2014年至今的所有国企改革的指导性文件，也都是在这三层意思的框架下出台的。

可见，政府对国有企业改革的初衷和决心从来没有变过，只是我们自己解读不够彻底。因此，华夏基石认为，国企混改重在“改”而不在“混”，股权多元化的混和所有制只是国有企业改革的手段之一，员工持股也只是手段之一。回到国有企业改革的初衷我们认为，国有企业改革是以混和所有制为手段，在坚持党的领导下建立现代企业制度，优化管理关系，创新管理机制，激发员工活力，从而最终实现国有企业的持续发展。

我们自2014年以来，参与了数十起国有企业改革案例，在研究和实践经验总结的基础上，提出华夏基石国企改革的六步法模型（图1），涵盖了系统规划制定方案、引进战略投资者、实现员工持股、规范治理、机制改革与创新，以及走向资本化六个步骤。

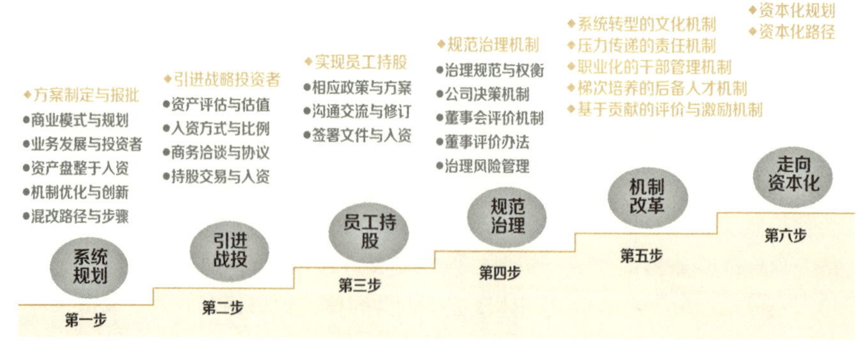

图1　华夏基石国有企业混改六步法

秉承我们对国有企业改革的认识和理解，总结国有企业在机制改革与创新中存在的共性问题，把第五步“机制改革”又分解为系统转型的文化机制、压力传递的责任机制、职业化的干部管理机制、梯次培养的后备人才机制和基于价值贡献的评价与激励机制，共计10个主题。一般而言，系统思考和做好这10个方面的安排，就会形成一份完整的国有企业混改方案。

一、国有企业混改是以持续创新发展为目标的系统规划

如前所述，华夏基石认为国有企业改革是以混和所有制为手段，在坚持党的领导下建立现代企业制度，优化管理关系，创新管理机制，激发员工活力，从而最终实现国有企业的持续发展。相应地，国有企业的改革必然包括对以上所有方面的思考，并形成系统化的、操作性强的方案。

联通混改的案例最具有代表性。

（1）股权结构方面：原控股股东联通集团持股由62.74%缩减至36.7%，但仍是控股股东；中国人寿、腾讯信达、百度鹏寰、京东三弘、阿里创投、苏宁云商、光启互联、淮海方舟、兴全基金和结构调整基金将合计持有中国联通约35.18%股份。这种结构，使得混改后的新联通没有完全控股方，为引进规范法人治理结构和建立现代企业制度奠定基础。同时，利用混改机遇，联通引进四大类战略投资者，包括大型互联网公司（腾讯、百度、京东、阿里、苏宁云商），垂直行业公司（光启、滴滴、网宿科技、用友、宜通世纪），金融行业集团（中国人寿、中车金证）和产业基金（前海母基金、中国国有企业结构调整基金），使得未来联通在客户流量导入、投融资和业务拓展上，具有充分的想象空间。

（2）股权激励方面：除在混改过程中实行2.7%左右的员工持股外，又以每股3.79元的价格定向发行了4%的限制性股票，对公司中层管理人员以及对上市公司经营业绩和持续发展有直接影响的核心管理人才及专业人才，共7 000多人进行激励。

（3）法人治理方面：混改后的新一届董事会由13人组成，其中非独立董事8人，中国联通派出3人，腾讯、百度、阿里巴巴、京东和中国人寿等战投派出5人； 推出混改后的公司章程首次大改的修正案，修改后的中国联通公司章程明确规定，董事会决定公司重大问题，应事先听取公司党组织的意见。我们可以看到，联通集团所占的董事席位是少数，社会资本所占的董事席位是多数，集团完全转化成了一个公众化的公司。

（4）组织变革方面：瘦机构臃肿之身，改人浮于事之象，健高效管理之体，打造“小管理、大操作、强协同”的组织架构，建立起面向客户与市场、为一线提供服务的倒三角服务支撑体系，为公司持续健康发展提供坚强组织保障；精简总部管理机构，总部部门由27个减少为20个，减少26%；总部人员编制由1 787人减少为891人，

减少50.14%。

（5）机制改革方面：推进“划小承包”改革，2018年前三季度全国有14.4万名员工进入2.4万个“划小承包”单元，选拔产生1.7万名 “小CEO”，实行增量收益分享，打破平均主义“大锅饭”，一线员工薪酬同比增幅超过20%，高于各级机关和后台部门。从管理实践看，我们经常讲“以包代管”不是管理的好方法，但对于现阶段的国企来说，实行面向基层的承包制，是激发活力的有效手段。当然，关键是后期要在组织管理、权责分配、激励机制等方面建立配套体系。

（6）用人机制方面：从选聘力度、严格契约化管理、坚持市场化退出、加大能力发展建设力度四个方面，打造市场化用人机制；集团将党管干部和市场化选聘相结合，建立管理人员市场化选聘和退出机制，各级管理人员首聘退出率达14.3%，退出合同制员工1 071人。据称，今后中国联通将保持集团公司党组管理人员每年1.5%、员工1%的常态化退出比例。

联通混改是充分体现以企业持续创新发展为目标的系统性、整体性方案。许多人不理解为什么联通混改方案与证监会关于上市公司的若干规定是相抵触的，最后却被单独放行，原因就在于此。对于这样一个完全符合国有企业混改精神的方案，政府当然要创造条件让其充分试行，为今后国企改革总结经验。

二、遵循战略导向原则引进投资者

国有企业混改中，对战略投资者的引进一定要认识到，投资者不仅仅带来钱，更重要的是带来资源、智慧和活力，好的社会资本不仅带来钱，还应该是企业的资源与活力之源。

一般来说，国有企业由于特有的信用以及自身金融服务体系，并不缺钱。恰恰相反，华夏基石所参与的国有企业混改案例，往往面对的是如何解决混改后企业融资成本上升的问题。比如，我们给中船集团下属的一家企业服务，完成混改后由于中船集团所占股份从51%下降到34%，不再是控股股东，根据相应政策，中船集团财务公司给予该企业3 000万元1.2%利率的低息借款不仅不能再提供，而且要在股权变更的同时全部收回。因此，国有企业混改和一般企业引进战略投资完全不同的地方，在于引进股东的战略需求更为重要，或者带来先进的体制与机制变革经验，如民航企业纷纷引进外资，或者为企业未来发展锁定相关资源，如以上所述联通混改。

华夏基石为某央企所属以食品安全检测为主营业务的公司所做的混改方案正体现了这一点。

（1）区域拓展方面：我们建议其在四川、河南、山东、东北三省等食品生产大省建立分支机构，积极参与当地的食品安全检测工作，既为当地人民生活水平提升贡献力量，为政府排忧解难、创造税收，也为自身扩张与发展创造条件。相应地，我们要求建立分支机构的当地政府投资公司，以战略投资者的身份参与该公司的混改，形成更为稳定的股权合作，而当地稳定的市场收益，也为政府投资公司投资该公司提供了良好的信心。根据规划，该公司将在未来3年内完成若干轮融资，用此模式迅速扩大市场占有率和业务规模。

（2）客户拓展方面：我们看到大量农业企业需要食品安全检测业务的服务与支持，比如蒙牛，每年光奶制品的安全检测业务就有两亿元左右。然而，绝大多数农业企业的产品安全检测都是由自我检测完成的，一则缺乏第三方的客观公正，在销量与质量的矛盾问题上，往往让步于生产；二则缺乏专业化的质控体系与人才队伍，检测人员的专业化发展受到制约。我们建议整合客户公司资源，以合资方式将客户公司检测业务并入该公司，客户公司则以投资基金形式参与该公司混改，以投资收益获得相应补偿。此方案形成双赢，对混改公司来说，此模式成为锁定客户拓展业务的有效方式；对客户公司来说，既解决了检测业务、第三方背书和专业化发展问题，又保证了检测业务并入更高市盈率平台而获得更高收益。

概言之，混改不仅仅是实现股权多元化，更重要的是通过引进战略投资者，在企业资质、业务体系、质量管理、人才队伍、区域拓展与客户开发等各方面，都为企业未来发展聚集资源，奠定基础。

三、股权激励激发关键人才主人翁意识

国有企业混改不必然要员工持股和股权激励，但包括员工持股在内的股权激励必然会有利于国有企业吸引、激励和保留优秀人才，激发关键人才主人翁意识和创新热情。因此，许多国有企业将包括员工持股在内的股权激励视为混改的必须步骤，并将员工持股、社会资本引进与原有国有股份一并称为国有企业混改的“铁三角结构”。

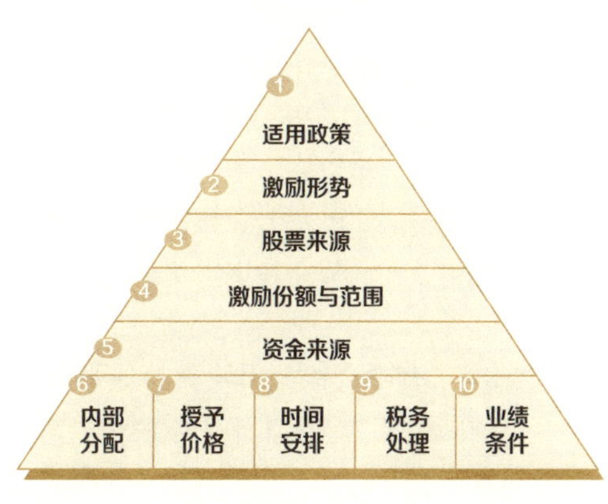

图2　华夏基石国有企业股权激励模型

我们总结所参与的国有企业员工持股与股权激励案例，提出以下国有企业股权激励模型（图2），将国企股权激励归纳为十个问题。

国有企业股权激励的首要问题，是认清混改标的公司的性质和类别，明晰适用政策。混改中要实行股权激励，需要先明确以下四个

问题：

（1）是不是国有企业？

（2）是国有控股上市公司、国有混和所有制企业、国有科技企业等哪种性质的企业？

（3）是不是金融、文化等特殊行业企业？

（4）所在地方或主管机构有什么特殊政策？

我在华夏基石e洞察上发表过一篇文章，叫做《国企股权激励的首要问题：是否姓“国”》，就举例说明了第一个问题。文中举例，某企业有4家股东机构，分别是某国有控股公司占股35%，当地政府平台公司投资的产业基金占股30%，一家民营企业占股20%，当地工商银行控股的投资公司占股15%。工商银行下属投资公司是否为国有股东，其所持有的15%是否为国有股份？政府产业投资基金是否为国有股东，其所持有的30%是否为国有股份？从而，该公司是否是国有企业，是否适用国有企业股权激励相关政策？大家在认识上存在争议。以上案例实践中经常会遇到，需要有一些专业性判断和政策条款依据支撑。

国有企业股权激励的前提条件，是有能够支撑企业创新发展的企业家团队。作为新型激励模式，股权激励当然会激发员工积极性与主动性，但从企业发展的角度看，只有选对人，股权激励才会有效；没有合适的企业家团队，股权激励搞得再好，也不可能起作用。机制创新以人才为基础，只有人才是决定性的力量。许多国企股权激励之所以不成功，就在于只考虑机制问题，没有分析人才团队。而且具有真才实学的企业家团队，往往容易与企业达成一致；反而是不具备企业经营与创新能力的人员，经常会在机制设计的细枝末节上反复计较，生怕吃亏，从而导致方案难产，最终失败。

国有企业股权激励的形式可以多样。平衡激励性、控制权、收益率、出资额等多方面因素，往往体现为包括限制性股票、股票期权、员工持股等多种激励方法的综合性方案。下面是我们为某国有控股上市公司制定的股权激励方案。

（1）限制性股票+员工持股。为了解决经营层和骨干专业技术人员与企业的长期捆绑，实现利益与风险一致性，该公司讨论确定最终要建立员工持股平台，实现员工持股。但考虑到近期股价较低，且员工普遍收益不高，难以在员工持股中完全出资，该公司决定在混改后以增发方式，面向包括公司经营层、骨干专业技术人员在内激励对象发行限制性股票。该方案列入整体混改方案中，在与战略投资者洽谈时一并列入投资协议的条款中。

（2）实缴+认缴+资管。所有被激励对象成立有限合伙公司建立持股平台，LP（有限合伙人）实缴一部分资金，其余财产份额以认缴方式，未来由限制性股票收益和持股平台分红分阶段补足；以持股平台公司资产为标的，与金融机构合作再设立资管计划；由该资管计划在二级市场收购上市公司股票，逐步完成持股比例。

（3）公司业绩+个人绩效。该激励计划与公司业绩增长和个人绩效创造紧密挂钩。具体操作方式是，持股平台公司LP总体财产份额除实缴部分外，其他认缴份额分3年平均实缴；上市公司当期业绩未达标（该公司约定年利润增长15%，资产回报率高于20%），该年度所有被激励对象认缴部分归零；公司当期业绩达标，则每位被激励对象实缴份额等于认缴份额乘以个人绩效考核系数，按每个人价值贡献获得相应激励。

股权激励是混改过程中比较有难度的部分，也是企业关键人才最为关注的部分，需要方案制定者充分发挥专业能力和聪明才智，针对每家企业实际情况和特点，制定有针对性的方案，才有可能得以实施并获得实效。

四、法人治理的根本目的是发现和激励企业家

普遍认为，法人治理的目的是规避公司经营风险，所以到目前为止，各级国资管理机构出台的文件，基本都是以规避风险、约束权力和制约平衡为目标的。比如，董事长、总经理和党委书记三个职务不得由一人兼任，三重一大事项要上党委会等。这些措施是必要的，但不应该是法人治理的全部内容，甚至不应该是法人治理的主要内容。

我们认为，法人治理的根本目标是发现和激励企业家，是推动企业的长期发展，而不是单纯去规定、约束和限制企业家的行为。规定约束企业家的一些风险行为，归根结底也是为了使企业家更加有序、有效地创新，更加有序、有效地经营，这是我们进行法人治理最核心的目的。

2015年我们帮助江中集团研究和优化法人治理时，就明确提出了这一观点。该案例成果受到国资委的重视，组织了专题调研；还得到时任国务院副总理的批示。

该案例中，在以下几个方面有所创新。

（1）理清法人治理目标。法人治理结构是一种通过剩余索取权和控制权的配置来解决经理激励和选择问题的机制。法人治理的根本目的是在经理层中找到具有企业家特质的人，通过机制设计让其真正发挥出企业家应有的作用。据此，提出江中集团法人治理设计五条原则，分别是打造新的增长点、形成核心能力、合理授权权责统一、掌控方向和独立监督。

（2）明晰治理层与经营层权责。项目以权责分配表的形式，在治理层和经营层之间明确了企业所有重大事项的权责，并对每一事项在董事会层面的决策程序与原则也做了规定。在此基础上全面放权经营层，为其承担经营责任创造条件。

（3）加强董事会决策执行。国有企业董事会的作用往往取决于董事长，董事长强势，则其实质上扮演了CEO的角色；董事长弱势，则董事会往往议而不决，或者决

而不行。两种情况下，董事会都难以发挥作用。董事会是决策机构，但更要加强其决策后的落实与执行能力。首先，通过股东会、董事会和监事会议事规程，充分发挥其具有的战略掌控权、财务监控权和人事任免权，以保证公司始终处于正确的经营轨道上；其次，增加了提案管理、会议管理、信息管理和决议督办管理等执行性文件，让董事会决策执行在法理层面得到保障。

（4）建立董监事队伍管理体系。秉承华夏基石一贯关注人的传统，我们认为董监事队伍建设是优化法人治理的关键所在。根据董监事所承担的责任，项目提出了包括战略目标与愿景理解、产业发展与市场洞察、系统思考、创新意识、发展企业家、诚信、责任、决策等12项董监事从业人员基本能力要求，在此基础上，建立起董监事人员选择、董监事培养与认证、董监事派出、董监事评价与董监事激励5个环节的管理体系。

（5）定期评价形成循环。任何管理都应形成闭环，缺乏评价，没有改进，就难以维系。项目分析了国外以董事会评价为主的法人治理评价指标与评价机制，以及国内以南开大学为代表的研究成果，提出了对董事会、经理层的评价指标、程序与方法。

五、完成系统思考实现思想统一和文化转型

日本的福泽渝吉曾说："首先变革人心，然后改变政令，最后达到有形的物质——倘若次序颠倒，看似容易，实则不通。"国有企业改革也是一样，最大的阻力也是人心，是认识不一致、思想不统一、行为各式样。而要想改变人心，就要在"事"和"人"两方面完成系统思考。"事"的方面，要从企业使命愿景出发，明确战略目标、发展路径、经营方略、组织建设与管理准则等，说清楚企业为什么存在，想成为什么样的企业，要达到什么样的目标，如何实现，各阶段性的目标是什么，企业如何经营，组织如何建设，各管理体系应坚持什么样的原则等。"人"的方面，要从企业价值观与文化出发，明确企业、领导干部及员工行为准则，说清楚企业哪些必为、哪些必不为，什么样的领导干部和员工是企业倡导的，等等。在此系统思考的基础上，才可能达成员工与组织之间的心理契约，使员工对组织规则有一种自觉的认同，并形成习惯；才有可能形成一致的认同，达成人心的统一。

华夏基石的创始人与首席专家们，是以参与《华为基本法》的起草而闻名的。20年来，华夏基石一直帮助企业完成系统思考和顶层设计，《华侨城宪章》《白沙法典》《新奥企业纲领》等一系列成果，不仅为企业的持续成长理清了方向，也对中国企业经营与管理贡献了不少创新思想。今天，国有企业尤其需要系统思考，在此基础上才可能实现思想统一与文化转型，才有可能消除改革阻力，国企改革才有可能成功。

图3　某国有企业发展纲要结构

图3是我们帮助某国有企业完成系统思考，制定的发展纲要的结构。该纲要分为五章，分别从企业理念、发展战略、组织机制、管理准则和领导力与文化五个方面，对企业未来经营与管理做了全面阐述。为形成此纲要，该企业组织领导班子召开了若干研讨会，使之成为大家共识的成果；纲要成文后，他们还将组织全体员工深入学习和领会，使之成为全员统一思想、规范行为的行动指南。

我们可以看到，在国企的发展过程中，从顶层出发，系统化地进行梳理，以使得企业上下在思想和认识上达成一致，是非常重要的。

六、建立目标层层分解、压力层层传递的责任落实机制

某位国有企业负责人曾说，做国有企业比做民企和外企压力大多了，要考虑企业长远发展的问题，还要抓落实和执行；要保持公司经济指标的持续增长，还要尽到扶贫、维稳等各项社会责任；要组织动员全体员工，还要平衡处理好各种错综复杂的关系……我们所看到的是，无论体量大小，各经营单位的一把手压力很大，承担很多经营责任，到二把手、三把手、部门经理、员工，越往下越没有压力；缺乏目标层层分解、压力层层传递的责任落实机制，导致各经营单位一把手唱独角戏，小马拉大车，疲于奔命，成效甚微。国有企业改革中，建立责任落实机制尤为重要。

国有企业普遍施行了计划预算，但传统的计划预算管理存在以下两点不足。

（1）各层级目标难以形成有机整体。传统计划预算中，各经营单元目标之间缺乏逻辑性，难以形成有机整体，导致各单元之间协同性不足，战略性目标的落实与执行也难以得到保障。曾经有家国有企业想请我们帮助制订五年人力资源规划。我们要求先研读一下公司未来五年的业务规划，得到回答说经营管理部正在制定。从业务规划的角度讲，首先应有集团规划，分（子）公司规划才可能研究落实与执行；从职能规划的角度讲，研发与新产品规划在业务规划之前，财务规划、人资规划、风险规划等都应作为业务目标实现的资源与措施保障。实际情况中却往往不是这样。

（2）缺乏有效工具与方法产生协同。即使有的企业次序做对了，也往往由于缺乏有效工具与方法，而使得各经营单元目标之间、各职能系统目标之间的逻辑关系靠人来判断和连接而效果不佳。有家国有企业曾向我们抱怨，说公司里有“部门墙”，一个部门负责的事情往往执行力很强，只要是跨两个以上部门的事，就相互扯皮，难以形成合力。问到原因，他们讪讪一笑，“公司文化不好”。我们看来，该企业执行力非常强，否则也不会“部门内的事都能做好”。关键原因还是在于公司对各部门考核偏重经济指标，管理任务分解缺乏工具与方法，自行其是，每个部门都排了自己认为最重要的事情，难以协同配合其他部门的工作。

根据多年实践经验，我们认为有以下工具与方法。

（1）战略性企业适用战略地图与BSC（平衡计分卡）。有的公司战略已经很明晰，缺的就是落实和执行。此种情况下，最好的工具就是战略地图与平衡计分卡。运用战略地图与平衡计分卡，把责任进行分解和落实，纵向落实至各业务板块、各分子公司、各经营单元；横向落实至各职能系统，各管理部门。通过统一的工具、方法与流程，打通公司战略—计划—预算—绩效—激励这条经营主线，公司级战略目标层层分解，压力层层传递，从而有效避免战略规划无人执行、战略实施与绩效评价脱节的现象。

（2）创新型企业适用OKR（目标与关键成果法）。企业发展方向明确，但具体路径还不十分清晰的情况下，用战略地图与平衡计分卡来分解目标和传递压力，反而会给公司造成负面影响。因为当战略目标并不完全清晰时，很多创新活动是来自基层的，需要充分发动基层的创新意识与能力，将其转化为整体组织的能力。这方面，出自微软、盛于谷歌的OKR是最适用的工具与方法。鲍尔默领导下的微软和纳德拉领导下的微软就是鲜明的对比。鲍尔默目标明确，作风强悍，力主微软主推Windows和Office业务；在他任期内，将微软营收增长了四倍，达到778亿美元；利润增长10倍，达到267亿美元。鲍尔默时期，以其为首的集团决策层定战略，组织其他成员只需要执行。但随着新时代的到来，这种决策集中的方式也错失了移动互联网和云计算的最佳时机。2014年纳德拉接任微软CEO，与鲍尔默的强势形成鲜明对比，纳德拉在公司中广泛推行OKR方法，鼓励员工自下而上、周期性地制定自己的绩效计划，重塑了微软的使命、战略与文化，将微软带入了云计算时代。

（3）成熟型企业适用内部市场化。对于业务相对成熟、标准化程度较高的企业，落实经营责任、提高执行力的最好方法是内部市场化。有人说，不就是阿米巴嘛。我认为，阿米巴是企业内部市场化的一种形式，不同企业应当根据自身特点，形成自己的内部市场化方式。自2010年以来，不少国内企业在这方面做了大量创新。比如，2009年海尔开始推行自主经营体，重构企业形态，从金字塔式结构转型为以内部市场化为基础面向客户的倒金字塔式结构；2013年又升级为小微公司，进一步强化各经营单元的经营责任。再如，我们多次服务的原神华集团下属二级公司神东集团，集中生产服务、后勤服务、设备管理、物资供应等共性化环节，建立专业化服务公司，为所管理的数十家煤矿统一提供专业化规模化的服务，实行内部市场化的结算机制，在下沉经营管理责任的同时，极大调动了各经营单元的积极性、主动性和创造性。

七、构建职业化的干部管理机制

有句老话，“火车跑得快，全凭车头带”。国有企业的发展说到底离不开有效的干部队伍；而干部队伍中，为企业发展起到至关重要作用的是企业经营管理人才。自《2002—2005年全国人才队伍建设规划纲要》中提出“努力建设高素质、职业化的企业经营管理人才队伍”以来，针对职业经理人，国家已出台十几项相关政策，对职业经理人选聘、薪酬、转换、考核与退出等各方面都做了规定，但成效并不明显。我们认为，在优化法人治理解放企业家和职业经理人手脚的基础上，必须进一步建立起职业化的干部体系（图4为华夏基石职业经理人体系），才能有效保障企业整体改革的转型与升级。

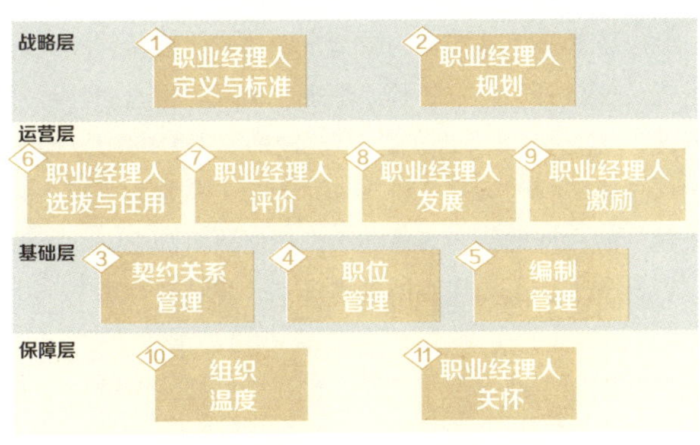

图4　华夏基石职业经理人体系

总结近年来我们为国有企业服务建设干部体系的经验，想谈谈以下几点问题。

（1）定义职业经理人，建立干部管理体系。要建立职业经理人体系，首先应明确什么是职业经理人。这个问题看似简单，实则复杂。2014年我们给中石化混改试点服务时，就与企业方在此问题上产生了极大冲突。我们提出，现代企业制度下的领导干部就是职业经理人，传统企业的经营管理人员就是领导干部。企业方则认为，国有企业的干部队伍存在两种人，组织任命、内部成长起来的叫领导干部，从外部招聘引进、实行社会化管理的叫职业经理人。也就是说，职业经理人与领导干部在国有企业中是双轨制。争议上报到当时中石化集团的最高决策层那里，一锤定音，试点单位所有干部全体起立重新就座，整体转为职业经理人。当然后来的结果大家都知道，19家机构参与了中石化的混改试点，在完成股权多元化后，机制改革基本停滞。

最近一段时期，我们见到的绝大多数国资管理机构和国有企业，基本采取的是双轨制。某家国有企业的改革方案中，将社会化、职业化用人机制改革的目标定位为：

2019年，分子公司领导班子中50%的成员要成为职业经理人。

我们认为，两种认识不存在对错，只是改革步骤的急缓问题。但是定义不同，职业经理人体系建设的方向与方法截然不同。因此，国有企业建立自己的职业经理人体系时，一定要先实事求是地做好定义。

（2）明确干部标准奠定选拔与培养基础。很多企业建立干部管理体系时，过于关注在选聘、薪酬等方面的社会化，而没有认真地根据自身所需干部的要求，建立相应标准。因此，虽然轰轰烈烈地搞了人才选聘、评价等活动，但由于没有实质内容上的支持，在干部选拔与培养上，与以往做法相比都没有本质的区别，只是认认真真地走了另一种形式。

2014年我们为原神华集团神东煤炭集团公司制定了矿长资格标准，该资格标准从知识技能、行为和历练三个方面，对优秀矿长的特有素质做了总结和提炼。知识技能方面，煤炭行业涉及地质、水文、机电、机械等26个专业，作为矿长都应该有所了解，现有社会与职业教育难以完成这方面工作，因此，我们将其工作中应用到的知识技能分为专业知识、管理知识、法律法规和公司制度四大类别、24个子类别、上百个知识项目和数千个知识模块，形成以矿长为典型岗位的较为专业的煤炭经营管理人员知识技能库；并根据矿领导班子成员各自分工，按了解、熟悉、掌握、精通四种程度做了区分。行为方面，我们从管理自我、管理团队、管理业务和管理协作4个方面，总结提炼出优秀矿长普遍具有的14条基本行为标准，将其细化为几十条素质要项，并分别做了行为描述；还配以公司内部的典型案例与事件故事，以便传承和学习。历练方面，针对以矿长为首的领导班子日常工作可能遇到的基本场景，总结提炼了16项历练场景。

完善的人才标准，不仅为选拔和聘用干部提供了依据，也为今后开发课程和培养方式、梯次培养人才奠定了基础。

要建立年度人才盘点机制，落实各级干部人才管理责任。国有企业人才选拔最大的问题是没有人愿当伯乐，没有人敢当伯乐。一方面，原有体制下，教会徒弟饿死师傅的事时有发生，让有伯乐之才的人寒心；另一方面，人才往往有个性，业绩体现之前的备受指责与攻击，也让有伯乐之才的人胆怯。所以，要解决人才问题，首先要解决伯乐问题。如何让各级干部自觉、自愿地关注人才、推荐选拔人才、培养人才？目前最好的方式是建立年度人才盘点机制。众所周知，企业经营两件事，一是业绩，二是人才。针对业绩管理，我们有年度计划预算，有任务指标，有关键举措，有周期复盘与考核，有相应奖惩，为什么针对人才管理，就没有建立起这一循环机制呢？某种意义上讲，经营人才比经营业绩更重要。现在越来越多的优秀企业开始建立人才盘点机制，将人才经营纳入与业绩经营同等重要的地位。每年度分析人才基本情况，制定年度人才经营目标，明确衡量指标和关键举措，半年度或年度组织各经营单元人才盘点，总结经验分析不足，并据此形成对各经营单元领导班子的整体评价，兑现相应激励奖惩。在机制的保障下，人人争当伯乐，人人敢做伯乐。

八、建设后备梯队推动人才队伍转型升级

很多企业也想解决干部队伍建设问题，但往往发现人才存在断层，除去现有人员，无人可替，无人可用；导致干部使用过程中难以下决心，对跟不上改革思路和认识的干部打不得骂不得；而下面的干部也形成疲沓思想，推一推，动一动。造成这些问题的关键，是没有建立起后备人才梯队，没有形成人才持续的供给。其实国企不是没有人才，国企的人才是扎堆的，核心问题是怎么能把基层的人才有效选拔出来，建立起让人才脱颖而出的机制。

图5　华夏基石人才发展体系

图5是华夏基石总结多年人才发展经验，提出的企业人才发展体系图。它包括三个方面内容：

（1）搭建人才发展政策平台。让人才加速成长、脱颖而出，就要有相应的政策制度，要营造能够吸引、激励人才的组织氛围，要提供让人才充分发挥出能力与水平的机会和舞台。在这方面，需要决策者们创新思考。我们所服务的某家出版集团在这方面做出了突出成绩，为使得基层人才脱颖而出，该集团打破原有出版社–部门体制，打破论资排辈的干部晋升传统，根据所承担的项目与课题，大量设立项目部、工作室、事业部等创新型机构，让一大批富有活力与创新精神的年轻人成为“三制”机构的负责人，成为独当一面的经营管理者。推行“三制”以后，该集团成为工作室负责人的90后，已经不在少数。

（2）提供人才发展服务。仅仅依靠人才自然生长当然是不够的，企业要建立起帮助人才快速成长的服务体系，为人才学习和发展提供资源、方法、专业人员和机制的保障。人才发展服务建立在人才标准的基础上，必须依据人才标准建立相应学习发展计划，才有可能收到实效。举个例子，我们发现神东煤炭集团绝大多数优秀矿长都做过技术员、连采综采或掘进队队长、生产副矿长等岗位，在分析这些岗位

与矿长岗位的资格标准基础上，我们提出优秀矿长的发展路径（图6）。正常情况下，一位优秀矿长需要经历若干关键岗位，平均履职17年；而为加速成长，需要在关键岗位建立后备梯队，通过培训授课、行动学习、项目历练、轮岗培养等“训战结合”的方式，依据人才标准迅速丰富其知识，增加其历练，培养其潜能，从而大大缩短其成长周期。

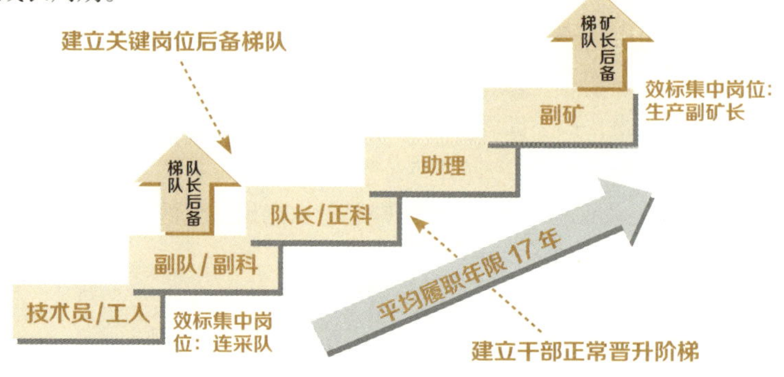

图6　煤矿矿长成长路径图

（3）实施人才发展项目。在明确人才发展政策制度、提供人才发展专业服务的基础上，需要企业有针对性地开展实施人才发展项目。我们认为，建立后备梯队，实施人才发展项目需要做好以下几点。

首先，一定要针对可产生公司增量的批量岗位。这里有两个关键词：一是产生增量，后备梯队和发展项目一定要针对产生增量的岗位，如上面所举的出版集团的例子，就把后备梯队建设重点放在了最能影响业务增长的项目部经理、工作室主任和事业部总经理这三个关键岗位上。二是批量，后备梯队和发展项目一定要针对批量岗位。某家公司说自己的人才发展项目几乎没有成效，请我们分析原因。结果一看，他们的后备梯队都是针对生产副总裁、人资副总裁和财务副总裁的。这些岗位全集团只有一个，出现空缺时选拔或招聘就可解决，完全没有必要建立后备梯队。

其次，一定要内部人员广泛参与。某家汽车行业公司想大量培养优秀4S店长，建立店长人才标准，从低两级的人员中选拔20%优秀人员作为后备，制定详细的培养计划……整整两年时间，基本上该做到的都做到了，结果却很不理想，新的4S店长中，出自其后备队伍的不到50%，公司决策层也对该计划很不满意，准备在年度预算中终止这一计划。我们发现，该项计划实施过程中，除人资系统人员主导外，包括公司决策层在内的所有人员几乎都没有参与。授课老师请的全部是外部讲师，导师配的全部是行业内其他公司优秀店长。我们说，问题就出在这里了。后备人才培养过程一定要公司内部人员广泛参与，尤其是公司决策层及各级经营单元负责人：一方面他们是自己公司的杰出代表，参与其中才能真正起到师傅带徒弟的效果，另一方面他们也是人才的使用者，不参与到培养过程中，怎么能充分了解人才、敢于使用人才呢？

最后，一定要训战结合。许多企业学习华为对人才的培养，把“训战结合”也作为自己的口头禅。但到底怎么做？还是一团雾水。训战结合一要把干部培养放在战略层面，把每一个战略动作都视为培养干部的良好机会。邓小平同志在总结对越自卫反击战的意义时说，最大的意义是锻炼了军队，能够产生一大批干部，这就是把干部培养放在战略层面的意识。二要在关键事件中锤炼干部。干部都是摔打出来的，要把好的干部苗子放在关键事件，在其中察其言、观其行，激发其潜能，丰富其历练。三要创造场景锻炼干部。在常规工作场景下，充分应用项目学习、行动学习等各种手段，创造各种经营管理场景，为干部成长提供机会和空间。

只有将建设后备梯队发展人才工作放在重要位置上，才能为未来变革准备好可用人才，才能使整个干部队伍层层接替、生生不息，才能让现任干部产生无形压力，才能在人员队伍上保证改革顺利实施。

九、优化评价激励，实现价值贡献与价值分享对等

分配激励机制被视为国有企业改革最重要的内容，许多企业甚至认为只要分配激励机制做好了，就能够焕发出创新活力，就基本实现了国企改革的目的。然而现实是，从20世纪80年代国有企业改革砸三铁（以铁手腕、铁面孔、铁心肠去砸铁饭碗、铁工资、铁交椅）起，直到今天的三项制度改革，国企依然没有在机制上解决“能上能下、能进能出、能升能降”的问题。华夏基石认为，激励是结果，评价是缘由，评价做不好，激励不可能达到效果。总结优秀企业经验，我们提出应当综合考虑评价与激励问题，在国有企业建立起四套评价激励机制。

（1）基于岗位评价的薪酬激励。按岗付薪，这在第二次世界大战以后就被企业普遍认同的理念，在许多国有企业还没有得到真正落实。有的国有企业岗位概念没有普及到全员，基层员工没有明确的岗位，每天的任务就是完成领导交办的事情，还是生产队的作业方式。有的国有企业薪酬仍按身份、级别确定，处级干部薪酬一样，生产指挥中心的总经理和文体中心总经理拿一样的工资；同样的岗位上，正式员工、合同制员工和非在编外聘员工薪酬标准也不一样。还有的国有企业搞了总额管理二次分配，但由于缺乏岗位价值支撑，二级单位分配政策不统一，导致不同单位的相同岗位，薪酬相差一倍多。不做好岗位评价，薪酬就难以体现内部公平性。

我们服务过的某国有企业董事长明确指出，“要建立起本公司全体员工的薪酬曲线，按价值高低排列，并能根据外部经济环境、人均消费水平、企业经营业绩、员工相对价值变化等多种因素调节变动，以指导公司的薪酬管理工作”。该公司全员4万多人，梳理了2 000多个岗位，总体评价后形成100多个薪酬区位。在岗位评价的基础上，建立起基于责任、能力、绩效的薪酬体系。该公司认为，这项十分基础的工作，

帮助他们完成了薪酬管理的六大转变：一是从按身份、按单位付薪转向按岗位付薪；二是从弱绩效导向转向强绩效挂钩；三是从按人头核算总额转向工效挂钩核算总额；四是从年功递进涨薪方式转向按责任、绩效和能力提升涨薪；五是从薪酬总额的软预算管理转向年度刚性分层管理的硬预算执行；六是从内部不公平转向政策标准的全公司统一。

岗位评价是人力资源的基本功，技术方法都不是问题，为什么许多企业就是做不好呢？关键在于领导干部的重视程度。岗位评价涉及广大普通员工的切身利益，做好了也得不到叫好声，稍有不慎就可能骂声一片，这种吃力不讨好的事，往往列不到企业一把手的工作表中去。但只要重视公司长期发展，只要关心广大员工的切身感受，只要重视关注，这项工作是一定可以做好的。

（2）基于业绩评价的奖金激励。岗位评价决定薪酬标准，做不好会影响内部公平性；而业绩评价则体现员工真实收入，做不好会影响员工积极性。某家企业去年这个时候发放2017年度奖金时就出了问题。和所有国有企业一样，他们既承担社会责任，也承担经济责任。公司某一部门经济任务取得突破，收入占到全公司的1/4，利润占到全公司的15%，按之前约定的奖励政策，这一部门员工最高将拿到数十万元奖金。于是别的部门就有意见了，反映到公司领导层，最终的决策结果是这一部门员工奖金折半。理由是，折半你们也是公司最高的，其他部门也都在做贡献。结果可想而知，2018年该部门收入与利润大幅下滑。在业绩评价与奖金激励上，各企业决策层平衡思想还是很突出，尤其在现有环境中，绝大多数领导本着多一事不如少一事的想法。为什么呢？往往不创造业绩的员工最能闹事，宁可得罪君子不得罪小人。甚至有的企业为了避免这种尴尬，干脆不将奖金分配制度化，每年末制订方案，看菜下碟。可以想见，不能够坚持明确的业绩评价原则和激励方式，必然挫伤有能力员工的积极性，使其转为平庸。业绩评价与奖励激励的难点在哪里？技术方法都不是问题，关键还是难在领导干部，难在领导干部是否具有企业家的意识和素质，以企业长期发展为判断是非的标准，以规范标准为企业运行的手段，以坚持原则为做事的基本准则。

（3）基于行为评价的晋升激励。奖金激励靠领导，好的领导从哪里来？从基于行为评价的晋升激励机制中来。此部分在主题七、主题八中都有阐述，不再重复，这里只想谈谈为什么叫行为评价而不叫能力评价。我们根据几个理由，将能力评价改为行为评价。一是表述上容易引进误解。谈到能力，就自然想到高低；而事实上，“无不可用之人”，所有人都是某方面能力强，某方面能力弱；单个能力有高低，整体能力有侧重。因此，用能力评价这样的表述，既不符合实际情况，也容易使被评价者产生抵触情绪。二是内容上更具体。如何评价能力？麦克利兰给能力的定义是能够产生高绩效的个性特征。根据冰山模型，处于冰山下越深层的个性特征，对高绩效产生的影响越大。用什么样的方法能够保证我们得到的结果就是被评价者的真实的动机、价值观？行为评价帮助我们解决了这一难题，习惯性的行为可以被认定为个性特征，假雷锋一辈子就是真雷锋，因此，我们只需要得到被评价者与高绩效相关的习惯性行为即可。在有些能够接受这种观念的企业，我们也把行为评价还原，称为能力评价。

（4）基于任期评价的中长期激励。与奖金等短期激励不同，中长期激励能够实现企业关键人才个人利益与企业长期利益的捆绑，从而转变企业经营管理的“短视”行为，激发员工的主人翁意识，使得经营管理行为与企业长远发展保持一致。当前企业实行的中长期激励手段多种多样，采用最多的是项目跟投、利润分享、虚拟股权、限制性股票、股票期权和员工持股等。曾经有位国企领导和我说，他们企业中项目跟投是强制的，是作为项目风险管理的手段之一，是约束手段而不是激励手段。硬币都有正反两面，约束的同时，其实也实现了项目收益与参与者的共享，从这个角度说，也是激励手段。

无论哪种中长期激励，与相应周期的绩效挂钩已经成为基本趋势。一段时期以来，限制性股票、员工持股等股权激励只与股价挂钩，与被激励者的绩效挂钩不紧密，结果造成激励效果不明显，干多干少没什么影响，只是成为留住人的保健因素。目前绝大多数企业施行的限制性股票、员工持股等，基本趋势是股权期权化，不再一次性将股权授予到位，而是总额授予、分步确认、绩效挂钩的方式，与阶段及任职期内整体绩效评价紧密相关；有的企业在绩效评价的基础上，还与价值观、行为能力等要素挂钩，实现任职期内的综合评价，不仅要求被激励对象在业绩方面做出贡献，还要求其在行为表现上也能够合规。

十、走向资本化是国企改革的必由之路

大家可能会问，为什么国有企业改革要以资本化为目标？华为不上市，也并不影响它成为全球伟大的中国公司啊。我们认为，不成为上市公司或公众公司，没有社会监管体系的支持，国有企业即使完成了股权多样化、治理规范化、机制创新化等，从国有资本规避风险的角度看，其管理机构依然会深度参与到企业的经营管理活动中，国有资本一股独大、一票否决的局面难以改变，现代企业制度无法建立起来。同时，只有走向资本化，才能获得企业价值的公允评价，从而倒逼国有资本管理从“管企业”转为“管资本”。而只有走向资本化，也才能让企业的政策制度得到法律层面的认可和保护，才能推动企业从“人治”走向“法治”，才能真正解放经营管理，把国有企业的经营活力释放出来。

以上是我们针对国企混改提出来的六个步骤、十大主题，希望能对正在进入深水区的国有企业改革提供系统思路和帮助。

（华夏基石e洞察公众号2019年2月22日发布）

基于价值创造的人力资本管理

孙波

很荣幸有机会就人力资源管理有关的问题跟大家交流，其实我也不知道今天的“人力资源管理基点的变迁”这个话题应该怎么开始。严格来讲，这并不是一个很成熟的思考和演讲，可以说是我学习的一个笔记，今天在这个场合跟大家就最近不太成熟的思考进行分享。

一、为什么又回到了老路上？

在做人力资源和企业管理咨询的工作中，我发现近些年不断有各种各样新的概念冒出来了，比如事业合伙人机制、全面认可激励、OKR（目标与关键成果法）等，我们也在企业积极地推广和构建这些新的方法和机制，但是，逐渐越来越有一个感知，企业管理的变革是一个系统的变化，而不是一个点上的变化。

比如我们帮助企业识别机会并提出构建生态战略，企业说没有问题，这是我们正需要的东西，接下来我们做什么，做这件事总要有人力资源去支持它吧？这时我们发现自己又回到了绩效、薪酬、任职资格等这些过去的管理框架。当我们进入熟悉的人力资源框架体系里时就会反思，如果没有提出生态化战略，人力资源体系的做法会有差异吗？非常遗憾的是，答案往往是否定的，因为差别仅仅是指标上的差异而已，而不是来自体系的变化。更严重的问题在于，不仅咨询师会遇到这种困惑，客户通常也认为你干的这些就是他理解的人力资源，一旦咨询团队试图突破原有框架进行创新时，遇到的第一个问题就是这个创新和原有体系什么关系，严重时会导致客户因为不理解带来信心缺失。所以，我认为一定是某些底层的东西出了问题。这个底层的东西是什么呢？用一个稍微规范一点的话来讲，就是范式导致了我们所感知到的纠结和困惑，在一个点上遇到了新的东西之后，我们又回到了原来的老路上。为什么又回到了老路上呢，范式起了决定性的作用。

二、范式是我们思考问题的基本假设

什么是范式呢？托马斯·库恩在1962年的著作《科学革命的结构》中将其定义为：一个共同体所共享的信仰、价值、技术等的集合，常规科学所赖以运作的基础或实践规范，或从事一门科学的研究者群体所共同遵守的世界观或行为方式。

学术定义听起来是比较拗口的，怎么理解范式呢？在自然科学里面，范式就是经过公认的自然规律或公理，它决定着支撑我们所有思考问题的最根本的东西，决定着一个学科的研究范畴。比如我们谈牛顿力学三定律，没有人会质疑它们，它们构成了我们思考力学问题的基本范式。同样道理，通常我们也不会去挑战热力学三定律，我们的思考都是在这个认知的基础上去展开的。在自然科学里，这个范式是以公认的理论或公式呈现出来的，在一个相当长的时间内不会发生变化。在社会学科里，范式是以一种基本假设的方式呈现的，它决定了我们认为什么东西是真的，什么东西有价值，什么东西符合我们的价值观。但是与自然科学范式的差异在于，社会学科里的假设通常会不断发生变化。

管理学科的知识体系是构建在一系列假设的基础上的，人力资源管理显然也是由一系列基本假设形成了人力资源管理的范式。当符合范式时，通常就会被认为是正确并可以接受的。当超越了范式，也就是突破了假设的范畴时，往往会被视为意外或者用一个好听的称呼就是“创新”，但通常也就意味着被质疑和被挑战。假设有多重要的呢？其实社会学领域的理论、思想、观念都是建立在假设基础上的，比如说我们现在在开年会，华夏基石自成立以来年会就是这么开的，年会就是这个样子的，这就构成了我们的基本假设，我们认为别的公司的年会大致无非也是这样开的，我们对于年会的观念是由这个基本假设决定的。

生活中的事例也可以帮助我们认识假设的重要性，比如在国内多年养成的驾驶习惯是，在没有红绿灯的路口车辆先过，五年以前大多数人开车的时候肯定是自己先过去，因为那时有一个基本的假设，即行人是要让车的。但现在我们发现，在现代的文明观念里，是应该车让人的，这时候开车的人应该停下来，让行人通过后车辆再走，这个文明意识更新了我们对于如何开车的基本认知范式。

在面对管理实践问题时，假设同样决定我们的认知。比如同企业探讨OKR（目标与关键成果法）问题的时候，遇到最多的困惑就是OKR与绩效考核的区别。从理论上来说，OKR并不是进行绩效管理的技术方法，因为它与被企业广泛接受的以KPI为核心的绩效管理都源自于德鲁克的目标管理，而目标管理在一般企业人的假设里，似乎就应该用在绩效考核里，所以经理人形成的基本认知就是目标管理延伸下来的OKR应当也是用来做绩效考核的，事实上这个认知是有问题的。所以我非常认同彭剑锋教授所说的，认知的革命非常重要。

三、对人力资源管理的经典定义

当对基本假设或基本范式有了认识，我们就可以提出问题了：什么是人力资源管理？我们都是做企业管理咨询的，很多人都在做人力资源咨询项目，当我以这样的方式问什么是人力资源管理的时候，各位一定都有答案，而且你的答案是基于一个范式或假设的。那么我们来看一看，人力资源管理概念背后的假设是什么？

加里·德斯勒关于人力资源管理是这样定义的：人力资源管理关注管理过程中的人事方面，是获取人员、培训员工、评价绩效和给付报酬的过程，同时也关注员工关系、工作安全以及公平等方面的问题。同样经典的另一个定义是劳伦斯·克雷曼说的：人力资源管理是注重对组织中的人进行管理的过程，它贯穿雇佣周期的各个阶段——挑选前、挑选中和挑选后，是帮助组织有效处理员工事务的实践。彭剑锋教授在最新出版的《人力资源管理概论》（第三版）里对人力资源管理的定义略有差异：认为人力资源管理是根据组织和个人发展的需要，对组织中的人力这一特殊战略性资源进行有效开发、合理利用与科学管理的机制、制度、流程、技术和方法的总和。

这三个定义都是经典的，值得我们学习的。这些对人力资源管理的基本定义深入人心之后，它就成了我们对所有人力资源问题进行思考的一个基本框架。所以，当我们试图解决前述我们所遇到的现实问题时，非常有必要去看一看这些定义背后的范式和假设是什么。

四、人力资源的定义是建立在基本假设上的

我总结这三个经典的人力资源管理的定义背后的假设，发现它们都谈到了“组织中的人”。总结起来，应该有三个假设构成了经典人力资源管理的基本范式。展开来说：第一，以法律关系为基础。从概念中看出，它们都谈到了雇佣关系、雇佣周期，都谈到了组织中的人。第二，人力资源管理专注于组织内部。正如彭老师讲的，人力资源管理是对组织内的人力这一特殊战略性资源的有效开发和合理利用；第三，人力资源管理聚焦于人。这三个基本假设就构成了我们今天理解的人力资源管理背后最基本、最本真的东西，即价值观，也就是经典人力资源管理学科的范式。

当我们帮助企业去构建管理体系或者解决人力资源管理具体问题时，显然是基于我们的基本范式，客户可能也是基于同样的范式去思考的，所以这时候做着做着，我们不约而同地回到老路上去了。我们经常遭遇的问题就是，点上的创新解决不了企业的实践问题，它是一个系统变革的过程，而系统变革首先是认知上的变化，是与底层的范式达成了新的一致，这正如美国管理学家彼得·圣吉所言：改变战略、结构和体系是不够的，除非它们赖以产生的思维方式也发生变化。

在工业文明时期，人力资源管理的范式首先是以法律关系为基础的。人力资源的第一个职能是什么？举牌子招工就可以了，20世纪20年代就是如此，德鲁克1954年才提出“人力资源”，怀特·巴克1958年才提出“人力资源管理”，以前没有人力资源管理，更没有人力资源部门。为了完成大规模生产，需要组织各种资源，除了采购生

产原料、机器设备之外，还需要采购人进来，才能完成生产，所以人力资源的第一个功能招工职能是在采购部门。采购部门有自己的行为方式，在采购生产原料、机器设备时，把人视作和原料、机器一样的东西采购进来并进行管理。显然这种管理方式是不符合人性需求的，于是这些被采购来的劳工群体就组织起来和资方相对抗，这就是工会组织出现的前提。

记得多年前我去澳大利亚的时候，在一个工地前，导游让我们看这个工地和其他工地的区别。当然，我们是看不出有什么区别。答案是这个工地的门口多了一个袋鼠吉祥物，这是一个工会组织的吉祥物，意味着这个工地所有工人都加入了某个工会组织，其他没有吉祥物的工地，那里的工人可能就没有加入工会。我问导游这两种工地有什么区别吗？他说区别太大了，有吉祥物的工地工程如果计划是两年完工，实际上能三五年完工就很不错了，因为工会的力量很强大。

工会很强势，资方很郁闷，他们期望通过激励制度创新等机制设计，使得劳工群体不要加入工会组织与自己对抗，于是就有了以职业经理人为代表的人力资源管理，它最开始就是在与劳工群体组织的对抗过程中产生的，这是它的根源。此后，在制度经济学家的推动下，劳动关系管理也随之逐渐走向了建制和立法，所以我们说人力资源管理是以法律关系为基础的，这是由它的渊源所决定的。

其次，人力资源管理的第二个假设是人力资源管理专注于组织内部。我们再看一遍经典的人力资源管理的定义：根据组织和发展的需要，在组织内部对人力进行有效的开发、配置等一系列的技术、机制、工具、方法等的综合。这个基本概念告诉我们人力资源管理是针对组织内部的，对组织内部要关注什么？一定会关注绩效、成本。所谓绩效是基于岗位履职状况的绩效，在过去职能分工的前提下是这样的，可是现在我们遇到了巨大的挑战，越来越多的岗位面临动态的变化，如果岗位都不存在了，履职的角色处于变化中，那么基于岗位履职状况的绩效评价又将如何实施呢？所谓成本一定是基于内部效率的成本。现在我们强调客户导向，关注外部环境，可是当我们去考量企业运营的时候，我们实际上看的是内部的成本

再次，人力资源管理的第三个假设是聚焦于人。图1是我们华夏基石设计的一个企业如何经营人才的经典模式，所谓经营人才，是致力于人力资本的增长，通过吸纳功能、维系功能、激励功能和开发功能，把人力资源充分有效地调动起来，所以我们是聚焦于人，强调人力资本的增值。但是，人力资本的增值是不是就一定意味着人的价值的实现？

在工业经济时期，在外界稳定的情况下，按职位分工履职的状况下，人力资源是有可能变得更高效的，提高绩效的逻辑是对的。而到了今天，外部环境剧烈变化，组织内外没有一个很清晰的边界，这会带来人力资源管理的第三个尴尬：聚焦于人，强调人力资本的增值，但并不一定意味着价值实现。

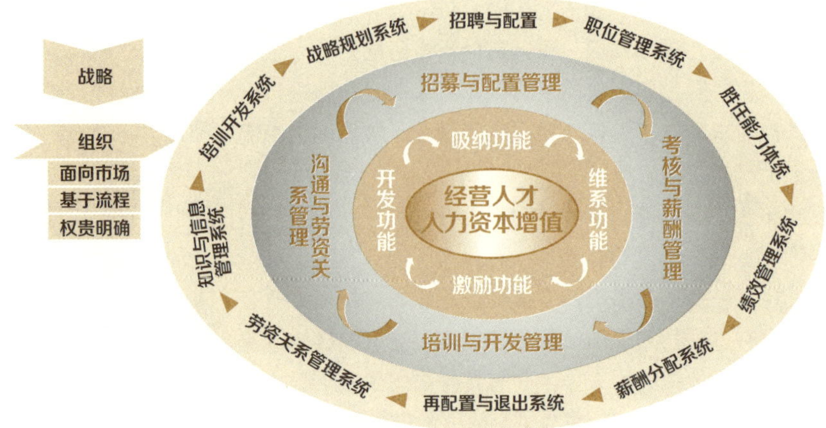

图1 企业经营人才的经典模式

综前所述，人力资源管理范式是一定约束条件下的产物，这种约束条件构成了我们所谓的理想状态，而当外界环境发生了变化时，原有的人力资源管理思维定势必须要跟着改变，因为时代变了。也就是说，我们进行人力资源管理的范式和假设的基础已经被动摇了，发生了改变，在这种前提下，如果你还把新的问题放到旧有的范式中去思考，就会令人纠结和困惑。环境变化并不可怕，可怕的是沿用昨是今非的逻辑，这句话是德鲁克说的。

五、所有的管理范式都是某种约束条件的产物

托夫勒很早就讲了，管理的范式是由财富创造的方式决定的，在农业文明时期和工业文明时期，财富创造的机制发生了变化，但它们的约束条件还只是线性的变化。但今天到了互联网时代，约束性条件不再是线性的变化了，它发生了根本性的变化，原来的约束性条件正在被颠覆。

在农业文明时期，以土地为核心开展的农耕活动是稳定的，可以预测和控制，比打猎和采集的效率更高，农耕劳动于是取代了渔猎和采集，成为社会经济活动的主角，我们的财富创造机制就围绕着土地展开了一系列的资源配置和组织生产，这个时代的管理基本范式是以土地为核心的一系列资源配置方式。

在工业文明时期，工业革命带来了专业化的分工，带来了设备的极大提升，带来了流水线、标准化，规模化生产成为现实，财富创造机制发生了巨大变化，形成了今天主导我们的产业管理范式。以那个时代的行业巨头福特汽车为例，1947年4月3日，亨利·福特去世，在葬礼的那一天，美国所有的汽车生产线停工一分钟，以纪念这位“汽车界的哥白尼”，福特生前的一句名言是：如果他们愿意把工作分割成一个个小

部分，便没有无法处理的工作。

基于机器化、流水线化的职能和专业分工构建了工业化时代我们对管理的基本认识，这是由财富创造机制所决定的。过去约束机制的变化只不过是它变大或变小，是我们去不断靠近它的问题，但今天你突然发现，它倒下了，原来的那个平面变成立体的了，过去单向度的约束条件变成了一个立体语境下的约束条件，这时你怎么去定义它？也就是说，工业时代的逻辑是线性的，是以控制为核心的，一失控就乱了，而到了互联网时代，一切以客户为中心，C2B模式标志着一个根本性的变化，现在的企业生态强调的是价值而不是成本，商家必须强调我们能给客户带来什么额外的价值，客户才会买单，企业家和管理咨询从业者过去的管理认知要向生态思路、网络思路、演化思路转变。也就是说今天社会的财富创造机制发生了巨大的变化，出现了多元化、生态化的知识经济形态和各种新的商业模式。

我们感知到的是传统的垂直整合、协同效应、规模经济、成本控制、科层组织、职能化分工等这些全部被替代了，被颠覆了，被生态连接，被个性化小规模定制、利润中心（原来的成本中心变成利润中心、成本核算单元），及网络型、平台型组织、角色分工所替代，没有一成不变的岗位，没有什么固定不变的职能体系，组织框架正在被重构。其核心在于，非线性、不连续性、不可预测性对传统产业管理范式提出了巨大的挑战，重新定义管理就是要对管理范式进行重新思考，这才叫认知的革命，这才叫最底层的认知革命。

六、新的财富创造机制改变了人力资源管理的假设

新的财富创造机制带来的底层认知的变化主要表现在以下三个假设的变化。

假设一，以法律关系为基础转向以市场关系为基础，这是一个巨大的假设的变化。在面对新的问题时，如果我们的体系不支撑这个认知，它就会出现问题。比如，目前很多就业者同时服务于多个平台、人与组织关系如何重构等问题，需要一个新的范式来支撑它们，因为它不再是以法律关系为基础了，转变为以市场契约关系为基础。

假设二，从专注于组织内部转向专注于整合资源，正如海尔所讲的：世界就是我的人力资源部。过去人力资源的经典概念是对组织中的人进行人力资源开发，现在的人力资源管理不能把组织以外的人排除在外，现在我们要打造人才供应链，要把世界当作我们的人力资源部，要进行企业外部管理。当我们提出跨越组织边界打造人才供应链时，企业依然会纠结于究竟怎样才能招到人？过去旧的范式和基本假设决定了他们会这样思考问题——我把人招进来，我才能管理他、使用他。

假设三，从聚焦于人转向聚焦于价值的实现。既有的管理范式决定了人力资源管

理不聚焦于人，你聚焦什么呢？现在还真不是聚焦于人，我认为应该聚焦于价值的实现。如果没有价值的实现，我把人才培养得再完美，再有能力，又有什么意义？

所以，当我们构建了新的人力资源管理范式，才有可能真正了解和把握人力资源管理职能的转型和新系统的构建。

第一个假设，人力资源管理从以法律关系为基础转向以市场契约关系为基础的话，我们就真正理解雇佣关系变成了合作、互利共生的关系。以个人为中心的时代，社会经济关系的主体不再是以公司与就业者签订的劳动雇佣合同为最小单元，而是以人与不同组织的市场契约合同为最小单元。

当人力资源管理的假设从法律关系变成市场契约关系的时候，才能真正催生各种灵活的用工形式，化解企业招不到人的问题，也给就业者带来崭新的就业形态，一个人可以服务于多个平台，所谓的“斜杠青年”就是一种新的就业形态和生活方式，人力资源领域的生态将变得多元而丰富，招聘管理职能才能被人才供应链打造所替代。

第二个假设，即从专注于组织内部到专注于整合资源。当人力资源管理的假设从组织内部转向组织内、外部时，组织破界就成了必然的选择，平台型与生态型组织、独立核算单元、事业合伙人机制等，在新的认知范式下才能达成共识，这样我们才有可能在一个频道上说话。

第三个假设，从聚焦于人到聚焦于价值创造。人力资本价值管理得到大家的认同和共同推动，科层型组织转变为赋能型组织，在新的人力资本价值管理范式下，必须重新定义绩效，什么叫有价值呢，做错了也有价值吗？对这些问题的回答将和过去不同了。价值型认可将替代产出型认可，全面认可激励、赋能领导力成了我们人力资源管理必然的选择，就像我们今天思考选、用、育、留，人力资源管理从管控变成一体化的场景打造，全面认可激励广泛推行，管理者的赋能领导力被关注并得到普遍提升。这些机制的创新都不再是一个点上的创新，不再是意外的存在，而是新范式下必然的选择。

七、基于价值创造与评价的人力资本管理

以上所阐释的这三个人力资源管理范式的变化，就促使我们重新定义人力资源管理和人力资源管理职能，虽然这是一件很有挑战性的任务，我还是尝试下一个定义：人力资本管理（开发）是通过有效开发、整合组织内外部人力资本，推动组织和个人价值实现的机制、制度、流程、技术和方法的总和。

以上这个定义是建立在我刚才所讲的那三个新的假设或基本范式之上的，这样就回答清楚了我一直在思考的一个问题：人力资源管理的基点如何变迁？我认为是从基于职位的人力资源管理，进化到基于能力的人力资源管理，再变化到今天基于价值创

造的人力资本管理与开发，于是我们就构建了下面的这样一个人力资本开发体系，这个体系我们提出来快两年时间了，今天我只是想证明这是新范式之下基于对人力资源管理的新理解的必然选择。

基于价值创造的人力资本管理：

（1）人力资本价值管理新论；

（2）人才供应链管理；

（3）绩效管理：价值创造与价值评价管理；

（4）全面认可与激励管理；

（5）组织能力规划与员工赋能管理；

（6）员工心理资本管理；

（7）人力资源业务伙伴管理；

（8）人力资源平台化与数据化管理；

（9）管理者使命、责任与能力建设；

（10）人力资本合伙人管理。

最后我想用明茨伯格的这句话，来结束以上对人力资源管理的底层范式演进历程的追溯，他说：尽管战略一词通常与未来相联系，它与过去的关系也并非不重要。过日子要向前看，但理解生活则要向后看。管理者将在未来实施战略，但他们是通过回顾过去而理解这一战略的。

同样的道理，我们对人力资源管理的新认知也是通过回顾过去而得以确认并加深理解的。

（华夏基石e洞察公众号2019年1月30日发布）

高质量决策背后的力量是什么?

李东来

临近年底，经常会收到各个单位提交的报告，主要是对第二年经营的一些提案建议。有些系统性的报告提案比较详细，不只提出一套方案，而会提供多套（比如建议A方案如何、B方案如何），最后让我来做选择。类似这种情况在日常工作当中会比较多。

这引发了我一些思考。大多数时候，我们都会直接选择或者同意A/B方案，包括我有时候也会这样做，选择完以后，各个单位就会按照所批示的某个方案去执行，整个决策链条就结束了。后来我反复思考，觉得这样做会有主要有三个方面问题。

第一，决策质量不高。因为下属或提案单位所考虑的维度变成了整个决策的最高维度。有些问题如果没有考虑到，方案中没有体现，而选择这个方案去执行，那么这一决策的质量一定不会太高。

第二，只是简单地划钩，缺乏上下深度交流，共识就无法形成。没有共识也无法形成真正的执行力。

第三，整个组织因为缺乏共识，决策质量也不高，将会导致整个组织的学习能力原地踏步，甚至越来越低，那么组织成长性就没有保障。

一、什么是真正科学的决策

1.什么是真正意义上的“决策”

管理学大师赫伯特·西蒙讲过：“管理就是决策。”决策不仅对管理非常重要，对人的一生都非常重要。人的一生要经历无数个决策链条，不断做出选择，每一个岔路的选择都会影响后面人生的发展历程。但严格来讲，绝大多数人一生也不可能做多少重大的决策。比如部门领导布置给你一个重要任务，你把任务完成，但实际上没有多少决策含量；比如去买东西，两件物品价格接近，一个质量好、一个质量差，我们肯定会选择质量好的，或者两件物品质量差不多，一个价格高、一个价格低，我们肯定会选择价格低的。这些简单的日常行为严格意义上讲都不叫决策。真正意义上的决策是面对“很难做出判断”或者“多种方案相比各有优劣、不相伯仲”的时候我们该如何抉择，这往往是一个非常纠结的心理过程。

比如某下属打报告提了三个方案：A、B、C，我们首先肯定会分析三个方案的利弊，但很多事情的利弊并非显而易见，背后的逻辑也是错综复杂，极少有“1+1大于2”这样让我们很容易做出的数学判断，也很难轻易就将决策做得很完美。

有次开战略会议的时候，某顾问老师说："你们讨论战略怎么能开开心心、轻轻松松的呢？所有决策都涉及选择，战略涉及的都是重大选择，重大选择都是非常痛苦的，你们怎么可能开开心心、轻轻松松就把战略问题搞定了呢？"从这个角度上讲，要做出重大、正确的选择对我们每个人来说都不容易。大部分人可能是随波逐流、按部就班听从指令或者凭直觉想干什么就干什么，很少是科学的决策，或者根本称不上是"决策"。

2. 企业越大、越成熟，越需要科学"决策"

我们有没有想过一个问题，是否所有老板的决策都是深谋远虑、深思熟虑的结果呢？以我个人接触实际经营的经历，包括请教一些领导和大老板，这个问题要一分为二地看，应该说大企业的重大决策一般都有一定的科学性，但大部分创业型企业的决策往往都靠创始人的直觉、经验、使命感驱动，很难说科学还是非科学。因为在起步和创业阶段，企业必须在变化中不断调整，不断做微决策，错了马上就改或者调整要快。比如我们的"K生活项目"，谁也无法给一个顶层设计，做一个完美执行路径图出来，以决定什么时候该做什么。它就是一个创业型项目，可能每天会面临新的情况，每天都要做选择。选择之后会有一个反馈，这个反馈是对还是错，好还是不好，作为组织来讲，必须要有一个应对方案。如果对，就坚持深挖；如果不对，如何去调整。所以对创业型项目的决策来讲，做比说，比系统架构设计要重要得多。但企业到了成熟阶段，或者规模比较大时再做决策，则一定要有科学含量。

3. 什么是真正科学的决策

决策需要有科学含量，但什么是真正科学的决策却没有标准答案，包括许多讲管理，讲决策的书也没有统一的定义。我们都听过这样一句话："听大多数人的意见，与少数的人商量，最后自己做决策。"这句话讲的只是决策的原则，是在决策过程中信息由宽到窄的一个过程，也很难说这就是科学决策。

万维钢老师在得到"精英日课"中讲了一个案例。有位叫约瑟夫·普利斯特里的英国化学家（著有《电学史》《光学史》，发现了氧气、氨气等十余种气体），非常有名，社会地位也比较高。他生了8个孩子，收入不高，经济比较紧张。此时，有人聘请他做一名家庭教师兼顾问，工资是现在的2.5倍，工作地点在雇主家中。普利斯特里此时就面临一个决策，去或者不去，利弊都有。好处很明显：工资很高，能够减轻家里的经济压力。顾虑有三点：第一，工作地点比较远，要离开家；第二，工作性质比较模糊，时间不确定性大，可能会影响自己独立的研究工作；第三，不清楚与对方能否合得来，将来万一相处不好怎么办。所以这个选择确实非常不容易。但普利斯特里并没有从中二选一，而是改变了选项。他与雇主商量增加了两项要求：首先我能否指派一个老师到你家，我仍然住乡下，远程指挥，如果一定需要我面对面沟通，可以临时去伦敦；第二，如果我们两个人将来关系闹僵了，我的工作做不下去，能否保证每年给我至少150英镑（雇主之前开价为250英镑/年），且终生不变。最后，雇主同意了。而七年后，他们两人确实“分手”，但最终也是按照契约来执行。

案例中决策的结果其实不重要，但整个决策过程给我带来很大启发，主要有四点，这也是科学决策最重要的四项要素。

第一，我们做决策的时候，并非只是简单的二选一或三选一，要想想现有的方案是否已经是能想到的最好选择？还有更好的吗？就像普利斯特里在原有方案上扩充了一些选项，提高了决策的范围，实际上间接提高了决策的质量。

第二，要实事求是做一些基础调查，分析清楚来龙去脉。重大决策要花点时间，不是我们想当然地拍个脑袋做选择，而是要做一些基础的调研，评估与分析每项的优劣。比如普利斯特里向他朋友了解雇主的基本情况，收集一些看法和意见，以便对自己前景有一个相对客观的评估。

第三，要从更长远的角度去考虑，而非仅考量短期利益。

第四，任何决策都有可能失误，关键在于是否有应对预案。比如普利斯特里在事前就与雇主约定好“分手”契约，事实也证明这不仅在后来很好地保障了他自身的利益，也让他与雇主仍然保持良好的关系。而通常中国式的惯性思维是大家和和气气，“丑话”都不愿说在前面，一旦真的发生决裂，两方就会闹得很僵，可能就是“老死不相往来”，甚至整个事态会朝更加失控的方向发展。

这四点启发可能看起来很简单，有时我们也会用，但往往只是用四个点中的一两点，或者是无意识在用。如果面对重大决策我们有意识去养成这种科学决策的思维方式，或者去应用科学决策的流程，那对提高决策质量和个人成长都会有很大帮助。

4. 领导必须要有科学决策的意识

前段时间我翻过一本书，是齐德学写的《巨人的较量：抗美援朝高层决策》，写的是1950年中国共产党在毛主席领导下如何做出了“抗美援朝”的决策。这是站在国家政治、经济、军事层面所做的决策，绝对是非常重大的决策。历史我们都很清楚，最后中国出兵，抗美援朝、保家卫国。但当时朝鲜战争爆发前，毛主席在征求大家意见的时候，绝大多数都反对出兵。反对的理由非常充分，因为当时国家成立不到一年，才刚刚解放海南岛，西藏、台湾还没解放，全中国还有40多万的土匪，经济正在恢复中，土改也刚开始进行，国家的精力开始逐渐转移到经济建设上来。这时候大家理性的判断肯定是踏踏实实搞经济建设，按兵不动是最好的。但毛主席还是决定要派兵援助朝鲜。从现在来看，这个决策无论从政治、经济、军事上来看都是非常正确的，是有利于中国长期发展的正确选择。据当时披露的一些资料来看，如果美军登陆仁川之后占领整个朝鲜，随时都可能对中国进行战争挑衅，中国就不可能像现在这样安心搞经济建设，所以无论从中国短期、长远利益考虑，都必须要出兵抗美援朝。当时毛主席的决策也花了好几个月时间，也是一步一步过来的。

第一，最初并没有立即决定打或者不打，而是先调兵组建了东北边防军，在打与不打之间采取了一个过渡方案，并且没有以国家的名义，而是以“志愿军”的名义去参军。第二，不断向各方开展实事求是的调研，包括听取苏方斯大林的意见（当然最终苏联没有真正支持）。第三，从中国长远发展利益角度考虑，必须要出兵。第四，并没有盲目自信认为一定能取得胜利，据当时的资料披露，如果抗美援朝失败，毛主席也说过“不行再打几年游击”，说明他已经做好了失败的思想准备和应对方案。

“抗美援朝”算是一个重大的决策，但并不是简单、轻而易举就做出的，而是科学含金量很高的决策。我们一般人很少会遇到重大决策，但诸如“选择上哪个大学”“大学之后去哪里工作”“选择什么职业”“跟谁结婚”等这些事情，我认为都是普通人一生中比较重大的决策，都应该用“科学决策”的基本模型和要素来论证与检验，提升决策的质量。

二、高质量“决策”背后的三个重要维度

我们平时会比较关注领导决策的结果是什么，然后马上去执行。而从自身成长、进步的角度看，领导到底选择A还是B其实并不重要，关键是要了解他为什么选A或B，也就是他决策背后的依据到底是什么，决策背后是怎么思考的。尤其是一些优秀的人、优秀的企业家所做的决策，我们以“主人公”的角度模拟思考一下，“他为什么做这个决策”“当时是什么情境”“他是怎么考虑的”“如果我是他我会怎么做”等，我认为大家可以慢慢养成这个习惯，这对我们成长会非常有帮助。

那么高质量决策背后的力量是什么？我认为最重要的是三个维度：第一是价值观；第二是远见；第三是逻辑。

1. 价值观

价值观对决策非常重要。不管平时有没有感知，我们都在潜意识中使用价值观的力量做决策。用通俗的话讲，价值观就是你头脑中所能够储存的所有价值偏好的重要度排序。也就是说在你头脑中，你认为什么更重要？这是非常强大的力量。比如，你认为家庭重要，那么某项工作安排跟家庭发生冲突，那你自然而然会选择家庭优先；比如，在企业经营过程中，你认为股东利益更加重要，那你潜意识中就会考虑如何提高利润，至于员工工资少一点、员工流失率大一点、用户满意度低一点可能都不重要。随便举一个小例子，年底各个企业都要开年会，是选择在公司开还是外面开？是选择场面阔气还是简单隆重？有些人可能认为我们要搞好一点，要给员工过年的感觉；也有人觉得我们要省钱，这个对业务没什么帮助。可能不同的人对此判断都不一样，这没有对错之分，但能够透露出这每个人背后的价值观不同，这决定了每个人决策的“初心”。

在日常工作中，有很多维度我们是不清楚的。为什么学习是扩大认知，有时一些

非常重要的维度在我们头脑中从来没有储存过，在价值观方面就会有所缺失，这时在做决策时就会忽略某个重要变量，这对决策质量的影响非常大。所以高质量决策背后的第一个维度就是“价值观”。

2. 远见

高质量决策背后第二个维度是“远见”。远见这个概念有点空，我们知道“空间之上即格局，时间之外即视野”，实际上远见就是“格局+视野”。刚才提到毛主席如何决策抗美援朝的案例，就是远见。当时如果听从大部分身边人的意见，不做出兵决定，那么很有可能短期对国家有利，但长期可能是一个重大灾难。包括我们刚才所说的普利斯特里的案例，实际上也是远见，他在答应雇主前肯定不知道七年后会“分手”，如果当时没有约定补偿措施，那么这七年对他工作造成的影响是非常得不偿失的，所以这也可以说是远见。但很多远见不仅仅只依靠“备胎”，还依靠平时对事物的认知和洞察力。用通俗的话讲，“远见”就是算别人算不清楚的账，就是“算大账”的概念。比如，我们给领导提了一个报告，认为这已经是很清楚的结论了，就是3加2大于4，但是领导站在更高维度去算账时可能就不是大于4了，结果可能完全大相径庭。

3. 逻辑

高质量决策背后第三个维度是“逻辑”。我们经常会在决策研讨会的时候，有一些争论、分歧，实际上很多是来自逻辑上的不清晰或者混乱。我们有时会形容某个人“毫无逻辑”，实际上他自己并不这样认为。“流氓”有“流氓”的逻辑，教授有教授的逻辑，企业家有企业家的逻辑，但一件事本身是否合乎逻辑是可以准确判断的，因为逻辑学本身是非常严谨的学科，涉及概念、判断、推理，我们也读过这方面的书。举个例子，有人认为我们只要把企业规模做大，利润就高，市值一定就高了，是这样吗？那就涉及市值跟企业经营业绩的逻辑，也就是他们之间是否是线性函数？是一元还是二元线性函数？这里涉及较多维度，很难简单判断。再比如有人说，别的企业都对员工好，我们就该对员工好，那么对员工好是不是企业就能经营好？也有人说对员工不能太好，要狠一点，给员工压力，这能够激发员工潜力，让整个企业更有狼性，更有战斗力。哪个逻辑对呢？很难说。这些逻辑本身能否自圆其说是检验我们决策是否高质量的重要标准。

以上就是高质量决策的背后的三个维度，即价值观、远见、逻辑，我们可以有意识做一些刻意练习，同时在平时工作中多留心注意。

三、“决策”对组织的影响

什么是好的组织？我认为有三点非常重要。

第一，相互赋能。不仅仅是我们常说的平台给业务单位赋能，领导给员工赋能，好的组织应该是上下相互赋能。

第二，高度共识（高度协同）。相互赋能将会促进高度共识的达成。

第三，整体演化。高度共识的达成也会推进组织从整体上不断向前进化、演化。

1. 组织内的相互赋能

回到前面的案例，某单位给我打了一份报告，给我提供两套方案让我做决策，按照传统低质量决策就是我同意A，然后就去执行。那么在这个低质量决策中会存在三个问题：

首先，下属只把问题抛给领导，但没有给答案和建议。有一本书叫《别让猴子跳回背上》，书中提到说“把猴子背在自己背上还是背在领导背上”。有时领导经常会接到下属抛来的问题，如果“把所有的猴子都背在自己的背上”，那么不仅下属成长不了，最后领导也会“累死”。其次，领导不了解下属，也没有对其进行启发或思考。领导不清楚下属怎么想，不清楚下属的思维模式是什么，下属的方案中体现的价值观是什么，有没有自成一体的逻辑，是否考虑了短期、中期和长期的因素。因为缺乏交流和互动，所以领导不了解这个下属。第三，下属不了解领导，也无法进步与成长。领导同意了A方案，一个好下属可能会思考领导为什么选择A，而如果下属没有思考，甚至只是随便写了两个方案，领导选择了其中一个，然后机械执行，这样推行的方案不仅成功可能性很低，下属也很难进步与成长。

在上面“领导划钩，下属执行”的互动过程中，整个组织上下能力的边界没有打开。那么正确的做法是什么？

我认为，当下属打报告上来需要做决策时，领导一定要问四个问题：

第一，你有什么方案？不能只提供一个方案，那不叫决策；

第二，还有没有更好的方案？

第三，如果你来做决策，你会选择哪个方案？

第四，你为什么选择这个方案？

这四句话是必须要问的，或者是必须要共同探讨的。一方面，这会倒逼下属要把前期工作做扎实，也会把他整个方案背后的思维模型、价值判断模型、逻辑全部呈现出来。另一方面，领导也要给下属讲清楚“为什么这样做选择”“究竟是怎么考虑的”等。此外，在共同探讨的过程中，领导可能现有两个方案都不同意，而是选择了第三个。此时作为下属要积极去问，积极与领导探讨，或者至少要思考，“领导为什么选择了第三个方案”“背后体现了领导什么样的价值观偏好”“领导的逻辑是什么”“领导决策的背后有没有我未考虑到的一些点”等问题。

以上这一系列的互动，我们可以理解为是相互赋能的过程。同时，相互赋能也会促进高度共识的达成。

2. 组织内的高度共识使协同、管理变得简单

大企业之所以厉害，就是因为有很强的文化，这种强大的文化，实际上来源于组织上下的高度共识，而高度共识的达成要通过做事，因为做事能够培养默契，领导与下属双方都会观测对方怎么做，为什么这样做，也会共同探讨，这也是我们前面提到的相互赋能，久而久之就促进了共识的达成。

举个例子，当领导坚持“用户至上”并在每一件事上都践行这一原则时，下属会通过观察与实践，加之自身内心认同，逐渐与上级形成共识，也坚持“用户至上”，那么以后再做类似的决策就会非常简单。

因此，好的共识使协同简单，使管理简单。而未达成共识则会产生思维上的冲突，但冲突本身不是不可解决的问题，冲突的出现也是双方互动对话的过程，更是达成高度共识的过程。

3. 组织上下达成高度共识的过程，也会推进组织的整体演化

组织中每天、每个员工都要做许多微小的决策，每一个互动都会影响将来，这些微小的决策单一来看可能无足轻重，但背后的思想，尤其是整个组织决策背后的思想非常重要，包括我们理解领导的策略方向不是看他怎么说，也不是看口号怎么喊，而是看他一些微小的决策事件。整个组织中微小的决策事件将决定组织整体演化的方向。演化时时刻刻在发生，比如某个总经理跟下面人力资源总监商量招一个“牛人”过来，可能这个“牛人”过来后就会影响整个企业未来发展的局面。当然演化有一个前提条件，就是内部所有的决策链条（包括微小的决策）要有互动，如果没有互动，都是老大拍板，下面机械执行，那就不存在演化的空间，组织没有活力，组织能力也无法成长。

读懂决策的意义就是明白三件事：什么是科学的决策、高质量决策背后的三个重要维度、好组织的三个特点，并且这三个特点都与决策有关。明白这三件事就对我们有很多启发。

首先，这对员工的成长会有一定启发。对于下属来讲，不能仅仅提供给领导选择方案，还要给出自己的意见与判断，不能拿到领导所选的方案机械执行，而要充分思考领导为什么这么选，背后有什么样的依据与判断等。

其次，这对领导的决策质量提升也会有一定启发。对于上级来讲，不仅要让下属提出明确的方案，还要求说明他的想法与判断。如果你的判断与跟下属不同，还要清晰地告诉他，你是怎么选择的，为什么这样去选择，背后所体现的价值观、远见、逻辑是什么。

通过这样不断的互动、赋能，我们相信，下属会成长，领导也会成长；组织的共识会越来越多；组织能力成长会越来越快，会向非常健康、良性的方向持续演化。

（华夏基石e洞察公众号2019年2月18日发布）

走在变化之前

邢雷

——评《企业成长导航》（施炜、苗兆光著）

国内经济30年高速增长，催生了一批弄潮于时代的优秀企业，它们曾经与民族崛起同步，书写传奇。而今，也与国家命运一起，接受挑战。当前，国际政治、经济形势都发生了很大的变化，国内经济从数量增长进入品质增长时期，这是我国经济社会发展走向健康的标志。正如马云讲到当前经济形势时举的一个例子："人在20岁之前，有可能不断长个子，每年有个8%到9%的增长，但到20岁之后，每年长十几公分就不可能了，长的一定是脑袋、质量，而不是长的数量。"那么，面临着真正意义上的转型升级，处于从初创到成熟各个阶段的企业，如何认识自己的定位，如何关注自身的成长，如何在未来的艰难时局中立于不败之地？为了解答这些问题，施炜老师的新著《企业成长导航》，以全局视角和体系化建构思维，俯瞰企业发展全过程，庖丁解牛式地将企业发展分解为五个阶段，详细分析每个阶段的含义、特征、机会与战略选择，为处于贸易战、世界经济格局变动中的企业，带来更多的思考。

该书作者"阅企"无数，厚积薄发，在极具个性化的企业成长路径中，总结出一套具有共性的企业指南，该书将企业成长过程，科学划分为创业成长、机会成长、系统成长，分蘖成长、重构成长五个阶段。与大部分管理学著作只着眼于企业管理中某一方面不同，该书能够让读者对企业成长过程有建模性质的纵深了解。

一、创业：基于"人""钱""事"的商业模式初探

创业是从创意到进入产业链的过程，是从一粒种子到播种发芽的过程，选择合适的土壤、气候和环境，对种子的成长起决定作用。创业也是为创意找到合适的方向、环境和条件，因此需要充分的市场调研，运用强大的逻辑论证，在不断试点运作的基础上，设计出合适的商业模式。并如书中所指出的那样，在商业模式运作的基础上，"对团队资源不断地进行检验，动态地完善、弥补和增添"。

正所谓"战略一张纸，基础重如山"。任何事业的成功都离不开人才、资金和具体目标。《企业成长导航》一书从战略角度将创业成功的关键因素概括成"人""钱""事"组成的三角模型。在创业阶段，高素质的核心团队的人作为高能粒子，其"能量和质量决定了创业期企业能走多远"。作者将创业期企业所拥有的

资源（资金、技术等），以及资源整合起来所产生效能的企业内部机制（包括治理机制、利益机制及文化机制等），合称为创业加速器，这些加速器增加了高能粒子的动能，是企业创业阶段健康成长的保障。对大部分企业而言，商业模式创新是创业成功的关键。无论是从企业总体形态和结构创新，还是从特定业务的某些构件和环节创新，都要基于自身做出最优选择。

二、机会成长：营销拉动增长，初级架构完成

企业进入机会成长阶段，就像一颗种子从种下到萌芽，长出幼苗，在风险丛生的市场环境中，活了下来。接下来就是怎么发现更多的成长机会，整合更多的资源，让自己成长得更加健壮。在作者看来，“机会是来源于外部市场及产业的，有利于其业绩增长以及发展壮大的特定情境。包括市场容量增长、竞争环境改善、关键客户资源三个方面”。

在机会成长阶段，营销拉动是最重要的获取顾客资源的方法，作者花了将近五页的篇幅，来阐述六种通过营销创新来获取客户资源的模式，其理论扎实，案例生动，可谓用心之笔。而作者谈到“机会成长阶段的‘以奇胜’”章节时，可谓神来之笔，其精彩之处在于，将很多个性化的营销策略都纳入论述，对营销驱动给予“针尖捅破天”的肯定论述。

在作者看来，在大多数情况下，在机会成长阶段，“企业主要负责人是企业成长的决定性因素”，因此，企业领导人自身的视野、魄力、决断力大大地影响了企业的成长命运。对一个渴望长大、向往永生的企业来说，最需要的是以组织能力建设为主题的管理整合。其举措主要有：

第一，健全组织架构，深化内部分工；

第二，打造职业化团队，引进职业经理人；

第三，导入和建构管理体系，使组织运行向流程化、标准化、可控化放心转型；

第四，为自己立法，即企业家及其高管团队将创业阶段萌生、机会成长阶段有所发展的企业文化基因，转变为可传播的企业文化文本，通过对文本的落地执行，使核心价值观成为组织的内在结构性要素和底部操作系统。

通过上述管理整合，意味着企业已经告别了自己的青春期，作为一个更为成熟、稳健的生命延续下去，江湖性质的员工关系被现代文明的契约关系所取代。克服在此次管理整合中遇到的问题，企业领导人完成自我超越，以强大的人力资源体系完成企业初级架构，企业便进入了下一个阶段——系统成长阶段。

三、系统成长：打造高能组织，二次管理整合

所谓系统成长，意味着企业成长的动因主要不是外部的市场机遇和红利，而是企业组织本身，或者说是企业整体系统。“在这个阶段，企业的战略任务是依托组织能力和资源投入，快速进行扩张，将局部市场的优势复制、移植至更加广阔的空间（全国乃至海外）；同时，不断巩固优势，扩大优势，形成竞争壁垒。”

进入系统成长期的企业，必然要对“组织架构”（分责、分权）、“薪酬机制”（分钱方案，员工开心，业绩倍增）、“晋升机制”（员工升职的方案和要求）、“营销流程”（持续、自动的盈利模式）、“绩效考核”（约束惰性、激发人性、提升神性）、“招聘流程”（持续不断吸引人才）、“培训方案”（持续培育出公司需要的人才）、“查漏补缺”（还有哪里需要优化）等各个方面予以合理的系统布局。

该书对企业在系统成长阶段的战略行为给出了五条建议，并从企业技术进步的角度提出了六条举措。作者认为，系统成长阶段的组织特征为：高能组织。高能组织的三个特点是高绩效、高能量、高能力。作者在谈了打造高能组织的六条举措后指出，“高能组织主要由高素质人才和使之成长的土壤——管理体系这两个因素决定。与人相关的流程制度，体制机制设计是管理体系中最重要的组成部分”。

该书从五个方面论述了系统成长阶段的企业风险，并提出了以体制变革为主题的管理整合。作为企业成长过程中的第二次管理整合，其“任务是为企业的多元化、集团化发展奠定基础，做好准备。这是一次整体性，结构性的变革，其主要内容是组织内部责任、权力、利益关系的调整、变化，外部表现则是组织形态和组织架构的替换”。

作者详细论述了体制变革的十条方向和举措，并指出，作为一场“革命”，其风险首先是“政治”风险。解决第二次管理整合中所出现的问题，“一方面方案设计需要专业、科学、合理，推进执行坚定有力但不失灵活性和弹性；另一方面需要统一认识，上上下下对重大问题达成共识。同时，需要发现、动员、重用推动体制变革的新生力量。”

四、分蘖成长：纵横捭阖，开启企业多元时代

当企业完成系统成长，从优秀走向卓越，它将驶向新的航程。该书作者创造性地运用了植物学术语“分蘖”一词，将企业业务多元发展的阶段称为“分蘖成长阶段”。分蘖成长的战略遵从多元化的逻辑。该书认为，作为分蘖成长阶段的企业选择和组合战略，需要回答三个问题。

（1）“竖”有多长。竖即产业链。“多长”即产业链的封闭程度。作者讨论了纵

向产业链需要考虑到的三个主要问题及影响因素。

（2）“横”有多宽。横即多元业务的基础、平台和纽带。作者讨论了业务横向多元主要依赖的元素。

（3）“圆”有几环。圆即围绕同一顾客群的横向相关服务。“几环”是指服务链的层次。作者认为，服务圆环越多，企业商业模式就越复杂，多层次的价值链网状越交错，组织的开放高度就越高。

分蘖成长的关键在于新业务的发育，该书讨论了新业务如何发育的若干建议。分蘖成长阶段的组织特征为分合组织。该书详细论述了分合组织与传统的矩阵组织之间的异同，并提出了分合组织设计中需要注意的问题及需要考虑的多重因素。书中指出，在分蘖阶段的企业风险章节中，从组织和管理的角度，主要存在“分权”“大企业病”“核心领导力瓶颈”三个风险。企业分蘖成长到一定阶程度，有可能出现战略和组织的双重老化，因此这个阶段，对企业是否能够跨文化、融合多种子文化提出了更高的要求，要有能力对现代工业文明、信息文明、生态文明背景下的现代企业组织文化进行思考、分析和选择，从而完成以组织范式转换为主体的管理整合。作为企业管理成长的第三次整合，组织范式转换变革包括组织形态演进、组织文化重塑和组织领导改变。这些内容书中都做了详尽的讨论。

结构性组织变革意味着重造一条企业之船，它将使企业更加自信地应对变化，更加无惧风浪。

五、重构成长：战略重组，以新成长力赢取新价值点

随着新的技术革命的到来、新的沟通方式的冲击、国内外市场环境的动荡、比较优势的削弱等变化，企业发展面临新的挑战，企业也进入重构成长阶段。走过了漫长的奋斗之路，在一次次的挑战中顽强生存下来的“头部”企业，其技术、商业模式等依然面临着被颠覆的可能。此时，企业应“重新思考、重新定义、重新设计、重新构造”，该书指出，重构成长是战略、组织重构驱动的成长。其路径之一是“重选一片海”，路径之二是“改变目的地和航线”，书中以精彩的比喻、富有感染力的行文组织，向读者展示了组织重构所获得的新的成长力与价值点。当然，在重构生长阶段，依然面对着新航程带来的风险，例如“在充满不确定的航线上，没有航标，没有其他参照物”。这种很容易失去方向的行程，却因未知和创造而充满魅力。比如，“面对未来更加险峻的考验，企业家领导力不足”，却因此得以让更有远见、勇气与智慧的船长发挥更大的作用。比如，“进入‘无人区’‘深水区’的企业，其价值观的牵引力，辐射力不够强劲”，却也能够使企业锻造出更加强大、更具韧性和包容性的企业价值观。

六、结语

早在20世纪90年代，美国最有影响力的管理学大师伊查克·爱迪思创立了企业生命周期理论，该理论计入技术发展、人口特征与消费偏好等变量，将企业生命周期分为三个阶段、十个时段，揭示了企业生存过程中基本规律。伊查克·爱迪思因此被美国主流媒体誉为“唯一一名处于管理尖端领域的人”。然而事实上，这条延续上百年的完美曲线，很多企业并没有走完全程就中途倒下了。

《企业成长导航》一书告诉你，企业没有成功，只有成长。企业成长中会遇到很多陷阱，尤其从创业型变为管理型，从家族企业变为现代企业，要经历一次次换血，没有理论支撑，没有对管理真谛的深入认识，作为管理者，难免会陷入人性的局限，无法完成超越发展的使命。因此，该书以更为理性、更为实际的理论建构，给予你立足于自身实际，而又着眼于对自己事业的全盘关注，旨在对未来成长做出负责任的选择。

每一个优秀企业的成长，正如人的生命历程一样，需要知道三十而立，立什么？四十不惑，明白了什么？五十而知天命，天命所指为何？六十耳顺，应如何看待多元与变化？七十从心所欲，应该怎么去突破？

回顾优秀企业的发展历程，有过失误也有过挫折，但卓越的企业领导人，从不讳疾忌医，敢于直面问题，勇于自我革命，具有极强的自我修复能力，始终保持了承认并改正错误的勇气。这种能力，既是优秀企业区别于其他企业的显著标志，也是这些企业长盛不衰的重要原因。

施炜老师在后记中说，《企业成长导航》一书，“目的在于为我国成长型企业提供战略和组织双维度的整体性管理架构”。该书以企业五阶段成长模型为核心，以华为、美的等公司为案例，论述了企业成长中，那些事关骨架搭建及血肉成长的关键时刻。读完该书，你将从“成功者情结”的迷失中走出，领先一步发现那些百年长青企业内在活力的奥秘所在。

无人能够断言，处于矛盾、机遇和挑战复杂环境之中的企业，最终会走向哪里，但历史不会回头。

无人可以预测，一个公司在其生命历程中究竟有多少可以被激发的潜能，但惊喜总在想象之外。

无人能够左右变化，唯有走在变化之前。作为一名企业管理咨询从业者，看完此书，受益良多，特别推荐给有志于打造基业长青企业的管理者们，相信大家看完此书，也会和我一样，深觉不虚此行。

（华夏基石e洞察公众号2019年7月16日发布）

附录一　编委理事介绍（以赞赏先后为序）

刘俊宏

SKG品牌成立于广东，是中国品牌走向全球的先行者，让每个人年轻十岁是品牌的使命，期待更多的中国品牌能够走向全球！

戴超军

总裁，天津源泰德润钢管制造集团有限公司，微信号：daichaojun1983

管理感悟：天津源泰德润集团自2002年创立以来长期专注方矩管产品生产和服务，拥有天津、唐山两大生产基地，下辖12个法人独资公司，2018年度销售额160.3亿元，是中国方矩管行业引领者、中国方矩管品牌领导者。2019年是中国经济换挡期，消除焦虑需要调整新的站位好好思考，往往痛苦的时候才会清醒。人是企业的根本，激发员工的创造力重点在于充分调动员工的主观思想，团队的凝聚力和奋斗源泉在于企业愿景，它是超越企业家个人成为企业百年传承的信仰。

张乾昌

CEO，知遇人才管理服务（深圳）有限公司，微信号：13537590081

个人简介：知遇人才CEO，管理创新联盟联合创始人，10年+的管理工作经验，先后在中央企业、民企上市公司、AI创业公司担任过高管。2017年创办知遇人才，主要为企业提供高端猎聘、培训等业务。

管理感悟：坚信“管理上没有最终的答案，只有永恒的追问”。

王德超

董事长，北京优店科技有限公司，微信号：aldm2015

个人简介：S2B2C模式早期探索者，二十年各行业HR，十年营销与新零售研究探索。长期从事企业管理和运营工作，曾服务于航空军工、通路连锁、政府机构等多家大型企业（上市公司）和社会组织。

管理感悟：管理就是要适需而定、适时而动。

卢治国

总经理，河南纵横科技有限公司，微信号：luzhiguo

郝惠文

总经理，深圳市鸿博睿文企业管理顾问有限公司，北京经济学院硕士、中欧国际工商学院EMBA（07级），微信号：haohuiwen001

管理感悟：“学然后知不足，教然后知困，然后能自强也。”

卞志汉

原华为公司财经信用风险管理体系创建人，多次参与华为公司管理变革。曾任深圳众恩管理咨询有限公司总经理，长期从事管理咨询与投资工作。

曾向群

董事长，北京汉唐自远技术股份有限公司/北京汉博信息技术有限公司，微信号：cengceng3559

个人简介：汉唐自远公司创始人。拥有18年的创业和管理经验。专注于区域智慧教育系统设计、研发、建设、服务和运营，面向K12和职业教育，推进“互联网+教育”，实现省、市、县（镇、乡）教育资源的采集、存储、应用、共享及管理，推动现代信息技术与教育教学深度融合。

向群

CEO，北京天下绿色景观园林股份有限公司，微信号：etianxiae

管理感悟：观——观人生，各守初心；观生活，各取所需；观工作，各尽所能；2019将是“自——自创造+自负责+自组织”的一年。

附录二　特别鸣谢

特别鸣谢 A（以赞赏先后为序）

张坤

创始合伙人&CHO，贵州白山云科技股份有限公司，

微信号：tina780311

个人介绍：法国蒙彼利埃大学高级工商管理博士（EDBA在读），中国科学院管理心理学博士（在读），中国人民大学人力资源管理硕士。15年集团公司与上市公司、国有企业集团公司、创业公司人力资源管理经验，曾先后在中原地产集团、思源地产集团、中铁置业地产集团、蓝汛控股集团等公司担任人力资源管理工作，拥有集团高管团队搭建与后期整合，从无到有搭建组织体系以及配套的人力资源管理机制及落地实施的成功经验；拥有丰富的企业快速发展时期的人力资源机制改革、组织变革的推动与落地、人才团队的培养与发展等实践经历。

张俊

总经理，芜湖航翼集成设备有限公司

管理感悟：管理不能拘泥于惯性思维，管理者需要时刻保持系统思维、流程意识和变革意识，才能实现企业长期健康发展。

李静霞

董事长，郑州名泰医疗器械有限公司，微信号：L363130898

管理感悟：时间就是种子，种在哪里哪里就开花结果。名泰医疗自成立以来以品质铸就品牌、依靠科技推动品牌、凭借口碑传播品牌。积极参与慈善公益事业，坚持不懈、脚踏实地地致力于实现全民健康。

刘斌

董事长，南京伯凯成电气有限公司，

微信号：wxid_lj0r4x51y0qm22

管理感悟：旋转乾坤，气吞山河。海纳百川，开放包容。广纳贤才，共赢共生。居安思危，改革创新。

乔永东

总裁，山东达芬奇装饰材料有限公司，微信号：qiaoyd2015

个人介绍：北京大学MBA，达芬奇·美居连锁CEO，从事家居建材行业销售管理二十余年，参与并领导了多个高端陶瓷品牌的品牌运营与建设。

陈建彬

总经理，安徽天航机电有限公司

管理感悟：管理的核心是约束与激励。约束使组织保持方向正确，保持公平公正；激励使组织充满活力，激发员工内在动力。

王军悌

理事长，石家庄市鹿泉农村信用合作联社，微信号：bdx1970

管理感悟：不忘初心使命，坚定理想信念。做对的事，做难的事，做需要时间积累的事，道路会越走越宽，越走越远。相信坚持的力量！

杨国华

总经理，西安航天源动力工程有限公司，微信号：ygh06711

管理感悟：吸纳东西方先进的管理理念，立足公司发展阶段思考管理问题，遵循最本质的科学规律并不断优化提升，促进高质量发展。

王曼秋

创始人，温州乔德信息科技有限公司，微信号：wangmanqiu88

个人介绍：乔德企业大学创始人，专注企业大学的创建与运营。企业大学是企业的黄埔军校，让每家企业拥有自己的企业大学是我们的愿景！

商凯强

创业者，微信号：EQ-YXYM

管理感悟：（1）管理的本质是激发每一个人的善意；（2）人感知到自己的渺小，行为才开始伟大；（3）对未来最大的慷慨，就是把一切都献给现在。

袁刚

执行总裁，华夏幸福基业股份有限公司

管理感悟：人力资源是业务战略的组成部分；建设与业务发展需求相匹配的组织能力，是人力资源管理的价值所在；以人为本，让价值创造者分享价值、不断成长，是做好人力资源管理的关键。

葛贤钰
CEO，西安纽扣软件科技有限公司
个人介绍：西安纽扣软件创始人，现任纽扣软件CEO。2015年创办纽扣软件，是中国移动互联网业务出海发展的领军人物之一。

李赞博
董事长，上海牧鲜谷食品有限公司，微信号：qq38001502
个人介绍：企业使命——改善员工及家人的生活；企业愿景——打造世界级牛肉深加工集团；核心价值观——互生、赋能、利他、绽放。

特别鸣谢 B（以赞赏先后为序）

刘道洋 执行院长，广东华联云谷科技研究院有限公司，TheOne622
吴宜柱 董事长，汕头市天宜食品有限公司，wuyizhu800
姜在泉 人力资源总监/企业大学负责人，ace-jiang
施红光 总经理，中山市联众文具有限公司，w13702361750
邱智军 357242529
杨洪福 副总，浙江银建装饰工程有限公司，yanghongfuhangzhou
曹远金 合伙人，江西君源人力资源有限公司，18870910791
张光明 总经理，东莞市亚马电子有限公司，zhangda4378
欧亚非 总经理，顾家家居股份有限公司，国内营销事业部，ouyafei666
马万平 总经理，云南皇氏来思尔乳业有限公司
赵文辉 人力资源中心副总监，世纪文都教育科技集团股份有限公司，zhaowenhui0215
叶　华 南方大区销售总监，迪辅乐生物（上海）有限公司，weixin19129338
丛建国 董事长，南通尤力体育科技股份有限公司，13951319561
裘旭波 董事长，宁波奇柯荟商业管理有限公司，qiu1033912329
饶小波 CEO，深圳市龙游云技术有限公司，rxb1818
屈卫军 锦一方建材集团
郭将杰 总经理，杭州茉莱芊草投资管理有限公司，18605718978
黄华杰 总裁，锦丰科技（深圳）有限公司
张　晓 董事长，张家港市甲江南酿酒有限公司，13862200304
苗　欢 总监，中国平安保险股份有限公司，13901049010
王爱志 总裁，广东建星建造集团有限公司，18607562888
王海涛 总经理，石家庄启辰科技有限公司
刘慧杰 支行行长，中信银行天津分行，lhj_citicbank
江欢欢 营运管理室主任，中冶南方都市环保工程技术股份有限公司，vic0227
姜　明 总经理，青岛捷顺信息科技有限公司，15336695577
刘保松 合伙人，深圳市海恒企业管理顾问有限公司，johnliusz
高建敏 隆基绿能科技股份有限公司，1223336655
杨德柱 董事长，河南丰博自动化有限公司，Createvalueisbasic
吴　翔
吉伟民 销售总监，南京巨鲨显示科技有限公司，jiweimin018
黄嘉华 总经理，佛山市顺隆信息科技有限公司，leslie888

附录三　赞赏鸣谢（以赞赏先后为序）

李学军（董事长，上海智租物流科技有限公司）；黄文静（hwj14600）；李涛（董事长，国投创丰投资管理有限公司，18611068671）；谢连聪（总经理，广州勇者体育发展有限公司，xlc020010）；罗章敏（副总，太极集团重庆桐君阁药厂有限公司，18602390417）；焦杰（助理总经理，中建八局第四建设有限公司，187309990）；逄增新（董事长，山东新兰特精密机械有限公司，P070922LV）；王丽萍（销售部经理，北京壹石壹品石材有限公司，beijingyishiyipin）；王海刚（首席服务员 Chief waiter，上海美仑香精香料有限公司，gegleow）；黄孝清（人事兼运营总监，上海哥瑞利软件有限公司，huangxiao4567）；张洪臣（人力资源总监，中商惠民，zhc105344300）；叶兆军（总经理，四川源通达电力工程有限公司，yzj9874）；胡年华（汇川大学执行校长，深圳市汇川技术股份有限公司）；叶克威（高级产品经理，湖北省楚天云有限公司，evan_yip）；徐朝华（董事长，和恒咨询有限公司，13701119019）；唐辉（部门高级副总经理，金科地产集团股份有限公司，hq519054741）；甘璐（CHO，深圳市雷赛智能控制股份有限公司，ganlude711）；宋焕军（蓝源资本总裁 / 众农联董事长，Songhuanjun8115）；陶礼（品管总监，巨星农牧股份有限公司，113510582）；王蕾（区域 HRBP，58 集团，13963986601）；姚新宇（安全总监，吉林省宏远建设，yaoxy13504317659）；张伟（副主任，安科生物，18326608790）；陈晓吾（董事长，镃辰集团，chenzai756836）；杨剑峰（总经理，深圳市玛拉管理咨询有限公司，Yangjianfeng_75）；包诚（人力资源部总经理，中交天津航道局有限公司，baocheng1024）；杨瑞明（党委副书记、副总经理，天津临港投资控股有限公司）；曾辉（市场部经理，联医医疗，13706506929）；李梅（创始人，北京金鹄管理咨询有限公司，bj-swan）；张文俊（CEO，深圳光子晶体科技有限公司，y986001111）；吴林（高级市场规划总监，广联达科技股份有限公司，wlhl120）；王宝岩（项目经理，北京品威医学技术服务有限公司，13820474373）；王建（董事长，众智集团，wj219315）；徐丽清（人力资源部总监，江苏新日电动车股份有限公司，andytsui6667）；熊晓华（人力资源总监，中原内配集团股份有限公司，HR-haoren）；杨金波（经理，建信养老金管理有限责任公司，13796678991）；田秀文（人力资源部长、综合办公室主任，新疆金晖兆丰能源股份有限公司，13453870357）；董东亮（组织发展经理，傲基科技股份有限公司，Collin201314）；姜志敏（副总经理，江苏福泰软件科技公司，jason_jianglele）；柳宁（饲料事业部人力资源总监，唐人神集团股份有限公司，liuning65）；万俊杰（零售总经理，青岛酷特智能股份有限公司，15698150059）；高海荣（HRD，卡旺卡，zslmm20）；向俊达［董事长，标杩自动化设备（东莞）有限公司，18688382788］；高志强（总经理，深圳市橙信投资发展有限公司，Gzqbb5121）；向阳（副总经理，广东安居宝数码科技股份有限公司）；李继权（人力资源总监，郑州帕斯特儿童摄影服务有限公司，18503790922）；单振广（总经理，承德大金星食品有限公司，szg19661967）；邱昌志（董事长，北京天合富华科技有限公司，GREENHOLDING）；孙军（总经理，江苏金田纸业有限公司，sun922457）；曹后平（总经理，广州为实光电医疗科技有限公司，HopingCao）；李新年（董事长，山西虹安科技股份有限公司）；史春生（项目经理，神华信息公司，shi_chunsheng）；周霞光（人力资本部高级部长，老百姓大药房连锁股份有限公司，wxid_u7yg4w99qxpg11）；庞雷保（pheonixlevo）；宋兴华（营销总监，许继电气制造中心，13639665808）；王晓伟（HR 总监，南京协辰电子科技有限公司，wxid_k6edapqtcgu321）；陈战华（副总经理，易键通建设工程管理有限公司，xj_czh）；熊炜（浙富控股集团股份有限公司，wxid_qgjegj73mgzt21）；黄庆平（董事长，山东孔圣堂制药有限公司，15263770677）；郝志勇（人力资源中心高级经理，广东海大集团股份有限公司，zhiyong_hao）；刘涛（创始人，贵州合禾置业咨询服务有限公司，q596016607）；周兴（战略总监，前进控股有限公司，zhouxinglps）；李为冬（董事长，德清金烨电力科技有限公司，WD6812）；郭资洪（副总经理，广西德妙商贸有限公司，13517883208）；徐作土（人力资源部经理，浙江省交通投资集团财务有限责任公司，xztlhyxyy）；方丽（总经理助理，北京博润阳光科技有限公司，fangfeiyunzhe）；王志雷（副总经理，上海行动教育科技股份有限公司郑州分公司，669146899）；王继军（创业者，杭州江财浪子服饰有限公司，sjpy999）；王家起（董事长，用研智库有限公司，18611491197）；闫春海（副总裁，中国国储能源化工集团，18210611700）；吴红清（董事长，江阴鸿萌橡塑制品有限公司，13806164276）；梁传善（培训事业部副主任，广东邮电职业技术学院，sam-lcs）；贾怀东（副总经理，中国二十二冶集团有限公司一公司，13363159568）；余道义（总经理，深圳市安科讯电子制造有限公司，YuDaoYi）；邓斌（创始人兼 CEO，书享界，18666083360）；沙微（党委工作部部长，吉林森工开发建设集团，selena_swgsy）；刘英凡（部门总经理，中海油能源发展股份有限公司安全环保公司规划计划部，liuyf96）；刘宏信（总经理，江苏智绿充电科技有限公司，Niuge1001）；孙海涛（综合部经理，中国移动开封分公司，haitao8833）；冯晓军［创始人，无际生命科技（上海）有限公司，fengxiaojun5009］；杨黎娟（人力资源部总经理助理，力合科创集团有限公司，15818583780）；廖辉（顾问团成员，广明源光科技股份有限公司，13929984758）；陈婷（书记，新疆新冶华美科技有限公司，ct309622557）；田旭玖（副总经理，河北申科电子股份有份公司，13463896888）；刘应龙（运行主管，贵州省水利投资集团有限公司）；秦犁（人力资源部副主任，中煤科工集团重庆研究院有限公司，LeeCeon）；程杰（财务总监，大连万城控股集团，18500036356）；胡德军（董事长，德君咨询，Hudejun1103）；施东旭（财产保险部负责人，中国人寿财险云南省分公司，clic-yn）；彭定武（首席人力资源总监，中国电建集团国际工程有限公司，13301383073）；黄诚（行政总监，上海汇得科技股份有限公司，huang411021）；黄明杰（培训开发高级主管，中国电建集团西北勘测设计研究院有限公司，6816999）；吴小伟（总监，浙江大华技术股份有限公司，shavewu）；赵飞（HR，浙江胡巴控股有限公司，zf745441239）；王灵聪（人力资源总监，浙江富春江环保热电股份有限公司）；武建奎（人力资源副总裁，WU_JIANKUI）；李日高（副总经理，中国电信广州分公司，lirigao0759）；林德民（信息中心主任科员，福建中烟，lindcmin003）；王岩（人力资源部常务副部长，世源科技工程有限公司，wy0356）；薛卫青（董事长，山西老传统酒业有限公司）；陈赞（副总经理，四川明德立达，328068798）；花醒飞（总经理，南京艾拉丁电子科技有限公司，xingfeihua）；徐家宽（副总经理，宏兴汽车皮革有限公司，davidxu19811982）；刘祥飞（总裁，上海稳优实业有限公司，liu15800607488）；秦振忠（GCQinzhzh）；赵源畴［董事长，维拓客科技（深圳）有限公司，18670348505］；李爱民（人力资源总监，广东万家乐燃气具有限公司，i38044943）；聂燕（事业部人力副总监，广东海大集团，13922314635）；赵洁（人力资源总监，陆道培医疗集团，jingmeiluo001）；蔡颖（VP，汇美时尚集团，yingc83）；姜海燕（财务中心总经理，民生阳光集团有限公司，j18560119200）；常立（总经理，上海立昌环境科技股份有限公司）；吴玉桐（人力资源部副总，国家能源集团神东煤炭集团，13394770256）；刘辉武（综合办公室主任，清控人居控股集团，18679196963）；刘晓光（HRD，18688966567）；孙家满（销售部经理，青岛华云空气科技有限公司，sjm0319）；周国慧（运营总监，北京盈和瑞环境科技股份有限公司，bj-yhr）；邱晓荣（总裁助理，科博达技术股份公司，DEAN9836）；郑鸿文（运营总监、合伙人，四川雅莱合创生物科技有限公司，zhenghongewn426）；杨银昌（副总裁，浙江大华系统工程有限公司，tiantaisnowflying）；邓昕才（副教授，贵州师范大学，18601020322）；张中田（HRVP，和品集团，13910082986）；申宏章（总经理，青岛泛世环境工程有限公司，shenhongzhang）；秦晓洁（人力资源部，华润医疗控股有限公司 / 北京市门头沟区医院集团，740466226）；孙启昆（复合材料事业部部长，秦皇岛首秦钢材加工配送有限公司，809650714）；丁智刚［总经理，神州智凯环保科技（北京）有限公司，18511683077］；陈国光（董事长，广西优势人力资源集团有限公司，18877116116）；张纵东（HRD，立讯精密工业股份有限公司）；宋美荣（VP，深圳盒子信息科技有限公司，13502884516）；刘韧（网络运营部总经理，中国联通重庆市分公司，gnjfiqmtf）；陈盛文（人资总监，东莞铭基电子科技集团有限公司，Seaman136889）；汪怡婷（副总，海南中投一鼎实业有限公司，helen75114）；刘晓莉（高级行政总监，福州天盟数码有限公司，lxl8910）；许旭（院长，东莞市产业经济研究院，18680651139）；王奇珍（首席人才官，天能控股集团，jine19720703）；张有利（董事长，北京筑巢投资有限公司，wanzipapa）；丰琳（副总裁，杭州开元物产集团有限公司，windsbell）；孙世礼（董事长，南京馨民集团，sunshili001）；夏魏（副总经理，北京北控京奥建设有限公司）；宋偌菲（副总经理，世纪金源集团 - 域见文旅）；余国斌（CEO，深市戊鉴管理顾问公司，13977186001）；叶民（副总经理，厦门国宇健康管理有限公司，wxid_44wehnpedhut12）；冯健康（总经理，鄂尔多斯市王府井百货有限责任公司）；李文君（会长，山东省山西商会，1123027339）；杨晓军（调研员，广元市委政策研究室，13981208828）；杨国辉（总经理，湖南省唐羽茶业有限公司，TY-2030）；余同森（董事长，新天柱控股集团有限公司，18605566666）；张磊（党群人力部副总经理，重庆三峡银行股份有限公司，mzhangss）；陈霞（新希望六和分总）；曾弋航（主任科员，新疆维吾尔自治区生态环境厅，13579230010）；潘晓建（人力资源部总经理，新希望六和禽产业 BU，pxj009）；于海明（人力资源总监，伟光汇通集团，laorenyuhai）；王光杰（总经理，东莞市荣生机械有限公司 WBJ881688）；施发满（联合创始人，新材料在线，shifaman1983）；曹志远（战略咨询部总经理，北京外企人力资源服务有限公司，jerome_cao）；江习文（总经理，苏州安妮宠物用品有限公司，13962130090）；吕金龙（总经理，湛江牧丰生物有限公司，13543506488）；廖世勤（渠道经理，广东小天才科技有限公司，aliao531）；马凯（hrd，深南金科股份有限公司，m5689663434）；梅浩（总监，北京经伟恒润科技有限公司，meihao0905）；何星耀（首席人力资源官兼廉政监察委主任，上海泰然控股集团有限公司，15921664191）；王平平；苏薏；袁中华；韩霜；楼明霞；段博匀

特别声明：感谢参与本书赞赏出版的各位朋友，以上信息均征询同意发布，请谨慎加友交流！此外，以上个人提供的信息，我们无法一一甄别真伪，鉴于社会行骗行为无孔不入，特提醒谨防上当受骗。

附录四 “华夏基石·管理思想文库”书系及其他

“华夏基石·管理思想文库”书系

“华夏基石·管理思想文库”是华夏基石新媒体实验中心（负责运营华夏基石管理咨询集团官方公众号“华夏基石 e 洞察”，ID：chnstonewx）重磅打造的经典管理思想及管理案例书系，总结“中国式管理”思想及经验，注重管理本源思想探讨，结合成功企业案例深度研究，每一本著作都基于给予中国企业家和企业管理者们实实在在的参考学习和借鉴意义。

认知革命
数字生存时代的管理

图：华夏基石新媒体实验中心编纂的“华夏基石管理思想文库”——《“+时代管理”：人的一场革命——“华夏基石 e 洞察”公众号大师讲堂 100 期精选》（2015）、《黑天鹅在咖啡杯中飞起——影响中国管理的 54 篇杰作（2016“华夏基石 e 洞察”管理大师文选）》《经验的末日：不确定时代的管理熵变——2017“华夏基石 e 洞察”管理大师文选》《认知革命：数字生存时代的管理——2018“华夏基石 e 洞察”公众号管理大师文选》，每年一部的重磅中国管理学研究著作，从“华夏基石 e 洞察”公众号发布的原创文章中编选。

“华夏基石 e 洞察”新媒体 公众号 ID：chnstonewx

“华夏基石 e 洞察”由我国人力资源管理泰斗、咨询业开拓者、《华为基本法》起草人之一的彭剑锋教授领衔创办，华夏基石高级合伙人宋劲松老师架构运营。我们致力于打造中国顶尖管理智库平台和原创中国管理思想策源地，汇聚了包括彭剑锋、周其仁、吴晓求、施炜、黄卫伟、吴春波、杨杜、孙健敏、朱武祥等在内的 20 位中国顶尖管理学家、5 位著名经济学家、50 位著名企业家的智库撰稿人阵容。公众号以提供最具原创性、思想性和具有实践意义的管理文章、深度剖析经典实战案例而著称。

“洞察”管理思想高级群：企业家及企业高管专属社群（微信群），线上线下相结合，为“洞察”微刊读者粉丝提供缔结信任、个人学习成长及互帮互助的创新型服务平台。以知识为盛宴，以精神为纽带，以纯洁的思想为动机，提高心性，互助成长！入群者可线上与《华为基本法》六君子彭剑锋、孙健敏、吴春波、杨杜等管理大师互动！添加群主个人微信号（mysoul3 或 szy20121014）申请。

“华夏基石 e 洞察”订阅号

欢迎扫描关注华夏基石管理咨询集团官方微信“华夏基石 e 洞察”！

华夏基石是中国管理咨询的开拓者和领先者

管理咨询业务合作

华夏基石是中国最专业、规模最大的专业管理咨询机构之一，《华为基本法》是我们团队第一个经典案例，服务过包括华为、联想、海尔、美的、三星、温氏、京东、百度在内的数千家企业。咨询产品和服务：企业文化、人力资源（人力资源战略、素质模型与测评、绩效薪酬、任职资格、合伙人机制与股权激励等）、战略管理、治理与组织设计、市场营销……

案例传播及其他合作

我们坚持跨界整合、开放、合作原则，积极响应客户及读者需求，提供高附加值产品与延伸服务：1. 华夏基石最佳案例实践研究与传播；2. 企业案例开发与服务（包括案例准备、案例撰写、案例课程教学、案例库建设、案例增值服务等）；3. 企业家思想研究与传播（含企业管理研究书籍写作、高端管理思想文章写作）；4. 经典管理丛书出版；5. 论坛合作、广告及线下活动、标杆企业（华为、海尔、温氏）游学等。

合作咨询：宋老师 15967150643（微信：szy20121014 或 mysoul3）

华夏基石商学院（CNBS）

中国最实战的商学院

彭剑锋教授领衔，最权威的导师团队，最实战的课程学习

旨在为具有强烈奋斗精神和变革激情的企业家和企业提供最实战的研修学习。

当前环境下，企业生存与突破遭遇巨大困惑，无论是已经成功的大企业还是亟待转型升级的成长性企业，企业家们普遍关心如下命题：战略与商业模式重构、组织变革与转型、平台化与事业合伙人模式、人力资源升级与人才赋能等。华夏基石商学院（CNBS）应运而生，以华为、温氏、美的、小米等优秀企业作为研修学习标杆，做中国最实战的商学院，旨在为具有强烈奋斗精神和变革激情的企业家和企业提供最实战的学习课程。

学员企业：华为、万科、格力电器、H3C、国家邮政局、京东集团、小米集团、中铁四局集团、西贝餐饮、盾安集团、顾家家居、温氏集团、腾讯、影儿时尚集团、好莱客、绿城集团、蓝城集团、江西正邦、华夏幸福基业、维也纳酒店集团、安徽新华传媒、老百姓大药房、新安化工集团、华孚集团、武汉当代集团、美好集团、中国人民银行、新凤祥集团、北京汽车集团、传化集团、招商证券、威卢克斯（中国）、天风证券、方回春堂、特步（中国）、爱康集团、中国葛洲坝集团、中石化、海亮集团、科大讯飞、奥飞娱乐、乐凯披萨、同方药业、远洋集团、韵达快递、鹏博士、深信服、中国中车、百果园、中国农业产业发展基金会、中国燃气、顺丰快递、德邦快递、真功夫、深信服科技、用友网络、上海细胞治疗集团、国药投资、陕西医药、东风汽车、伊泰集团等数百家。

合作咨询：宋老师 15967150643（微信：szy20121014 或 mysoul3）